营业商法学系列

商法本体论

以营业为切点的展开与重构

肖海军 / 著

法律出版社
LAW PRESS · CHINA
北京

图书在版编目(CIP)数据

商法本体论：以营业为切点的展开与重构 / 肖海军著. -- 北京：法律出版社，2022
ISBN 978 - 7 - 5197 - 6576 - 7

Ⅰ. ①商… Ⅱ. ①肖… Ⅲ. ①商法－研究 Ⅳ. ①D913.990.4

中国版本图书馆 CIP 数据核字(2022)第 051469 号

商法本体论
——以营业为切点的展开与重构
SHANGFA BENTI LUN
—YI YINGYE WEI QIEDIAN DE ZHANKAI YU CHONGGOU

肖海军 著

责任编辑 郑怡萍
装帧设计 鲍龙卉

出版发行 法律出版社
编辑统筹 法律教育出版分社
责任校对 晁明慧 李景美
责任印制 刘晓伟
经　　销 新华书店

开本 710 毫米×1000 毫米 1/16
印张 29.5 **字数** 505 千
版本 2022 年 9 月第 1 版
印次 2022 年 9 月第 1 次印刷
印刷 唐山玺诚印务有限公司

地址：北京市丰台区莲花池西里 7 号(100073)
网址：www.lawpress.com.cn
投稿邮箱：info@lawpress.com.cn
举报盗版邮箱：jbwq@lawpress.com.cn
销售电话：010 - 83938349
客服电话：010 - 83938350
咨询电话：010 - 63939796

书号：ISBN 978 - 7 - 5197 - 6576 - 7
定价：92.00 元

作者简介

肖海军 男,湖南双峰人,1965年生。湘潭大学历史学学士(1986),武汉大学民商法学硕士(1999),湖南大学经济法学博士(2007),英国诺丁汉大学法学院访问学者(2007－2008),国家社会科学基金重大招标项目总课题主持人与首席专家;2009年12月入选教育部“新世纪优秀人才支持计划”。现为湖南大学二级教授、博士生导师、法学院学术委员会主任;兼任中国商法学研究会常务理事、湖南省民商法研究会副会长、湖南大学商事法与投资法研究中心主任、湖南大学法学院民商事法律科学研究中心主任。主要从事民商法学、经济法学、法理学的教研工作。2001年以来,出版《营业权论》、《营业准入制度研究》、《商法学》、《商会法律制度研究》、《企业法原论》、《国有股权代表人制度研究》、《公用事业垄断经营法律规制研究》等学术著作多部;主持和完成国家社会科学基金重大项目、重点项目、一般项目及省部级科研课题多项;在《中国法学》等期刊上发表法学论文100余篇。原创性地提出营业权理论并把其引入到民商法、经济法、法理学领域。《营业权论》一书于2009年8月获司法部“第三届全国法学教材与科研成果奖”。

总　　序

一、本系列之选题原由

民众幸福、社会进步和国家富强，作为法律和制度关注的永恒主题，它们相互联系、彼此影响和不断博弈，从来就是衡量执政者成就感和制度优越性的重要指标，这一切的实现均有赖于民生问题的解决。近代以来，从业选择自由和营业机会平等被视为民生领域革命最为重要的成果。就业和营业也是当今社会民生问题的两大主题。就业的充分和营业的发达作为最大的民生问题，更是体现经济发展、彰显社会和谐、展示国家富强的核心因子，商法就是以促进、调整、规范、保护、救济营业为基本功能的法律。西方近代民力之张扬和国力之勃兴，无不以营业之普及和财富之累积为基本前提。自15世纪以降，重商主义、自由贸易观支撑下的西方列强，以确保国民营业自由、鼓励民间投资创业、促进民营企业发展为通往民富国强的基本国策，因之，就有了商法在近代西方的繁荣、发达和完善；1776年亚当·斯密在《国富论》一书中更是论证了经济自由、营业自由、竞争自由为经济发展的逻辑起点和国家走向富强的价值基础。

对国人来说，商法纯粹为舶来之物。自近代以来，“自强”和“求富”作为国人关注的时代主题，无数仁人志士以及学界政坛、工商实业、行武教育等领域的杰出代表，因时而宜，振臂疾呼，其所倡所立之“民主救国”“改良救国”“学术救国”“实业救国”“军事救国”“教育救国”等救国、强国、富国主张，对一个半世纪以来我国的国策、政令和立法可谓影响深远，而“工商兴国”“实业救国”就是其中最具代表性的“富国”主张。考察中国和西方近代的社会转型、国运兴衰的历史就会发现，国家对民间营业所持的一贯性禁止或限制政策，是导致中国民间营业发展不充分和营业方式长期落后、造成中国近代积贫积弱的主要经济性和制度性原因。民间的经商、投资、开矿、办厂，在古代封建社会因被视为末业而颇受限制和屡遭禁止；直至近代，法律公开承认营业并预设制度鼓励之、促进之并保障之，则已经是迟至20世纪初以后的事；1904年，在晚清修律大背景下出台的《钦定大清商律》《公司注册试办章程》等形式意义上的商法规范，才使商法成为中华法律规范体系的组成部分。即便如此，由于诸多不用论证的原因，营业自由观念并没有成为我们这个文明古国普遍的核心价值观念,确保国民营业、鼓励投资创业、促进民企发展也未被吸纳为基本的经济国策。在此政策制度环境下,商事立法的严重滞后和商法研究的明显不足就成为既然事实。尽管自20世纪90年代以来,我国商事立法日新月异,商法研究也不断推陈出新,但因对商法之本质和功能理解的欠缺,对商事立法价值选择的错位,无论是商法理论研究,抑或商事立法或商事裁判,均存在一些源头性的知识缺陷和常识性的概念误区。

如从权利的视角来分析,自由营业本应为国民(民事主体)一项基本的权利。如从动态的角度来透视,市场竞争的过程实质就是一个营业机会分配、资本财富创造和增量利益分配的过程,而其中营业机会的分配则是一切市场交易和营业竞争的起点。市场竞争犹如体育比赛,起点的公平和规则的信守是确保竞赛公平和结果正义的必要条件。对所有决定投资和参与竞争的民事主体而言,营业初始机会的平等化和无差异分配,才是确保他们进行自由选择、平等竞争、公平交易和合理分配的基本前提;也只有存在实质意义上的营业机会平等,才有真正意义上的分配正义、经济发展和社会和谐,才可通过主体的自由投资、自由经营、自由交易,在平等竞争中形成健康、良好、公平、有序的经济结构和市场环境。

但在既有经济体制和市场背景下,国民(民事主体)正当的营业权益被不当限制或迭遭剥夺,与市场经济体制和商法追求的目的意义极不相符。如从国家宏观经济制度的价值取向和立法安排来分析,受传统国家本位主义营业观和部门既得利益影响,我国有不少立法文件对民间营业尚持限制、不信任甚至禁止态度,如对自然人进入某些营业领域或选择投资形式就有许多限制或禁止性规定。行政执法特别是行政决定、行政许可或行政审批中,也不时出现对一般民事主体的营业进入机会作不合理限制和对营业权益任意剥夺等情形。至于因地方保护主义形成的地区性行政垄断和市场封锁,对生产要素在国内的自由配置和全国统一大市场的形成尤其对外地资本、人才、技术的自由进入或退出,已事实上形成巨大的制度壁垒。更由于营业机会的平等享有长期未被视为一种独立的权利而载入《宪法》和国家基本法,亦即未被宣示为法定权利,故即使出现民事主体营业机会被不合理限制或不当剥夺等情形,因立法的空缺和规范的模糊,营业权益被不当限制或迭遭剥夺的民事主体也不能寻求有效的法律救济。再就市场竞争的微观态势来看,投资者进入营业领域以后,其营业机会、投资利益、经营权利、财产归属、交易所得等营业权益,还有可能不断受到其他投资者、经营者、合作者等民事主体的阻挠、侵占或损害。这些阻挠、侵占或损害,有些是属于纯粹营业机会方面的,有些是属于经营权能方面的,有些是属于投资利益分配方面的,有些则是涉及营业的转让、租赁、特许等营业变更事项,还有些则涉及国家对营业与财产的征收和国有化等。因之,投资者进入营业领域去寻找最大化商机的同时，其营业权益也存在被同业或异业竞争者、相对交易人、营业合作者以不同方式侵害的可能性。鉴于前列议题尚没有在现行民商事立法或司法上受到足够重视和有效应对，是以从学理上关注之、思考之、研究之、阐释之、建言之，乃研习商法学人之应然职责与时代使命焉！

二、本系列之研究意义

无疑，上述这种状况如再延续而得不到有效解决，所直接损害的是民间资本投资和营业的积极性，其结果会严重影响社会分配的公平、经济增长的持续和国家竞争优势的形成。可以这样说，营业初始机会的平等分配、动态商机的自由选择、营业微观权利的切实保护，对保障国民（民事主体）最基本的营业权能和市场利益、提高投资者的积极性、推进经济分配正义和社会走向和谐，具有初始、基础意义。基于此，以营业为视角来重新定位、解释、提炼、建构商法，揭示商法的内在本质，从经济宏观政策和法律微观制度两个层面来研究营业机会的平等分配和营业权利的有效保护，借以反思我国现行的宏观经济制度和微观商事制度的源头性缺陷，以期从制度形成原由和立法整体构架上矫正长期以来我国经济政策制定和商事制度安排中的价值错位，论证我国真正走向民富国强并维持其核心竞争力之法律安排的应然态度和实然路径，对我国深化市场经济体制改革，还原社会主义市场经济的本来面貌，以机会平等、营业自由、市场公平、分配合理来实现人们普遍期望的经济正义与社会和谐，无疑具有重大的理论创新价值和社会现实意义。

三、本系列之主要内容

本系列以营业为切点，以著者系统论述的营业权理论为分析工具，以已初步完成的营业权系列研究为基础，本着营业“原于自由，始于投资，形于经营，成于交易”这一事实逻辑，溯商法之源，循商法之实，穷商法之理，探商法之律。在大私法领域与大营业视角，通过重新定位、解释、提炼、建构商法，以期建立由著者所提“营业商法学”之基本理论构架和部门法理体系，最终成果包括《商法本体论》《商事主体论》《商事权利论》《商事登记论》《商事代理论》《商事责任论》六本系列论著。

目　录

第三编　精神论

第四编　构架论

导论：传统商法理论的反思与重构

一、商法基础理论的重要功能

商法作为私法的重要部门和主要单元，无疑应有其独特的理论作支撑。商法与具鲜明伦理性色彩、精神的民法相比，[1]虽以职业性、专业性、技术性为显著特征，[2]但如无独特的基础理论和部门法理对相关规则进行概括、归纳、总结和诠释，则其正当性、合理性、有效性必受影响。自然，作为部门法大厦的商法，理论的基础性和重要性，自不待言！这是因为，商法基础理论具有部门法诠释功能和实践指导功能。

（一）商法基础理论的部门法诠释功能

商法基础理论的部门法诠释功能主要体现在：

1. 显示与民法不同使命、品格与独特价值。同为私法的重要组成部分，商法与民法的关系是学界、业界均难以回避的话题。无论从立法体例，还是从基础理论，商法与民法之间既存在水乳交融的密切联系，又显现出泾渭分明的不同功能。无论是奉行民商分立，还是选择民商合一，或者遵循习惯法与单行法的立法路线，商法之独特的制度功能、社会使命、法律品格和精神价值，是作为私法一般法的民法难以包揽、替代的。商法所具有不同于民法和其他私法的独特性功能、使命、品格、价值、原则、制度、规则，就需要商法基础理论作对应阐述和体系归纳。

2. 商法部门法大厦的基础建构。无论承认与否，作为规范、规则之部门法意义的商法，已成为既然之事实。自营业、交易产生以来，就有营业与交易的实然流程和抽象规则，从交易习惯到习惯商法、从习惯商法到共同商法再到法典化的成文商法、从民间商法到国家商法、从国家商法到国际商法、从商人法到商事法、从传统实体商法到方兴未艾的智网商法，商法已形成一个庞大的部门法家族规范体系和规则体系。这些边界广阔、内容庞杂、领域多元、对象丰富、渊源不一的部门商法，并非

---

〔1〕 赵万一：《民法的伦理分析》，法律出版社2003年版，第2~10页。

〔2〕 [德]拉德布鲁赫：《法学导论》，米健、朱林译，中国大百科全书出版社1997年版，第72~76页。

一系列规范或规则的简单集成或无序堆积，而是有其内在的关联、实在的逻辑和有机的统一，而这些恰恰是支撑商法部门法大厦最基础、最核心、最本质的层面。这些无疑需要商法基础理论去发现、揭示、阐释，并进而总结、归纳、抽象，使之升华为本质性、规律性、体系性的范畴、理念、价值、原则、制度、规则。

3. 归纳并抽象商法子部门法的基本法理。商法是由众多具相对独立性和不同功能的子部门法构成的庞大规范家族和规则体系。从最早的商事合同法到商事运输法，从商事主体法、组织法到商事行为法、业务法，从中世纪以前的贸易商法、物流商法到近代意义的企业商法、资本商法再到现代未来的金融商法、智网商法，商法的调整对象和承载内容，因社会变迁而发生了巨大变化，不同阶段、形式、性质、功能的商法，表现出明显的差异性。至于传统商法中的公司、合伙、证券、破产、银行、票据、保险、信托、海商、仲裁等子部门法之间的特殊性，甚至远胜于商法与其他部门法之间的不同；以域名主体、电子商务、网络交易、移动支付、智能经营等新型营商形式的出现及新兴智网商法子部门的出现，更使商法子部门法单元呈现明显的飞跃式、迭代式、革命性变革。但这些具显著差异性但又具有共同使命的商法子部门，是否存在一些一般性、共同性的法理，则亟须基础性的理论去探讨、分析、深究。

4. 领引、统摄商法分则与商事特别法。尽管民商法共处于大的私法领域，但由于历史的原因，商法的存在载体和形式体例目前仍然存在民商分立、民商合一、单行法等不同模式。在不同立法模式下，商法基础理论均发挥着独特的领引、统摄功能。(1)在民商分立的商法典成文法模式下，商法基础理论不仅是商法总则部分的抽象与概括，而且也同时领引、统摄商法分则的不同部分。(2)在民商合一的立法模式下，商法是以民法典的一般性条款或规定与具相对独立性的民法典特定编或商事特别法相结合的形式出现，商法基础理论则具有领引、统摄民法典特定编或商事特别法的约束功能。(3)在纯粹商事单行法的立法模式下，商法基础理论则更显重要，具有领引、统摄商事单行法的效应。

(二)商法基础理论的实践指导功能

商法基础理论的实践指导功能主要体现在：

1. 指导商事立法。任何商事立法，大到整部商法典或商事特别单行法，细微到具体的商法子部门、个别的商法规范、特殊的商法条款和单一的商法规则，均负载着一定的立法目的、主旨、理念、价值、原则和制度性规则。此外，商法究竟鼓励什么，促进什么；禁止什么，限制什么；保护什么，不保护什么；优先保护什么，居次保护什么；如何保护，如何救济等。如果没有基础理论的供给，商事立法一则迷失方向、丢失自我；二则在商法目的、主旨、理念、价值、原则、规则等不同层面，产生不协调和不一致;三则会在不同商法调整领域、部门、事项的规范设计与制度安排上出现明显的矛盾或冲突。易言之,没有成熟的商法理论,就没有高质量的商事立法,而无内在逻辑自洽的商法理论,就更无体系化的商事立法。

2. 统一商事裁判。同案同判既是具体商事纠纷处理的一般性要求,更是同法同理具体适用的必然结果。基于成文法的局限与漏洞,不同裁判者法条认知、理解上的差异,受法律、法官、法案之外非法律因素的影响或干预,商事同案不同判又成为一种必然的现象。从信息学、认识学的角度,商事纠纷裁判者除应从外在形式服从既有法条规定、由证据证明的法律事实和法律预设的程序机制外,内心则受制于承载一定目的、动机、主旨、理念、价值、原则、规则的商法范畴体系、概念体系、知识体系之全面、系统、具体、深入地掌握和理解,即受制于其商法的理论养成和学理功底。自然,商事纠纷裁判者对同质性、体系性商法理论、原理、学理的系统养成和高度认同,是促进同案同判之商事裁判统一化的重要路径。

总之,商法基础理论的部门法诠释功能和实践指导功能,决定商法理论特别是商法基础理论的极其重要性。故研习商法者,不可不关注和穷究商法基础理论。

二、中国近代商法理论的源流考察

(一)商法译介、大学法科、清末修律与近代商法理论体系的引入

中国自古以来只有歧商、禁商、限商、贬商、治商、管商之传统,而无尊商、促商、利商、恕商、护商、救商之法制。对国人来说,近代意义的商法及理论纯粹为舶来之物。尽管较早接触泰西商业文明的知识精英已意识到西方重商主义"以通商为大经,以制造为本务"的本质,[3]以及源远流长的以"保民养民""利民利商""自由""富强"为主旨的商法传统,[4]深切地认识"治国以富强为本,而求强以致富为先"的振兴富强之策,[5]以及"立商部,译商律,开商局,设商学"的重要性,[6]但作为部门法意义和具特定概念、范畴、知识、价值、原则、规则的体系化商法理论,则是域外商法文本翻译、近代大学法科设立与晚清变法修律的副产品。

---

〔3〕(清)郑观应:《易言·论商务》,载夏东元编:《郑观应集·救时揭要(外八种)》(上),中华书局2013年版,第74页。

〔4〕(清)严复:《原强》,载王栻主编:《严复集》(第1册),中华书局1986年版,第5~15页。

〔5〕(清)马建忠:《适可斋记言·卷一·富民说》,载《马建忠集》,王梦珂点校,中华书局2013年版,第7页。

〔6〕(清)陈炽:《续富国策·卷四·商书·纠集公司说》,载赵树贵、曾丽雅编:《陈炽集》,中华书局1997年版,第236页。

1. 近代商法思想的滥觞、肇兴与溯源

在商法思想与制度的介绍与传播上，魏源的《海国图志》是较早认识到西方商事制度并有简单介绍的近代国人论著，其内容涉及公司、银行、保险等制度。例如，在《筹海篇四》中，就有关于“西洋互市广东者十余国，皆散商无公司，惟英吉利有之”；谓“公司者，数十商辏资营运，出则通力合作，归则计本相分，其局大而联”；泰西各国“方其通商他国之始，造舰炮，修河渠，占埠头，筑廛舍，费辄巨万，非一二商所能独任，故必众力而易擎，甚至借国王赀本以图之，故非公司不为功”等记载。[7]

在商法制度的实践层面，中国近代自开埠以后，怡和洋行、汇丰银行、太古轮船公司等外资企业进入中国，为较早的近代公司企业；[8]第一家由民资设立的近代企业为1872年华侨商人陈启源创办的继昌隆缫丝厂；近代第一家公开招募股份的股份有限公司为1872年设立的轮船招商局。[9] 近代企业与股份公司在中国落地，开启了近代商制在中国的本土化进程。

在商事法律的文本层面，翻译西洋商法典是近代中国初步了解和认识商事法律及内在法理至关重要的一步。1861年后清政府为筹办洋务需要，设立京师同文馆，以培训翻译人才，并附设印书处、翻译处，在编译、出版的自然科学、国际法、外国法及经济学等书籍中，就包括有化学、天文学教习法国人毕利干翻译刻印的《法国律例》，其中《贸易定律》即为《法国商法典》的简译本，“系陈明一切商贾交易之事，并于一切运载各货或系雇赁车船，并车夫水手及铺户生意赔累倒行打帐等事，均归《贸易定律》，因案例衡之”。[10] 毕利干所译的《法国律例》意义重大，为西方民商法文本第一次正式传入中国。[11] 光绪三年（1877年）七月驻英公使郭嵩焘从便利外交的角度，上书朝廷《请纂成通商则例折》，动议“各口通商事宜急应纂成通商则例一书，以资信守事”，得到光绪帝的“该衙门议奏”的批复。[12]

维新派主张、传播商法观念和商法规则，是商事立法、商法理论为清廷官方、民间社会所认识或接受的启蒙环节。出于允许、鼓励民间投资、经商、设厂等经济改革的需要，商法受到维新派的特别重视和青睐，制定商法也成为维新改革的头等大

---

〔7〕（清）魏源：《海国图志·筹海篇四·议款》，载魏源全集编辑委员会：《魏源全集》（四），岳麓书社2011年版，第79页。

〔8〕沈祖炜主编：《近代中国企业：制度和发展》，上海人民出版社2014年版，第10页。

〔9〕朱荫贵：《近代中国的第一批股份制企业》，载《历史研究》2001年第5期。

〔10〕《法国律例·凡例》，[法]毕利干口译，（清）时雨化笔述，上海同文馆1880年版；陈颐：《清末民国时期法典翻译序说》，载《法学》2013年第8期。

〔11〕何勤华：《中国近代民商法学的诞生与成长》，载《法商研究》2004年第1期。

〔12〕（清）郭嵩焘：《各口通商应请纂成通商则例疏》，载梁小进主编：《郭嵩焘全集》（四），岳麓书社2012年版，第823～826页。

事。例如,康有为从"全变论"的改革目标出发,就十分重视商法在改革中的功能和作用。在《上清帝第六书》中,他就吁请设"法律局","宜采罗马及英、美、德、法、日本之律,重定施行,不能骤行内地,亦当先行于通商各口;其民法、民律、商法、市则、船则、诉律、军律、国际公法","宜有专司,采定各律,以定率从";在《请开制度局议行新政折》中,指出在万国并争之世,"民法与刑法不分,商律与海律未备,尤非所以与万国交通也"。[13] 维新派主张设立商部、制定商律的改革动议,虽因戊戌变法的失败而未能实现,但对清末变法修律产生直接影响。

2. 近代大学法科的设立与商法课程、学科的确立

1895年设立的天津中西学堂,内设头等学堂(大学本科)及二等学堂(大学预科),其中,头等学堂设立法律学门,学制4年,开设"律例学",课目包括大清律例、各国通商条约、万国公法、法律通论、罗马律例、英国合同法、英国罪犯律(刑法)、商务律例(商法)。此为中国近代大学较早把商法列入大学法科的必修课目的例子。1903年,天津中西学堂更名为北洋大学堂后,商法仍列为法科的必修课目之一。[14] 诞生于1898年戊戌变法并作为仅存的维新成果京师大学堂,就设有包括法科的政学科;1902年由原同文馆改名的译学馆并入京师大学堂,后被改为法律院,开始翻译外国法律或法学著作;[15] 1902年和1903年,京师大学堂分别附设具法政专科性质的仕学馆和进士馆,其中《速成仕学馆考选入学章程》所列法律课目包括刑法、民事诉讼法、刑事诉讼法、法制史、罗马法、日本法、英吉利法、法兰西法、德意志法,政治课目包括行政法、国法、民法、商法等。[16] 又据1903年《奏定进士馆章程》,所列法学课目也有法学通论、各国宪法、各国民法、商法、各国刑法、各国刑事诉讼法、警察学、监狱学、各国行政法、中国法制史等。[17] 足见,商法至迟在1902年开始,已列为京师大学堂仕学馆或进士馆的必修课目,并为其他大学堂、仕学馆、政法学堂、法政专门学校所效法。[18] 不仅如此,为教授、研习法律,1905年开始,京师大学堂仕学馆师生联手编辑、印行法学通论、宪法、刑法、刑事诉讼法、民法、民事诉讼法、商法、法制史、国际公法、国际私法等法科讲义。作为较早的一批法科教材,商法一开始就添列其中,成为中国近代商法学科、教材、著述之滥觞。而1905年在修律大臣

---

〔13〕 汤志钧编:《康有为政论集》(上册),中华书局1981年版,第214~215页、第352页。

〔14〕 王健:《中国近代的法律教育》,中国政法大学出版社2001年版,第154~155页。

〔15〕 陈学恂主编:《中国近代教育史教学参考资料》(上册),人民教育出版社1986年版,第467~469页。

〔16〕 朱有瓛主编:《中国近代学制史料》(第二辑上册),华东师范大学出版社1987年版,第759~760页。

〔17〕 舒新城主编:《中国近代教育史资料》(中册),人民教育出版社1961年版,第634页。

〔18〕 程燎原:《清末法政人的世界》,法律出版社2003年版,第64~126页。

沈家本、伍廷芳力奏下成立的京师法律学堂，[19]更成为近代商法专门人才和商法理论的直接输出基地；在京师法律学堂，除商法被列为正科第二、三年的必修课程外，还聘有日本法学家松冈义正、志田钾太郎分别讲授民法、商法，他们在直接参与清末修律、起草新法的同时，利用京师法律学堂讲习的职位，传授系统的民法、商法知识体系、理论基础和研究方法。[20] 受此影响，早期一部分杰出的商法专家和学者，大部分均毕业于此。尽管京师法律学堂只存在短短几年，但在中国商法学科、人才、理论的发展史上，却有着重要的地位。

3. 晚清变法修律与商律部门法、商法理论的引入

清末法律近代化与近代化立法"首先是商事立法"；[21]在预备立宪、变法修律中，最早最初的成果就是商法，并且政治上的变革决定了中国百年商法的兴衰隆替。[22] 1901 年湖广总督张之洞、两江总督刘坤一联合上奏《江楚会奏变法三折》，主张仿行西方进行变法，其中第三折明确提出参照列强，先行制定《矿律》《路律》《商律》《中外交涉刑律》等四律；[23]1902 年 3 月 11 日清廷发布第一道《修订法律上谕》，予以照准，并指出"近来地利日兴，商务日广，如矿律、路律、商律等类，皆应妥议专条"；[24]1902 年 5 月 13 日，清廷又颁布《修订法律上谕》，设立修订法律馆作专司修法的专门机关，正式启动变法修律。1903 年 3 月 25 日，清廷再次下达"振兴商务上谕"，终于认识到"通商惠工，为古今经国之要政"，有鉴于本朝"自积习相沿，国计民生，日益贫弱，未始不因乎此"；为"变通尽力"，准设商部，并着派"载振、袁世凯、伍廷芳先订商律作为则例"；明确要求修律大臣"悉心妥议，请旨施行，总期扫除官习，联络一气，不得有丝毫隔阂，致启弊端"；期以商律"保护维持尤应不遗余力，庶几商务振兴，蒸蒸日上，阜民财而培邦本，有厚望焉！"[25]是年 7 月，清廷下旨设立专门厘定商法、管理商务的专门机构商部，商部下设律学馆，专司翻译外洋商律各书兼及路矿律、招工律、保险律、报律及各国条约。此外，修订法律馆更是"首重翻译"，在前期因所聘外国顾问主要为美国人，故侧重翻译美国破产法、美国公司法

---

[19] 吴朋寿：《京师法律学堂与京师法政学堂》，载中国人民政治协商会议全国委员会文史委员会：《文史资料选辑》（第 142 辑），中国文史出版社 2000 年版，第 167～171 页。

[20] 陈煜：《清末新政中的修订法律馆》，中国政法大学出版社 2009 年版，第 236～243 页、第 341～353 页。

[21] 管晓立：《清末民国时期中国法学教育的近代化研究》，中国政法大学出版社 2018 年版，第 72 页。

[22] 王志华：《中国商法百年（1904－2004）》，载《比较法研究》2005 年第 2 期。

[23] 李秀清：《中国近代民商法的嚆矢——清末移植外国民商法述评》，载《法商研究》2001 年第 6 期。

[24] 《清实录·德宗景皇帝实录》（七），中华书局 1987 年版，第 536～537 页。

[25] 怀效锋主编：《清末法制变革史料》（下卷），李俊等点校，中国政法大学出版社 2010 年版，第 501 页。

论、英国公司法论等英美法系国家的商法学著作;后期因所聘外国顾问主要为日本人,故翻译的对象也主要集中于日本商法、德国海商法、日本票据法、日本破产法论、德国破产法等日、德国的商事法和商法著作。另外,上海商务印书馆出版的80册《新译日本法规大全》,是同时期比较全的一套外国法律译本,其中就包括有《日本商法典》。[26]

因朝廷对民间从商、通商、振商诉求的回应和商律的起草、颁行,一种仿行日本、效法列强且完全不同于传统以限禁管制商人为目的、而以"通商惠工"和"阜民财而培邦本"为主旨的近代商法,在晚清行将正寝之前被匆匆突突、踉踉跄跄地移植到中国。随着清末成立商部、编修商律的推动,较早一批有影响的日本学者所著商法总论或商法基础理论方面的著作,也被相继翻译作为修订法律馆或法律学社的参考书、教科书,并逐渐在国内公开印行或正式出版。代表性的如雷光宇据日本志田钾太郎《新商法论》编著而成的《商法・商行为》、松波仁一郎的《日本商法论》、志田钾太郎的《商法总则》、松本蒸治的《商法原论》等。[27]

例如,志田钾太郎的《商法总则》一书即由绪论(商法之意义、商法法典存在的当否、商法的沿革、商法上文明诸国之分类、商法之适用、商法之著书)和总则(总论、商行为、商业)两大部分组成。[28] 由于志田钾太郎作为日本商法学界的代表,曾被官派先后留学德国、法国研习德、法商法,其商法思想和知识体系深受德、法商法影响;又因作为1909年版《大清商律草案》的特聘起草者,故其在京师法律学堂所授讲义基础上整理而成的《商法总则》,不仅代表了那个时代日本商法的水准和体例,更开中国近代商法之先河,成为"中国近代商法学的源头之一"。[29] 又如,松波仁一郎的《日本商法论》,由总论、第一编总则、第二编会社、第三编商行为、第四编手形、第五编海商等六部分组成,其中,总则部分就有法例、商人、商业登记、商号、商业账簿、商业使用人、代理商等内容。[30] 再如,松本蒸治的《商法原论》,全书由绪论(包括商之观念、商法之观念、商法之沿革等三章)、第一编总则(包括商法之法

[26] 《新译日本法规大全》(80册线装),南洋公学译书院初译、商务印书馆编译所补译校订,上海商务印书馆1907年版。

[27] [日]志田钾太郎口述,雷光宇编译:《商法・商行为》,天津丙午社1907年铅印本;[日]松波仁一郎:《日本商法论》,秦瑞玠、郑钊译,上海商务印书馆1911年版;[日]志田钾太郎口述、熊元楷编:《商法总则》,安徽法学社1912年版;[日]松本蒸治:《商法原论》,陈寿凡译,上海商务印书馆1917年版。

[28] [日]志田钾太郎口述、熊元楷编:《商法总则》,何佳馨点校,上海人民出版社2013年版,第3页以下。

[29] 何勤华:《中国法学史》(第三卷),法律出版社2006年版,第347页。

[30] [日]松波仁一郎:《日本商法论》,秦瑞玠、郑钊译,中国政法大学出版社2005年版,第16页以下。

源、商法适用之范围、商行为、商人、营业、商业登记、商号及商标、商业帐簿、代理商等十章)两大部分构成。〔31〕 日本学者直接参与清末商律的起草、在京师法律学堂对商法知识体系和基本原理的讲授、所著商法理论著作的翻译出版,直接促进了近代日本商事立法、商法知识、商法理论和著述体例在中国的输入和移植。

清政府的变法修律特别是制定商法的举动,直接关乎民间商人和全国商民的切身利益。与清廷修订商法几乎同步进行的,是民间商法学人和商会组织自主发起的起草商法运动和二次全国性商法大会的召开。1907 年 11 月 19 日至 21 日,由上海商务总会、上海预备立宪公会、商学公会共同发起的第一次全国商法讨论大会在上海愚园召开,会议集中讨论了商法草案的制定和中国商法典的编制问题,形成了第一编公司法、第二编契约法、第三编破产法、第四编商行为、第五编手形法(票据法)、第六编海商法、第七编总则的民间版商法典草案决议,并由上海预备立宪公会商法编辑所推举秦瑞玠、孟昭常等五人任编订员,分任商法各编的起草工作。1909 年 12 月 19 日,在上海又召开了第二次商法大会,会议对上海预备立宪公会商法编辑所编定的商法草案进行了讨论和修改,形成《商法总则》《公司法》《商法调查案理由书》,并公推秦瑞玠、孟昭常二人为代表,将修改完成后的商法草案赴京呈部。虽因辛亥革命随即爆发而被搁置,但两次商法大会及其所形成的《商法总则》《公司法》《商法调查案理由书》,直接为民国初年公布的《商人条例》《公司条例》提供了初稿。有学者认为,1907 年、1909 年召开的两次商法大会及《商法调查案理由书》的编辑完成,标志着中国商法学的正式产生。〔32〕

4. 中国本土学人商法著述的涌现与探索

与此同时,因 1904 年《钦定大清商律》的颁行和《大清商律草案》的起草,各种大学法科、法律或法政学堂的兴起,清末民初,也相继涌现出国内学者著述的商法总论、总则或原理方面的著作。在近代商法理论的翻译、整理、引入与著述方面,不能不提被称为安徽宿松熊氏法学三杰的熊元翰(1872 ~ 1950 年)、熊元楷(1880 ~ 1961 年)、熊元襄(1882 ~ 1924 年)三兄弟。他们均于 1906 年考入京师法律学堂法科乙班,并同时以优异成绩毕业。〔33〕 其中,熊元楷可以说是近代商法基础理论著述的创始者,在研读京师法律学堂法科乙班期间,全程聆听过日本著名法学家志田钾太郎、松冈义正的商法、民法讲授,先后担任河北省高等审判厅推事、上海检察厅检

〔31〕 [日]松本蒸治:《商法原论》,陈寿凡译,上海商务印书馆 1917 年版,第 1 页以下。

〔32〕 帅天龙:《二十世纪中国商法学之大势》,载《中外法学》1997 年第 4 期;王雪梅:《论清末的〈商法调查案理由书〉》,载《四川师范大学学报(社会科学版)》2005 年第 4 期。

〔33〕 何勤华:《中国法学史》(第三卷),法律出版社 2006 年版,第 116 页;沈伟:《〈京师法律学堂笔记〉的诞生及历史地位》,载《中南大学学报(社会科学版)》2014 年第 6 期。

察官等职;熊元楷长兄熊元翰曾于1912年任京师地方审判厅民事第二庭推事;其弟熊元襄历任司法部佥事、民事司第二科科长、刑事司第三科科长、京师地方检察厅检察长,两次代理刑事司司长,担任过日本留学监督处总务主任。三兄弟均在法科学有所成,并在司法界担任要职,在学术、实务均有突出成绩,盛名于时。1909年熊氏三杰与族弟熊仕昌(1883~1953年)等人在北京创立了安徽法学社,主持编辑、出版有京师法律学堂讲义,并冠名以"法律丛书——京师法律学堂笔记"。该笔记于1911年开始由安徽法学社陆续出版、印行,被誉为奠定中国近代法学之基础的清末民初三套法学著作和教材之一。〔34〕 熊元楷最早把志田钾太郎关于商法的授课内容整理、翻译成《商法总则》刊行;此外,他还把另一日本法学家松冈义正讲授的《民法总则》等书整理、翻译、刊行。受其影响,其兄熊元翰参考、仿行志田钾太郎《商法总则》的体例和内容,著成《商法总则》同名一书;该书于1911年最早刊行,是为中国近代第一部国人撰写的商法基础理论方面的著作。〔35〕 另一胞弟熊元襄和族弟熊仕昌也参与了《商法:会社、商行为》《破产法》《商法:有价证券、船舶》等大量民商事法律讲义的整理、翻译与出版。〔36〕 熊氏兄弟所整理、翻译、出版的大量商法方面的著作和丛书,开中国本土商法理论之先河,直接影响之后民国学者关于商法著述的体例、内容和风格。

在民国时期,除前述熊氏兄弟翻译、整理、出版的商法著作外,代表性的商法论著还有如周龙光的《商法讲义》、警官高的《商法概论》、民友社的《新商法商人通例、公司条例释义》、陈宗劭的《商法问答》、胡霖的《商律总论》、王家驹的《比较商法论——公司编》、上海法学编译社的《商法问答》、王效文的《新中华商法》、王孝通的《中国商事法概论》、王效文的《商事法概论》、刘朗泉的《中国商事法》、王效文的

〔34〕 另两套分别为湖北法政编辑社:《法政丛编》,湖北法政编辑社1905年版;汪庚年主编:《法学汇编——汪辑京师法律学堂笔记》,京师法学编辑社1911年版。何勤华:《中国法学史》(第三卷),法律出版社2006年版,第65页;曾宪义、王健:《律学与法学——中国法律教育与法律学术的传统及现代发展》,中国人民大学出版社2012年版,第367页。

〔35〕 熊元翰:《商法总则》,安徽法学社1911年版,第1页以下。

〔36〕 [日]志田钾太郎口述,熊元襄、熊仕昌编:《商法:会社、商行为》,安徽法学社1911年版;[日]松冈义正口述,熊元楷、熊仕昌编:《破产法》,安徽法学社1911年版;[日]志田钾太郎口述,熊元楷、熊元襄、熊仕昌编:《商法:有价证券、船舶》,安徽法学社1912年版。

《商事法要义》等;[37] 此外,尚有无锡人秦瑞玠所编的《商法调查案理由书》《商法调查案浅说》《商法调查案正文》和上海商务总会所编的《商法调查案理由书》等商法调查案系列。[38]

(二)民国时期的商法理论与著述体例

1. 民国时期本土学者代表性的商法论著

值得注意的是,志田钾太郎的《商法总则》所原创的绪论 + 本论的体例结构和基本内容,为绝大多数民国商法学者所遵循和沿袭。例如,熊元翰的《商法总则》基本上仿行日本志田钾太郎的《商法总则》的体例,把商法分为绪论和总则两大部分,其中绪论包括商法之意义、商法法典存在的当否、商法的沿革、商法上文明诸国之分类、商法之适用、商法之著书等六部分;总则包括总论、商行为(基础的商行为、附属的商行为、对于商行为之商法之适用、商行为之当事者、商行为之成立、商行为之代理及委任、商行为之效力)、商业(意义、商业之分类、对于商业之商法适用、商业之主体、商业之开始及废止、商业及于商行为之效果、商号、营业所、商业账簿及商业信书、商业登记)等三部分。[39] 又如胡霖的《商律总论》包括商法之意义、商法之沿革、商法之系统、商行为、商人、商法上之人格权、商业登记、商业账簿、商业之辅助、代理商等十部分。[40] 再如刘朗泉先生的《中国商事法》,该书是商务印书馆 1937 年前后出版印行"大学丛书"中的一本,共分上、下两册,内容除绪论之外,本论包括从事商业之人、商业组织、商品、商事权义之发生、商事权义之担保、有关商事之契约、破产与和解等七编。[41] 另外,王效文的《商事法概论》《商事法要义》等,也仍然没有脱离志田著本的影响。例如《商事法概论》按绪论和本论两大部分体例著述,其中绪论部分包括商法的意义、商法的沿革、商法的编制、民商法的统一等内容,本论

〔37〕 周龙光:《商法讲义》,1912 年铅印版;警官高:《商法概论》,1912 年铅印版;民友社:《新商法商人通例、公司条例释义》,民友社 1914 年版;陈宗劭:《商法问答》,上海会文堂书局 1914 年版;胡霖:《商律总论》,上海文汇图书局 1914 年版;王家驹:《比较商法论——公司编》,上海中华书局 1917 年版;上海法学编译社:《商法问答》,上海法学编译社 1931 年版;王效文:《新中华商法》,上海新国民图书社 1931 年版;王孝通:《中国商事法概论》,上海世界书局 1933 年版;王效文:《商事法概论》,上海会文堂新世纪书局 1937 年版;刘朗泉:《中国商事法》,商务印书馆 1937 年版;王效文:《商事法要义》,上海昌明书屋 1947 年版。

〔38〕 秦瑞玠:《商法调查案理由书》,预备立宪公会编辑所 1909 年版;秦瑞玠:《商法调查案浅说》,预备立宪公会编辑所 1909 年版;秦瑞玠:《商法调查案正文》,预备立宪公会编辑所 1909 年版;上海商务总会:《商法调查案理由书》,民友社 1912 年版。

〔39〕 熊元翰:《商法总则》,安徽法学社 1911 年版,第 1 页以下。

〔40〕 胡霖:《商律总论》,上海文汇图书局 1914 年版,第 1 页以下。

〔41〕 刘朗泉:《中国商事法》,商务印书馆 2018 年版,第 3 页以下;侯欣一:《刘朗泉与〈中国商事法〉》,载《深圳特区报》2018 年 7 月 17 日,B11 版。

部分包括第一编通例(包括营业、营业所、商业注册、商号、商业账簿、商业使用人及学徒等)、第二编公司、第三编票据、第四编保险、第五编海商等内容;[42] 又如《商事法要义》则也按绪论、本论两大部分,其中本论则包括第一编商业登记法、第二编公司法、第三编票据法、第四编保险法、第五编海商法等体系构建,第一编商业登记法中涉及有关商人、商号、商业登记、商业账簿等一般性理论;[43] 只有《新中华商法》的体例有一定的创新,该书包括绪论、契约、代理、雇佣、委任、经理人及代办商、居间、行纪、寄托、仓库、运送营业、承揽运送、买卖、票据、合伙、隐名合伙、公司等十七章,体例与同时代的商法著作有明显不同,但绪论部分包括法律的意义、法律的渊源、法律的分类、商法的意义、商法的沿革、商法的体系、商法的应用、商法的研究、民商的统一等内容,仍印上深深的志田著本痕迹。[44] 王孝通的《中国商事法概论》由商事法序论、公司法、票据法、海商法、保险法等五编构成,其中商事法序论包括商之意义、商法之概念、商法之沿革、商法编纂之主义、小商人、营业、商业注册、商号、商业账簿、商业使用人及商业学徒等十章,对民国商法著述特别对 1949 年后我国台湾地区商法著述影响较大。[45]

2. 民国时期本土商法著述与理论研究的鲜明特征

从民国时期本土商法著述的生成机制、源流考察和体例安排中,可以看出,民国时期的商法论著与理论研究具有如下鲜明特点:(1)以翻译、整理日著为基本范式。出于日语与汉语的近似性和相通性,加之效法日本变法图强成为当时的主流意识,民国时期绝大多数商法论著,在翻译、整理、出版、印行日本商法学者论著、讲座的基础上,将近代商法基本范畴、主要概念、知识体系、立法理念、理论要素逐步引入到中国,并为最先一代的商法立法参与者、商法学人所领会、接受。如前述志田钾太郎的《商法总则》、松波仁一郎的《日本商法论》、松本蒸治的《商法原论》等比较早的日本商法著作和讲义稿本,就对民国时期商法的著述和理论产生直接的示范影响。(2)由仿行日著到逐步本土化。由于近代商法范畴概念、知识体系、立法观念、理论要素与中国古代关于商的范畴、概念、意识、知识、观念、理论存在根本性冲突,清末开办法律学堂引入商法课目、修订起草颁行商律,不仅仅是纯粹地输入、移植商法基本知识、基本制度,更重要的是商法观念、价值、理论、制度上的突破和革命。因此,民国时期商法著述与理论,呈现明显的先仿行日著,而后逐步本土化的过程。例如,前述熊元翰所著的《商法总则》,作为本土化较早的商法基础理论著作基

[42] 王效文:《商事法概论》,上海法学编译社 1937 年版,第 1 页以下。
[43] 王效文:《商事法要义》,上海昌明书屋 1947 年版,第 2 页以下。
[44] 王效文:《新中华商法》,上海新国民图书社 1932 年版,第 1 页以下。
[45] 王孝通:《中国商事法概论》,上海世界书局 1933 年版,第 1 页以下。

本上就是参考、仿行志田钾太郎的《商法总则》体例和内容，结合自己的听课笔记和理解汇著而成。其他民国时期的代表性商法论著，也基本上按照这一学术路径，一步步使商法著述和理论朝着本土化方向发展。至王效文的《新中华商法》和王孝通的《中国商事法概论》的出版、印行，具本土化特色的商法著述体例和内容安排，得以逐步定型。(3)近代商律的立法先行和针对现行商法的理论阐释。民国时期的商法著述和理论研究，带有明显的注释法学特征。因1904年《钦定大清商律》的颁行，清末民初绝大部分本土商法论著，除对商法基本知识、主要理论有一般性介绍外，重点内容均放在对现行立法文本的阐释，并形成与现行立法子部门和文本对应的商法著述体例。王孝通先生的《中国商事法概论》的完成，标志着以现行商法子部门为对应视角的商法著述体例，得以初步成型。(4)相对于民法而言，商法理论研究尚欠发达。受民商合一立法体例的影响，商法基础理论方面的研究绝大部分由民法总论、总则或民法基础理论所统领与代替，商法总论、总则或基础理论的研究与拓展空间受到限制，因此，商法总论、总则或基础理论方面的研究，一直停留于介绍性、陈述性和通识性知识层面。仅从数量上看，在近代主要的193部民商法著作中，其中以总则为书名或关键词的民商法学著作有70多部，占到了总数的近40%；[46]但相对而言，从前面的列举中，商法总论或总则仅占其中寥寥数部。

三、1949年后中国商法理论研究的历史变迁与现状分析

1949年2月中共中央发布《关于废除国民党〈六法全书〉与确定解放区的司法原则的指示》，正式废除原南京国民政府时期所颁布的、以"六法全书"为基本内容的所有法律体系，自此，包括商事特别法在内所有原民国时期的法律规范，在解放区和新政权接管的原国统区，以及随后的整个大陆，已不再发生法律效力。但是，民国时期所制定的一系列商事特别规定，仍然在我国台湾地区得以继续施行。

不仅如此，前述民国时期商法的著述体例、内容安排、理论研究，自1949年以后，基本上在我国台湾地区得到承继与延续。征之我国台湾地区的代表性商法论著，如张国键的《商事法论》、曾如柏的《商事法大纲》、刘清波的《商事法新论》、朱敬恒的《商事法概论》、蔡荫恩的《商事法概要》、梁宇贤的《商事法要论》、张东亮的《新编商事法论》、林咏荣的《新版商事法新诠》、赖源河的《实用商事法精义》、周大中的《商事法精义》、刘渝生的《商事法》、潘维大的《商事法》、郑玉波的《商事法》、

〔46〕 李婧:《学术史视域下的近代中国民商法学研究》，载《南通大学学报(社会科学版)》2014年第3期。

王立中的《商事法新论》、谢瑞智的《商事法概论》、王文宇等的《商事法》等,[47]无一不深深印下民国初期商法著作的体例结构和内容风格。例如朱敬恒的《商事法概论》包括绪论、公司法、票据法、海商法、保险法、附录等六编,其中,属于基础理论方面的有第一编绪论和第六编附录,绪论部分包括商事法之概念、商事法之沿革、商事法之立法主义、我国商事法之演进等四章,附录包括商业登记法等内容,基本是因袭王孝通先生的《中国商事法概论》之著述体例和内容安排。[48] 又如蔡荫恩的《商事法概要》也为绪论、公司法、票据法、海商法、保险法等五编结构,其中绪论部分包括商事法之意义与特质、商事法之沿革、商事法与其他法律之关系等三章。[49] 张国键的《商事法论》则包括绪论、商业登记法、公司法、票据法等四编结构,其中绪论部分包括商事法之概念、商事法之沿革、商事法之特质、商事法与其他法律之关系、商事法之理论的基础、商事法学之研究方法、商事法之立法制度等七章,商业登记法则包括总论、商业概说、商业组织、商业主体及其辅助人、商业登记、商业名称、商业账簿、规费等八章,是基础理论较为侧重的一本著作。[50] 梁宇贤的《商事法要论》最先也包括绪论、公司法、票据法、海商法、保险法等五编结构,其中绪论部分包括商事法之意义、商事法之特质、我国商事法之沿革、商事法之效力、商事法与其他法律之关系等五章;[51]2003 年出版的《商事法要论》则调整为商事法总论、商业登记法及商业会计法、公司法、票据法、海商法、保险法等六编,其中,第一编商事法总论包括商事法之意义、商事法之演进、商事法之立法编列及其立法精神、商事法之理论基础及特性、商事法之效力、商事法与其他法律之关系等六部分。[52] 另 2018 年最新修订梁著版《商事法要论》,调整为绪论、公司法、票据法、海商法、保险法等,

〔47〕 张国键:《商事法论》,台北,三民书局 1949 年版、1980 年版、1984 年版;曾如柏:《商事法大纲》,正中书局 1972 年版;刘清波:《商事法新论》,台北,台湾开明书店 1977 年版;朱敬恒:《商事法概论》,台北,台湾中华书局 1975 年版;蔡荫恩:《商事法概要》,台北,三民书局 1980 年版、1994 年版;梁宇贤:《商事法要论》,台北,三民书局 1981 年版;张东亮:《新编商事法论》,东海大学法律系 1984 年版;林咏荣:《新版商事法新诠》,台北,五南图书出版有限公司 1984 年版;赖源河:《实用商事法精义》,台北,五南图书出版有限公司 1985 年版;周大中:《商事法精义》,大中国图书公司 1988 年版;刘渝生:《商事法》,台北,三民书局 1995 年版;潘维大:《商事法》,台北,三民书局 1995 年版;郑玉波:《商事法》,台北,五南图书出版有限公司 1999 年版;王立中:《商事法新论》,台北,三民书局 1998 年版;谢瑞智:《商事法概论》,台北,台湾商务印书馆 2010 年版;王文宇等:《商事法》,元照出版有限公司 2018 年版。

〔48〕 朱敬恒:《商事法概论》,台北,台湾中华书局 1975 年版,第 1 页以下。

〔49〕 蔡荫恩:《商事法概要》,台北,三民书局 1980 年版,第 1 页以下。

〔50〕 张国键:《商事法论》,台北,三民书局 1980 年版,第 3 页以下。

〔51〕 梁宇贤:《商事法要论》,台北,三民书局 1981 年版,第 1 页以下。

〔52〕 梁宇贤:《商事法论》,中国人民大学出版社 2003 年版,第 3 页以下。

其中绪论部分述及商事法之意义、沿革、与其他法律之关系等内容。[53] 周大中的《商事法精义》包括绪论、公司法、票据法、保险法、海商法等五编，其中，绪论包括商事法之意义、商事法之地位及其特质、商事法之沿革及其趋势等三章。[54] 刘清波的《商事法新论》为概论、商业登记法、公司法、票据法、保险法、海商法等六编，其中，概论部分包括商事法之概念、各国商事法之立法、商事法之立法精神、商事法与其他法律之关系等四章；商业登记法包括商业概念、商业登记、商业账簿、商号（商业名称）等四章。[55] 其他如刘渝生的《商事法》包括商业登记法、公司法、票据法、海商法、保险法、公平交易法六大部分；[56] 潘维大的《商事法》共分绪论、公司法、商业登记、票据法、保险法、海商法、公平交易法等七大部分，[57] 体例结构和主要内容也均大同小异。

有些商法论著，甚至没有基础理论内容，只涉及商法的个别或少数子部门法。如王文宇等著的《商事法》则只涉及公司法、证券交易法、票据法、海商法、保险法等四部分或五部分；[58] 黄仕翰、吴鸿奎的《商事法》则只包括公司法、保险法、海商法、票据法等四编；[59] 刘瀚宇的《商事法》就只有公司法、票据法、保险法三编；[60] 陈丽娟的《商事法导论》则只包括公司法、票据法、保险法等三部分；[61] 潘秀菊等的《商事法：公司法、票据法》更只有公司法、票据法两部分；[62] 王志文的《商事法：保险法、海商法篇》也只包括保险法、海商法两部分；[63] 杨伟文、杨德庸的《商事法：公司法篇》则只有公司法编内容。[64] 还有如刘连煜的《商事法及金融法》，甚至把商法与金融法熔为一炉。[65]

总体而言，延续民国时期商法著述体例、内容安排和研究风格的我国台湾地区商法学界，其论著基本尚停留于民国初年的水平，特别是有关商法理论的探讨和分

---

[53] 梁宇贤：《商事法要论》（修订 15 版），台北，三民书局 2018 年版，第 1 页以下。

[54] 周大中：《商事法精义》，大中国图书公司 1988 年版，第 1 页以下。

[55] 刘清波：《商事法新论》，台北，台湾开明书店 1977 年版，第 1 页以下。

[56] 刘渝生：《商事法》（修订 12 版），台北，三民书局 2018 年版，第 1 页以下。

[57] 潘维大：《商事法》，台北，三民书局 1995 年版；潘维大、范建得、罗美隆：《商事法》（修订 13 版），黄心怡修订，台北，三民书局 2019 年版，第 3 页以下。

[58] 王文宇等：《商事法》，中国人民大学出版社 2008 年版；王文宇等：《商事法》，元照出版有限公司 2018 年版，第 3 页以下。

[59] 黄仕翰、吴鸿奎：《商事法》，台北，五南图书出版有限公司 2008 年版。

[60] 刘瀚宇：《商事法》，新文京开发出版股份有限公司 2017 年版，第 3 页以下。

[61] 陈丽娟：《商事法导论》，新学林出版股份有限公司 2016 年版。

[62] 潘秀菊等：《商事法：公司法、票据法》，元照出版有限公司 2015 年版。

[63] 王志文：《商事法：保险法、海商法篇》，台湾空中大学 2003 年版。

[64] 杨伟文、杨德庸：《商事法：公司法篇》，华泰文化事业股份有限公司 2002 年版。

[65] 刘连煜主编：《商事法及金融法》，新学林出版股份有限公司 2007 年版。

析，除张国健的《商事法论》、梁宇贤的《商事法要论》等少数论著通过绪论、总论有所涉及外，绝大多数商法论著对商法基础理论整体空缺。这一方面受制于我国台湾地区沿袭民国时期相对式的民商合一模式，有关商法基础理论部分，更多被民法总论或民法基础理论所取代；另一方面，从研究风格来看，我国台湾地区学界广泛受民国时期商法既有研究成果和日本商法学界的影响，注重于商法制度、技术层面的讨论，而忽视商法基础理论的研究，特别是不重视对商法目的、主旨、范畴、理念、价值、原则、规则层面的一般性分析和抽象概括。故迄今为止，我国台湾地区鲜有专门研究商法基础理论方面的论著。

此外，中国香港、澳门特别行政区因其特殊的历史原因和制度背景，虽属我国商法范畴无疑，但其法例、制例与内地存在重大差异，自然也影响与制约着这两地的商法理论研究。

在中国香港特别行政区，由于实行英美法系，无严格意义的商法部门，涉及商法的研究，主要为有关合同法、公司法、证券法、代理法、保险法、海商法等方面的单行法，代表性论著如何美欢教授的系列论著。[66] 涉及商法一般性研究的只有内地学者蔡镇顺编著的《香港商事法》，且内容也只涉及香港的合同法、买卖法、海上货物运输法、海上保险法、票据法、公司法等。[67] 有关香港商法基础理论的研究，总体上阙如。

在中国澳门特别行政区，虽然奉行民商分立，但对商法基础理论的研究，也明显欠缺。较早的《澳门民商法》和《澳门商法导论》均为内地学者所著，对基础理论部分的论述也欠深入；[68] 近年来方有澳门本地学者著有《澳门商法》，但涉及基础理论方面的论述，仍然停留于知识性介绍与一般性陈述层面。[69]

1949 年 10 月以降，我国大陆（内地）受意识形态、经济制度、政制环境、大学体制等多方面因素的影响，特别是受商事立法、商法学科的直接影响，商法理论研究，呈现明显的阶段性发展特征。

（一）1949 年至 1979 年：商法理论研究因商事立法缺失、商法学科取消而中断

1949 年 2 月的废法指示，虽为新政权确立新法统和秩序奠定了政策和法律依

---

〔66〕 何美欢：《香港合同法》，香港中文大学出版社 1990 年版，北京大学出版社 1995 年版；何美欢：《香港担保法》（上、下），北京大学出版社 1995 年版；何美欢：《香港代理法》（上、下），北京大学出版社 1996 年版；何美欢：《公众公司及其股权证券》（上、中、下），北京大学出版社 2000 年版。

〔67〕 蔡镇顺：《香港商事法》，四川大学出版社 1993 年版，第 1 页以下。

〔68〕 蒋恩慈：《澳门商法导论》，中国大百科全书出版社上海分社 1994 年版，第 1 ~ 17 页；米也天：《澳门民商法》，中国政法大学出版社 1996 年版，第 225 页以下。

〔69〕 曹锦俊：《澳门商法》，社会科学文献出版社 2015 年版，第 3 ~ 74 页。

据,但也因以原“六法全书”为对象的法学研究和法律解释,失却阐释的对象;同样因民国时期所有商事特别法被废,建立在原商事特别法基础上的商法研究与解释,也顿失方向和对象。

1949年至1953年,虽因国民经济恢复,新政权的中国人民政治协商会议于1949年9月通过《中国人民政治协商会议共同纲领》和政务院于1950年12月发布的《私营企业暂行条例》等,本着“使各种社会经济成分在国营经济领导之下,分工合作,各得其所,以促进整个社会经济的发展”的根本方针,总体对私有私营工商业持鼓励、扶助态度,[70]即在“在国营经济领导之下,鼓励并扶助有利于国计民生的私营企业”,私人可以独资、合伙、公司等形式投资经营从事营利的各种经济事业。[71]但自1954年开始,随着是年9月政务院发布《公私合营工业企业暂行条例》,城市开始启动公私合营和对资本主义工商业实行社会主义改造;在农村,随着1955年11月全国人大常委会通过的《农业生产合作社示范章程》,农村、农业、农民进入合作化、公社化的集体化时代。在奉公有制、集体化等经济制度和发展模式为绝对政治正确的观念、政制大环境下,私人、私有、私营投资和民间、民资、民营经济已没有存在的必要性和发展的可能空间。自此之后,有关反映私人、私有、私营投资和民间、民资、民营经济的商事政策、商事立法,也无必要和可能,而逐渐处于消失状态。商法理论研究的经济基础与政制环境,已不复存在。

与此同时,随着1952年全国高校的大调整,以法科为对象的政法院校首先受到直接影响,至1953年调整后最终形成了全国政法院校“四院两系”之格局;1954年4月至5月,中央人民政府高等教育部召开全国政法教育会议,明确全面学习苏联法学教育的基调,并讨论拟订政法学院和大学法律专业的教学计划;在1953年7月高等教育部颁发《综合大学法律系教学计划》和政法学院教学计划的基础上,按照“国家与法”的理论,讨论修订新的综合大学法律系和政法院系的教学计划,并于同年8月颁布实施。1955年6月,时高等教育部组织、参考苏联1955年最新教学计划,修订法律专业四年制教学计划,制订五年制统一教学计划,于是年8月颁发《法律专业(五年)教学计划草案》。按照上述教学计划草案和教学计划,商法学科和课程,被移除高等学校法律院系的学科体系和课程体系。[72] 商法理论研究在高校从此丧失其学科背景、课程依托和团队支撑。

此外,以1950年11月时政务院发布的《关于加强人民司法工作的指示》等文

---

〔70〕《中国人民政治协商会议共同纲领》第26条、第30条、第31条。

〔71〕中华人民共和国政务院:《私营企业暂行条例》(1950年)第1~3条。

〔72〕董节英:《1949－1957年的中国法学教育》,吉林人民出版社2008年版,第148~150页、第163~190页。

件，开始对原国民政府时期的旧司法系统进行改造；从1952年7月中央司法部设立中央司法改革办公室开始，至1953年2月，一场以清除旧司法人员、肃清旧法思想、纠正旧司法作风、发展政法教育的司法改革运动，雷厉风行地在全国展开。运动中，占全国司法干部2.8万余人近22%的约6000名原国民政府时期留用的推检人员（旧法官和检察官），几乎被全部清理出司法队伍。[73] 此次司法改革运动虽对确认新政权的司法制度和司法作风具有重要历史意义，但也因对旧司法人员绝对不信任和一刀切的清理政策，使大量具有深厚法学功底和司法审判经验的法官特别是具有良好商法专业素养的司法人员，不必要地离开了司法机关。它既造成专业司法人员的巨大浪费和闲置，也使我国司法队伍中专业人才特别是商事裁判专业人才长期空缺和严重匮乏，进而在一定程度影响司法审判的质量，使商法研究失却了必要的商事裁判和司法实务依靠。

总之，在废除"六法全书"、私营工商业改造与农村集体化运动、全国政法院校大调整和新的法学教学计划、旧司法系统与人员的大规模改造运动等一系列因素的综合作用和影响下，商法无论作为法律规范，还是产生的经济基础、学科依托、司法实务，均已丧失存在的必要性和可能性，其理论研究自然也就无任何正当性和现实意义，停滞进而几近消失，也就是必然发生的事情。在此大潮流和大背景下，不少原来从事商法理论研究的饱学之士及对商事实务术有专攻的业界精英，或者弃学，或者转行，原有的学术兴趣和理论探索被视为畏途，专业功底也逐渐荒废，待到重拾之时，已是30年之后的垂垂岁月矣！

（二）1980年至1999年：商法理论研究随商事立法重启、商法学科恢复而兴起

1. 改革开放时期商法学科、理论恢复的历史契机

1976年之后的中国，是在反思与徘徊中寻找出路和希望的中国。特别是十年"文化大革命"浩劫，使上下、干群均认识到国家法制、法治的极端重要性。随着1977年恢复高考，以时"五院四系"恢复法律专业招生为标志，在中国中断了十余年的高等法学教育得以重新启航。

在经济上，为尽快恢复、发展经济，以1979年7月第五届全国人大二次会议通过的《中外合资经营企业法》为标志，久违国人视野与意识的商事立法，在改革开放的转型时代，被赋予新的历史使命和改革重任。

高校法科恢复招生和商事立法纳入国策，直接促进了商法知识、商法意识、商

---

〔73〕 黄文艺：《1952－1953年司法改革运动研究》，载《江西社会科学》2004年第4期；熊先觉：《1952－1953年司法改革运动》，载《炎黄春秋》2012年第5期。

法学科、商法理论的复活和振兴。在20世纪80年代初期，以江平、徐学鹿、王书江、谢次昌、卞耀武、沈达明、冯大同、沈四宝等有学术见地和时代责任感的代表者、执着者或先行者，率先涉足商法领域和商法学科，开始在几近空白的商法领域，为重建商法学科、商法课程和商法理论，进行着艰难探索。

2. 20世纪80年代的代表性商法论著及奠基意义

20世纪80年代的商法研究属于恢复、拓荒期，其主要任务是重拾商法知识、恢复商法学科、介绍商法原理、考察域外法例、界定商法边界等。其中，江平、徐学鹿等先生重在对商法一般性知识、原理、立法、理论的介绍与建构；卞耀武、谢次昌等先生则重在对实际生产、生活中的商法现象、商事活动进行学理阐释和注解；王书江、谢次昌、卞耀武等先生则立基于域外商法论著和商法典的翻译；沈达明、冯大同、沈四宝等先生则侧重于国际商法、比较商法的研究。鉴于商法知识、学科、理论、立法、实务在中国已中断近30年，学界和业界对商法一般性、常识性、普适性知识与理论已极为陌生。在此情景下，改革开放早期的商法论著，所呈现给久违国人的商法知识理论和体系构架，对学界和业界而言，恍有隔世之感。故这一时期商法的理论与研究总体上具有介绍性、阐释性、译述性、辨析性等明显特点。

（1）介绍性。即以介绍商法一般性、常识性、普适性知识与理论为主要任务。江平先生的《西方国家民商法概要》、徐学鹿先生的《商法概论》，作为当时最早的商法论著，其在介绍一般性、常识性、普适性商法知识与基础理论的同时，立足于中国商法学科、课程、理论框架的早期探索，是改革开放时期商法的奠基、拓荒之作。例如，江平先生的《西方国家民商法概要》由总论、西方主要资本主义国家民法、西方主要资本主义国家商法三编构成，其中商法部分包括商人、商行为、公司法、票据法、买卖法、保险法、破产法等内容，初步恢复民国时期商法研究的知识框架，比较真实地反映当时域外国家商法的基本状况。[74] 又如徐学鹿先生的《商法概论》，作为改革开放之后国内最早的一本商法著作，全书由商法概述、商法主体、商业登记、商业企业法、商行为、商品购销与物资供应商行为、承揽加工租赁商行为、仓储保管运输商行为、居间委托信托商行为、票据法、保险法、商品价格法、商品商标广告法、集市贸易法、商事纠纷的仲裁和诉讼等十五章组成，初步建立起中国商法的概念、知识、学科框架体系。[75]

（2）阐释性。即以阐释、解释实际生活中的商法现象、商事活动和商事纠纷为要点。卞耀武、谢次昌先生的《商事活动中的法律问题》可以说是这一时期的代表

[74] 江平:《西方国家民商法概要》，法律出版社1984年版，第1~31页、第199页以下。

[75] 徐学鹿:《商法概论》，中国商业出版社1986年版，第1页以下。

作。该书由商事活动、商事活动的法律规定、商事活动的法律理论等三编构成。[76]尽管该书不恰当地把商法与当时具计划管理性质的商业法相混淆，但该书以20世纪80年代中期所能显现的商法现象和商事活动为研究对象，利用一般商法知识、原理、法例进行阐释，在当时殊为难得。

(3)译述性。即以翻译外国商法论著和商法成文法典为要点，或以阐述域外商法基本知识、法例、体系为主旨，或普及商法知识、原理、立法和理论。前者如《公司法》翻译小组所译的《英国公司法》、谢次昌翻译日本学者龙田节的《商法略说》、北京政法学院民法教研室选译的《日本商法选译》(上下)、丁耀堂先生翻译的《日本商法典》、沈四宝所译的《美国标准公司法》等。[77] 特别是谢次昌翻译的《商法略说》，作为改革开放之初较早翻译外国学者的商法论著，全书由总论、股份公司、其他企业形态、商品的流通、票据和支票等五编组成，[78]能比较及时反映日本学界对商法研究的最新动态。后者如王书江先生的《外国商法概论》《外国商法》，沈达明、冯大同等著的《国际商法》，沈四宝先生的《西方国家公司法概论》等，就比较有代表性。其中，《外国商法概论》作为中国政法大学教材，最早于1984年1月印行，全书由绪论、公司法、票据法、海商法、保险法、破产法等六部分组成，对外国商法制例、法例作了一般性梳理和阐释；[79]《外国商法》是在《外国商法概论》的基础上经修改、订正后的正式出版本，该书延续了《外国商法概论》的著述体例和主要内容，是比较系统地介绍、阐释外国商法的代表性论著。[80] 例如，姜厚仁的《外国民商法概论》，是比较早的一部全面介绍外国民商法的通识性著作。[81] 又如沈达明、冯大同等所著的《国际商法》，包括两大法系、合同、买卖、代理、商业组织、票据、海上货物运输、海上保险、工业产权、仲裁和诉讼等十章，[82]是较早从国际商法视野来介绍、阐述商法的知识、原理和理论。沈四宝先生的《西方国家公司法概论》，[83]是比较早地系统译介、述评西方公司法原理、法例的一本著作。此外，由上海社会科学院法学研究所编

---

〔76〕 卞耀武、谢次昌：《商事活动中的法律问题》，青海人民出版社1987年版，第1页以下。

〔77〕 [英]R. E. G. 佩林斯、A. 杰弗里斯：《英国公司法》，《公司法》翻译小组译，上海翻译出版公司1984年版；[日]龙田节：《商法略说》，谢次昌译，甘肃人民出版社1985年版；《日本商法选译》(上下)，北京政法学院民法教研室译，北京政法学院民法教研室1981年铅印本；《日本商法典》，丁耀堂译，法律出版社1982年版；《美国标准公司法》，沈四宝译，北京大学出版社1981年版。

〔78〕 [日]龙田节：《商法略说》，谢次昌译，甘肃人民出版社1985年版，第1页以下。

〔79〕 王书江：《外国商法概论》，中国政法大学民法教研室1984年铅印版，第1页以下。

〔80〕 王书江：《外国商法》，中国政法大学出版社1987年版，第1页以下。

〔81〕 姜厚仁：《外国民商法概论》，复旦大学出版社1989年版，第228页以下。

〔82〕 沈达明、冯大同、赵宏勋：《国际商法》(上下)，对外贸易出版社1982年版，第3页以下。

〔83〕 沈四宝：《西方国家公司法概论》，北京大学出版社1986年版，第1页以下。

译室编译的有关“各国宪法制度和民商法要览”丛书，共分欧洲、亚洲、非洲、美洲与大洋洲分册，对各大洲不同法系、国家或地区的民商法立法体例与主要制度，进行了比较全面、详细的介绍和阐述；[84] 该书对普及域外商法知识、立法体例、商事制度，具有工具书意义。

(4)辨析性。即通过分析、讨论、探索商法的性质、功能、对象、作用、使命，论证商法在中国有无存在的必要性和可能性。改革开放时期较早专门讨论商法的期刊论文为马敏先生的《我国第一部正式商法》一文，[85] 之前的论文虽有几篇带有商法词汇，但均是讨论商法子部门海商法或国际商法的具体问题。

在商法恢复的特殊时期，我国曾存在一个名称为商业的计划经济部门和关于商业管理方面的商业法门类，且学界、业界已出版有比较多的关于商业法方面的论著。[86] 因此，如何看待传统商法与商业法的关系，就成为学界和业界的一个争点，也是研究商法不可回避的问题。这一问题是由谢次昌和卞耀武先生联合发表的《关于资本主义商法的几个问题》一文开始的。该文认为“商”的本来意义是介于生产和消费之间进行商品交换的营利行为，商法属于资本主义性质的法律部门，是从民法中分离出来的调整商事关系的法律。[87] 随后，谢次昌先生继续著文，认为传统商法是资本主义国家中一个重要法律部门，而商业法是社会主义国家使用的法律概念，是调整国家在管理商业过程中所发生的经济关系之法律规范的总称；[88] 认为资本主义国家的商法实质是企业法，而不是商业法，资本主义国家的商法和社会主义国家的商业法，一个源于所谓“私法”的理论，是民法的补充和发展，一个则产生于社会主义国家组织和管理经济的职能，是经济法的一个组成部分。[89] 因此，传统意义上的资本主义商法与社会主义性质的商业法是不相容的，进而主张我国只能

---

〔84〕 上海社会科学院法学所组编的“各国宪法制度和民商法要览”丛书，法律出版社 1986～1987 年版。

〔85〕 马敏：《我国第一部正式商法》，载《史学月刊》1984 年第 1 期。

〔86〕 穆镇汉：《商业法教程》，法律出版社 1987 年版；王振荣：《商业法概论》，中国财政经济出版社 1987 年版；刘勇：《商业法律基础》，中国商业出版社 1988 年版；张德文：《商业法律教育读本》，中国商业出版社 1990 年版；王振荣：《商业行政诉讼与商业法制》，中国法制出版社 1990 年版；王威宣：《商业法规常识》，高等教育出版社 1991 年版；何祥：《商业法制教程》，中国商业出版社 1991 年版；中国商业法研究会：《商业法理论初探》，中国法制出版社 1993 年版；王振荣：《商业法制理论与实践》，中国法制出版社 1994 年版；邵建功主编：《商业法全书》，经济日报出版社 1995 年版；张建忠：《中国商业法实务》，中国商业出版社 1996 年版；叶春生：《香港商业法》，华南理工大学出版社 1996 年版。

〔87〕 谢次昌、卞耀武：《关于资本主义商法的几个问题》，载《社会科学》1984 年第 4 期。

〔88〕 谢次昌：《传统商法中几个需要探讨的理论问题》，载《中国法学》1987 年第 5 期。

〔89〕 谢次昌：《传统商法并不等于商业法》，载《现代法学》1987 年第 1 期。

有商业法而不能有商法。[90]

针对谢次昌、卞耀武等学者的观点,徐学鹿先生著文予以商榷和质疑,认为商法亦称商事法,属于基本法的范畴,商业法属于特别法,商法与商业法虽是两个不同的概念,但商法包括了商业法的内容,商业法是对商法内容的补充;[91]并认为如果说民法是商品经济的产物的话,商法则是商品经济进一步发展的产物,我国商事立法正是发展我国商品经济的客观需要,也是人类智慧的结晶,是发展商品经济成功经验的高度概括,决不能简单地给它贴上资本主义的标签;[92]主张商法是建立商品经济新秩序的基本行为规范。[93]

通过商法与商业法的讨论与论争,商法的调整对象、制度功能、历史使命和我国究竟是否需要商法、商法在我国是否具有存在的价值等问题,进一步明朗化,从而为 20 世纪 90 年代商法的独立发展,作了必要的学术和理论储备。

总之,20 世纪 80 年代的商法著述,呈现转变观念、重视商法理论研究、创建商法制度等基本特征,[94]属于改革开放之后重拾商事立法、普及商法知识、恢复商法记忆、译介域外商法、解释商法现象、探索本土商法的理论初创、重建时期,其介绍性、阐释性、译述性、辨析性工作,对 20 世纪 90 年代商法学科的恢复与理论体系的创建,具有拓荒、铺路、示范、引领意义。

3.20 世纪 90 年代的代表性商法论著及主要贡献

进入 20 世纪 90 年代,商法研究以全新的面貌开始受到学界和业界的重视。基于如下历史契机,商事立法、商法知识、商法学科迎来前所未有的发展机遇,商法理论也在此背景下逐步由觉醒走向自为、独立:(1)市场经济体制的确立。在对传统计划经济体制改革的过程中,国有企业股份制改革和建立市场经济体制逐渐成为当时的中心主题;以 1992 年 5 月启动的国有企业股份制改革为起点,改革步入深水区。1992 年 10 月召开的中共十四大明确提出"我国经济体制改革的目标是建立社会主义市场经济体制";1993 年 11 月在中共十四届三中全会通过的中共中央《关于建立社会主义市场经济体制若干问题的决定》,明确提出"加快经济立法,进一步完善民商法律、刑事法律、有关国家机构和行政管理方面的法律,20 世纪末初步建立适应社会主义市场经济的法律体系",商法与民法并重,已彰显国家对调整市场经济关系的商法的重视。(2)商事立法开始进入"快车道"。为适应建立社会主义市

〔90〕 谢次昌:《传统商法中几个需要探讨的理论问题》,载《中国法学》1987 年第 5 期。
〔91〕 徐学鹿:《浅论商法》,载《北京商学院学报》1985 年第 4 期。
〔92〕 徐学鹿:《商法是发展商品经济的法——与谢次昌同志商榷》,载《商业经济研究》1987 年第 9 期。
〔93〕 徐学鹿:《商法是建立商品经济新秩序的基本行为规范》,载《北京商学院学报》1989 年第 2 期。
〔94〕 叶林:《中国民商法学 20 年》,载《法学家》1999 年第 Z1 期。

场经济体制的需要,国家立法机关加快了商事立法的进程,以1993年12月《公司法》的通过为标志,商事立法随后进入井喷期,《仲裁法》(1994年)、《商业银行法》(1995年)、《票据法》(1995年)、《保险法》(1995年)、《担保法》(1995年)、《合伙企业法》(1997年)、《证券法》(1998年)、《个人独资企业法》(1999年)、《招标投标法》(1999年)等商事单行法相继通过。商事立法的快速、密集出台,迫切需要商法理论研究的总结和阐释。(3)高等学校法科扩招和商法研究人才的积累。20世纪90年代,由于中国经济快速发展,对人才的需求刺激高校的扩招,其中以法律专业为主的法科,又是高校扩招的重中之重。虽然法律专业扩张未免出现泥沙俱下、鱼龙混杂等现象,但总体而言,法学教育因为生源的急增,带来法学师资的巨大需求,高校法学专业也因适应、对口市场经济发展的需要,而一时成为显学。与此同时,国家法律自学考试,各种形式的电大、夜大和成人高等教育,以及自1986年司法部推行全国律师资格考试,均从各种途径培养并造就了各种各类大量法律专业人才。特别是自1993年开始,国家律师资格考试由2年一次改为1年一次,极大促进各种实用型法律专门人才的脱颖而出,这其中就有相当部分属于对口市场经济需要、具商法知识背景的专门人才。商法专门人才阵容的扩大,无疑助推着商法学科的恢复和理论研究的成熟。(4)各种商事纠纷与案件的急增迫切需要商法理论的解释与指引。市场领域的不断开放,直接刺激民资进入、民企经营和民间交易,同时也伴随着各种各类投资、经营、交易纠纷或诉讼的发生,但囿于商事成文法的粗略和商事裁判专业人才的匮乏,大量商事纠纷与诉案得不到及时、有效的处理。在此情形下,商法研究与理论思考,显得十分迫切和必要。

受前述各种因素的影响和推动,20世纪90年代的商法理论研究,以其不同于20世纪80年代的规模、特质、风格,在探索性、独立性、学科性、国际性、本土性等方面,有了长足的发展。

(1)探索性。此一时期的学界和业界,已十分着意于对商法基础理论的探索和体例结构的建立,涌现出一批有一定理论支撑和体例结构的代表性商法论著,如徐学鹿的《商法》、王书江的《中国商法》、董安生的《中国商法总论》、房绍坤的《实用商法》、李玉泉的《中国商事法》、江平主编的《商法全书》、曾咏梅主编的《中国商法教程》、苏惠祥的《中国商法概论》、周建设的《商法评点》、柳经纬的《商法概论》、王保树主编的《中国商事法》、胡凯和屈茂辉主编的《中国商法新论》、王福新的《商事法导论》、赵万一主编的《商法学》、赵中孚主编的《商法总论》、徐学鹿的《商法总论》等。[95] 例如,徐学鹿先生的《商法》,全书由商法概论、商法主体、公司法、股份有限公司、有限责任公司、涉外公司、股票债券与证券交易市场、商行为、票据法、保险法、海商法、破产法等十二章构成,[96]相比于其1986年出版的《商法概论》,剔除了大量属于计划经济性质的商业法章节和内容,尽管体例的安排仍欠缺科学性和统一性,但商法的形式和内容更为纯粹了。徐学鹿先生的另一本《商法总论》,更从商法的性质和地位、商法的演进、现代商法——《美国统一商法典》、商法与相邻部门法的关系、我国商法的历史与发展、市场主体、市场行为、商事权利救济等八个方面,比较具体、深入地阐述商法的原理,理论深度与中国问题意识有长足的进展。[97] 又如,赵万一主编的《商法学》,作为我国较早冠以"商法学"的著作,全书按照商法总论、商事主体、商行为、商事救济等四编框架建构,尽管理论部分仍有不足,但该书整体而言思路清晰、体例新颖,是同时期商法著作中的上乘之作。[98] 再如,赵中孚主编的《商法总论》,全书包括商法导论、外国商事法律制度概况、商事主体、商事法律行为、商事登记、商业名称、商业账簿、商事诸法等八章,是比较全面、系统对商法基础理论进行介绍和阐述的著作。[99] 此外,江平教授主持整理的《商法全书》,其商法原理部分按照总论、商事主体法、商事行为法、商事权利救济法这一新的框架,构建全新的商法理论体系。[100] 当然,也有学者尚未严格精准区分商法的调整功能和法域边界,把诸如合同法、税收法、劳动法等内容不适当地揉进商法,[101]表现出此一时期学界、业界对商法尚存在模糊认识和定性不准。

(2)独立性。20世纪八九十年代正是商法知识、学科、理论恢复、定型之际,也正是中国民法、商法、经济法大论战之时,商法的调整范围和法域边界如何界定,也

〔95〕 徐学鹿:《商法》,北京农业大学出版社1991年版;王书江:《中国商法》,中国经济出版社1994年版;董安生主编:《中国商法总论》,吉林人民出版社1994年版;房绍坤、丁海潮主编:《实用商法》,山东人民出版社1995年版;李玉泉主编:《中国商事法》,武汉大学出版社1995年版;江平主编:《商法全书》,中国广播电视出版社1995年版;曾咏梅主编:《中国商法教程》,武汉大学出版社1995年版;苏惠祥主编:《中国商法概论》,吉林人民出版社1996年版;周建设:《商法评点》,大连出版社1996年版;柳经纬:《商法概论》,厦门大学出版社1996年版;王保树主编:《中国商事法》,人民法院出版社1996年版;胡凯、屈茂辉主编:《中国商法新论》,湖南出版社1996年版;王福新主编:《商事法导论》,上海科学技术文献出版社1996年版;赵万一主编:《商法学》,中国法制出版社1999年版;赵中孚主编:《商法总论》,中国人民大学出版社1999年版;徐学鹿:《商法总论》,人民法院出版社1999年版。

〔96〕 徐学鹿:《商法》,北京农业大学出版社1991年版,第1页以下。

〔97〕 徐学鹿:《商法总论》,人民法院出版社1999年版,第1页以下。

〔98〕 赵万一主编:《商法学》,中国法制出版社1999年版,第1页以下。

〔99〕 赵中孚主编:《商法总论》,中国人民大学出版社1999年版,第1页以下。

〔100〕 江平主编:《商法全书》,中国广播电视出版社1995年版,第2~536页。

〔101〕 王福新主编:《商事法导论》,上海科学技术文献出版社1996年版,第122页以下。

是这一时期商法学界、业界所关注的主题之一，因而解释商法与其他部门法之间关系的辨析性研究，论证商法的独立性或独特性，就成为此一时期商法的一个重要任务。综观 1980 年代中期至 1990 年代末，涉及商法辨析性、独立性方面的探讨、研究，主要是通过如下几次论争完成的：

第一次论争：商法与商业法的区分。最早探索商法存在的必要性和部门法的独立性，是从前述 1980 年代中期关于商法与商业法的区分讨论开始的；1990 年之后，学界讨论的重点开始集中于商法的制度功能、[102]基本特征、[103]调整对象、[104]商法的边界等问题。[105]

第二次论争：商法与经济法的析分。在整个 20 世纪 80 年代至 90 年代中期，商法一直被多数学界、业界认为属于经济法的范畴，商法部门、课程、学科、团队、教材、论著，均属于经济法的当然组成部分。但这种局面在 20 世纪 90 年代中期，随着《公司法》等新型商事法的制定、颁行，而逐渐得到改变，而这一变化的过程，其实就是一个商法与经济法的论争过程。由于经济法本质上只是大陆法系“一个时髦的术语，人们有时随心所欲地加以使用，并且往往不给它以一个确切的定义”，因而缺乏高度的严谨性和一致性；在普通法国家，它甚至“没有得到学术上的承认”，人们宁可选择“商事法”这一术语；而“在商法传统根深蒂固的国家里，新的经济法仍然在为自己谋求一席之地，一般来说，它仍然难以有足够的力量来充实商法”。[106] 这场论争中，由于绝大部分商法学者是由经济法领域转行而来，只有少数民法学者兼顾商法问题，从事商法研究者反倒是执着于实际问题的研究和基础理论的储备，较少关注商法与经济法之间的区分和识别，故有关商法与经济法析分的讨论，更多是在民法与经济法学者之间进行。最具代表性的观点有以下几个：第一，三类主体与行为区分说。如有学者从个人、企业、国家这三种不同的主体上，以及从一般经济活动、企业经济活动、经济管理活动这三类不同行为上，大体上划出了民法、商法、经济法各自的调整范围，即民法调整个人的一般经济活动，商法调整企业的经济活动，

[102] 徐学鹿：《论商法与商业文化》，载《北京商学院学报》1990 年第 2 期；徐学鹿：《论商与商法》，载《北京商学院学报》1992 年第 5 期；张民生：《制定商法是完善市场经济的迫切需要》，载《商业经济研究》1994 年第 2 期；张华仁：《商法与市场经济法制建设浅议》，载《学海》1994 年第 1 期；范健：《当代主要商法体系论纲》，载《法律科学》1992 年第 6 期。

[103] 徐学鹿：《论商法的基本特征》，载《法学杂志》1991 年第 3 期；施天涛：《论建立和完善我国商法制度》，载《法律科学》1992 年第 2 期。

[104] 徐学鹿：《论商法的调整对象》，载《法学评论》1992 年第 6 期。

[105] 赵新华：《论社会主义商品经济关系的法律调整体系》，载《当代法学》1991 年第 2 期。

[106] [美]丹尼斯·特伦：《商法与经济法》，方流芳译，载《环球法律评论》1986 年第 4 期。

经济法调整国家的经济管理活动。[107] 第二，类别关系区分说。如有学者认为，商法着眼于民间，调整平等商事主体间的经济关系；经济法着眼于国民经济全局，调整国家经济管理关系与各种经济组织相互之间的经济协作关系。[108] 或者认为民商法调整民间经济关系；经济法调整国家经济管理关系。[109] 或者认为民商法调整民间主体在平等的经济交往中形成的经济关系；经济法之基本任务是维护国家经济管理，调整国家经济管理关系。[110] 也有学者认为，经济法与民商法、行政法及劳动法在调整社会经济关系方面是一种分工与协作关系。[111] 第三，法律属性区分说。如有学者认为商法属于私法，强调以私法意思自治、市场调整为原则，具有较强的国际性，包括公司法、合同法、票据法、保险法、商业银行组织法等；经济法属公法，以国家干预、改善和矫正意思自治、市场机制的内在缺陷为原则，包括反垄断法、反不正当竞争法、财税法、产业政策法、环境保护法、广告法及货币调节法等。[112] 有学者认为，经济法是经济社会化和法律对经济关系的调整日趋精细化和专业化的必然结果，它将公法和私法的手段融为一体，是现代市场经济社会中不可或缺的一个法律部门；商法与民法一样，属于私法范畴，奉行"政府不干预原则"，它不可能被改造成"经济法"，也不可能代替经济法；故民法是任何市场经济社会中调整经济关系的基本法，经济法在社会主义市场经济中起主导作用，也具有基本法的地位。[113] 第四，经济法是商法公法化的结果。如有学者认为，经济法是商法公法化以及解决传统民法遇到危机的一种必然产物；[114] 尽管经济法与商法都不同程度地加入了国家干预的因素，但商法仅仅是通过对意思自治形式化的要求，实现对商事活动的调整，它仍然是由"私的"法律规范组成的；经济法则不同，国家从组织、内部结构、管理、财务、资本运动等方面，深入经济关系内部，对其进行全方位的调整，因此，"在公有制企业居主导地位的情况下，传统商法的内容基本上都可归入经济法"。[115] 第五，利益类型区分说。如有学者认为，经济法、民法、商法、行政法分别以保障社会整体经济利益、个人利益、商事个体利益、国家公共利益为使命共同构成社会主义市场经济法律体系的主体；以自由竞争为基础辅以必要国家干预的现代混合经济体制

---

〔107〕 赵新华：《论社会主义商品经济关系的法律调整体系》，载《当代法学》1991 年第 2 期。

〔108〕 王光、孟庆波：《浅议商法与经济法的关系》，载《经济纵横》1993 年第 11 期。

〔109〕 漆多俊：《经济法基础理论》，武汉大学出版社 1993 年版，第 29 页。

〔110〕 马俊驹：《市场经济体制下经济法与民商法的关系》，载《中国法学》1994 年第 1 期。

〔111〕 史浩林：《经济法与民商法、行政法界分之图解》，载《社会科学战线》1999 年第 3 期。

〔112〕 郑少华：《商法与经济法：市场经济发展的重要法律制度设计》，载《法商研究》1995 年第 1 期。

〔113〕 史际春：《社会主义市场经济与我国的经济法》，载《中国法学》1995 年第 3 期。

〔114〕 邓峰：《试论民法的商法化及其与经济法的关系》，载《法学家》1997 年第 3 期。

〔115〕 史际春、徐孟洲：《大陆六法精要 · 经济法》，台北，月旦出版公司 1994 年版。

取向,决定了民商法私法属性的恪守与经济法作为社会法范畴的生成。[116]

第三次论争:商法与民法的关系。由于商事立法存在民商分立、民商合一、单行商事法等不同法例或制例,民商虽均属私法范畴,但相互关系如何定位,法域边界如何区分,当然是学界、业界难以回避的问题。关于商法与民法的关系,论争中的代表性观点有以下几个:第一,特别法与普通法的关系。如有学者认为,民法作为调整商品经济关系的基本法,是千千万万种商品关系抽象化的法律表现,是商品经济活动普通、一般的准则,而商法不过是民法原则在具体领域中的渗透和体现,是民法规范在某些经济活动中的具体化,故民法和商法之间是普通法与特别法、基本法与补充基本法的单行法规之间的关系。[117] 第二,商法属于大民法。如有学者认为,商事法律规范本身缺乏共同性,"民法和商法的分立并不是出于科学的构造,而只是历史的产物"。[118] 也有学者认为,"商法并不超越民法的范畴,二者都必须贯彻私法自治或当事人自治的原则";我国现实的经济制度和中国近现代民事立法的"民商合一"传统,决定了我国当前并无在民法之外另立商法部门的客观条件和法学基础。[119] 更多学者是从"民法商事化与商法民事化",[120]"民法商法化"与"商法民法化",[121]商法具有民法的性质品格和基本精神,民商分立和民商合一只是立法技术和方法,而非法律实质问题等角度入手,[122]认为商法总体属于大私法或大民法的范畴。第三,基础法与基本法的关系。如有学者认为,在实行市场经济的国家中,民法、商法是以宪法为依据调整商品经济关系的基础法和基本法,是规范微观经济行为的重要工具。[123]

上述三次论争的结果,虽并未在学界、业界达成共识,但时代的发展特别是中国改革开放不断走向纵深,适应社会主义市场经济发展的商事立法可谓日新月异,不断破旧立新,使商法地位的重要性、商法学科的基础性以及商法理论建构的紧迫性已完全突破论争参与者当时观念、思维、格局的想象与极限。商业法因属计划经

---

[116] 程宝山:《论经济法与民法、商法、行政法的关系》,载《郑州大学学报(哲学社会科学版)》1999年第3期;程宝山:《再论经济法与民商法的关系》,载《郑州大学学报(哲学社会科学版)》1999年第5期。

[117] 王利明:《民商合一与我国民商法的关系》,载《西北政法学院学报》1986年第1期。

[118] 梁慧星、王利明:《经济法的理论问题》,中国政法大学出版社1986年版,第121页。

[119] 史际春:《社会主义市场经济与我国的经济法》,载《中国法学》1995年第3期。

[120] 尹彦久:《论民法商事化与商法民事化》,载《法制与社会发展》1996年第1期。

[121] 徐学鹿:《析"民法商法化"与"商法民法化"》,载《法制与社会发展》1996年第6期。

[122] 陈雪平:《关于商法与民法关系若干思考》,载《求是学刊》1998年第6期。

[123] 王存学:《民法商法在市场经济发展中的地位和作用》,载《吉林大学社会科学学报》1995年第1期。

济的特定产物，在市场经济的大潮下，逐渐退出历史舞台；民法、商法、经济法也因国家经济政策和治理方式的调整，而各自找到自己的功能定位和特定使命，民法作为私法基本法、商法作为调整市场经济关系的特别法、经济法作为国家调控经济关系的专门法，在学界与业界之间有了基本共识。特别是成立于1985年4月的中国法学会民法学经济法学研究会，[124]于2000年9月在清华大学召开最后一次年会之后，[125]经中国法学会批复同意，分设为民法学、商法学、经济法学等三个全国性法学学科研究会。2001年11月中国法学会商法学研究会于华东政法学院率先宣告正式成立；[126]2002年10月中国法学会经济法学研究会在湖南大学宣告成立；[127]2004年8月新的中国法学会民法学研究会在北京宣告成立。[128] 至此，民法、商法、经济法完成了独立一级学会的组建，各自走上的独立、蓬勃的发展道路。

（3）学科性。20世纪90年代是商法学科正式定型、并经商法学人的努力逐步得到学界、业界和官方认同的关键时期。在这一努力的过程中，商法学人、课程体系、学科归属是最重要的支撑条件。第一，商法团队。自20世纪80年代中期以后，特别是中国政法大学、北京商学院（1999年更名为北京工商大学）、中国社会科学院、中国人民大学、吉林大学、北京大学、武汉大学、西南政法学院、南京大学、华东政法学院、兰州大学、兰州商学院、西北政法学院、厦门大学等法律院系，逐渐形成有商法领军人物或代表性学者的稳定商法师资队伍和研究团队，在国内率先展开对商法的全面、系统研究和著述。第二，课程体系。20世纪80年代部分高校选修商法学课程；进入20世纪90年代中期，绝大部分法律院系的商法从经济法课程中独立出来，或开设《商法总论》《商法概论》，或开设公司法、证券法、破产法、商业银行法、票据法、保险法、信托法、海商法等必修或选修课程。第三，学科归属。20世纪90年代中期以来，绝大部分高校法律院系的商法学科，从经济法学科独立或析分出来，或归于民商法教研室，或成立独立的商法研究所或研究中心。

就全国而言，1998年11月教育部高等教育司委托高等学校法学学科教学指导委员会制定的《全国高等学校法学专业核心课程教学基本要求》，由高等教育出版社正式出版，商法作为首批全国高等学校法学专业14门核心课程之一，列入其中，明确商法课程应包含总论、公司法、破产法、票据法、证券法、保险法和海商法等七个

---

[124] 苏阳：《中国法学会民法学经济法学研究会成立》，载《法学研究》1985年第3期。

[125] 葛英姿：《中国法学会民法学经济法学研究会2000年年会综述》，载《中国法学》2000年第6期。

[126] 吕政君等：《中国法学会商法学研究会成立大会暨首届学术研讨会综述》，载《中国法学》2002年第1期。

[127] 蒋安等：《第十届全国经济法理论研讨会综述》，载《中国法学》2002年第6期。

[128] 张鹏等：《中国法学会民法学研究会换届暨2004年年会综述》，载《中国法学》2005年第1期。

部分。[129] 此举标志着商法教材、课程、学科的独立性,正式获得学界、业界和官方共同认可。[130] 2000 年 10 月由范健主编的《商法》核心课程教材,由高等教育出版社、北京大学出版社正式出版,[131] 商法教材、课程、学科的独立性和商法理论的基础性、重要性地位,逐渐为国人所认知。

(4)国际性。商法的共通性决定其具有固有的国际性,故商法学人从涉足商法领域的第一天开始,就以国际视野、比较方法、兼收并蓄的思维,把不同法系、国家或地区的商法译介出来,从更广阔的国际、法系、国别视角,来审视我国商事立法和商法理论。首先,一些具有代表性的商法典翻译,绝大部分完成于此一时期。如金邦贵所译《法国商法典》、[132] 杜景林和卢谌合译《德国商法典》、[133] 王书江和殷建平合译《日本商法典》、[134] 吴日焕所译《韩国商法》、[135] 费安玲和丁玫合译《意大利民法典》、[136] 多种《美国统一商法典》译本、[137] 卞耀武主编《当代外国公司法》[138] 以及外国公司法译丛之《法国公司法规范》、《德国股份公司法》、《日本国商法》、《英国公司法》、《美国公司法》等。[139] 其次,对外国著名商法论著的翻译或译介。较具代表性的如刘庆余译的法国商波所著《商法》、[140] 徐文学译的美国学者斯道克顿所著《货物买卖合同:美国统一商法典第二篇精解》等;[141] 特别是江平主编的外国法律文库的翻译与出版中,涉及多部商法或民商法方面的名著,如赵秀文选译《国际贸

[129] 中华人民共和国教育部高等教育司:《全国高等学校法学专业核心课程教学基本要求》,高等教育出版社 1998 年版,第 100～110 页。

[130] 李慧敏、夏阳:《我国高校法学专业核心课程教材历史变迁研究》,载《中国法学教育研究》2010 年第 3 期。

[131] 范健主编:《商法》,高等教育出版社、北京大学出版社 2000 年版。

[132] 《法国商法典》,金邦贵译,国际文化出版公司 1995 年版;《法国商法典》,金邦贵译,中国法制出版社 2000 年版。

[133] 《德国商法典》,杜景林、卢谌译,中国政法大学出版社 2000 年版。

[134] 《日本商法典》,王书江、殷建平译,中国法制出版社 2000 年版。

[135] 《韩国商法》,吴日焕译,中国政法大学出版社 1999 年版。

[136] 《意大利民法典》,费安玲、丁玫译,中国政法大学出版社 1997 年版。

[137] 《美国统一商法典》,潘琪译,中国对外经济贸易出版社 1990 年版;《美国统一商法典》,石云山等译,上海翻译出版公司 1990 年版;《美国〈统一商法典〉选译》,中国银行总行教育部教材处译,中国银行总行教育部教材 1992 铅印版;《美国统一商法典 · 信用证篇》,王江雨译,中国法制出版社 1998 年版。

[138] 卞耀武主编:《当代外国公司法》,法律出版社 1995 年版。

[139] 卞耀武主编:《法国公司法规范》,李萍译,法律出版社 1999 年版;《德国股份公司法》,贾红梅、郑冲译,法律出版社 1999 年版;卞耀武主编:《日本国商法》,付黎旭、吴民译,法律出版社 2000 年版。

[140] [法]商波:《商法》,刘庆余译,商务印书馆 1998 年版。

[141] [美]约翰 · M. 斯道克顿:《货物买卖合同:美国统一商法典第二篇精解》,徐文学译,山西经济出版社 1992 年版。

易法文选》、[142] 楚建译《德国民商法导论》、[143] 米健和朱林合译《法学导论》、[144] 王卫国等译《科宾论合同》、[145] 施天涛等译《财产法》、[146] 张乃根译《论经济与社会中的法律》、[147] 张文镇译《英国合同法与案例》、[148] 王书江译《债权在近代法中的优越地位》、[149] 杨召南等译的《海商法》(上下)等。[150] 最后,出版了大量介绍、述评外国、国别、国际商法的论著。较具代表性的如何勤华的《日本商法学的历史与现状》、[151] 范健的《德国商法》、[152] 王书江的《日本商法》、[153] 王萍编著的《日本商法教程》、[154] 董安生等编译的《英国商法》、[155] 郭星亚和蔡富生主编的《美国商法释义》、[156] 夏钟丽和朱秀婷编译的《美国商法》、[157] 张文博等编的《英美商法指南》、[158] 李舒和高榕的《美国商法浅谈》、[159] 郁志轰的《美国海商法》、[160] 吴兴光的《美国统一商法典介评》和《美国统一商法典概要》、[161] 吴志忠的《美国商事法研究》、[162] 胡果威的《美国公司法》、[163] 林国民等的《外国民商法》、[164] 梁建达的《外国民商法原理》、[165] 杨遂全和杨玲的《比较民商法学》、[166] 陈信勇的《中韩商法比较研

---

〔142〕 [英]施米托夫:《国际贸易法文选》,赵秀文译,中国大百科全书出版社 1993 年版。
〔143〕 [德]罗伯特·霍恩等:《德国民商法导论》,楚建译,中国大百科全书出版社 1996 年版。
〔144〕 [德]拉德布鲁赫:《法学导论》,米健、朱林译,中国大百科全书出版社 1997 年版。
〔145〕 [美]A. L. 科宾:《科宾论合同》(上下),王卫国等译,中国大百科全书出版社 1997 年版。
〔146〕 [英]F. H. 劳森、B. 拉登:《财产法》,施天涛等译,中国大百科全书出版社 1998 年版。
〔147〕 [德]马克斯·韦伯:《论经济与社会中的法律》,张乃根译,中国大百科全书出版社 1998 年版。
〔148〕 [英]A. G. 盖斯特:《英国合同法与案例》,张文镇译,中国大百科全书出版社 1998 年版。
〔149〕 [日]我妻荣:《债权在近代法中的优越地位》,王书江译,中国大百科全书出版社 1999 年版。
〔150〕 [美]G. 吉尔摩、G. L. 布莱克:《海商法》(上下),杨召南等译,中国大百科全书出版社 2000 年版。
〔151〕 何勤华:《日本商法学的历史与现状》,载《法律科学》1991 年第 1 期。
〔152〕 范健:《德国商法》,中国大百科全书出版社 1993 年版。
〔153〕 王书江:《日本商法》,煤炭工业出版社 1994 年版。
〔154〕 王萍编著:《日本商法教程》,上海外语教育出版社 1997 年版。
〔155〕 董安生等编译:《英国商法》,法律出版社 1991 年版。
〔156〕 郭星亚、蔡富生主编:《美国商法释义》,江苏人民出版社 1992 年版。
〔157〕 夏钟丽、朱秀婷编译:《美国商法》,中国物价出版社 1994 年版。
〔158〕 张文博、张圣翠、乔飞:《英美商法指南》,复旦大学出版社 1995 年版。
〔159〕 李舒、高榕:《美国商法浅谈》,上海人民出版社 1995 年版。
〔160〕 郁志轰:《美国海商法》,杭州大学出版社 1996 年版。
〔161〕 吴兴光:《美国统一商法典介评》,东北财经大学出版社 1991 年版;吴兴光:《美国统一商法典概要》,华南理工大学出版社 1997 年版。
〔162〕 吴志忠:《美国商事法研究》,武汉大学出版社 1998 年版。
〔163〕 胡果威:《美国公司法》,法律出版社 1999 年版。
〔164〕 林国民等:《外国民商法》,人民法院出版社 1996 年版。
〔165〕 梁建达:《外国民商法原理》,汕头大学出版社 1996 年版。
〔166〕 杨遂全、杨玲:《比较民商法学》,四川大学出版社 1997 年版。

究》、[167] 冯大同主编的《国际商法》、[168] 冯大同和沈四宝的《国际商法》等。[169] 上述这些商法典译本、外国商法名著和介绍外国、国别、国际商法的论著，对扩大商法学界、业界理论的国际视野，开拓商法研究的学术思路，具有重要的资料支撑、学术价值和参考意义。

(5)本土性。由于此一时期我国商事立法不断推陈出新，商法研究已开始脱离纯粹的常识性介绍、知识性陈述和域外比较考察的初创、普及阶段，商法学人开始聚焦中国问题、中国立法、中国制度、中国道路和中国理论，出现多本冠以中国的商法论著，如苏惠祥主编的《中国商法概论》、董安生主编的《中国商法总论》、王书江的《中国商法》、李玉泉和何绍军主编的《中国商事法》、曾咏梅主编的《中国商法教程》、王保树主编的《中国商事法》等。此外，还涌现了多套以中国商法为研究对象的商法系列丛书。例如，由吉林大学苏惠祥先生主编的"中国商法系列"丛书，包括《中国商法概论》《中国商法总论》《票据法》《公司法》《海商法》《保险法》等 6 本，是国内首套系统介绍和阐述中国商法的系列丛书，具有一定的开拓意义；又如由王保树先生主编的"商事法文库"，包括《中国商事法》《公司法》《证券法》《票据法》《保险法》《海商法》《期货法》《信托法》等 8 本，由人民法院出版社于 1996 年至 2001 年陆续出版；再如由徐学鹿先生主编的"商法系列丛书"，共分基础理论、市场主体、市场行为、商事权利救济等几大部分，包括《商法总论》《公司法》《企业法》《商事代理法》《破产法》《合同法》《买卖法》《期货法》《担保法》《信托法》《融资租赁法》《证券法》《票据法》《保险法》《海商法》《商事法律责任》《商事仲裁与诉讼》等 17 本，于 1999 年至 2001 年在人民法院出版社陆续出版。这些商法丛书的相继出版，不仅厚实了商法的基础理论，更显著扩大了商法学科、商法观念、商法理论的学术和社会影响力，标志着中国商法观念、理论、学科、学人逐渐走向成熟。在这些丛书中，有几本以中国商法为研究、分析对象的论著，显示中国商法更为喜人、乐观的本土化进程。如苏惠祥的《中国商法概论》，是较早冠以中国商法的著作，该书由商法总论、公司法、票据法、海商法、保险法等五编构成，其中第一编商法总论包括商法概述、商事主体、商行为、商事立法及发展趋势等四章，比较全面地阐述中国具雏形的商事立法和商法制度。[170] 董安生教授主编的《中国商法总论》，作为较早专门讨论中国商法基础理论的著作，全书由绪论、本论、附论三编构成，对商法概述、商事

[167] 陈信勇：《中韩商法比较研究》，杭州大学出版社 1997 年版。

[168] 冯大同主编：《国际商法》，对外经济贸易大学出版社 1991 年版；冯大同主编：《国际商法》，中国人民大学出版社 1994 年版。

[169] 冯大同、沈四宝：《国际商法》，对外经济贸易大学出版社 1994 年版。

[170] 苏惠祥主编：《中国商法概论》，吉林人民出版社 1993 年版，第 3 页以下。

法的原则与体系、商主体、商行为、商业登记、商业名称、商业账簿、商事仲裁、商事诉讼等进行比较全面的阐述和讨论，对构建中国本土商法理论框架具有示范、引领意义。[171] 王书江先生的《中国商法》，内容包括总论、公司法、证券法、票据法、保险法等五编，全是针对中国商法问题、立法、制度的阐述。[172] 李玉泉、何绍军主编的《中国商事法》由绪论、公司法、破产法、票据法、证券法、保险法、海商法七编组成，是比较完整的商法知识、理论架构。[173] 王保树先生主编的《中国商事法》包括总论、公司法、证券法、票据法、保险法、海商法等七编，首创总论与分论结构，对之后中国商法的著述体例，具有重大的影响力和示范力。[174]

总之，1990 年代是中国商法学科定型、本土化转型和理论成型的大变革时期，商法总论和商部门法的理论研究总体呈现不断深入的发展趋势；[175] 中国商事立法和商法学科从无到有、从停滞到复兴、从复兴进入快速发展的曲折路程，与中国改革开放的路程是呈同向、平行发展趋向的。[176] 这一时期，商法理论研究呈现万物复苏、万木争春、万花竞放的繁荣景象，尽管观念、理论、学科、学人相比宪法、民法、刑法等成熟、强势学科尚显稚嫩，但能从如此短时期取得如此显著、耀眼的成就，无疑是值得骄傲和自豪的。

（三）2000 年以来：商法理论研究的正常化与蓬勃发展

2000 年以来，随着中国加入 WTO，国内为适用 WTO 规则之自由、开放、宽松、公开、透明、持续、稳定、普惠性市场准入的需要，以 2003 年 10 月中共中央发布《关于完善社会主义市场经济体制若干问题的决定》为标志，先后、递次对行政许可（2003 年通过《行政许可法》）、商事组织（《公司法》《合伙企业法》《企业破产法》先后于 2005 年、2006 年修改）、投资体制（2004 年国务院发布《关于投资体制改革的决定》）、证券发行（2005 年《证券法》的修改以及由审批制全面过渡到核准制）、企业登记（2006 年开始全面推行准则登记主义和实行登记形式审查原则）、资本市场（设立中小企业板、创业板、证券投资基金、金融期货、商品期货等多元多层次资本市场）、金融行业（2003 年通过的《证券投资基金法》并对《商业银行法》《保险法》进行多次修改）、公平竞争（2007 年通过的《反垄断法》）、平等准入（2005 年、2010 年中共中央、国务院先后发布两个非公经济 36 条）、统一市场（破除行政壁垒与地方

---

〔171〕 董安生主编：《中国商法总论》，吉林人民出版社 1994 年版，第 3 页以下。

〔172〕 王书江：《中国商法》，中国经济出版社 1994 年版，第 3 页以下。

〔173〕 李玉泉、何绍军主编：《中国商事法》，武汉大学出版社 1995 年版，第 1 页以下。

〔174〕 王保树主编：《中国商事法》，人民法院出版社 1996 年版，第 3 页以下。

〔175〕 于莹：《改革开放 30 年中国商法学研究回顾》，载《当代法学》2009 年第 1 期。

〔176〕 华中师范大学商法研究中心：《中国商法及商法学三十年》，载《法学杂志》2009 年第 2 期。

保护主义)等商事领域、法律制度、市场环节、营商环境进行了大幅度的改革。对应于10年前中共中央发布的《关于建立社会主义市场经济体制若干问题的决定》,从确立建设社会主义市场经济体制为改革目标,到再度启动完善市场经济体制的深化改革,10年之间,中国经济形势、政制条件、法律供给、市场状况、国际环境、人文面貌,发生了翻天覆地的变化。商法学和商法理论,随着商事制度的完善进入高速发展期,商事立法的速度与规模、商法学研究的深度与广度,取得了前所未有的成就。[177] 加上高校持续扩招、法律人才的井喷式增长、商法学科与课程体系的不断充实和完善、商法研究队伍的快速壮大,特别是商法因对口市场经济发展的需求,使商法专业成为最热门的专业,商法学也因之成为新世纪最具应用性、创造性和吸引力的显学。这一切均直接或间接推动、促进、刺激着商事立法、商法部门、商法学科的发展,理论研究与产出也因之进入蓬勃发展的"快车道"。

1. 我国商法理论研究的鲜明特色

总体而言,进入21世纪以来,我国商法理论研究呈现如下鲜明特色:(1)研究成果丰硕多元。据笔者粗略统计,自2000年以来,我国学者共出版商法、商事法、商法学方面的教材有近300部;撰写商法总论、商法基础理论、商法专题理论方面的学术专著有近500本;在专业期刊上发表商法原理、基础理论方面的学术论文近2万篇;至于商法子部门法方面的专题教材、专著、论文,则更不计其数。此一时期有多部理论功底深厚、体例新颖、内容详尽的商法基础理论专著,对我国商法基础理论体系的建构,具有里程碑式的意义;王保树先生主编的"商事法专题研究文库"、梁慧星先生主编的"中国民商法专题研究丛书"商法部分、徐学鹿先生主编的"商法研究文库丛书"、范健教授主编的"商法研究文丛"、赵万一教授出版的"商法专题研究系列"、王利明教授主编的"中青年民商法文丛"商法部分、吴汉东教授主编的"民商法文库"商法部分、顾功耘教授主编的"商法文库"和"经济法文库(商法系列)"、中国社会科学出版社编辑的"民商法文丛"、清华大学出版社编辑的"月旦民商法研究丛书"商法部分、北京工商大学组编的"《商法研究》文丛"、西北政法大学编辑的"西北民商法学术文库"、中山大学出版社推出的"21世纪民商法文丛"等多套商法基础理论方面的丛书相继出版。仅从论著的数字上看,就足以说明我国商法理论研究的繁荣景象和斐然成绩。(2)基础理论富有创意。自谢怀栻、江平、王保树、赵中孚等诸位先生重拾营业、营利这一商法基本范畴,商法开始跳出传统商主体、商行为二元理论,围绕营业进行理论建构和体系创新。初步形成以商法独立性为内

〔177〕 赵磊、谢晶:《改革开放以来商法学研究回顾、现状与展望》,载《华东政法大学学报》2017年第2期。

核的商法基础理论、以商事通则为统率的商事单行立法模式理论、以建立现代企业制度为核心和彰显自治的公司法理论、以市场导向与政府监管并蓄为线索的证券法理论、以企业再生为主导目标的破产法理论和以保险人利益保护为中心的保险法理论。[178]（3）各种观点众彩纷呈。营业、经营、企业、资本、金融、电商、智网等概念不断引入商法领域，商法的视野不断拓展；企业商法、资本商法、金融商法、电子商法、智网商法等新的商法概念与子部门类不断涌现；营业权利、机会权利、资本权利、商事人格权利、商业标记权利、知情权利、信用权利、信息权利、网络商权等新型商事权利，被学者所发现、概括、总结并有系统研究；至于专业领域的理论提炼和深度研究，则创新力度更大。（4）国际视野更加广阔。首先，绝大多数代表性法系、国家或地区的商法典、商法子部门法被翻译或新译，如法、德、日、西、韩等国商法典及瑞士债务法典等，均有最新的译本；又如英、美、德、日、韩、俄等国的最新公司法和其他商事法特别法，也有最新的译本。[179] 其次，翻译出版了大量国外著名学者有关商法基础理论和专题研究方面的论著，如法国居荣的《法国商法》、德国卡纳里斯的《德国商法》、美国斯蒂芬·加奇的《商法》、日本近藤光男的《日本商法总则·商行为法》、意大利阿尔贝特·桑塔·马里雅的《欧盟商法》等代表性国别或地区商法名著被相继翻译出版；[180] 至于国外、欧盟公司法等子部门商法论著的译本和相关专题译丛，则更多，在此不一一列举。最后，出版社大量介绍国别或地区商法的学术专著，代表性的如沈达明的《法国商法引论》、[181] 范健的《德国商法：传统框架与新规则》、[182]

---

〔178〕 于莹：《中国特色的社会主义商法学理论研究》，载《当代法学》2013 年第 4 期。

〔179〕 《德国商法典》，杜景林、卢谌译，法律出版社 2010 年版；《法国商法典》（上中下册），罗结珍译，北京大学出版社 2015 年版；《日本最新商法典译注》，刘成杰译注，中国政法大学出版社 2012 年版；《西班牙商法典》，潘灯、高远译，中国政法大学出版社 2008 年版；美国法学会、美国统一州法委员会：《美国〈统一商法典〉及其正式评述》（第一卷），孙新强译，中国人民大学出版社 2004 年版；美国法学会、美国统一州法委员会：《美国〈统一商法典〉及其正式评述》（第二卷），李昊等译，中国人民大学出版社 2005 年版；美国法学会、美国统一州法委员会：《美国〈统一商法典〉及其正式评述》（第三卷），高圣平译，中国人民大学出版社 2006 年版；《瑞士债法典》，吴兆祥等译，法律出版社 2002 年版。

〔180〕 ［法］伊夫·居荣：《法国商法》，罗结珍、赵海峰译，法律出版社 2004 年版；［德］C. W. 卡纳里斯：《德国商法》，杨继译，法律出版社 2006 年版；［美］斯蒂芬·加奇：《商法》（第 2 版），屈广清等译，中国政法大学出版社 2004 年版；［日］近藤光男：《日本商法总则·商行为法》，梁爽译，法律出版社 2016 年版；［意］阿尔贝特·桑塔·马里雅：《欧盟商法》，单文华、蔡从燕译，北京大学出版社 2007 年版。

〔181〕 沈达明：《法国商法引论》，对外经济贸易大学出版社 2001 年版。

〔182〕 范健：《德国商法：传统框架与新规则》，法律出版社 2003 年版。

吴建斌的《现代日本商法研究》、〔183〕董安生主编的《新编英国商法》、〔184〕苏号朋主编的《美国商法:制度、判例与问题》、〔185〕张胜利和戴新毅的《美国商事法概论》、〔186〕朱建林的《英美商事法》、〔187〕刘艺工和杨士虎的《加拿大民商法》、〔188〕焦杰等的《魁北克商法》、〔189〕林嘉主编的《外国民商法》、〔190〕何勤华和李秀清主编的《外国民商法导论》、〔191〕任先行和周林彬的《比较商法导论》等。〔192〕 与20世纪90年代相比,国内商法研究基本能与域外、国际的立法、司法、研究,保持及时的追踪和大致的同步。(5)研究方法多样多元。研究方法诸如法律解释方法、历史分析方法、比较分析方法、田野调查方法、案例研究方法、实证研究方法等。特别是法律解释方法和案例研究方法,作为商法学科成熟和研究视角的转型,表明商法学人更重视商法内在的逻辑性和外在适用性。此外,实证研究方法作为一种新的商法研究路径,在材料、问题、方法等方面均有长足的进展。〔193〕 (6)学术氛围浓厚热烈。自2001年中国商法学研究会成立以来,商法学界、业界同仁,在学会的领导、组织、指引下,同心努力、和衷共济、热衷学术、砥砺前行,商法学人始终保持着高度的学术热度和饱满的社会情怀,在商法理论研究、学术追求上进行平等、自由、宽松、开放、持续、执着的探索,商法学界、业界一直充满着浓浓的学术气氛和严谨的研究传统。其中,尤以学术研讨、论坛、沙龙、争鸣的多元、常态、实效而盛名。除学会一年一度的学术年度研讨会外,目前由学会与相关单位共同主办且已具常态化的各种研讨、论坛、沙龙、争鸣学术平台,有清华大学“21世纪商法论坛国际学术研讨会”,多院校合办的“中外商法论坛”,两岸轮流主办的“海峡两岸商法论坛”,中国政法大学的“全国商法教学研讨会”“公司法司法适用高端论坛”等,华东政法大学的“国资法律论坛”“中国金融法论坛”“中国商事法治高峰论坛”等,北京大学的“商法圆桌论坛”,西南政法大学的“公司与金融法制论坛”,中国人民大学的“中国资本市场法治论坛”,中国社会科学院法学研究所商法室的“‘商法界’圆桌论坛”,吉林大学与吉林财经大学的“商法夏

〔183〕 吴建斌:《现代日本商法研究》,人民出版社2003年版。
〔184〕 董安生主编:《新编英国商法》,复旦大学出版社2009年版。
〔185〕 苏号朋主编:《美国商法:制度、判例与问题》,中国法制出版社2000年版。
〔186〕 张胜利、戴新毅:《美国商事法概论》,中国政法大学出版社2012年版。
〔187〕 朱建林:《英美商事法》,对外经济贸易大学出版社2012年版。
〔188〕 刘艺工、杨士虎:《加拿大民商法》,民族出版社2003年版。
〔189〕 焦杰等:《魁北克商法》,中国政法大学出版社2014年版。
〔190〕 林嘉主编:《外国民商法》,中国人民大学出版社2000年版。
〔191〕 何勤华、李秀清主编:《外国民商法导论》,复旦大学出版社2000年版。
〔192〕 任先行、周林彬:《比较商法导论》,兰州大学1996年铅印版;任先行、周林彬:《比较商法导论》,北京大学出版社2000年版。
〔193〕 林少伟、林斯韦:《中国商法学实证研究测评》,载《法学》2018年第1期。

季论坛”,海南大学的“商法冬季论坛”,南京大学的“《商法通则》立法研究学术研讨会”,河南财经政法大学的“民法典编纂背景下民法与商法的对话学术研讨会”、中南财经政法大学的“中南资本市场法治学术论坛”,等等。论坛、研讨、沙龙、争鸣如此之频繁持续,主题拟设如此之丰富多元,足见商法学人学界学术热情之高,对商法理论探讨研究之执着。(7)学术团队阵容强大。据不完全统计,以一年一度的中国商法学研究会年会参与者为例,在有诸如证券、保险、银行、商业法、经济法、民法等全国性学会年会时间发生冲突的情况下,每年能与会的代表一般在400人左右,考虑到多数为高校与研究机构的学者,尚不包括法院、律所、企业、金融机构、资本市场和其他业务部门的兼职研究者,足见全国商法研究队伍之大、阵容之强。可以说,目前商法领域是聚集人才较多、极具吸引力的法学领域和学科集群,这些均足以说明21世纪以来商法学科、理论发展的强劲势头和良好远景。

2. 代表性论著

以下试以代表性论著为例,对2000年以来既有商法基础理论的研究成果,作一梳理。

(1)代表性教材关于商法基础理论阐述内容的举要。

第一,《商法学》或《商法通论》类。既有《商法学》或《商法通论》等通识性、通论类教材,大多通过商法总论或导论部分,对商法基础理论有一般性介绍或阐述。如王保树主编的《中国商事法》第一编总论部分,就包括序论、商事法的基础等二章,特别是第二章商事法的基础对商事主体、商事行为、营业、商号等有一般性介绍和阐述。[194] 范健主编的《商法》,作为最早的商法核心课程教材,在全国产生比较大的影响,其第一编商法总论包括商法概述、商主体、商行为、商事登记、商号、商事账簿等六章。[195] 赵万一主编的多种版本的《商法》或《商法学》,其第一编总论部分均包括商法概述、商事主体、商行为、商业登记、商业名称、商业账簿等六章。[196] 施天涛独著的《商法学》第一编商法导论,包括商法概述、商事主体、商事行为、商业名称、商事代理等五章。[197] 雷兴虎主编的《商法学》第一编总论,包括商法概述、商事主体、商事行为、商事监管等五章。[198] 覃有土主编的《商法学》第一编商法导论包

---

〔194〕 王保树主编:《中国商事法》,人民法院出版社2001年版,第3~74页。

〔195〕 范健主编:《商法》,高等教育出版社、北京大学出版社2001年、2002年、2007年版,第3~92页。

〔196〕 赵万一主编:《商法》,中国人民大学出版社1999年、2006年、2009年、2013年、2016年版、2017年版,第1页以下;赵万一主编:《商法》,高等教育出版社2007年版,第1页以下;赵万一主编:《商法学》,中国法制出版社2002年版,第1~84页。

〔197〕 施天涛:《商法学》,法律出版社2018年版,第3~126页。

〔198〕 雷兴虎主编:《商法学》,人民法院出版社2003年版,第1页以下。

括商法概论、商法演进、商法与相关法律的关系等三章，其中第一章商法概论包括商法概念、商法的基本原则、商主体、商行为、商事登记、商业名称与商业账簿等内容；另一本《商法学》第一编商法总论则包括商法概述、商事法律关系、商业登记、商业名称、商事账簿等五章。〔199〕 肖海军主编的《商法学》第一编商法总论，包括商法概论、商主体、商行为、商事登记，商号与商誉、商事账簿等六章；另一本《商法学》第一编商法总论，则包括商法概论、商主体、商行为、商事登记等四章。〔200〕 叶林、黎建飞主编的《商法学原理与案例教程》第一编商法总论，包括商法概述、商主体、商行为、商事营业、商事登记、商业名称、商事账簿、商事公告等八章。〔201〕 赵旭东主编的《商法学》第一编商法总论，原内容包括商法概述、商事主体、商事行为、商事登记与公告、商业名称、营业、商事代理、商事账簿等八章；第三版内容则调整为商法概述、商事主体与商事行为、商事登记、营业等四章。〔202〕 范健、王建文主编的《商法学》第一编商法总论，包括商法概述、商主体、商行为、商事登记、商号等五章。〔203〕 朱羿锟独著的《商法学——原理・图解・实例》第一编商法总论或商法导论，包括商法概述（商法与营商环境）、商主体、商事登记、商号、商事账簿等五章。〔204〕 陈本寒主编的《商法新论》第一篇商法总论，包括商法概述、商法的立法原则、商人及其辅助人、商号、商行为等五章。〔205〕 米新丽主编的《商法学：原理与案例》第一编商法总论，包括商法的社会与政治基础、商人与商法、商业争议解决法律制度等三章。〔206〕 赵中孚主编的《商法通论》第一编总论，包括商法导论、商事主体、商事法律行为、商事登记、商业名称、商业账簿等六章。〔207〕 徐学鹿主编的《商法学》第一编商法总论，包括商法概述、商法的基础理论、商法的演进、市场交易主体、市场交易行为、商法学的学习与研究方法等六章。〔208〕 马工程教材编写组的《商法学》，其基础理论部分包括绪

---

〔199〕 覃有土主编：《商法学》，中国政法大学出版社 2002 年版，第 1～71 页；覃有土主编：《商法学》，高等教育出版社 2017 年版，第 2～82 页。

〔200〕 肖海军主编：《商法学》，湖南大学出版社 2004 年版，第 1～135 页；肖海军主编：《商法学》，法律出版社 2009 年版，第 3～127 页。

〔201〕 叶林、黎建飞主编：《商法学原理与案例教程》，中国人民大学出版社 2006 年版，第 3～172 页。

〔202〕 赵旭东主编：《商法学》，高等教育出版社 2011 年版，第 2～103 页；赵旭东主编：《商法学》，高等教育出版社 2015 年版，第 3～26 页。

〔203〕 范健、王建文主编：《商法学》，法律出版社 2015 年版，第 1 页以下。

〔204〕 朱羿锟：《商法学——原理・图解・实例》，北京大学出版社 2012 年版，第 3 页以下。

〔205〕 陈本寒主编：《商法新论》，武汉大学出版社 2014 年版，第 1 页以下。

〔206〕 米新丽主编：《商法学：原理与案例》，对外经济贸易大学出版社 2015 年版，第 1 页以下。

〔207〕 赵中孚主编：《商法通论》，中国人民大学出版社 2017 年版，第 3～111 页。

〔208〕 徐学鹿主编：《商法学》，中国人民大学出版社 2015 年版，第 1 页以下。

论、商法的一般原理、商事主体、商事行为等四部分。[209] 从列举的上述几本代表性商法通论性教材来看,绝大部分教材的基础理论部分包括商法概述、商事主体、商事行为、商事登记、商事账簿等内容。

第二,《商法总论》类。商法总论类教材,主要内容包括商法的基础理论,是比较能够反映目前我国商法基础理论研究现状的参考依据。这方面的代表性教材如:赵中孚主编的《商法总论》,全书内容包括商法导论、外国商事法律制度概况、商事主体、商事法律行为、商事登记、商业名称、商业账簿、商事诸法等八章。[210] 黄晓林编著的《商法总论》包括商法基本原理、商事主体、商事行为等三编结构。[211] 柳经纬、刘永光合编的《商法总论》,内容包括商法概述、商主体、公司、合伙企业、个人独资企业、外商投资企业、商行为概述、商事代理、商事居间、商事行纪、期货交易、银行交易、招标投标等十四章。[212] 张民安、龚赛红合著的《商法总论》,共分绪论、商人、商行为、商事营业资产、商事事务的公开等五编。[213] 李新天主编的《商法总论》,内容包括商法导论、商法的产生及历史演进、商事主体、商事名称、商行为、商事代理、商业特许经营、物流(企业)经营、商事登记、商事法律责任等十章。[214] 王保树独著的《商法总论》,分导论、商法的基础、商人、商行为等四大部分。[215] 任先行主编的《商法总论》,共分商事法原论、商事主体论、商事行为论等三编十三章。[216] 徐学鹿、梁鹏合著的《商法总论》,包括商法本体论、商法的性质和地位、原生态商法——软商法、商会(行业协会)、商法的演进、现代商法——《美国统一商法典》、我国商法的历史与发展、市场主体、市场行为、商人权利救济等十章。[217] 张璎主编的《商法总论》,包括商法概述、商事主体概述、商个人、商合伙、商事公司、商行为概述、特殊商行为、商事登记、商号、商事账簿等十章。[218] 王瑞独著的《商法总论》,包括商法概述、国外商法简介、中国商法概况、商主体制度、商行为制度等五章。[219] 范健、王建文合著的《商法总论》,内容包括商法的概念与特征,商法的地

---

[209] 马工程教材编写组:《商法学》,高等教育出版社 2019 年版,第 11 ~ 116 页。

[210] 赵中孚主编:《商法总论》,中国人民大学出版社 2009 年版,第 1 页以下。

[211] 黄晓林:《商法总论》,齐鲁书社 2004 年版,第 1 页以下。

[212] 柳经纬、刘永光编:《商法总论》,厦门大学出版社 2004 年版,第 1 页以下。

[213] 张民安、龚赛红:《商法总论》,中山大学出版社 2007 年版,第 1 页以下。

[214] 李新天主编:《商法总论》,东北财经大学出版社 2007 年版,第 1 页以下。

[215] 王保树:《商法总论》,清华大学出版社 2007 年版,第 13 页以下。

[216] 任先行主编:《商法总论》,北京大学出版社、中国林业出版社 2007 年版,第 1 页以下。

[217] 徐学鹿、梁鹏:《商法总论》,中国人民大学出版社 2009 年版,第 1 页以下。

[218] 张璎主编:《商法总论》,北京大学出版社 2019 年版,第 1 页以下。

[219] 王瑞:《商法总论》,法律出版社 2010 年版,第 1 页以下;王瑞:《商法总论讲义》,法律出版社 2019 年版,第 1 页以下。

位，商法的产生与发展，商法的价值、理念与原则，商法的渊源，商法的体系与立法模式，商主体通论，企业通论，商行为通论，商事登记制度，商号制度等十一章。[220] 樊涛独著的《中国商法总论》，包括商法概说、商事主体、商事企业与营业权、商事登记制度、商事行为、商事责任、商事诉讼与商事审判等八章。[221] 赵旭东主编的《商法总论》，包括商法概述、商法基本原则、商事主体、商事权利与商事义务、商事登记、商业名称、商事账簿与审计、商事公示与商事信用、商事行为、商事营业与转让、商事代理、商事争议解决等十二部分。[222] 不难看出，既有《商法总论》或《商法导论》方面的教材，其核心主干内容仍然是商法概述、商事主体、商事行为、商事登记、商业名称、商事账簿等部分，只有极少数教材涉及商事权利与商事责任等。

（2）代表性学术专著关于商法基础理论方面的阐述。

近十年以来，商法学界、业界开始对商法基础理论进行专题思考和深入研究，这方面的代表性学术专著有200余部，以下仅列举其中总论性、通论性研究方面的代表性论著。如范健、王建文合著的《商法论》，共分商本体论、商主体论、商行为论三编结构；[223] 范健、王建文合著的另一部《商法基础理论专题研究》著作，则以章结构散论商法基础理论所涉的一些专题问题。[224] 范健、王建文合著的《商法的价值、源流及本体》一本，由导论、上篇商法价值论、中篇商法源流论、下篇商法本体论、结语等五部分构成。[225] 赵万一所著的《商法基本问题研究》一书，包括民商法与市民社会的关系问题研究，商法的概念、性质与特征问题研究，商法基本原则问题研究，民法与商法关系问题研究，商法与经济法关系问题研究，商法与市场经济关系问题研究，商法与竞争保护法关系问题研究，商事主体制度研究，商行为制度研究，商业名称制度研究，我国公司法的若干法律问题研究，商法实施问题研究等十二部分。[226] 张民安所著的《商法总则制度研究》，包括绪论、商人、商行为、商事营业资产、商事事务的公开等五编结构。[227] 樊涛所著《商法总论》，包括绪论、基础理论

---

[220] 范健、王建文：《商法总论》，法律出版社 2019 年版，第 1 页以下。

[221] 樊涛：《中国商法总论》，法律出版社 2019 年版，第 1 页以下。

[222] 赵旭东主编：《商法总论》，高等教育出版社 2020 年版，第 1 页以下。

[223] 范健、王建文：《商法论》，高等教育出版社 2003 年版，第 25 页以下。

[224] 范健、王建文：《商法基础理论专题研究》，高等教育出版社 2005 年版，第 1 页以下。

[225] 范健、王建文：《商法的价值、源流及本体》，中国人民大学出版社 2004 年版，第 1 页以下；范健、王建文：《商法的价值、源流及本体》（第 2 版），中国人民大学出版社 2007 年版，第 1 页以下。

[226] 赵万一：《商法基本问题研究》，法律出版社 2002 年版，第 1 页以下；赵万一：《商法基本问题研究》（第 2 版），法律出版社 2013 年版，第 1 页以下。

[227] 张民安：《商法总则制度研究》，法律出版社 2007 年版，第 3 页以下。

篇、制度实践篇、商事责任与商事审判篇、商事立法篇等五部分。[228] 王璟所著《商法特性论》一书，包括绪言、商法的起源、“商法是民法的特别法”辨析、商法的“公法化”辨析、商事法律关系的二元理论结构、商法的特征及基本原则、商法的制度构成及其立法模式解析、结语等八部分。[229] 于新循所著的《现代商人法纵论：基本理论体系的探寻与构建》一书，分总论编、分论编等二大部分，以专题、散论形式，对商事主体相关问题有比较全面的讨论。[230] 苗延波所著的《商法通则立法研究》，主体部分包括商法通则概述、制定商法通则的意义、制定商法通则的基本原则、商法通则的体系结构、商法通则的调整范围、商法通则对商事主体的规范、商法通则对商事人格权的规范、商法通则对商事行为的规范、商法通则对商事登记的规范、商法通则对商业账簿的规范、商法通则对商事责任的规范等十一章。[231] 高在敏的《商法部门论》，内容包括商法的概念、对象与方法，商法的基本原则，民商关系的立法体制，商法的演进与现状等四大部分。[232] 周晖国所著的《商法本位论：商法作为独立法律部门的内在依据》一书，以商法作为独立法律部门的内在依据为论证目的，全书分绪论，法律本位理论辩正与商法本位界别，历史考察（商法的源流与商法本位），商法本位生成和演变的条件，商法的独立性（商法本位视角的考察），商法内涵及其性质、特征的商法本位解读，商法建设的商法本位运用等七部分。[233] 陈醇所著《商法原理重述》，以章结构布局，包括商法重心的推移及其挑战、集权理论、分权理论、财产权计量理论、决议理论、商行为程序理论、商行为计量理论、商事责任预防理论、决议责任理论、人资区分理论、商事治理理论、什么是商法独有的原理、商法之中的公法原理、民法为商法提供了什么、商法原理的新思路等十五章。[234] 徐金海所著的《商法源流论——以商法结构变迁为视角》一书，共分导论、历史商法源流、形式商法源流、价值商法源流、中国商法源流等五部分。[235] 郑曙光、胡新建合著的《现代商法：理论基点与规范体系》一书，包括商法文化现象的一般考察、商法发展演进的考察与评析、商法的部门法属性研究、商主体制度研究、商行为制度研究、营业制度研究、商事强制性规范的考察与分析、商事法律责任制度研究、商事权利救济制度研

---

〔228〕 樊涛：《商法总论》，知识产权出版社 2010 年版，第 1 页以下。

〔229〕 王璟：《商法特性论》，知识产权出版社 2007 年版，第 1 页以下。

〔230〕 于新循：《现代商人法纵论：基本理论体系的探寻与构建》，人民法院出版社 2007 年版，第 2 页以下。

〔231〕 苗延波：《商法通则立法研究》，知识产权出版社 2008 年版，第 1 页以下。

〔232〕 高在敏：《商法部门论》，法律出版社 2008 年版，第 1 页以下。

〔233〕 周晖国：《商法本位论：商法作为独立法律部门的内在依据》，法律出版社 2010 年版，第 1 页以下。

〔234〕 陈醇：《商法原理重述》，法律出版社 2010 年版，第 1 页以下。

〔235〕 徐金海：《商法源流论——以商法结构变迁为视角》，中国经济出版社 2011 年版，第 3 页以下。

究、商事自治制度研究、商事立法模式研究、商法实施环境研究等十二章。[236] 徐强胜所著的《商法导论》一书，除引言外，包括商法的概念功能与发展、商法与私法、商法与公法、商法的渊源与规范、商法的基本原则、商事关系、商事主体概述、作为现代商人的企业、商事登记、商事名称、商事营业资产和营业权、商事账簿制度、商事行为与法律行为概述、商事买卖与担保的特殊规制、商事代理、商事货物运输与仓储、商事融资法律制度、商事支付结算制度等十八章。[237] 刘宏渭所著的《商法总则基本问题研究》，包括商法的产生和发展、商法及其特性、商法的地位、商人（商主体）的传统意义与现代价值、商事权利的体系与内容、商事行为与商事营业、商事登记（商主体登记）、商业账簿等八部分。[238] 邹海林、张辉合著的《商法基础理论研究的新发展》，共分商法研究的基本情况、商法的体系化、商法的价值与基本原则、商主体论、商事登记论、商行为论、营业论、商事责任与商事审判、商法基础理论研究的展望等九个单元。[239] 郑彧所著的《商法要义》，内容包括商法概览、商法的地位、商法的体系、商法的特征、商法的原则、商主体、商行为、商号与商事登记、营业转让、商业账簿等十章。[240] 童列春所著的《商法学基础理论建构》一书，以商人身份化、行为制度化、财产功能化为基点，共分导论、商法的演变、商法概述、商法的本质、商法原则、商法中的营业、商事法律关系主体、商事法律行为、商法中的财产关系等九部分；[241] 其所著另一本《商法基础理论体系研究》，包括导论、民商合一前见与私法理论悬疑、民法与商法的区别、商事组织中的权力机制、商主体制度一般理论、商事运行制度一般理论、商事运行的典型形式、商事责任等八部分。[242] 张保红所著的《商法新论》一书，共分导论、商人法、商行为法等三大部分。[243] 任先行所著《商法原论》，共分理论篇、史论篇、商人篇、商行为篇等四部分。[244] 王延川所著的《现代商法的生成：交易模型与价值结构》一书，共分导论、现代商法的生成基础、现代商法的内在要求等三大部分。[245] 周林彬、官欣荣合著的《我国商法总则理论与实践的再思考：法律适用的视角》，包括法律适用是商法产生与发展的动力、法律适用作用下商法

---

[236] 郑曙光、胡新建：《现代商法：理论基点与规范体系》，中国人民大学出版社 2013 年版，第 1 页以下。

[237] 徐强胜：《商法导论》，法律出版社 2013 年版，第 1 页以下。

[238] 刘宏渭：《商法总则基本问题研究》，华中科技大学出版社 2013 年版，第 1 页以下。

[239] 邹海林、张辉：《商法基础理论研究的新发展》，中国社会科学出版社 2013 年版，第 1 页以下。

[240] 郑彧：《商法要义》，法律出版社 2014 年版，第 1 页以下。

[241] 童列春：《商法学基础理论建构》，法律出版社 2008 年版，第 1 页以下。

[242] 童列春：《商法基础理论体系研究》，法律出版社 2014 年版，第 1 页以下。

[243] 张保红：《商法新论》，知识产权出版社 2014 年版，第 1 页以下。

[244] 任先行：《商法原论》（上下），知识产权出版社 2015 年版，第 1 页以下。

[245] 王延川：《现代商法的生成：交易模型与价值结构》，法律出版社 2015 年版，第 1 页以下。

产生与发展的若干特点、我国商法适用的一个主要问题、解决我国商法适用问题的一个重要思路等四章。[246] 王建文所著的《中国商法的理论重构与立法构想》，包括导论，我国现行商法体系的缺陷及其补救方案，商主体的理论重构，商行为的理论重构，商法的价值、理念、原则及其实践应用，我国总纲性商法规范的立法构想等六章。[247] 郭富青所著的《商法技术品格论》一书，从商法技术品格的角度，讨论商法的技术性特征，内容包括第一篇商法推定与拟制技术、第二篇商法体系构建技术、第三篇商法类推方法、第四篇商法解释与裁判方法等四大板块。[248] 李琼所著的《现代商法理论体系与实务应用规范》，包括前言、第一章现代商法概述、第二章现代商法的基本制度等内容。[249] 赵旭东等著的《中国商事法律制度》，共分第一编中国商事法律制度总论、第二编中国商事法律制度分论等两大部分。[250]

上述代表性教材、论著，说明我国自 2000 年以来商法基础理论研究的喜人成就，根本改变了商法授课中“只是用一、两节课说一下商法的基本原理”之薄弱窘境；[251] 不能不说，这些成就的取得是改革开放政策、市场经济大潮、中国融入全球化时代和商法学人执着努力等因素共同酵化的结果。

四、传统商法理论的共识性成就与体系性困境

（一）既有成就与基本共识

1. 传统商法理论的既有成就

对中国近代商事立法、商法部门、商法观念、商法学人、商法课程、商法学科、商法理论的纵向考察和具体梳理，不难发现，经过清末民初的商事立法与商法观念的转型、民国时期近代商事立法与商法理论的普及、1949 年至 1979 年商事立法与商法理论在我国近 30 年的中断、20 世纪 80 年代以来我国商事立法与商法理论的恢复和快速发展，无论是作为部门法意义的商事立法与商法观念，还是作为学科意义的商法课程或商法学科，抑或作为研究层面的商法学人和商法理论，均取得了骄人的成绩。这些成就主要包括以下方面：

（1）中国特色的商法基础理论已具雏形。一百多年前，中国被动打开国门的同

---

〔246〕 周林彬、官欣荣：《我国商法总则理论与实践的再思考：法律适用的视角》，法律出版社 2015 年版，第 1 页以下。

〔247〕 王建文：《中国商法的理论重构与立法构想》，中国人民大学出版社 2018 年版，第 1 页以下。

〔248〕 郭富青：《商法技术品格论》，法律出版社 2018 年版，第 3 页以下。

〔249〕 李琼：《现代商法理论体系与实务应用规范》，水利水电出版社 2018 年版，第 1 页以下。

〔250〕 赵旭东：《中国商事法律制度》，法律出版社 2019 年版，第 3 页以下。

〔251〕 姜朋：《官商关系：中国商业法制的一个前置话题》，刘凯湘序，法律出版社 2008 年版，第 1 页。

时,也拉开了中国商法的序幕;1978 年改革开放也成就了中国商法再次从复兴走向繁荣;改革开放前的中国商法处于失语状态;改革开放后,中国经济体制改革不断深入,中国商法也从无到有,从稀缺到繁荣。[252] 中国商事立法与理论的转型、普及与发展,始终贯穿中国问题、中国意识、中国立法、中国司法等本土化情结。经中国商法同仁的共同努力,具中国特色商法基础理论的基本框架和知识体系已臻于成型。

(2)形成具有明显综合性、汇通性和交融性的商法基础理论。最近的一百余年,可谓是中国社会急剧变化的年代,求新求变不啻是这百余年的主旋律,而作为适应并力图反映社会变迁的法律体系和法律制度,其变化自然也是波诡云谲,恰似城头变换的大王旗;可以说,中国社会俨然成了各主要法律体系的实验场。[253] 中国商事立法与商法理论属于典型的舶来型、后发型和学习型,奋力追赶和努力学习世界、域外各商法先进法系、国家或地区的立法、制度、理论、学说,是近代特别是 1980 年代以来中国商法学人的一种高度自觉。由于没有既有商事立法、商法观念、商法学说、商法理论的沉积和负累,恰恰使中国商法学人能利用舶来、后发、学习的便利和优势,对不同法系、国家或地区之先进商事立法、商法观念、商法学说、商法理论进行兼收并蓄,故无论是中国商事立法、商事裁判,还是商法观念、商法学说、商法理论,中国并不仅仅只受某一法系、国别或模式的影响,而是对不同法系、国家或地区不同商事立法模式或商法理论学说,采取先学习、引入,再结合中国实际情况和发展需要,进行融会贯通和本土化改造,并使之中国化。故中国商事立法和商法理论,恰恰具有法系、国别、模式的综合性、汇通性和交融性。如 1949 年之前,中国商事立法总体受日、德影响比较明显,但立法与理论并未走日、德民商分立的老路,而是另辟蹊径,选择“民法典 + 商事特别法”的相对民商合一立法模式;1949 年至 1979 年,我国相当长时期受苏联民法、经济法立法体例和理论学说的影响,无论是法律院校的课程设置,还是国家经济立法的路径选择,明显印有苏联国家与法思想的痕迹。但是 1980 年代改革开放以来,中国商事立法、商法理论,基本摆脱苏联民法、经济法理论的影响,开始向传统大陆法系商事立法与商法理论发达国家学习,故我国商事立法和商法理论总体上受德、日、法影响较大。不仅如此,我国商事立法与商法理论还受到英美法系特别是美国商事立法与商法理论的影响,尤其是公司、证券、投资、金融、电商、网商,明显更多地受到美国商事立法与商法学说的影响。中国商法学人秉持学习、开放、进取、创新的态度,在比较短的时间内,能把不同法系、国别、模式先

---

〔252〕 赵旭东:《中国商法三十年》,载《中国法律》2012 年第 3 期。

〔253〕 张谷:《商法,这只寄居蟹——兼论商法的独立性及其特点》,载《清华法治论衡》2005 年第 2 期。

进的商事立法和商法理论引入到中国,并结合中国的实际情况和发展需要,进行本土化嫁接或改造,形成具不同法系、国别、模式综合、汇通、交融特色的复合性中国商事立法和商法理论,并能与国际、域外同行站在同一起点或前沿,探讨当今世界所共同面对的商法新问题,确实值得肯定和发扬。

(3)商法的独立性或独特性获得学界、业界和政界的高度认同。经商法学人同仁的执着追求和共同努力,无论是商事立法的基础性、重要性,还是商法学科、课程的必要性和独立性,均已得到学界、业界、政界的一致肯定和高度认同。商法规则、制度、观念、价值、理论、学说,也不断影响人们的思想观念、处事习惯和行为模式,商法学科与商法理论的学术影响力、社会领引力、决策参考力、立法指导力、裁判解释力,在明显扩大。

(4)通过理论阐释和领引有效地指导国家商事立法和商事裁判。特别是2000年以来,随着我国商法理论的基本成型和逐渐成熟,对中国商法问题、市场需求、商事立法、商事制度、商事裁判的理解力、判断力、解释力也越来越清晰,因之指导立法、领引司法的功能和成效也越发显著。例如2005年我国《公司法》的修改,学者的参与、意见就发挥着相当大的影响力,这和我国学界对公司法理论研究的成型与成熟不无关系;又如2006年《合伙企业法》《企业破产法》的修改,商法学界的观点、意见、理论、学说,多数被立法机关接受;2003年以来各种金融类商事法的频繁修改直至2019年《证券法》的大修,商法学界的全程关注和深度参与,已为学界、业界、政界所共睹。至于商事裁判,自2003年最高人民法院《关于审理证券市场因虚假陈述引发的民事赔偿案件的若干规定》(法释〔2003〕2号)开始,商法理论与学说就开始实质影响最高人民法院之后所有商事裁判方面的司法解释或指导性意见。

2. 既有商法理论的基本共识

随着商法学科和商法理论的基本定型和渐趋成熟,商法学界、业界甚至整个法学界在涉及商法基础理论方面,达成如下基本共识:

(1)商法作为部门法的独立或独特价值。市场经济的发展和投资、经营、交易的需要,不仅使商法地位、功能、作用凸显出来,特别是关于民法、商法、经济法的调整关系与不同功能,商法学人有着清晰的认识与界定,即民法调整平等主体之间的财产关系和人身关系,商法调整平等主体之间的商事关系,经济法调整国家经济管理关系。[254] 商法的研究深入与学理论证,无论是作为独立的部门法,还是私法特别法,商法所具有的独立性或独特性地位、价值、功能、作用,学界、业界、政界已不再存疑。

〔254〕 王保树:《关于民法、商法、经济法定位与功能的研究方法》,载《现代法学》2008年第3期。

(2)商法基本的制度功能与历史使命。在我国社会主义市场经济法律体系中,民法是前置性法律,经济法是保障性法律,而商法则是市场运行法,特殊的功能成就其不可替代的独立地位。[255] 商法是最直接调整市场经济关系的法律,是市场经济关系中的基本法,是支撑一国微观经济制度和具体营商环境的基础法,是确保一国或一地长期吸引投资、促进创业、增进财富进而构成国家或地区核心竞争力的骨干法。

(3)商法学科的不可替代性价值。商法学作为研究商法现象(商法问题、商事活动、商事政策、商事立法、商事裁判等)的学科,具有独特的法益基础和社会需求,有独立的研究对象和研究方法,有一整套商法概念、范畴、命题、理念、价值、原则、规则和由此形成的习惯性话语体系,且已成商法学人和理论同仁共同的学术规范、学科标签。

(4)商法一些基本范畴、基本概念、基本观念、基本制度。例如商事主体、商事行为、商事权利、商事登记、商事代理、商事账簿、商事责任、商事救济、股东、合伙人、公司、合伙、董事、监事、证券、票据、保险、海商、电商、网商等,作为基本概念和主要范畴,已成为商法研究和理论分析的基本工具;又如商人自治、章程自治、文义主义、外观主义、无因主义、交易安全、企业维持、股权本位、公司治理、信息公开等基本理念,已成为商法学人、业界共同信守的基本理念;至于商法的具体制度,所形成的共识就更多。

(5)商法基础知识体系和基本理论框架。以前述商法学科为依托,以基本范畴、基本概念、基本观念、基本制度为要素,以商法理念、价值、原则、规则为精神和灵魂,以具体商事立法、商法规范、商法适用、商事裁判为分析与解释对象,已形成商法的基础知识体系。在此基础上,已建立起从商事主体→商事行为、商事主体法→商事行为法的基本理论框架。

(二)既有商法理论的体系性困境

尽管传统、既有商法理论已取得前述骄人的成就,并形成了诸多共识,这些无疑是我们建构中国特色商法理论的前提和基础,也是迈向未来中国商法基础理论高峰的出发点,更是积极回应中国国情并符合世界发展趋势的商法理论大厦的基点;但是,传统、既有商法理论,基本尚停留于中世纪转型近代门槛之际的情景语境、概念范畴、思想观念、知识体系、框架结构、著述体例和制度规范,未针对生活变化、社会变迁、国情特点和时代演进作回应性的调整、变革与创新。其中,最明显的就是

---

[255] 赵万一、赵吟:《论商法在中国社会主义市场经济法律体系中的地位和作用》,载《现代法学》2012年第4期。

体系性欠缺与适应性困境，具体而言，集中表现在如下几个方面：

1. 二元理论的根本性局限。受中世纪商人身份和营业特权理论的影响，传统商法整体理论建立在世俗居民（民事主体）与身份商人（商事主体）、普通交易行为（民事行为）与生产经营行为（商事行为）之二元主体、行为的基础之上。尽管随着近代产业革命、资产阶级革命的兴起，经商、投资、经营、交易已不再是行会作坊主和身份商人的特权，而是所有民事主体人人可享有的自由或权利，但限于传统民商二元主体、行为的立法、观念、理论构架，虽然《法国民法典》已实质性地打破民商之间的二元分离分治和社会身份结构，《法国商法典》更在法律适用上奉行商行为中心主义，即无论是商人，还是非商人，只要实施商行为，则适用商法；但也正是法国保留、沿袭并编撰了独立于《法国民法典》之外的《法国商法典》，事实上以法律的形式人为造成了民商分立，且此一立法例为当时主要欧陆国家所效仿。19 世纪末的《德国商法典》《日本商法典》更是推波助澜，在一定程度强化了民商之间的分离和对立。之后，虽然经济在不断发展，社会在持续变化，时代在快速变迁，但商法理论的情景语境仍然停留于 19 世纪之前的民商二元状态。既有传统商法的理论基础仍然建立在民事主体与商事主体、民事行为与商事行为之二元结构之上。早在 19 世纪 70 年代，英国学者施米托夫就批评欧洲大陆的商法"归根到底建立在商人构成单独一个社会阶层的概念的基础上"，"无疑已经过时"；这是因为在"向统一体系的转变，反映了商业界作为单独的一个社会阶层的地位的丧失，他们已与从事商业交易的一般公众融为一体"。因此，无论是法国商法使用"商行为"概念，把"商人定义为以从事商业交易为惯常职业的人"，还是德国商法把商人"个人的身份视为有决定性的意义"，都不能"令人满意"地解释什么是真正的商人，"它们都属于学究式的方法，过于咬文嚼字且晦涩难解"。[256] 但这种一针见血、振聋发聩的提醒与忠告，并未对大陆法系传统商法理论产生实质性影响，我国商法理论受大陆法系传统商法理论影响至深，仍然处于传统民商二元主体、行为的情景、语境、范畴、概念、结构与体系上，重复着早已过时的曲调。

2. 基础范畴的源头性欠缺。受前述民商二元理论、观念、体系、结构的影响与制约，既有传统商法理论的全部理论大厦，皆建立在商主体（商事主体）与商行为（商事行为）的基础之上，商主体（商事主体）与商行为（商事行为）也就成为商法理论的基本范畴。尽管有学者对此提出过质疑和反思，[257] 也有学者从学科特征把营利、信

---

〔256〕［英］施米托夫：《国际贸易法文选》，赵秀文译，中国大百科全书出版社 1993 年版，第 113 ~ 114 页。

〔257〕姜朋：《反思商法基本范畴》，载王保树主编：《中国商法年刊 2007：和谐社会构建中的商法建设》，北京大学出版社 2008 年版，第 238 ~ 244 页。

用界定为商法最基本的范畴，[258]也有学者提出应引入“经营者”或“经营行为”的概念以改造或解释传统商法；[259]但无奈，这些反思或建议，或者没有对应的立论，或者所述观点不具解释力。因此，时至今日，传统商法理论仍然欠缺高于商事主体、商事行为之上的基础性范畴和源头性概念，造成目前在解释或界定商主体和商行为时，往往以商主体为实施商行为的主体，而商行为乃商主体所实施的行为，这一同义反复的尴尬。传统商法基础范畴的欠缺，一直是制约商法体系性、科学性、解释力的“瓶颈”问题。

3. 理念价值的选择性错位。商法究竟为谁服务？保护谁的利益？奉行以什么为本位？基本的理念追求是什么？选择什么样的价值取向？遵循怎样的立法原则和制度性规则？这些本应是商法的方向性、原则性、宏观性、伦理性问题，且只有解决这些问题，微观、具体、技术、规范层面的立法、司法才有精神依托和价值引领。但长期以来，传统商法理论侧重于具体、技术层面的制度建构，而轻理念、价值层面的原则、宏观、方向定位。商法一直缺乏顶层的精神支柱与价值约束，被片面视为国家管理商人、商事、商务的工具与手段，商事主体、商事行为的管制论一直被视为主导而奉为经典，依赖、信赖甚至迷信国家公权力因政治正确而被坚守为基本原则，商法的基本功能与主要使命反而被研究者、立法者、裁判者所忽略甚至忘却。

4. 知识体系的完整性不足。既有商法理论中的知识体系，就宏观结构和所涉边界来看，只包括传统贸易商法、企业商法、金融商法的部分内容，对电商、网商、微商、智商时代引发的商事、商主、商形、商法、商制、商理、商规、商责的革命性变革，尚缺乏必要的关注、总结、提炼、归纳、指引；就具体商事环节而言，既有商法理论只关注经营、交易层面或环节的商事活动或商法现象，而对源头、初始、基础地位与环节的投资活动、行为与主体，则缺乏应有的关注。商法调整财产经营关系或市场交易关系，被视为常理而很少受到质疑。知识体系的不完整，严重制约人们认识商法、研究商法的视野和范围，商法的边界究竟有多大、多宽，既有商法理论并无确切的解释和回答。

5. 理论逻辑的体系性缺失。与民法优雅的体系与完整的逻辑相比，既有商法理论只是一系列规范、制度、规则的堆积或集合，特别是居商法总论或导论地位的商法基础理论，与诸如公司法、证券法、商业银行法、票据法、信托法、保险法、物流运输

---

[258] 王幽深：《关于商法学基本范畴的几点思考》，载《西北第二民族学院学报（哲学社会科学版）》2005年第4期。

[259] 王建文：《我国商法引入经营者概念的理论构造》，载《法学家》2014年第3期；王建文：《我国〈民法典〉中商法核心范畴的立法构想》，载《扬州大学学报（人文社会科学版）》2016年第2期。

法(海商法、民用航空法、陆上运输法、管道运输法、太空运输法、联合运输法、物流配送法、仓储保管法等)、电商法、网商法、微商法、智慧商法、商事救济(接管法、重整法、清算法、破产法、仲裁与诉讼等)等商法子部门法之间,究竟是一种什么关系,子部门法之间又是一种怎样的内在关系和逻辑关联,既有商法理论几乎缺乏必要的关注和深入地分析。故一本偌大的商法学教科书或基础学理论著,没有内在的理论体系性架构和有机的逻辑性关联,多数是相互缺乏关联的各种概念、知识、制度、规范、规则的无序组合。理论逻辑的体系性缺失,使商法难以胜任对快速变化、变动、变革的经济社会活动之适应力、解释力和对策力。

6. 制度要素的结构性失衡。既有商法理论主要关注的问题集中于商事主体与商事行为,但相对而言,商事主体为什么会成为商事主体,商事行为为什么是商事行为,商事主体的身份转换与商事行为的运行实施,其事实意义与理论意义何在?商事主体角色、身份、地位、关系被确认后,其权利与义务、利益与责任、利润与风险究竟会发生什么样的变化,有什么样的特征?这些既有商法理论均较少关注和深研。因此,诸如商事权利体系、商事意思机制、商事救济制度等重要的制度要素,在传统、既有商法基础理论中,是基本缺失的。而这些重要制度要素的空缺,导致商法理论结构的严重失衡,各种损害、侵害、限制或剥夺商事权利的现象,既有理论、立法、制度、规则,均无法提供充分的解释和有效的救济。

传统商法理论中所存在的上述根本性局陷、源头性缺失、基础性不足、价值性错位和常识性误区,严重制约商法理论的功能定位、逻辑展开、体系建构和后续发展,亟须有针对性地厘清头绪,整理思路,找准突破口,予以创新和重构。

五、后《民法典》时代商法理论体系化的重构路径

(一)后《民法典》时代商法理论体系化重构的总体思路

笔者认为,鉴于18世纪以来,作为特权商人、身份商人、阶层商人之独立性地位的丧失,自由营业(表现为营利性投资、经营、交易等不同形式或形态、阶段或环节)等已为所有民事主体人人享有的权利或自由,营业事实上已世俗化、普及化、平民化、平等化并法律化、制度化,商事主体已不再是民事主体之外的另类独立存在,而仅仅只是民事主体进入营业领域的身份、角色、功能、地位、关系的转换形式而已,商事主体与民事主体已不是二元的结构关系,而只是特殊与一般、特别与普通、下位与上位、具体与抽象的关系;同样商事行为与民事行为也非泾渭分明、平行并序的二元并列关系,而是彼此依存、相互交融、边界模糊、跨界转换的混同关系。特别是在营业行为普遍化和民事活动泛商化、民事主体转型为商事主体十分便捷的当今

社会,在印上鲜明泛商化特征的后《民法典》时代,[260] 必须站在大私法的广袤领域,打破传统的民商二元观念与结构的范畴体系、概念体系、知识体系、价值体系、逻辑体系、结构体系,从一般与特殊、普通与特别、上位与下位、抽象与具体的角度,重新审视或定位民法与商法、民事主体与商事主体、民事行为与商事行为、民事制度与商事制度之间的关系。[261] 在此基础上,笔者将对商法基本范畴概念、理念价值、整体知识、理论逻辑、要素结构作体系性重构。

(二)后《民法典》时代商法理论体系化重构的具体路径

本着前述总体思路,笔者认为,后《民法典》时代商法理论体系化重构应遵循如下路径:

1. 构建以营业为基础、核心范畴的商法概念体系与话语体系。具体而言:(1)引入营业这一商法的基础、核心范畴,使之成为识别商法独特性的身份标签。即营业作为商法调整的基本对象、民法与商法的“分水岭”、商事关系构建的基点、商事制度创设的切点,确立商法理念、价值、原则与规则的逻辑起点,以及商法子部门法细分的实态依据,通过营业建立起商法的独立或独特的概念、话语。(2)以营业为视角来厘定商法的调整对象与法域边界。即商法乃调整营业关系的法律;商法所调整的商事关系就是营业关系;营业的边界就是商法的调整范围与法域边界。(3)以营业为切点重新解释、界定商法、商主体、商行为等传统商法概念。(4)以营业范畴和概念,对接与贯通民事主体→营业行为→商事主体,进而使商法基本范畴与概念具有内在的逻辑自洽性。[262]

2. 以营业自由为基点重构商法的理念、价值、原则、规则体系。具体而言:(1)在商法的基本理念层面,商法应以鼓励、促进、确认、维持、保护、救济营业为主旨,而不是相反。[263] 商法应坚守营利最大、机会充分、风险可控、财富安全等基本理念。(2)在商法的价值体系层面,商法应建立以营业自由为基点、以交易效益为目标、以竞争公平为约束、以市场秩序为保障的价值体系和选择位序。[264] (3)在商法的原则体系层面,应秉持均分营业机会、尊重营业自治、确保营业安全、提高营业效

〔260〕 本书所述《民法典》,除有特别所指外,均系全国人民代表大会于2020年5月28日通过,自2021年1月1日起施行的《中华人民共和国民法典》。

〔261〕 肖海军:《民法典编纂中商事主体立法定位的路径选择》,载《中国法学》2016年第4期。

〔262〕 肖海军主编:《商法学》,湖南大学出版社2004年版,第3页;肖海军主编:《商法学》,法律出版社2009年版,第5页。

〔263〕 肖海军:《营业权论》,法律出版社2007年版,第101~106页。

〔264〕 肖海军:《论营业自由——商法价值的展开》,载范健主编:《商事法律报告》,中信出版社2004年版,第39~69页。

率之基本原则,优化设计商事立法,妥善安排商事制度,谨慎裁判商事纠纷。[265](4)在商法的规则体系层面,应总结、提炼、归纳、集成符合商法理念、价值、原则的制度性、适用性法律规则,如营业公开规则、营业正当规则、营业自治规则、营业维持规则、文义性规则、外观主义规则、无因性规则等商法的制度性、技术性、追责性、惩罚性、裁判性规则等。[266]

3. 以营业为切点调整、创新商法理论的知识体系与要素体系。具体而言:(1)通过引入营业之范畴和概念,建立以本体、价值、主体、权利、行为、责任为核心要素的新型商法知识体系。(2)以营业为基础范畴和概念,重新解释商事立法、商事主体、商事登记、商事权利、商事行为、商事代理、商事账簿、商事责任等传统商法范畴和概念,并使之具有内在逻辑性和外在体系性。(3)本着理念之法、价值之法、原则之法、规则之法、规范之法等商法的五个层级,把商法规范形式和效力层级作重新定位。(4)注重商法理论中知识、要素的功能定位。(5)使商法理论具有内在的逻辑自洽性。(6)建立逻辑层次清晰明了、各单一部分要素之间有内在关联的商法理论体系和框架结构。

4. 构建基于范畴概念、理念价值、知识要素的新型商法理论结构体系。即本着前述范畴概念、理念价值、知识要素的引入、调整、创新,按照商法本体论、商法价值论、商事主体论、商事权利论、商事行为论、商事责任论等理论板块,重建商法理论结构体系。

以下所论,则为新型商法理论结构体系中的第一部分"商法本体论"。

---

[265] 肖海军:《营业准入制度研究》,法律出版社 2008 年版,第 96 ~ 131 页。

[266] 肖海军:《企业法原论》,湖南大学出版社 2006 年版,第 64 ~ 82 页。

第一编　范 畴 论

→从营生到营业

→从营业到商法

→从营业关系到商事关系

第一章　从营生到营业

在分析商法属性、论证商法独立、界定商法边界时，由于传统民商二元结构理论的先天性缺陷与源头性局限，导致居基础地位的商事主体、商事行为之范畴或概念，始终处于以商行为定义或解释商主体，或以商主体界定或判断商行为之同义反复的尴尬境地;[1]民商二元论视角下的商事主体、商事行为之不合事实逻辑性和不周延性，无法支撑具独立功能、地位、价值、角色之部门商法理论大厦的基石。因此，在商事主体、商事行为之外，寻找比之更基础、更抽象、更普遍、更上位的商法范畴和概念，就成为商法理论建构和创新不可回避的问题。

第一节　营业的意义厘定

一、引论

商法作为私法领域的特别法，与作为私法一般法功能与地位的民法相比，有其明显的调整领域、价值取向、制度功能和法律规则；作为市场经济领域的基本法，商法理论、原则、规则和立法体系应有自己的鲜明特质。商法的特质又决定涉及市场经济领域的民法、经济法、行政法等其他部门法的功能定位与法域分界，而这些无论在理论体系，还是从立法规则，又取决于商法基本范畴的创设和围绕该基本范畴的一系列下位概念、定义、原则、规则的建立。故在商法基础理论的构建中特别是在《民法典》编纂和商事特别法的制定过程中，商法基本范畴的确定，是一个不能淡化或回避而需要商法学人、商法学界认真对待的问题。其中，在定位、分析、论证商法的独立性或独特性时，首先必须对民法中既有的民事主体（自然人、法人、非法人组织）、民事行为（意思表示）、民事权利、民事义务等基本范畴有所区分，[2]进而证明

---

〔1〕　肖海军:《民法典编纂中商事主体立法定位的路径选择》，载《中国法学》2016 年第 4 期。

〔2〕　孙山:《语词变换背后的思维转向——以六组民法范畴的考察为视角》，载张文显主编:《法理学论丛》第六卷，法律出版社 2012 年版，第 132 ~ 155 页。

并支撑商法独立存在功能或价值的应然性和正当性。因此,以商法基本范畴为逻辑基点,构建起商法具应然正当性和逻辑自洽性的概念体系、价值体系、理论体系、立法体系、规则体系,就成为当前和今后商法研究的关键性问题。

关于商法范畴这一议题,商法学人、商法学界尚较少涉及,既有研究成果中,仅有的几篇关于商法范畴或讨论基本范畴的论文,也存在较大分歧。尽管很早就有学者质疑商事主体制度与商事行为制度之间存在明显的功能扭曲、价值失衡状况,[3]但晚清以来,我们一直"沿用了近代西方商事立法上的两个基本范畴:商主体和商行为"。学界、业界虽也认识到"商主体"和"商行为"概念的局限性,但仍然认为它们是商法的基本范畴,[4]并作为商法制度的核心结构,[5]这也是目前绝大多数商法学者的基本观点。例如,有学者认为商法应是以企业经营为中心、以资本运行为重心、以金融创新为趋向的开放包容的法律体系;[6]有学者认为"资本法益"凭借其独有的社会属性和自然属性,当之无愧地应成为商法学的逻辑起点;[7]有学者认为应引入"经营者"或"经营行为"的概念;[8]还有学者认为,商法应从功能性、竞争性、合度性、适应性等角度,把握"市场与政府""创新与规范""实在与表达""域外与本土"等四对不同范畴的关系。[9]

上述观点和看法尽管有一定的合理性和妥当性,但如把之放在特定商法理论、语境与商法实然、动态关系中,则会发现其解释力尚有明显局限。例如,关于商主体与商行为,就经常出现前述以商行为来定义商主体(商主体为实施商行为的主体)、以商主体定义商行为(商行为乃商主体实施的行为)这一同义反复的窘境。又如,虽然经营者、经营行为可以概括相当部分商事现象,但由于经营者、经营行为并非商法独有的范畴与概念,不属于商主体的非营利组织如实行企业化管理,也同样存在经营行为,只是其所得利润不可用于分配给出资人、设立人或成员而已。[10]

---

[3] 张楚:《论我国商法规范的二元结构及其价值缺陷》,载《中国法学》1999年第2期。

[4] 姜朋:《反思商法基本范畴》,载王保树主编:《中国商法年刊2007:和谐社会构建中的商法建设》,北京大学出版社2008年版,第238~244页。

[5] 徐金海:《论商法构造的制度变迁——以商主体和商行为为中心》,载《学海》2011年第5期。

[6] 宋鹏:《商法解释理论的基点、灵魂与法则》,载《甘肃社会科学》2014年第4期。

[7] 胡平仁、肖飞云:《资本法益:商法学的逻辑起点》,载《湘潭大学学报(哲学社会科学版)》2014年第2期。

[8] 王建文:《我国商法引入经营者概念的理论构造》,载《法学家》2014年第3期;王建文:《我国〈民法典〉中商法核心范畴的立法构想》,载《扬州大学学报(人文社会科学版)》2016年第2期。

[9] 陈甦:《商法机制中政府与市场的功能定位》,载《中国法学》2014年第5期;陈甦:《当前商法研究应把握的几个范畴》,载《民主与法制时报》2015年7月23日,第6版。

[10] 如我国《民法典》(2020年)第87条第1款规定:"为公益目的或者其他非营利目的成立,不向出资人、设立人或者会员分配所取得利润的法人,为非营利法人。"

笔者认为，商法的基本范畴，应以营业为逻辑基点作理论展开与立法建构。关于营业与商法的关联，虽于清末民初，在立法上，1904 年《钦定大清商律》中《商人通例》第 5 条、《公司律》第 4 条以下就已建立了商法与营业、公司与营业之间的关联。[11] 在学理上，通过日本学者的转述，营业已成为商法最常见的术语，如较早的日本学者松波仁一郎的《日本商法论》、志田钾太郎的《商法总则》、松本蒸治的《商法原论》等译本，均有关于营业的定义、介绍和论述；[12] 本土学界受日本学者观点影响，也有所谓“商业云者，商行为之营业也”；[13] 更有学者在评述法、德、日商法时，认为在德国，“商法应为营业法”。[14] 改革开放以来，我国也有学者较早地把营业这一基础概念引入商法。例如有学者认为“商事关系仅发生在持续的营业之中”，并参照日本学说，把营业分为主观意义的营业（营业活动）和客观意义的营业（营业组织）；[15] 有学者认为商法调整的商事关系即“因从事营业行为所引起的社会经济关系以及与此相联系的社会关系的总和”；[16] 有学者认为营业即为“一切以营利为目的的行为”，为商法规范的对象之一。[17] 但明确提出把商法定义为“调整营业关系之法”，进而赋予“营业”在商法中以基本范畴和基础地位的，是笔者 2004 年出版的《商法学》一书和《论营业自由》一文；[18] 该观点在 2006 年以后，逐渐被商法学界所接受。[19]

二、营生、营利与营业

“营”在古代汉语中，有多重含义和用法，其中比较常见的含义与用法有料理、

[11] 怀效锋主编：《清末法制变革史料》（下卷），李俊等点校，中国政法大学出版社 2010 年版，第 865 页。

[12] [日]松波仁一郎：《日本商法论》，秦瑞玠、郑钊译，上海商务印书馆 1911 年版，第 56 ~ 58 页；[日]志田钾太郎口述、熊元楷编：《商法总则》，安徽法学社 1912 年版，何佳馨点校，上海人民出版社 2013 年版，第 81 ~ 87 页；[日]松本蒸治：《商法原论》，陈寿凡译，上海商务印书馆 1917 年版，第 71 ~ 87 页。

[13] 熊元翰：《商法总则》，安徽法学社 1911 年版，第 97 页。

[14] 胡霖：《商律总论》，上海文汇图书局 1914 年版，第 21 页。

[15] 王保树主编：《中国商事法》，人民法院出版社 1996 年版，第 7 页、第 60 ~ 70 页。

[16] 赵中孚主编：《商法总论》，中国人民大学出版社 1999 年版，第 5 页。

[17] 谢怀栻：《外国民商法精要》，法律出版社 2002 年版，第 223 ~ 226 页。

[18] 肖海军主编：《商法学》，湖南大学出版社 2004 年版，第 3 页；肖海军：《论营业自由——商法价值的展开》，载范健主编：《商事法律报告》，中信出版社 2004 年版，第 39 ~ 69 页。

[19] 于庆生：《营业：商法理论的核心范畴》，载《行政与法》2006 年第 6 期；朱慈蕴：《营业规制在商法中的地位》，载《清华法学》2008 年第 4 期；童列春：《营业的性质与商法构造》，载《武汉理工大学学报（社会科学版）》2009 年第 1 期；刘文科：《营业：商法上的特殊客体》，载《政法论坛》2010 年第 5 期；王艳华：《以营业为视角解释商法体系》，载《河北法学》2010 年第 5 期；徐喜荣：《营业：商法建构之脊梁》，载《政治与法律》2012 年第 11 期。

规划、经营、建设、营造、追求、谋求、谋生等。[20] 例如，屈原《天问》有言“鲧何所营？禹何所成？”[21]《后汉书》就载有“至于自所营创，尤为俭省”；[22]东晋诗人束皙《白华》就写有“白华玄足，在丘之曲，堂堂处子，无营无欲”。[23] 这些语句中之“营”即为追求、谋求、谋划之义。又如《诗经》有“肃肃谢功，召伯营之”；[24]《世说新语》有“康僧渊初过江，未有知者，恒周旋市肆，乞索以自营”；[25]《新唐书》载有“士伤夷病疾，亲为营护”。[26] 这些语句中之“营”即为谋生、经营、料理之意。在现代汉语中，“营”的词性与用法有二，一为名词性的“军队驻扎的地方”或“军队编制”；二为更为常见的动词性的“谋生”或“经营、管理”之意。[27] “营”可与许多其他汉字搭配，构成具有丰富内涵和外延的多种词汇，其中与商、商事、商法有关的词汇，主要有营生、营利、营业。

（一）营生

1. 营生活动

营生在古代汉语中，一般有保养身体和营谋生计、经营财富等意。[28] 在现代汉语中，营生作为动词用被解释为“谋生活”；作名词用其词义则为“职业、工作”。[29] 足见，在多数情况下，营生系指谋生、求职、生计、经营之意。（1）谋生。例如，晋葛洪之《抱朴子·崇教》中有“贫贱者汲汲於营生，富贵者沉沦於逸乐”，[30]唐陆贽之《冬至大礼大赦制》有“免其差役，任自营生”，[31]瞿秋白先生在《饿乡纪程》（四）就谈到自己“因母亲去世，家庭消灭，跳出去社会里营生”，[32]均有谋求生计、寻找职业的“营生”表述。（2）谋生之事业或职业。例如，宋庄季裕《鸡肋编》卷中有“两浙

---

[20] 商务印书馆辞书研究中心：《古代汉语词典》（第2版），商务印书馆2014年版，第1785页。

[21] （楚）屈原：《楚辞·天问》。

[22] （南宋）范晔等：《后汉书·东平宪王苍传》。

[23] （晋）束皙：《补亡诗·白华》，载《隋书·经籍志》。

[24] 《诗经·小雅·黍苗》。

[25] （南宋）刘义庆等：《世说新语·文学》。

[26] （北宋）宋祁、欧阳修等：《新唐书·李愬传》。

[27] 中国社会科学院语言研究所词典编辑室：《现代汉语词典》（第6版），商务印书馆2012年版，第1561页。

[28] 何九盈、王宁、董琨主编：《辞源》（第3版），商务印书馆2015年版，第2590页。

[29] 中国社会科学院语言研究所词典编辑室：《现代汉语词典》（第6版），商务印书馆2012年版，第1562页。

[30] （晋）葛洪：《抱朴子·崇教》。

[31] （唐）陆贽：《冬至大礼大赦制》。

[32] 瞿秋白：《饿乡纪程》（四），载《瞿秋白诗文选》，人民文学出版社1982年版，第33页。

妇人，皆事服饰口腹而耻为营生”；[33]元高文秀《遇上皇》第一折有“那厮不成半器，好酒贪杯，不理家当，营生也不做，每日只是吃酒”，[34]等等。(3)活计或生计。例如，冯德英《苦菜花》第十章就有“手里的营生就做完了”等。[35]（4)经商或做生意。例如，《晋书·石崇传》中记载有“石崇百道营生，积财如山”；[36]又如，晋葛洪之《抱朴子·安贫》有“范生出则灭吴霸越，为命世之佐；入则货殖营生，累万金之赀”；[37]再如，唐乾符二年(875年)唐僖宗所下南郊赦就有“其河南府界蒿荒地，委河南尹于税钱三分内量与免二分，勿令无路营生，聚为草贼”等内容。[38]（5)生意或买卖。例如，元李行道之《灰阑记》第三折有“这桩营生不爽快，常常被人欠酒债”等戏词；[39]吴组缃《天下太平》也有“他做了许多种不须资本的小营生”之词句，[40]等等。(6)泛指生活。例如，韩起祥《翻身记》中的“每天累的喉咙疼，还是半饥半饱渡营生”等。[41]

无论在中国古代与现代汉语的书面语言，还是民间社会的口头表达，营生均有表达个体、家庭、团体谋生、谋职、谋业、谋艺，即通过从事具体生产经营活动以获取物质生活资料，进而解决个体、家庭、团体之生存、生活、生计或发展之基本含义。它与我们通常意义的物质生活资料的生产经营活动，具有实质的同义性。也就是说，营生活动所要解决的基础或核心问题，是特定个体或群体的生理、生存、生计、生息等基本需求问题。

正如马克思、恩格斯在《德意志意识形态》一书中开宗明义所指出的那样，“全部人类历史的第一个前提无疑是有生命的个人的存在”。[42]人到世界上第一个身份首先是自然界中有血有肉的生命体或生物体，这一生命体或生物体在法律上首先表现为私法主体概念上的自然人；故自然人的存在才是人类社会存在和各种法律现象开始的前提性条件。自然人来到自然界和社会界之后，为了基本的生存或生计，就必须解决衣、食、住、行等基本生存或基础生活问题。也就是说人类面临的

---

〔33〕（宋）庄季裕：《鸡肋编》卷中。

〔34〕（元）高文秀：《遇上皇》第一折。

〔35〕冯德英：《苦菜花》，江苏凤凰文艺出版社2017年版，第192～222页。

〔36〕《初学记》十八，引（晋）王隐：《晋书》，上海古籍出版社1995年版，第194页；吴士鉴、刘承幹注：《晋书斠注》卷三十三注引《初学记》引王隐《晋书》，中华书局2008年影印本，第671页。

〔37〕（晋）葛洪：《抱朴子·安贫》。

〔38〕（宋）宋敏求：《唐大诏令集·卷七二·乾符二年·南郊赦》。

〔39〕（元）李行道：《包待制智勘灰阑记》第三折。

〔40〕吴组缃：《天下太平》，载《文学》1934年第2卷第4号。

〔41〕韩起祥编：《翻身记》，中国戏剧出版社1957年版，第11页。

〔42〕《马克思恩格斯选集》（第一卷），中共中央编译局译，人民出版社2012年版，第146页。

首要问题,是要解决生命体本身的生理、生存、生活等初级需求问题。而要解决人类的生理、生存、生活问题,就必须有生活资料进而有物资资料的生产与再生产,特定的个体或主体就必须找到获得物质生活资料的具体生产经营方法、路径和对象,这一解决人类基本生理、生存、生活问题而需要从事或进行的生产经营活动,就是我国古代或现代汉语词汇中的营生活动,即为追求生理满足、延续生命存在、谋取生活资料、解决生计困境、提供生息条件的生产活动。

足见,从中国语境意义上讲,解决特定主体或群体生理、生存、生计、生息等基本需求问题的营生活动,是促进或推动人类社会前提的原始动力,也是理解全部人类经济行为动机的真正钥匙,更是诠释社会生产经营活动内在逻辑的切入基点。

2. 营生之业

从时序、进化、变迁、发展的角度来看,人类最早的营生活动,无疑是最原始的渔猎、采摘等初级劳作活动,后来因为有了从大自然中发现动植物的可繁衍性或可再生性,通过获得植物种子或动物种群,实现了从自然界直接、小规模、不可预见地获取有限生活资料的渔猎、采摘,向间接、大规模、可预见地获取无限生活资料的养殖、种植过渡转型。经过漫长的进化和演进,古代的畜牧业、渔业和农业从渔猎、采摘中独立出来,人类营生活动从靠山吃山、靠水吃水的盲目、不可控状态,走向可通过借助或改造自然或自然物以获取更多的生活资料。人类的这一由盲目被动走向自觉自为的过程,恩格斯在《家庭、私有制和国家的起源》一文中,把其称为人类社会跨入文明门槛之前的"第一社会大分工",即农耕、"游牧部落从其余的野蛮人群中分离出来"。〔43〕 因此,物质资料的生产与再生产是人类社会存在和发展的基础,更是推动人类社会前进的动力,而且"一当人开始生产自己的生活资料,即迈出由他们的肉体组织所决定的这一步的时候,人本身就开始把自己和动物区别开来。人们生产自己的生活资料,同时间接地生产着自己的物质生活本身"。〔44〕

但是,受制造工具和生产方式等方面的严重制约,最初人类社会的简单、粗糙、原始性生产,仅仅只能满足人们或部落的基本生理、生存、生活需要,单一个体的生产或劳作所得,除去消费之后几乎没有什么剩余。只是随着生活的需要、生产的发展和新的手工工具的涌现,特别是"一切部门——畜牧业、农业、家庭手工业——中生产的增加,使人的劳动力能够生产出超过维持劳动力所必需的产品"。家庭作为生产、劳动、手工制造的基本单元或基层单位得以不断强化,而生产工具的基础性和重要性,使进一步提高生产效能和人们生活水平的生产工具制造行业或门类,如

---

〔43〕《马克思恩格斯选集》(第四卷),中共中央编译局译,人民出版社2012年版,第176页。

〔44〕《马克思恩格斯选集》(第一卷),中共中央编译局译,人民出版社2012年版,第147页。

"织布业、金属加工业以及其他一切彼此日益分离的手工业,显示出生产的日益多样化和生产技术的日益改进;农业现在除了提供谷物、豆科植物和水果以外,也提供植物油和葡萄酒,这些东西人们已经学会了制造。如此多样的活动,已经不能由同一个人来进行了;于是发生第二次大分工:手工业和农业分离了";直至因交换的需要,以交换为基本职业的商业从农业、手工业中分离、独立出来,形成人类社会的第三次大分工——商业。[45]

自此,解决人类社会特定个体或群体生理、生存、生计、生息之基础或基本生活需求的营生之业——农业、手工业、商业,在人类跨入文明门槛之后,均已初步定型。同时,从营生的角度来看,农业、手工业、商业之间仅仅只是分工的不同,进而对应特定主体或群体不同的营生需求或满足功能而已,如农业主要对应营生中的食物需求和初级产品的生产供给功能,手工业则主要解决营生中的衣、住、行等食物外的基本需求,而商业则重在满足营生中互通有无、以彼有余补此不足的填补性需求。在人类社会尚没有出现大规模营业和社会化大生产之前,人类社会只有农业、手工业、商业等直接的生产经营活动,不存在近代以来的所谓就业问题。劳作、劳动本身与农业、手工业、商业等不同部门、行业、产业有着充分的结合,劳作、劳动与生产、经营,具有同义性、同质性或同一性,其目的就是解决人类的营生问题。对特定主体或群体的营生而言,农业、手工业、商业等人类初级社会分工或产业部门,并无后世著家所描述的那样,有营利与非营利之分,它们都具有解决人类社会中特定主体或群体营生问题的基础功能。无论哪一类主体选择农业、手工业、商业中的哪一种行业或职业,其本质都是为了解决特定个体或群体生理、生存、生计、生息之基本生活或基础需求的营生问题,故就营生而言,农业、手工业、商业均为营生之业。

(二)营利

1. 营利活动

营利在汉语词汇中,属于动宾结构,无论是古代汉语,还是现代汉语,一般被解释为"谋求利润"或与谋利相关的活动。[46] 例如,《东观汉记》就有"邑里无营利之家,野泽无兼并之民"这样的记载。[47] 在法学、经济学、管理学、社会学等专业术语或特定语境里,营利通常被定义为追求效益或利润最大化的社会活动或经济行为,

---

〔45〕《马克思恩格斯选集》(第四卷),中共中央编译局译,人民出版社 2012 年版,第 177 ~ 182 页。

〔46〕中国社会科学院语言研究所词典编辑室编:《现代汉语词典》(第 6 版),商务印书馆 2012 年版,第 1562 页。

〔47〕(东汉)刘珍等:《东观汉记・卷六・杜林传》。

因此,行为目的的逐利性和实际效果的取利性,一般是判断营利的主要标准。[48] 就纯粹的营生活动或营生之业而言,社会主体的营生活动或营生之业,其目的与动机在于通过特定劳作、生产、经营,以获取更多的物质生活资料,使人们的生理需求得到更大程度的满足,使特定个体或群体的生存条件更为优越,生计状况更可预期,生息时序更可控制,原本就无明确的营利目的性。之所以在人类社会物质、生活资料的生产经营活动中,从一般性的营生活动中分离或独立出特殊类别的营利活动,一则源于社会分工引发的交换与货币的出现,二则源于人类对营生有更多的欲念和更高的需求。

(1)从社会分工、交换与货币产生的视角来看,自从人类生产的物质生活资料因生产力提高而有了剩余,因社会分工而衍生出互通有无、取长补短的交换和商业,特别在物品交换中产生的交换媒介——货币,作为一般等价物,具有独立于交换双方所提供或需要的物资生活资料之价值、支付、储存、流通、汇兑等多重财富功能。正是因为货币具有如此多的财富累计或转换功能,并且本身具有等价物的交换属性,对特定主体而言,只要掌握或拥有了一定或更多数量的货币,就可换取更多的物质生活资料,从而更大限度地满足其生理、生存、生计、生息需要,更好地解决营生问题。于是就有了纯粹追求或谋取以财富为实质内容、以货币为形式载体的营利活动。在恩格斯看来,这一营利性活动就是人类社会的第三次社会大分工的完成和作为以追求财富为目的、实施交易为职业的商人出现开始的,即随着人类社会的三次社会大分工(农牧业从自然采猎中分离→农业与手工业的分工→商业从农业、手工业中的独立)的完成,以交换为职业的商业与商人出现,恰恰是人类社会由野蛮时代跨入文明时代的标志,即人类"走到文明时代的门槛",首先"是由分工方面的一个新的进步开始的",这一新的进步就是基于三次社会分工基础上的交换的出现。因为,"在野蛮时代低级阶段,人们只是直接为了自身的消费而生产;间或发生的交换行为也是个别的,只限于偶然的剩余物";"在野蛮时代高级阶段,又进一步发生了农业和手工业之间的分工,于是劳动产品中日益增加的一部分是直接为了交换而生产的,这就把单个生产者之间的交换提升为社会的生活必需";而"文明时代巩固并加强了所有这些已经发生的各次分工,特别是通过加剧城市和乡村的对立而使之巩固和加强,此外它又加上了一个第三次的、它所特有的、有决定意义的重要分工:他创造了一个不再从事生产而只从事产品交换的阶级——商人"。[49] 正因有了交换,特别是交换中所产生的货币,彻底改变了人类社会的营生

[48] 史际春:《论营利性》,载《法学家》2013 年第 3 期。

[49] 《马克思恩格斯选集》(第四卷),中共中央编译局译,人民出版社 2012 年版,第 181 ~ 182 页。

方式,一部分人开始游离于直接的物质生活资料的生产活动或经营环节,专门从事以交换为职业、以追求更多货币拥有量为目的、进而通过增加财富以更好地满足或解决营生需求的营利活动。在此情形下,营利活动就从一般性物质生活资料的生产经营形态或环节中,开始独立出来。

(2)再从人类社会对营生更多欲念和更高需求的角度来看,是人类社会特定个体或群体对生理、生存、生计、生息的更高营生需求,催生了营利活动的产生。按马斯洛的人格动机论和心理需要层次论,人类最基本的营生需求是生理、生存需求,只是在解决了"基本需求——生理需求"和基础需求"生存、安全"需求之后,才会追求爱与归属、尊重、自我实现等更高层次的需求。由于人类"生活在高级需要的水平上,意味着更大的生物效能,更长的寿命,更少的疾病,更好的睡眠、胃口等等",意味着"高级需求的满足能引起更合意的主观效果,即更深刻的幸福感,宁静感,以及内心生活的丰富感";而要"满足高级需求"就须"有更多的前提条件",它包括"涉及更多的人,需要更大的舞台,更长的过程,更多的手段和分段的目标,以及更多的从属步骤和预备步骤"。[50] 从生产经营活动中直接获取物质、生活资料,虽可一定程度地满足或实现特定个体或群体的营生需求,但这种满足与实现同时又是十分有限的。一方面,它受物质生活资料生产经营活动所能产出的质与量的限制;另一方面,人类社会欲望、需求的无限性、复杂性、多元性、丰富性,远远不是单一性质或品种的物质生活资料生产经营所能完全满足或实现的,如农业就不可能解决人类社会的全部营生问题,手工业也如此,更何况单一品种或行业的农业、手工业生产经营,在解决人类社会无限、复杂、多元、丰富营生需求上,就更显得捉襟见肘。在此情形下,为获取更多物质生活资料,满足或实现特定主体更高、更多、更好的营生需求,且使这些更高、更多、更好的营生需求具有可自由选择性或随时变换性,就需要获取一种能直接兑换成各种不同物质生活资料的财富媒介或中介,而货币作为一般等价物的交换功能或财富效应,恰恰可以完全满足或尽可能实现这样的营生需求。因为,占有、掌握更多的货币,就意味着可任意把其兑换成为自己所需要的特定物质生活资料,自然占有、掌握尽量多的货币,实质就是控制和拥有尽量多的物质生活资料,就可以满足或实现特定主体更高、更多、更好的营生需求。基于货币的自由交换属性和满足人类多元营生需求的财富效应,必然就刺激着社会成员中一部分人选择脱离直接的物质生活资料生产活动,而专司从事以追求更多财富为目的、以占有更多货币为载体的营利活动,营利活动也就从一般性物质资料生产经

---

〔50〕［美］A. H. 马斯洛:《动机与人格》,许金声、程朝翔译,华夏出版社 1987 年版,第 40 页、第 114 ~ 115 页。

营活动中分离或独立出来。

足见,源于商业交换、货币等价物的出现及特定主体对营生需要的更高追求,直接促进着专司追求抽象财富为目的之职业型营利活动的分离、独立与成型。

2. 营利之业

尽管从经济学角度,近代以前的农业、手工业也存在生产或经营的最大化问题,即以最小的成本或劳动直接生产出更多、更优的最大化物质生活资料,同时,直接从事农业、手工业也需要拿出部分农产品或手工制品通过交换,以换取其不能生产的其他物质生活资料,或者在有少量农业、手工业产品剩余的情况下,通过交换以换取可作为财富储存形式的货币;但直至中世纪晚期开始,农业、手工业的主要职能,始终主要扮演着满足人类社会简单、基础或初级营生需求的生产消费型层面,纯粹用于交换以获取交换货币,而非满足简单、基础或初级消费型营生需求的交换性、逐利性农业、手工业,虽在一定时期以一定的方式、状态出现过,但并不占有主流地位。因此,在中古以前的人类漫长社会里,真正具有营利目的性和财富最大化增进效应的部门、职业、行业,公认为是专司交换的商业。正如恩格斯所描述那样,独立的营利活动是随职业商人的出现和商人职业的产生而逐渐从一般性营生活动中分离出来;因此,凡是有社会分工和供求差异的存在,就必然产生互通有无的商业和贸易,就必然诞生从事商业或贸易的职业商人。[51]

但是,随着农业、手工业行业生产效益的提高和所产生物质生活资料的积累,必然衍生出农业、手工业产品的剩余问题,这些剩余农产品、手工制品,自然需要通过交换以实现以货币形式的财富存储或累积。不仅如此,由于商人累积的财富越来越多,商人也开始通过投资的方式渗透到传统具有明显营生需求型的农业、手工业,农业、手工业的交换份额、性质得以发生量与质的变化。至迟欧洲在中世纪中后期、中国在宋代特别是明代中叶以后,农业、手工业的营利化进程在明显加快。如中世纪兴起的包买商,由于对市场熟悉,资本实力雄厚,由最早充当手工业者与市场销售的中间人,逐渐通过投资入股并最终控制各种家庭手工业者。在这里,发生了如下三种过渡:“第一,商人(即包买商,笔者注,下同)直接成为工业家”;“第二,商人把小老板变成自己的中间人,或者也直接向独立生产者购买;他在名义上使这种生产者独立,并且使他的生产方式保持不变”;“第三,工业家成为商人,并直接为商业进行大规模生产”;但是,通过投资的不断注入,“商人成了工业家,或者不如说,

〔51〕《马克思恩格斯选集》(第四卷),中共中央编译局译,人民出版社2012年版,第181～182页。

他让那些手工业性质的小工业,特别是农村小工业为他劳动”。[52] 虽然在近代资本主义生产方式和近代企业产生定型之前,这一进程仍然是缓慢的,尚没有根本改变农业、手工业的营生需求型性质,但农业、手工业在近代以前也一直被认为属于非营利部门、行业或产业。

彻底改变这一属性、功能的是传统手工业向中世纪工场手工作坊的转变,以及工场手工作坊向近代工厂制造业的提升与转型,直至近代大机器工业的出现,终于成就了由传统谋生、营生型手工业向近现逐利、营利型大工业的历史性转变。如手工工场作为一种手工业的传统生产方式,在中世纪西欧、南欧就完成了从古代手工业作坊制向工厂制工场的转型。工场作为“建立在工匠专业化和商业化基础上的制造业或加工业的基本生产经营单位,它们伴随着生产和销售的不同而经历了各种变化”,并先后表现为庄园工场(由依附于国王、贵族、领主或修道院的奴隶或奴仆式工匠进行的、满足领主消费需要而不以销售为目的的自给自足型手工业生产经营或组织形式)、工匠工场(由享有人身自由的城乡个体手工业者为生产主体、以满足市场交换需要、分工专业化的“零售手工业”经营或组织形式)、家内制工场(由作坊主或商人控制或雇佣手工业工匠、由手工业行会或商人协会控制产销过程、业主与工匠形成新型劳动雇佣关系的类似于“家庭”型手工业生产经营或组织形式)等多种形式。[53] 除此之外,新型手工业的出现,特别是以交换为主要目的、“有较高技术水准”的制造业的兴起,完全刷新了中世纪世俗世界对商人的看法和形象。[54] 因此,手工业的营利化演变路径,也一直沿着家庭手工业→手工业作坊→手工业工场→手工业工厂→机器生产的现代化大工厂和大工业这一历史轨迹,[55] 不断从传统需求满足型步入近代交换经营型、从营生手段转型为营利事业。

就农业而言,中世纪庄园农业虽然是一种“自给自足状态”,“每个庄园主要必需品,是由自己生产,自己制造的”,[56] 但即便如此,农产品、手工制品之间的交换仍然大量存在。诚如恩格斯在《反杜林论》中明确指出的那样,“在资本主义生产出现之前,即在中世纪,普遍地存在着以劳动者私人占有生产资料为基础的小生产:小农的即自由农或依附农的农业和城市手工业”;“在自发的社会内部分工成了生产

---

〔52〕［德］卡尔·马克思:《资本论》(第三卷),中共中央编译局译,人民出版社 2004 年版,第 374～375 页。

〔53〕徐浩:《中世纪西欧工商业研究》,生活书店出版有限责任公司 2018 年版,第 277～308 页。

〔54〕［美］泰格、利维:《法律与资本主义的兴起》,纪琨译,刘锋校,学林出版社 1996 年版,第 4 页。

〔55〕［德］卡尔·马克思:《资本论》(第一卷),中共中央编译局译,人民出版社 2004 年版,第 390～580 页。

〔56〕［美］汤普逊:《中世纪经济社会史》(下册),耿淡如译,商务印书馆 1963 年版,第 380 页。

的基本形式的地方，这种分工就使产品具有商品的形式，而商品的相互交换，即买和卖，使个体生产者有可能满足自己的各式各样的需要”，如“农民把农产品卖给手工业者，从他们那里买得手工业品”。[57] 自14世纪开始，随着乡村集市贸易的兴起和土地转让制度的变化，原有的公社式庄园农业开始解体，原处于凝固、自给状态的庄园农业中的草地、牧场、耕地甚至荒地开始可以有限买卖、流转，“商人们尽量置备田产，成为土地所有主；或者为了投资，或者以他们中最富有者而言，是为了占有乡村地产，模仿贵族绅士”，从而打破了旧庄园农业属性、秩序和关系下的“社会平衡和经济平衡”；[58]庄园农业经营也开始具有确定的市场交换性和明显的营利目的性。到了近代，由于资本的进入与生产方式的改造，“在农业领域内，就消灭旧社会的堡垒——‘农民’，并代之以雇佣工人来说，大工业起了最革命的作用”；如此，农业中“最墨守成规和最不合理的经营，被科学在工艺上的自觉应用代替了。农业和工场手工业的原始的家庭纽带，也就是把二者的幼年未发展的形态联结在一切的那种纽带，被资本主义生产方式撕断了”。[59] 至于自16世纪开始的西欧诸国海外殖民以及伴随海外殖民而发展起来的农业种植园、大型农场，一开始就具有交换性、营利性、经营性农业或农业企业的特征，与主要满足营生需求型的传统农业，已完全不是同一个概念。

足见，自15世纪以来，至少在西欧，营利的部门、行业、产业，除传统升级的商业、贸易业及附属为其服务的营利型服务业外，转型、升级的传统手工业和新兴的制造业、机器大工业，在庄园农业解体基础上形成的具有农业商品生产功能的雇佣农业和各海外殖民地新建具交换、营利、经营属性的农业种植园、大型农场，均已完成了由传统营生需求型向近代营利追求型的转变。

（三）营业

营业作为社会范畴，系指以营利为目的的社会生产或经营活动；作为法律专用术语，营业则专指私法主体追求以营利为目的的私法活动或私法行为。关于营业的定义与属性，以下将作营业详论，在此暂不赘述。

---

〔57〕《马克思恩格斯选集》（第三卷），中共中央编译局译，人民出版社2012年版，第656～657页。

〔58〕［美］詹姆斯·W. 汤普逊：《中世纪晚期欧洲经济社会史》，徐家玲译，商务印书馆1992年版，第677～679页。

〔59〕［德］卡尔·马克思：《资本论》（第一卷），中共中央编译局译，人民出版社2004年版，第578～579页。

三、营业的概念界定与基本内涵

（一）营业的概念界定

1. 词源上的营业

营业是一个可从多方面进行解释和界定的词汇。从词源意义上，如前所述，“营”自古有追求、谋求、谋划、经营、规划之意。“业”在古时和现代具有行业、事业、功业、职业、学业、产业等多种含义。[60] 例如，《管子》中有“功大而不伐，业明而不矜”；[61]《史记》中有“于是舜举鲧子禹，而使续鲧之业”；[62]诸葛亮在《草庐》有“高祖因之以成帝业”；[63]这些句中之“业”即为事业、功业。南朝时期著名诗人王融在《永明九年策秀才文》中有“下贫无兼辰之业，中产阙洊岁之赀”，[64]句里之“业”即为产业的意思。又如，嵇康《与山巨源绝交书》中有“故四民有业，各以得志为乐”，即有行业、事业之意。[65] “营”与“业”合用，古有经营生计之意，今为营生、营利之义。如古籍《三国志》有“百姓虚竭，嗷然愁扰，愁扰则不营业，不营业则致穷困”；[66]《金史》有“近侍左右久困睢阳，幸即汝阳之安，皆娶妻营业，不愿迁徙”。[67] 又如近人《儒林外史》第二四回有“他家本是几代的戏行，如今仍旧做这戏行营业”；[68]清代赵翼《出郭》诗：“自惭游惰无营业，高柳阴中话雨暘”，[69]等等。在现代汉语中，营业作为名词用，基本含义为商业、服务业、交通运输业等营利性行业；营业作动词用一般解释为“（商业、服务业、交通运输业等）经营业务”。[70] 例如，瞿秋白《饿乡纪程》中十、十一部分，就多次提到并描述与俄国相关的“营业自由权”“营业置于国家监督之下”“商人自由营业”等经济生活见闻。[71] 可见，从字面、词义及

---

〔60〕 商务印书馆辞书研究中心：《古代汉语词典》（第 2 版），商务印书馆 2014 年版，第 1742 页；中国社会科学院语言研究所词典编辑室编：《现代汉语词典》（第 6 版），商务印书馆 2012 年版，第 1519 页。

〔61〕《管子・宙合》。

〔62〕（汉）司马迁：《史记・夏本记》。

〔63〕（晋）陈寿：《三国志・蜀书五・诸葛亮》。

〔64〕（南朝梁）萧统等：《昭明文选・卷三十六・文》。

〔65〕（三国魏）嵇康：《与山巨源绝交书》，载《嵇康集校注・第二卷》，戴明扬注，中华书局 2015 年版。

〔66〕（晋）陈寿：《三国志・吴志・骆统传》。

〔67〕（元）脱脱：《金史・完颜仲德传》。

〔68〕（清）吴敬梓：《儒林外史》第二四回。

〔69〕（清）赵翼：《瓯北诗钞・出郭》。

〔70〕 中国社会科学院语言研究所词典编辑室编：《现代汉语词典》（第 6 版），商务印书馆 2012 年版，第 1562 页。

〔71〕 瞿秋白：《饿乡纪程》，载《瞿秋白诗文选》，人民文学出版社 1982 年版，第 72 页、第 75 页。

社会意义上,营业一般系指开业、买卖、交易、生意、经营、业务等谋生职业、商业活动或营利行为。

在英美法中,营业对应的词汇有 business、trade 或 commerce 等,系指特定主体从事的商业活动,[72] 或者是指从事买卖或生意上的工作。在三词汇之中,commerce 主要指商业、商务、交往、交流,更多用于商业系统;trade 则更多系指贸易、交易等;两者范围均比 business 要小,相对而言,business 除有商业活动的意思外,还有经营、业务、生意、交易等特定含义。[73] 《牛津法律大词典》就认为 business,具有商业关系、商业职业和商业职业的实践活动等多种含义。[74] 《布莱克法律词典》则把 business 解释为商业事业、商业交易或商业企业之以营利为目的和职业的经营性活动。[75]

2. 学理上的营业

在学理上,营业主要为经济学和法学领域常用。在经济学上,营业一般定义为供给行为、生产者行为、厂商行为或企业行为,是指市场供给者、生产者以实现最大化利润为目标而从事的商品生产或商业服务活动;[76] 或者认为,企业或厂商行为是使用生产要素进而把这些要素组织起来生产并销售产品或劳务以实现或获得最大效益的经济活动;[77] 或者是指企业基于一定的生产函数(production function),即“在既定的工程技术、知识水平条件下,追求给定投入之后所能够得到的最大产出”之生产、经营、交易活动。[78]

在法学上,一般认为营业是一种以追求营利为目的的经营性活动,但对营业的内容和性质的理解则存在较大分歧。《德国商法典》第 1 条就规定“营业指任何营利事业,但企业依种类或范围不要求以商人方式进行经营的,不在此限。”[79] 在学理上,有德国学者认为,营业为“一种独立的、有偿的,包括不特定的多种行为的、向外公示的行为,但是艺术、科学的活动和那些其成果需要高度人身性的自由职业不包

〔72〕 薛波主编:《元照英美法词典》,法律出版社 2003 年版,第 431 页。

〔73〕 [英]P. H. 科林:《英汉双解法律词典》,陈庆柏、王景仙译,世界图书出版公司 1998 年版,第 68 页。

〔74〕 [英]戴维 · M. 沃克:《牛津法律大词典》,李双元等译,法律出版社 2003 年版,第 148 页。

〔75〕 Bryan A. Garner, *Black's Law Dictionary – Eighth Edition*. West, a Thomson business, 2004, p. 211.

〔76〕 余永定、张宇燕、郑秉文主编:《西方经济学》,经济科学出版社 2002 年版,第 65 页。

〔77〕 梁小民编:《微观经济学》,中国社会科学出版社 1996 年版,第 205 ~ 206 页。

〔78〕 [美]保罗 · 萨缪尔森、威廉 · 诺德豪斯:《经济学》,萧琛主译,人民邮电出版社 2004 年版,第 86 ~ 87 页。

〔79〕 《德国商法典》,杜景林、卢谌译,中国政法大学出版社 2000 年版,第 3 页;《德国商法典》,杜景林、卢谌译,法律出版社 2010 年版,第 3 页。

括在内”。[80]《日本商法典》第1条、第4条则把实施商行为为业者称为营业。[81]日本学者一般认为营业存在主观和客观之别,其中客观上的营业系指“以提供特定营业为目的的综合性财产组织体,即企业组织体”,而主观上的营业则是指经营者所实施的“持续性的同种营利行为”。[82] 日本学者志田钾太郎认为以自己之名且以一种商行为为业者即为营业;[83]也有学者认为营业为“以营利之意思所为财产之转换行为也”。[84] 我国有学者则认为营业是指商业经营之一定范围、一定场所和相当设施的总和。[85] 我国还有学者认为,营业可分为组织的营业和活动的营业,其中组织的营业,即为客观意义上的营业,是指为实现一定的营利目的(也称一定的企业目的)而存在的具有总体财产的组织体;作为活动的营业即为特定主体的营业活动,即指商事主体营利的活动。[86] 也有学者认为,所谓营业,是指商人以营利为目的而反复不间断地实施某种商业活动的行为。[87] 有学者从德国商法对商行为的界定中,认为经营属性或营业属性是商行为最为本质的属性,[88]而所谓营业性要素或属性是特指“通过持续的生产经营行为获取盈利并将其最终分配于投资者”的特殊活动,因而具有反复性、不间断性与计划性。[89] 还有学者认为营业与传统商法理论上的商业、商行为不同,其具有经营事实上的持续性、职业性和特定性,即“商主体持续地从事同一性质的商行为状态,偶尔从事一次则不能称为营业”。[90] 虽然如此,但营业为营利性私法行为与经济活动,已成为学界的基本共识。

3. 规范上的营业

从规范意义上看,营业常常在营业执照、经营性活动、非营业性活动、营业税、营业性活动等语境中使用。例如,原国家工商总局于1987年9月发布的《关于使用新营业执照的通知》(工商企字〔1987〕第257号)规定,“营业执照是企业、个体工商户

---

〔80〕[德]C. W. 卡纳里斯:《德国商法》,杨继译,法律出版社2006年版,第36页。

〔81〕《日本商法典》,王书江、殷建平译,中国法制出版社2000年版,第3页;《日本最新商法典译注》,刘成杰译注,中国政法大学出版社2012年版,第5~16页。

〔82〕[日]我妻荣等编:《新法律学词典》,董璠舆等译,中国政法大学出版社1991年版,第46页;[日]近藤光男:《日本商法总则·商行为法》,梁爽译,法律出版社2016年版,第74页。

〔83〕[日]志田钾太郎口述、陈汉第编译:《商法总则》,天津丙午社1907年版,第91~92页。

〔84〕[日]松波仁一郎:《日本商法论》,秦瑞玠、郑钊译,中国政法大学出版社2005年版,第239页。

〔85〕林咏荣:《商事法新诠》(修订),台北,五南图书出版有限公司1980年版,第44页。

〔86〕王保树主编:《中国商事法》,人民法院出版社2001年版,第60页、第65页;吴建斌:《现代日本商法研究》,人民出版社2003年版,第2页;王保树:《商法总论》,清华大学出版社2007年版,第183~200页。

〔87〕施天涛:《商法学》,法律出版社2003年版,第96页。

〔88〕范健:《德国商法——传统框架与新规则》,法律出版社2003年版,第304~307页。

〔89〕范健、王建文:《商法基础理论专题研究》,高等教育出版社2005年版,第355页。

〔90〕樊涛、王延川:《商法总论》,知识产权出版社2006年版,第32页。

和其他经营单位取得合法经营权的凭证”。又如2018年12月市场监管总局印发的《关于启用新版营业执照的通知》(国市监注〔2018〕253号)规定,“营业执照是登记机关依法颁发给各类市场主体的重要凭证,是市场主体登记工作的直接体现”。再如《营业性演出管理条例》(2020年修订)第2条规定,“本条例所称营业性演出,是指以营利为目的为公众举办的现场文艺表演活动”;原文化部《营业性演出管理条例实施细则》(2017年修订)第2条规定,营业性演出包括下列方式:(1)售票或者接受赞助的;(2)支付演出单位或者个人报酬的;(3)以演出为媒介进行广告宣传或者产品促销的;(4)以其他营利方式组织演出的。从这些法律规范来看,营业一般指营利性的经营活动。

不难看出,无论从词源意义,还是从学理意义,抑或在规范意义,营业均与营利性活动、商业性经营、逐利性行为有关,因此,如从行为的目的意义和社会功能来定义,可把营业概括为特定主体谋求以财产增值和财富增长为目的的营利性活动,即特定主体追求以营利为目的,基于各种生产要素的组合和利用,以投资营利、生产经营、资本营运和市场交易为基本形式,以向社会提供产品或商业服务为表征的营利性活动。如从私法视角来看,营业系指民事主体进入营业领域所从事的以营利为目的的特殊民事行为。[91]

但是,营业在不同社会历史时期和主流经济形态的表现与内涵,则存在较大的差异。在农业经济时代,营业的业态主要为商业贸易活动和部分具有交换营利性质的手工业(不包括纯粹的官场手工业和消费手工业),营业的内涵几乎等同于商业;在工业经济时代,营业的主要业态形式则为商业、贸易和制造业(工业),传统的农业、教育、体育、卫生等非营利性行业,在劳动成果商品化、经营组织企业化、内部关系契约化(雇佣化)、产品或服务市场化过程中或影响下,也逐步被纳入营业的范畴,营业的内涵为商业、制造业、现代农业和服务业之集合;在信息与网络经济时代,由于营业信息的共享和准入资格的放宽,营业则几乎突破了传统的民商、内外和业域界限,凡追求营利为目的的经济活动、以经营为基本形式的民事行为或以企业为营运方式的事业,均可视为营业的范畴,营业的内涵则无限丰富。

不仅如此,营业在不同经济模式下的业态表现和内涵也存在差异。在自然经济情形下,由于农业和手工业之基本目的是满足特定劳动者和生产者的基本营生需要,尽管也存在某种程度的交换,但其营利性特征并不明显,因此,营业在这一时期是特指以商品交换为基本形式、以追求交换过程中的价值增加(利润)为目的的商业活动。在计划经济管制下,营业一般表现为国有企业和集体企业的经营活动,

〔91〕 肖海军:《营业权论》,法律出版社2007年版,第23~24页。

但由于其经营活动主要表现为生产本位式的产品供给行为，企业生产和提供的产品或服务之商品化程度较低，因此，营利性特征较为模糊。在市场经济条件下，由于投资的多元化和交易的自由化，特别是在最大化目标的驱使下，营业则成为较为普遍的社会现象，所谓营业也就是指在市场交易中承担社会供给职能，通过投资注入、组织生产或提供商业服务并以实现最大化利润为主要目标的营利活动。

（二）营业的基本内涵

营业作为民事主体谋求以财产增值和财富增长为目的的营利性活动，其基本内涵包括：

1. 营业是民事主体以最大化目的为原动力的私人经济活动。人是自利并以最大化为理性决策依据的能动主体，人所从事的任何经济活动，多围绕着或主要围绕着预定的最大化目标。在经济学家看来，市场主要是以提供特定产品或商业服务的厂商（商人或企业）和追求各种欲望满足的消费者（居民或家庭）的二元主体在供给与需求的博弈过程中形成的。正如曼昆所言“经济是由成千上万个生产你每天享用的物品与劳务的企业组成的”。[92] 其中，厂商所追求的是生产、效率、利润、效益和价值的最大化，而消费者所预期的是幸福、满足、消费、效用和使用价值的最大化。因此，营业是特指或仅指厂商（自然人商人或企业，在法律关系上表现为民事主体，其特定法律身份上即为商事主体）以谋求营利最大化为目标的投资、生产（经营）、交易活动，而不包括实际掺入了市场交易但不具有营利最大化目的的消费者之经济活动。

2. 营业的基本过程是投资、生产（经营）、交易。营业的基本要素是资本（包括土地资本）、劳力、技术和管理，各种生产要素通过契合，再通过经营者在管理过程中的组合，使之进入生产或流通环节。诚如古典经济学家所认为的那样，“财富自身不是别的，只是维持生活，方便生活和使生活富裕的资料”；“土地是所有财富由以产生的源泉或质料”；“而人的劳动给这一切赋予了财富的形式”，[93] 即劳动是生产、创造财富的基本形式，营业的主要功能在于实现了既有财富的转换和流通，通过对内的经营管理、要素利用和对外的市场交易、贸易流转，生产要素、财产财富在经营、利用、流动中实现了增值。劳动、交易和贸易的用途“在于制造和提供为生活的维持、防御、舒适、欢乐和豪华所必需的或对这些有用的物品”。[94] 因此，可以这

---

〔92〕［美］N. G. 曼昆：《经济学原理》，梁小民译，机械工业出版社 2005 年版，第 224 页。

〔93〕［爱尔兰］理查德·坎蒂隆：《商业性质概论》，余永定、徐寿冠译，商务印书馆 1986 年版，第 3 页。

〔94〕［英］托马斯·孟、尼古拉斯·巴尔本、达德利·诺思：《贸易论（三种）》，顾为群等译，商务印书馆 1982 年版，第 63 页。

样认为,财富作为人类社会的生产活动和经济生活的物质基础,其源泉来自土地及其产出,劳动(广义的劳动应包括渔牧业、种植业、手工业、制造业和各种服务业的劳作和管理活动)则是从自然界中获得并进一步创造财富的基本手段,而营业活动则是财产流动、要素利用、财富实现并得以进一步增值的最有效途径。营业就是在营利目的的向导下,通过特定的投资、经营和交易行为,以商品生产和商业服务为具体形式,使资本(包括土地资本)、劳力、技术和管理得以契合。营业的基本内容就是各种市场资源的生产要素化和商品化过程,所谓营业中的财产增值和财富累积,正是产生于这种营利性投资、生产(经营)和交易过程之中。

3. 营业的初级成果是有特定价值的产品或商业服务。产品或商业服务作为营利性投资、生产(经营)最直接、原始、初级的成果,体现了营业的内在特质和社会功能。同时产品或商业服务作为市场交易的主要对象,也是市场交易和对外贸易得以进行和实现的基本前提,它是实现特定投资、经营、交易主体谋求营利最大化目标的基本条件。正是由于不同生产者、经营者、交易者能向社会提供不同的产品或商业服务,才能满足不同消费者的不同需求,所期待的价值转换、财富增进才具有可能性。

4. 营业的具体形式是投资的注入、商品的生产和财产或价值的交换。正如马克思所论证的那样,"不论财富的社会形式如何,使用价值总是构成财富的物质的内容"。〔95〕 因此,营业成果的形式首先表现为以厂商生产的产品或提供的商业服务之特定使用价值,它决定了营业最基本的形式是有形产品或商业服务的营利性投资、生产(经营)和交易行为。但对营业主体本身而言,追求更多以有形产品或商业服务表现出来的特定使用价值并非其终极目的,追求所期待价值的最大化才是其奋斗目标。因为,"劳动产品只是在它们的交换中,才取得一种社会等同的价值对象性,这种对象性是与它们的感觉上各不相同的使用对象性相分离的"。〔96〕 所以,营业是否有效的评价标准,在于其把获得、拥有、创造或提供的各种以具体物质内容表现出来的使用价值,通过交换转换为价值,从而实现所预期的最大化财富增值目标。从这个意义上讲,以财产、产品或价值的交换为基本内容的商业活动则成为营业最为有效的形式。因此,营业既不仅仅指的是普遍意义上的商品生产活动,也不仅仅只包含严格意义上的商业行为,而是既包括商品或服务的投资、生产(经营),又包括财产、产品或价值的交换并使两者高度融合和互通的特定投资、经营、交易活动。

5. 营业的社会意义是创造或实现了新价值并使财富得以不断增进。营业是具

---

〔95〕 [德]卡尔·马克思:《资本论》(第一卷),中共中央编译局译,人民出版社2004年版,第49页。
〔96〕 [德]卡尔·马克思:《资本论》(第一卷),中共中央编译局译,人民出版社2004年版,第90页。

有效益的民事行为、经济形式和社会活动,其标志是营业中资金(资本)的投入、生产(经营)的过程和交换(交易)的完成,创造了新的使用价值并转换为新价值,从而增加了新的社会财富。就投资、经营、交易主体而言,一次或一个周期营业的结束,其所得收益要大于其最初的投入成本,利润就体现为一种大于或高于原财产价值的新价值。就交易相对人而言,不同主体相互交易的进行,使消费者获得了其所需要的特定商品或商业服务,从而满足了以消费者为代表的社会总需求。就社会整体而言,因为有了不同个体财富的渐次累积,从而使整个社会财富的同步不断增进成为可能。

四、营业的学理分类与构成要素

(一)营业的学理分类

营业可从不同的角度对其进行分类,如以营业外在表征出现的时间之先后来分析,营业的基本形式可具体划分为商品买卖、生产制造、商业服务、资本营运、金融交易、电子商务等主要形式。[97]

如再从营业的主体形式来分析,营业存在自然人营业(包括家庭为主体的经营形式)、企业营业和国家营业三种主要形式,其中,在中世纪中叶以前(15 世纪以前),营业主体是以自然人及其家庭为主;近代以来,企业是最主要也是最重要的营业主体;20 世纪初以来,由于市场调整机制在公共产品领域的失灵、社会主义经济制度和国有企业的出现、国家干预经济理论的兴起等多方面的原因,国家成为许多营业领域的投资者和经营者。

此外,从营业的地域范围,可以划分营业为国内营业、国外营业和跨国营业等;从营业的具体产业领域,营业又可分为商品贸易、产品制造、物流运输、资源开发、技术转让、服务贸易、证券投资、金融、信托、保险、电商、网商、智商等众多产业领域。

但是,笔者认为,上述分类,仅仅只是外在地反映了营业的某些表象,不足以全面、动态、立体揭示营业的内在实质,如从社会活动与法律行为的运行逻辑来看,营业的进入、展开、成效有其特定的时间次序、基本流程和存在形态,具体又表现为投资、经营、交易这三大运行阶段或三种典型形态;易言之,营业"始于投资,形于经营,成于交易"。[98] 因之,把营业划分为投资、经营、交易等三种形态或三个阶段,或者把其区分为投资行为、经营行为、交易行为三个环节或三种类型,更符合营业的

---

〔97〕 有学者从商行为的角度,把商行为产生地先后划分为买卖商行为、辅助商行为、生产制造加工商行为、服务商行为和金融商行为等五类。施天涛:《商法学》,法律出版社 2003 年版,第 97 页。

〔98〕 肖海军主编:《商法学》,湖南大学出版社 2004 年版,第 5 页;肖海军主编:《商法学》,法律出版社 2009 年版,第 7 ~9 页。

实然状况和事实逻辑。

只有把营业还原为投资、经营、交易这三大运行阶段或三种典型形态，才可揭示出营业行为的本质属性与内在特征，才可与一般民事行为作适度、合理区分。关于投资、经营、交易的基本内涵和各自功能，后文将作具体分析。

（二）营业的构成要素

营业的基本要素，可归纳为主体要素与客体要素两大类。

1. 营业的主体要素。营业的主体要素即营业主体，其原生形式包括自然人、家庭、企业（包括法人型企业和非法人型企业、公司企业与非公司企业等）、国家（以中央或地方政府之名义投资或经营）四种类型，而在实际营业中，则表现为投资主体、经营主体、交易主体等具体形式。[99]

2. 营业的客体要素。营业的客体要素包括营业财产、营业形式、营业领域、营业事项、营业成果和营业效益等多个方面。其中，营业财产为营业进行的基础条件；营业形式为营业赖以存在的投资方式（独资、合伙、合资、合作等）、组织载体（个体经营体、家庭经营体、企业经营体、国家经营体）、经营形式（自营或他营，他营如委托、承包、租赁、信托、托管等）或交易方式（自销、代销、经销、寄销、行纪、直销、网销等）；营业领域即为营业所在的产业领域（农业、工业与制造业、商业与贸易业、新型服务业、信息网络业等）和具体行业；营业事项即营业中，在已确定的特定产业领域和具体行业部门中选择的具体经营项目和主业事项；营业成果即为营业完成后所提供给社会或消费者的具体产品、技术、服务或其他具有满足个体或社会营生需求的使用价值；营业效益即为营业收益与营业投入之具体比值和最终利润等。

在后文或后书的分析和论述中，会经常性地涉及营业的主体要素与客体要素，在此不作细论。

五、基本结论

基于上述分析，不难发现，作为以逐利为动机、以营利为目的的营业，实乃源于营生需求、融于营生活动并追求更高营生效应满足的人类社会高级经济活动和特殊类型的私法行为，从中更可看出从营生到营业的过程、条件及相互关系。

1. 营生是解释、界定营业的逻辑起点。营生活动几乎伴随人类的存在始终及人类社会的产生、存在、发展全过程，而营业则仅只是人类跨入“文明门槛”之际、之后

---

〔99〕 营业主体即以自己名义独立从事营利性投资、生产（经营）、交易的自然人或社会组织。营业主体在经济学上一般表述为厂商（企业或供给者）；在法学上，商法学科一般称为商事主体（商个人、商合伙、商法人），经济法学上一般称市场主体（生产者、经营者、销售者）。

才有的社会现象。这是因为,解决营生问题,是人类所有社会活动和经济行为的基本出发点和归宿点,而营业只是营生活动发展到一定阶段的产物,是为了更好地解决社会部分主体或成员的营生问题。

2. 营生具有基础性和普遍性,而营业则具有进阶性和特殊性。相对于人类社会的整体而言,营生活动、营生行为更具有基础性、基本性、初级性、普遍性,对所有社会个体或群体而言,均存在应生理、求生存、谋生计、序生息的营生问题;营业则仅仅属于部分、特殊的个体或群体为谋求更大利益、追求更多财富、占有更多物质生活资料的营利活动或私人行为,具有个体进阶性、部分性、高级性、特殊性。

3. 营业源于营生并反哺营生,是满足或实现营生的一种高级方式。满足或实现营生的方式、手段、路径是多方面的,在原始时代如直接从事渔猎、采摘等初级劳动,在古代如从事农业、手工业、商业活动,在现代可通过田间劳动、手工手艺、特定技艺、求职就业、投资经营、买卖交易等,这些均可解决生计、谋生等营生问题。但在所有的营生手段、方式、路径中,只有营业能最大程度、最大限度地解决营生问题,营业的逐利性、营利性以及由此产生的效益张力和财富效应,能在更高级层面满足营生的多元需求和提升营生的福利水平。如在古代,因为有商业的存在和发达,就可促进并刺激农业或手工业的生产或发展;近代以来,因为有营业的普及与发达,才有社会化大生产方式的产生,才有了古代不曾有的充分和完全就业,社会个体或群体的营生需求以新的方式、途径,得到更高层次的解决。

4. 营业的普及、发达恰恰可以更好地解决营生问题。近代以来,就业和营业就成为解决民生而本质就是满足民间营生问题的主导方式。在就业与营业谁先谁后、孰优孰劣等问题上,虽然仍存有分歧,但一个不争的事实是,如果没有营业的高度发达,自然就难以实现充分的就业。足见,营业在当今解决社会或民间营生需求上地位的重要性。特别对于个体、家庭经营者而言,营业本身就是解决该特定个体、家庭营生的主要手段和重要依托。

5. 营业总体属于广义营生的范畴,但营生并不完全等于营业。从满足更好、更高、更优、更大营生需求的角度来看,营业通过营利性生产经营活动,实现效益、利润、收入、所得的最大化、更大化,可在更高水平或层面上解决营生问题或营生需求。但营业并非营生活动或问题的全部,一方面,营业只是具逐利动机或营利目的的那一部分营生活动或私法行为,不具逐利动机或营利目的的社会活动或私法行为,虽可归入营生范畴,但并不属于营业;另一方面,营业毕竟只是部分社会个体或成员的活动或行为,并不能代表社会整体或所有成员的行为去向和利益追求。故只有具有逐利动机或营利目的的那一部分营生活动或私法行为,才属于营业的范畴。

6. 从营生转型为营业需要一定的基础性条件。营业的动机是逐利,目的是营利,但要实际实施营业,除特定主体或群体的主观动议或选择意志外,还须一定的财产基础或其他进入条件。这是因为,具逐利性、营利性的营业,本质是一种追求财产增进与财富累积的私法行为,与财产密切相关且不可须臾分离。首先,营业须有原始性财产或财产权利的实质投入,没有一定的财产投入或没有基本的财产条件,营业就成为无源之水、无本之木;其次,营业还须具备一定的基础性进入或准入条件,如后述的商事登记、资质认定等;最后,某些特殊的营业还须具备一定的特殊要件、限定或禁止条件。

可见,虽然营业属于广义的营生范畴,最终目的也是更好地反哺、解决营生需求,但从一般营生活动跨越到特殊营业行为,必须具备特定的条件,而这一特定条件,不仅是营业的特殊之处,也恰恰是商法所要解决的主要命题。

第二节 营业行为的属性与特征

一、营业行为的基本形态

(一)营业的基本流程与行为状态

前面已经提到,从营业的时空位序、推进阶段、实际环节与实然状态、事实逻辑、演进规律来考察,营业“始于投资,形于经营,成于交易”;质言之,作为行为状态的营业,具体表现为投资、经营、交易三种典型形态或投资行为、经营行为、交易行为等三种基本形式。

1. 投资行为

投资行为,是指民事主体把自有、支配、管领或通过其他途径、手段获得的财产、资本或权利,投入到营业领域以期获取最大化利润或回报的财产处分行为。投资行为实质属于民事主体的财产处分行为,即把其所有、支配、管领之财产、资本或权利,在使用功能和法律权利上进行处分,使其进入营业领域转换为营业中的原始资本。投资行为是营业的基础与起点。与一般民事行为不同,任何营业均须以一定的财产、资本或权利作为原始投入,方可进入后续的经营性、交易性活动,而不管这种投入是以其自有或支配的财产、资本或权利,或者是通过招股或借贷等融资手段获得的财产、资本或权利。没有原始性、基础性的投资,就没有实质意义上营业的开始。因此,投资行为是最原始、最基础、最初级形式的营业。

2. 经营行为

经营行为,是指特定主体把已进入营业领域的资本(财产、资本或权利等通过投资契约进入)、劳力(通过劳动合同契合进入)、技术(通过技术使用或转让合同进入)、管理(通过委托或聘任合同进入)等生产、经营要素,以一定的形式、方式使之有效地组织或契合,并通过一定的流程转换为具体的产品或服务的生产、管理行为或过程。经营行为是一种人、财、物经有效结合后而能产生显著经济和社会效益的私法行为,具有多样性、组合性、复合性,它既包括经营中的内部治理行为,也包括经营中的具体生产管理行为,还包括生产管理过程中一系列不同经营方式而派生的代理行为。经营行为是营业的核心,没有具体的经营行为,纯粹由投资者投入的财产、资本或权利,不能自动转化为产品或服务,自然也就不可产生预期的最大化效益或利润,因此,经营行为是最核心、最具体、最显著形式的营业。

3. 交易行为

交易行为,是指特定主体把经生产或管理而形成的产品或服务等经营成果,通过特定契约或形式把其推向或销售给社会或特定第三人,以获取收益的营业过程或私法行为。交易行为是传统狭义的买卖、商业或贸易行为,是基于互通有无、各取所需的契约交换;就投资者、经营者而言,交易的完成直接促成了产品或服务等经营成果转换为投资本息、现金资本的回笼;就社会而言,交易的完成意味着作为私人性的营业活动成果,得到了社会和消费者的接受和承认;就整体性的营业而言,交易的完成则应视为营业的成功和单一营业流程的结束。因此,没有交易或交易未完成,经营成果就得不到社会或特定第三人的接受和承认,投入的资本就不能如期回笼和增值,营业的营利最大化目的就无法实现。易言之,交易行为的完成,是判断营业成功和实效的标准,交易行为是终极、末端也最具实质效益意义的营业。

(二)营业中投资、经营、交易的合一重叠与独立分离现象

需要特别说明的是,营业虽按实态流程、先后顺序、时空环节,可分为投资、经营、交易等三大明显的形态、阶段或环节,但并非截然地、经常地或一开始就绝对地处于完全的独立或分离状态,它们之间既有功能上的独立分离,又存在行为状态上的合一重叠,并本着从简单、初级营业形态中的合一重叠走向复杂、高级营业形态中的独立分离这一基本趋势存在、变化、发展。具体而言:

1. 古代或早期的简单、初级营业中投资、经营、交易行为基本处于合一重叠状态。在早期的简单、初级营业中,个体、家庭作为营业的主体或形式,其投资行为、经营行为、交易行为是集某一个体或家庭于一身,此时对于该营业主体而言,投资行为、经营行为、交易行为因主体的高度一致而处于合一、重叠状态。但是,随着营业规模的扩大、经营环节的复杂和交易对象、范围、层面的增多,营业诸事完全由某一个体或所有家庭成员亲力亲为,已力不从心或难以为继。况且,在营业为正在进行

或祖业传承的既定状态或背景下，营业的原始投资人或继受者，可能受身体、精神、经营能力、个人偏好等个人因素的制约，且基于委托经营、代理交易等新型经营或交易方式的出现，投资、经营、交易也因投资主体、经营主体、交易主体的适度分离，而存在一定时期、状态的有限独立。例如古代罗马商社[100]中世纪后期就存在只出资分红而不具体参与经营管理或买卖交易的纯粹出资人；[101]又如中国自唐宋开始就出现了店铺老板与店铺经理的分离现象，特别是明清山西票号、江浙织机等行业，由于经营的专业性、技术性，普遍存在东家（投资人、老板）与掌柜（经理人、经营或交易代理人）之间的分离、分权、独立现象。[102]可见，即使是在古代简单、初级的营业中，也存在特殊、个别情形下的投资、经营、交易独立或分离现象。

2. 中世纪转型的近代营业中投资、经营、交易行为一般由合一重叠逐步走向独立分离状态。由于具稳定性组织型合伙的出现，[103]特别是由康孟达逐渐演化而形成的近代股份公司的出现，[104]营业中的投资、经营、交易借助于近代企业载体和制度架构，实现了投资主体（合伙人、股东）与经营主体（合伙组织体、股份公司）之间的名义分离和权责独立。不仅如此，在贸易代理、产品经销、行纪营销等分销形式与代理机制的催生或支撑下，原集生产、经营、销售于营业主体一身的全能型营业模式，也发生实质内容和外在形式上的变化、转型，只集中、执着于生产、经营的经营主体，与职业性、专业性代理、推广、分销产品或服务的交易主体，也实现了有限、适度的独立与分离。故总体而言，在中世纪商业贸易型、手工工场型营业转向近代生产制造型、企业经营型营业的过程中，营业中的投资、经营、交易行为是基本呈现由传统的合一重叠逐步走向独立分离之势。

3. 现代复杂、高级营业中投资、经营、交易行为多数情形下处于独立分离状态，但不排除仍然有少数营业中投资、经营、交易行为的合一重叠情形。在现代营业中，营业自由观念的深入人心以及营业的平权化、世俗化、普及化，导致民事行为与商事行为之间的界限模糊化和混同化，营业行为的普遍化与民事行为的泛商化成为现代营业的显著特征。特别是投资形式的零门槛与多元性，导致民事主体营业性投资的随时性、即时性、经常性和多样性，而无论是股权式投资，还是债权式投资；也

〔100〕［美］汤普逊：《中世纪经济社会史》（上册），耿淡如译，商务印书馆1961年版，第2页。

〔101〕［法］费尔南·布罗代尔：《十五至十八世纪的物质文明、经济和资本主义》（第二卷），顾良、施康强译，商务印书馆2017年版，第524～525页。

〔102〕陈凌等：《非家族经理进入家族企业研究——以山西票号为例》，载《管理世界》2010年第12期。

〔103〕［德］马克斯·韦伯：《中世纪商业合伙史》，陶永斯译，东方出版中心2010年版，第68～70页。

〔104〕［美］哈罗德·J. 伯尔曼：《法律与革命——西方法律传统的形成》，法律出版社2008年版，第346～347页。

无论是自营式投资，还是他营式投资，均存在投资主体与经营主体、投资行为与经营行为的主体分离与权责独立现象。再就经营形态、层面或环节来看，其与投资的关系也存在投资自营和投资他营等不同情形，而在投资他营形式或状态中，投资主体与经营主体、投资行为与经营行为固然是分离独立的；至于在以公司为代表性的现代企业经营中，投资主体与经营主体、投资行为与经营行为的独立分离则几乎是一种普遍现象。特别是在股权分散、公司控制权演变的情形下，公司财产与经营形式发生深刻的变化，进而形成“不仅是有差别而且经常是相互对立的两个集团，一边是所有权，另一边是控制权——控制权已越来越脱离所有权而向前发展并最终掌握在经营者（一个可永远保有其地位的经营者）自己手中”。[105] 列宁在《帝国主义是资本主义的最高阶段》中也曾提到，资本营运的一般特性，“就是资本的占有同资本在生产中的运用相分离，货币资本同工业资本或者说生产资本相分离，全靠货币资本的收入为生的食利者同企业家以及一切直接参与运用资本的人相分离”[106] 这说明，无论是营业的具体过程，还是资本的实际营运，均存在投资、经营、交易的分离现象。

而基于产品推销或服务网络的长线、跨区、全球化需要，在日益复杂、细化、精准的经销营销形式的助推下，经营环节与交易环节的适度分工、分离、分立，经营主体与交易主体、经营与交易的独立分离也成为营业中的主流趋势和惯常现象。

但即使在复杂、高级营业状态的现当代，基于个体、家庭以及小规模等传统营业形式的存在，投资自营、自投自营自销等集投资、经营、交易于一身的全能状态型营业形式，并没有完全退出历史舞台，而是仍然以新的形式或状态继续存在、变化或发展。

（三）营业的历史演变与基本形式

如以营业外在表征出现的时间之先后来分析，营业的基本形式可划分为商品买卖、生产制造、商业服务、资本营运、金融交易、电子商务等主要形式。

1. 商品买卖

营业源起于商品交换的产生和独立商人阶层的出现，商品买卖为原始形态的营业。这是因为，在产品经济末期和自然经济时期，以渔牧业、种植业、手工业为代表的生产活动，在多数情况下不是为交换只是为其生存、消费需要而进行的。正如恩格斯所言，由于生产力条件的限制和社会分工的不明确，“先前的一切社会发展

---

〔105〕［美］阿道夫·A. 伯利、［美］加德纳·C. 米恩斯：《现代公司与私有财产》，甘华鸣等译，商务印书馆2005年版，第135页。

〔106〕《列宁选集》（第二卷），中共中央编译局译，人民出版社2012年版，第624页。

阶段上的生产在本质上是共同的生产，同样，消费也是在较大或较小的共产制共同体内部直接分配产品。生产的这种共同性是在极狭小的范围内实现的，但是它随身带来的是生产者对自己的生产过程和产品的支配”；只是因为有了商业的独立和以商业为代表的第三次社会大分工的完成，“不再是为了自己消费而是为了交换”的纯粹意义上的商品生产和营业活动才得以出现。[107] 因此，可以认为，在产品经济末期和自然经济时期，在绝大多数情形下，营业是以商品买卖或货物贩运为其常态，且以自然人个体和家庭为主要经营形式。古希腊、古罗马、古埃及、古巴比伦和先秦时期的齐地、郑国，均有较为发达的小商品经济和较为繁华的集市交易。

2. 生产制造

生产、制造、加工本为营生的基本形式。只是到了中世纪后期，随着城市手工业的发展和商品贸易的普及，手工业所生产的产品之商品化程度和比例不断提高，“各种制造业的迅速兴起，尤其是在英国，逐渐地将那些流离失所和陷入贫困的人都吸收进去”，而“随着制造业的发展”，世界“开始走向工业资本主义的长征，强令经济纳入新形式”，以制造业为核心的市场争夺与对外贸易，“各个民族便进入相互竞争的关系”。[108] 特别是18世纪的工业革命，大机器生产代替了手工业制造，终使大工业生产和商品贸易成为近代营业最主要的形式，企业也因之成为最主要的营业主体。与此同时，传统农业（含林业、畜牧业、水产业等）大量地引进现代工业设备、技术和企业组织、集约经营方式，农产品的生产形式和商品化程度也在不断提高，农业经营也成为最重要的营业类别。

3. 商业服务

商业服务即直接或间接为商品贸易、生产制造提供中介、辅助、配套服务的营业形式，如以仓储保管、运输、广告、投送为代表形式的辅助型营业；以居间、行纪、代办、代销、代理等为代表形式的中介型营业；以旅馆、餐饮、旅游、电信、娱乐等为代表的消费型营业；以出版、影像等为代表的文化型营业等。

4. 资本营运

资本营运是营业的高级衍生形式，是当代营业的重要形态。资本原为公司出资人的股权份额或股份比例，基于公司企业的资本本位属性、股权或股份的可转让性，就有了以股权或股份为交易标的的资本权益交易；而随着股权或股份的证券化，资本权益的交易就逐渐脱离公司的初始载体，以证券交易所等集中竞价地为基本交易场所，以股票为标的，资本交易进一步独立化并纯粹化；更因各种公司债、投

---

〔107〕《马克思恩格斯选集》（第四卷），中共中央编译局译，人民出版社2012年版，第191页。

〔108〕［美］泰格、利维：《法律与资本主义的兴起》，纪琨译，学林出版社1996年版，第177页。

资基金和其他新型衍生投资形式的出现及其不断证券化，以债券、基金券和各种衍生资本证券为交易标的，大大地拓展了资本权益交易的对象和范围。如此，以资本权益交易为中介，传统企业与公司经营中实态形式的商品生产与商业服务，也逐渐过渡到以证券交易、股权转让、资产置换、上市收购、企业（公司）并购为主要虚拟形式的资本营运阶段发展、转型和升华。

5. 金融交易

当代营业具有典型的金融性。现代商业银行的诞生，使以商业银行为中心的社会资金集中存贷、融通和中转成为可能；货币作为纯粹交易媒介的普遍化，使货币支付形式得以持续创新，各种新的支付工具（汇票、本票、支票、信用证和其他商业或银行票据）不断涌现；投资的跨国化、经营的全球化和贸易的国际化，又使不同国家或地区之间货币的换算、承兑成为必要，并衍生出以汇率为价格指数的货币、外汇交易。除此之外，传统资本营运、投资信托、商业保险，在现代商业银行营运模式和货币、外汇交易形式的催生下，也进一步金融化和货币化，营业也逐渐进入以金融交易为典型形式的高级阶段。金融交易阶段与形式下的营业，核心是货币资金的融通和货币汇率的交易，业态集中表现为商业银行、证券交易、商业信托、商业保险等支柱性金融产业，形式有资金存储、货币信贷、商业票据、信用担保、财产信托、商业保险、证券交易、期货买卖、外汇套卖等。

6. 电子商务

电子商务是借助于现代信息网络技术（计算机、大数据、互联网、移动通信和各种电子、智能终端设备），使投资、经营、交易在无纸化、无界化、迅捷化、虚拟化平台、方式和环境中进行的新型营业形式。我国《电子商务法》第 2 条第 2 款，把“电子商务”表述为“通过互联网等信息网络销售商品或者提供服务的经营活动”。电子商务的技术支撑包括电子货币交换、供应链管理、电子交易市场、网络营销、在线事务处理、电子数据交换（EDI）、存货管理和自动数据收集系统，外在化的技术载体则有互联网、外联网、电子邮件、数据库、电子目录和移动电话等多种形式。[109] 电子商务包括网上经营者（如网上商城）、普通消费者、产品或服务、物流、支付系统等多重参与主体和支撑体系，其中，网上经营者就包括网络交易平台、平台经营者、站内经营者等。[110] 电子商务的显著特征是传统营业中的各环节均追求或实现了电子化、网络化、信息化，集中表现为营商主体的自由化、交易活动的电子化、金融行为的网络化。

---

〔109〕 陈平、王成东：《管理信息系统》，北京理工大学出版社 2013 年版，第 196 页。

〔110〕 曲永栋等主编：《网店运营理论与实操》，中国农业科学技术出版社 2016 年版，第 2 页。

与传统商事主体的登记或许可准入方式不同，在电子商务环境或业态中，网络营商主体资格的取得，是以互联网域名或网站的注册为基本形式和外观要件，一个独立的互联网域名或网站平台，就是一个实质的交易主体，通过适度的注册条件和技术程序，就可以在网上开展各种形式的商事活动。传统商事登记与营业许可的当事人地、注册地、登记地、许可地、营业地、交易地、履行地、侵权地的识别、认定和归属被颠覆，营商主体在网络实现了超越业界、地界、国界的自由化，这无疑给传统商事登记与营业许可带来极大的挑战。

借助于电子、信息、通信技术，传统商事交易已完全实现了以无纸化、迅捷化、虚拟化为基本特质的电子化。互联网（Internet）、企业内部网（Intranet）和增值网（Value Added Network，VAN）等网络平台的技术支持，特别是快速更新换代的移动通信技术的迅猛发展，商事交易更随时随地以即时化形式在进行着。业界一般认为，电子化交易包括如下具体形式：（1）代理商、商家和消费者之间的网上交易（agent、business、consumer，ABC）；（2）企业对企业的网上交易（business – to – business，B2B）；（3）企业对消费者的网上交易（business – to – consumer，B2C）；（4）个人对消费者的网上交易（consumer – to – consumer，C2C）；（5）企业对政府的网上交易（business – to – government，B2G）；（6）线上对线下的网上交易（online to offline，O2O）；（7）商业机构对家庭（business to family，B2F）；（8）供给方对需求方（provide to demand，P2D）；（9）门店在线（online to partner，O2P）；（10）消费者对企业的网上交易（consumer – to – business，C2B）；（11）其他网上交易模式。[111]

不仅如此，电子商务因为支付的需要，又催生出电子、网上和移动支付形式和多元化电子支付系统，并进而引发金融网络化的革命。从最初的银行借助计算机处理银行之间的业务，实现结算、数据的电子化，到银行与客户、银行与银行之间的电子化，再到银行、支付的完全电子化（银行金融数据的电子化）、自助化（如自助银行）、网络化（如网络银行），直至借助于互联网、物联网、移动通信、人工智能等信息技术，形成以网络银行支付、自助支付、第三方支付、网络平台支付等多元电子商务交易支付平台或金融支付系统。[112] 电子支付包括网上支付、电话支付、移动支付（如支付宝、微信等）、销售点终端交易、自动柜员机交易和其他电子支付等多种形式。[113] 在电子支付的助推下，传统以纸质货币为交易标的的金融行为也发生突变。在电子化、网络化、移动化、智能化时代，金融交易更显示出其数据化、即时化、虚拟

---

〔111〕 李晓明主编：《电子商务案例分析》，中国铁道出版社2012年版，第7页。

〔112〕 李莉莎：《第三方电子支付法律问题研究》，法律出版社2014年版，第19～37页。

〔113〕 帅青红、李忠俊主编：《电子支付与结算》，东北财经大学出版社2018年版，第3～57页。

化等新特征。

(四)营业行为的其他形态

如前所述,如从营业的主体形式来分析,营业存在自然人主体(个体)的营业、家庭主体(共同体)的营业、企业主体(组织体)的营业和国家主体(主权体)的营业等四种主要形式。此外,从营业的范围来分析,从地域范围营业可划分为国内营业、国外营业和跨国营业等;从营业的具体产业领域,营业又可分为农业种植、工业制造、商业贸易、文化教育、体育卫生、旅游餐饮、娱乐博彩、物流运输、资源开发、技术转让、服务贸易、金融服务、电商服务、网络交易等众多产业领域。

二、营业行为的本质属性

(一)营业行为的目的就是追求财富增进的迅捷和交易效益的最大

追求财富增进的迅捷和交易效益的最大是商人营业的原始动机。营业行为是商事主体以营利动机为支撑、以增进财富为目标的行为,具有鲜明的功利色彩。在市场交易过程中,商事主体实施的任何营业行为均具有鲜明的功利性。这是因为:

1. 功利是人作为经济人、理性人追求自身利益所具有的一种必然属性。由于人的生存、人的社会地位最终是由人所拥有的物质生活资料(占有或支配的利益份额)所决定的,故物质利益就成为衡量人的价值和构建人与人之间关系的一种重要因素。在经济社会里,物质利益作为联系不同主体关系的纽带,无疑受到人们足够的重视。因此,"人们为之奋斗的一切,都同它们的利益有关";[114]可以这样说,"人的社会生活是个人通过利用主要在与别人交易的过程中所存在的机会和力量,达到生命的扩张,也就是通过这些机会和力量的比例配合而得到的经济生命";[115]此所谓"天下熙熙,皆为利来;天下攘攘,皆为利往"。[116]

2. 功利体现了市场交易的内在本质。市场交易对主体而言是一种价值和利益的互换,市场交换的原始动因在于不同商品的所有者和监护人对预期利益的追求和增量利益目标的设置。因此,市场交易过程就是交易主体利益的一种价值互换和预期利益的实现过程。"从经济上来说,它是在把个人力量对别人的服务实行经济化,以便为了当一个人在出卖自己的时候,根据他的性格能得到最大限度的效果";[117]只有在交易中不同主体之预期利益能得到最大限度的实现和满足,这种交

---

〔114〕《马克思恩格斯全集》(第一卷),中央编译局译,人民出版社2002年版,第187页。

〔115〕[美]约翰·R. 康芒斯:《资本主义的法律基础》,寿勉成译,商务印书馆2003年版,第50页。

〔116〕(汉)司马迁:《史记·货殖列传》。

〔117〕[美]约翰·R. 康芒斯:《资本主义的法律基础》,寿勉成译,商务印书馆2003年版,第51页。

易关系才能被双方认同而稳定，其交易的进行才可持续。

3. 逐利是以追求财富的增进为职业的商人从事营业行为的内在动力。商人是一个以获利为动机而从事投资、经营、交易的社会职业阶层。早期的商人是“带着货物徒步或骑马四处奔波，从这个镇到那个镇，从这个集市到那个集市，从这个市场到那个市场，一路售卖货物”、“全仗辛苦和勤劳”过活、被称为“泥腿子”的一类人。[118] 尽管商人的这种逐利本性和营利动机“很少能使上帝高兴，甚至永远都不能使上帝愉悦”，[119] 但是，正是这种逐利动机，迫使商人精打细算，使其财富迅速地增长。这种财富不断积累的结果，使他们比起那些自认为高人一等的贵族要有钱得多，他们越是“增加自己的资本”，越是“把中世纪遗留下来的一切阶级排挤到后面去”；[120] 这不仅极大地提高了商人的地位，也大大推动了财富的流转和社会的变革。

营业行为的这种基于人性的自发正当性、源于市场交易的内在必然性和由于商事主体的特定目的性，决定一切调整、规范营业行为的商事法律规范，无不围绕这一特定目的，反映这一特定行为的属性。因为长于精打细算的商人与一般民事主体相比较，具有以下两大典型特征：“其一，商人精通和熟悉交易业务，因此对商人应提出更高的要求；其二，商事交易在更高的程度上要求灵活性、快速性、简便性和法律稳定性”。[121] 由此，我们可以得出这样的结论：尊重营业行为的功利属性和商事主体的逐利动机，应是商事立法和商事制度设计的基本出发点。

（二）营业行为的基本属性

营业的本质属性是指体现营业之本质——具营利性的经济行为和社会活动，反映营业这一特殊社会现象之深层、稳定的内部联系，它深藏于营业现象的背后，是营业得以存在的基础和发展变化的内部动力源。[122] 营业的本质属性表现在如下几个方面，即行为属性上的私人性与社会性的高度统一、利益属性上的自利性与利他性的互为依存、实际效应上的逐利性与建设性的和谐一致、活动空间上的国别性与国际性的彼此贯通。

1. 私人性与社会性的高度统一

营业作为一种特定的营利性经济行为，其行为属性首先具有私人性，这是因为

---

[118] [美]泰格、利维：《法律与资本主义的兴起》，纪琨译，学林出版社 1996 年版，第 4 页。

[119] Henri Pirenne, *Economic and Social History of Medieval Europe*, New York, 1937. 转引自[美]哈罗德·J. 伯尔曼：《法律与革命》，中国大百科全书出版社 1993 年版，第 410 页、第 744 页。

[120] 《马克思恩格斯选集》（第一卷），中央编译局译，人民出版社 2012 年版，第 402 页。

[121] [德]沃尔夫岗·塞勒特：《从德国商法典编纂历史看德国民商法的关系》，载范健等主编：《中德法律继受与法典编纂》，法律出版社 2000 年版，第 2 页。

[122] 李步云主编：《法理学》，经济科学出版社 2000 年版，第 41 页。

营业的基础社会关系为营业关系，而营业关系是基于营业性投资、由民事主体处分其财产进入营业领域并进行生产经营或资本营运所发生的财产关系，它是投资主体、经营主体和交易主体基于平等、自愿，在营业性投资或营业交易过程中形成的一种私人之间的民事关系。（1）这种关系的参与主体均是具有平等地位和享有平等机会的民事主体。主体的这种私人性、平等性是营业关系得以形成的基础。（2）营业关系结成的目的，在于特定主体（厂商即商自然人或企业）追求各自的私人目的。这种私人目的与社会公共目的有本质的区别。（3）营业关系的私人性决定其营业事务的私人性和决策过程的自治性，因此，以自由、自愿、自主、自治为核心的价值原则就成为营业行为实施和营业关系构建的基本价值准则。（4）营业中产生的权益争议即商事纠纷的仲裁具有典型的民间性，它在解决不同营业主体之间的利益冲突中具有国家司法无法替代的功能，并成为营业主体之间诉争的一种主要解决方式。营业关系的私人性，决定了营业行为总体上应属于私人经济行为的范畴。从商品生产和市场交易的过程来看，在没有进入商品交换和市场交易之前，生产、经营的组织、决策和实施，属于厂商私人劳动的范畴，因此，其生产什么、生产多少、为谁生产、如何经营，是特定主体自己的事情。正如马克思所说的那样，“使用物品成为商品，只是因为它们是彼此独立进行的私人劳动的产品”。〔123〕

然而，由于营业行为的对外性、相对性和扩展性又使其具有鲜明的社会性，这是因为营业的完成和营业预期目标的实现有赖于一定的社会条件。（1）从营业的目的意义来评价，只有通过商品交换和市场交易，营业的成果才能转换为一定的价值，此时才有真正意义上的营业完成，其营业效益才可评判。因此，判断营业成果和营业效益，除取决于生产、经营过程中的产量最大化之外，还取决于通过交换而实际获得的营业收益，或者说关键环节决定于社会消费和居民需求对其营业初级成果的认同和接受。（2）从营业的劳动属性来分析，营业的过程实质是一个由营业主体之私人劳动转换为社会劳动的过程。马克思把其概括为“这种私人劳动的总和形成社会总劳动”，即“由于生产者只有通过交换他们的劳动产品才发生社会接触，所以，他们的私人劳动的独特的社会性质也只有在这种交换中才表现出来。换句话说，私人劳动在事实上证实为社会总劳动的一部分，只是由于交换使劳动产品之间、从而使生产者之间发生了关系。因此，在生产者面前，他们的私人劳动的社会关系就表现为现在这个样子，就是说，不是表现为人们在自己劳动中的直接的社会关系，而是表现为人们之间的物的关系和物之间的社会关系”。〔124〕（3）从营业的社会

〔123〕［德］卡尔·马克思：《资本论》（第一卷），中共中央编译局译，人民出版社2004年版，第90页。

〔124〕［德］卡尔·马克思：《资本论》（第一卷），中共中央编译局译，人民出版社2004年版，第90页。

意义来分析，营业对社会具有实质的影响力。一方面，从社会学意义上讲，营业主体是重要的社会细胞，承担着社会的供给职能，其生产力和供给量决定着整个社会的经济发展和社会生活水平；另一方面，营业的开展和完成，所需要的资本、资源、技术、劳力和管理，又与特定的社会制度和经济环境相关，特别是营业准入的范围和自由度，取决于国家（政府）对营业领域、企业内部治理的干预幅度和对市场外部交易过程的管制模式。因此，营业的开展和营业的完成本身不是孤立的、纯粹意义的私人经济活动，而是整个社会经济生活的一部分。（4）从营业与社会的关系来分析，营业的结果具有社会连带性。例如，在特定营业主体追求营业效益和预期盈利最大化的同时，会出于成本最小化的考虑，而产生外部不经济（如生态破坏或环境污染）、技术挤出劳动力引起就业的不充分等社会消极现象；又如，营业中股份的发行、企业债、产品质量、企业之间的联合由于本身涉及竞争和垄断问题等，使营业更具有社会性和公共性，从而要求法律赋予营业主体更多的社会责任。这些均意味着传统营业主体由相对责任向社会责任的过渡。〔125〕

2. 自利性与利他性的互为依存

从利益的属性来考察，营业是一种特定主体的逐利行为，追求最大化利益乃营业行为的原始动机、中心任务和终极目标。应当承认，营业行为所追求和实现的利益，首先是特定投资主体、经营主体和交易主体的个体利益。这是因为：（1）逐利是作为理性的经济人之自然天性，营业只是人之逐利天性以特定营利性活动为存在形式的外在表达而已。（2）作为社会个体的民事主体（在营业领域表现为投资主体、经营主体和交易主体）是社会利益格局和分配位序中独立的也是最基础的利益单元，其所得利益的份额或拥有的财富个量决定了各自在整个社会中的实际地位和幸福程度。由于营业具有实现最大化利益的可能性，因而成为人们和平地获取更多利益或支配更多财富的首选方式。〔126〕（3）追求营业主体自身利益的最大化是营业得以开展并持续进行的内在动力，是营业效率（营业成本的最小化）得以不断提高和营业效益（营业收益的最大化）实现不断增长的利益催化剂。（4）营业主体最终从营业中所得的、可自主支配的利益份额和比例，是衡量其营业成功与失败的

---

〔125〕 肖海军主编：《商法学》，湖南大学出版社2004年版，第6～7页；肖海军：《论企业社会责任中的相对责任与绝对责任》，载《法治论坛》2010年第1期。

〔126〕 从单一行为静态过程的经济分析来看，犯罪和战争就是试图以最小代价（为犯罪所作的准备或战争支出）、以非法或暴力方式获取最大化利益的极端表现。当然，从行为之动态社会作用的经济学意义来看，犯罪和战争行为所应受到的法律制裁之可能性，实际上也属于其极端逐利行为的成本之一——违法成本。参见［美］理查德·A. 波斯纳：《法律的经济分析》（上），蒋兆康译，中国大百科全书出版社1997年版，第285～327页。

基本标准，也是营业得以继续和经济得以发展的基础条件。可见，营业是一种具自利属性的经济行为和社会活动。

另外，由于营业的开展和完成是在一定的社会条件下进行的，营业又能产生或带来社会利益，因此，营业又是一种利他性的经济行为。这是因为：(1)营业的开展和完成须以满足社会需求为基本手段。事实上由于商品交换和市场交易的完成，经营者在取得其预期利润的同时，也使以购买经营者之产品或接受其服务的消费者之需求得到满足。正如马克思和恩格斯在《德意志意识形态》一书中所描述的那样，个体为了生存和生活，"第一个需要确认的事实就是这些个人的肉体组织以及由此产生的个人对其他自然的关系"，即对衣、食、住、行的需求及为满足这些需求的必要生产和供给；故人类社会的"第一个历史活动就是生产满足这些需要的资料，即生产物质生活本身"，包括"他们已有的和由他们自己的活动创造出来的物质生活条件"。[127] 在交易自由和信息充分的条件下，消费者基于支出最小化和效用最大化的预定目标，可以从与经营者的营业交易过程中实现其幸福的最大化。可见，营业是实现社会需求最大化满足的基本途径。(2)营业有利于不断提高生产力水平和管理效益，可促进真正意义的经济发展和社会进步。(3)从营业中所累积的利益和财富的不断增长，有利于整体提高社会的福利水平和生活质量，从而使社会分配的公平、公正赋予更新的内容和更高的意义。这不仅因为"已经得到满足的第一个需要本身*、满足需要的活动和已经获得的为满足需要用的工具又引起新的需要"；[128] 而且，营业所创造财富的不断累积和储存还是实现更高水准的分配公平和代际正义的需要，因为更多财富的累积和储存"应当成为充分实现正义制度和自由的公平价值的一个条件"。[129] 毫无疑问，营业同时也是一种利他性的经济行为和社会活动。

3. 逐利性与建设性的和谐一致

逐利是人的本性与天性，是财产权之于人权的人性本原；[130] 追逐利益在某种意义上贯穿着人的一生，并渗透到人类社会生产与生活的每一环节。从消极意义上讲，个体的犯罪、团体的违法与国家的战争，无非就是追逐某种不法、不当或特定利益；从积极意义上，劳动、生产、营业、消费，也是为了实现主体的某种特殊利益。自然，如仅从逐利这一主观目的性来考量，营业无疑具有鲜明的逐利性；但是，如从人

---

〔127〕《马克思恩格斯选集》(第一卷)，中共中央编译局译，人民出版社 2012 年版，第 146 页、第 158 页。

* 即衣、食、住、行以及其他东西等基本生产资料的需要。——笔者注

〔128〕《马克思恩格斯选集》(第一卷)，中共中央编译局译，人民出版社 2012 年版，第 159 页。

〔129〕[美]约翰·罗尔斯：《正义论》，何怀宏等译，中国社会科学出版社 1988 年版，第 290 ~ 291 页。

〔130〕李步云：《论人权的本原》，载《政法论坛》2004 年第 2 期。

类社会不同追逐或实现利益方式所产生的客观效应和实际效果来看，营业在能实现特定营业主体利益、利润、效率、效益、效应最大化进而最大限度地表现出逐利性的同时，也显示出更具建设性的一面。例如，与同样作为人类逐利的违法、犯罪与战争行为相比，营业就明显具有和平性、正当性和增值性；又如，与同样具有增值性的劳动、生产与消费相比，营业增值性的客观效应和实际效果则要更高级、更效益、更持续。

这是因为，在人类所有利益获得与财富追求的各种方式中，唯有营业兼具如下特性：(1)最具和平性。与犯罪、战争等非法、暴力追求利益或获取财富的方式不同，营业是以投资、生产(经营)、交易等自愿、自由交换方式，通过制造产品或提供服务的方式，满足、创造人们和社会的需求，以和平地实现利益的归属、财产的转移和财富的累积。(2)最具正当性。犯罪、战争是一种剥夺或掠夺他人利益、财产或财富的逐利方式，在道德上丧失应有的正义性或正当性，在道义上是应受谴责和否认的行为；营业则是通过合法投资、诚实经营和公平交易的方式，以实现利益、利润、效率、效益、效应的最大化，行为上符合人类正义的准则，具有道德上的正当性。(3)最具增值性。犯罪、战争作为一种消极的逐利方式，本身并不增加或创造任何利益、财产或财富，它们只是静态地实现了利益、财产或财富在不同主体或国度之间的非法或非正常转移，对人类社会带来的后果是破坏性的；营业则是通过把资本、劳力、技术、管理有效地结合起来，通过制造新产品和提供新服务，实质性地使产品或服务增值，进而显著地增加社会财富，创造社会需求。(4)最具效益性。虽然就社会财富的增进而言，所有社会财富的增值均是劳动创造的结果，但是，从人类历史的进程来看，纯粹的劳动所创造的财富和增进的效益，是十分有限的、缓慢的。营业因其注入了资本，且能把资本与劳力、技术、管理等不同生产要素有效地结合、契合进而高效益地组织起来，放大了单一资本、劳力、技术、管理所能孤立产生的效率、效益和效应，所创造的效益和增加的财富，自然就远远地超过了单一或纯粹的劳动。(5)最具促进性。纯粹的劳动只具有满足一般生存或生活需要的维持性，虽然劳动是人类社会历史发展的基础，但其对社会的整体推动和经济刺激作用并不显著，因此，劳动尽管与人类伴生，但劳动本身并没有引发人类生活的革命性变革和社会的结构性飞跃。相对而言，营业出于对营利最大化的无止境追求，就必然地、不断地要创新营业方式、组织形式、治理模式、管理体制与技术方案，特别是出于对垄断或超额利润的追求而自发地、努力地、不断地创新管理模式与技术方案，持续推动着社会生产飞速发展，进而引发生产方式、科学技术、社会结构、治理方式甚至国家体制的大变革。15 世纪特别是近代以来，基于营业的普及和公司等组织型营业形式的主导，人类社会最终也由长期的自然经济、农业经济时代，迅速转型到商品经济、工业经济、市场经济时代,并带来生产方式、科学技术、国家形式和社会治理等领域前所未有的体制性革命。(6)最具持续性。在人类的各种逐利方式中,犯罪、战争因为非和平性、不正当性、不增值性和消极性,自然不具有可持续性;劳动虽然具有增值性,但单一或纯粹的劳动要素很难发挥更大的效应,且受不同劳动主观因素的限制,也不具有稳定性和可持续性;消费虽然具有推动社会需求和刺激生产的积极意义,但毕竟纯粹的消费在无高效生产和有效供给的支撑下,也明显不具有持续性;唯有营业因为有资本、劳力、技术、管理的有效契合,能实现单一生产要素不具有的聚合、放大和扩张效应,特别是可有效释放劳动的最大增值属性,使消费反过来转为刺激社会生产与供给的动力,其生产力、竞争力和市场拓展力,具有稳定性和可持续性。

足见,营业不仅具有鲜明的逐利性,更具显著的建设性,在人类各种不同逐利方式中,能比较理想地实现逐利性与建设性的和谐一致。

4. 国别性与国际性的彼此贯通

从营业的地域和活动空间来分析,营业作为特定主体的投资、生产(经营)、交易活动,首先必须在特定的地域和国家内进行,因此,营业首先具有国别性。这是因为:(1)从事营业的主体(投资主体、经营主体和交易主体)总是在特定地区和国家有居所、财产或国籍的自然人或企业,或者是特定国家本身,主体总是与特定国家具有某种法律上的关联性。(2)营业准入制度总是与特定国家的经济、法律制度有关,因之营业资格的获得和营业行为之合法性的判断标准,具有鲜明的地区性和国别性。(3)营业处所和营业所需要的生产要素,总是在一定时期或一定范围内稳定在一国或一地范围内。(4)营业所依托的市场,往往在一定时期以特定国家或地区为基础,其在特定国家或地区所能拓展的市场空间与该地域的市场开放程度、经济法律制度的价值取向有密切的联系,因而市场在某种程度上又具有国别性与地域性。营业的国别性与地域性使营业要素中投资主体的确定、营业资格的取得、营业领域的选择、营业组织的形式和交易效力的认定,带有鲜明的地区或国别特征。

然而,营业赖以存在的基础和营业得以持续的活力又源于市场,对于投资者、生产(经营)者、交易者而言,只要有了市场,就存在无限的利益空间,营业就获得了预期的生命,而市场本身以及市场衍生的交换规则又是没有国界或地界的。(1)市场本身具有扩张性。作为商品交换和互通有无的市场,由于供需关系的决定和价格调整机制的作用,从最初小范围内的商品交换扩展为区际市场,从区际共同市场形成为一国统一市场,从国内市场发展到国外市场,从国际贸易扩张到全球贸易,市场内在的扩张性最终使市场突破了地区和国家的限制。(2)营业之最大化目标的无限性决定了市场的无限性,故营业所需要的生产要素只有突破地区、国家的界限,才能进行最优的配置和获得最佳的效益。(3)国际贸易、多边贸易和全球贸易,作为现代营业的新形式,使社会分工更加专业化和国际化,营业在国际背景下有了全新的含义。(4)由于经济的全球化、贸易的自由化(如 WTO 多边贸易体制的形成)、区域市场的一体化(如欧盟统一市场、北美自由贸易区、亚太经合组织、东南亚经济联盟、非洲共同市场、RCEP 自由市场等)进程的加快,一般贸易、服务贸易、技术转让、跨国投资也更加自由,营业已事实上在国际背景下进行。不难看出,营业又具有国际性。营业的国际性,决定了全面开放国内市场、在国与国之间奉行市场进入自由和提供国民无差别待遇,实为营业的本质属性所使然。

营业的上述本质属性为其存在的正当性和发展的合理性提供了具有内在逻辑性和充分自证力的注脚。

三、营业行为的外在特征

营业作为特定主体向社会提供产品或商业服务的营利性民事行为,与一般居民(一般民事主体)的消费性民事行为和国家对市场进行管理监督的政府经济行为等非营利性经济行为相比较,具有鲜明的财产性、营利性、职业性、商业性和持续性。营业作为营利性民事行为与非营利性民事行为或政府经济行为相比较而外在显现出来的特殊性即为营业的外在特征。

(一)营业是一种以财产的管领和处分为核心的民事行为

营业财产是营业开展的基本前提,营业的实质是特定主体对经营性财产的管理和处分。从营业的起点来分析,决定营业启动的投资行为,实质就是出资人对其所有或支配的财产投入营业领域的一种法律处分,没有出资人对营业财产的初始处分,就没有营业的启动。从营业的具体内容来看,企业等主体的经营事项虽然千头万绪,但其重心是对营业财产的管理与营运,因企业生产、经营的科学化、规范化和程序化的实际需要,以营业财产为基础的企业物流管理制度、企业财务与会计制度才得以建立起来。再从营业的目的来看,企业等主体经营的目的不在于追求对现有营业财产的静态占有,而在于现有营业财产的不断增值和企业利润的持续增长。

由于营业的核心是对属于营业主体的财产进行经营,因此,营业财产在营业主体之营业资格的取得与营业活动的开展等方面,具有不可或缺的作用,其法律意义可从以下几个方面得到说明:(1)营业财产是企业和其他民事主体取得营业主体资格的法定条件。营业财产在决定企业和其他民事主体之营业主体资格取得方面的决定性意义集中表现为:企业出资人和其他民事主体的认缴或实际出资是企业和其他营业主体设立程序得以实质启动的标志；证明企业出资人和其他民事主体认缴或实际出资到位的法律文件（如验资报告、权利证书等）是营业登记的法定依据；由于企业出资人和其他民事主体认缴或实际出资总括构成的开业资本是营业登记（开业登记、变更登记、歇业登记和注销登记）的重要内容和法定事项；企业出资人和其他民事主体认缴或实际出资的真实性是决定企业成立、登记法律效力的初始条件。（2）营业财产是企业等主体开展营业的物质基础。特别是公司的注册资本，其原生形态就是指股东认缴或实缴的出资。（3）营业财产是企业出资人和其他民事主体享有权利和承担义务的主要依据。例如，企业原始资本的绝对值以及不同企业出资人在其中所占有份额的多少，直接决定并反映了企业出资人在企业内部的法律地位和权利义务关系，进而影响企业内部治理的权力分配、权力结构和具体运行。又如，企业后续增值财产的具体状况直接影响企业出资人在企业内部的利益分配和所得份额。因此，对于企业出资人来说，只有企业后续增值财产的不断增长，企业的经营才具有实质意义。（4）营业财产是对交易相对人、企业债权人所提供的必要信用担保。[131]

因此，营业关系实质上就是一种特殊的财产关系，[132]这是因为：（1）营业关系是营业主体在商品生产、交换、分配、消费过程中形成的具有典型财产属性的社会关系。（2）营业关系的发生、变更与终止，均与营业主体在财产上的权利与义务有关，失去财产这一核心内容，营业关系的缔结则毫无目的和价值。（3）与营业主体相关的人身关系，如商号、商誉、企业人格，已不仅仅具有纯人身的性质，而带有鲜明的财产目的性。（4）营业关系的形成、变更与终止的基本目标在于追求财产的增值。

（二）营业是一种以追求盈利最大化为目标的民事行为

营业的营利性集中表现为行为目的的盈利最大化，营业行为的营利性是与一般民事行为相比较而表现出来的最为显著的特征之一，具体体现为：（1）体现着鲜明的营利目的性。营业主体从事营业活动具有明确的营利目的，即以追求交易效益的最大、财富的递次增长为目的，营业主体所进行的任何一次交易活动都有鲜明的营利目的性。（2）表现为财产权能的分离形式。营业中的财产关系始终处于变动状态之中。对营业主体来说，追求财产本身或财产权利的完整已无实质意义，具关键意义的是财产权利的行使方式能否给其带来最大的效益。因此，财产权能的

---

〔131〕　肖海军：《企业法原论》，湖南大学出版社2006年版，第156页。

〔132〕　营业关系的表述，在经济学上一般表述为商品交换关系或市场交易关系，在法学上一般称为债权债务关系（民法语境）、商事关系（商法语境）或市场竞争关系（经济法学语境）。

分化、财产所有与财产营运的分离、财产权的委托代理行使就成为营业财产的一种常态。这种不惜牺牲权利“体系上的优雅”的营业性财产关系,[133]与具内在逻辑统一性的民事财产关系,有着明显的不同。(3)适用于特殊的财产责任原则。营业中所发生的财产关系,是以出资人的商业投资、财产营运为形式来展开的。为鼓励投资,减轻投资人的市场风险,以有限责任为主要原则的财产责任形式有效地规避了投资者的营业风险,特别是现代有限责任公司、股份有限公司的独立人格,有效地锁定了投资者的风险范围,公司人格就如隔在投资者与债权人之间的一道法律屏障和保护面纱,使投资者免于被公司债权人直索,投资者的市场风险得以大大降低。此外,现代商业保险如意外事故险、责任保险等,使投资者和经营者的部分责任向社会转嫁。这种责任的转移也极大地化解了投资者、经营者的营业风险。

(三)营业是一种以特定经营项目为职业的民事行为

营业表现为具体的投资、生产(经营)、交易活动。(1)营业必须具有特定性,即营业的范围必须为特定的投资项目、经营事项或交易标的,并为所处的社会、经济生活所需要。(2)营业必须有目的性和计划性,即投资行为、生产(经营)行为、交易行为不是盲目的,而是有明确、具体的目标(完成或获得特定的项目、事项或标的),并且有使投资项目、经营事项或交易标的付诸实施的一系列具体措施。(3)营业须具有公开性,即投资、生产(经营)、交易的方式和内容是公开的,能为交易相对人、营业管理机关和社会公众所了解。

(四)营业是一种以营业财产交易为依托的民事行为

由于营业只有通过交易才能最后完成,而在交易中,以企业为例,营业财产则为企业交易相对人和企业债权人提供了信用担保。这是因为:(1)市场交易的实质是不同营业主体之间具不同法律属性、使用价值的财产、服务或权利之间的交换,营业财产就是市场交易的物质基础与营业进入的必要条件。(2)营业财产是企业等商事主体在经营过程中严格履约和建立良好信誉的物资保障。因之,营业财产的多少与财产的营运状况,直接决定该企业等商事主体的实际履约能力和债务清偿能力。(3)在企业等商事主体进入解散或破产清算期间,清算或破产财产的状况直接决定或影响交易相对人、营业债权人权利的实现和受偿的程度。因此,维持营业财产的一定数额和良好的经营状况,对于保障交易相对人、营业债权人的合法权益,具有重要的现实意义。

---

[133] 施天涛:《商法学》,法律出版社2003年版,第6页。

（五）营业是一种稳定、持续经营的民事行为

营业须具有稳定性和持续性。营业要求主体至少在一段时间内连续不断地投资同一项目或经营某一事项，而非偶然发生的一次性交易行为。营业的持续性集中表现为如下两个方面：（1）营业事项的稳定性。投资主体、经营主体或交易主体必须选择特定的产业领域或经营项目作为自己的主营业事项，且这一主营业事项在一定时段内须具有稳定性而能为交易相对人、营业监管机构所知晓。（2）营业活动的动态延续性。如前所述，营业的过程实质就是营业财产的动态营运过程，它包括营业财产投入、变动（财产使用、加工、营运过程中所发生的物理、化学等属性变化和空间移动）、流转、交换，因此，营业不是偶尔起意的、简单的、具体的或一次性的财产处分或市场交易行为，而是基于特定营利目的而连续实施的一系列财产处分或市场交易行为。唯其如此，营业才具有可识别性，营业交易的安全才能得到保障。

基于以上分析，不难看出，营业行为与政府公共经济行为相比较，具有鲜明的私人性，政府公共经济行为的目的在于追求特定公益目的的均衡化，而营业行为的终极目标在于实现投资主体、经营主体或交易主体个体私益目的的最大化，因此，从这个意义上来讲，营业行为是一种典型的私人经济行为，属民事行为的范畴。但是，与一般民事行为（典型的如居民的消费经济行为）相比较，营业行为又具有鲜明的营利目的性，是一种典型意义的商事行为。

四、小结

营业行为作为特定民事主体谋求以财产的增值和财富的增长为目的的营利性活动，其基本形式可划分为商品买卖、生产制造、商业服务、资本营运、金融交易、电子商务等形式。营业的行为属性表现为私人性与社会性的高度统一，在利益属性上体现为自利性与利他性的互为依存，在实际效应上显示出逐利性与建设性的和谐一致，在活动空间上更突出为国别性与国际性的彼此贯通，这些均决定了营业的自由性、正当性、建设性和开放性。此外，以向社会提供产品或商业服务为基本功能的营业行为，与一般居民（法律上的一般民事主体）的消费经济行为和国家对市场进行管理监督的政府公共经济行为等非营利性经济行为比较，又具有鲜明的财产性、营利性、职业性、商业性、持续性等外在特征，即营业是一种以营业财产的管领和处分为核心的私法行为，营业是一种以追求盈利最大化为目标的私法行为，营业是一种以特定经营项目为职业的私法行为，营业是一种以营业财产交易为依托的私法行为，营业是一种持续经营的私法行为。易言之，营业行为即商事行为，是一种具

典型意义的私人经济行为，属营利性民事行为的范畴。营业的本质属性和外在特征，说明营业作为一种私人经济行为或民事行为，决定了对该行为的选择并予以支配的权利主体，只能是营业行为的决策者和实施者自己，即作为民事主体特殊形式的投资主体、经营主体或交易主体，而非此之外的其他个人和社会组织（包括政府在内）；很显然，营业原本就是作为营业主体的私人事务，相对于国家管理的公共事务而言，它无疑应属于民间事务的范畴。因此，是否营业、如何营业，应归属于已转换为商事主体之投资主体、经营主体或交易主体等特殊民事主体可自主决定、自行选择的自由空间和权利范围。这也是商法之所以产生、变迁、演进的逻辑起点，更是商事立法设计、制度构建的主体基础与权源基点。

第二章　从营业到商法

商法究竟为什么产生，是怎么产生的，又是如何变化、发展的，其中是否有什么基础的东西和核心的要素在起着支撑的作用，商法学人和商法理论较少关注和讨论此一议题。笔者认为，这一基础、核心要素，就是前述的营业。商法缘起于营业，因营业而生，并因营业之变而变，更随营业发展而发展。无营业，则无商法；无近现代营业，更无近现代商法；商法乃调整、规范营业之法，并以鼓励、促进、确认、公示、保护、救济营业为基本使命。营业乃商法的独特基因，是支撑商法作为独立部门法的正当性基础。

第一节　商法乃调整营业之法

一、商与商法

(一)商概念的缘起与本义

1. 商的缘起

商在我国有经典词源意义，如为动词，其古字的本义应为“焚柴祭天”，[1]后引申为“计算”“估量”，[2]东汉许慎在其《说文解词》释义为“商，从外知内也”，[3]即为“估量”“揣测”之意，进而泛指两人以上在一起计划、讨论以谋“买卖”“生意”之事。现代汉语把商首先解释为“商量”，[4]从而延伸出诸如“商讨”“商议”“商定”“商榷”“商酌”“相商”“磋商”“洽商”“协商”等词意及其搭配，这些都是从古商字之本义引申而来，但是做买卖、经商、经营之义则是商人概念出现以后的事了，而不是相反。

---

〔1〕 左安民:《细说汉字》，九州出版社 2005 年版，第 329 ~ 330 页。

〔2〕 《古汉语常用字字典》编写组:《古汉语常用字字典》，商务印书馆 1979 年版，第 214 页。

〔3〕 (汉)许慎:《说文解字》，中华书局 1963 年版，第 50 页。

〔4〕 中国社会科学院语言研究所词典编辑室编:《现代汉语词典》，商务印书馆 2005 年版，第 1191 页。

商更多情形下是作名词而用。商最早是作为星名（系二十八宿之一，即“心宿”），其次为地名，因居此地之民因崇尚商星，故以部族所在地为商丘，商也就成为其部族之名，继而成为朝代的名称。商朝的物质文明极其发达，百工诸业十分繁荣。[5] 武王伐纣、殷商失国之后，周公为稳定东方，把原居于商、殷之地的旧民强迫迁徙至东都洛阳一带，此即《尚书》所载“成周既成，迁殷顽民”；“毖殷顽民，迁于洛邑”。[6] 被迫迁徙后的殷商遗民在既无政治权利且又失去土地的情况下，为了生存，仅凭他们的手艺与技能，辗转于济、洛、河等流域的富庶地区，从事以手艺与技能为基础的买卖活动。自此，这些殷商遗民及其后裔就形成了中国最早的新兴买卖人阶层与职业，并被征服者周人贬称为商人。由于征服者周族不屑买卖，而当时的庶人与土地结合紧密又不能或不需要以买卖糊口，这样在生存压力、社会需求和适度社会阶层分工等多重作用下，在周初这一特定的历史背景与社会环境下，这些殷商遗民逐步演化为职业的买卖人。后来，由于加入买卖人行列的已不限于殷商遗民，周人甚至周人中的贵族也有入伍买卖职业者，逐渐地，商人就成了买卖人的代称、专称，其社会地位也列入士、农、工之后，成为四民之末；[7] 有所谓“士、农、工、商，四人有业。学以居位曰士，辟土殖谷曰农，作巧成器曰工，通财鬻货曰商”的社会阶层序列之说。[8] 稍后，诸如《周易》《左传》《孟子》《韩非子》等先秦的经典和文献，[9] 就比较习惯性地将商作为商人（职业）、商业（行业）的通称一词使用，[10] 并沿袭至今。但是，在近代以前的汉语词义与语境里，买卖中的商与贾是存在差异的。所谓商，如《周礼·考工记序》所载“通四方之珍异以资之，谓之商旅”，意指从事贩运买卖之人与行业，所谓“商旅，贩卖之客也”，[11] 泛指行商；贾则更多是指开店、阜货而行市，即“商店卖物曰贾”。[12] 《白虎通义·商贾》对商、贾有比较详细的

---

〔5〕 实际上，商朝又称殷商，其历史以盘庚迁都为界，之前称商（今河南商丘），之后为殷（今河南安阳）。

〔6〕 《尚书·多士》《尚书·毕命》。

〔7〕 李德运：《我国商人的起源》，载《理论学刊》1985 年第 3 期；邹君：《中国商人的起源》，载《兰州学刊》1993 年第 6 期；王立杰：《商人的起源》，载《中国企业家》2011 年第 7 期。

〔8〕 （汉）班固：《汉书·食货志上》。

〔9〕 相关记载如：“商旅不行，后不省方”。（《易·复》）“通四方之珍异以资之，谓之商旅”。（《周礼·考工记序》）（汉朝郑玄注：“商旅，贩卖之客也。”）“郑商人弦高将市于周”。（《左传·僖公三十三年》）“商贾皆欲藏于王之市”。（《孟子·梁惠王上》）韩非子则把“学者”“言古者”“带剑者”“患御者”“商工之民”并称“邦之五蠹”。（《韩非子·五蠹》）

〔10〕 如（汉朝）司马迁的《史记·货殖列传序》记载：“《周书》曰：‘农不出则乏其食，工不出则乏其事，商不出则三宝绝，虞不出则财匮少。’财匮少而山泽不辟矣。此四者，民所衣食之原也。”

〔11〕 《周礼·考工记序》，（汉）郑玄注。

〔12〕 《周礼·地官·司市》，（汉）郑玄注。

解读,即"商之为言章也,章其远近,度其有亡,通四方之物,故谓之为商也。贾之为言固也,固其有用之物,待以民来,以求其利者也。行曰商,止曰贾"。[13] 此即古代流行的"行商坐贾"之说,但在更多情形下,商贾并用。可见,作为名词的商,一般总是与商人、商业、商店、商界、商品等词汇联系在一起。

足见,商在中国古代,既可指商人个体、商人阶层、商人职业,也可指买卖、交易、贸易、营利、经营等商业活动。商的原义、本义为具特定地域、种族身份特征的商人之因业求存、以艺谋生的营生活动,属于前述人类社会总体、广泛意义的营生范畴;作为营利、经营、买卖意义之商人主体或经商职业,则为商的引申义或衍生词,系指前述简单、初级、狭义的古代营业形态。

2. 商的本义

综上可见,由于商人概念的出现,才导致商之本义在其演变过程中引申出诸如买卖、经营、交易之更为广泛的含义,而此含义则与西文中的 trade、commerce、business 等词汇之核心意思比较接近。在西文的解释中,如英文中 trade、commerce、business 最基本的含义为从事商品买卖或服务的一种交换、贸易、交易、经营等商业活动;[14] 其他如法文中的 commerce、德文中的 Handel 和俄文中的 т орговля,均有此意。[15] 如再深究商之本质意义,则会发现,买卖、贸易、交易、经营等商业活动,其目的在于主体有鲜明的营利目的性,且以别人所不具有的技艺、质量或品种,通过向需方提供商品或服务,以获取最大化利润。在古代,由于生产力、社会分工和职业特征所使然,从事农业、手工业的人与阶层基本只能维持在养家糊口的水准,其劳动成果除用于交租纳税外,余下则主要用于维持家庭生计,很少用于交换,即使偶尔有点交换,也属于临时性、补充性的互通有无式的互换,也是为了使简单的生产劳动得以持续、家庭生活得以为继,而没有明确的营利目的性。故在古代,农业、手工业始终处于基础营生的范畴,只有商业活动具有鲜明的营利性目的性,始具营利属性之营业特质。久而久之,人们就习惯性地称一切营利活动为商业,营业也就不恰当地等同于商业。

但是,随着近代手工业生产技术的进步,手工业规模的不断扩大,特别是制造业的兴起,手工业产品的交换率大大提升,手工业生产则已不仅仅是为了手工业者

---

〔13〕 (汉)班固:《白虎通义·商贾》。

〔14〕 See Bryan A. Garner, *Blank's Law Dictionary*, 8th ed., St, Paul: West, a Thomson Business, 2004, p. 211、285、1529. 另见薛波主编:《元照英美法词典》,法律出版社 2003 年版,第 181 页、第 252 页、第 1351 页;[英]戴维·M. 沃克:《牛津法律辞典》,李双元等译,法律出版社 2003 年版,第 148 页、第 226 页、第 1111 页。

〔15〕 任先行、周林彬:《比较商法导论》,北京大学出版社 2000 年版,第 3~4 页。

的营生或生计，而是越来越带有鲜明的营利目的性。就如当初商人范围一样，此时，营利活动则已不限于传统的商业活动，而传统商业活动也不包含所有的营利活动，及至后来，农业经营中，由于土地的集中、农业技术的应用和农业经营管理的企业化，传统农业之生产经营目的也已发生质变，农业所生产的产品也绝大部分不是用于自己消费，而是用于营利性交换。而由于新型服务业的兴起，营利活动的种类、职业、空间、形式均发生了深刻的变化，营利活动已远远不是传统商业所能囊括。但由于传统商业之营利性特征、为商言必称利、营利性活动即为商这一惯性思维，尚深深扎根于人们的头脑，故，即使到了今天，人们还依然泛指一切以营利为目的的经营性活动为商，但此时的商，已经不限于商业职业、商业领域甚至商业的买卖活动了，而是包括所有社会各领域（也包括传统的农、工、商）之以营利为目的的经营性活动，即前述的具更广泛意义的营业。

很显然，商从其本义到引申义到其衍生义已被泛化，古义的商或商业，已难以胜任对营利活动、职业、行为、主体的概括或总揽，唯有前述营业一词可担当此一使命。可见，商、商人、商业属古代营业的主要形态或概念范畴，但在近代以来，具营利属性或特质的营业，则不只有商或商业这一原生、简单、初级的营业形态或形式。这是我们研究商法特别是当代商法所必须予以廓清的一个源头性问题。

（二）商法名称的词源学与法学意义

1. 商法名称词源学意义的考察

至于“商法”一词，纯粹为舶来之物。无论就商法的名称，还是就其内容，传统中国礼法文化与制度中均只有限制或禁止工商业活动的管制之法，而无内含鼓励、促进营业的所谓商法。如梁启超所言，“夫我国素贱商，商法之不别定，无足怪者”。[16] 中文里的商法准确地说应源于近人对商、商业、商律、商法的不恰当或不全面了解。从前文所提近代最早的一批把西方或域外公司、证券、保险、破产、海商等商事法规、商事制度介绍到中国的知识精英、维新人士和法律学者，他们基于对中国古代义利之辨的传统思维，把在西文蕴涵或语境的营利活动或营利行为，统统以商、商人、商业概括之、总揽之，造成营业等于商业，或以商业概括和解释营业这一源头知识、认识误区。这一基本认识和用语习惯，当然直接影响晚清变法修律的商法定位、概念使用和商事立法基本范畴的选择。除此之外，直接深受影响的则为同文近义的近代日文中的商法。日文中有关商法的概念、规范与法典之名取其商而不用其他名称，一方面缘于日本对近代西方有关买卖、交易、贸易、经营之法的引进、借

---

〔16〕 梁启超：《论中国成文法编制之沿革得失》，载范中信主编：《梁启超法学文集》，中国政法大学出版社2000年版，第175页。

鉴、翻译；另一方面，也源于日文中的商与中文里的商之同义，虽其本义与后面引申出来的一切营利性活动尚存在差异，但基本上可以与法国、德国等欧式法典有关买卖、交易、贸易、经营等贸易商法中的含义比较接近，于是在翻译有关调整买卖、交易、贸易、经营之法时也被译为商法。在明治维新前，日本如近代中国以前一样，也无形式与实质意义的商法。为编撰商事方面的法典，1881 年（明治十四年）日本政府聘请德国法学家海尔曼·罗思来（Harmann Roesler）起草商法典，其后因“民法论争”，经反反复复，几易其稿，并于 1893 年（明治二十六年）重新设置以梅谦次郎、冈野敬次郎、田部芳为起草委员，以志田钾太郎、加藤正治为辅助委员的新商法典起草委员会，直至 1899 年（明治三十二年）公布实施。[17] 日本在起草商法典时，之所以取名商，而非其他名称，也是基于日文中的商与中文里的商属同源字，虽其读音与用法有所不同，但以“工商”或纯粹以“商”用于表达买卖、交易、贸易、经营等营业活动，在当时还是比较接近或贴切。这样一来，一旦以商之名冠之法典，并以之调整诸如买卖、交易、贸易、经营等营业类事务及其由此形成的社会关系，就成为约定成俗的商法或商法典。

众所周知，我国近代商法之概念和商事立法之缘起，时间界点就是 1901 年清末“仿行修律”的变法新政，并且，无论从法典的编撰活动，还是在名称选取、内容编排，均深受日本商法的影响。1902 年，清廷颁布修订法律的上谕，随即设立修订法律的专门机关——修订法律馆，由刑部左侍郎沈家本和曾出使日本的伍廷芳出任法律修订大臣。1903 年（光绪二十九年），清廷任命载振、伍廷芳、袁世凯为修律大臣拟订商律，并于是年成立商部，载振被任命为尚书，伍廷芳为左侍郎，统一负责拟订与工商业有关的法律、法规。[18] 从 1904 年到 1911 年，先后有《钦定大清商律》（1904 年）、《大清商律草案》（1908 年）、《改订大清商律草案》（1911 年）等商法典草案的颁布、脱稿和审议。这些草案虽在法律渊源上总体遵循“参考古今，博稽中外”“汇通中西”“专以折冲樽俎，模范列强为宗旨”等原则，但实则以日本为修律的模范。[19] 如就商律的拟订和起草而言，则大多是模仿 1899 年的《日本商法典》和1900 年的《德国商法典》，而两者之间由于语言与传统的接近，商律受日本的影响则更甚。除受有关《日本商法典》原文及翻译的直接影响外，在具体拟订与起草商律过程中，沈家本还聘请了志田钾太郎、冈田朝太郎、小河兹次郎、松冈义正等多名日本专家为修订法律的顾问，直接参与商律等律法的修订。此外，自 1907 年以后，沈家

---

〔17〕《日本商法典》，王书江、殷建平译，中国法制出版社 2000 年版，第 1 ~ 3 页；吴建斌：《现代日本商法研究》，人民出版社 2003 年版，第 18 ~ 21 页。

〔18〕曾宪义主编：《中国法制史》，北京大学出版社、高等教育出版社 2000 年版，第 256 ~ 263 页。

〔19〕张晋藩：《中国法律的传统与近代转型》，法律出版社 1997 年版，第 443 ~ 445 页。

本奏请朝廷选调30名“法学精研或才识优裕”者，以充实修订法律馆的力量，其中具有留日法科背景的法学人士占将近一半。[20] 更为重要的是，1908年《大清商律草案》，又称《志田案》，就是由清廷聘任的日本法学博士志田钾太郎负责起草的，而志田钾太郎恰恰又是1899年《日本商法典》起草的重要成员。足见，日本商法对中国近代商法的缘起具有直接的影响力。

从近代商律到以后的商法，不难看出，商法及商法名称的出现、引进与确定，与近代“西法东渐”和清末“仿行修律”有直接关系，这也是我们界定商法和定义商法边界所不能不考量的关键环节。

2. 商法名称法学意义的辨析

在前述的从营生到营业的历史进程和逻辑演变中，已经很清楚地展示了营生与营业、营生与商业、营业与商业之间的关系，即商业在古代主要为买卖、交换、贸易业及如交通运输等附属服务业，它既属于简单、初级的营业形态，也是更高一级的营生方式或谋生手段；但中世纪晚期和近代以来，具营利本质属性的营业，则已不再限于古老传统的商业，手工业、新兴制造业、资本营运、金融服务、营利型或经营型农林牧渔业、教育文化、体育卫生、旅游餐饮、娱乐博彩、家政保洁、电商网商和其他新型营利型服务等，均已因资本渗透、营利目的、企业经营、效益最大等观念、制度的引入或改造，已转型为营业。商业这一古老、传统的概念与范畴，早已不能适应或诠释无论从实质内容，还是从外在形式均已发生颠覆性变化的营业概念与范畴之需要。很显然，营业是一个比古老、传统商业更广泛、更深刻、更能表征其营利本质属性之私法行为的概念与范畴。质言之，商业属于营业，但营业并不仅限于商业。

但是，由于清末商事立法受日本商事立法和日本商法学说影响至广至深，印上了深深的日本商法痕迹，无论是清末商事立法的范畴概念和法律术语的选择使用，还是清末民初代表性的商法论著，均把营业解释为商业，或以商业指代营业。

首先，日本商法中以商业指代营业，或以营业定义商业的概念选择、术语表达、意义阐释，几乎被直接移植到了中国的商法、商法草案或特别商事法。典型如志田本《大清商律草案》则一改《钦定大清商律》，全部用“商业”术语取代“营业”，其中第二章专章规定商业，如规定“商业者，谓左列各款营业”，正式建立“商业”等同于“营业”的立法表述。[21] 这一商法立法术语与定义商业的逻辑表达内容，也直接为民国时期的商事立法文本所继受，特别是民国初年的商法制定，更是带有“全面移

---

〔20〕 程燎原：《清末法政人的世界》，法律出版社2003年版，第184～190页。

〔21〕 怀效锋主编：《清末法制变革史料》（下卷），李俊等点校，中国政法大学出版社2010年版，第811页。

植"的鲜明特点。[22] 例如,1914 年中华民国北京政府《商人通例》第 1 条第 1 ~ 2 款规定,"本条例所称商人,为商业主体之人";"凡左列各种营业谓之商业";又如,1937 年中华民国南京政府《商业登记法》第 3 条,也有"左列各种营业称为商业"之规定。[23] 这说明清末民初、民国时期,商业等于营业,营业即为商业,或以营业解释商业,或以商业界定营业,几乎成为一种习惯的表达。

其次,日本学者、学界的商法学说在被译介到中国后,也直接影响中国本土商法学人关于商业即为营业、营业即为商业的认识和观点。在 1907 年之后,随着更多日本学者被聘到中国,担任清廷修订法律馆的顾问和京师法律学堂的教习,如志田钾太郎的《商法总则》、松波仁一郎的《日本商法论》、松本蒸治的《商法原论》等日本商法论著,也被相继译介到中国出版印行,日本学者关于商业即营业、以营业释商业的学术观点和路径依赖,也同时被传播至国内法学界。例如,松波仁一郎的《日本商法论》,虽单独介绍了营业,并依日本学者惯例,把其表述为客观"财产集合"和主观"业务之主体",但对营业的定义,则以"营商业"称之,实则把营业等同于商业。[24] 又如,志田钾太郎的《商法总则》译本第三章,也以营业来定义商业,即"商业云者,商行为之营业也"。尽管该书基于主观的意义,对事业、营业、商业作了区分,即"以一定之目的继续为同种之法律行为,且备其外观者,谓之事业;以行事业之目的为所得之常源,且为继续行为者,谓之营业;以商行为为目的且继续营商业者,谓之商业",故"从事实上观之,商业乃事业中之一种","从行为上观之,商业乃营业中之一种,例如矿业渔业非商业,皆可谓之营业",[25] 但这种区分,显然已经不适应 19 世纪末 20 世纪初营业表现形式的发展状况和商法调整对象的实质变化。再如,松本蒸治的《商法原论》,虽然也讲到广义的营业及于"商业以外一般营业","然商法上营业之语,常从狭义,指商人营业上行动之全体而言,依此意义,营业与所谓商业无异"。[26]

受日本立法、学者思想的影响,清末民初的绝大多数中国本土商法学人,也在译介、转述外国商事法例和日本学者观点过程中,自觉或不自觉地接受了日本商法

〔22〕 张松:《变与常:清末民初商法建构与商事习惯之研究》,中国社会科学出版社 2010 年版,第 38 ~ 46 页。

〔23〕 《工商行政管理史料》编写组:《工商行政管理史料》(上卷),中国工商出版社 2008 年版,第 188 页、第 250 页。

〔24〕 [日]松波仁一郎:《日本商法论·第一编、第二编》(上),秦瑞玠译,上海商务印书馆 1911 年版,第 29 ~ 39 页、第 56 ~ 58 页。

〔25〕 [日]志田钾太郎口述、熊元楷编:《商法总则》,何佳馨点校,上海人民出版社 2013 年版,第 81 页。

〔26〕 [日]松本蒸治:《商法原论》,陈寿凡译,上海商务印书馆 1917 年版,第 71 页。

学界这一种处理商业与营业的关系，商业即营业，以营业释商业的思维方式、概念体系、话语逻辑。这从几本有代表性的商法论著关于商业、营业的定义与关系辨析中，可以很清楚地得到验证。例如，熊元翰先生的《商法总则》，就有关于"商业云者，商行为之营业也；而营业之观念中，有(一)主观的及(二)客观的二者，故商业观念中，亦当然有(一)主观的及(二)客观的之别"等阐述，[27]为典型的以营业释商业的较早范例。又如，胡霖先生的《商律总论》，也从商业与商法关联性，提出"商法之发达，以商业之盛衰为转移"，并把商业界定为从事法律所"列举各行为为目的之营业是也"，商业与营业之间的关系，在该书中也是很不清晰的。[28] 再如，民国时期刘朗泉先生在1937年出版的《中国商事法》一书中，也是以商业定义商人或商业组织，即"商人者，谓为商业之主体之人也"。[29] 王效文先生的《商事法概论》在解释营业时，也如日本学说那样，把其分为主观意义的营业与客观意义的营业，其中，在解释主观意义的营业时，把其定义为"商人在营业上一切活动的总称。简单地说，也就是经营商业的意思"；其在另一本《商事法要义》，则以法条为例，把"左列各种营业，称为商业"，[30]实为以营业释商业的翻版。

在民国时期，也有学者曾经质疑过以商业代替或界定商、营业、商法的局限性或不合理性。如王孝通先生是比较早地提出或质疑以商业代替或界定商之内涵或外延不合理性的民国学者，他在《中国商事法概论》"绪言"谈"商之意义"时，就提到"商之意义，在法律上与经济上广狭攸殊，不能一致。夫商之始期，仅有媒介货物转换业，当时所谓商业，无论法律上经济上，均系指此言，其范围本属一致。故学者多拘泥于旧日沿革，谓商为媒介货物转换之行为，欲以经济上之意义，下法律上之定义。然自社会进步，产业发达，他种营业，如行纪、居间、运送、银行等业，相继兴起，遂有固有商与辅助商之别。此等辅助商，在法律上均认为商业，而经济上商之意义，究难说明。至如设场屋以集客业，人身保险业，劳务承揽业，在近代商法，亦认为商业，论其性质，与货物商业，毫无关联"。[31] 尽管如此，王孝通先生所指商或商业范围，并没有纳入制造业、营利型或经营型农林牧渔业等，仍然相当狭窄。

可见，近代以降，虽然商、商人、商法、商观这些传统中国法律文化原本缺失的概念、观念、制度、规则，被最先觉醒并开眼看世界的知识精英译介到中国，特别在清末

---

〔27〕 熊元翰：《商法总则》，安徽法学社1911年版，第97页。

〔28〕 胡霖：《商律总论》，上海文汇图书局1914年版，第5页、第20～26页。

〔29〕 刘朗泉：《中国商事法》，商务印书馆2018年版，第51页。

〔30〕 王效文：《商事法概论》，上海法学编译社1937年版，第26页；王效文：《商事法要义》，上海昌明书屋1947年版，第2～3页。

〔31〕 王孝通：《中国商事法概论》，上海世界书局1933年版，第1～2页。

维新运动、变法修律的推动下，商事法例、商法制度、商法体例、商法概念、商法术语也被相继引入、移植到中国，但受传统商人阶层、商业职业、经商概念等既有观念、惯性思维的局限，更受因文字具同源性的近邻日本之商事法例、商法学说的直接影响，不恰当地把商业等同于营业，或以营业诠释商业。因此，把近代商事立法、理论大厦建立在古老的商人、商业之概念、范畴的基础之上，在知识、概念、范畴等方面，无疑具有源头性、初始性、基础性、常识性的缺陷。这一点，是研讨商事立法制度、构建商法基础理论不能不正视的一个严肃学术命题。

二、商法的界定

（一）关于商法概念的代表性观点

关于商法的概念及具体内涵，国内学者目前看法尚有分歧，其中具代表性的学说与观点有以下几种：(1)商事关系调整论。有学者把商法分为形式意义上的商法与实质意义上的商法，形式意义的商法即着眼于规范表现形式和法律的编纂结构并以商法典为集中体现的商法部门；实质意义上的商法则着眼于商法规范性质、规范构成和作用理念的统一；作为特殊法域存在的商法是调整商事关系的法律规范的总和。[32] 在具体的表达上，有学者认为商法是调整商事交易主体在商行为中形成的法律关系，即调整因经营行为而形成的商事关系的法律规范的总称；[33]或认为商法是调整商事关系的法律规范的总称；[34]或认为商法即“商事法”是“规制营利性主体的经营活动，调整由其所形成的商事关系的法律规范的总称”；[35]或者认为，商法是“调整商事主体参加的商事关系之特别私法”。[36] (2)商事行为规范论。此论认为商法是规范商事行为的法律。如有学者认为现代商法是调整市场经济关系中商人及其商事活动的法律规范的总称；[37]有学者认为商法是市场交易的基本行为准则；[38]现代商法是现代市场交易行为的共同准则，是规范现代市场主体（商

---

〔32〕 王保树主编：《中国商事法》，人民法院出版社2001年版，第3～5页；王保树：《商法总论》，清华大学出版社2007年版，第14～15页；施天涛：《商法学》，法律出版社2006年版，第1页。

〔33〕 范健主编：《商法》，高等教育出版社、北京大学出版社2007年版，第7页；范健、王建文：《商法总论》，法律出版社2011年版，第10页。

〔34〕 覃有土主编：《商法学》，高等教育出版社2008年版，第6页；赵旭东主编：《商法学》，高等教育出版社2015年版，第4页。

〔35〕 董安生主编：《中国商法总论》，吉林人民出版社1999年版，第23页。

〔36〕 《商法学》编写组：《商法学》，高等教育出版社2019年版，第11页。

〔37〕 赵万一：《商法基本问题研究》，法律出版社2002年版，第1页。

〔38〕 徐学鹿、梁鹏：《商法总论》，中国人民大学出版社2009年版，第14页。

人)和现代市场行为(商行为)的法律规范的总称;[39] 有学者认为,商法是调整商人以及商事活动的法律;[40] 有学者认为,所谓"商法",简言之,是关于市场交易的法律规范的总称。[41] (3)商人法论或企业法论。此论认为商法是调整商事主体(商人)在商事交易的法律规范的总称,是商人法的上位法;[42] 由于企业是商事主体的主要部分,商事交易也主要就是企业的经营行为,因此,商事法主要由企业组织法和企业行为法构成。[43]

此外,我国有的学者把商法称为商事法,或者认为商事法是关于商事之法律;[44] 或者认为商事法乃关于商事交易之法律;[45] 或者认为商事法系关于商业事务之法律规范;[46] 等等,并均有关于形式之商事法与实质之商事法、广义之商事法与狭义之商事法的表述。

(二)商法概念界定的逻辑起点

通过对前述不同商法概念观点的列举,笔者认为,商法所涉及的社会关系为居私法主体身份的商事主体(仅仅是民事主体在营业领域之角色与功能的转换形式而已,后文或后书对此有专门的讨论)在营业活动中所结成的一系列社会关系,亦即营业关系。这一系列社会关系既有关于商事主体资格取得过程中所形成的关系,也有关于具体营业行为过程中所结成的社会关系。以此分析前述诸多观点,不难发现,持商事行为规范论者,由于只重视商法对营业行为的调整和规范,而对民事主体转换为商事主体之条件和程序则考虑不足;又企业法论虽然考虑到企业作为主要商事主体之典型意义和当代商法明显具有的企业法特征,但却无视诸如自然人商人、家庭经营户、国家等企业之外其他商事主体的存在,显然也有偏颇之处。可见,以商事关系调整论来界定商法,具有比商事行为规范论和商人法(或企业法)更能反映商法调整的范围和边界。尽管如后文所论,学者对商事关系尚存在不少

---

[39] 徐学鹿:《商法总论》,人民法院出版社1999年版,第1页。

[40] 赵中孚主编:《商法总论》,中国人民大学出版社2007年版,第8页。

[41] 周林彬主编:《商法与企业经营》,北京大学出版社2010年版,第1页。

[42] 于新循:《现代商人法纵论》,人民法院出版社2007年版,第8~9页。

[43] 李玉泉、何绍军主编:《中国商事法》,武汉大学出版社1996年版,第1页。

[44] 曾如柏:《商事法大纲》,台北,正中书局1972年版,第8页;朱敬恒:《商事法概论》,台北,中华书局1975年版,第1页;张国健:《商事法论》,台北,三民书局1980年版,第7页;蔡荫恩:《商事法概要》,台北,三民书局1980年版,第1页;梁宇贤:《商事法要论》,台北,三民书局1983年版,第1页;杨建华:《商事法要论》,台北,三民书局1984年版,第1页。

[45] 刘清波:《商事法新论》,台北,台湾开明书店1977年版,第1页;刘清波:《商事法》,台北,商务印书馆1986年版,第1页;梁宇贤:《商事法论》,中国人民大学出版社2003年版,第3页。

[46] 周大中:《商事法精义》,台北,大中国图书公司1988年版,第1页。

分歧,但以之来界定商法,无疑更接近商法的本来含义。据此,商法,或称商事法,仅就大陆法系的成文法典与理论传统而言,从学理意义上讲,是指调整有关商事主体在营业过程中形成的商事关系的一系列法律规范的总称。

学理意义上的商法有形式意义上的商法与实质意义上的商法之称。所谓形式意义上的商法即以一定内在体例和结构的商法典或商事单行法等为规范载体的法律形式,如商法典、公司法、保险法等。实质意义上的商法则是指以法律规范本身的特殊法域、立法理念、规范性质、构成要素和作用机理为涵盖对象,意指一切以调整商事主体在营业过程中形成的商事关系的各种法律规范之概称。

从规范意义上来讲,商法包含广义的商法与狭义的商法两层含义。其中广义的商法则涵盖所有调整商事关系的法律规范,从范围上包括国内商法与国际商法;从规范性质上则包括商事公法和商事私法;从规范形式则包括商事宪法性规范、商事法律、商事行政法规、商事地方性法规、商事自治性规范等。狭义的商法则仅指一国调整商事关系并以商法典或单行商事法为表现形式的商事私法,即商法典或公司法、保险法等商事单行法律。

为了讨论方便,在后文或后书对商法的讨论和界定时,如无特别限制,从学理层面,商法语境是指实质意义上的商法;在规范层面,商法则泛指广义的商法。

需要特别说明或厘清的是,我国大多数学者和著者在定义商法或商事法时,往往把其与英文中的 Commercial Law 或 Business Law 对应。其实,在比较正式和规范的英文教科书和著作中,Commercial Law 和 Business Law 是有严格区分的。Commercial Law 的传统意义为中世纪商人法(Merchant Law),其融入普通法后,则泛指包括货物买卖、票据流通、信用交易等方面的法律规则。[47] 例如,英美法系中流行比较广泛的 Goode on Commercial Law,其主要内容包括商法的理论基础(商法的特征与渊源、个人财产的基本概念、合同法、商业交易中的代理等)、国内买卖法、金融与支付及其基本制度、融资担保、商业融资担保的具体形式、企业破产、国际贸易与金融等几大部分,[48] 读者对象多为法学院学生或专门从事法律专业的人士。相对而言,Business Law[49] 在英美则主要指大学或商学院为学习商科或从事商科

---

〔47〕 See Bryan A. ,Garner, *Blank's Law Dictionary*, 8th ed. , St, Paul: West, a Thomson Business, 2004, p. 285;薛波主编:《元照英美法词典》,法律出版社 2003 年版,第 253 ~254 页。

〔48〕 See Roy Goode, Ewan McKendrick, *Commercial Law*: Fourth Edition, 4th Revised edition, Ewan Penguin, 2010; W. Douglas Edwards, *Commercial Law*, Nabu Press, 2011.

〔49〕 国内也有学者把其翻译为商业法,如最新不列颠法律袖珍读本《商业法》(马栩生译,武汉大学出版社 2003 年版)。

专业的学生所开设的一门应用型课程或编写的此类教科书。[50] 例如，英美法系国家使用率比较高的一本 Business Law，其内容则包括法律基础、犯罪和侵权（包括刑法及诉讼程序、故意侵权、疏忽和严格责任、知识产权和不正当竞争法）、合同、买卖或销售、财产与物业（包括个人财产和房地产担保、业主与承租人、遗产和信托、保险法）、信用（包括担保交易、个人财产的安全利益、破产法等）、商业票据、代理法、合伙（包括合伙、有限责任公司、有限责任合伙、有限责任有限公司、形式的合伙关系等）、公司（包括公司性质与组织、公司的财务结构、公司治理、股东权益及负债、证券法等）、商业监管（包括证券业监管、联邦贸易委员会法、消费者权益保护法、"谢尔曼法"、"克莱顿法"、"罗宾逊－帕特曼法案"、反垄断豁免、就业法、环保法等）几个部分，[51] 几乎是有关商科方面法律规范的大杂烩，其受众一般是商学院的学生或从事商科专业的专门人士，这一点与国内的经济法律概论等课程与教科书颇为相似。足见，在英文版 Commercial Law 与 Business Law 论著或教科书中，虽然在受众对象、渊源、结构、主要内容存在很大差异，而有关买卖、合同、信用、代理等内容又存在交错，但可以肯定的是，无论是英文中的 Commercial Law，还是 Business Law，与前述大陆法系中的商法概念（无论是商行为法还是商人法，抑或两者的结合）与边界，均不存在对应关系，而是有着巨大的差异。只是由于翻译原因和交流需要，商法与英文中的 Commercial Law 或 Business Law 所涉及的内容比较接近而已，其内容显然要比 Commercial Law 范围大，而与 Business Law 相比，其范围则要更专业些。

三、多重语境下的商法

（一）营业视域下的商法

从前述商法的辞源演变与法域属性来看，商法所涉及的问题与调整的社会关系无不与营业、市场有关，在一定程度上而言，营业的活动与市场的边界，就决定着商法的空间与边界，营业活动空间有多大，商法的空间就有多大；市场的边界有多广，商法的边界就有多广。从营业与市场的视角来看，商法就是有关鼓励营业、促进营业、确认营业、调整营业、规范营业、保护营业、救济营业之法律规范的总称，是市场经济运行中最基本的规则。从原生态意义上讲，商法就是调整市场经济中营业关系的法律，是调整有关市场经济中营业关系之规范的概称。就规范创制主体、效力范围和适用范围来看，既包括国家制定法，也包括民间约定法（所谓现代商人

---

〔50〕［英］戴维·M. 沃克：《牛津法律辞典》，李双元等译，法律出版社 2003 年版，第 149 页。

〔51〕Jane P. Mallor, A. James Barnes, L. Thomas Bowers, Arlen W. Langvardt, *Business Law*, 15th Revised edition, McGraw Hill Higher Education, 2012.

法），[52]还包括国际商法（国际条约、公约、双边协定、商事习惯和国际组织、地区组织所创制的规范性文件等）；就规范的表现形式而言，既包括以法典（商法典或民法典）为表征的成文法，也包括散存于法律、行政法规、其他国家规范性文件中调整营业关系的规范形式，还包括各种商事习惯。可见，营业视域下的商法，才是商法最初级、最原始、最基础、最完全的存在形式，它不仅是商法最立体的存在形式，也是后述法律体系上商法的实体基础，更是学科意义商法的考察和研究对象。

（二）法律体系中的商法

法律体系是一个国家或地区以一定的标准把法律划分为不同的部门，并使之构成彼此有适度分工又相互联系的规范体系，而法律体系上的商法是指作为部门法的商法，在某一国家或地区之整体的法律体系中应归属于哪一法律部门，以及在该法律体系和具体法律部门中性质和地位。就法律体系的划分而言，传统大陆法系与英美法系存在较大的差异，大陆法系国家一般将法划分为公法与私法两大系统，然后再在此基础上划分其他法律部门，而英美法系国家则一般不严格把法律划分为公法与私法。因此，在大陆法系国家，商法一般属于私法部门，在民商分立的国家或地区里，它与同样为私法的民法处于同等、并行的地位，而在民商合一的国家或地区里，它则属于私法（大民法）的一个重要组成部分。在英美法系国家里，由于总体没有公法与私法的划分，且也没有严格的部门法界限，作为部门法意义的商法并不存在，商法是一个概念，其内容包括但不限于公司法、合伙法、证券法、破产法、商业银行法、票据法、信托法、保险法、代理法等。

就我国而言，虽然国家立法层面并没有严格把所有法律划分为公法与私法，但受传统大陆法系的影响，对法律部门有比较明确的区分。但直到1993年前，由于有关市场经济理念的缺失，与商法有关的法律、行政法规并不存在，与营业有关的商法规范往往作为经济法规范的一部分，或者归入大民法内容，或者归类于大经济法范畴。1993年以后，随着我国引入社会主义市场经济理念，一系列与市场经济有关、调整营业关系的法律、行政法规相继出台，至1999年前后，以公司法、合伙企业法、个人独资企业法、破产法、商业银行法、票据法、证券法、保险法、海商法等为骨架的商法规范始具雏形，商法之部门法特别是作为独立的部门法属性才开始受到立法机关的重视和肯定。如自2002年起，由全国人大常委会法制工作委员会审定出版的《中华人民共和国现行法律行政法规汇编》和由全国人大常委会办公厅编撰的《中华人民共和国现行法律文献分类汇编》，就采用了宪法相关法类、民法商法类

---

〔52〕 郑远民：《现代商人法研究》，法律出版社2001年版，第1页以下。

（民法、知识产权法、商法）、行政法类、经济法类、社会法类、刑法类、诉讼和非诉讼程序法类等七编制，[53]把我国现行的法律总体划分为七个主要法律部门，这是目前最具权威的法律体系与部门法划分体例。在这一法律体系与部门法划分标准中，商法与民法处于并列的地位，被统称为民商法部门。此一部门法归属与名称，被立法、司法和学者所广泛接受。例如，由最高人民检察院法律政策研究室编撰的《中华人民共和国现行法律法规及司法解释大全》和由全国人大常委会办公厅编辑的《中华人民共和国现行法律文献分类汇编》，仍然沿袭了此一七部门法的编撰体例。[54] 此外，由人民法院出版社2007年10月出版的《中华人民共和国法库》（第2版），该书把目前在我国实行和适用的所有规范性法律文件划分为宪法卷、民法商法卷、行政法卷、经济法卷、社会法卷、刑法卷、程序法卷、国际法卷等八卷，除国际法卷外，也沿袭了前述的七部门法划分法。[55] 可见，就我国现行法律体系而言，商法总体上属于民商法部门，其序列是仅次于调整国家根本事务的宪法部门，足见，以调整民生问题为主的民商法，在我国法律体系中居于基础性地位，而民法与商法的并列，又表明我国商法在大私法系统的相对独立性和民生领域的重要性。

（三）学科意义上的商法

学科意义上的商法即商法学，是以商法为研究对象的一门法律学科。作为学科的商法，其存在又有实质意义与形式意义两种形式，其中实质意义上的商法学科是指以商法现象和商法规范为考察、研究对象的法律分支学科（如商法学）及其子部门法学（如公司法学、证券法学等），其内容应涵盖所有与商法有关的各种论著、调研报告、案例分析等所凝结的理论、学说和观点；形式意义的商法学则是冠以商法或商法学及与此相关的学科集群。

学科意义上的商法与前述的营业视域下的商法、法律体系中的商法相比较，虽然均涉及商法规范，但其侧重点存在很大差异。营业视域下的商法和法律体系中的商法重在商法规范的实然存在，所反映和呈现的是以规则、法条为表现形式的客观存在的商法，而学科意义上的商法则为学者对作为社会现象的商法与商法规范之研究成果，反映了研究者对商法之本体、商法与其他法律、商法与其他社会现象之间关系的不同看法和基本观点，其内容除了要对商法规范本身进行研究外，也对

---

〔53〕 全国人大常委会法制工作委员会：《中华人民共和国现行法律行政法规汇编》，人民出版社2002年版；全国人大常委会办公厅：《中华人民共和国现行法律文献分类汇编》，中国民主法制出版社2004年版。

〔54〕 最高人民检察院法律政策研究室：《中华人民共和国现行法律法规及司法解释大全》，中国方正出版社2011年版。

〔55〕 肖扬主编：《中华人民共和国法库》（第2版），人民法院出版社2007年版。

商法的缘起、产生、演变、发展、移植等有规律性的东西进行探讨，还包括有关商法的理念、价值、原则、适用规则等规范商法之外的观念商法等更多内容，应为主观意义的商法。

就其范畴的外延而言，营业视域下的商法要大于法律体系下的商法，而学科意义上的商法则以商法为研究对象，其范围既包括法律体系中的商法，更包括营业视域下的商法。此外，商法学还要研究商法与其他法律、商法与其他社会现象之间的关系，其内容大致包括法理、法条、法案等三种现象。其中只有法条与前述营业视域下的商法和法律体系中的商法有关。

之所以要对不同语境下的商法予以专门探讨，在于本书所要讨论的问题虽然是学科意义上的商法问题，但因学科意义上的商法与营业视域下的商法、法律体系中的商法存在不可分离的关系，因此，后文所提到的商法之内涵和意义，则要根据不同语境与场境来作判断。

四、商法乃鼓励、促进、确认、公示、保护、救济营业之法

（一）商法因营业而生

1. 从交易习惯到习惯商法

商法产生的历史契机，在于人类社会有营业的存在。如前所述，随着人类社会第三次大分工的出现，有了从农业、手工业分离出来，专门从事以交换为职业、并以追求营利和财富最大化为目标的独立性商人阶层和功能性商业职业，以买卖、交易、贸易为基本形式，不以单纯追求物的占有或所有为目的，而以追求等价交换物即以货币形式表现的营利、效益、财富最大化为基本动机和主要目标的商业，成为人类社会最初级、最简单的营业形式。正如恩格斯在《论住宅问题》一文中所指出的那样，“在社会发展的某个很早的阶段，产生了这样一种需要：把每天重复着的产品生产、分配和交换用一个共同规则约束起来，借以使个人服从生产和交换的共同条件。这个规则首先表现为习惯，不久便成了法律”。[56] 自有交换、交易、买卖、贸易的那一天开始，为了使买卖标的、交换条件、交易要素能为交易双方或多方当事人所接受，并能使这种交易具有稳定性、持续性并进而达到可预期性，就必须在交易中使交易的标的、条件或要素，能为参与交易的双方或多方当事人所共同、一致地认可，而这些标的、条件或成就这些交易的要素，就成为最初的交易习惯或商业惯例，也就产生了人类最早的习惯商法。马克思也提到，最初的交换与交易是纯粹的物物交换，“它们交换的量的比例起初完全是偶然的”，“它们能够交换，是由于它

〔56〕《马克思恩格斯选集》（第三卷），中共中央编译局译，人民出版社2012年版，第260页。

们的占有者彼此愿意把它们让渡出去的意志行为”，“同时，对别人的使用物品的需要渐渐固定下来”；如此，“交换的不断重复使交换成为有规则的社会过程”；[57]这些规则就是逐步形成的交易习惯、交易惯例和交易规则。逐渐地，当人们在长期、反复、持续的交易中，基于交易的同一性、同类性、同质性形成被绝大多数人接受或遵守的交易共识，人类社会就有了具有稳定性、持续性并可反复遵守适用的交易准则、规则，这就是所谓的交易习惯或交易法则。交易习惯或交易法则恰恰就是最早期、最初级、最具原生形态的习惯商法。

2. 从营业规则到成文商法

最初的交易习惯、交易法则，可能是不成文的、分散的、凌乱的、不成体系的，但应因买卖、交易、贸易等商业型营业的需要，人们开始把约定成俗并已定型、稳定的交易规则、商业法则总结、归纳、提炼，并汇编成文字性记载予以固化，就有所谓的成文商法，《罗得海商法》《汉堡维斯比规则》等乃习惯商法转为成文商法之例证。之后，以法国 1673 年《商事条例》为标志，不成体系的成文商法，逐步走向体系化的成文商法典。

不难看出，商法生于、起于、源于营业的初级、简单形式——商业。正是因为有了商业、商人这一初级、简单营业形式或主体的出现，才有以买卖法、交易法、贸易法为主要内容或基本特质之买卖商法、交易商法、贸易商法的产生、存在、变化、发展。故，商法因营业而生，因营业而存，因营业而成就其必然性、必要性和正当性。

（二）无营业则无商法

尽管学界对营业的理解尚存分歧，有所谓主观意义上的营业（营业活动）与客观意义上的营业（营业财产或营业组织），[58]或者认为应以“经营”表示主观营业，以“企业”或“营业资产”表示客观营业，[59]但是，如果把商法表述为调整营业或营业关系之法，无论是从古老、传统的商业视角，还是从近代制造业和企业经营形式的视角，或者从现代金融服务业、电商网商等新型营业形式出现的视角；也不管是从市场交易的传统语境，还是从现代营利性私法行为的商行为视角，应无太多的疑义或歧义。因此，在一定意义上讲，无营业则无商法。

1. 无一般意义的营业则无一般意义的商法。从历史跨度或社会时序来看，首先，无古老、传统的商业，则无具买卖、交易、贸易属性或特质的贸易商法的产生、出现、存在。其次，无近代制造业、企业等新型营业形式的出现，则无近代工厂商法、经

---

〔57〕［德］卡尔·马克思：《资本论》（第一卷），中共中央编译局译，人民出版社 2004 年版，第 107 页。

〔58〕王保树：《商法总论》，清华大学出版社 2007 年版，第 183 ~ 199 页。

〔59〕丁凤玲、范健：《中国商法语境下的“营业”概念考》，载《国家检察官学院学报》2018 年第 5 期。

营商法、企业商法的转型。再次,无近现代资本市场与资本营运、金融服务与金融交易等新型营业形式的出现,则无近代以来资本商法、金融商法的衍生和发展。最后,无电子商务、网络交易、智能营业等电商、网商、智商新营业形态的产生和出现,更无电子商法、网络商法、智能商法等新型商法的横空出世。

2. 无民间营业则无私法意义的商法。更进一步地说,如果没有民间、私法意义上的营业,也就没有实质意义上属私法部门的商法。例如,中国古代,重农抑商、官工官商、专卖专营等限商抑商政策和国家营业垄断制度,严重压缩了古代中国私人营业、民间营业的发展空间,这也是中国古代为什么没有典型意义上的商法而只有规范意义上的工商管理法之内在、真正的原因。又如,在计划经济、国营经济占主导地位的经济模式与利序结构下,营业因被国家或集体所垄断,也就只有国家的经济管理法规,而无居私法地位之商法的存在空间和必要。

3. 无普遍、发达的营业则无独立、完善的商法。如在自然经济、农业经济时代,虽然有零星、小规模形式营业的存在,但只有一般商事交易规则,而无一般意义上独立、发达的商法部门。在小商品经济时代,营业虽然存在但不普及、欠发达,调整营业的商法之应然职能与独立地位自然也就无法凸显出来,商法带有明显的身份法、阶层法、特权法、封闭法特征,中世纪商人法即为例证。而只有在近代以来,因营业的普及、发达,商法才成长为真正的独立部门法。

(三)营业之变促进商法之变

在后述商法的立法演进与制度变迁中,我们会更为清楚地发现,商法之所以会随社会、历史、时代、经济的变化而变化。根本、核心的因素是因为营业发生了变化。正因有营业之变,才直接推动、促进并最终导致商法之变。

1. 营业领域的不断扩张使商法的边界越来越大。营业最先只存在于商业领域,因此,近代以前的商法,多数为与商业有关的买卖法、合同法、运输法、海商法,带有鲜明的交易法、贸易法特性;中世纪晚期至近代早期,随着手工业、制造业首先完成转型与升级,营业开始在手工业、新兴制造业领域扩张,而工厂的出现和以股份公司为代表的近代企业产生,更加速了传统营生型手工业向近代营业型制造业、大工业、机器工业的转型与升级,手工业、工业等制造业领域,被纳入到营业的范畴,商法随之也适应需要,带有鲜明的工厂商法、经营商法、企业商法等新的时代特点和业态色彩。近代以来,营业领域的不断扩张,首先,使传统具附属融资地位和汇兑功能的资本营运、金融交易,发展成为新型、独立的资本市场和金融服务业,资本商法、金融商法应运而生;其次,营业渗透到农林牧渔等传统营生领域,使不具营利特征的农业部门也纳入商法调整的范围;最后,营业深入到教育文化、体育卫生、家政服务等传统根本不具营利性的生活领域、部门或产业。营业已普及化甚至泛义化,使商法调整范围与法域边界越来越广。

2. 营业空间的每一次转换、升级均带来商法的颠覆性革命。纵观营业与商法的演变历史,不难发现,营业对空间的渗透、转换、升级,大致是沿着从平面空间升级到立体空间,再转型为虚拟空间这一基本发展轨迹变化着。如营业最原始、初级、简单的交易,大多发生在陆地,此时的商法形式主要是以合同法、陆上运输、仓储保管、行纪寄托等陆商法为主。随着海上运输、海外贸易的发展,逐渐兴起以海上运输合同、船舶租赁合同、海上事故、海上保险、海难救助、海事赔偿为主要内容的海商法。18世纪中叶至20世纪初,随着火车、汽车、飞机等新型交通运载工具的产生和发展,跨国贸易、海外贸易向全球营业、国际营业转型,仅就运输商法就产生了诸如铁路运输、公路运输、航空运输、管道运输、多式联合运输等新型运输商法门类。20世纪中叶以来,随着运载火箭、宇宙飞船、航天飞机等新型太空运载工具的出现以及计算机、互联网、移动通信、人工智能等虚拟营业空间的开拓,人类营业的触角跨越到浩瀚的太空宇宙和深入到无限的虚拟世界,与之对应的太空商法、电子商法、网络商法、智网商法,也应运而生。

3. 营业方式的持续革新直接催生近现代商法的产生。如从传统个体、家庭型营业到现代企业、国家营业,从独资经营到近代以来的合伙、合资、合作经营,从简单、直接交易到复杂、间接交易,从一元、分散交易到多元、集中交易,从一次性、面对面的纸质契约到格式、无接触的电子网络合同等,均使商法同步发生对应的变革,使古代商人法过渡到近现代商事法、传统交易商法转型为全能营业商法、纯粹私益商法走向兼具公共商法、实体商法迈入到虚拟商法,商法更具营业的近现代品格。

4. 营业内容的实质变化带来商法体系与制度架构的重大创新。典型的如从最初级、简单的货物买卖与贸易,到近代以来的资本、金融、知识、信息、数据的经营与交易,商法的子法体系与部门家族不断壮大。至当代,营业内容由于兼具交易、企业、资本、金融、信息、数据、电商、网络、智能等丰富内容或多重特征,可以说当代商法是集交易商法、企业商法、资本商法、金融商法、信息商法、数字商法、电子商法、网络商法、智能商法于一身,商法的多元性、复杂性、专业性、技术性特征,更加显著。不仅如此,由于营业始终居于社会、经济、市场的最前沿,受最大化营利目标的吸引和驱使,营业内容的实质性变化带来了价值观念、体制机制、制度规则前所未有的变革与创新,并直接推动旧的商法、制度应时修改和新的商法、制度及时出台。正是因为商法应因营业的需要在不断调整、变化、革新着立法体系和制度架构,从而"具有其他法律领域难以匹敌的更新能力和应变能力,不断为生活反复充实,进而丰富了整个私法秩序";因此,"至少在个人主义的法律时代,商法总在不断扮演一般私法的开拓者和急先锋的角色”。[60]

（四）商法以鼓励、促进、确认、公示、保护、救济营业为基本使命

虽然营业涉及个体与社会、民生与经济、民间与国家等方方面面，也事实上涉及所有的法律部门，但在所有法律部门中，唯有商法为调整、规范营业之法，并以调整、规范、鼓励、促进、确认、公示、保护、救济营业为主要任务、主旨价值、核心功能和基本使命。

1. 商法以调整、规范营业为主要任务。虽然营业领域是一个涉及公、私多重主体利益的社会经济领域，需要由众多法律部门予以分工、协调、调整，事实上涉足营业领域的部门法，不仅仅只有商法，也包括宪法、民法、经济法、行政法、诉讼法，甚至可以说所有法律部门均与营业领域有关；但是，在所有的法律部门中，唯有商法是专门调整、规范营业，特别是以调整、规范具平等、平权、平责身份与地位的私人营业、民间营业为主要任务的法律部门。其他法律部门如宪法、行政法、诉讼法因为调整的对象、范围、功能，显然不以营业领域或营业事务为主要任务，而与营业关系比较密切的民法，虽然也调整或涉及一定范围的营业关系，但更多涉及非营业领域。又如经济法虽然有相当部分领域、关系、事务与营业有关，如竞争法、宏观调控法等，但这部分营业不具有平等、平权、平责的私人营业、民间营业属性；此外，经济法所调整或涉及的对象或范围还有相当部分领域、关系、事务，与营业无关或不具明显的营利目的性。足见，在所有法律部门中，只有商法是以调整、规范营业为主要任务的法律。

2. 商法以鼓励、促进营业为主旨价值。在涉足营业领域的众多部门法中，民法虽然也有鼓励、促进营业的价值导向，但因民法也调整非营业领域、关系或事务，并非完全、专门、集中以鼓励、促进营业为主旨。行政法、经济法虽在一定程度上也有鼓励、促进营业的价值取向，但如反垄断法、反不正当竞争法、宏观调控法等，恰恰是在特定条件或情形下，以限制或约束营业为主旨。而唯有商法是以鼓励、促进营业，特别是以鼓励、促进具平等、平权、平责身份与地位的私人营业、民间营业为主旨的法律部门。

3. 商法以确认、公示营业为核心功能。宪法、民法、经济法、行政法、刑法、诉讼法和其他程序法，均不具有确认、公示营业的基本功能或不以确认、公示为其核心功能，只有商法是以确认、公示营业为其核心功能。例如，商事登记法，其基本功能就在于宣示民事主体进入营业领域、确认商事主体资格身份、公开商事主体基本营

[60] ［德］拉德布鲁赫：《法学导论》，米健、朱林译，中国大百科全书出版社1997年版，第73页。

业信息；又如，企业信息公示法，其核心功能就在于公示企业的营业信息和信用信息；再如，公司法的财务会计制度、证券市场中的证券发行与持续信息公开制度等，均以确认营业资格、公示营业信息为核心功能。

4. 商法以保护、救济营业为基本使命。虽然，任何法律均有保护、救济利益的一般使命，但只有商法才是以保护、救济营业，特别是保护、救济投资者、经营者、交易者在营业中的投资权利、经营权利、交易权利为基本使命。其他部门法，虽或多或少涉及一定的营业保护、救济功能，但不是基本或主要使命。

总之，营业是支撑作为独立部门商法之必然性、必要性、正当性的核心、基础因素，是商法产生、变化、发展的原生性基础和前提性条件，更是商法作为部门法独立存在基础的内在、独特基因。故作为调整、规范营业之法，商法因营业而生，无营业则无商法，有营业之变才有商法之变；在所有的部门法中，唯有商法，是以调整、规范、鼓励、促进、确认、公示、保护、救济营业为主要任务、主旨价值、核心功能和基本使命。

第二节　营业对商法的支撑意义

一、营业对商法的基础意义

商法既为调整营业之法，自然营业对商法而言，就具有基础意义。

（一）营业是商法产生、发展的基础性与前提性条件

商法作为调整营业及营业关系的法律，决定了营业是商法最基本的调整对象，而调整、规范、鼓励、促进、确认、公示、保护、救济营业，更应是商法的基本职能和应然使命。如前所述，没有营业就没有一般意义上的商法；更进一步地说，如果没有民间、私法意义上的营业，也就没有实质、私法意义上的商法；不仅如此，没有普遍、发达的营业，就没有独立、部门法意义的近现代商法。在自然经济、农业经济时代，虽有零星、小规模形式营业的存在，但只有一般商事交易规则，而无一般意义上的商法；在计划经济、国营经济主导模式下，营业因被国家或集体所垄断，也就只有国家的经济管理法规，而无居私法地位之商法的存在空间和创制必要；在小商品经济时代，营业虽存在但不普遍、欠发达，调整营业的商法之应然职能与独立地位也无法凸显出来。足见，营业的存在是商法产生和发展的初始性、基础性、前提性条件，商法不仅因营业产生而产生，更因营业发展而发展，还因营业普及、发达而独立、完善。

(二)营业是民法与商法的"分水岭"

民法与商法共属私法范畴,其所调整的对象均为私人属性的人身关系和财产关系。在如何区分民法与商法的调整范围与制度体系上,奉行民商合一与民商分立的学者,其观点与主张则大相径庭。但是,无论民法学界,还是商法学界,认为商法主要涉及营业领域或调整营业关系的看法则几近一致。在民法学界或持民商合一观点的学者看来,商法作为私法或民法的特别法,其调整范围或者属于"局部市场或个别市场关系";[61]或者为"市场经济关系";[62]或者"适用于商人之间的商行为",[63]总体而言,均与营业有关。至于商法学界或持民商分立主张的学者看来,所谓商事活动实则为营业活动,商事行为其实就是营业行为,商事关系自然也就是营业关系。由于商法调整的商事关系实则是"因从事营业行为所引起的社会经济关系以及与此相联系的社会关系";[64]或者"大多发生在持续的营业之中";[65]或者就是一种以"营业利为目的"的"经营性财产关系";[66]或者"仅仅适用于民事主体中从事商事经营活动"或"民事行为中的经营行为"。[67] 足见,是否涉及营业领域或调整营业关系,就成为区分民法与商法、一般民事主体与商事主体、一般民事行为与商事行为的分水岭。由于"商事关系、商主体或商行为都以营业为其核心构成","各国商法典几乎都明确地使用了'营业'这一词语,甚至将其作为界定商主体或商行为的基础概念",由此观之,"营业"事实上已成为"商法建构之脊梁",[68]成为商法区分于民法或一般私法的标志因子和识别要素。

(三)营业是商事关系构建的基点

尽管我国学者对商事关系存在多种解读或分歧,但比较一致的看法是,商事关系实质就是营业中形成的特定社会关系,或者说是民事主体在营业中结成的特定社会关系。"营业"作为"商事关系的存在形式",其实体意义的营业"以商号、营业范围、企业财产和员工等要素组成的营利功能体,它使商人与民事主体相区别",而行为意义的营业则使"商事行为与民事行为区别在于是否采用营业形式"。[69] 因

〔61〕 梁慧星:《民法总论》,法律出版社 2011 年版,第 13 页。
〔62〕 王利明:《民法总论》,中国人民大学出版社 2015 年版,第 23 页。
〔63〕 朱育庆:《民法总论》,北京大学出版社 2013 年版,第 13 页。
〔64〕 赵中孚主编:《商法总论》,中国人民大学出版社 2007 年版,第 11 页。
〔65〕 王保树:《商法总论》,清华大学出版社 2007 年版,第 19 页。
〔66〕 施天涛:《商法学》,法律出版社 2006 年版,第 4 页。
〔67〕 范健、王建文:《商法总论》,法律出版社 2011 年版,第 20 页。
〔68〕 徐喜荣:《营业:商法建构之脊梁》,载《政治与法律》2012 年第 11 期。
〔69〕 童列春:《营业的性质与商法构造》,载《武汉理工大学学报(社会科学版)》2009 年第 1 期。

此,要准确认定商事的性质及商事关系的范围,就必须引入营业,以营业为视角进行理论解释和体系构建,并进而建立具逻辑自洽性和功能目的性的商法规则体系。就商法整体而言,营业是构建商事关系概念体系、理论体系、价值体系、制度体系和规则体系的大厦基点,是透视商法之调整使命与部门法功能的逻辑起点。

(四)营业是商事制度创设的切点

商法制度与规则源于营业,正是因为有营业的切实需要,才有营业当事人之间交易规则与商事习惯等原生形态商法(商人法)的产生、存在、发展、转型和升级。在商法制度与规则的演变过程中,以习惯法、共同法为表征的古代商法,其实就是各种营业交易规则的集成;以国家法、制定法为表征的近代商法,本质上不过是把营业中已形成的各种交易规则上升为成文法而已;以国际法、单行法为表征的当代商法,其以营业为中心的规则特征则更为显著。以近代最具代表性的成文商法典《法国商法典》《德国商法典》《日本商法典》为例,它们均借助"营业"这一法律范畴和调整切点,奠定了商法理论的构架和"新商人主义"立法的科学体系。有学者甚至认为,"作为独立的部门法,商法与民法的主要区别并不在于营利性,而是在于营业性的有无";[70] 更有学者认为,"营业制度具有独立意义,营业制度又连接着商人制度和商行为制度,因而它在商法中居重要地位";诸如"营业资格、营业活动、营业自由、营业变动"等内容事实上已成为商法规制的主要内容,这些均集中地说明商法的规制既是私法的规制,更主要是对营业的基础性规制。[71] 因此,商法所有的制度、原则和规则,无不以营业为切点而合乎目的性地展开,特别是当代商法的各子部门法的产生和逐渐独立化,更是适应营业需要的集中体现。如公司法、合作社法、合伙企业法、个人独资企业法、个体工商户法、商事登记法等,就是为了适应营业的组织化需求的成文化产物;证券法、投资基金法、商业银行法、票据法、结算支付法之满足营业的融资、结算、支付的需要;商事代理法、信托法、承包法、租赁法、托管法、物流运输法、海商法、民用航空法、空间运送法、电子商务法等,就是为了解决营业的扩张与营业的实现问题;一般商业保险法、海上保险法、航空保险法、宇航保险法、董事责任保险法等就是为了解决营业过程中的风险或责任分担,最大限度地降低营业风险和经营成本;商业清算法、企业破产法、企业重整法、特殊企业接管法、企业注销法等,重在营业的救济与善后处理。可见,营业不仅是商事制度创设的切点,更是整个商法规则构建的切点。

---

〔70〕 于庆生:《营业:商法理论的核心范畴》,载《行政与法(吉林省行政学院学报)》2006 年第 12 期。

〔71〕 朱慈蕴:《营业规制在商法中的地位》,载《清华法学》2008 年第 4 期。

二、营业是商法的基本范畴

(一)营业是既有代表性商法典或法律规范中最通用、最基本、最核心的法范畴

在传统商法理论和规则体系的构建中,"营业"是高于或位于商主体或商行为之上、在商法中处于最基础地位的基本概念和核心范畴,特别是作为既有代表性商法典的"公因式"概念与范畴,[72]营业在各国商事立法体系中具有基础性、源头性地位。例如,《法国商法典》第 L110－1 条所列举的 10 种营业即为商法调整的"商事行为";第 L121－1 条规定,实施第 L110－1 条所列营业活动的商事行为并"以其为经常性职业的人"是为商人。[73] 又如,《德国商法典》第 1 条规定营业系指"任何营利事业",凡"经营营业的人"即为商人;第 343 条又规定实施"营业的一切行为"即为商行为。[74] 在德国,甚至有学者认为,商法是"大型营业的法律行为之法"。[75] 再如,《日本商法典》第 1 条至第 3 条有关商法适用效力,均以营业之基本概念和范畴为判断标准;在界定商人或商行为时,第 4 条至第 7 条则把以"营业"为业者界定为商人,更有第 501 条、第 502 条、第 503 条以营业为标准,分别对绝对商行为、营业商行为、附属商行为有具体的规定。[76] 可见,营业作为大陆法系国家商法上的特有概念与基本范畴,"既可以指称客观意义上的营业财产,也可以指称主观意义上的营业活动",[77]而"客观主义的商法以强调客观意义的营业为中心,主观主义的商法以强调主观意义的营业为中心,折中主义的商法则强调主观意义的营业与客观意义的营业的并重"。[78] 正是因为营业在私法活动所显示的特殊性与专业性、营业本身所具有的主观目的性与客观行为性之二重属性,使其能够成为精确、合理、妥当解释或界定商主体与商行为等其他商法概念、范畴的核心概念与基础范畴,进而成为解释或判断商法调整范围、核心理念、价值定位、法律原则、基本制度、理论体系

---

〔72〕 谭津龙:《营业:商法典的公因式——兼评我国商事立法中营业概念的缺失》,载王保树主编:《商事法论集》2012 年第 2 期,法律出版社 2012 年版,第 31～41 页。

〔73〕 《法国商法典》,金邦贵译,中国法制出版社 2000 年版,第 1 页;《法国商法典》,罗结珍译,北京大学出版社 2015 年版,第 4～5 页、第 15 页。

〔74〕 《德国商法典》,杜景林、卢谌译,中国政法大学出版社 2000 年版,第 3 页、第 169 页;《德国商法典》,杜景林、卢谌译,法律出版社 2010 年版,第 3 页、第 211 页。

〔75〕 [德]C. W. 卡纳里斯:《德国商法》,杨继译,法律出版社 2006 年版,第 8 页。

〔76〕 《日本商法典》,王书江、殷建平译,中国法制出版社 2000 年版,第 3～4 页、第 153～154 页;刘成杰:《最新日本商法译注》,中国政法大学出版社 2012 年版,第 5～16 页、第 77～92 页。

〔77〕 刘文科:《营业:商法上的特殊客体》,载《政法论坛》2010 年第 5 期。

〔78〕 徐喜荣:《营业:商法建构之脊梁》,载《政治与法律》2012 年第 11 期。

和规则构成的一把钥匙。因此，引入"营业"这一概念和范畴，就可以对商事组织、企业财产、商事行为（活动）、商事登记、信息公开、经营许可、商业融资、商业保险、电子商务、网络交易、移动支付、清算救助与破产终止等所有商法现象进行精细解释或准确界定，从而避免既有民商法理论中诸如"商主体为实施商行为的主体"或"商行为乃商主体实施的行为"之同义反复的解释困境。自然，"营业"这一概念或范畴，"在商法中具有支柱作用"，"具备横贯商法体系的资格"，自然可"成为构建商法体系的脊梁"。[79]

（二）营业自近代以来就一直作为商法基本概念和初始范畴被引入并得到广泛使用

营业作为营生之业、营利之业，虽自古就有之，但自近代清末变法修律从《日本商法典》翻译引入中国以来，营业则已完全脱离了古代的泛指，而专指或特定为民事主体的营利性活动，进而一直沿用并被广泛使用。例如，1904 年 1 月颁行的《钦定大清商律》中《商人通例》第 3 条有"营商"、第 5 条有"商人营业"的规定；《公司律》中，涉及如"集资营业"（第 4 条、第 6 条、第 13 条）、"营业期限"（第 21 条）等规定更有多处。[80]

辛亥革命以后，由于"营业自由"载入《中华民国临时约法》，自此以降，"营业自由"也就成为民国初年最基本的经济思潮和社会观念。不仅如此，在民国初年的地方自治运动中，"营业自由"作为一种普遍的商法理念和基本的法律原则，也相继载入地方宪法或省治的法律规范中。例如，1921 年《浙江省宪法》第 15 条有"省民有营业自由权"、[81] 1922 年《湖南省宪法》第 14 条有"人民有营业之自由权"的规定。[82] 这说明，清末民初，营业作为经商买卖、经营实业、拓展事业等营利性经济活动的代名词，营业自由作为人民之基本权利，在知识学界、实业阶层、国家立法、地方自治等方面，已有基本的共识。在此背景下，营业作为一种新的观念、词汇和社会生产、生活方式，也逐渐走入国人的生活，并进入国家立法，成为商事立法中最常见的概念与范畴。自此以后，营业就一直成为民国时期商事登记、商事特别法中的基础概念和核心范畴。无论北京政府时期于 1914 年颁布的《商人条例》《商人条例施行

〔79〕 王艳华：《以营业为视角解释商法体系》，载《河北法学》2010 年第 5 期。

〔80〕 《钦定大清商律》（1904 年）。转引自《工商行政管理史料》编写组：《工商行政管理史料》（上卷），中国工商出版社 2008 年版，第 102 ~ 107 页。

〔81〕 林孝文：《浙江省宪研究》，法律出版社 2009 年版，第 317 页。

〔82〕 陈建平：《湖南省宪研究》，法律出版社 2009 年版，第 323 页。

细则》,[83]还是1927年后南京政府时期于1937年颁发的《商业登记法》,[84]甚至1949年以后我国台湾地区“商业登记法”及“商业登记法施行细则”,[85]均把营业作商事登记法的基本范畴和商事登记的对象;至于其他涉及商事的法律,如《公司法》《证券法》《保险法》《破产法》等,也皆以营业为基本范畴,或以营业进行定性。

此外,营业在清末民初被引入中国并建立与商法的基础关系后,就一直是中国本土商法学人和商法论著中广泛使用的一个基本概念和核心范畴。除前述多种日本商法论著的翻译文本外,中国本土商法学人或商法论著中,使用营业一词时,大致包括如下几种情形:(1)以“营业”来解释或定义“商业”。熊元翰的《商法总则》第一编第三章,在定义商业时,就比较早地把商业界定为“商业云者,商行为之营业也”。[86] 又如,王效文的《商事法要义》在解释商业时,参考当时的立法例,使用“左列各种营业,称为商业”。[87] (2)以“营业”解释或定义“商主体”或“商行为”。例如,胡霖的《商律总论》在解释和界定商人或商行为时,皆以“营业”阐释之,即“所谓商人,乃指营商业者言;商业云者,以次项以下列举各行为为目的之营业是也”;“商行为云者,商之属于商业中各行为之谓也”;又“商人所营业或为其营业所行之行为,为商行为”。[88] 又如,刘朗泉的《中国商事法》在解释商行为时,有“行为人必以之为营业时,始为商行为者也”,而“所谓营业,自系以营利之目的而继续的为某种行为之意”;“故必须有营利之主观的条件及继续为该行为之客观的条件始可”。[89] (3)以“营业”解释或定义“商法”。如胡霖《商律总论》在解释和评论德国商法时,就认为德国商法采商人主观主义,“谓商法应为营业法,各单一之谋利行为,不得称为营业”。[90] (4)把“营业”作为独立的范畴。例如,王孝通的《中国商事法概论》“序论”第六章,把营业作为一个独立的概念提出,并参照日本学界的解释,把营业界定的主观意义与客观意义两个方面,其中,主观意义的营业“乃指商人营业上之一切活动”;客观意义的营业,则系指营业财产、营业转让等营业全体。[91] 又如,王

[83] 《商人条例施行细则》(1914年)。转引自《工商行政管理史料》编写组:《工商行政管理史料》(上卷),中国工商出版社2008年版,第191页。

[84] 《商业登记法》(1937年)。转引自《工商行政管理史料》编写组:《工商行政管理史料》(上卷),中国工商出版社2008年版,第251页。

[85] 黄昭元等主编:《综合小六法》,新学林出版股份有限公司2017年版,第D-1页。

[86] 熊元翰:《商法总则》,安徽法学社1911年版,第97页。

[87] 王效文:《商事法要义》,上海昌明书屋1947年版,第2~3页。

[88] 胡霖:《商律总论》,上海文汇图书局1914年版,第20~22页。

[89] 刘朗泉:《中国商事法》,商务印书馆1937年版、2018年版,第42页。

[90] 胡霖:《商律总论》,上海文汇图书局1914年版,第21页。

[91] 王孝通:《中国商事法概论》,上海世界书局1933年版,第11页。

效文的《商事法概论》"本论"第一编"通例"第一章,就首先对营业进行了专门论述,在表述主观意义的营业时,把其界定为"商人在营业上一切活动的总称","简单地说,也就是经营商业的意思";表述客观意义的营业时,把其界定为"关于营业一切事实上法律上财产价值的总称","简单地说,也就是营业物的意思"。[92] 至于营业所、营业转让、营业财产、营业方式等营业词汇的表述,则更为普遍和常见。

尽管如前文所提,清末民初,无论立法术语,还是学理阐释,因深受日本法例与学说的影响,均存在商业即营业,或以营业释商业的不当理解或表述,但营业一词在商法中的普遍使用,并视营业为商法立法、理论的基础概念或基本范畴,已为不争事实。

(三)营业因其通俗易懂已为我国民间、社会、民众普遍接受

虽然,自1949年以来,受政策影响,民间、私人营利活动长期受限或普遍遭禁,但是,营业一词在民间、社会、民众中早已落地生根,并能获得高度认同,进而被普遍使用。特别是在中国民间,一般把做生意、投资、经营、交易等营利活动,均以营业概括之。不仅如此,营业在各种营利活动的不同场合、阶段、情形下广泛应用时,还富有特定而精准的内涵。如民间一般把开业叫"正式营业";如店面正在上班、经营中,就在门把、门闩或门外挂上或贴上"营业中"的招牌或告示;如店面、工厂、场地搬迁或装修,或因假期调整、停止或暂停经营、买卖、交易,则经营者会及时发出"停止营业"或"暂停营业"等通知或告示;店面、柜上、售货、收银、采购、前台等经营工作人员通常称为"营业员"。至于企业或经营者的生产、经营、交易场地为"营业柜台"、"营业处所"、"营业所"或"营业地";直属或分支机构称"营业部"、"营业分部"、"营业店铺"或"营业网点"等;"营业时间""营业收入""营业利润""营业账簿"等,广泛而习惯地使用则更为正常、普遍。足见,营业作为营利活动的代名或通称,其词义通俗易懂,内涵特定清晰,外延递进有序,在我国民间早已落地生根,已被社会、民众普遍接受。

(四)营业已在国家法律、行政法规、政府公文、政策性文件中被常态化使用

营业不仅在民间有广泛共识和普遍使用,在国家法律、行政法规、政府公文、政策性文件中,也被大量、经常地使用,营业在立法文本、政策性文件和政府公文中的出现频率实已常态化。仅就法律文本的名称而言,如全国人大常委会《关于外商投资企业和外国企业适用增值税、消费税、营业税等税收暂行条例的决定》(1993年),

[92] 王效文:《商事法概论》,上海会文堂新世纪书局1937年版,第26页。

国务院行政法规如《营业性演出管理条例》（1997 年颁发，2020 年修订）、《营业税暂行条例》（1993 年颁发，2017 年废止）、《互联网上网服务营业场所管理条例》（2002 年颁发，2019 年修正）等，政策性文件如中共中央统战部、商业部《关于索要、强占原公私合营企业、合作商店营业用房问题的处理意见》（1983 年），中共中央办公厅、国务院办公厅《关于禁止营业性录像放映和加强录像管理的通知》（1985 年）等，而国务院部委规章、地方法规、地方政府规章中冠名"营业场地""营业执照""营业税""营业账簿"的规范性文件则更多，数量达到近 5 万件。[93] 至于原工商行政管理部门、现市场监督管理部门所发布的冠名或涉及"营业场地""营业执照"的规范性文件，如市场监管总局《电子营业执照管理办法（试行）》（国市监注〔2018〕249 号）、《关于启用新版营业执照的通知》（国市监注〔2018〕253 号）等，则更为普遍。不难看出，"营业执照""营业场地""营业账簿"在法律、行政法规、政府公文、政策性文件的普遍、经常使用，早已使"营业"深入人心，成为国家与民间、政府与社会界定、区分、识别商事活动与非商事活动的不二概念和基本范畴。

（五）营业具有更大的包容性和统摄性

营业作为营利性私人行为、经济事务、社会活动，具有与非营利性活动或行为的显著识别性。例如，就私法领域而言，营业与否，也就是营业行为与非营业行为，可显著区分商事行为与一般民事行为；又如，就整个市场经济领域而言，营业与否，也是识别民事主体私法性营业行为与国家机关公法性经济管控行为的主要标准。不仅如此，营业包括投资、经营、交易等三个典型阶段和三种代表性形态，可全面、动态、立体反映营利性社会活动或经济行为的本质特征、丰富内涵；而且以营业为切点，对投资、经营、交易还可进行特别限定，使营业性投资（营利性、商法意义上的投资）与非营业性投资（如非营利性的政府投资、消费性投资）、营业性经营（个体工商户、企业、国家垄断的营利性经营）与非营业性经营（非营利组织、事业单位、国家机关的非营利性经营）、营业性交易（商事交易或营利性交易）与非营业性交易（非营利性的民间、政府、国际交易、采购或捐赠等）能在营业有无的情形下，作显著区分。

（六）营业与经营相比不会产生歧义与误读

经营虽在一定意义上，可限定商、商主体或商行为的范围、领域或形态，因其如此，在我国政策性文件、立法文本、政府公文和其他规范性文件中，经营之词及以经营冠名的文本，也有相当的数量，甚至数量在某种意义上还超过了营业使用的频

---

〔93〕 以北大法宝网收集的法规为例，截至 2019 年 4 月底，以"营业"冠名的部门规章为 1871 件；地方法规规章则有 48,211 件。

率，如截至2019年4月底，冠名经营的法律达20件次、行政法规达120件次、司法解释文件达60件次、部门规章达4727件次、军事法规规章达5件次、党内规章达21件次、团体规章达4件次、行业规定达223件次、地方法规规章达18,906件次、地方政府规章达524件次、地方规范性文件达7238件次；[94]但是，与营业相比，经营容易产生歧义，引人误解。首先，从总体而言，营业本身包括投资、经营、交易等典型形态、阶段或环节，经营属于营业的范畴或营业的某一环节、形态，为营业的下位概念。其次，经营存在广义与狭义之分，广义的经营既包括营利性经营，也包括非营利性经营，[95]如非营利组织、传统的事业单位、国家机关等，在实行或引入市场化、企业化管理或成本核算时，也存在经营，但其经营所得却依照法律不能分配给投资者或经营管理者，自然也就不具有营利、营业的性质；只有狭义的经营专指营利性经营，才属于商法的调整范围。最后，经营的核心是生产与管理，但在不同语境则有不同含义。仅以国家法律文本为例，如《中外合作经营企业法》中的“经营”就属营利性生产、管理，而《农村土地承包法》中的“农村土地承包经营”，则既包括营利性、市场化、以交换为目的的生产、管理，也包括非营利性、消费性、满足家庭生活需要的生产、管理。可见，营业可囊括经营，但经营却不能概览营业，有经营并不一定就意味着有营业，自然，只有营业而非经营，才能高度概括一切营利性民事行为。

总之，营业应为商法之元概念和元范畴，系商法一切概念和范畴的前提与基础。

---

〔94〕 数据来源：北大法宝网：http://www.pkulaw.cn/cluster_call_form.aspx? menu_item = law & EncodingName = ，访问日期：2019年5月7日。

〔95〕 胡曾铮：《试论民法典关于非营利性法人的规定与社会现状冲突的原因及解决建议——以非营利性医院的设立及经营现状为例的分析》，载《财经法学》2017年第2期。

第三章　从营业关系到商事关系

作为商法的调整对象，为事实营业关系，它经商法调整后，即上升为商事法律关系。

第一节　商事关系即营业关系

一、商法调整对象的理论分歧与学理界定

（一）基本观点及代表性学说

商法以商事关系作为调整对象，虽然是多数学者的共识，然而对于商法所调整的商事关系作何界定，学者们的看法则不尽相同。具有代表性的观点有：(1) 持续性营业关系说。该说认为商法所调整的商事关系实则为民事主体在营业中所形成的社会关系，亦即营业关系。[1] 有学者认为商事关系仅发生在持续的营业之中；[2] 或者认为商事关系是因从事营业行为所引起的社会经济关系以及相联系的社会关系的总和。[3] (2) 企业关系说。该说认为，由于企业的地位和作用，商事关系实质上就是企业关系。[4] (3) 商事行为关系说。该说认为现代商事关系是商主体在商行为中形成的经济关系；[5] 或者说，商法就是调整因商行为或经营行为而形成的商事法律关系的法律规范的总称。[6] (4) 市场或商事交易关系说。该说认

〔1〕 肖海军主编：《商法学》，湖南大学出版社 2004 年版，第 3 页；肖海军主编：《商法学》，法律出版社 2009 年版，第 5 页。

〔2〕 王保树主编：《中国商事法》，人民法院出版社 2001 年版，第 7 页；王保树：《商法总论》，清华大学出版社 2007 年版，第 18 ~ 19 页。

〔3〕 赵中孚主编：《商法总论》，中国人民大学出版社 1999 年版，第 5 页。

〔4〕 [日] 北泽正启：《商法的争点》（第 2 版），日本有斐阁，第 12 页。转引自王保树主编：《中国商事法》，人民法院出版社 2001 年版，第 8 页。

〔5〕 范健主编：《商法》，高等教育出版社、北京大学出版社 2007 年版，第 14 页。

〔6〕 范健、王建文：《商法基础理论专题研究》，高等教育出版社 2005 年版，第 29 页；范健、王建文：《商法总论》，法律出版社 2011 年版，第 10 页。

为，商法从其问世开始调整对象就是市场交易关系（包括交易组织关系和交易行为关系），而现代商法的调整对象当然还是现代市场交易关系；〔7〕或者认为商事关系是商事主体在商事交易过程中形成的商事交易关系，现代商事关系包括商事组织关系和商事行为关系。〔8〕（5）特殊民事关系说。该说认为，商法只能是指调整各种经济贸易关系的私法，属于民法的范畴，必然包含着民法；〔9〕或者认为商事关系为发生于商事领域具有营利性质的特殊民事关系，这种关系包括平等的生产经营性关系、具体的商品交换关系和公法干预下的交易关系等。〔10〕（6）经营性财产关系说。该说认为，民事关系难以包容商事关系，商事关系是一种经营关系，由营利、营业、商人三大要素构成；〔11〕商事关系为商事主体按照商事法律的规定从事各种以营利为目的的营业活动所发生的财产关系。〔12〕

在上述诸观点中，企业关系说由于只及于企业类商主体在营业中所结成的经济关系，而忽略了非企业类商主体（商个人、非企业形式的商合伙、家庭经营户、国家等）及其营业活动的大量客观存在，其观点不具有周延性。商事行为关系说，虽有助于对商事关系边界的厘定，但由于对商行为没有严格定义，而传统有关商行为理论的封闭性和保守性，使其用于解释日益扩张和泛化的商行为时显得模糊不清、界限不明。至于市场交易关系说，表面上看似乎涵盖了所有的商事关系，但该学说只注意到古代商起于商品交换和货物贸易这一事实，没有认识到随着近代制造业的兴起，商的范围在不断扩大，商的内涵也在不断变迁；如从动态的营业流程来看，则其局限性则更加暴露无遗；由于营业包括投资、经营和交易三大环节，而交易仅仅为营业的末端环节，如把商事关系仅仅局限于市场交易关系，与营业有关的投资、经营关系则不能纳入考察的视野，尽管该学说试图以交易组织关系把遗失的有关投资和经营关系囊括进去，但解释力却很不充分，其立论也就当然很勉强了。特殊民事关系说，是绝大多数民法学者在对商法没有进行深入研究时所持的一种比较流行的观点，该学说在大私法和大民法领域有很大的市场；的确，如果从大私法与大民法的视野来看，商事关系确实就是一种特殊的民事关系；但如果再深究，这一特殊民事关系与一般普通民事关系之特殊在什么地方，如何定义，则鲜有解释和定义的；如有，绝大多数也是从财产之流转关系来讨论，大致是民法一般调整财产

〔7〕　徐学鹿、梁鹏：《商法总论》，中国人民大学出版社 2009 年版，第 28 页、第 35 页。

〔8〕　徐学鹿：《论商法的调整对象》，载《法学评论》1992 年第 6 期。

〔9〕　史际春、陈岳琴：《论商法》，载《中国法学》2001 年第 4 期。

〔10〕　董安生主编：《中国商法总论》，吉林人民出版社 1999 年版，第 33 ~ 34 页。

〔11〕　施天涛：《商事关系的重新发现与当今商法的使命》，载《清华法学》2017 年第 6 期。

〔12〕　施天涛：《商法学》，法律出版社 2006 年版，第 1 页。

归属关系，商法一般调整财产流转关系；[13]或者将民法规则调整为一般民事、市场交易关系，而商事特别法则调整那些特殊、局部、个别的市场关系或交易关系；[14]其实，问题远远不是这样简单，由于学者对所谓特殊民事关系没有准确的定义与解释，故所谓商事关系即为特殊民事关系，实质属于没有定义。近年来，有学者本着特殊民事关系的论证思路，认为商事关系实则为经营性财产关系，而民法则只调整非经营性财产关系，此论无疑有一定合理性，但该论只把商事关系局限于财产关系，则仍然失之偏颇。要知道，商事关系中依然存在诸如商号、商誉、商标、商主体的人格、商主体的能力、商主体的责任等人身关系，尽管商主体在营业过程中总是想方设法把这些在一般民事主体看来不值钱的东西，在绝大多数情形下转换为财产要素或财产权利，即所谓人格要素、人格权利财产化，但毕竟人格的财产化与财产本身并非同一回事，自然财产化的人身关系并不就等同于财产关系，以商事关系仅仅为经营性财产关系，当然也不具有足够的解释力。

以上分析，不难看出，在诸多有关商事关系的解释中，现有企业关系说、商行为关系说、市场交易关系说、特殊民事关系说、经营性财产关系说等观点均不足以解释营业视阈下的商事关系。唯有引进营业这一核心概念，以之为逻辑起点，才能准确、全面、立体、动态地定义商事关系。

（二）商事关系的界定

营业是商法最基本、最核心的元概念和元范畴，商法就是调整、规范营业关系的法律，即以“鼓励营业、促进营业、确认营业、公示营业、保护营业、救济营业”为基本功能的法律。[15]

由于营业“始于投资，形于经营，成于交易”，自然商法所调整的营业，也就应当并必然要包括投资行为、经营行为、交易行为这三种不同形态。尽管这三种行为之间在实际营业过程中有时存在交叉、重叠甚至同一，但多数情况下，它们之间具有地位、功能和意义上明显的相对性、位序性和独立性。

商事关系的成立、形成并变化的标志性要件，是民事主体从一般生活、消费领域进入营业领域并转换为商事主体，从事了以营利性投资、经营、交易为表征的营业行为，进而形成以营业为核心的一系列平等、平权、平责型经济关系。这种营业中

---

〔13〕 王利明主编：《民法》，中国人民大学出版社 2000 年版，第 16 ~ 17 页；马俊驹、余延满：《民法原论》，法律出版社 1998 年版，第 20 页；龙卫球：《民法总论》，中国法制出版社 2002 年版，第 24 页。

〔14〕 梁慧星：《民法总论》，法律出版社 2011 年版，第 12 页。

〔15〕 肖海军主编：《商法学》，湖南大学出版社 2004 年版，第 3 页；肖海军主编：《商法学》，法律出版社 2009 年版，第 4 页。

形成的平等、平权、平责型经济关系即为商事关系。因此,以营业为基本概念和范畴,是构建商事关系的逻辑切点和商法理论大厦的基石,这一观点在近年来已得到越来越多学者的认同。[16] 这是因为,营业作为“一种独立、有偿的,包括不特定的多种行为的、向外公示的行为”,[17] 事实上已成为“商事行为与民事行为的分水岭”;[18] 不仅如此,由于营业作为一种以追求营利为目的的民事行为,有着显著的外观特征和标志意义,便于人们识别,也便于立法的抽象和归类,从而可克服传统主观主义商人论和客观主义商行为论在有关商事主体识别、判断上的不必要争论,能事实上把民事主体与商事主体之角色、身份关系作有效贯通,并扮演着“连接着商人制度和商行为制度”的中介和桥梁。[19] 作为独立的部门法,商法与民法的主要区别在于调整领域和事实关系之营业性的有无。从立法例来看,诸如《法国商法典》《德国商法典》《日本商法典》等代表性商法典均借助于“营业”这一特定法概念和法范畴,奠定了商法的理论构架和规范体系,[20] 足见,营业在商法中居于基础环节和核心地位。

基于此,在商法中引入“营业”这一核心且具标志性的概念,并搭建起民事主体→营业行为(商事行为)→商事主体的过渡、转换桥梁,为民事主体随时进入营业领域,扮演商事主体角色和履行投资、经营、交易功能创造法律、制度中介,可克服既有现有法律中概念、体例、规范上的混乱不一和商事特别法的分散无序状态。其积极意义是十分明显的:

1. 营业有利于最大限度地体现商事主体、行为和市场交易、竞争的内在本质,从而为识别、分析商事主体和商事行为创造了前提性条件。

2. 营业作为民事主体→营业行为→商事主体的必要连接点,为民事主体转换为商事主体搭建起了有效桥梁,从而可打破既有民事主体与商事主体的二元私法主体构架,适应了当今民事主体营业普遍性、民事活动泛商化的现实需要和发展趋势。

3. 以营业作为识别和分类商事主体、商事行为的核心要件,有利于克服传统商人中心主义和商行为中心主义在定义、分类民事主体和商事主体、民事行为和商事

---

〔16〕 童列春:《营业的性质与商法构造》,载《武汉理工大学学报(社会科学版)》2009 年第 1 期;刘文科:《营业:商法上的特殊客体》,载《政法论坛》2010 年第 5 期;王艳华:《以营业为视角解释商法体系》,载《河北法学》2010 年第 5 期。

〔17〕 [德]C. W. 卡纳里斯:《德国商法》,杨继译,法律出版社 2006 年版,第 36 页。

〔18〕 徐喜荣:《营业:商法建构之脊梁》,载《政治与法律》2012 年第 11 期。

〔19〕 朱慈蕴:《营业规制在商法中的地位》,载《清华法学》2008 年第 4 期。

〔20〕 于庆生:《营业:商法理论的核心范畴》,载《行政与法》2006 年第 6 期。

行为的固有缺陷。无论是民事主体转换为商事主体，还是商事主体的存在形态、表现形式、具体名称、分类标准等，或者是商事行为的识别，均可在营业这一概念的统辖下保持更大的张性，从而可把商事行为界定为营业行为，进而把从事营业活动的民事主体纳入商事主体的范畴加以考察，既克服了传统私法理论把民事主体与商事主体、民事行为与商事行为对立或分离起来的弊端，又使商事主体和商事行为的概念、范围、形式和分类具有足够的开放性。

4. 营业的引入可避免法律适用上的尴尬和困境。《法国商法典》虽然打破了中世纪以来商人在法律适用上的特权，但由于并行存在民法典和商法典，法律适用的冲突这一问题一直没有解决，特别是单方商行为，如出现民法典与商法典规定不一致时，则会带来法律适用上的混乱。而如引入营业这一概念，选择民法典一般性规定与商事特别法具体规定相结合的立法模式，在无特别法或特别法规定不明确时，适用一般性规定，则所有私法适用上的尴尬和困境，均可得到比较圆满的解决。

足见，在民法典、商事特别法中引入营业这一概念和范畴，可以根本改变民法典、商事特别立法过程中处理民法与商法、民事主体与商事主体、民事行为与商事行为关系时裹足不前的局面，有效化解学界既有的分歧和争议，在学理上、立法上具有极大的包容性和可行性。[21]

综上，所谓的商事关系，即为营业关系，即民事主体进入营业领域后转换为商事主体后，所从事的以营利为目的的营业活动过程中所形成的平等、平权、平责型社会经济关系。这一特定营业关系，就是商法的调整对象，商法就是调整、规范、鼓励、促进并保护、救济营业之法。

二、商事关系的特征

商事关系系商事主体在营业过程中所形成的一种特定社会经济关系，作为商法之调整对象，就是营业关系。营业关系与其他社会关系特别是与一般民事关系相比较，具有以下基本特征。

（一）私人性

商事关系是商事主体基于平等、自愿，在营业过程中形成的一种私人之间的民间关系，它与公法所调整的公共管理关系不同。首先，这种关系的参与主体均是享有平等法律地位和营业机会的民事主体，主体的这种私人性、平等性是商事关系的前提和基础；其次，商事关系的结成在于商人追求各自的私益目的，这种私益目的

〔21〕 肖海军：《民法典编纂中商事主体立法定位的路径选择》，载《中国法学》2016 年第 5 期。

与社会公益有本质的区别；再次，商事关系私人性决定于其过程的自治性，即以商人自由、自愿、自主、自治为核心价值观，成为商事关系构建的基本价值准则；最后，商事纠纷的仲裁具有典型的民间性，它在解决商事主体之间的利益冲突具有国家司法无法替代的自治功能，并成为解决商事主体之间诉争的一种主要方式。商事关系的私人性，决定了商法总体上应属于私法的范畴。

（二）财产性

一般民事关系与商事关系均属于私法关系的范畴，而私法关系又包括人身关系和财产关系两大领域。就一般民事关系而言，人身关系和财产关系在民法体系和规则构成里，可以说难分伯仲，人身关系和财产关系在民法中处于同等重要的地位；相对而言，商事关系则具有鲜明的财产性。尽管商事关系严格说也同样包括商事主体在营业过程中形成的人身关系和财产关系，但是由于民事主体进入营业领域的主旨在于谋求营利的最大化，这在一定意义上就决定了商事关系实质上主要涉及或偏重财产关系，这是因为：(1)商事关系是商事主体在商品生产、交换、分配、消费过程中形成的营业关系，这种关系是一种具有典型财产属性的社会经济关系。(2)商事关系的发生、变更与终止，均与商事主体在财产、资本或财产性要素上的权利行使与义务履行有关，失去财产、资本或财产性要素这一核心内容，商事关系的结成则毫无目的和价值。(3)虽然围绕民事主体转换为商事主体，也涉及主体的人身关系，但与商事主体相关的人身关系，如商号、商誉、商事人格，已不具有纯人身关系的性质，带有鲜明的财产目的性，即附属于商事主体的人格、商号、商誉等，往往或具有财产内容和价值（如商誉的财产价值），或以追求财产为目的（如商事主体人格的取得就是为了营业的需要），或与财产有直接关系（如商号就与特定商事主体对财产的占有与经营有关）等。商事主体人身权利的财产化既是营业本身的需要，也是商事主体结成商事关系的目的。(4)商事关系的形成、变更与终止的基本目标在于追求财产的增值，即通过对财产的变动、流转，使财产的价值不断递增。

（三）营业性

尽管商法所调整的商事关系具有鲜明的财产性，但是财产关系作为民事关系的主要类型，也属民法调整的主要对象。例如，民法中的物权法、合同法、亲属法（婚姻法、继承法）、知识产权法也调整着私人、私法领域范围广泛的不同类型财产关系。虽然商事关系主要指的是私人财产关系，但并非所有的私人财产关系均为商事关系。商事关系与民法所调整的一般财产关系相比较，虽同属于私人财产关系范畴，但商事关系仅指商事主体在营业中形成的那部分特殊财产关系，即营业性财产关系或者说经营性财产关系，其具有不同于一般民事财产关系的诸多特点。

1. 体现着鲜明的营利目的性

商事主体从事商事活动具有明确的营利目的，即其投入营业领域的财产、资本或财产性要素，不是为了追求其本身所有、占有的价值或使用价值，而是通过营运，产生比投入财产、资本或财产性要素本身更大、更多、更快、更巨的增值，达到并实现以交易效益最大、财富递次增长这一营利目的。商事主体所进行的任何一次商事投资、经营或交易活动都有鲜明的营利目的性。一般民事财产关系的主旨是为了保障主体日常生活和社会交往的需要，并不以营利为目的，虽然民事财产关系也有部分适用等价有偿、等价交换等规则，但绝大部分民事财产关系如人身侵权、继承、婚姻等财产关系，则具有无偿或非营利性质。商事财产关系的有偿性、营利性与民事财产关系的这种无偿性、非营利性相比，无疑具有显著的差异。

2. 存在于动态的营运之中

民法主要调整静态的财产关系，它以确定具体、有形财产的最终所有、归属为基本目标；商法所调整的商事关系则集中于商事主体营业中即市场营运中的财产关系，它是一种动态财产关系，且在这种动态财产关系中，商事主体所关注的已不是具体财产的所有和归属，而是财产在流转、变动、交换中的增值，即财产营运中的最大化增值和财富的不断积累，才是商事主体努力追求的目标和奋斗的原动力。也就是说，归根结底，民法所关注的是“静态的财富”，而商法所调整的则是“财富的生产与销售”。〔22〕 商事财产关系，亦即营业关系，又集中表现在财富生产与销售中的变动性，主要表现为如下几个方面：

（1）财产资本化。即民事主体把其财产进行处分进入营业领域后，通过投资合同、招股协议、公司章程等形式，把纯粹的、表现为不同权利属性（物权、债权、知识产权）或不同具体形式（如动产或不产动产）的财产转换为以一定货币为计量单位或评判价值的出资份额、持股比例，即所谓资本形式的财产，这就是基于投资而产生的财产资本化。

（2）财产、资本证券化。即基于商人投资、经营、交易的需要和精巧的制度设计，把一定权利属性和表现形式的财产、资本设置为有一定价值请求权的证券，如股票、债券、基金券和其他表现为一定资本利益请求权的资本衍生证券；如汇票、支票、本票、存款单及其他表现为一定货币请求权的货币衍生证券；如仓单、提货单、提单、地券、房券等表现为一定具体财产请求权的物品证券等。

（3）财产、资本、证券的数据化。即借助于商业会计、商业账簿、交互结算或计算合约等制度形式和数学工具，以特定的会计或财务语言、规则，通过商业银行中

〔22〕［法］伊夫·居荣：《法国商法》（第1卷），罗结珍、赵海峰译，法律出版社2004年版，第3页。

介支付或结算体系、现代互联网账户与新型支付系统、各种以计算机系统或物联网为技术支撑的新媒体支付终端，把处在营运中的各种财产、资本、证券等转换为以一定计量货币单位的具体、确定数字。

营业中财产关系的属性、形式或类型，总是处在财产资本化→财产、资本证券化→财产、资本、证券的数据化这一变动的过程中。之所以会不断处在变动之中，第一，在于融资的需要。它可克服不同财产属性和形式变现带来的不便，使其抽象化为一定货币单位，可为不同出资形式的投资者所接受。第二，在于营业分配的需要。如按照纯粹的财产属性、形式或具体发挥的功能来进行经营后的盈余分配，则不同属性、形式或功能的财产所有者、支配者或管领者之间会产生难以调和的矛盾，但把财产折算为一定货币单位的资本、证券、数据，一律实行按资分红、按股分利，显然能为所有出资者所接受。第三，更是追求效益最大化的营业所需要。

经济学的常识告诉我们，效益最大化，一方面取决于生产规模和利润收益的最大化，另一方面更决定于交易效率的最大化。例如，投资100个货币单位，假如单次交易的利润率为300%，如该100个货币单位资本一年只交易一次，其总效益也仅仅为300个货币单位；但是，如提高交易的频率或效率，以投入的100个货币单位为例，假定其每天交易一次，而每次的交易利润仅仅为5%，则由于交易频率或效率的提高，该投入100个货币单位一年的总效益则为365天×5，也远大于前述单次交易效益。足见，即使在单次交易利润降低的情况下，如迅速或极力提高交易的频率或效率，也可实现总收益或总效益的最大化，而且以这种形式所实现的总收益或总效益最大化具有更大的空间和张性。而交易的频率或效率，除受制于交易双方的需求、数量、质量、价格和偏好等许多因素外，在多数情况下取决于交易标的物的具体或抽象程度。在一般民事关系中，交易的标的物是诸如动产、不动产或创新知识为载体的知识产权等有形财产或无形财产，但无论传统的有形财产，还是现代的无形财产，其交易时均受制于该财产本身的物理属性或使用价值，从而影响实际交易达成，进而制约交易的频率或效率。但是，在营业领域，商人通过精巧的制度设计，把财产转换为资本、证券、数据，原民法视野或构架下的有形或无形财产，则转化为以一定货币单位计量的抽象资本、证券、数据，财产的具体属性、不同使用价值和差异性功能不再存在，也就不再成为影响或制约不同主体达成交易的障碍因素。相对于具体的财产而言，抽象的资本、证券、数据更利于促进交易，从而显著提高营业交易的频率或效率，进而实现总收益或总效益的最大化。因此，融资形式的便利化、分配方式的简约化和交易对象的抽象化，是促成营业财产关系始终按照财产资本化→财产、资本证券化→财产、资本、证券的数据化的轨迹，而处在不断变动之中的内在原因。

3. 表现为财产权能的分离形式

民法调整的财产关系追求的是民间日常生活的和谐与社会个体交往的稳定，其必然要求一般性民事权利的完整性和权能的内在统一性，特别如物权法定原则和一物一权原则，锁定了特定权利人的财产权利行使空间；不仅如此，一般民事权利之间，基于“优良的法律计算”和“不同寻常的精巧”设计，[23]由“法律逻辑”、“法律伦理”和“法律目的”构建起来的完整体系，[24]权利主体往往对权利客体享有实际占有、直接支配与具体利用的利益，法律上的权利与事实上的权利在多数情况下是统一或合一的。之所以如此，这是因为在日常生活和社会交往中，民事主体的各种物质需求只有直接通过财产的各种本然属性和实际功能，才能得到不同程度的满足，自然也就要求主体、财产及权利、财产权利的享有与行使之间联系的直接、完整和统一。商法所调整的财产关系因处于营业状态，对商人来说，追求对财产本身和财产权利中实际占有、支配或直接利用的完整已无实质意义，而关键是财产占有、支配、使用及财产权利的行使方式能否给其带来最大的效益。因此，财产权能的分化、财产所有与财产营运的分离、财产权的委托代理行使就成为商事财产存在的一种常态。这种不求所有但求所用、甚至不求所用但求所利、不惜牺牲财产权利“体系上的优雅”的营业性财产关系，[25]与其内在逻辑性、完整性和统一性的民事财产关系，有着明显的不同。如在公司财产关系中，股东的股权与公司的法人财产权的分离行使，营业承包与租赁经营中财产原权利与实际支配权、经营权的分离，信托经营中信托财产所有权与支配权、经营权、处分权、受益权之间的分离，企业托管中财产本权利与实际经营权之间的分离等，均明显地表现为营业财产的原权利、经营权利、收益或受益权利之间的适度分离。营业性财产关系与财产权能之所以会以分离行使为常态，主要原因在于营业的营利最大化目标所导引和约束。民事主体既然已选择把财产投入营业领域，其追求的终极目标和行为主旨就是投资财产的增值，而非投资财产本身的实际占有或直接支配、控制、利用，因此，只要能给投资财产带来最大化利润或效益，无论选择何种方式经营，究竟是由哪些具体的主体采取什么的方式或手段在实际占有或直接支配、控制、利用这些投资财产，均不再是投资者关注的重点。

4. 适用于特殊的财产责任原则

在民事财产关系中，财产制度设立的终极目的是民间的和谐和社会的稳定，有

---

〔23〕［德］K. 茨威格特、H. 克茨：《比较法总论》，潘汉典等译，法律出版社 2003 年版，第 220 页。

〔24〕［德］卡尔·拉伦茨：《德国民法通论》（上册），王晓晔等译，法律出版社 2003 年版，第 276～277 页。

〔25〕施天涛：《商法学》，法律出版社 2006 年版，第 6 页。

关财产责任制度的设置,均是围绕民间和谐和社会稳定这一中心主题而展开的。换言之,就是本着“复权”(即使受害人因违约或侵权失去的权利或受损的利益恢复至违约或侵权行为发生前的应有状态)这一基本原则和判断标准,来设计民事财产责任制度的。因此,一般民事财产上的责任,均是本人责任、完全责任和无限责任。(1)本人责任。基于公平原则与权利义务的对应性、统一性,决定了民事财产责任的主体归属中,财产的所有者、占有者、使用者、受益者应对财产权利行使的后果承担民事责任,无论是物权关系,还是合同义务,抑或侵权责任,根据权利来配置义务,均要求违反义务的行为人(本人)来承担责任。(2)完全责任。责任主体应对因违约或侵权所造成的损失或财产上的不利后果,承担全部清偿或赔偿责任,如合同中的违约责任和损害赔偿责任,侵权法中的实际赔偿责任或不当利益返还原则等,是民事财产关系归责应遵循的一般性规则。(3)无限责任。民事财产责任设置具有鲜明的伦理色彩,其目的是通过人性中“得不偿失”这一经济理性规则,通过在法律上对违约、侵权的道德谴责和效力否认,在物质上对受损者、受害人进行必要、足额、充分的补偿,如此,受损者或受害人因违约或侵权而丧失的权利或受损的利益在物质上才能得到彻底的恢复,在精神上才可获得完全的慰藉。因此,民事财产责任必然要求违约者、侵权者承担不可豁免的终身责任,即只要违约者、侵权者的主体存在,就应对其违约、侵权所生不利法律后果,承担一切责任。这一责任显然属于无限责任的范畴。

相对而言,商法所调整的财产关系,是以出资人的营业投资、财产营运为原点来展开的,以追求财产增值、财富增长或实现利润或效益最大化为目标,其财产责任的制度安排也围绕这一中心目标而进行。由于营业的总体目标是追求或实现营利的最大化,而营利最大化与投资、生产(经营)、利润、交易效率的最大化成正比,而与成本、费用、风险、损失等最小化成反比,要实现营利的最大化,除应增加投资、扩大生产、拓展规模、提高效率等正面举措外,即除投资、生产(经营)、利润、交易最大化举措外,在效率、利润、收益恒定的情况下,如能有效降低成本、减少费用、控制风险、转移损失,也可以实现总体效益和营利目标的最大化,自然鼓励投资、有效地减轻投资人的经营成本、交易费用、市场风险和商业损失,就成为营业中财产责任制度设计所要考虑的中心任务。基于此,现代商事责任形成以有限责任、第三人责任、社会责任为主要原则,以无限、连带责任为补充的新型归责原则,以有效地控制或规避投资者的经营成本和商业风险。(1)有限责任。有限责任的实质就是豁免出资人的债务责任,其核心功能是控制出资人的债务风险,即公司的收益、利润与股东(公司出资人)有关,并应依照按资分配原则分配给股东,但是公司的债务则与股东无关,应由公司独立清偿,股东不负任何清偿责任;特别是现代有限责任公司、股份有限公司的独立人格,有效地锁定了投资者的风险范围,公司人格犹如隔在投资者与债权人之间的一道法律屏障和面纱,使投资者免于被公司债权人直索,投资者的市场风险被大大降低。如从民事财产责任归责基础的角度分析,有限责任显然有违权利义务的公平性、对应性和一致性原则,但在商法而言,却恰恰是合法的,也自然被认为是正当、合理的。(2)第三人责任。即通过合同的机制,由第三人来承担本应由投资者、经营者、交易者本人应承担的财产责任,典型如现代商业保险中意外事故险、责任保险等,使投资者和经营者的部分或全部责任向第三人保险公司并最终向社会转嫁,自然以保险责任为代表的这种第三人责任的转移与分担机制,也极大地化解了投资者、经营者的投资风险和商业损失。(3)社会(公共)责任。在现代市场背景下,国家之间为商业竞争的需要,往往出台一系列吸引投资、鼓励出口的政策性刺激举措,诸如财政补贴、政府担保、创业基金、技术分享、公共设施等旨在有效降低企业营业成本、增强产品或服务竞争力的各种优惠性政策,其实质是以社会公共代表的政府出面,分担本应由企业为代表的投资者、经营者、交易者自己应承担的成本、费用、风险、损失,而这些由政府承担的费用或风险,最终却是通过各种税费,转移到全体居民或社会的头上,实质上就是社会公众间接地分担营业财产责任。商事财产责任为营业需要而设置的有限责任、第三人责任、社会(公共)责任,与一般民事财产责任中的无限责任、本人责任、完全责任,具有显著的差异,进而形成以有限责任、第三人责任、社会责任为核心,以无限责任、连带责任为补充的现代商事财产责任制度体系。

综上,在商事关系的私人性、财产性和营业性这三大特征中,其私人性、财产性尚不足以严格与一般民事关系区别开来,而唯有营业性这一特征为商事关系所独有,且能与一般民事关系显著地区分。无疑,把商事关系界定为营业关系,能比较准确地还原商事关系的实质,进而还原商法即为调整营业关系之法这一实然事实。

三、从营业的边界看商法的边界

基于前述分析,商法作为调整营业关系之法,而所涉及的营业关系又必须依赖市场才可实质地推进,因此,营业关系本质上应属于市场经济关系,商法本质属于调整市场经济关系之法,应是调整市场经济的基本法律制度;[26] 自然,商事关系所处的营业领域的边界,就是市场的边界。

就营业的一般流程而言,商法涉及投资关系、经营关系、交易关系这三种典型

〔26〕 赵万一:《商法独立与独立的商法——商法精神与商法制度管窥》,法律出版社 2013 年版,第 52 页。

形态，但是，随着营业的扩大和市场的拓展，商法所调整的产业领域，从中古以前的商业贸易、海上运输领域，发展到近代的制造业、金融业，再扩大至跨国投资、知识经济、现代服务、电子商务、空间运送等新兴领域，并以营利性和企业化经营的形式渗透到农林牧渔、文教体卫、社区管理、家政婚庆、公共服务等传统非营业领域，商法的触角几乎涉及人们生活和社会交往的方方面面；再从地域范围来看，商法所调整的营业，从古时局限于某一地，随着交通工具的发展和创新，由一地扩大到一国，由一国跨越至他国或海外，由多国连通至全球；不仅如此，就其涉及的空间范围而言，从中世纪以前以海商为中心，到近代以陆商为中心，再到当代微观形式的虚拟空间——互联网营业、地球以外的天空或太空直至将来外层空间以外的遥外星球，商法所调整的空间范围在不断扩张。足见，凡有营业和生产的领域、地方和空间，就需要商法的调整，商法的边界就会自然延伸进去。因此，营业与市场的边界有多大，商法的边界就有多大。

第二节 从事实营业关系到商事法律关系

一、事实营业关系及基本类型

事实营业关系，即民事主体进入营业领域后所产生的一系列社会经济关系，亦即传统商法理论中的商事关系。关于营业关系的分类，有学者从传统交易的角度，把其划分为传统商事关系与金融商事关系、普通商事关系与特许商事关系、竞争性商事关系与垄断性商事关系、私营商事关系与公用商事关系，并在此基础上，整合为普通商事关系、特殊商事关系（包括特许商事关系、垄断商事关系和公用商事关系）和金融商事关系三大类，进而在逻辑上提炼为管理型商事关系与交易型商事关系两大类型。[27] 此种分类颇具新意，有一定的解释力，但仍然是从传统交易的视角，而非从营业的实态视野来全面反映营业关系的事实逻辑。笔者认为，如按照营业的实然流程和本体功能，可把营业关系划分为投资关系、经营关系和交易关系。

（一）投资关系

投资关系，是指民事主体在处分其财产或财产性权利进入营业领域作为营业的原始资本过程中所产生的社会经济关系。由于投资形式有直接投资和间接投资，股权式投资与债权式投资，实物投资、资本投资和证券投资，国家（政府）投资与

---

〔27〕 施天涛：《商事关系的重新发现与当今商法的使命》，载《清华法学》2017 年第 6 期。

民间(私人)投资,境内投资、境外投资和跨国家投资等多种形式,因此,投资关系也必然对应为多种类型。在投资关系中,最主要的主体为投资主体。投资关系是商法最基础的调整对象,商法中对有关出资协议、企业设立、公司发起、商事登记、融资借贷、信托契约、资本转让、股权收购、企业并购关系的调整,均属于广义投资关系的范畴。商事登记法、投资准入法、证券法、投资基金法等商法子部门主要以投资关系为调整对象。

(二)经营关系

经营关系,是指民事主体进入营业领域转换为商事主体后,以独立经营者的资格或身份在具体的生产、管理、经营中所形成的一系列社会经济关系。经营的实质是对人、财、物进行有效组织、管理和营运,使之生产出具体的产品或提供具体的服务,其环节包括组织构架、内部治理、经营管理、资本营运等多个方面,其中最重要的关系为决策性的内部治理关系和事务性的业务管理关系。经营关系中最直接、最核心的主体是经营主体,其中组织类经营主体——企业又最具代表性。企业法、公司法、破产法、承包法、信托法、托管法、特许经营法等商法子部门主要以经营关系为调整对象。

(三)交易关系

交易关系,是指转换为商事主体的经营者把其生产的产品或提供的服务,以具体的方式推销给第三人或社会过程中所形成的各种社会经济关系。营业交易关系因交易的标的不同,可分为商品交易、服务交易、资本交易、货币交易、知识产权交易、虚拟财产交易、数据交易和信息交易等多种形式,从而形成不同类型的交易关系。在交易关系中,参与交易的主体为交易者,其身份既可是已转换的商事主体,也可是一般民事主体。诸如商事合同法、货物买卖法、物流运输法、海商法、国际贸易法、电子商务法、商业银行法、票据法、保险法等商法子部门则主要以营业交易关系为其调整对象。

按照营业的流程把营业关系划分为投资关系、经营关系和交易关系几大环节、形态和类型,仅仅是为了从理论上更清晰地揭示营业存在的应然状态和运行的基本规律。但是,在实际营业中,营业关系中的投资关系、经营关系和交易关系并非截然分开和独立运行,而往往是投资、经营、交易关系的混同、交叉和重叠,特别是经营关系与交易关系,往往比较紧密地结合在一起;相对而言,投资关系与经营关系、交易关系,则比较明显表现为适度分离的状态。

二、由事实营业关系转化为商法调整下的商事法律关系

(一)投资关系、经营关系、交易关系的商法调整

事实营业关系如经商法调整,则为具有法律意义的营业关系,或称营业法律关

系,主流商法理论上习惯性地称为商事法律关系。营业法律关系按其基本的制度功能,可划分为投资法律关系、经营法律关系、交易法律关系,并因不同商法子部门法调整的适度分工,而分别对应形成营业资格进入确认关系、营业主体内部治理关系和营业外部交易关系。

1. 营业资格进入确认关系

营业资格进入确认关系,是指投资关系经商法调整后,亦即民事主体在处分财产或权利进入营业或市场领域、转换为或获取商事主体资格过程中,经商法调整所形成一系列投资性权利义务关系。它包括:(1)出资人之间基于出资协议而形成的出资法律关系。(2)发起人在商事主体发起、设立过程中与其他出资人、债权人之间形成的债权债务关系。(3)发起人或商事主体登记申请人因商事主体登记而与相关国家机关形成的权利义务关系。(4)商事主体资格获得过程中的其他权利义务关系。营业资格进入确认关系是经商事准入法调整而形成的法律关系。

2. 营业主体内部治理关系

营业主体内部治理关系,是指经营关系经商法调整后,亦即商事主体在经营过程或环节中,为契合其内部成员和各种生产要素,经商法调整而形成的各内部组织、成员之间的经营性权利义务关系。它包括:(1)出资者之间的权利义务关系,如合伙人之间的权利义务关系、股东之间的权利义务关系、控制股股东与其他股东的权利义务关系等。(2)出资者与经营者之间的权利义务关系,如合伙人与合伙事务执行人的关系、股东与公司董事的关系等。(3)商事主体内部职能机构之间的权利义务关系,如合伙人会议与合伙经理、股东大会与董事会、董事会与监事会、董事会与经理、监事会与经理之间的关系等。(4)职工与资方、劳动者与管理者之间的关系。(5)企业内置机构之间的权力配置、运行、制约关系,如销售部与市场开发部的关系。营业主体内部关系中出资者之间的关系、出资者与商事主体经营者之间关系、商事主体内部职能机构之间的权利义务关系,一般为商事主体法或商事组织法调整而形成的法律关系;职工与资方、劳动者与管理者之间的权利义务关系,部分由商事主体法调整而形成,绝大部分为《劳动法》《合同法》《社会保险法》调整而形成的法律关系;企业各内置机构之间的权利义务关系则属于企业内部自治范围,一般由企业内部自治性规范予以调整,进而形成营业内部治理、管理关系。

3. 营业事务外部交易关系

营业事务外部交易关系,是指交易关系经商法调整后,亦即商事主体在营业或市场交易过程中,与其他商事主体或非商事主体基于商事合同或其他营业规则,经商法调整而形成的交易性权利义务关系。它包括:(1)商事买卖关系,它又可分为基于一般商品标的物的一般买卖关系和基于特殊财产标的物的特殊买卖关系,如证券交易关系、房地产交易关系等。(2)商事主体之间结算、支付关系,如商业票据、电子支付、商业存贷款中形成的货币资金支付关系。(3)商业保险关系。(4)商事主体债务清偿关系,如破产、清算关系等。(5)商业信托关系。(6)商事交易服务关系。如仓储保管关系、物流运输关系、海商关系、民用航空关系、联式运输关系等。(7)特殊交易领域中的交易关系,等等。营业外部交易关系是由特别商事法或商事行为法调整而形成的商事债权债务关系。

(二)普通营业关系、特别营业关系、公共营业关系的商法调整

由事实营业关系转化为商法调整下的商事法律关系,除可作前述分类外,在传统商法理论与立法框架下,商事关系还可划分为商事主体关系、商事行为关系和商事救济关系三大类型。此外,从商法调整的营业关系所涉领域、部门、产业、行业、类型、事项的不同,还可把营业关系划分为普通营业关系、特别营业关系、公共营业关系。

1. 普通营业关系的民商共治

普通营业关系为基础性、一般性、日常性营业关系,由普通商法(包括《民法典》中的一般条款与普通商法条款)调整,它受民法与商法共同调整,即所谓的民商共治。普通营业关系经普通商法调整后,形成普通商事权利义务关系。

2. 特别营业关系的商法专治

特别营业关系为专业性、职业性、技术性营业关系,它由特别商法(商事特别法)专属调整,即所谓商法专治。特别营业关系经特别商法调整后,形成特别商事权利义务关系。

3. 公共营业关系的公私合治

公共营业关系为公益性、公有性、公用性营业关系,由公共商法(商法、行政法、经济法、刑法等法中的强行性或禁止性商事规范)调整,而公共商法涉及兼具公法和私法属性的诸法联合调整,即所谓的公私合治。公共营业关系经公共商法调整后,形成公共商事权利义务关系。

关于普通营业关系、特别营业关系、公共营业关系的具体划分及法域调整,容后文细述。

三、经商法调整的商事法律关系及构成

与一般法律关系一样,商事法律关系也由主体、内容、客体三要素构成。

(一)商事法律关系主体

1. 商事法律关系主体的界定

商事法律关系主体即参与商法所调整的营业活动,并在营业活动中享有权利

和承担义务的自然人、社会组织和其他特殊类主体。主体是商事法律关系中最基础、最具能动性的要素,它既是商事法律关系的参与者,更是具体商事活动中权利的享有者和义务的承担者。

2. 商事法律关系主体的特征

需要特别说明的是,在涉及商法主体的概念中,商人、商主体、商事主体和商事法律关系主体是一个经常被混淆或误用的概念,其中多数学者或论著并没有严格区分商事主体与商事法律关系主体两者之间关系,只有少数学者认为商人、商事主体和商事法律关系主体存在严格的区分,代表性观点有:(1)商人、商事主体同义,但为商事法律关系主体的下位概念。即商事法律关系主体为参与商事法律关系、在商事法律关系中享有权利或承担义务的主体,作为商事法律关系的参与者、权利归属者、义务承受者、责任分担者,按照其角色或功能的不同,既可是商事主体(商人),也可是非商事主体(非商人),如在产品买卖或服务消费合同中,一方当事人可能为商品销售者或商业服务提供者,应为商事主体无疑,而另一方可能为一般消费者,自然属于非商事主体。[28] (2)商事主体即商事法律关系主体论,商人为商事主体的下位概念。此论认为,所谓商事主体,即指商事法律关系主体,它是参加商事法律关系,并为权利义务归属者;商事主体又分为以营利为目的的从事商行为者和非从事商行为的商事法律关系参加者,其中以营利为目的的从事商行为者又可分为商人(取得营业资格者)与非商人(从事商行为但未取得营业资格者)。[29] 也有学者认为,商主体无非就是商事主体或者商事法律关系主体的简称,自然商主体、商事主体、商事法律关系主体应为同一概念,在这一前提下,按照实施商行为、以实施商行为为职业、以自己名义实施商行为的三要素商人识别标准,再把商事主体划分为商人(商个人、商合伙、商法人)和非商人(投资者;受益人;商事辅助人;商事代理人、经纪人、居间人;清算人、破产管理人)两大类。[30]

笔者认为,把商事法律关系主体解释或简化为商事主体,是不恰当和不符合逻辑的。商事主体应为商法调整之前实施营业行为之主体称谓,是营业实态中的营业活动参与者、营业行为实施者;商主体应为商事主体的简称;商人是传统具一定社会阶层身份并具一定商业特权的特殊职业者,它是一个与从事普通民事活动的世俗市民阶层相对应,且与世俗市民阶层处于分离、分立、分治状态的特殊社会阶层。但是,近代以来,商人的社会阶层身份已经褪去,其享有的商业特权或负有特定

---

〔28〕 范健、王建文:《商法总论》,法律出版社 2011 年版,第 166 ~ 168 页。

〔29〕 王保树:《商法总论》,清华大学出版社 2007 年版,第 95 ~ 96 页。

〔30〕 施天涛:《商人概念的继受与商主体的二元结构》,载《政法论坛》2018 年第 3 期。

义务也已取消,商人实已转型成为与普通世俗市民一样的营业活动参与者和营业行为实施者。故近代以来,商人概念实已变异为民事主体进入营业领域参与营业活动和实施营业行为的角色、身份、地位、功能之转换形式而已,它与商事主体已实质同义。足见,近代以来,商人、商主体、商事主体这三者,实质是同一个概念,均为事实营业状态的营业主体范畴。相对而言,商事法律关系主体,则为经商法调整后的法律关系主体概念与范畴,它们之间不可同义,也不可简化。不难看出,商事法律关系主体的范围应比商人、商主体、商事主体这三组同义概念或范畴要更大、更广泛,它还包括非商主体或非营业主体;商人、商主体、商事主体应为商事法律关系主体的下位概念或范畴,更符合营业实际和事实逻辑。在后文或后书中,为对应表达的需要,商人、商主体、商事主体可能在不同语境或场合上使用,如无特别说明,均系同一概念或范畴。

3. 商事法律关系主体的类型

商事法律关系主体与其他法律关系主体既具有共性,即按照其自然属性均表现为特定的自然人、社会组织(法人组织或非法人组织)和特殊情形的国家(政府),又表现为一定的个性,如按照参与主体在营业中的法律地位、制度功能和承担角色,可分商人(商事主体)和非商人(包括一般民事主体、行政主体等公法主体等),其中商人是商事法律关系中的主角。商人即商事主体,是一般民事主体进入营业领域的身份、资格、功能的转换,并分别在不同的营业阶段和活动环境表现为投资者、经营者或交易者等不同角色;其中按照是否必须注册登记,又可分为注册(登记)商人与非注册(登记)商人。

(二)商事法律关系内容

1. 商事法律关系内容的界定

商事法律关系内容即参与营业活动中的主体在商法调整下所享有的具体商事权利(权力)和承担的商事义务(责任),其包括商事权利(权力)和商事义务(责任)两个方面。

2. 商事法律关系内容的特征

与其他法律关系,特别是与一般民事法律关系比较,无论是商事权利(权力),还是商事义务(责任),均具有如下特点:(1)财产性。即主要是以财产的使用、收益、分配为中心而产生一系列权利义务关系。(2)营利性。即商事法律关系的产生、权利义务的配置、权益的归属,均以投资、经营、交易的最大化为基本原则。(3)营业性。即商事权利(权力)、商事义务(责任)均产生于具体的营业活动中。(4)结构性。与一般民事权利义务的平行性不同,商事权利(权力)、商事义务(责任)的内容具有明显的结构性特征。例如,就商事权利(权力)而言,就因营业的流程与环节的差异，不同主体权利表现为营业自由权、资本权、营业财产权、商事债权等结构性、位序性、递次性特征，而商事义务（责任）又表现为出资责任、经营责任、交易责任等不同形式，其详细内容和具体构架，后文或后书将作专题讨论。

（三）商事法律关系客体

1. 商事法律关系客体的界定

商事法律关系的客体即为主体在营业活动中享有权利和承担义务的具体对象。主体之所以参与社会活动，结成各种社会关系，其基本目的是追求或实现预期或设定的各种利益，而法律关系建立的目的，则不外乎于确认、保护、分配、转移不同主体的某种利益。就一般法律关系的客体而言，其实质是能给特定主体带来或承载一定法律上利益或不利益的具体载体，此种承载某种利益价值并经法律认定的特殊载体或外在形式，即可作为法律关系的客体，如财产（有形物与无形财产）、人身、知识、特定行为等。因此，不是客体本身而是客体所承载的利益才是法律权利和法律义务联系的实质中介，如财产（有形物与无形财产）、人身、知识、特定行为等客体分别承载着财产利益、人身利益、知识利益、行为给付等不同类型的利益。这些利益从表现形态上可分为物质利益和精神利益、有形利益和无形利益、直接利益和间接利益（潜在利益）；从享有主体的角度，分为国家利益、社会利益和个人利益。[31]商事法律关系客体除表现为财产（有形物与无形财产）、人身、知识、特定行为等传统一般法律关系客体形式外，更多地表现为营业机会、资本、证券、期货、汇率、商业秘密、营业信息等抽象利益、价值形式。

2. 商事法律关系客体的特征

商事法律关系客体除具有一般法律关系客体的内在机理和共同特征外，特别是与一般民事法律关系客体比较，还具有其独特的个性：（1）财产性。受营利最大化目标的约束，营业活动的开展和商事法律关系的结成，其目的就是实现财产的增值和财富的增长，而唯有客体负载财产利益或具有财产价值，才能满足商事主体营业的需求，因此，商事法律关系客体均与财产有关，即使如商号、商誉等本质上属于姓名或名称、名誉的人格要素，也因为扩大经营和确保交易的需要，而带鲜明的财产性质和财产价值。（2）抽象性。就一般法律关系客体特别是一般民事法律关系客体而言，诸如财产、人身、知识、特定行为等客体均是具体的、有形的，且有具体的物质载体，特别是如物，经典民法概念的物，系指有体物。但是商事法律关系的客体，在多数情况下则表现为抽象、概括意义上的营业机会、资本、证券、期货、汇率、商

---

〔31〕 舒国滢：《法理学导论》，北京大学出版社 2012 年版，第 147～148 页。

业秘密、营业信息、网络数据等无形财产或财产性权利，具有典型的抽象性、概括性。（3）潜在性。与一般法律关系客体的利益与价值的现实性、恒定性和可评估性相比，以营业机会、资本、证券、期货、汇率、商业秘密、营业信息、网络数据为抽象形式的商事法律关系客体，其利益与价值的确定完全取决于具体的经营好坏与交易效率，其利益与价值具有期待性和潜在性。（4）增值性。由于商事法律关系客体负载着营利最大化的需求，其所体现的资本利益和财产价值具有明显的放大、增值功能。

第二编　特 质 论

→商法的属性与特征

→商法的源起与分流

→商法的功能与作用

第四章　商法的属性与特征

商法究竟是什么性质的法部门，有什么显著的特征，是定位商法不可回避的问题；不仅如此，商法的独立性或独特性还取决于是否具备不同于其他部门法所独有的本质属性和外在特征。

第一节　商法的本质属性

一、商法的实质是实现财富增进与效益最大的法律

如前所述，商法乃调整营业之法，商法涉及的领域为营业领域，调整的对象为营业关系，服务的主体为营业主体（商人、商事主体，表现为投资主体、经营主体、交易主体三种典型形态）。商法中所调整或规范的营业，系指民事主体进入营业领域所从事的以营利为目的的社会经济活动和特殊民事行为，而营业行为的目的就是追求财富增进的迅捷和交易效益的最大。

商人在营业行为中的营利属性决定商法对特定法律制度的安排应有利于实现商事主体在营业、交易过程中的这种财富增进的需求。因为商人在营业中能否实现其预期利益和财富增进的最大化，除取决于商事主体本身的经营能力和财产实力之外，还决定于投资进入资格的自由获得、对经营限制的取消、交易过程或环节的减少、交易成本与费用的降低、交易风险和责任的减轻等外部制度性安排，制度本身的成本和效益，对商人利益最大化的实现具有重大意义。况且，商人在逐利过程中表现出来的利欲熏心，“把人的尊严变成了交换价值，用一种没有良心的贸易自由代替了无数特许的和自力挣得的自由”，[1]使商人的道德问题成为社会非议的焦点。因此，在商人的营业和交易活动中，“商人的社会经济活动没有遗留在各种道德争议的范围之外”，“一种声称要把商人的灵魂引向拯救的社会经济道德得以

---

〔1〕《马克思恩格斯选集》（第一卷），中共中央编译局译，人民出版社2012年版，第403页。

产生”;而法律则被认为“是商业活动和灵魂拯救之间的一座桥梁”。[2] 商法作为调整营业关系和规范营业行为的部门法,恰恰是从制度上为商人实现交易效益的最大化提供制度条件和法律保证。

1. 商法为商人自由地获得营业进入资格提供了法律条件

在竞争性社会结构中,商人利益的获得必基于市场的自由进入和交易的自由选择,自由不仅是市场产生的前提,也是交易进行的条件,因之市场竞争性结构的最低要求,是“能确保属于人们自己的自由”。[3] 商法赋予商事主体自由进入和退出市场的条件,交易的持续才有可能。

2. 商法对商事组织的规范为商人营业提供了最经济的组织范式

商人利润获得和财富积累源于财产的流动和交易的完成,而“市场的运行是有成本的”,如“通过形成一个组织,并允许某个权威(一个‘企业家’)来支配资源,就能节约某些市场运行成本”,企业就可作为“价格机制的替代物”,[4]具有浓缩订约主体、简化订约环节、替代合同的制度功能。[5] 这是因为,企业作为最有效率的经济组织,通过对资本、劳力、技术和管理等生产要素的法律契合与制度安排,使大量的外部交易得以内部管理化,进而大大降低了企业之外的市场交易成本;同样,“企业的扩大必须达到这一点,即在企业内部组织一笔额外交易的成本等于在公开市场上完成这笔交易所需的成本,或者等于由另一企业家来组织这笔交易的成本”。[6] 而“有效率的经济组织是经济增长的关键因素,一个有效率的经济组织在西欧的发展正是西方兴起的原因所在”;不仅如此,“有效率的组织需要在制度上做出安排和确立所有权以便造成一种刺激,将个人的经济努力变成私人的收益率接近社会收益率的活动”。[7] 商法中主体法或组织法的重要功能就是为商主体在营业、交易中提供这样一个能替代市场价格、合同机制的组织范式和制度形式。

3. 商法从责任制度为商人化解营业风险提供了法律保障

营业与交易是一个利润与风险、权利与义务、利益与责任并存的过程,在利润、

---

〔2〕 [美]哈罗德·J. 伯尔曼:《法律与革命》,中国大百科全书出版社 1993 年版,第 413 页。

〔3〕 [美]詹姆斯·布坎南:《财产与自由》,韩旭译,中国社会科学出版社 2002 年版,第 32 页。

〔4〕 [美]罗纳德·H. 科斯:《企业、市场与法律》,盛洪、陈郁译,上海三联书店 2014 年版,第 33 页、第 30 页。

〔5〕 张五常:《企业的契约性质》,载陈郁主编:《企业制度与市场经济:交易费用经济学文选》,上海三联书店 1996 年版,第 240 ~ 269 页。

〔6〕 [美]罗纳德·H. 科斯:《企业、市场与法律》,盛洪、陈郁译,上海三联书店 2014 年版,第 35 页。

〔7〕 [美]道格拉斯·诺斯、罗伯特·托马斯:《西方世界的兴起》,厉以平、蔡磊译,华夏出版社 2014 年版,第 3 页。

权利、利益恒定的条件下,风险的转移、义务的分担和责任的减免,能反向、直接、有效地增进商人的利益。传统商事交易过程因债权债务关系中的完全责任、无限责任,无疑使商人在追求财富增进的同时,承受极大的市场风险。现代有限责任制度的兴起和法定化,与传统普遍、无限或连带的责任原则相比较,“迎合了投资者惧怕无限风险的投资心志,因而满足并进一步激发了投资者的热情;而投资者热情的提高,使得规范与约束以及鼓励与保护投资的公司法律得以普遍适用,并在普遍适用的过程中不断得到繁荣与发展”。〔8〕 正是因为有限责任制度的刺激作用,商人的投资积极性得到了空前的调动,商人不仅因为风险的化解、义务的分担和责任的减免直接增进了利益,整个社会的财富也因之水涨船高。正如马克思、恩格斯在《共产党宣言》中所描述那样,由于商人投资积极性的充分调动,这样“资产阶级在它的不到一百年的阶级统治中所创造的生产力,比过去一切世代创造的全部生产力还要多,还要大”,〔9〕其中,作为资本主义制度之一部分的商法及商事责任制度,对此作出了巨大的贡献。

商事关系的营业性与营利性决定了商法所调整的财产关系是处于营业、交易状态的财产流转、财富增值关系,可以这样说,商法是市场经济关系在法律形态中的最直接反映。“没有任何领域比商法更能使人清楚地观察到经济事实是如何转化为法律关系的”;“与其他任何法律领域相比较,商法更能表现出法律与利益之间的较量以及利益对法律的影响,对此事实予以规范的有限力量和这一事实最终规范性——简而言之,表现了经济历史观对经济与法律关系的解释”。〔10〕 作为私法的特别领域,商法是在民法确定的权利本位基础上,更注重主体财产的流动和交易中的增值,其调整和规范的重心也由财产所有关系转为在营业中形成的财产流动与交易关系,因此,从这一意义上讲,商法是一部“财富法”,或者说,商法的本质属性是一部“促进财富增长的法律”。〔11〕

二、商法的特质是以调整营业为主要职能与基本使命的部门法

在所有的部门法中,唯有商法是以鼓励、促进、确认、公示、保护、救济营业为基本使命和核心功能,商法实乃鼓励、促进、确认、公示、保护、救济营业之部门法。这从商法与其他部门法的比较中可得到更显著的体现。

〔8〕 虞政平:《股东有限责任》,法律出版社2001年版,第10页。

〔9〕 《马克思恩格斯选集》(第一卷),中共中央编译局译,人民出版社2012年版,第405页。

〔10〕 [德]拉德布鲁赫:《法学导论》,米健、朱林译,中国大百科全书出版社1997年版,第74~75页。

〔11〕 施天涛:《商法学》,法律出版社2003年版,第6页。

(一)公法或私法还是公私结合

商法究竟属于公法还是私法,虽然看起来是一个不值得讨论的议题,但却一直纠缠于商法理论、价值与规则体系构建的始终。这是因为商法所调整的营业领域,从本质上属于私人、民间领域,其为私法范畴当属无疑;但是,营业关系又不仅仅只涉及私人利益,营业的影响、成果又具有社会性、公共性,必然涉及或影响社会利益、公共利益甚至国家利益,自然调整公共利益的公法也不能不给予关注。因此,商法在某种意义讲,既不如民法属于纯粹性质的私法,也不如宪法、行政法、诉讼法属于典型意义的公法,而是某种程度上的公私结合或公私混同,且总是随营业范围、行业、类型的不同而所有差异,具体情况为:

1. 就不同历史阶段的营业而言。中古以前,营业尚局限于特定地域,仅为少数人的间歇性、职业性活动时,对社会、公共、国家利益影响较小,商法的私法性很明显,公法属性尚未显露;近代以来,营业的市场范围拓展至全国、境外、全球,成为社会普遍性、经常性且必要性活动时,营业对社会、公共、国家利益的影响越来越显著的境况下,商法的公法属性也越来越显著。

2. 就特定行业的营业而言。传统以物品贩卖、商品交换、海上运输为主业的商业类营业,因只涉及买卖、运输双方当事人的权利义务,其私法属性特别典型;但近代制造业、金融业、现代服务业、电子商务与互联网营业,则因超出传统的地域、规模,并产生一系列复杂的法律后果,其社会性、公共性色彩也就更为浓厚。

3. 再就具体类型的营业形式而言。传统以自然人、家庭为经营形式的营业,因规模、范围的制约,其对社会、公共、国家利益的影响力尚十分有限,其私法属性比较纯粹;但自近代企业特别是公司产生以来,公司等组织型营业成为近现代营业的主导形式,加之国家(政府)投资、公共企业的大量出现,其对社会、公共、国家利益的影响已超乎传统的私法范畴,公法性规范的适度嵌入不仅必要,而且也成必然。

足见,商法虽然总体上应归于私法范畴,但具有典型的公私融合特质,关于商法的公私融合特征,下文将作进一步分析。

(二)商法与宪法:理念、制度、规范究竟谁影响或借鉴了谁

商法与宪法的关系,在一般人看来是一个风马牛不相及的问题,但如考察商法源流、变迁与近代宪法、宪制的产生背景,就不难发现两者其实具有内在的联系。有一种观点认为,因为有现代宪法、宪治、宪制,从而影响并塑造了现代商法、商治、商制。例如,国外就有学者从"公司宪治论"角度,认为"公司治理的概念至少告诉我们,公司内部形成了一种类似政府的治理体制",且"'宪法'一词被普遍地适用在公

司管理领域,以规定公司内部管理的各种规章制度”。[12] 国内也有学者认为,宪制主义对公司治理的影响,集中表现为公司治理的自治性、民主性、公开性、程序性、问责性等五个方面。[13] 然而,如从商法晚近演进与近代宪法产生的互动关系视角予以溯源,则会发现,情况可能正好相反。

1. 从时序、法源上,先有近代商法而后有近代宪法。在近代社会转型和民主宪制的建构过程中,是先有近代商法后有现代宪法,而不是相反。也就是说,宣示自由、平等、法治等基本理念和价值取向的宪法性文本,是晚于18世纪后半叶法国1789年的《人权宣言》、1791年的《法兰西共和国宪法》和1774年美国的《独立宣言》、1887年的《美利坚合众国宪法》等,但渗透着契约自由、主体平等、规则治理的商法规范早在中世纪以商人法、行会法、城市法、共同法等形式普遍地存在。

2. 现代宪法的核心理念与基本原则源于近代商法。现代宪法中自由、平等、民主、法治等法律理念和制度原则,源于商品交换和市场交易。也就是说,现代宪法的核心理念与基本原则来自商法而非民法。自由、平等、民主、法治是营业的核心因子,没有主体对财产处分的自由、不同主体平等的交易、当事人之间的民主协商和所有营业活动参与者对商事规则的信守,就没有营业的实质开展。正如马克思所说,商品交换是一种商品所有人和监护人自发的自由交易,为了使作为商品的物“彼此发生关系,商品监护人必须作为有自己的意志体现在这些物中的人彼此发生关系,因此,一方只有符合另一方的意志,就是说每一方只有通过双方共同一致的意志行为,才能让渡自己的商品,占有别人的商品”;不仅如此,“商品是天生的平等派和昔尼克派,它随时准备不仅用自己的灵魂而且用自己的肉体去同任何别的商品交换,哪怕这个商品生得比马立托奈斯还丑”。[14] 易言之,现代宪法中的自由、平等、民主、法治等理念与原则,直接源于营业中的契约精神,契约精神中的平等、自由因子是现代宪法与宪制的灵魂,契约精神为现代宪法与宪制秩序的构建提供了具体的制度范式。

3. 商人对营业自由、商业利益的抗争是近代宪法产生的经济背景和历史契机。对营业自由和商业利益的抗争,直接促成了以保护和实现人权为核心的近代宪法出台与民主宪制革命。由于商人的聚居、商业城市的形成和大规模远程贸易的影响,初步形成于1200年至1400年的市民阶层、城市自治政府、地方化城镇法规,在中世纪晚期脱颖而出,而“充当造反派”的商人们,以商事法院或仲裁院分割着封建

---

〔12〕［澳］斯蒂芬·波特姆利:《公司宪治论:重新审视公司治理》,李建伟译,法律出版社2019年版,第13页、第66页。

〔13〕施天涛:《公司治理中的宪制主义》,载《中国法律评论》2018年第4期。

〔14〕［德］卡尔·马克思:《资本论》,中共中央编译局译,人民出版社2004年版,第103～104页。

王室的司法裁判权,在捐税、关税、行业准入、贸易保护等方面与国王彼此争夺立法权和许可权,并最终"促成18、19世纪的几次市民大革命"。[15] 随着社会的发展、人口的迁徙、经济的增长、贸易的扩张,以新兴商人、制造业者为主力的新兴产业阶级,在利益的驱动下,与传统行会、商会和封建王室等既得利益集团之间产生尖锐的矛盾,斗争的焦点就是废除限制自由营业和自由竞争而维护经营特权、商业垄断利益的行会、商会许可制或封建国王特许制度。正如所恩格斯在《反杜林论》中指出的那样,"在封建的中世纪的内部孕育了这样一个阶级,这个阶级在它进一步的发展中,注定成为现代平等要求的代表者,这就是资产阶级"。但是,"社会的政治结构绝不是紧跟着社会经济生活条件的这种剧烈的变革立即发生相应的改变。当社会日益成为资产阶级社会的时候,国家制度仍然是封建的";特别在"在经济关系要求自由和平等权利的地方,政治制度却每一步都以行会束缚和各种特权同它对抗。地方特权、差别关税以及各种各样的特别法令,不仅在贸易方面打击外国人或殖民地居民,而且还时常打击本国的各类国民;行会特权处处和时时都一再阻挡着工场手工业发展的道路。无论在哪里,道路都不是自由通行的,对资产阶级竞争者来说机会都不是平等的,而自由通行和机会平等是首要的和愈益迫切的要求"。[16] 至中世纪晚期,由于封建行会、商会、王室已严重阻碍了自由竞争和商业创新,最终引起包括新兴的商业资本家、工业资本家等新权贵在内的整个城市平民的强烈不满和激烈反抗。一方面,作为"直接生产者、劳动者"的学徒、帮工为追求劳动的自由,"就必须摆脱行会的控制,摆脱行会关于学徒和帮工的制度以及关于劳动的约束性规定";另一方面,作为新兴经济力量的代表,"工业资本家这些新权贵,不仅要排挤行会的手工业师傅,而且要排挤占有财富源泉的封建主。从这方面来说,他们的兴起是战胜了封建势力及其令人愤恨的特权的结果,也是战胜了行会及其对生产的自由发展和人对人的自由剥削所加的束缚的结果"。[17] 正是由于商人、制造业者、城市平民阶层对经商自由、营业自由、劳动自由之平等权利的渴望,"社会的经济进步一旦把摆却封建桎梏和通过消除封建不平等来确立权利平等的要求提上日程,这种要求就必定迅速地扩大其范围",而且"只要为工业和商业的利益提出这一要求,就必须为广大农民要求同样的平等权利",[18] 最终演化为一场以夺取人身自由、契约自由、营业自由为基本内容的资产阶级和民主宪制革命。1640年英国资产阶

---

〔15〕 [美]泰格、利维:《法律与资本主义的兴起》,纪琨译,学林出版社1996年版,第3页、第113~115页。

〔16〕 《马克思恩格斯选集》(第三卷),中共中央编译局译,人民出版社2012年版,第481~483页。

〔17〕 [德]马克思:《资本论》(第一卷),中共中央编译局译,人民出版社2004年版,第822页。

〔18〕 《马克思恩格斯选集》(第三卷),中共中央编译局译,人民出版社2012年版,第483页。

级革命和 1789 年法国大革命在经济上所抗争和追求的目标也在于此。

4. 现代宪制构架源于公司治理。现代宪制构架与议会制政体,为典型的商人国家治理建制,宪法实质上就是放大的国家公司法或公司章程。中世纪以来,随着商法的产生、定型和不断发展,新的商法制度与规则"为按照秩序和争议的新概念把各种商业关系制度化和系统化提供了一种构架","假如没有诸如流通汇票和有限责任合伙这样一些新的法律设计,没有对陈旧过时的以往商业习惯的改造,没有商事法院和商事立法,那么,要求变化的其他社会经济压力就找不到出路。因此,商业革命有助于造就商法,商法也有助于造就商业革命"。[19] 在现代民主、共和政体的形成过程中,作为"市民和自由民"的商人与商人联合体,扮演者重要的探索者、创新者的角色。在商人自治的制度框架里,"商人和制造者的行会特许权"曾为他们提供了一种"类似于贵族的私人权力"之"集体的君权","他们的行会建成了像政府那样的机构,有群众会议、立法机构、法庭、行政官吏,甚至还有对违反条例的人执行处分和监禁的权力",这种行会在"它们的权力高峰时期,不仅是合法化的'限用行会会员的行业',而且也是合法化的政府"。[20] 而以资本本位建立起来的公司制度,其基于原始出资人所订立的出资契约、发起协议、公司章程和所形成的以股东(大)会为最高权力机构、以董事会为受托决策和经营机构的公司治理结构,实则就是一个模拟的早期"宪制国家","公司的权力分配制度,产生了今天国家政治系统中的代议制";[21] 进一步考察,还会发现,"美国式的司法审查制度,其所拥有的地位最高和权力最大的司法审查能力,是来源于英国采用公司模式进行殖民而产生的制度实践所造成的思维习惯"。[22] 特别是公司中股东会的选举制、"代议式的 Board"和董事会首席行政官负责制的这种选举、代议、执行的制度构架,虽然"是中世纪晚期欧洲政治实践和理念的反映",[23] 但同时也直接作为近代商人国家和宪制构架的制度雏形;直至当代,在现代经济秩序和国家体制中,宪法条文和民主制度仍然渗透着商人主导的痕迹,体现着商法的一般性理念、价值、原则和规则。

---

〔19〕［美］哈罗德·J. 伯尔曼:《法律与革命——西方法律传统的形成》,中国大百科全书出版社 1993 年版,第 409 页。

〔20〕［美］约翰·R. 康芒斯:《资本主义的法律基础》,寿勉成译,商务印书馆 2003 年版,第 287 ~ 288 页。

〔21〕邓峰:《代议制的公司:中国公司治理中的权力和责任》,北京大学出版社 2015 年版,第 11 页,"前言"第 12 页。

〔22〕Mary Sarah Blider, *The Corporate Origins of Judicial Review*. Yale Law Journal, Vol. 116, 2006, p. 502 – 566.

〔23〕Franklin A. Gevurtz, *The Historical and Political Origins of the Corporate Board of Directors*. Hofstra Law Review, Vol. 33, 2004, p. 129.

(三)商法与民法:分立、合一抑或共域一体

商法与民法的关系既极为密切,又各有特色,两者之间势如男女,更像夫妻,可谓难分难解。但是,目前学者对两者之间的关系仍存有分立、合一之争。持分立说的学者,大多从商法的独立性、特殊性出发,认为商法是独立于民法的另一私法部门,进而主张在立法上采用民商分立,制定单独的《商法典》或《商法通则》。[24] 坚持民商合一的学者,则强调民法的一般性、基础性,认为商法仅为民法的特别法,在立法上则主张以《民法典》或民法规则统辖商法,辅以商事特别法作补充。[25] 笔者认为,之所以会出现这样的分歧,焦点在于对待民法的定义与界定,如把民法定义为私法领域的基本法、一般法,则毫无疑问,商法应属于大民法、大私法范畴内之特别法;如把民法狭义地界定为调整私法领域的日常生活或伦理关系,则商法所调整的营业关系无疑又具有明显的特殊性和独立性,此时商法与民法的独立、分立就显得十分必要。故民法与商法关系的界定,关键点在于对民法的理解与界定,而非对商法本身特殊性、独立性的论述。

1. 商法与民法本质上均属私法、并共处于一个大私法领域

如前所述,商法所调整的营业关系总体属于私人关系、民间关系的领域,这就决定了商法与民法一样总体应属于大私法范畴。因此,民法与商法的关系,既不是分立的关系,也非绝对的合一关系,而是共同处于一个大私法的法领域、法范畴。但是,就对民法与商法的界定与理解而言,绝大部分学者的概念、观念、理论、价值和视角仍然停留于中世纪甚至古罗马法的民商二元论阶段,而实际上,当今无论民法或商法所处的外部社会制度环境或内在法律语境,均已经发生了颠覆性变化。自从近代商人身份主义、商业特权主义被营业自由、机会平等的近代商法理念、价值、原则、制度、规则所取代后,营业实质上已由身份、特权、另责阶段,正式步入平等、平权、平责时代,营业的完全世俗化使一般民事主体进入营业领域已无观念、制度、法律上的障碍。商法所调整的营业领域与民法所调整的非营业领域,实际上已共处于一个大的私法领域,且两者之间的边界越趋模糊。在此情形下,试图把商法与民

---

〔24〕 范健、王建文:《商法总论》,法律出版社2011年版,第19~20页;赵旭东主编:《商法学》,高等教育出版社2007年版,第11~14页;覃有土主编:《商法学》,高等教育出版社2004年版,第25~29页;王璟:《商法特性论》,知识产权出版社2007年版,第42~55页;周晖国:《商法本位论》,法律出版社2010年版,第196~213页;周林彬、官欣荣:《我国商法总则理论与实践的再思考》,法律出版社2015年版,第294~299页。

〔25〕 梁慧星:《民法总论》,法律出版社2011年版,第9~15页;王利明:《民法总论》,中国人民大学出版社2015年版,第22~25页;朱庆育:《民法总论》,北京大学出版社2013年版,第13~14页;郭明瑞主编:《民法》,高等教育出版社2003年版,第9~10页。

法作截然的区分,甚至为论证商法的独立而对民商之间作不恰当的割裂,是一种实足地漠视私法现实、削足适履的保守思维。

2. 在大私法领域传统商法与传统民法有适度的分工与侧重

一般而言,传统意义上的民法多数情况下系指以罗马私法发展而来的一套调整世俗社会的规则体系,而商法更多是定型于中世纪并在近代得以迅速发展的、以调整营业关系的规则体系,如仅从这一基本前提来讨论民法与商法,其两者的显著差异无疑是相当明显的:(1)产生的历史不同。体系化的民法理论和规则产生于古罗马,即公元前5世纪;成熟的商法理论与规则则晚至中世纪才定型。(2)调整范围。近代以前的民法主要调整家庭伦理与世俗交往;中世纪至近代的商法则主要调整营业关系和商业往来。(3)追求目标。民法以追求婚姻家庭和谐、社会关系稳定为基本任务;商法则以实现投资者、经营者、交易者的营利最大化为追求目标。(4)价值取向。民法的价值基点是确保人格的完整和尊严,追求或实现的是社会正义(给予每个人他应得的部分的这种坚定而恒久的愿望),〔26〕一切制度安排和规则设置是围绕人能独立而尊严地存在和发展;商法的价值基点则为营业自由,并通过营业自由以确保交易效益的最大。(5)适用原则。民法适用的基本原则是身份、位序、无偿、伦理,特别是在有关婚姻家庭关系中,家长与家子、户主与成员、男女夫妻、长幼尊卑之间,无偿与不平等则为常态,如古罗马家庭法中的"父权"和"夫权"、适用"市民法"的罗马人与适用"万民法"的非罗马人、自由人与奴隶之间,就不存在所谓的独立与平等,〔27〕公平并非民法的基本原则,其只有在债法中才适用;〔28〕商法适用的基本原则为自由、平等、有偿、诚信,基于互利双赢需要,商人之间的契约往往是在平等自愿、公平交易和等价有偿的状态中维持其可持续的发展。有学者甚至认为,"商法乃强者之法",商事活动往往借助某种专门技能,商业风险普遍要高于普通民事活动。〔29〕(6)作用标的。民法往往以具体的人、人格、人身、财产为标的来分配权利和义务;商法则在多数情况下以抽象化的营业机会、资本要素、营业信息、虚拟财产、智力成果、商业秘密等为交易标的。(7)行为(意思)规则。民法奉行当事人意思真实主义的效力规则;商法则遵循行为效力判断的文义主义和权利保护的外观主义。(8)规范形式。民法规则遵循家庭伦理、社会伦理和自然伦理,以伦理规则为主导,所谓尊卑有序、男女有别、夫妻有义、有借有还、欠债还钱、损害必赔,

---

〔26〕［罗马］查士丁尼:《法学总论——法学阶梯》,张企泰译,商务印书馆1989年版,第5页。

〔27〕［意］彼德罗·彭梵得:《罗马法教科书》,黄风译,中国政法大学出版社2005年版,第86～105页。

〔28〕周枏:《罗马法原论》,商务印书馆1994年版,第691～705页。

〔29〕叶林、黎建飞主编:《商法学原理与案例教程》,中国人民大学出版社2006年版,第58页。

为伦理规则的法律化、规范化和条文化，“道德与民法之间存在内在联系与统一性”；[30]商法则以投资、经营和交易过程中的精巧利益计算与衡量为基础，以专业性、技术性规范为外在形式，为典型的技术性规范。在传统私法民商二元分域、商人独享营业特权的视角或情形下，民商之间的关系如图1所示：

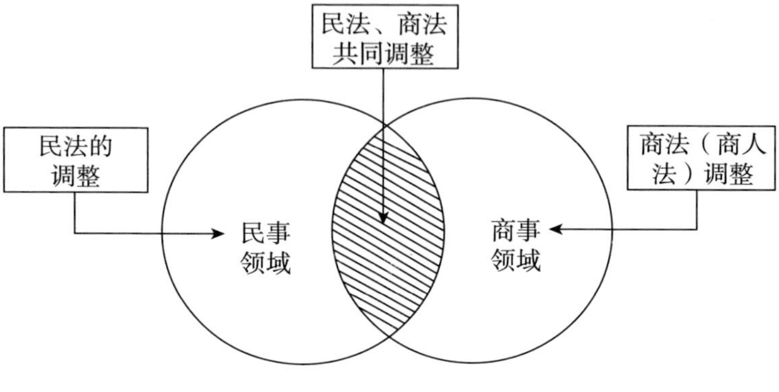

图1　私法分域、营业特权视角下的民商二元关系

3. 营业的世俗化事实上已导致营业领域出现民商共治的局面

就商法本身的特殊性或独特性而言，以营业关系为其调整对象，以营利最大化为追求目标，以抽象化的营业机会、资本金融、营业信息、虚拟财产、智力成果、商业秘密等为交易标的，遵循效力判断的文义主义和权利保护的外观主义，以专业性、技术性规范为外在形式的商法，自然与罗马时代、传统意义、狭义意义的民法，有巨大的区别。但是，自从18世纪资产阶级民主革命特别是产业革命导致营业的世俗化、普遍化以来，民法与商法两者的严格界限已经不复存在。首先，为适用社会大生产的需要，以1673年法国制定并颁发《陆上商事条例》为标志，近代私法的转型是以商法的定型化、成文化和法典化开始的，商法的近代化远远走在民法的前面。其次，随着共同商法效力范围的扩张和地中海、西欧诸国的普遍接受，主体独立、意思自由、地位平等、公平交易、等价有偿、诚实信用等商法观念、原则深入人心，并逐步成为社会广泛接受的思潮，并进而被移植于一般民法，从而成为民法最基本的理念与原则。以1804年《法国民法典》的公布施行为标志，其所确认的民事权利地位平等、财产所有权神圣（无限制）、契约自治（自由）和过失责任等原则，实则是近代商法原则对传统罗马狭义民法的改造和转型。[31]再次，随着行会、商人公会、封建特许制度的废止，职业、从业、营业自由载入宪法，营业已不再是作为特殊社会阶层商

〔30〕　王利民：《民法的精神构造：民法哲学的思考》，法律出版社2010年版，第42页。

〔31〕　施天涛：《民法典能够实现民商合一吗？》，载《中国法律评论》2015年第4期。

人的特权或专利，而是所有民事主体无差异所享有的基本人权，[32]商法由具鲜明身份特征的中世纪“商人法”转型为褪去身份属性、具有典型行为特征的近代“商事法”；[33]一般民事行为与商事行为严格界限的打破，民事主体与商事主体之间角色的互换、民事行为与商事行为之间领域的模糊，也使民法的调整范围不再停留于纯粹的家庭伦理与世俗交往领域，必然要涉及营业领域，民法的商法化特征也就越来越明显。最后，随着营业的世俗化、普遍化和扩大化，必然导致民事行为的泛商化，民法与商法的调整范围和法域边界，已难以准确地区分和清晰，民商分立已失去了主体基础、经济基础和社会基础，民法与商法事实上已共存于一体性的私法领域。部分营业领域特别是普通营业领域也由原来的商法专治，进入到民法与商法共治，反映在立法上的典型表现即为民法的商法化和商法的专业化，其中民法对普通、基础、临时、交易类营业实现一般、概括性调整，而商法则对特殊、专业、稳定、投资及经营类营业实行特别、精细化调整。关于民法的商法化和商法的专业化，后文再作细论。

4. 现代商法与民法的关系实质是一种共域一体关系

基于上述分析，笔者认为，当代民法与商法的关系，既不是分立关系，也不是合一问题，而是既共存于大私法领域并有适度侧重分工的一体关系，即所谓“民商共域一体”关系，其具体内涵包括：(1)民法与商法均为私法领域的基本法，彼此依赖、同时竞存于大私法领域。(2)民法与商法的关系已由近代以前的互为分立、并存的独立关系转型为一般与特殊的关系，即民法已由纯粹调整家庭伦理与世俗交往的狭义私法，上升为大私法领域的一般法，而商法则为专门调整大私法领域中营业关系的特别法。(3)民法与商法只有分工和侧重的不同，而不存在谁合并谁、谁包含谁、谁统领谁的问题，即民法负责大私法领域的一般性规则，而商法专司大私法领域中的营业规则，两者彼此分工、互相配合，共同维护私法领域的基本秩序和足够活力。(4)民法与商法的效力关系是一种彼此持重和互为补充关系，即遵循一般法与特别法的效力适用原则，本着特别法优先于一般法的规则，在民法与商法同时均有规定的情况下，应优先适用商法；在商法没有规定或规定存在冲突、模糊的情况下，适用民法的一般性规定。足见，“民商共域一体”更能准确地界定民法与商法的关系，也比较符合近代以来大私法发展的实然状况。它们之间的关系，应如图2所示：

〔32〕 肖海军：《营业权论》，法律出版社2007年版，第101～106页。

〔33〕 谢怀栻：《外国民商法精要》(第3版)，程啸增订，法律出版社2014年版，第245～246页。

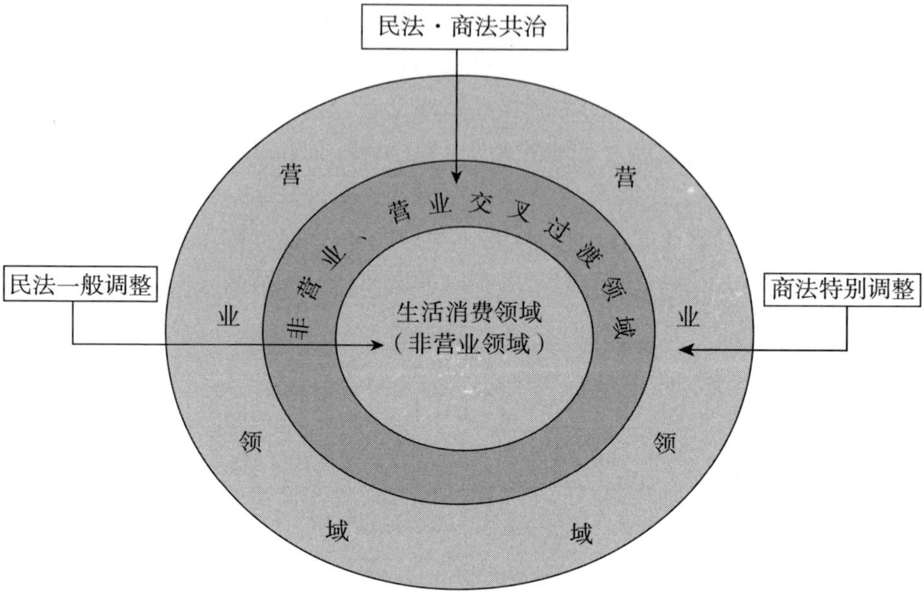

图2 大私法领域、营业自由视野下的民商“共域一体”关系

（四）商法与行政法：民间自治和国家监管

1. 商法与行政法的法律部门属性有着显著的不同

商法与行政法的区分比较显然，商法为私法，调整具有私人性、民间性的营业关系，而行政法是以“行政权力的取得、行使以及对其监督过程中发生”的“行政关系”为调整对象、规范国家行政行为和行政管理活动的法部门，〔34〕属于典型意义公法。但是，商法与行政法因在营业领域有交集而存在关联性，这是因为，利用行政手段干预交易、管理经济、调控市场、监督营业，是现代国家的基本职能，也是政府管理经济活动最常用的手段。正因如此，在行政法所调整的行政管理关系、行政监督关系、行政救济关系、内部行政关系等四类典型行政关系中，〔35〕除内部行政关系与营业领域较少关联外，其他三类行政关系，均有可能涉及营业领域，从而构成经济行政法子部门，其内容包括商事登记、行政许可、反垄断审查、经营活动中质量与技术的监管、宏观经济调控、营业行政救济、营业行政处罚等，涉及投资进入、经营过程和交易环节等营业的每一阶段、每一环节；其中，诸如商事主体登记、营业行政许可、企

〔34〕 应松年主编：《当代中国行政法》，中国方正出版社2005年版，第11页；胡建淼：《行政法学》，法律出版社2010年版，第7页。

〔35〕 姜明安主编：《行政法与行政诉讼法》，北京大学出版社2015年版，第7~13页；姜明安：《行政法》，北京大学出版社2017年版，第29页。

业信息公示、经营活动的监管、营业行政处罚等行政行为和相关规范，特别是工商行政管理方面的法律规范，[36]又直接与商法高度关联。

2. 商法与行政法对营业领域的调整存在明显的差异

商法与行政法的部门法属性决定了两者虽在营业领域存在交错，但对所涉营业领域或营业关系的调整对象、规范主体、追求目标、价值取向、法律原则、侧重关注、调整方法、法律效力、救济途径等多个方面，存在如下明显差异：(1)调整对象的性质。商法以营业领域中民事主体之间所发生的私人性、民间性营业关系为调整对象；行政法则以营业领域中国家(政府)参与管理、监督、调控所发生的公共性、社会性营业关系为调整对象。(2)规范主体的属性。商法规范的主体为以投资者、经营者、交易者为具体表现形态的商事主体，为典型的私法主体；行政法规范的主体为政府、政府机构及履行行政管理职能的行政主体，为典型的公法主体。(3)目标利益的追求。商法需要满足商事主体营利最大化的需求，所要实现的利益目标为投资者、经营者、交易者的个体私益，是鼓励、促进、保护自由营业之法；行政法则是为了维护国家安全利益、社会公共利益，追求的是公共秩序和社会稳定，是管理、监督、限制不当、违法营业之法。(4)价值取向的选择。商法以营业自由为基点，以交易效益为目标，以竞争公平和市场秩序为保障手段，进行价值构建，其中营业自由为价值的基点，自由、效益优先于秩序；行政法则以秩序、安全为价值取向，为确保公共秩序、国家安全，奉行秩序、安全优先于自由、效益的价值观，因此，在营业行政管理活动中，行政主体往往不以行政管理成本为考虑因素，而是不计成本地极力维护国家安全利益、社会公共秩序和公民普遍安全。(5)法律原则的适用。商法基于自由而奉行并尊重商人、企业、内部、当事人自治原则，只要法律不禁止，商事主体可任意设立、变更、终止商事权利义务关系；行政法遵循严格的法定授权原则和职责法定主义，无法律明确授权，行政主体不可作为，且一经授权，行政主体不得怠于行使职权，必须切实履行职责。(6)侧重关注的角度。商法重点关注的问题是以有效的制度设计和完善的规则体系以确保营业效益的最大；行政法需要重点解决的是尽量抑制或消除违法营业、不当营业所带的负面外部效应。(7)调整方式的运用。商法调整的方式多数情况下是通过选择性、任意性、授权性规范的指引，由商人、企业、当事人以自治管理、自主协商、自我约束来实施或解决；行政法更多通过强制性、禁止性、义务性规范，要求行政主体和作为行政管理相对人的营业当事人，必须严格履行的法定义务，或实施符合行政法规定的法律行为，其中既有授益性的行政确认、行政登记、行政备案、行政许可、行政审批，也有损益性的行政处罚、行政强制。

[36] 陈季修、赵韵玲：《工商行政管理新论》，中国人民大学出版社 2009 年版，第 115～141 页。

(8)法律效力的约束。商法在调整营业关系所设计的许多条款、安排的一系列制度,对商人、企业、营业当事人而言,具有适用上的选择性,特别如出资人协议、企业设立方式、公司资本缴付、营业内部治理和利润分配等,营业当事人均可作出不同于法律的特殊规定或约定;行政法所体现的是一种国家公权力的行使、运用和管辖,诸如营业领域中涉及的行政确认、行政登记、行政备案、[37]行政许可、行政审批,或者行政处罚、行政强制,均具有强制性的法律效力,不允许行政主体与营业当事人之间协商或作选择性适用。(9)救济途径的设计。营业中如发生纠纷或产生诉争,如属商法调整的私人性、民间性营业关系,可通过商法安排的自主协商、约定仲裁或民事诉讼等方式解决;如属管理性、公法性的营业关系,则应按照行政法所规定的行政复议、行政诉讼或国家赔偿等方式寻求救济。

3.商法与行政法对营业领域的调整存在一定的交集与互补

虽然如前所述,但由于商法与行政法在营业领域经常性地发生交集,这两个不同法律部门又彼此存在密切的联系。(1)部分关系的重叠。营业虽本质具有私人性、民间性,但也因具有明显的社会性和所涉利益的公共性,使国家对其进行适度的行政管理、监督或调控成为必要,自然,在某些商法、行政法交叉调整的重叠、模糊营业领域,部分营业关系既由商法调整,也由经济行政法调整,典型的如商事主体与商号登记、企业信息公示、营业行政许可、金融业监管等。(2)法律规范的交叉。典型的如《公司法》《合伙企业法》《证券法》《商业银行法》《保险法》等商事单行法中,就存在许多实质上属于行政法内容的公法性规范;同样如《行政许可法》《行政强制法》《行政处罚法》《行政复议法》《行政诉讼法》等行政单行法中,其涉及营业领域或营业关系时,也内含不少本质上属于商法范畴或内容的私法性规范。(3)制度功能的互补。一方面,商法所安排的许多制度和设计的不少条款,需要通过具体的行政法才可落实。例如,商事登记、特殊营业资格的取得、公开募集股份或证券发行、营业信息公示等,就需要具体部门依行政法所规定的商事登记、营业行政许可或审批、[38]证券发行审核或登记、信息公示等行政程序予以落实、完成。另一方面,行政法所规定的许多制度和管理监督对象,又发生在营业领域,也必须通过具体的营业行为或商事活动,才能产生实际的法律效果,典型如金融监管,就必须借助具体的金融企业、实施有针对性的商事手段,才可达到金融的调控目标。(4)行为效力的影响。商法所调整的营业如出现违法经营、不当竞争或产生严重社会负面效应,则转换为行政法的调整对象,如行政处罚或行政强制。依据行政法所作涉及营

〔37〕　朱最新、刘云甫:《行政备案制度研究》,知识产权出版社2012年版,第37~41页。

〔38〕　王太高:《行政许可条件研究》,法律出版社2014年版,第51~55页。

业方面的行政行为,又会产生典型意义上的商事法律后果,如商事登记程序的完成,就产生商事主体、商号确认的商法效力;又如登记机关吊销特定经营者的营业执照,就产生消灭该经营者营业能力的商法效力等。(5)调整方式的混用。商法之所以被定性为公法与私法的融合,在于其调整的营业关系如涉及社会性或公共性,需采用行政法的调整方式或手段,如前述的行政许可或行政处罚等;行政法在调整营业关系时,若要达到如期的监管、调控目标,也会经常性地使用一些商法专业手段,如中央银行对利率、汇率的调整,政府动用国库资金大规模干预证券市场等。(6)法律适用的统一。商法与行政法在均调整营业关系时,应本着强行法优先于任意法、禁止性规定优先于选择性规定、义务性规定优先于授权性规定的效力原则,进行法律适用。由此,商法的完善与实施,受到行政法的严格节制与约束,自然某些商法制度的改革和完善,就必须综合考虑商法与行政法的协同。

(五)商法与经济法:传统的困惑和现代的否定

1. 商法是与经济法相独立的法学科与法部门

商法与经济法之间是所有部门法之间关系最具微妙和戏剧性的。在1999年以前的相当长时间里,大学法科课程设置里,商法是依附在大经济法的学科体系和理论框架,[39]直到现在,社会层面仍然有相当部分人士把商法当成经济法的一部分。在改革开放初期,受大经济法思想与理论的影响,经济法一度被视为调整经济关系之法,其中的经济关系既包括纵向的国家经济管理关系,也包括平等民事主体之间所发生的横向经济关系,即"管理与协作经济关系论"[40]或"纵横经济关系说";[41]如此,不仅商法而且民法也被囊括在大经济法的学科与理论中。极具典型、象征意义的事例,如成立于1985年4月的中国法学会民法学经济法学研究会。[42]直到21世纪初,与经济关系存在关联的民法学、商法学、经济法学才正式分立为三大相对独立的学科和法部门。

关于什么是经济法,经济法的调整对象是什么,就连经济法学界也众说纷纭、莫衷一是。从法学流派考察,我国经济法的概念在20世纪80年代中期以前,受苏联大经济法理论影响。例如,苏联现代经济法学代表人物拉普捷夫等就认为"经济法作为法律部门,是规定领导经济活动和进行经济活动的方法、调整社会主义组织

---

〔39〕 中华人民共和国教育部高等教育司:《全国高等学校法学专业核心课程教学基本要求》,高等教育出版社1998年版,第100~110页。

〔40〕 陶和谦主编:《经济法学》,群众出版社1983年版,"第一章第一节";陶和谦、杨紫烜主编:《经济法学》,群众出版社1989年版,第13~16页。

〔41〕 谢次昌、卞耀武:《经济法概论》,青海人民出版社1983年版,第2页。

〔42〕 苏阳:《中国法学会民法学经济法学研究会成立》,载《法学研究》1985年第3期。

及其所属内部单位之间的经济关系、并使用各种不同的法律调整方法以保证合理地进行社会主义经营管理的法律规范的总和”;[43] 不仅如此,1985 年在拉普捷夫主持下,苏联科学院还起草过《苏联经济法典(草案)》。20 世纪 80 年代中期以后,日本、德国有关经济法理论对我国影响较大。例如,在日本,有学者认为经济法是“为了以‘国家之手’(代替‘无形之手’)来满足各种经济性的,即社会协调性要求而制定之法”;[44] 或者认为经济法是“依靠国家经济政策来维持、发展资本主义经济体制作为目的而发展起来的各种经济关系法的统称”,[45] 是“在市场机制下建立的经济政策立法体系,它的核心是维持市场竞争秩序,即国家对‘自由竞争的限制(市场支配)’和‘阻碍公平竞争’(不公平竞争)行为进行规制的法律”。[46] 又如,在德国学者看来,广义上的经济法为“对经济生活有重要意义的所有法律规范的总和”,其范围则包括经济私法(民法与商法)、经济公法与经济刑法等,而狭义的经济法仅指经济公法,即“所有的调整经济的法律和所有的把国家和其他公权力主体纳入调整范围的法律规范”,包括经济宪法、经济行政法、竞争公法和特别经济行政法等;[47] 因此,在多数情况下,“经济法是在一般原则上和通过总体或个别干预调整经济财产的流转安排的自由和其定分归属,在被确立的经济宪法框架内,保障经济正义的尺度所衡量的经济公民的自我发展和供给的重要法律规范的总和”。[48]

就国内学界而言,有关经济法的定义与调整对象的争议自 20 世纪 70 年代末以来就一直没有达成过共识,[49] 直到现在尚存在“调控说”(认为经济法为调整宏观调控下一定的市场经济关系之法,调整对象包括宏观调控经济关系和经济组织关系、市场运行关系等一定范围的市场经济关系)、[50]“新纵横统一说”(认为经济法是调整经济管理关系、维护公平竞争关系、组织管理性的流转和协作关系的法)、[51]“协调说”(认为经济法为国家协调经济关系之法,调整对象包括企业管理关系、市

---

〔43〕 [苏联]B. B. 拉普捷夫主编:《经济法》,中国社会科学院法学研究所民法经济法研究室译,群众出版社 1987 年版,第 15 页。

〔44〕 [日]金泽良雄:《经济法概论》,满达人译,甘肃人民出版社 1985 年版,第 28 页;[日]金泽良雄:《经济法概论》,满达人译,中国法制出版社 2005 年版,第 27 页。

〔45〕 [日]丹宗昭信等:《现代经济法入门》,谢次昌译,群众出版社 1985 年版,第 62 页。

〔46〕 [日]丹宗昭信、伊从宽:《现代经济法入门》,吉田庆子译,中国法制出版社 2010 年版,第 8 页。

〔47〕 [德]乌茨·施利斯基:《经济公法》,喻文光译,法律出版社 2006 年版,第 3 ~7 页。

〔48〕 [德]沃尔夫冈·费肯杰:《经济法》(第一卷),张世明等译,中国民主法制出版社 2010 年版,第 3 页。

〔49〕 肖江平:《中国经济法学史研究》,人民法院出版社 2002 年版,第 148 ~210 页。

〔50〕 陶和谦主编:《经济法学》(第 5 版),群众出版社 1995 年版,第 19 ~27 页;陶和谦主编:《经济法学》(第 6 版),群众出版社 2004 年版,第 19 ~27 页。

〔51〕 史际春、邓峰:《经济法总论》,法律出版社 1998 年版,第 30 页。

场管理关系、宏观调整关系、社会保障关系等)、[52]“干预说”(认为经济法为干预经济、干预市场之法,是为克服市场失灵和政府失灵而制定的调整需要由国家干预的具有全局性和社会公共性的经济关系的法律规范的总称)、[53]“调节说”(认为经济法为国家调节经济之法,调整对象为国家经济调节关系或国家经济管理关系,包括市场规制关系、国家投资经营关系和宏观调控关系)、[54]“商品经济关系说”(认为经济法是对商品经济关系进行整体、系统、全面、综合调整的法律部门,调整对象包括经济管理关系、计划制导下的经营协作关系、组织内部经济关系、涉外经济关系和其他经济关系)、[55]“政府与市场关系说”(认为经济法是调整政府与市场关系之法,调整对象为基于市场缺陷、政府缺陷、政府与市场互动而产生的经济关系,包括市场规制关系、国有资产关系、宏观调控关系和社会保障关系等)、[56]“调制说”(经济法为国家调制经济关系之法,调整对象包括宏观调控关系和市场规制关系两大类)、[57]“规制说”(认为经济法为国家规制经济关系之法,调整对象包括市场竞争关系与市场规制关系)等代表性学说和观点。[58]

从概念的界定与调整范围的演变,可以比较明显地看出,经济法是一个具有十分模糊且无法确定边界范围的法概念或法范畴。但无论域外理论对经济法的定义,还是境内学者近年来对经济法调整范围不断限定和法域边界一再压缩的趋势来看,经济法所调整的仅仅只是与国家公权力有关的那一部分经济关系,可以说是经济法学界比较一致的看法,虽然这一看法仍然存在与经济行政法、经济刑法扯不清的关系。不仅如此,由于商法与经济法均涉及营业领域和市场经济关系,就必然使两者之间的关系难分难解,而依据既有经济法的理论与构成来看,企图把商法与经济法作截然区分,是一件几乎不可能完成的事情,更何况在我国商法原本就是从经济法理论、学科和规范中分离出来的呢！因此,讨论商法与经济法的区分,并无太多的学术和立法意义。

2. 商法与经济法的关系应是公理性与政策性的关系

尽管如此,既有理论、学科、立法事实上仍然存有商法与经济法之间的区分。笔

---

〔52〕杨紫烜:《国家协调论》,北京大学出版社 2009 年版,第 1 ~ 15 页;杨紫烜主编:《经济法》(第 5 版),北京大学出版社 2015 年版,第 10 ~ 23 页。

〔53〕李昌麒:《经济法学》(第 3 版),法律出版社 2016 年版,第 39 页。

〔54〕漆多俊:《经济法基础理论》(第 3 版),武汉大学出版社 2000 年版,第 107 ~ 114 页。

〔55〕刘文华:《中国经济法基础理论》,学苑出版社 2002 年版,第 78 ~ 87 页。

〔56〕王全兴:《经济法基础理论专题研究》,中国检察出版社 2002 年版,第 65 ~ 99 页。

〔57〕张守文:《经济法理论的重构》,人民出版社 2004 年版,第 205 ~ 212 页;张守文:《经济法原理》,北京大学出版社 2013 年版,第 41 ~ 45 页。

〔58〕邱本:《经济法总论》,法律出版社 2007 年版,第 97 ~ 102 页。

者认为,这种区分的基本前提必须是对经济法本身概念或范畴作重新定位,方存在可能性和可行性。也就是说,就晚近经济法理论发展与规范构成的共同特征,以及不同国家或地区经济法的实态形式,现行冠称的经济法,其实仅仅只涉及国家调整营业或市场的基本经济政策,准确的名称应为经济政策法,才可揭示经济法的本质和存在的必要性。

自然,如从经济政策法的视角比较,则商法与经济政策法虽均涉及营业领域和调整市场经济关系,但其区别却是显著的。(1)调整关系。商法只调整具有平等法律地位的商事主体之间的营业关系;经济政策法则恰恰是只调整国家以经济政策的形式干预、调控、监管营业关系和市场经济之法。(2)参与主体。商事法律关系的参与主体为私法性质的商事主体;经济政策法律关系的主要主体是国家(政府)。(3)部门属性。商法为典型意义的私法;经济政策法为典型意义的公法。(4)调整方式。商法的调整方式为商人、企业、当事人自治为主,国家强制管治为辅;经济政策法的调整方式恰恰是以国家强制性的干预、调控、监管为主,而以商人、企业、当事人自主协商为辅。(5)规范形式。商法的规范绝大多数为技术性规范,只有少数涉及政策性规范,不同国家或地区之间的差异性不是十分明显;经济政策法恰恰相反,其规范主要为政策性规范,技术性规范虽也大量存在,但比例很低,不同国家或地区之间经济政策的差异性很大,集中又表现为政策性规范的明显差异。(6)法律构成。商法由商事主体法(商事登记法、公司法、企业法、个体工商户法等)、商事行为法(证券法、破产法、商业银行法、票据法、信托法、证券投资基金法、保险法、海商法、物流运输法、商事仲裁法等)等构成,为调整市场经济关系的本体性法律;经济政策法则由市场监管政策法(包括反不正当竞争法、反垄断法、产品质量法、计量法、标准法、消费者权益保护法、金融监管法等)、产业政策法(国有资产管理法、国有企业法、公用企业法、中小企业促进法、外资企业法、产业规划法、区域经济政策法等)、宏观调控政策法(包括计划法、财政法、税收法、中央银行法、政策性银行法、政策性保险法等)和社会保障政策法(如劳动法、劳动合同法、社会保险法、社会福利法、社会优抚法、社会救助法等)等几部分构成。足见,只有把既有经济法定义或限定为经济政策法,商法与经济法的界限才是比较清晰的。

但是,即使这样,商法与经济政策法也因均涉及营业领域和共同调整市场经济关系,故实际上两者之间又存在彼此交叉和互为混同的局面,如商法规范就有大量的经济政策性条款;同样,经济政策法也包括有不少商法的技术性规范。

第二节 商法的外在特征

商法的外在特征可以分为两个层面:一为商法作为民商法部门的一个特殊领域所表现出来的部门法特征;二为商法作为调整营业关系的法律规范集合所表现出来的规范特征。

一、商法的部门法特征

(一)商法是公法与私法的融合

营业属于商事主体之间或商事主体内部的私人事务,商法从本质上讲是私法。这是因为:(1)商法的本源是商人法和商人自治法;(2)商法之调整对象存在于商事主体内部及商事主体之间的营业关系,具有私人性;(3)商法之制度设计和运行均以"营业自由"、"意思自愿"、"商人自治"为基本原则,商法之精神具有典范意义的"自治法"特征;(4)商法是以商事主体作为基本利益单位来配置权利义务,是一种典型意义的以"个体利益"为本位、以私人利益为保护对象的法部门;(5)商事法所创制的自主协商、民间仲裁机制,具有私权自主、民间司法、自治司法的性质,有国家司法不能替代的独特价值;(6)商法的法律责任以商事主体的民事责任为中心展开,而这种具有对价、补偿功能的法律责任则是私益保护最为彻底、最为鲜明的表现。

然而,由于营业的对外性、相对性和扩展性又使其具有鲜明的社会性和公共性。现代商法把国家对营业的这种社会性和公共性关注、干预、规制的倾向与意图适时地融进其中,因而商法又因趋时而具有公法性。具体表现为以下几个方面:(1)现代商法已突破了传统商法的"商人自治"原则,反映了国家(政府)对投资环节的门槛准入、企业内部治理的干预和市场外部交易过程的管制;(2)营业的社会性和公共性使国家利用商法赋予商事主体更多的社会责任,商事社会责任的法定化,如股份的发行、企业债、产品质量责任等,均意味着传统商事主体由相对责任向社会责任的过渡;(3)企业之间的联合由于本身涉及竞争和垄断问题,通常已不能完全由投资者或企业自主决定,国家(政府)的适当干预与审查已变得十分必要;(4)营业的外部效应,使国家(政府)监督或抑制非法、不正当营业的负面社会效应成为必要,如公用企业破产的政府干预、企业环境污染的行政处罚等。

(二)商法是实体法与程序法的交错

从法的功能上讲,实体法是分配主体权利、确定主体义务的法律,而程序法则是确保实体法所配置主体的权利与义务得以实现的法律。商法作为确保商事主体利益本位的法律，其首要的功能在于授予、确认、保护商事主体一系列商事权利和自由，并在享有权利的同时为其配置各种商事义务，如作为民事主体进入营业领域的自由与权利、出资人的权利与义务、商事主体的权利与义务、商事交易中当事人的权利与义务等。商法更精心设计一整套程序机制，以保证商事主体这些权利的实现和义务的落实。商法中这种实体性规范与程序性规范的结合特征十分明显。这集中表现在以下方面：(1)从商法的整个法律规范构成来看，实体性规范与程序性规范可以说难分伯仲。如公司法中股东权利、公司内部组织的职权与职责、资本证券持有人的权利、票据持有人的权利、破产债权人的权利、保险合同当事人的权利、信托法律关系当事人的权利与义务、海商法律关系当事人的权利义务均为实体性规范。商事主体的设立、公司内部治理机关职权的运行、股权的行使、保险合同中的投保与承保、票据权利的请求、破产申请与宣告、海事请求权的实现等则为程序性规范。(2)商法中的实体性规范往往有程序性规范予以保障。例如，股权有股东大会决议程序、股东请求权、股东诉讼权等程序的保障；票据权利有票据承兑程序、提示请求付款程序、追索程序、利益返还请求诉讼、挂失止付、票据公示催告等程序保障其实现；证券有证券交易中的证券集团诉讼制度的保障；保险有保险事故发生后的告知、受理、理算、理赔等的保障。(3)商法的某些规范本身就兼具有实体法与程序法功能。例如，商事主体的设立与登记、公司董事会职权及决议方式、保险合同的成立、海难救助与理赔等，则包含了实体性规范和程序性规范的双重内容。(4)商法中程序性规范还表现在商法中的诉讼程序规范与非诉讼程序规范的彼此互补。例如，破产还债程序与公司清算程序就体现破产诉讼规范与清算非诉讼规范的结合；又如票据权利救济中的挂失止付和公示催告程序就是非诉讼程序和诉讼程序的并用；又如，商事纠纷解决中诉讼方式与仲裁方式的选择适用等。

（三）商法是国内法与国际法的协同

商法作为一国法律体系的主要法部门，所调整的是一国主权范围内的营业关系，从法的适用效力范围来说，它无疑应属国内法范畴。但是营业边界的无限性和市场经济的扩张性必然导致投资、经营、交易涉外化和国际化。商事活动中的不断国际化趋势必然要求各国法律应处理好跨国、涉外、国际贸易、投资过程中的法律冲突，而营业交易形成的习惯性准则也逐渐成为各国商事主体共同遵守的一般规则，并最终完善、成熟成为一种在国际贸易、跨国投资领域中普遍遵循的规则体系。这种规则体系即为国际商法规范体系。因此，商法又具有典型的国际法特征。这集中表现在以下方面：(1)从商法的法源形式看，国际商事组织、各国通过双边或多边签署的公约、协议以及长期的国际贸易、跨国投资形成的一系列国际商事习惯，已成为商事法的主要法源形式。如1978年《国际海上货物运输公约》、1978年《代理法律适用公约》、1980年《联合国国际货物买卖合同公约》、1983年《国际货物销售代理公约》、1988年《联合国国际汇票和国际本票公约》等，已成为商法的一个重要组成部分。（2）在商法的具体内容上，作为国内法的商法在创制、修改、废止过程中，不断吸纳国际商法和其他国家先进成熟的立法与制度例，各国商法之间的趋同化和商事法律的国际化已越来越明显。典型的如商事登记制度中有关登记主义与许可主义的相互补充；公司法中的一人公司制度、独立董事制度、股东诉讼制度；证券发行的登记注册制；大陆法系国家经营方式中大量对英美法系信托制度的借鉴与移植等。（3）在商法的适用效力上，在国内法与国际法之间发生冲突时，有关商事方面的国际公约、国际协定和国际惯例被优先或保留适用。（4）在商法的子部门法中，尤以商事合同、商事代理、票据、商业银行、海商、民用航空的国际化倾向最为明显。

（四）商法是组织法与行为法的统一

商法最初表现为一种有关商品交易的习惯性规范，因此，商法的原态是一种调整商事行为的规则体系，应属行为法无疑。自中世纪商人法和城市商法兴起以后，商法只适用商人这一特定属人性属性，使商法具有明显的主体法性质，故商法又具有组织法的特征。尽管商法典立法例中有所谓商人中心主义和商行为中心主义两种不同的立法思路，但商法中的融商事组织、商事行为于一体的部门法特征，则是不容否定的事实。（1）从整个商法的子部门法构成中，有些法律则主要为组织法，有些法则主要是行为法，如公司法、合伙企业法则主要为商事组织法，而商事合同、证券法、保险法、破产法、票据法、商业银行法、信托法、海商法、民用航空法、电子商务法则应归于行为法，商法的构成就是这种承担商事组织规范功能和商事行为规范功能的不同子部门的有机统一。（2）从每一具体的子部门规范来看，商法的每一子部门可以说都是规范商事组织的同时又调整商事行为，或者说在调整商事行为的同时又涉及商事组织。例如，公司法虽为组织法，但它调整公司设立行为、公司内部治理行为、公司资本证券（股票、债券）发行与交易行为、公司分配行为、公司变更行为、公司清算行为；又如，证券法、证券投资基金法、破产法、商业银行法、信托法、保险法、海商法、民用航空法、电子商务法，虽主要调整证券交易、保险合同、保险营业行为等一系列商事行为，但同时又有规范证券交易所、证券公司、基金管理人、商业银行、信托投资公司、保险公司、保险中介机构、船员与船舶、民用航空器与航空公司、电子商务平台与服务商等组织性规范。这种商事子部门法中融组织规范与行为规范于一体的立法方式则十分明显。(3)从商法部门的具体规范来看,某些商法规范既是规范组织的,又是规范行为的。例如,有关商业银行的设立及治理结构的规范,既是组织性规范,又是行为性规范;又如,有关公司董事会的规范,既是对董事会之机构的组成、职权、职责进行规范,又是对其行为进行规范;再如,证券法中对证券交易所、证券公司设立与业务的规范,既具组织法功能,又有鲜明的行为法特征等。

二、商法的规范特征

商法是调整营业关系之规范的集合与有机构成,从商法规范的内容、形式、效力等方面来看,商法的规范特征表现在三个方面。

(一)任意性规范与强行性规范的互为补充

商法作为私法与公法的融合,体现在规范上则为任意性规范与强行性规范的结合。商法规范首先是一种基于“商人意思自治”原则的私法规范,自由、自愿、自主、自治为商法规范的灵魂,因此,商法规范的基础是授予、确认、保护商事主体以自由和权利并由其根据自由意志进行决定的任意性规范。这种任意性规范如营业进入的自主决定、商事主体设立的自由申请、股权的自我处分和转让、票据权利的行使、保险合同的订立、证券交易的进入与退出、财产信托关系的形成、海商中的运输与保险、电子商务中的交易等,均以任意性规范的形式出现,当事人有较大的自由选择空间。

由于营业本身的社会性和公共性,又使得公法对商人营业过程进行适度干预成为必要。为维护交易公平与市场安全,以强行性规范来约束商事主体的不当行为,限制商事主体权利的过分膨胀,就成为商事制度设计的又一重要理念。因此,商法又融进了大量的带有公法性质、具有强制实施特征的强行性规范。这集中表现在以下方面:(1)对商事主体资格取得设定准入制度,如公司设立中的强制登记主义和特殊公司设立的许可主义;非营利组织从事营业活动的开业登记等。(2)对商事主体内部事务的干预,如对合伙协议、公司章程必要记载事项和内容的明确列举;对合伙事务执行、公司内部治理机构的设置及职权、职责的法定;对企业、公司内部决议程序的规定等,其实质是以法定形式排除商事主体和经营者的选择自由。(3)对商事交易过程设定限制条件和管制措施。例如,公司股票与债券发行的条件与程序、证券交易过程的规制、破产清偿的程序与法定顺序、保险合同订立过程及理赔程序、财产信托的规则等无不体现政府有形之手、权力之手对市场交易当事人自由意志的限制和约束。(4)商法通过行政责任和惩罚性民事责任的设立,以补充一般民事责任的不足，意在强化当事人违反商事规范的法律责任，如公司出资人的资本违信责任、营业中的产品质量责任、企业经营中的环境侵权责任、公司清算义务人不履行清算义务的连带清偿或赔偿责任、电子商务中网络平台服务商的必要审查义务与连带责任等。

（二）伦理性规范与技术性规范的彼此渗透

商法创制的规范与制度在于确保商事主体能以高效的商事行为获取最大的营业利益；商法规范的精心设计在于为商人提供这样一套有效的且十分专业化的规则体系。因此，商法规范具有鲜明的技术色彩，这一则源于商事交易领域本身的专业性。如公司、证券、基金投资、破产、银行、票据、信托、保险、海商、民用航空、现代运送、电商等，均是十分专业的营业领域。二则源于市场交易效益最大化的内在需求，因为只有最精细的技术规范才能保证交易效益的最大化。三则源于商人本身的职业惯性。商人是一个以己身利益为中心且精于计算的职业群体，〔59〕商事习惯和由习惯升华的商事法律规范，实质是商人在交易中长期协商、谈判后精心设计的一种交易规则。因此，技术性规范是商法的主要构成部分，它以意思表示的文义化、书面的格式化、行为判断标准的外观化、内容的具体化、权利义务配置的公式化为主要特征。它集中表现在以下方面：(1)对商事权利与义务的精确约定，使之具体化、条文化和公式化。例如，合伙协议、公司章程对合伙人、股东权利之行使与分配规则进行的约定，对股东表决权行使如累计投票表决、表决权例外排除的规定；又如，商业银行存贷款合同中对存贷款利息起止、计算、违约责任的约定；再如，票据权利中对票据持有人之权利行使时间、时效、程序的具体规定等。(2)对商事交易行为形式程序的精心设计。如股票、债券的发行条件与程序，票据签发与背书的条件与程序，证券交易分割过户之程序，保险合同签订的程序，海商法律关系成立的提单化，电子商务订单与付款的流程等，均已文义化、外观化、单据化、程序化、格式化。(3)对商事责任的精确计算。如公司利润的分配、破产财产分配、保险理赔、证券损害赔偿、海事损害的计算和确定、航空事故的赔偿、电子商务中违约责任等，法律、相关规则和合同，均有明确、具体、精细的约定。

与民法规范主要表现为伦理性规范相比，〔60〕商法的伦理色彩并不十分突出。但商法作为私法，其有序的商事关系除需依赖于精确的技术性规范支撑之外，商事主体的伦理性因素同样不可或缺。商法的伦理性规范或作为技术性规范的道德基础，或作技术性规范的必要补充，在商事规范体系中占有重要的地位。(1)从商事

〔59〕［德］拉德布鲁赫：《法学导论》，米健译，法律出版社2012年版，第85页。

〔60〕赵万一：《民法的伦理分析》，法律出版社2003年版，第4~7页。

立法基础来看,诚实信用作为商事立法的基础性原则,具有鲜明的伦理性。如资本三原则,保险合同中保险人的如实说明义务与投保人、受益人的如实告之义务,公司法的人格否定制度,破产欺诈与证券交易欺诈的认定等,均体现了诚实信用原则指导下商事主体意思表示真实的伦理色彩。(2)伦理性规范是决定商事行为有效的法定条件之一。如公司董事滥用公司代理权,合伙人、有限责任公司股东未经其他合伙人、股东同意而擅自抽回或转让其出资份额,违反保险利益原则的投保行为,财产信托中的关联交易,商事代理中的恶意串通等,均因其不符合伦理性原则而不具法律效力,行为人所承担的法律责任实质是对其应负伦理性义务之违反的一种道义补偿或惩罚。(3)伦理性规范是技术性规范能否实际到位的必要条件。如公司控制股股东滥用股东表决权,则会导致公司治理制度这一精巧技术设计意图的落空;又如证券公司代理权的正当行使,则是证券交易有序运行的必要条件;再如市场中介机构的中立性则是确保公司资本原则落实的关键环节。

(三)公理性规范与政策性规范的相互协调

营业的核心是市场交易,而市场交易必须符合市场本身的运行规律,反映其内在要求。商法在某种程度就是反映市场运行规律之习惯性规则的系统化和条文化。这种源于市场运行内在要求派生的商事规范即为商法中的公理性规范。应该说,商法规范的核心部分是这些公理性规范。如公司的资本本位属性、证券交易的自由性、证券交易的一般交割流程、票据流通程序、保险合同订立步骤、财产信托规则、公司分配顺序、海事习惯、民航技术规则、电子签名程序等商事行为规则,绝大部分属于商事公理性规范的范畴。商法的公理性规范具有内容的同质性、国别的趋同性、效力的稳定性,反映在不同法系、国家或地区之间有关商法的公理性规范上,除立法条文尚存在表述不一等情形外,一般没有太多明显的差异。

另外,商法作为一国制度体系的一个重要组成部分,负有表达或实现执政者一定的政策倾向和执政目标的政策功能。如在商事登记中是选择强制登记主义,还是奉行任意登记主义,则体现了特定国家或地区对待民间营业的基本态度和政策取向;例如,在公司设立上是取登记主义还是许可主义,这表明了一国执政者、立法者对市场准入资格的基本态度;又如,在证券发行准入环节采用特许制、审核制,还是登记制,则反映了某一时期执政者、立法者对证券市场管制的基本方针;再如,证券公司、商业银行、保险机构、信托投资的监管主体和监管体制则会因政策的调整而有显著的不同,其中最为重要的混业经营或分业经营监管模式,则体现了不同国家或地区在金融业监管领域的基本政策和制度模式;例如,电子商务领域中的支付手段和支付形式的限制,也在一定程度体现了不同国家或地区对待电子支付的开放或保守态度。这些均表明，商法作为影响微观经济制度定型的重要规范体系，必然要反映国家一定时期的政策。这种通过商法的不断修改、调整而适时反映国家一定时期政策的规范，就是商事政策性规范。商事政策性规范虽不如商事公理性规范那样稳定，但它因其能适时反映商法所处的时代，因而具有趋时性和适应性。商法中的政策性规范，其所反映或体现的是特定国家或地区执政者的经济政策和施政目标，具有鲜明的国别特征，因而不同法系、国家或地区之间商法中的政策性规范，存在比较明显的差异和不同。

正是由于商法的公理性规范与政策性规范的相互协调，商法才能从习惯商法过渡到共同商法，从共同商法步入国家商法，从国家商法统一到国际商法，商法才既有其固有的内在合理性，又有其国别适应力和时代生命力。

第五章　商法的源起与分流

商法是如何产生、发展和演变的,并且又是如何随不同法系、国情、历史、制度背景而呈现出既具差异性又具趋同性的一般规律,就需要具体、深入考察其源起与分流。

第一节　商法的源起与演变

商法是特定社会经济条件下——商品经济、市场经济和网络经济的产物。商法的源起即商法的起源及其历史发展过程,它经历古代商法、近代商法和现代商法等不同阶段,它适应商品经济而产生,并随商品经济的发展和市场经济的发达,而不断趋于成熟、完善,并在经济全球化和网络经济的大背景下日益国际化、全球化、一体化和网络化。

一、古代与中世纪商法:从习惯商法到共同商法

(一)古代商事习惯性规范

一般认为,商法起源于中世纪,更准确地说,形式意义上的商法即作为调整商人或商行为的规范体系定型于11世纪以后的地中海城市法、商人法。但作为实质意义上的商法,其发端则可上溯至商品和贸易产生那一天,因为只要有商品生产和贸易活动,就有关于商品生产和贸易活动规则存在的必要,并随商品生产规模的扩大和贸易活动范围的拓展而不断成熟、丰富和体系化。例如,公元前18世纪《汉谟拉比法典》,就对有关商品和奴隶买卖、交换、运送、合伙、存储、寄托、借贷等契约作出了规定;[1]公元前10世纪前后,地中海东岸的奴隶制部落国家腓尼基(Phoenicia)处于独立和安定时期,有些部落、邦的工、商、航海业较为发达,《旧约》对当时商

〔1〕［英］爱德华滋:《汉穆拉比法典》,沈大銈译,曾尔恕勘校,中国政法大学出版社2005年版,第37~43页。

业的繁荣和交易的频繁有详细记载与描述,[2]且由于海上交易的频繁,从而产生了有关海上交易的商业规则,其被公认为"海商法"的发源地。[3] 古代希腊城邦之间的贸易发达,许多城邦为鼓励商业发展,均通过了有关商业、进出口贸易和外国商人行使司法权的规则。公元前3世纪,亚历山大和罗得岛两地为地中海贸易中心,其中在亚历山大城,已发现有关汇票及其他有价证券的流通;在罗得岛,出现了有关共同海损的《罗得海法》。[4]

罗马共和国时期,小商品经济异常活跃,产生了"简单商品生产即资本主义前的商品生产的完善的立法",[5]其中有关借贷、抵押、买卖、租赁、合伙、委任等债,包含了大量有关银钱业者、陆上运输人、海上运输人以及各地商栈等商事规则。罗马法学家还编有外事裁判官法院的法规和判例,其中就有关于外国商人适用法律、裁判程序等方面的商事程序规则。东罗马帝国时期的法学家还以《罗得海法》为基础编纂了《罗得海事法典》,内容包括有关船主缔结海上借贷契约的授权、海险投保、共同承担海损等规则。尽管当时罗马尚无商法这一法律概念,但罗马帝国时期对有关商事契约和海商法却十分重视,甚至称"海法则是海上之王"。[6] 特别是在880年编纂的《巴西里卡法典》,该法典与既有的《罗得海法》合成一部内容完整的海商法典。[7]

(二)中世纪商人法

中世纪由于基督教文化在欧洲盛行和对西欧各国世俗政权的控制,带有典型商业气息的罗马法文化和制度被以禁欲主义为特征、且对商人采取极端敌视态度的宗教文化和制度所替代。但是,随着11~12世纪,地中海以及北部波罗的海商业城市的兴起,商人的地位得以提升,对商人行为进行规范、对其利益进行保护的规则重新被商人们以及商业城市所重视,从而产生了带有经济和社会双重意义的商业革命。伯尔曼在《法律与革命》一书是这样描述和评价的,"在紧接着的11、12世纪中,农业生产迅速扩展,城市的规模和数量急剧地增大和增加。同时,还出现了一个新的职业商人阶级,他们在乡村和城市从事大规模的商业交易。正是主要为了满足新的商人阶级的需要,才形成了一种新的商法体系"。"在这种整体变迁中,商法也像封建法和庄园法一样,有它自身的各种渊源,并且像它们一样,从这种变迁

---

〔2〕 中国基督教协会:《新旧约全书》,南京爱印印刷公司1991年版,第934~935页、第1005~1006页。

〔3〕 何勤华主编:《外国法制史》,法律出版社1997年版,第172页。

〔4〕 何勤华、魏琼主编:《西方商法史》,法律出版社2007年版,第130~131页。

〔5〕 《马克思恩格斯全集》(第三十六卷),中共中央编译局译,人民出版社1975年版,第169页。

〔6〕 转引自由嵘主编:《外国法制史》,北京大学出版社1992年版,第126页。

〔7〕 何勤华、魏琼主编:《西方商法史》,法律出版社2007年版,第207~212页。

中获取了自己的特性”。[8] 正是因为商人的形成与商人城市的兴起，由职业商人或手工业者、从封建领主逃亡到商业城市居住的农奴和律师等组成的新型市民阶层和“集体性团体”，开始在1200年前后得以一种新的稳定且持续增长的社会力量出现，“在其后200年内，种种力量脱颖而出，它们至终将会促成18、19世纪的几次市民大革命，同时西欧的商业社会也就逐渐获得了甚至今天仍界定它的种种特质”。[9] 在此情形下，一种以商人法为内容、以商人基尔特(Merchant Guild)团体、城市或城市国家协商和制定的，带有商业性、自治性、习惯性、共同性的共同商法体系开始形成。它包括以下几个方面的特征：

1. 商业性。中世纪商法的重要内容是有关商人、合伙、集市营业、票据、保险、运输、公司以及船舶、海上运输、共同海损、海难保护等规则，渗透着浓厚的商业气息。

2. 商人性。中世纪商法主要调整商人之间的商业事务，且只对商人适用，只有商人才享有经商权、商号权、起诉权等，同时负有制作和保存商业账簿、诚实信用、遵守行会章程等基本义务，具有明显的商人法特征。[10]

3. 自治性。中世纪商法带有典型的行业和城市内部自治特征，它是商人逐利和城市发展中为保护商人阶层的利益而制定的具有内部约束力和普遍性的规范，它通过商人的自律和行业自治协会、商事法院、商事仲裁、商业事务所等自治性组织力量、自治司法来实施，相对于当时占统治地位的基督教神法而言，只能属于内部性的民间法地位，不具有国家法的普适力和强制约束力。

4. 习惯性。中世纪商法是商人在长期商品生产和贸易活动过程形成的商业习惯，商人法不过是对商人在交易过程中约定俗成的规则的一种累积和汇编。如合伙规则、票据制度、保险赔偿、共同海损、海难救助等规定均是商业习惯发展的结果。

5. 共同性。中世纪商法的形成是商人行业组织、海商法院、城市自治政府以及海上贸易联盟等利益共同体积极推动和参与的一种法律成就。商业利益共同体在中世纪商法形成的过程中，发挥着不可替代的作用。例如，由11世纪意大利那不勒斯附近的阿玛斐商业团体汇编的《阿玛斐法典》，特拉尼港、比萨城、威尼斯等城市汇集制定的《特拉尼法典》《比萨习惯法》《威尼斯航海条例》等，11世纪法国港口城市蒙特皮列、马赛分别汇编形成的《蒙特皮列习惯法》《马赛习惯法》等，1150年由位于西班牙和法国之间的奥利隆小岛海事法庭汇集的《奥列隆法典》，由西班牙巴塞罗那海事法院编撰的、13世纪开始流行于地中海地区的《巴塞罗那海上习惯法

---

〔8〕［美］哈罗德·J. 伯尔曼：《法律与革命——西方法律传统的形成》，中国大百科全书出版社1993年版，第407～409页。

〔9〕［美］泰格、利维：《法律与资本主义的兴起》，纪琨译，刘锋校，学林出版社1996年版，第113页。

〔10〕徐国建：《现代商人法论》，载《中国社会科学》1993年第3期。

典》和《康梭拉海商法典》等,13 世纪开始由著名的汉萨同盟汇编的《汉萨海上规则》《维斯比海商法典》等,说明共同商法是中世纪商法最为重要的特征。[11]

二、近代商法:从共同商法到国家商法

(一)从共同商法到国家商法的历史轨迹

在中世纪以前,所谓的商法就是商人法,即商人在长期的买卖、交易、经营、运输、海上贸易等营业活动过程中,通过商人们自己创造的、由商事习惯和惯例发展而形成的商事交易规则体系,最早源于国际商业、海商、航运、保险、银行、票据、公司、合伙等领域。[12] 也就是说,中世纪及以前的商法,因由商人制定和创造,且只适用于商人之间,因而也被称为“商人法”。[13] 商人法作为近现代商法的主要法源,是商人长期商业实践和交易活动凝结的成果;不仅如此,在商人适用商法几乎成为中世纪社会标签和基本原则的情势下,商人法又是维持商人独立社会身份与特殊地位的法律基础,更是维护商人既有特权、专有、垄断商业利益的法律护身符。然而,这一情状在 17 世纪以后被彻底改变。

中世纪末期,随着王权的兴起,西欧大部分国家确定了以王权为中心的君主专制体制,君主取得了部分立法权,商法开始由共同商法(商业利益共同体订立)向国家商法转变。以法国国王路易十四颁布《法国陆上商事条例》及《法国海事条例》为标志,国家作为商事立法的主体,对商法体系化和商法普适力起着重要的推动作用。

1673 年,法国国王路易十四在意大利商人萨瓦里的提议并起草、“重商主义”大臣柯尔贝尔伯爵的主持下,颁发了《法国陆上商事条例》(又称《陆上商事敕令》、《萨瓦里法典》)。该条例是 1807 年《法国商法典》的前奏与雏形,共分 12 章计 112 条,内容包括商人、票据、破产、保险、商事裁判、管辖等;《法国陆上商事条例》还首次以国家法律的形式规定了无限公司(普通公司)和两合公司(康孟达公司);除此之外,《法国陆上商事条例》还对商人注册、公司登记作出了明确规定,[14] 对商事登记及管辖更作了具体规定;例如,《法国陆上商事条例》规定“欲为商业之事,必须于住所之地的商法裁判所登记于簿册”。[15] 1681 年,由柯尔贝尔伯爵制定的《法国海

---

〔11〕 何勤华、魏琼主编:《西方商法史》,法律出版社 2007 年版,第 236 ~ 241 页。

〔12〕 郑远民:《现代商人法研究》,法律出版社 2001 年版,第 23 ~ 28 页;郑远民:《国际商事习惯发展趋势研究》,湖南人民出版社 2010 年版,第 19 ~ 22 页。

〔13〕 谢怀栻:《外国民商法精要》(第 3 版),程啸增订,法律出版社 2014 年版,第 244 页。

〔14〕 史际春:《企业与公司法》,中国人民大学出版社 2008 年版,第 29 ~ 34 页。

〔15〕 转引自任先行:《商法原论》(下册),知识产权出版社 2015 年版,第 744 页。

事条例》得以颁布，该条例共分海事法院、海员及船员、海事契约、港口警察和海上渔猎等五编。

法国1673年的《法国陆上商事条例》和1681年的《法国海事条例》，直接为后来1807年《法国商法典》的编纂奠定了基础，但是这两个条例的时代意义并不在于此，它的标志意义在于：(1)商法法源性质的改变。两条例的相继颁布，使传统商法的法源属性发生了根本变化。从两条例的具体内容来看，绝大部分实质性内容早在这之前就已经存在于各种交易习惯、商事合同和商业惯例中。如公司等企业形式，早在之前就已经广泛存在；再如票据与破产债务的清偿，也在之前有广泛的实践；特别如《海事条例》中的内容，几乎就是对之前已有的《罗得岛海商法》《阿玛斐法典》《巴塞罗那海上习惯法典》《奥列隆法典》《汉萨海上规则》《维斯比海商法典》等一系列习惯性海事规则的摘录与汇编。自然如纯粹从规则与条文的内容来讲，这两个条例几乎没有什么创新性的内容。然而，与以往不同是，此次两个条例均是以国王也就是以国家的名义制定和颁布，其性质则属于国家法的范畴，它由此完成了由中世纪及之前商法之民间法、自治法、商人法向国家法、强制法、商事法的过渡与转型，商法从此因其具有国家意志属性，进而具有强制执行力。(2)商法立法权的转移。两条例颁发之前，所有的商法规范均是由商人或行会、商人公会、城市自治政府、城市商业同盟等商人自治组织所创制，商人是原始、真正的商法创造者和制定者；但是，两条例颁布之后，自此商法的立法权就被收归封建国王即国家，国家就此取代了商人及商人自治组织，执掌商事立法权，在商事立法上居于强势、积极、主导地位，商人及商人自治组织所创制的商人法尽管并未完全退出历史舞台，但已经处在次要地位。商法立法创制权由商人被强制性转移、收归至国家，使国家成为商法的主要创制主体，从此，商法由民间商法时代转型至国家商法时代。受此影响，当时的其他欧洲国家(包括英国)纷纷效仿。如1720年的《英国泡沫公司法》、1844年的《英国股份公司法》、1890年《英国合伙法》等，就以成文法、制定法的形式出现。商法立法权被收归国家，为国家积极、主动地制定商法创造了条件。(3)商法形式的转变。两条例的内容虽在过去的某些商业惯例、习惯性汇编、自治章程、商事合同、行会或商会规章、城市自治政府的规范性文件、城市商业同盟的条约或规则都存在过、出现过，甚至记载过、规定过，但以往的这些商人法规和商事习惯，都属于习惯性、共同法的非成文法范畴，虽然有些海事习惯法汇编，也冠以法典名称，但严格说来，它们没有严格的体例性、规范性、逻辑性和体系性，并非实质意义的成文法典。两条例包括的内容和规则早已存在，但其编纂并非一般意义的习惯或规则的汇编，而是按照从主体到行为、从组织型营业到具体的交易规则，按照一定体例、规范、逻辑、体系进行编纂，使原本不具有内在逻辑性、体系性、规范性的内容在一定体例的统辖下，最终形成一种体系化的规范构成。尽管该两条例无论从内容到形式仍十分粗糙，但它们毕竟克服了以往习惯性规范汇编的随性，使之具有近代成文法典的雏形。因此，可以这样说，两条例的颁发，使上古、中古时期的习惯、共同商法，正式上升为成文法典、制定法典的商法。

不仅如此，随着资本主义商品经济的发展以及新的资本主义民主宪治体制在欧美各国先后确立，为适应和保护资本主义商品经济的发展，以保护资本主义工商业者的利益为主旨、以对罗马法精神的继受为背景、以成文法典为主要法律形式的国家商法体系得以渐次形成。

在国家商法体系的形成中，以法德两国的商法法典化成就最具代表性。法国资产阶级革命之后，于 1804 年颁布的《法国民法典》(又叫《拿破仑民法典》)开创了近代欧陆成文法典编撰的先河；1807 年由法国议会通过并于 1808 年施行的《法国商法典》，更推动了资本主义国家商法典的进程。德国是继法国之后在商法法典化进程中成就比较明显的国家之一。德国统一前，就有《德国普通票据法》(1848 年)、《德国普通商法典》(1861 年)等；统一后，加快了商法的统一和商法法典化的进程，1897 年由帝国议会通过的《商法典》，与先前公布的民法典同时生效。

法、德的商事立法成就和立法体例对其他资本主义国家的商法法典化进程起着示范作用。瑞士于 1872 年制定《瑞士债务法》，并于 1911 年纳入民法典，开创了民商合一的商事立法模式。日本在明治维新时即着手按西方模式编纂法典，1881 年由德国专家起草商法典，1890 年完成了第一部商法典草案，1893 年将有关公司、票据、破产等部分颁布实施，1899 年新商法公布施行，取代旧商法。受法、德等国的影响，其他编纂了商法典的大陆法系国家还有比利时(1807 年)、卢森堡(1807 年)、西班牙(1827 年)、葡萄牙(1833 年)、荷兰(1838 年)、巴西(1850 年)、奥地利(1862 年)、意大利(1882 年)、阿根廷(1889 年)、墨西哥(1889 年)、委内瑞拉(1919 年)和土耳其(1956 年)。

英美法系除保持判例法为主要法律形式这一特色外，在商事法领域制定了大量的商事单行法以补充判例法之不足，以期适应日益特定化和技术化的商业发展需要。

(二)近代商法的主要特征

以国家商法、制定商法、体系化商法、专业化商法为特征的近代商法，在形成和完善过程中呈现出如下特征：

1. 国家立法机关在商事法体系化和成文化中的作用十分明显。商事立法虽是对传统商业习惯的认可、整理和汇编，但国家立法机关在立法中更多地对商事法律规范确定政策性目标或对制度进行价值引导。典型的如对市场秩序的偏好而不得不对传统商人自治领域进行适度干预;强行性规范对商事习惯中任意性规范的限制;对商事组织责任的法定以及民事责任以外的多元责任形式的添加等,均说明国家在商事法体系化和成文化中已居于主导地位。

2. 法典化特征尤为明显。商事立法法典化是国家商法时期的最大成就。有机构统计,自1804年以来,世界上单独制定过商法典的主要国家中,欧洲有12个、美洲与大洋洲有19个、亚洲有12个、非洲有21个,其他没有商法典的国家,也大多颁行了单行的《公司法》《商品买卖法》《证券法》《保险法》等商事法律。[16] 这说明以商法典对商事关系进行调整,有利于形成统一市场,保障交易安全,提高交易效益,它是适合自由市场竞争的国家商法时期比较理想的商法立法范式。

3. 单行法独立已成主要趋势。商业专业性、技术性的快速发展,使商法的各部门法难以如民法典那样保持长期的稳定,因而适时制定单行商事法以补充《商法典》的不足,已成为国家商法时期最常见的立法方式。19世纪末至20世纪初,随着营业的变迁、商业的发展和贸易范围的扩大,已没有一个国家能用一部统一的《商法典》对全部商事活动进行有效调整,大量的独立于《商法典》之外的单行或特别商事法不断出现。例如,1867年在《法国商法典》之外另立《法国商事公司法》;德国则把《德国有限责任公司法》(1892年)、《德国股份法》(1965年)、《德国参与决定股份法》(1976年)、《德国海商法》、《德国无支付能力法施行法》、《德国公司改组法》(1994年)等分离出《德国商法典》;日本则在《日本商法典》之外另立《日本有限公司法》(1938年)、《日本票据法》(1932年)、《日本支票法》(1933年)、《日本破产法》(1922年)和《日本和解法》(1922年)、《日本公司更生法》(1952年)、《日本商法典特别法》(1974年)、《日本公司法典》(2005年)等。

三、当代商法:从国家商法到国际商法

(一)从国家商法到国际商法的演变路径

20世纪中叶以后,特别是20世纪20年代,随着投资、经营和交易的国际化,以及经济和贸易的全球化,且由于新型高速运输工具、计算机技术、网络平台以及现代通信技术的快速发展和高度发达,使跨国营业、国际贸易和全球交往的频率进一步加快。国际贸易和全球经济的一体化,要求国际经济交往与有关的交易习惯、规则、制度标准化和统一化。一种由不同法律和制度背景的国家参与,且广泛适用于不同国家和法域的全球商法标准化、统一化、趋同化的国际商事立法运动,已超越

---

〔16〕 上海社会科学院法学所组编:“各国宪法制度和民商法要览”丛书,法律出版社1986~1987年版。

局限于单一国家管辖领地的国家商法时代,国家商法时代让位于国际商法时代,且这种趋势随着20世纪80年代多边贸易谈判机制的运作、区域经济贸易一体化和1995年世界贸易组织的成立而更加明显。

早在19世纪以来,为解决各国商法在国际贸易领域的相互冲突,贸易较为发达的有关国家召开了一系列国际会议,首先在有关海商领域制定了若干统一的国际规则,如1890年有关共同海损的《纽约——安特卫普规则》、1921年有关运送契约的《海牙规则》等。

在国际商法的构成中,有关统一的商事实体法,在调整国际贸易和国际商务中起着重要作用,内容十分广泛,其涉及的商事领域包括:(1)适用一切商事领域的普遍性公约。如1947年的《关税贸易总协定》、1944年的《国际货币基金协定》和《国际复兴开发银行协定》、1994年的《建立世界贸易组织协定》等。(2)有关国际货物买卖的国际公约和国际惯例。其中具代表性的国际公约有1964年的《国际货物买卖统一法公约》和《国际货物买卖合同成立统一法公约》、1974年《联合国国际货物买卖时效期限公约》及1980年的修正议定书、1980年的《联合国国际货物买卖合同公约》等;影响较大的国际贸易惯例有1932年制定的《华沙——牛津规则》、1941年《美国对外贸易定义修订本》、1936年制定2011年第6次修订的《国际贸易术语解释通则》等。(3)有关商事代理的国际公约、国际惯例和国际组织规则。如1978年第13届海牙国际私法会议通过的《代理法律适用公约》;国际统一私法协会1961年的《国际性私法关系中的代理统一法公约》(以下简称《代理统一法公约》)和《国际货物买卖代理合同统一法公约》(以下简称《代理合同统一法公约》)、1967年的《国际货物运输代理人代理合同公约》(以下简称《运输代理人公约》)、1983年的《国际货物销售代理公约》、1988年的《国际保付代理公约》、2004年的《国际商事合同通则》等;又如国际法协会于1950年、1952年起草的《哥本哈根草案》和《卢塞恩草案》两项有关代理的公约草案;再如国际商会1960年的《商务代理合同起草指南》、1990年的《国际代理合同示范格式》等。此外,还有欧共体理事会1986年的《关于协调成员国间有关代理商法律的指令》(EC Directive 86/653);欧洲合同法委员会2002年的《欧洲合同法原则》第三章"代理人的权限"和2007年的《欧洲民法典草案》第二编第六章"代理"等。(4)有关国际货物运输的国际公约和国际惯例。如有关海上运输和提单方面的国际公约有1924年的《统一提单的若干法律规定的国际公约》(简称《海牙规则》)、1968年的《修改统一提单若干法律规定的国际公约议定书》(简称《维斯比规则》)、1978年的《联合国海上货物运输公约》(简称《汉堡规则》)等;有关国际航空运输方面的国际公约有1929年《统一国际航空运输某些规则的公约》(简称《华沙公约》)、1955年《修订1929年10月12日在华沙签订的统一国际航空运输某些规则的公约的议定书》(简称《海牙议定书》)、1961 年的《统一非缔约承运人所办国际航空运输某些规则以补充华沙公约的公约》(简称《瓜达拉哈拉公约》)、1971 年的《危地马拉议定书》和 1975 年的《蒙特利尔第一号附加议定书》《蒙特利尔第二号附加议定书》《蒙特利尔第三号附加议定书》《蒙特利尔第四号附加议定书》等;有关国际铁路货物运输的公约有 1890 年《国际铁路货物运输公约》(简称《国际货约》)、1951 年的《国际铁路货物联运协定》(简称《国际货协》)等;有关国际货物多式联运的公约如国际商会 1973 年的《联合运输单证统一规则》等。(5)有关国际货物运输保险的国际惯例。如国际海事委员会 1974 年的《约克——安特卫普规则》等。(6)有关国际贸易支付的国际公约和国际惯例。其中国际公约有日内瓦 1930 年的《1930 年关于统一汇票和本票的日内瓦公约》(简称《统一汇票本票法公约》)与 1931 年的《1931 年关于统一支票法的日内瓦公约》(简称《统一支票法公约》)、1988 年的《联合国国际汇票和本票法公约》(简称《国际汇票本票公约》)等;国际惯例有国际商会于 1958 年制定 1995 年修订的《托收统一规则》、国际商会于 1933 年制定 2007 年修订的《跟单证用证统一惯例》(UCP600)等。(7)有关知识产权保护的国际公约和条约。其中有关专利保护的有 1883 年的《保护工业产权巴黎公约》(简称《巴黎公约》)、1970 年《专利合作条约》等;有关商标权保护的有 1891 年《国际商标注册马德里协定》、1973 年《商标注册条约》等;有关著作权保护的公约有 1886 年签订的《保护文学和艺术作品伯尔尼公约》、1952 年签订的《世界版权公约》、1961 年缔结的《保护表演者、音像制品制作者和广播组织罗马公约》(简称《罗马公约》)、1989 年在华盛顿外交会议上缔结的《集成电路知识产权公约》等;有关知识产权组织和贸易的协议,如 1967 年的《建立世界知识产权组织公约》、1993 年《与贸易有关的知识产权协议》(TRIPs 协定)等。(8)有关国际投资的国际公约和国际惯例。如 1965 年的《解决国家和他国国民间投资争议公约》、1985 年的《多边投资担保机构公约》以及 1994 年的《与贸易有关的投资措施协定》(TRIMs)与《服务贸易总协定》(GATS)等。[17]

除统一实体法之外,有关国际商事诉讼、仲裁以及商事纠纷争议方面的国际公约和国际惯例,在调整国际商事与贸易事务中也占有重要地位。其中有关国际商事仲裁的公约有 1958 年在纽约制定的《承认及执行外国仲裁裁决公约》、1965 年的《关于解决国家和他国国民之间投资争端公约》(简称《华盛顿公约》)、1985 年联合国国际贸易法委员会制定的《国际商事仲裁示范法》等;又如在多边贸易组织

---

〔17〕 赵威:《国际商法概念初探》,载《政法论坛》1997 年第 3 期;左海聪:《国际商法是独立的法律部门》,载《法商研究》2005 年第 2 期。

(GATT 和 WTO)框架下于 1979 年在东京达成的《关于通知、磋商、争端解决和监督的谅解》和 1986 年启动的乌拉圭回合谈判结束后达成的《关于争端解决规则与程序的谅解书》等协议,对解决国际贸易纠纷起着越来越重要的作用。关于国际商事诉讼的公约,具代表性的,如海牙国际私法会议 1965 年起草并于 2005 年生效的《选择法院协议公约》、1954 年的《民事诉讼程序公约》、1965 年的《关于向国外送达民事或商事司法文书和司法外文书公约》(简称《海牙送达公约》)、1970 年的《关于从国外调取民事或商事证据的公约》(简称《国外取证公约》)等;[18] 又如欧共体国家之间 1968 年的《关于民商事管辖权及判决执行公约》(简称《布鲁塞尔公约》)、1988 年的《关于民商事管辖权和判决承认的卢加诺公约》(简称《卢加诺公约》)、2000 年的《关于民商事管辖权及判决执行的第 44/2001 号条例》(简称《布鲁塞尔条例》)等;[19] 美洲国家间 1928 年的《布斯塔曼特法典》(又称哈瓦那《国际私法法典》)、1979 年的《美洲国家间关于外国判决和仲裁裁决的域外有效性公约》(简称《美洲国家间公约》)等。[20]

(二)当代商法的时代特征

在以国际商法时代特征的当代商法,商事立法和实施具有如下一些鲜明特点:

1. 商法的创制主体部分已由主权国家逐渐被主权国家或独立关税区之间的谈判和协商所取代。由于营业中投资、经营、交易的跨国化、全球化和一体化,营业已不仅仅是单一国家或地区的纯粹内部事务,而是涉及不同国家或地区、某一特定区域,甚至全球性的世界性经济行为,因此,为协调营业的国际化需要,就要求不同国家或地区之间,以国家间国际组织、国际会议等形式,进行必要的谈判和充分的协商,形成以国际公约、国际惯例、国际协定、国际组织规则、国际条约、双边协定等具体的共同性规范或准用性规则,以努力消除不同国家或地区商事法律、制度方面的差异或冲突在营业国际化方面所造成的限制和障碍,则成为营业国际化时代的各不同国家或地区的共同选择和必要之举。因之,联合国国际贸易法委员会、国际统一私法协会、海牙国际私法会议、国际法协会、国际商会、国际海事委员会、世界贸易组织、欧共体理事会、亚太经合组织等代表性国际组织,就成为当代国际商法的重要创制主体。

---

〔18〕 陈卫佐:《海牙国际私法会议对 21 世纪国际私法新发展的贡献》,载《法学》2007 年第 11 期;田立晓:《海牙国际私法会议及其公约的发展趋势》,载《政法论坛》2009 年第 3 期。

〔19〕 王克玉:《"布鲁塞尔体系"和"海牙公约体系"下的正当程序比较研究》,载《比较法研究》2009 年第 3 期。

〔20〕 方之寅:《美洲国家间关于国际商事仲裁的公约》,载《法学评论》1983 年第 2 期。

2. 国际商法已成为商法中最重要的法源。以国际公约、国际惯例、国际协定、国际组织规则、国际条约、双边协定为具体形式的国际商法概念体系、规范体系和规则体系,因所调整的跨国、国际、全球营业关系具有自愿交易性,其涵盖的特定概念、法律规范和具体规则具有鲜明的适用共同性和国际统一性,并形成与国内商法渊源既相对独立、又密切联系的国际商法渊源,成为当代商法最为重要的法源之一。国际商法在当代的发展,所反映的是商法在历经了中世纪商人法、近代国家商事法及商法的国际主义回归这一必然的发展阶段。[21] 国际商法事实上已形成了一个功能自洽的跨国法体系,与国内商法,并立而成为当代商法不可或缺的法律渊源。

3. 国际公约和国际惯例等国际商法规则在商事领域适用的作用和范围日益扩大,甚至具有优先于国内法效力的地位。这与前面所介绍的国际商法领域的广泛性,即有关国际商事交往的国际条约和惯例既涉及商事实体法,又包括商事纠纷争议解决的程序法具有重大关联。与商事有关的国际公约和国际惯例因具有直接的适用性而为各缔约国共同遵守和援用。

4. 由于商事立法的国际化和公约化从而推动了各国国内法的改革和修订,因此各国商事立法的趋同化日益明显。典型的,如《联合国国际货物买卖合同公约》,就促进了大陆法系与英美法系两大合同法体系冲突的缓和;又如《代理法律适用公约》对商事代理概念的厘定,对协调大陆法系的显名代理与英美法系的实质代理,就具有示范意义;再如,《日内瓦票据公约》与《联合国国际汇票和本票法公约》在调和大陆法系与英美法系两大票据规则体系方面,具有划时代意义。至于诸如商事登记中的许可或注册制、一人公司、公司人格否认、独立董事、证券发行的注册或登记制度、商事信托、金融业的混业或分业经营等,原来存在于两大法系、不同国家或地区之间的明显差异,也因国际商法在更广泛领域的作用和不同法系、国家或地区之间的相互借鉴,而逐步走向趋同甚至统一。[22]

第二节　商法的发展与分流

商法的流是指由于不同法系、国别的历史和制度环境差异,使商法在其发展过程中形成以不同法律形式、不同立法体例和不同法律运行机制为表现特征的商法类型和体系。商法的流最具典型意义的是因不同法系背景而形成的大陆法系商法

---

〔21〕 孙南申、彭岳:《市场运行中国际商法体系的历史与发展》,载《东方法学》2010 年第 2 期。

〔22〕 李双元、李赞:《全球化进程中的法律发展理论评析》,载《法商研究》2005 年第 5 期。

和英美法系商法。

一、大陆法系商法

大陆法系商法是以中世纪城市商法为基础,并随罗马法的复兴而于13世纪开始形成,而近代意义上的商法则是17世纪以后国家商事立法大量出现之后的事情。至19世纪,以《法国商法典》《德国商法典》为代表的大陆法系商法已臻于完善。大陆法系商法在其形成和发展过程中,表现出如下特征:(1)大陆法系存在独立的商法部门。无论是选择民商分立,还是采用民商合一,在私法体系中,商法作为与民法相对独立的概念、法律、规则和制度体系,与民法保持着相对的独立性。(2)以国家立法为商事法创制的主要方式。大陆法系商法虽以中世纪带有自治性、习惯性的商人法、城市商法为基础,但自1673年法国国王路易十四颁布《法国陆上商事条例》以后,国家商事立法迅速取代了传统自治商法的地位,成为商事立法的主要形式。(3)法典化的商法为主要表现形式。由于受罗马法成文法传统和法典编撰技术的影响,更由于《法国商法典》《德国商法典》的示范性作用,大陆法系国家特别是直接受法、德商法影响的国家,大都制定了独立的商法典或包含商法内容的民法典。(4)商法的内容和适用在国内具有统一性。持同一立法体例的国家之间的商法差异不是十分明显,有些国家甚至直接援用他国商法。(5)大陆法系商法在其发展过程中,形成了民商分立和民商合一的两大立法模式,而且影响深远。

(一)民商分立的立法模式

民商分立是指民事与商事分别立法的范式,即在民法典之外,另行制定商法典,民法典与商法典并行存在。民商分立为大多数大陆法系国家所沿用,在形成和发展过程中,因不同的商事立法理念而形成具客观主义特征的法国支系、具主观主义特征的德国支系和揉合法德支系两者特征的折中主义支系。晚近以来,由于国际商法的发展和各国商事立法的趋同化,绝对地持客观主义或主观主义立法理念的国家已鲜见,并具主客观主义特征逐渐成为一种共性。

1. 客观主义——商行为中心主义的立法体例

客观主义商法立法模式,又称商行为中心主义立法例,以1807年《法国商法典》为典型代表。该立法体例以商行为观念为其立法基础,即商法典以调整商事行为为主旨。客观主义即商行为中心主义立法例主要表现为如下几个方面:(1)商行为是《法国商法典》中的核心概念和法律范畴。[23]《法国商法典》的逻辑起点是以

---

〔23〕［英］施米托夫:《国际贸易法文选》,赵秀文译,中国大百科全书出版社1993年版,第57页。

商行为这一基本概念和法范畴为中心来设计和展开的。例如,按照1807年《法国商法典》第1条对商人的定义,凡"从事商行为并以其为经常性职业者"即为商人,认定商人的标准则以是否从事商行为判断之;而根据最新的《法国商法典》,其第一卷"商事总则"第一编则开宗明义对"商事行为"作了详细的界定,其中第L110-1条、第L110-2条有具体列举,且第L110-3条明确规定"针对商人,商事行为得以任何方法证明之,法律另有规定的除外"。[24] (2)以是否为商行为作为适用商法的基本原则。只要行为的活动特征属于商行为,则应适用商法,而不问此种行为是发生于何种不同主体之间。例如,《法国商法典》规定,从事商行为,无论商人或非商人为之,皆适用商法。(3)商法的内容以商行为为中心展开,主要围绕商行为进行规定。例如,《法国商法典》从内容、布局和结构来看,该法典贯穿着商行为这一主线,共分商法总则(以1673年的《法国陆上商事条例》为基础,主要调整陆商行为)、海商(以1681年的《法国海事条例》为基础,主要调整海商行为)、破产(主要调整破产清算行为)、商事法院(主要调整商事诉讼行为)等四编,计648条。(4)以商行为为中心,建立统一的诉讼时效标准。例如,《法国商法典》第189乙条规定,"商人之间或商人与非商人之间,因其商务所生之债,如不受更短的特别时效期间约束,其诉讼时效期间为10年"(现为5年)。(5)以商行为作为法院管辖的主要标准。如《法国商法典》第631条规定,除批发商、零售商和银行经营者之间的债务和交易纠纷,商事公司股东之间的纠纷外,"各种人之间商行为引起的争议案件",均由商事法庭管辖。[25]

《法国商法典》采客观主义之立法理念,与中世纪商人阶层特权的存在和商法适用的局限这一社会背景有关。法典的颁布与实施,其划时代意义在于"它首次打破了中世纪商法只适用于商人阶层的特权而使得商法具有普适性"。[26] 更由于《法国民法典》的示范意义,因而《法国商法典》也如同《法国民法典》那样产生深远影响,不少国家,如卢森堡、比利时、西班牙、葡萄牙、希腊、埃及、土耳其、阿根廷、乌拉圭、墨西哥、秘鲁、加拿大魁北克省、美国路易斯安那州等以之为范式而仿效,从而形成以法国为代表、以商行为中心主义这一客观主义立法理念为基础的法国商法支系。

2. 主观主义——商人中心主义的立法体例

主观主义商法立法模式,又称商人中心主义立法例,是以1897年《德国商法

---

〔24〕《法国商法典》,金邦贵译,中国法制出版社2000年版,第1页;《法国商法典》,罗结珍译,北京大学出版社2015年版,第3~14页。

〔25〕《法国民法典》,金邦贵译,中国法制出版社2000年版,第69页、第73页。

〔26〕施天涛:《商法学》,法律出版社2006年版,第34页。

典》为代表的商事立法范式。该体例以商人中心主义为其立法基础,即以商人及其行为为其调整中心。主观主义之商人中心主义商法立法例,具有如下明显特点:(1)商人为《德国商法典》最基本的概念和法范畴。《德国商法典》中的商人身份、商业公司和隐名合伙、商业账簿、商行为、海商五编结构,均以商人这一核心概念和法律范畴为中心展开。(2)坚持以商人为商法适用的基本标准。同一商行为,如商人为之,则适用商法;非商人为之则适用民法与其他法律,而不论商人之行为属何种性质,凡具有商人资格的营业主体,其行为均应适用商法典。尽管《德国商法典》所调整的商人是指以营业为职业、从事商业的商事主体,与中世纪商法中作为特权阶层的商人有本质的不同,但商人适用《商法典》则是《德国商法典》开创的特殊立法范式。(3)以商人为商法典的主要价值取向。《德国商法典》第一编对"商人的身份"和表现形态作出了甚为细致的规定,并把商人划分为当然商人、法定登记商人、自由登记商人和要式商人等,同时把其渗透到商法典的各编章之中。(4)以商人为参照标准,对商法典调整和规定的内容进行取舍。如《德国商法典》四编计 905 条,其主要内容均与商人有关。与《法国商法典》明显不同,诸如保险、票据、破产、商事法院等带有明显商行为特征的内容,并未纳入《德国商法典》的调整范围。[27]

《德国商法典》因其立法体系的完整性和严密的逻辑性,且同《法国商法典》相比较,它把有关商事程序剥离出商法典,使之更具纯粹的商事意义,因而被不少国家如奥地利、土耳其(原采用法国立法体例)、瑞典、挪威、丹麦、瑞士(债务法)、意大利(旧商法)、日本等国家所效仿,从而形成以德国为代表、以商人中心主义这一主观主义立法理念为基础的德国商法支系。

3. 折中主义的商法立法范式

无论是商行为中心主义还是商人中心主义的立法体例,均有其局限性。持商行为中心主义则过分强调商行为的营业性特征,而忽视了商事主体本身的特殊性;持商人中心主义则无限夸大商事主体的特殊性,而对商事主体与非商事主体之间发生的商事行为和商事主体从事的非商事行为则不能兼及。因此,一些商事立法后起的国家在制定本国商法典时,则兼采商行为观念与商人身份观念作为商事立法之基础,形成兼具法国与德国两大商法支系特色的折中主义或混合主义的新商法立法体例,如比利时、日本,其中以《日本商法典》最具典型意义。《日本商法典》于 1898 年通过施行,共分总则、公司、商行为、票据、海商等五编,计 689 条。《日本商法典》的折中主义特色集中体现在《日本商法典》第一编第一章"法例"对商法典适用范围的限定,即经商业注册的商人应适用商法,凡从事商事行为的商人与非商

---

〔27〕《德国商法典》,杜景林、卢谌译,中国政法大学出版社 2000 年版,第 3 ~ 44 页。

人之行为均应适用商法。例如,《日本商法典》第1条、第2条规定,凡从事商行为者均应适用商法,明显属于商行为中心的法则。又如,《日本商法典》第3条规定,无论是双方商行为,还是单方商行为,“当事人一方实施商行为时,本法适用于双方”;“当事人一方有数人,其中一人实施商行为时,本法适用于其全体”,以及第一编总则第二章“商人”的规定及法律适用规则,则又具有明显的商人中心主义特征。〔28〕以日本为代表的折中主义商事立法体例对解读当代商法的时代精神具有现实意义。《日本商法典》对东亚地区的商法如《韩国商法典》有直接的影响。

相对而言,《法国商法典》所创商行为中心的客观主义商事立法理念,由于其突破了中世纪商人特权和法律适用上的差别待遇,其对现实商事活动更具有兼容性、灵活性和开放性,因而其立法就可通过“删除+修改”之补充式立法,且把商事实体法与程序法整合在一块,使其能根据时代的变迁以吸纳新的内容,从而维持对商法典体系的完整性。2009年重新推出的《法国商法典》,其内容则包括商事总则、商事公司与经济利益合作组织、特定形式的买卖与排他性条款、价格与竞争自由、商业票据与担保、企业困境与破产重整、商事法院及商事组织、某些受特别规则约束的职业、适用于海外(省、领地)的规定等九大部分,不仅维持了1807年《法国商法典》的主体内容,而且揉进许多新时代商行为形态。〔29〕相对而言,《德国商法典》,因其仍然坚守“商人”这一范畴,虽然《德国商法典》中的“商人”与中世纪商人法中的“商人”之范围已得到大大拓展,且从立法体系来看,更具有概念性和原则性,但受“商人”概念和属性的局限,其因时代变迁而导致的立法调整和修改,就只能选择“另立+修改”的附加式立法,且又选择商事实体法与程序法的分立模式,故经1998年《商法改革法》后,《德国商法典》虽仍保留原有框架和内容,〔30〕但已不再是原有完整意义上的法典,其在商法体系的作用越来越趋向于“总则”的性质。〔31〕受德国影响较大、虽采用折中主义立法理念的《日本商法典》,同样变得越来越薄,〔32〕也摆却不了其“空壳化”和“总则化”的命运。

(二)民商合一的立法模式

民商合一的立法模式是指民商法作为一个法律部门实行统一立法,在民法典之外不另行设立商法典,有关商事的内容,或编入民法典作为民法典之一部分,或

---

〔28〕《日本商法典》,王书江、殷建平译,中国法制出版社2000年版,第3~4页。

〔29〕《法国商法典》,罗结珍译,北京大学出版社2015年版,“译者序”第1~13页。

〔30〕《德国商法典》,杜景林、卢谌译,法律出版社2010年版,“译者前言”第1~7页。

〔31〕何勤华、魏琼主编:《西方商法史》,法律出版社2007年版,第291~294页。

〔32〕刘成杰:《最新日本商法译注》,中国政法大学出版社2012年版,第287~343页。

在民法之外另行制定单行商事法规予以规定，或把民法与商法合编为一部混合型的私法法典。采用民商合一这一立法模式的国家和地区，又有三种不同做法：第一种是统一民法典模式；第二种是单行法模式；第三种是民商法合编模式。

1. 统一民法典模式

统一民法典模式，又称完全式的民商合一，是将调整商事关系的有关法律全部纳入到民法典之中，作为民法典的一个组成部分。采用此一立法范式的国家有瑞士、意大利、荷兰等。（1）瑞士。瑞士于1872年制定《瑞士债务法》，1881年颁布《统一债务法典》。1907年瑞士又制定了民法典，包括总则、人格法、亲属法、继承法与物权法。1911年重新修订了债务法典，并将债务法纳入民法典之中作为第五编，该编共分通则、合同、公司、商业登记、有价证券等五章。瑞士民法典首创民商合一的商事立法模式，被后来的意大利民法典所效仿，但《意大利民法典》在具体立法技术的处理上与瑞士有很大不同，特别是商事方面的法规不单独成编。（2）意大利。意大利1942年颁布新的《意大利民法典》，该法典共分七编，计2969条，除序编之外，余下六编为人与家庭、继承、所有权、债、劳动、权利的保护。有关商事的内容不独立成编，而是分散规定在相关编章之中，如有关公司、合伙、合作社以及其他商事组织被编入第五编劳动之中，有关商事交易、银行业务、代理商、信托、保险、有价证券被编入第四编债之中。相对而言，《意大利民法典》之民商合一的程度较之《瑞士民法典》更为彻底。（3）荷兰。荷兰1947年之前仿行法国法例，实现民商分立，但自1947年后在荷兰民法再法典化的推动下，特别是1970年之后陆续通过的新《荷兰民法典》，直至1992年新《荷兰民法典》生效，彻底改变了荷兰原有的民商分立传统。新的《荷兰民法典》重新整合了民法、商法、知识产权法的内容，由人法和家庭法、法人、财产法总则、继承法、物权、债权总则、有名合同、运输法、智力成果法、国际私法等十编构成，取代了在荷兰实施150年之久的民法典和商法典，原商法典的相关内容被吸纳到新民法典中的法人、有名合同、运输法等各编，[33]实现了比较彻底的民商合一。

2. 单行法模式

单行法模式又称相对式民商合一的模式，即在统一民法典统辖民商事基本制度的前提下，配以单行商事法规以补充民法典不周延之处，它以1949年以前国民政府时期的中国和现在我国台湾地区最为典型。例如，1949年以前，中华民国南京政府除编纂有《民法典》（1929～1930年）之外，尚制定有《公司法》（1929年）、《交易

〔33〕［荷］J. 海玛：《荷兰新民法典导论》，载《荷兰民法典》，王卫国主译，中国政法大学出版社2006年版，第1～37页。

所法》(1929年)、《保险法》(1929年)、《票据法》(1929年)、《海商法》(1929年)、《储蓄银行法》(1934年)、《中央银行法》(1935年)、《破产法》(1935年)、《商业登记法》(1937年)等大量独立于民法典的商事单行法、特别法。

3. 民商法合编模式

民商法合编模式,又称分散式的民商合一模式,即把原属于商法典或商法的规范,维持其相对独立性的同时,整体编入统一的民商法典。与统一民法典模式不同,在此种模式中,商法规范是作为一个相对独立的部分纳入民商法典;其名称一般称为民商法典。与单行法模式不同,民商法合编模式中的商法部分,是作为相对独立的部分,整体编入统一的民商法典,而非一单行、特别法形式存在。采用民商法合编模式的代表性国家或地区有泰国、巴西、阿根廷等。(1)1925年《泰王国民商法典》。商法的有关内容就整体编入第三编"典型合同",其中的运输、借贷、保证、抵押、质押、仓储、代理、保险、票据、合伙和公司等分章,均属于典型的商法内容。〔34〕(2)2002年《巴西新民法典》。商法主体部分被编入民法典分则第一编"债权"中的"各种类型的合同"和第二编"企业法",其内容涵盖了租赁、借贷、行纪、代理和分销、运输、保险、保证、企业主、合伙、公司、合作社、关联公司、公司清算、商事登记、商业账簿等内容。〔35〕(3)2013年《阿根廷民商法典》。其初始动因就是实现私法领域的民商合一,目的是"在民法商法化和商法民法化之间达成一种平衡"。〔36〕

二、英美法系商法

与大陆法系商法相对应,英美法系的商法则是在长期的商事判例法基础上发展并以制定法为重要补充形式,并随英国对外贸易、军事侵略、殖民统治和强制推行英国法的过程中逐步形成的。采用该法系商法的国家和地区除英国、美国外,还包括爱尔兰、加拿大、澳大利亚、新西兰、印度、新加坡、冈比亚、尼日利亚、加纳、肯尼亚、乌干达、赞比亚及中国香港特别行政区等。〔37〕与大陆法系商法相比较,英美法系商法具有以下特征:〔38〕(1)无独立的民商法概念。在英美法系中,只有所谓财产法、合同法、债权法、家庭法、信托法、公司法、代理法、票据法、保险法、知识产权法等概念,而不如大陆法系那样有严格的公私法和部门法界限,因而严格意义的民商法

〔34〕《泰王国民商法典》,周喜梅译,谢尚果审校,中国法制出版社2013年版,第84~217页。

〔35〕《巴西新民法典》,齐云译,徐国栋审校,中国法制出版社2009年版,第71~118页、第135~179页。

〔36〕徐涤宇:《解法典后的再法典化:阿根廷民商法典启示录》,载《比较法研究》2018年第1期。

〔37〕何勤华主编:《英美法系及其对中国的影响》,法律出版社2009年版,第1页以下。

〔38〕何勤华、魏琼主编:《西方商法史》,法律出版社2007年版,第342~346页、第462~464页。

部门或商法部门在英美法系国家中是十分模糊的。(2)有关商事方面的法律渊源是多元的。在英美法系国家,商事法原以习惯法与判例法为主要渊源,如所谓“普通法”(Common Law)或不成文法(Non – Statutory Law);又如英美法中的信托规则大多来自衡平法(Equity Law)。19 世纪以来,为适应商事活动发展的需要,由议会创制的大量商事单行法在调整商事活动中起着越来越重要的作用,因而制定法也已成为英美法系商法的主要渊源。(3)商法中无统一的原则和一般性制度。由于英美商法无独立的商法部门,成文法、制定法的法典化程度比较低,也就没有如大陆法系商法典或民法典那样的总则或一般性规定,诸如大陆法系国家或地区商法中商人、商行为、商事账簿、商事登记、商号、商事代理、商事时效等概念和规则,在英美商法中基本上不存在;也不存在诸如营利性原则、效率性原则、信用原则、外观原则、文义原则等适用于不同商法领域的一般性规则。其商法规则或法律原则一般是通过判例或法律重述加以创制和归纳,且只适用于某一特殊商法领域,如独资企业、合伙企业债务清偿中的双重优先原则,企业法中的营业维持或企业维持原则,公司法领域中债务清偿的揭开公司面纱和衡平居次原则,破产法中母子公司清算中的实质合并原则等。(4)商法中有着不同于大陆法系国家或地区的立法设计和制度安排。诸如公司登记中的任意主义与注册原则;公司治理中的单层结构和独立董事制度;证券发行中的注册登记制与损害赔偿制度;代理法中对代理人之实质代理权的规定;公司清算中的先清算后解散原则;破产债权中国家债权与普通债权同一位序清偿原则等。(5)商法有着不同于大陆法系商法的规范形式。如大陆法系商法中,实体法与程序法一般是截然分开的,而在英美法系商法中,受“程序先于实体”“无救济则无权利”之法理念的影响,商法早期是以“诉讼令状”等形式存在,特别是以普通法形式存在的商法,印有鲜明的诉讼程序痕迹。尽管经 1852 年废止诉讼令状的改革,但正如英国法史家梅特兰所言,商法等法律中“虽然埋葬了诉讼形式,但它仍然会坟墓里统治着”商事裁判与实践。[39] (6)不同国家和地区之间的差异较为明显。如英国与美国,无论从商事立法的权限还是在商事立法成文化、法典化方面,均存在巨大的差异。在英国,商事立法权限一般属于英国下议院,因而英国商事法是统一的;在美国,商事立法权限除证券交易等涉及跨州交易的商事立法权属联邦之外,其他均属各州专有,因之美国各州的商事立法权限是分立的,自然商法内容和具体规定难以在各州之间实现统一。又如在英国,议会立法和法官判例是创制法的主要方式,故无论是判例还是法案,均是不系统的,商法的成文化、法

〔39〕　转引自[法]勒内・达维:《英国法与法国法——一种实质性比较》,高鸿钧等译,清华大学出版社 2002 年版,第 153 页。

典化程度较低；在美国，由于有像美国法学会、美国律师协会、全国州法统一委员会等民间机构的作用，一系列法典形式的商事示范性法对各州立法的系统化和统一化起着重要作用，因此，在美国各州制定的商事法规中，其系统化、成文化、法典化程度明显比英国要高。以下以英国、美国、加拿大、澳大利亚等四国为代表*，分述之。

（一）英国商法

英国商法是英美法系、普通法系商法的原生形态，广义意义上的商法包括合同法、代理法、合伙法、公司法、商品买卖法、竞争法、票据法、担保法、保险法、知识产权法、破产法、商事仲裁法等多个具相对独立性的子法部门或领域；〔40〕其基本特征可概括为如下几个方面：

1. 英国商法具有浓厚的习惯法、判例法色彩和痕迹。在英国，商法的主要渊源为商业习惯和判例。17 世纪以前，商法具有明显的商人法色彩，如 1283 年《商人法》、1303 年《贸易特许状》、1353 年《贸易中心法》以及受《奥列隆法典》影响的海事习惯性规则等，均为商业习惯法、商人法与判例法形式；直至 18 世纪以前，英国商法规范尚属于衡平法的范畴，诚如大法官伏拉斯巴勒于 1791 年在判词中所言，“商法的基础在于公平原则，应遵循争议与公平所支配的衡平法准则”。〔41〕

2. 制定法作为英国商法的重要渊源，其立法权集中于英国议会，商法保持着高度的统一。19 世纪末至 20 世纪初，由于英国议会在立法方面作用的日益突出，国会在商事方面的制定法则成为商法最为重要的渊源。在代表性的商法制定法中，如合伙法包括 1890 年《合伙法》、1907 年《有限合伙法》等；公司法包括 1720 年《泡沫公司法》、1825 年《公司法》、1855 年《有限责任法》、1856 年《股份公司法》、1862 年《公司法》、1908 年《公司法》、1929 年《公司法》、1948 年《公司法》、1967 年《公司法》、1976 年《公司法》、1980 年《公司法》、1981 年《公司法》、1985 年《公司法》、2006 年《公司法》等；〔42〕票据法包括 1882 年《流通票据法》、1892 年《票据法》等；代理法包括如 1889 年《经纪人法》、1889 年《商事代理法》（1993 年修改）、1953 年《代理关系调整法》、1979 年《王室代理法》和《不动产代理法》等；信托法包括如 1893 年《受托人法》（1925 年修改）、1896 年《司法受托人法》、1906 年《公共受托人法》、1954 年《公益信托确认法》、1957 年《公共受托人报酬法》、1958 年《信托变更法》、

* 本部分分国家论述，具体规范性文件不再逐一加国别。——编者注

〔40〕 董安生等编译：《新编英国商法》，法律出版社 1991 年版，第 1 页以下；董安生主编：《新编英国商法》，复旦大学出版社 2009 年版，第 1 页以下。

〔41〕 转引自何勤华、李秀清主编：《西方商法史》，法律出版社 2007 年版，第 8 页。

〔42〕 葛伟军：《英国公司法要义》，法律出版社 2014 年版，第 7 ~ 11 页；林少伟：《英国现代公司法》，中国法制出版社 2015 年版，第 1 ~ 5 页。

1961 年《受托人投资法》、1968 年《地方当局共同投资信托法》、1972 年《公益受托人社团法》、1986 年《公共受托人和基金管理法》、1987 年《信托承认法》、1996 年《土地信托和受托人任命法》、1999 年《受托人委托法》、2000 年《受托人法》等;〔43〕此外,还包括 1893 年《货物买卖法》、1894 年《破产法》、1906 年《海上保险法》、1914 年《破产法》、1924 年《海上货物运输法》、2012 年《消费者保险(披露和陈述)法案》、2015 年《保险法》等。足见,英国议会制定的成文法,已成为商法的主要渊源。

3. 欧共体商法对当代英国商法产生较大影响。由于英国属于欧盟的成员国,尽管 2017 年 3 月英国经公投后正式启动"脱欧"申请,但《里斯本条约》第 50 条规定,这一谈判进程最快也要于 2019 年 3 月才能完成,而在这之前,作为欧盟成员国,欧共体所通过的涉及商法方面的指令和规则,因其对英国国内法的制定和修改产生直接影响,也就成为英国商法的重要渊源。

足见,现今英国,判例法、制定法、欧共体法则成为英国商法的主要渊源;〔44〕不仅如此,英国制定法的立法权集中于议会,遵循先例的判例之标准的统一性和欧共体影响的直接性,决定英国商法在国内的统一性,这是英国不同于美国、加拿大等其他英美法系国家或地区的地方。

(二)美国商法

殖民地时期的美国商法受英国的影响很大,1776 年独立战争以后,美国商法走上不同于英国的发展轨迹。由于美国与英国一样,无独立的私法部门,更无民商之间的区分,一般而言,不同学者对美国商法范围的界定也不尽相同。如在叙述美国商法时,有学者把其归纳为所有权、信用、破产法、公司法、合伙法、合同法、买卖法、商业票据法、代理法、反托拉斯法等内容;〔45〕有学者把其概括为财产法、不动产法、合同法、销售法、反托拉斯法等几部分;〔46〕有学者把其分为合同法、买卖法、财产法(含租赁、信托)、担保法、商事组织法(公司、合伙、有限合伙、代理)、流通票据法、侵权行为法、网络法等几部分;〔47〕有学者把其分为商事组织(公司、破产和重整、代理)、财产(财产、保险、信托、知识产权)、合同、商事交易(买卖与租赁、担保与产品责任、票据、动产担保交易、证券交易)、政府管理(商业行政、雇佣和劳动关系法、消

〔43〕 葛伟军等译:《历史的经典与现代的典范:英国信托成文法编译》,法律出版社 2017 年版,"总目录"。

〔44〕 [美]斯蒂芬·加奇:《商法》,屈广清、陈小云译,中国政法大学出版社 2004 年版,第 5 页。

〔45〕 郭星亚、蔡富生:《美国商法释义》,江苏人民出版社 1992 年版,第 11 页以下。

〔46〕 高榕、李舒:《美国商法浅谈》,上海人民出版社 1997 年版,第 37 页以下。

〔47〕 苏号朋主编:《美国商法:制度判例与问题》,中国法制出版社 2000 年版,第 23 页以下。

费者保护法、反托拉斯法、环境保护法）等几部分。[48] 与英国商法比较，美国商法在其形成和发展过程中呈现出如下鲜明特点：

1. 商法的成文化、法典化程度更高。相对于英国而言，商业习惯、判例法作为商法渊源的比例，在美国商法规范的整体构成中已大大降低，制定法已成为美国商法的主要渊源。

2. 商法立法权在联邦政府与州政府之间有明确的分工。1787 年《美国宪法》确定了联邦政府与州政府之间的分权原则，联邦政府行使有关赋税、通商、破产、币制、信用借贷、银行等涉及联邦全境范围内的商事立法，其他诸如买卖、公司、代理、信托、保险、票据等商事立法权，属于各州。其中，由联邦议会制定的涉及证券、跨州交易的代表性法案有 1933 年《证券法》、1934 年《证券交易法》、1935 年《公用企业控股公司法》、1939 年《信托合同法》、1940 年《投资公司法》、1940 年《投资顾问法》以及 1970 年《证券投资者保护法》等；[49] 又如，在美国，破产法属于联邦法律，比较有名的 1800 年《破产法》、1841 年《倒产法》、1898 年《破产条例》、1978 年《破产法》（经 1984 年、1986 年、1988 年、1990 年、1994 年、1998 年、2000 年、2001 年、2003 年多次修改）等，联邦破产法至高无上的原则实际上排除了各州立法机关对破产法的制定权。[50]

3. 各州之间商法立法体例及制度内容有比较大的差异。如在公司法、合伙法领域，就有著名的《特拉华州普通公司法》《特拉华州有限责任公司法》《特拉华州有限合伙法》《加利福尼亚公司法》《纽约职业服务公司法》等。又如路易斯安那州，就明显受法国法影响，奉行民商分立，不仅有《民法典》，而且还曾启动《商法典》的制定；其中《民法典》第一卷第一编“自然人和法人”明确规定“法人是被法律赋予人格的实体，如公司和合伙。法人的人格独立于其成员”，其有关法人或社团（包括公司和合伙）的规定原集中在第一卷第十编，后被废除；[51] 又由于制定《商法典》的议案在 1824 年被州议会驳回，实际上，路易斯安那州也属于《民法典》下的商事特别法模式，商事立法受《普通公司法》等单行商事制定法调整。

4. 商法的统一化一直是美国立法机关与法学界的努力方向。由于各州商法的不统一，且不同州商事立法的差异性比较大，为消除各州之间商法和商事制度方面

〔48〕 张胜利、戴新毅：《美国商事法概论》，中国政法大学出版社 2012 年版，第 92 页以下。

〔49〕 ［美］托马斯·李·哈森：《证券法》，张学安等译，中国政法大学出版社 2003 年版，第 5 ~ 9 页。

〔50〕 ［美］大卫·G. 爱泼斯坦、史蒂夫·H. 尼克勒斯、詹姆斯·J. 怀特：《美国破产法》，韩长印等译，中国政法大学出版社 2003 年版，第 4 ~ 7 页。

〔51〕 《最新路易斯安那民法典》，徐婧译注，法律出版社 2007 年版，第 9 页、第 59 页；《路易斯安那民法典》，娄爱华译，厦门大学出版社 2010 年版，第 4 页、第 48 页。

的巨大差异,19 世纪末以来,全国州法统一委员会、美国法学会、美国律师协会等非管方民间机构,在推动美国商法的统一化和法典化方面,发挥着重要作用。特别是一系列带有示范性质的商事单行法和商事法典得以制定,使美国商事立法的统一化进程得以加快。其中具代表性的统一性商事单行法和商事法典有:1896 年的《统一流通票据法》、1906 年的《统一买卖法》和《统一仓单法》、1909 年的《统一提单法》(又称《统一载货证券法》)和《统一股份转让法》、1918 年的《统一附条件销售法》、1933 年的《统一信托收据法》;1951 年上述法律经美国法学会、美国统一州法委员会修改合编为《统一商法典》(Uniform Commercial Code)于 1952 年公布,实体内容包括总则,买卖,商业票据,银行存款和收款、资金转账,信用证,大宗转让,仓单、提单和其他所有权凭证,投资证券,担保交易、账债和动产契据的买卖等九大部分。[52] 至 1968 年年底,除路易斯安那州以外的 49 个州、哥伦比亚特区、美属维尔京群岛,均通过采纳《统一商法典》的法案。[53] 此外,美国律师协会于 1928 年起草的《统一商事公司法》(该法于 1951 年修改为《示范商事公司法》)、1914 年的《统一合伙法》(1997 年修订)、1976 年的《统一有限合伙法》(1985 年修订)、1996 年的《统一有限责任公司法》等,在美国商法统一化进程中,也起着巨大的示范作用。[54]

5. 美国商法有着强烈的域外适用力和世界影响力。20 世纪以来,由于美国国力的上升,特别是 20 世纪后半叶,随着美国企业竞争力、科技创新力和军事硬实力的迅速扩张,美国商法及设计的制度,也迅速产生域外影响力。典型的如公司治理中的独立董事制度、证券发行登记与损害赔偿制度、有限责任合伙制度、破产清算中母子公司债权人的保护等规则,或者因为纽约第一资本市场的强制性程序,如独立董事制度等具有直接的域外适用效力;或者被直接移植到其他国家或地区的公司法、证券法、破产法里。

(三)加拿大商法

加拿大商法原属英国法的分支,但在其形成和发展中,由于部分地区对法国法的继受和深受美国法影响,呈现出一些自己的特色,具体表现在以下几个方面:

1. 加拿大商法渊源形式的混合性。由于加拿大先后经过法国殖民地、英国殖民地、加拿大联邦等不同时期,不同时期的法律渊源形式又存在比较大的差异,在

---

〔52〕《美国统一商法典》,潘琪译,中国对外经济贸易出版社 1990 年版,第 1 页以下。

〔53〕[美]ALI(美国法学会)、NCCUSL(美国统一州法委员会):《美国〈统一商法典〉及其正式评述》(第一卷),孙新强译,中国人民大学出版社 2004 年版,第 7 ~ 20 页;吴兴光等:《美国〈统一商法典〉研究》,社会科学文献出版社 2015 年版,第 3 ~ 4 页。

〔54〕宋永新:《美国非公司型企业法》,社会科学文献出版社 2000 年版,第 20 ~ 26 页;虞政平:《美国公司法规精选》,商务印书馆 2004 年版,第 1 ~ 13 页。

1763年《巴黎和约》之前的法国殖民地时期，加拿大主要适用法国法，宗主国法国的成文商法就是加拿大商法的主要渊源；1763年《巴黎和约》至1867年《英属北美法案》为英国殖民地时期，除小加拿大的魁北克省外，其余各省基本适用英国习惯商法、判例法、衡平法和制定法；1867年以后特别是1931年《威斯敏斯特条例》通过以后，加拿大在逐步走向独立的过程中，在总体延续原有商法传统的前提下，联邦议会制定了一系列商事单行法，议会制定法作为商法的重要法源形式，而这一重要法源形式又受到美国法的影响。受以上各种因素的酵化，加拿大商法具有明显的混合法色彩。[55]

2. 加拿大联邦议会与省议会各自拥有管辖领地内广泛意义上的商事立法权，无明晰的立法权划分。根据1867年《英属北美法案》的规定，魁北克、安大略、新斯科舍和新不伦瑞克四省组成加拿大联邦，联邦议会和省议会都享有民商事立法权，此一立法权分配既不同于英国集中于中央，也不同于美国在联邦与州政府之间有适度分工权限，而是联邦议会与省议会几乎是平等享有民商事的立法权，因而在加拿大特别是如魁北克这样有大陆法系商法传统的省份，就往往存在联邦议会制定、省议会制定的两套制定法系统，并同时具有适用效力。[56] 就加拿大联邦议会制定的商事法案而言，代表性的如《加拿大公司法》《加拿大公司法细则》《加拿大证券法(草案)》《银行法》《汇票法》《破产与资不抵债法》《公司债权人安置法》《公司债权人管理办法》《结业与重组法》《雇佣保险法》等；除魁北克省外，其他省议会也有制定商事法的权力。[57]

3. 不同省域商法与制度之间存在比较大的差异。如魁北克省，其商法就基本延续了法国法的传统，其法律渊源主要为“民法典+商事特别法”，其中《魁北克民法典》的前身1865年《加拿大民法典》第四编“商法”，为典型的民商混同、独立编章模式。1977年以后的《魁北克民法典》作为大陆法系法国法与英美法结合的产物，第五编“债”的内容主要为商法；此外主体部分的相关条文中，基于私人利益的法人与商事主体直接有关，如根据第300条关于“基于公共利益设立的法人，主要由设立它们和适用于它们的特别法案调整；基于私人利益设立的法人，主要由适用于其特定形态的法案调整”；“适用于两种类型法人的特别法案规定不足时，也可以适用本法典，尤其在它们作为法人的身份、其财产或它们与其他人的关系方面”等准用性

---

〔55〕 刘艺工主编：《加拿大民商法》，民族出版社2003年版，第1～10页；焦杰等：《魁北克商法》，中国政法大学出版社2014年版，第1～7页。

〔56〕 See *Canada Constitution* 1867, art. 91, 92.

〔57〕 焦杰等：《魁北克商法》，中国政法大学出版社2014年版，第45～46页、第113～114页、第156～162页。

规定,[58]有关企业、商事公司和其他商事活动的立法,不由《民法典》作具体规定,而适用商事特别法。如由魁北克省议会制定的《公司法》《魁北克股份公司法》《企业公示法》《法人特别权利法》《证券法》《金融市场管理局法》《保险公司法》《机动车保险法》《存款保险法》《公司清算法》等,[59]在特别法没有规定的情况下,则适用《魁北克民法典》的一般性规定。在加拿大的其他省份,则基本奉行普通法传统,但采用普通法系商法的各省之间,也存在比较大的差异。

(四)澳大利亚商法

澳大利亚商法受英国影响比较直接。1901 年之前,澳大利亚作为英国的殖民地,英国商法即为澳大利亚商法的直接渊源。1901 年澳大利亚摆脱英国的殖民统治,建立澳大利亚联邦政府,原有的 6 个殖民地变为联邦政府下的 6 个州,澳大利亚成为英联邦中的一员,实行"名义上忠君"的加拿大式联邦制国家。[60] 但在 1931 年英国议会制定《威斯敏斯特条例》之前,英国议会一直是澳大利亚的权威立法机关;《威斯敏斯特条例》制定之后,英国议会在法律上虽仍保留着应澳大利亚政府及议会之邀请为澳大利亚制定法律的权力,但澳大利亚联邦的独立性及联邦议会的立法权得到进一步的加强。1986 年英、澳两国签署《与澳大利亚关系法》,随后澳大利亚联邦的《澳大利亚法案》和英联合王国的《澳大利亚法案》最终取消了英国对澳大利亚任何地区的立法权,澳大利亚取得独立的立法权,并收回了终审权,立法和司法走向完全的独立。[61]

与英国一样,澳大利亚商法的主要渊源为商业习惯、判例法和制定法,在 1901 年以后的相当长历史时期,英国的商业习惯、判例法和制定法,在澳大利亚联邦及各州具有直接适用的效力,直到 1986 年以后,澳大利亚法院才可不遵循英国的判例法。与英国不一样的是,由于澳大利亚实行的联邦制国体,联邦政府下的 6 个州、2 个地区均有自己的议会或两院制议会的下院,且拥有它们自己的立法和法院体系。与美国有某些相似之处,澳大利亚各州、地区有独立的商事立法权,诸如合伙、公司、证券、保险、破产等领域制定法的立法权,仍然分属各州。如根据澳大利亚联邦《宪法》的规定,联邦议会对合伙事务不享有立法权,合伙立法权分属各州,《合伙法》仍然属于州法。这种情况直到今天依然没有变化,只是在近 100 年的时间里,各州都对

---

[58] 《魁北克民法典》,孙建江等译,中国人民大学出版社 2005 年版,第 38 ~ 39 页、第 268 ~ 279 页。

[59] 焦杰等:《魁北克商法》,中国政法大学出版社 2014 年版,第 45 ~ 46 页。

[60] 王宇博:《澳大利亚——在移植中再造》,四川人民出版社 2000 年版,第 146 ~ 148 页;何勤华主编:《澳大利亚法律发达史》,法律出版社 2004 年版,第 9 ~ 18 页。

[61] [澳]汤姆·坎贝尔、贝茨·坎贝尔:《澳大利亚的法律和法律制度》,丁相顺译,载《法学家》1998 年第 2 期。

《合伙法》进行了多次修改，在实践上维持了各州《合伙法》之间的实质性统一。[62]

1901年以后，获得独立的澳大利亚在商事制定法上迈开了独立的步伐，尽管澳大利亚各州议会拥有比较大的商事立法权，但联邦政府议会在促进各州商法统一进程上发挥了主导作用。以公司法为例，就经历了沿用英国公司法（1862年英国公司法案）、统一公司法（1961年联邦《统一公司法》）、联邦公司法（1989年通过，1991年通过各州协议定名为《各州领公司法》，2001年修订）等不同时期。[63] 1975年以前，各州都制定有自己的公司法，且不同州之间公司法存在比较大的差异。1972年，除南澳大利亚和塔斯马尼亚外，其余4个州有统一的《公司法》和《证券行业法》；由于联邦《宪法》第51条规定联邦议会有权就"外国公司以及成立于联邦境内交易和金融公司"进行立法，此后的1975年至2001年，各州就开始寻求公司联邦立法的替代方案。1989年，澳联邦议会通过的《公司法》和《澳大利亚证券委员会法》就是这一时期商法统一最为重要的成果；1999年出台的澳大利亚《公司法经济改革方案法》，进一步推动了公司判例上董事注意义务中"商业判断规则"的成文化；2001年之后联邦立法就成为澳大利亚公司、证券统一立法的主流选择，典型的如2001年联邦议会通过的《公司法》《金融服务改革法》《证券和投资委员会法》等法案，初步完成澳大利亚公司法、证券法的统一化历程。[64]

除公司和证券相关法律外，由澳大利亚联邦出台的制定法还有如1959年《银行法》、1966年《破产法》和《破产实施细则》、1973年《保险法》、1984年《保险合同法》（2012年、2013年、2016年修改）、[65] 1991年《破产法修正案》、1998年《审慎监管法》以及1909年《海上保险法》、1911年《海员赔偿法》、1912年《航行法》、1981年《海上保护（民事责任）法》、1981年《航运登记法》、1983年《（防止船舶污染）海洋保护法》、1988年《海事法》、1989年《海事索赔责任限制法》、1991年《海上货物运输法》等，[66] 基本形成比较完整的成文法、制定法商法体系。

---

〔62〕 蒋杰：《澳大利亚的合伙法律制度》（上、下），载《中国工商管理研究》1996年第7、8期。

〔63〕 何勤华主编：《澳大利亚法律发达史》，法律出版社2004年版，第206～214页。

〔64〕 黄辉：《现代公司法比较研究——国际经验及对中国的启示》，清华大学出版社2011年版，第29～36页。

〔65〕 孙宏涛：《澳大利亚〈保险合同法〉的最新修改解析》，载《中国保险报》2017年12月14日，第4版。

〔66〕 张进先：《澳大利亚海商法律的改革与发展》，载《中国海商法年刊》1992卷，大连海运学院出版社1992年版，第274页。

三、商法发展与变迁的一般规律

(一)商法发展与变迁的基本轨迹

从商法的产生、发展与变迁历程来看,与一般法律一样,商法一直是沿着习惯→习惯法、习惯法→成文法、成文法→法典化这一基本轨迹而不断演化,并最终导致18~19世纪商法成文化、法典化的高峰;但20世纪以降,随着营业的专业化、精细化,商法子部门法的频繁修改和大量商法新子部门法的涌现,进而出现商法典的解构和析分现象,单行商事法渐成商法的主流形式。

1. 从营业交易习惯到商人习惯法

商法发展的第一阶段是营业中的交易习惯到逐步定型的习惯法。早期、处于萌芽状态的商法,其创制主体为从事商业、贸易、贩运、交易行为的贸易型商人,其在交易过程中所拟定的各种交易规则、订立的各种合同、签订的各种协议、制定的各种章程及由此形成的各种共同认可、共同遵守的交易惯例,则构成早期、原生、萌芽性质的商事交易习惯。后世和现代意义上的商法,均肇起于此类各种交易习惯。商事习惯最初的具体形式包括各种民间商会规范(商人团体习惯法)、行业惯例、商业禁忌习惯和国际商事惯例等,[67]或表现为惯例型商事习惯(惯例型交易习惯或规范)、契约型商事习惯(包括公司章程、合伙协议、定型化契约)、行规型商事习惯(包括商业行业规范、商业行业公约、商业行业标准、商业行业规则)等。[68] 随着营业的拓展、交易的持续和贸易的扩大,商人把在商业、贸易、贩运、交易过程中所形成的共同接受且具有稳定性的各种习惯、规则、条款,进行汇编、集成,则成为所谓的商人习惯法。中世纪及之前的《罗得海商法》即为典型的地中海一带航海、贸易习惯及规则汇编。[69]

2. 从商人习惯法到商事成文法

商法发展的第二阶段是商人习惯法上升为国家成文法,即在商事交易习惯和商人习惯法等自治性规则得到民间广泛认同和自觉遵守的情况下,国家以认可或制定等方式予以记载,使之表现为具体的成文法条或规则。如早期《汉谟拉比法典》对有关买卖、合伙、借贷商业规则的认可和规定,就是典型的商人习惯法到成文法的过程;再如中世纪晚期荷兰、英国、法国、德国等西欧王国,相继把海商、公司、保险等商人习惯性规则,订立为国家制定法,也属于典型的由习惯法上升为成文法的过程。代表性的商事成文法如1673年《法国陆上商事条例》、1681年《法国海事条

---

〔67〕 艾围利:《商事习惯研究》,武汉大学2012年博士学位论文,第39~73页。

〔68〕 董淳锷:《商事自治规范司法适用的类型研究》,载《中山大学学报(社会科学版)》2011年第6期。

〔69〕 王小波:《〈罗得海商法〉研究》,中国政法大学出版社2011年版,第49~52页;袁敏殊、朱克鹏:《论商事习惯法的性质与地位》,载《法学评论》1997年第6期。

例》、1727年《普鲁士海商法》、1751年《普鲁士票据法》、1776年《普鲁士保险法》等，其内容包括商号、商标、居间、行纪、商业账簿、无限公司、两合公司、商事交互计算、银行、运输、仓储、寄托、贷款、保险等交易规则和制度。[70]

3. 从单一成文法到统一商法典

17世纪以后，随着中世纪商人习惯法更多转型为商人共同法，在国家单一商事成文法推动下，特别是以法国、德国、荷兰、西班牙、葡萄牙、意大利等欧洲大陆的商法，其以中世纪城市商法、共同商法、商人法为基础，在17世纪至18世纪已形成的商事成文法、国家制定法的基础上，以1807年《法国商法典》为标志，最终在19世纪形成以国家法、制定法、成文法为基本特征的统一商法典运动。因此，继《法国商法典》之后，1807年《卢森堡商法典》、1811年《比利时商法典》、1829年《西班牙商法典》、1833年及1888年《葡萄牙商法典》、1835年《希腊商法典》、1838年《荷兰商法典》、1850年《土耳其商法典》、1861年《普通德意志商法典》及1897年《德国商法典》、1865年《意大利商法典》、1875年《埃及商法典》、1889年《阿根廷商法典》、1899年《日本商法典》、1902年《秘鲁商法典》等，[71]把涉及商事有关的规则，按照一定的体系和体例，编纂在一部统一的成文法典里，几乎为18世纪末至20世纪初商法的主流立法形式。可见，商法法典化在19世纪已达鼎盛，且成大陆法系国家商事立法的不二选择。之所以出现这样一种共同、普遍的规律性商法立法现象，根本原因在于自17世纪以来，建立在传统商业（新兴贸易业）、手工业（制造业）的近代商法，在19世纪已基本定型并趋于稳定，商事主体和营业行为尚局限于简单、可控的范畴，由一部统一的商法典对涉及营业的各种主体和行为进行规定，无论从立法理念，还是从编纂技术，均是现实的、必要的和可行的。但是统一法典的这些基础性条件，在20世纪30年代以后，则已不复存在。

4. 从统一商法典到单行商事法

商法是营业活动、商品生产与市场经济关系在法律形态中最直接的反映，“没有任何领域比商法更能使人清楚地观察到经济事实是如何转化为法律关系的”。[72]现实营业中的投资、经营和交易种类、形式和环节发生变化，就必然导致商法的补充、修改和调整。最初的这种补充、修改和调整，无论就其内容、还是其幅度，尚不损及甚至危及商法典内容的统一性和体系的完整性，商法典至少在形式上还可勉强维持。但是，自20世纪以降，随着营业种类的多样化、经营形式的专业化和交易过

---

〔70〕 王建文、陈丽丽：《论前法典化时期商法独立生长的轨迹与缺陷》，载《当代法学》2008年第5期。

〔71〕 何勤华、魏琼主编：《西方商法史》，法律出版社2007年版，第278～313页。

〔72〕［德］拉德布鲁赫：《法学导论》，米健译，法律出版社2012年版，第88页。

程的复杂化,特别是20世纪50年代新兴服务业、电子商务、跨国投资、知识产权贸易、多边或区域贸易体制的形成等多方面的原因,营业中的投资、经营、交易等不同形式或环节的多样性、专业性和复杂性,已大大突破了原有统一商法典规定或设定的范围或边界,在此情形下,补充、修改和调整原有商法典的某些规定,试图维持统一商法典原有的内容、体系和框架,已几乎成为一种不可能完成的立法任务。因此,在统一商法典不能完全兼容现实营业的巨大变迁的情形下,突破既有商法典的内容、体系和框架,再把需要作大幅度修改的某些部分或内容剥离出原有商法典,或者在原有商法典之外制定适用新式营业种类、形式或内容的单行法,就成为现当代商法立法形式一种必然、无奈的选择。如法国,自19世纪中叶以来,就相继在商法典之外,先后制定独立于商法典的《商事公司法》(1867年)、《法国期货交易法》(1885年、1985年)、《工人参加股份公司法》(1917年)、《商业登记法》(1919年)、《有限责任公司法》(1925年)、《保险合同法》(1930年)、《法国证券交易所法》(1942年、1988年)、《法国公司法典》(1966年)、《关于司法清理、财产清算、个人破产和破产犯罪的法律》(1967年)、《困境企业司法重整和司法清算法》(1985年)等。〔73〕又如德国,在制定或修改商法典的同时,制定了如《破产法》(1877年)、《有限责任公司法》(1890年制定,1892颁布)、《保险法》(1901年)、《保险合同法》(1908年)、《票据法和支票法》(1933年)、《和解法》(1935年)、《德国股份公司法》(1937年、1965年)、《参与决定股份法》(1976年)、《公司改革法》(1994年)、《破产法》(1994年)等独立于商法典之外的商事单行法。〔74〕再如日本,自1899年《日本商法典》形成总则、公司、商行为、票据、海商五编结构后,经1911年商法典较大修改,《破产法》(1922年)、《和解法》(1922年)、《证券取引法》(《证券交易法》,1948年)、《公司更生法》(1952年)、《金融商品交易法》(2006年)等商事单行法,一开始就独立于商法典,而《票据法》(1932年)、《支票法》(1933年)、《有限公司法》(1938年)、《商业登记法》(1963年)、《保险业法》(1995年)、《公司法典》(2005年)、《有限合伙法》(2005年)等,则在商法典的修改中被逐步剥离出商法典,单独立法。〔75〕至于英美法系国家或地区,商事立法早就以单行法的形式存在。可见,大陆法系国家或地区商法典的解法典化、英美法系国家或地区商事立法的单行化,使商事特别

---

〔73〕何勤华、魏琼主编:《西方商法史》,法律出版社2007年版,第286~288页;王建文:《法国商法:法典化、去法典化与再法典化》,载《西部法学评论》2008年第2期。

〔74〕何勤华、魏琼主编:《西方商法史》,法律出版社2007年版,第293~294页;王建文:《德国商法法典化、去法典化与现代化:历史脉络与启示》,载《法学杂志》2008年第5期。

〔75〕《日本商法典》,王书江、殷建平译,中国法制出版社2000年版,"译者序"第1~16页;任先行、周林彬:《比较商法导论》,北京大学出版社2000年版,第164~165页。

法、单行法,成为当代商法最主流的形式。

(二)商法发展与变迁规律的基本启示

通过对以上不同法系、国家或地区商事立法模式的比较,特别是对不同情形下商法典、民法典在处理商事主体、商事行为中宏观立法思路与具体技术路径的分析,不难发现,尽管不同法系、国家或地区的商法典、民法典在对待商事立法有比较大的差异,或者在商事立法体例和法律形式有不同选择,但也存在不少共同点,并因时代的演变和经济的发展,而具有某些共同的发展趋势和相互借鉴的法律形式。这些共同点和趋同点对我国具有如下启示意义:

1. 商事立法的形式并非一成不变,而是随着历史演变和社会发展在不断调整。从商事立法的历史演变来看,其大致经历了如下四个阶段:(1)古代的交易法、习惯法时期。(2)中世纪的商人法、自治法时期。(3)近代的商事法、法典化时期。典型的如大陆法系的民法典与商法典等。(4)现代企业法、特别法、单行法时期。特别是单行的公司法、企业法几乎是两大法系、不同国家或地区所共同选择的商事立法范式。这说明,世界上从来就没有固定不变的商事立法模式。

2. 无论选择哪一种立法体例和技术路径,均不可通过某一部法典而毕其功于一役。就大陆法系而言,无论奉行民商分立,还是选择民商合一,或者遵循特别法或单行法模式,没有一种立法体例和技术路径,可通过某一部法典解决所有商事立法问题;事实上以法典一体性思路去囊括所有商事立法中的定位、归类和形式等问题,在实践中被证明是难以实现的。以商事主体立法为例,在奉行民商分立的部分大陆法系国家或地区,其商法典不仅难以做到对既有各种商事主体形态的网罗或尽收,也不能适应营业需要和时代发展及时把新的企业形式纳入法典;而实行民商合一的部分大陆法系国家或地区,把商法和商事主体的有关规则硬行塞进民法典,不仅严重破坏了民法典本身的完整性和体系性,使民法典最终成为各种杂乱无章的私法规则的汇编,而且受《民法典》的体例、结构和篇幅的限制,同样也使商事主体挂一漏万、残缺不全。

3. 传统的大法典模式存在致命的缺陷,不能适应商事立法发展的需要。无论是具有中世纪商人法传统的《商法典》,还是具有近代浓厚私法基本法烙印的《民法典》,其本身体系化的理论、固定的结构、庞大的体量和稳定的条文,均无法适用商事立法从内容到形式上复杂性、活泼性、易变性和多样性的需要,更无法适应营业快速发展和经常变化的趋时性要求。足见,大法典模式存在致命的缺陷,不能完全适应商事立法发展的需要。由于商事单行法和特别法的不断增加,商法典的地位和作用严格说来已总则化或通则化。至于在《民法典》之外大量商事单行法、特别法的存在,则几乎成为一种普遍、共同的现象。

4. 19 世纪中叶以来,随着营业的复杂和交易的频繁,商事单行法模式几乎成为两大法系、不同国家或地区的共同选择,并事实上已成为当今世界商事主体立法的主流。典型的如商事主体立法,在英美法系,合伙法、公司法、合作社法、公用事业法和其他特殊企业法,纷纷由判例法上升为制定法;在大陆法系国家或地区,无论是奉行民商分立还是选择民商合一,其《商法典》与《民法典》既有的体例、结构、篇幅和高度稳定性,均难以承载诸如合伙、公司、合作社、新兴企业、特殊企业之立法的庞大结构、巨大容量和快速变化,合伙企业法、公司法、合作社法、公用企业法、国有企业法、特殊企业法(如商业银行、证券公司、保险公司、信托公司等),逐渐被剥离出《商法典》或《民法典》,或一开始就独立于《商法典》或《民法典》。日本是对传统法典模式坚守最为执着的国家,但 2005 年 6 月把公司法编从《日本商法典》中的第二编"公司"中抽出来,单独制定《日本公司法典》,[76] 此一简单事件的标志意义,实质等于宣告《商法典》时代的终结。商事特别法尤其是商事主体单行法、特别法模式,已成为当今世界的主流。

5. 营业的全民化和民事活动的泛商化,使民事主体与商事主体、民事行为与商事行为之间的界限十分模糊,进而使民商分立与民商合一的立法体例逐渐趋同。近代资产阶级产业革命以来,随着选择自由、迁徙自由、从业自由、契约自由、营业自由等自由权被载入宪法、民法、商法,平等、自由原则与观念也深入人心,选择、从事营业活动已不再是国家、官府或少数商人的专利与特权,而是所有民事主体可以享有的权利和自由。因此,自 18 世纪以来,营业在理论上、立法上已经走向世俗化。正因如此,1807 年《法国商法典》横空出世,就宣示"从事商活动并以其作为经常性职业者",皆应受商法典调整,[77] 从而打破了商人与一般民事主体之间在营业选择、司法管辖、法律适用上一系列的特权;特别是 19 世纪末 20 世纪初,随着反不正当竞争法、反垄断法的兴起,新的统一国内和国际大市场的建立和形成,民事主体以投资者、经营者、交易者的身份进入营业的不同领域和环节,已无经济、制度、法律障碍,营业实已全民化。不仅如此,现代市场经济深入到传统社会生活的每一角落,企业行为涉及民间秩序的每一环节,使民事行为与商事行为、民事主体与商事主体混为一役,民事活动的泛商化特征越来越明显,民事主体与商事主体、民事行为与商事行为之间的界限事实上已变得十分模糊,商事主体实则为民事主体在营业领域

---

〔76〕［日］相澤哲:《新・会社法旧新对照条文》,东京株式会社商事法务 2005 年版,第 1 页以下;《最新日本商法译注》,刘成杰译注,中国政法大学出版社 2012 年版,第 73 页。

〔77〕《法国商法典》,金邦贵译,中国法制出版社 2000 年版,第 1 页。

的角色与功能转换形式而已，民商分立与民商合一之间立法体例的不同已远不如学理上所描述的那样明显，其差异也在逐渐淡化。[78]

第三节 中国商法的源与流

一、诸法合一、民刑不分的古代中国工商业管理法

如仅从法律规则所涉及的市场交换和营业事务范围来看，我国古代只有管商、治商、限商、抑商的工商业管理法，而无促商、利商、护商、救商之实质意义上的所谓商事立法。如仅从工商业管理法的角度，则可追溯到上古夏商周时期。在诸法合一、民刑不分的古代中国法律中，有关商事管理方面的事务如田契、仓库、课税、钱债、集市贸易，以唐、宋、明、清律法为例，主要以如下几种形式出现：(1)散见于律。如《唐律》中的《名例》《户婚》《既库》《诈伪》《杂律》等篇目均有条款涉及商务，其中尤以《杂律》篇设禁最多；[79]在《宋刑统》的《杂律》篇中，就设置有诸如"私铸""校斗秤不平"等条款；[80]在《大元通制条格》卷第十八《关市》篇中就涉及"关渡盘诘""牙保欺蔽""滥给文引""和雇和买""市舶""小番""中宝""牙行""雇船文约""私朳"等市商条款；[81]《大明律》之《户律》篇中的"仓库""课程""市厘"等分篇，所涉条文均与市场交易有关；[82]《大清律》之《户律》中的"仓库""课程""钱债""市厘"，《兵律》中的"关津""邮驿"，《工律》中的"营造"等条款，[83]也均与通商、贸易有关。(2)正律之下的《户》《田》《既牧》《关市》《杂令》等令、典、条例之中。如《大明令》之《户令》篇，明代《问刑条例》之《户律》中的"仓库""课程""钱债""市厘"等。[84] (3)有关工商业经营者的各种限制性规定。如秦汉时期的"市籍"制度；唐代的"领贴"制度；宋代的"官引"制度；元代的"路引"制度；明代的"编审铺户""匠户""匠籍"制度；清代"户照""商照"制度等。(4)各种专卖或专营法令。如盐、

---

[78] 肖海军：《民法典编纂中商事主体立法定位的路径选择》，载《中国法学》2016年第4期。

[79] 《唐律疏议·诈伪》，刘俊文点校，法律出版社1999年版，第516~563页。

[80] 《宋刑统·杂律》，薛梅卿点校，法律出版社1999年版，第462~463页、第482~486页。

[81] 《大元通制条格》卷十八《关市》，郭成伟点校，法律出版社2000年版，第233~248页。

[82] 《大明律·户律》，怀效锋点校，法律出版社1999年版，第67~86页。

[83] 《大清律例》，田涛、郑秦点校，法律出版社1999年版，第216~272页、第327~364页、第603~613页。

[84] 《大明律·户律》，怀效锋点校，法律出版社1999年版，第374~388页。

铁、茶、酒、舶来品等专卖法令；又如榷场法、均输法、市易法等市场交易规则等。[85]

由于现代商法的理念、价值、范畴、规则、制度均源于西方，商法属于严格意义的舶来品，自然，对于中国古代是否存在有近代西式意义的商法，学界一直存有争议。[86] 笔者认为，如以西式商法、近代商法为考量标准，无论是形式意义的商法名称，还是实质意义的商法规范，中国古代由官府制定并颁发的涉及对工商业的管理性规范，与西式、近代源起于商人自治性规范的商法，在理念、价值、目的、功能等方面，均是大相径庭，就此而言，中国古代无疑不存在所谓的商法。但是，如从上述所列的管理性规范所涉及的工商业领域和营业事务，则无疑又与西式、近代商法具有同质性，不同的只是理念、价值、范畴、规则、制度的巨大差异而已，其中立法主旨均在于维护统治者既有的秩序和利益，政策取向上的恶商、歧商，立法价值上的抑商、限商，制度设计上的困商、削商，执法过程中的厌商、鄙商等环环相扣，与无论从外在形式还是从实质内容均以重商、恕商、促商、利商、励商、护商为主旨之西式、近代商法，不可同等。

二、商事立法的近代化与近代以来的中国商法

我国近代形式意义上的商法始于清末修律及以后一系列政制、社会革命。它经历了三个阶段。

（一）晚清时期的商事立法

1903 年，清政府在内外交困的情况下，开始所谓“新政”，变法修律是“新政”的重要内容之一。其中 1903 年至 1907 年，修律主要由商部负责，此为第一阶段，所订的商事法规有《钦定大清商律》（1904 年）、《公司注册试办章程》（1904 年）、《商标注册试办章程》（1904 年）、《破产律》（1905 年）等。1906 年至 1911 年，由于官制改革，修律主要由修订法律馆、农工商部、度支部、邮传部等负责，此为第二阶段，所订的商事法规有《大清商律草案》（1908 年）、《交易行律草案》（1908 年）、《破产律草案》（1908 年）、《保险规则草案》（1910 年）、《改订大清商律草案》（1911 年）、《银行则例》（1908 年）、《银行注册章程》（1908 年）、《大小轮船公司注册给照章程》（1910 年）、《运送章程》（1910 年）等。其中《大清商律草案》最具代表性，该律由总则、商行为、公司律、票据法、海船律等五编构成。

---

〔85〕 张晋藩总主编：《中国法制通史》第四卷，法律出版社 1999 年版，第 330～437 页；《中国法制通史》第五卷，法律出版社 1999 年版，第 334～449 页。

〔86〕 李功国主编：《中国古代商法史稿》，中国社会科学出版社 2013 年版，第 27～30 页。

（二）民国时期的商事立法

严格地讲，民国时期的商法包括1912年中华民国南京临时政府建立至1949年国民党执政的南京政府统治终结这一时期的商事立法，其中最具代表性的是南京国民政府时期的商事立法。1929年，南京国民政府立法院成立后，开始民法典的起草工作，有关经理人（代办商）、交互计算、行纪、仓库、运送营业和承揽等商主体和商行为并入民法典债权编。在总体遵循该民法典之精神的前提下，于1929年1日成立了商法起草委员会，制定了一系列单行的商事特别、法规，如《银行法》（1927年10月开始起草、1935年5月公布施行）、《交易所法》（1929年10月公布）、《票据法》（1929年10月公布）、《公司法》（1929年12月颁布、1946年重订）、《海商法》（1929年12月公布）、《保险法》（1929年12月公布）、《破产法》（1935年7月公布）等。1949年之前国民政府时期的中国这一立法传统一直延续至现在的我国台湾地区。

（三）中华人民共和国的商事立法

中华人民共和国成立以后，我国商事立法经历了计划经济和计划经济向市场经济转型两个时期。在计划经济时期，由于市场交易与调节的作用十分有限，没有商法独立存在的社会经济基础，商事方面的法律规范散见于各种有关产、供、运、销计划等行政性规范之中。具相对独立意义上的商事立法是从1979年制定的《中外合资经营企业法》开始的，1986年制定的《民法通则》奠定了民商法在我国法律体系中的基本法地位，而大规模、系统化的商事立法与商事制度构建则是在20世纪90年代开始的。以1993年12月29日《公司法》的制定与颁布为标志，商事立法步入了一个全新时代。自1992年至今，有关商事主体方面的法律主要有《公司法》（1993年，2005年、2013年、2018年修订）、《合伙企业法》（1997年，2006年修订）、《个人独资企业法》（1999年）、《农民专业合作社法》（2006年，2017年修订）等；有关商事行为方面的法律有《海商法》（1992年）、《商业银行法》（1995年，2003年、2015年修订）、《票据法》（1995年，2004年修订）、《保险法》（1995年，2009年、2014年、2015年、2018年修订）、《担保法》（1995年）、《民用航空法》（1995年，2009年、2015年、2016年、2017年修订）、《拍卖法》（1996年，2004年、2015年修订）、《证券法》（1998年，2005年、2013年、2014年、2019年修订）、《合同法》（1999年）、《招标投标法》（1999年，2017年修订）、《信托法》（2001年）、《证券投资基金法》（2003年，2012年、2015年修订）、《企业破产法》（2006年）、《电子签名法》（2004年，2015年、2019年修正）、《企业国有资产法》（2008年）、《电子商务法》（2018年）等，直至部分法律被2020年5月通过的《民法典》吸收；其他如《期货法》等单行的商事法律正在制定或起草之中。

三、一国多法域制度背景下的当代中国商法

由于历史原因和近代中国政治的影响,我国现行商事立法呈现出商事法域多样性的特点,形成了不同地域具有独立立法体例与适用范围的商法域格局,它包括中国大陆(内地)、台湾地区、香港特别行政区、澳门特别行政区四大商法域。

(一)中国大陆(内地)商法域

由我国大陆(内地)立法机关制定并在我国大陆(内地)适用或根据有关规定具有域外适用力、以"民法典 + 单行商事法"为表现形式的我国大陆(内地)商法域,具有如下几个方面的明显特征:

1. 立法理念与制度架构明显受大陆法系的影响。特别是商法的成文法,基本上沿袭了大陆法系国家或地区的法律传统和习惯做法。

2. 奉行实质的民商合一立法模式。商法无论是作为部门法,还是作为法律名称,均没有表现出明显的独立性。1986 年的《民法通则》和 2017 年的《民法总则》所确立的大私法、大民法构架之后,商法作为私法或民法的特别法,已成为民商立法的基本定制。质言之,我国大陆(内地)无形式意义上的商法,只有实质意义上的商法。

3. 法律形式主要表现为国家制定法、民间自治法和国际商法等几个方面。其中就国家制定法层面而言,又集中表现为商事单行法、特别法为主要形式,以分别立法、分散立法、分类立法为表征的一事一法立法例,已成为商事国家制定法的主导选择。

4. 司法机关的造法功能呈现出越来越强化的趋势。围绕民法和商事单行法的一系列司法解释,在国家制定商法不周延、民间自治商法欠妥当、国际商法习惯有冲突的情况下,以最高人民法院发布的有关商事制度的司法解释和省级地方法院出台的有关审判指导意见,事实上在商事领域中发挥着实质的补充立法、临时立法、扩充立法等作用,并呈明显强化趋势。

5. 具体层面的立法理念和商事制度受英美法系特别是美国、英国的先进制例和强势域外扩张影响。诸如商事准则登记主义、一般类公司资本的认缴制、独立董事、证券登记制、商事信托、金融混业经营与监管等,在近年的立法修订和制度改革上,明显地表现为大规模、多领域地借鉴、引入甚至移植英美商事立法与制例。

(二)中国台湾地区商法域

沿袭 1949 年以前中国民商法传统、在我国台湾地区内适用、采用相对式民商合

一的模式、以单行的商事规范性文件为主要表现形式的我国台湾地区商法域，具有如下主要特征：(1)延续民国时期商法传统；(2)奉行典型的民商合一的模式；(3)受司法机关影响较；等等。

(三)中国香港特别行政区商法域

以判例法和制定法为形式、在中国香港特别行政区内适用的中国香港特别行政区商法域，具有如下显著特征：

1. 中国香港特别行政区商法域为典型的英美商法体系。1997 年之前英殖民统治时期，基本奉行英国法律传统和商法制度；1997 年主权回归中国之后，本着立法与制度基本不变的原则，根据《香港特别行政区基本法》(1990 年)第 8 条规定，原有普通法系的法律传统和商法制度体系，即普通法、衡平法、条例、附属立法和习惯法，在作局部的名称调整后基本得以保留和延续。

2. 以单行法为主要表现形式的商法制定法。单行法在中国香港特别行政区商法法源体系中占有重要地位，代表性的单行法包括《商业登记条例》《公司条例》《证券及期货条例》《银行业条例》《借款条例》《受托人条例》《保险业条例》《电子交易条例》《仲裁条例》等。

3. 商事司法判例是商法的重要渊源。司法判例作为普通法系的重要法律渊源，也是中国香港特别行政区商法的重要法源。除包括中国香港特别行政区本地商法方面的判例外，还包括英国历史上具代表性的商事判例。[87]

4. 呈现出明显的“一国两制”法律特征。香港作为一个独立的关税区，其商法虽然享有高度的独立性和自治性，但是同时作为中国一个享有高度自治的特别行政区，《香港特别行政区基本法》不仅是中国香港特别行政区商法有效的最高法律依据和效力依据，同时根据《香港特别行政区基本法》第 158 条规定，全国人民代表大会常务委员会对《香港特别行政区基本法》涉及商事制度条款的解释，均属于香港特别行政区商法的重要法源形式。

(四)中国澳门特别行政区商法域

采用民商分立的立法模式、以《澳门商法典》为主要商事法律形式、在中国澳门特别行政区内适用的中国澳门特别行政区商法域，具有如下一些主要特点：

1. 承袭葡萄牙大陆法系商法传统。根据《澳门特别行政区基本法》(1993 年)第 8 条规定，“澳门原有的法律、法令、行政法规和其他规范性文件，除同本法相抵触或经澳门特别行政区的立法机关或其他有关机关依照法定程序作出修改者外，

---

〔87〕 朱大明：《香港公司法研究》，法律出版社 2015 年版，第 3～4 页。

予以保留”,原有实行或沿袭葡萄牙大陆法系商法的传统、立法和制度,于1999年之后在修改名称或部分含有殖民内容的情况下得以保留或延续。

2. 澳门特别行政区商法的本地化特色比较明显。以企业、公司法为例,在1999年之前,基本是适用《葡萄牙商法典》和《有限公司法》,1990年开始,在中葡联合联络小组的磋商和推动下,《澳门公司法典》(草案)和《澳门商法典》(草案)的起草工作同时进行,后来,独立的《澳门公司法典》(草案)被整合到统一《澳门商法典》(草案),加速了统一《澳门商法典》的立法进程,并于1999年8月正式核准颁发,完成了澳门商事立法的本地化。直至1999年12月澳门主权回归后,《澳门商法典》经多次修改后,其本地化特色更为明显。[88]

3. 奉行民商分立的法例模式。在《澳门民法典》之外,制定有独立的《澳门商法典》,[89]为典型的民商分立体例。

4. 商法法典化程度比较高。《澳门商法典》对一般类商事活动与商事行为有原则性规定,其内容包括第一卷“经营商业企业之一般规则”、第二卷“合营企业之经营及企业经营之合作”、第三卷“企业外部活动”、第四卷“债权证券”等四大部分。该法典自1999年颁发实施以来,历经2000年、2009年两次大的修改,沿用至今。[90]

四、近当代两大法系商法对中国商事立法的影响

(一)大陆法系国家商法对中国商事立法的影响

近代以来,大陆法系国家商法对中国商事立法的影响是全面的、直接的。主要表现在以下方面:(1)国家利益本位和国家主导干预下的商事立法观。(2)理性主义、法典主义的立法思路。(3)民商合一或民商分立之立法范式的参照与选择。(4)追求法律规范之内在逻辑性和体系化的立法技术。(5)具体商事制度的移植,如法定资本制度、公司治理结构、金融业的行政监管、破产清算中的债权人中心主义等。

(二)英美法系国家商法对中国商事立法的影响

与大陆法系国家商法对中国商事立法的影响相比,英美法系国家的商法对中国的影响要小得多,但是,自20世纪90年代以后,英美法系国家特别是英国、美国的商法对中国商事立法的影响在不断扩大,具体表现在以下方面:(1)基于自由理

[88] 冷铁勋:《澳门公司法论》,社会科学文献出版社2012年版,第34~37页。

[89] 赵秉志主编:《澳门民法典》,中国人民大学出版社1999年版,第1~18页;中国政法大学澳门研究中心、澳门政府法律翻译办公室:《澳门商法典》,中国政法大学出版社1999年版,第1~11页。

[90] 曹锦俊、刘耀强:《澳门商法》,社会科学文献出版社2015年版,第47~57页。

念、商事主体利益本位主导下的商事立法观。(2)实用主义、一事一法的商事立法思路。(3)不严格划分法部门以单行法为具体范式的立法形式。(4)抽象与具体相结合的立法技术,重视司法解释和指导性判例的示范作用,充分发挥法院和法官在商事判决中创制规则的主观能动性。(5)部分商事制度的移植,如商事登记中普遍性的准则主义、普通公司的资本认缴制、上市公司的独立董事制度、证券发行登记制度、财产信托制度、破产清算中的重整与和解制度、金融业混业经营与监管等。

第四节　商法的时代品格

一、营业的变迁与商法的应对

(一)生产的发展与营业的变化

营业是所有生产、营生活动中最活泼的部分与环节,它总是随着经济发展与社会变迁而不断演进,并因经济发展程度与社会需求变化不断推陈出新。如从最初形式的中间交换、货物买卖、异地贸易等商业营业形态;到农业经济时代的手工业经营、商业中介、仓储运输、海外贸易、货币汇兑,到工业经济时代的工业制造、企业经营、资本营运、金融服务,到信息经济时代的电子商务、网络服务,再到智网经济时代(移动网络、人工智能时代)的移动商务、移动支付、智能交易等,不仅可看到营业适应经济、社会的变迁,更可看到营业的内涵和外延随着时代的发展,无论从内容还是从形式,均在不断发生深刻变化。营业形态与范围的变化,必然直接导致商事主体职业范围与业务形态的与时俱进。不仅如此,由于营业的扩张和市场的拓展,传统农林牧渔、文教体卫、生老婚丧、家政服务等不具有营利性的领域、部门或行业,也逐步并普遍出现目的营利化、服务市场化、经营企业化的营业化或商事化趋势,该领域的从业者也就整体或部分转型为新业态下的职业性商事主体。

足见,无论从营业本身的职业性、专业性特征,还是从营业与经济、社会的适应关系,生产的变化、经济的发展和社会的演进,均必然导致营业的趋时、回应和适应性变化,而正是营业的变化,才促进商事主体、商事行为进而产生商事立法内容、形式的变化。

(二)营业的变化直接促进商法的变革

在既有的商法理论框架与实务层面中,鲜有学者论及营业变化对商法变革之间的内在逻辑关系。笔者认为,营业的变化虽是一个基础性的常识问题,粗看起来也是一个极为简单的问题,但如考察营业业态变化、历史变迁与商法法例或制度微观变革、总体发展之间的关系,则会发现,营业变化与商法变革之间,存在直接对应的内在逻辑关系。

1. 营业业态或形式的每一次剧变总是直接催生新型商事主体的出现。商事主体自人类迈入文明时代以来,是否有其固有的演变规律,虽然总体上是沿着自然人个体→个体与家庭联合经营体→企业→国家这一基本轨迹,并本着由个体到团体、由自然人到社会组织、由一般组织到国家超组织、由非法人企业到法人企业的运行规律不断演变着,但营业毕竟是一种社会经济活动,它必须随经济、社会的变化而变化。在所有社会活动主体或群体中,出于鲜明的营利目的性和逐利的最大化需要,商人是对经济、社会变化嗅觉最为敏锐,同时也是最富有创新的群体。由于商人时时刻刻生活在经济、社会的最前沿,最了解人们的需要、经济的发展和社会的变化,因此,“在个人主义的法律时代,商法总在不断地扮演着一般私法的开拓者和急先锋的角色”。〔91〕 正因商人最懂得经济、最了解社会,才最能认识并反映经济、社会生活中新的职业、专业、行业等营业新业态或形式变化的前兆,并即时抢先进入以赢得商机。自然每一个营业中新的职业、专业、行业、领域的出现,通过商人进入与经营,不仅会改变既有营业的基本格局,更会导致传统商人类型的嬗变,进而促使商人投资形式、经营形式、交易形式的变革甚至革命。从最早的买卖商到成熟的贸易商、从手工业加工者到工厂制造商、从中间服务商到配套服务商、从资本营运商到金融服务商、从传统实体店商到网络虚拟电商、从人本位的商主体到人机互联或智能机器人主体的挑战,均可以比较直观、全面、动态了解到,每一次营业业态或形式的剧变,总会催生一类或一批新生类型的商事主体出现在这一总体发展轨迹与历史演变规律中。

2. 营业的每一次重大变化必然会推动或促进商法内容或形式的对应变革。商法是所有法律中最贴近经济、市场、社会、人性的法律,商人的目的就是逐利,马克思在《资本论》引用《评论家季刊》一文中就说到,“资本害怕没有利润或利润太少,就像自然界害怕真空一样。一旦有适当的利润,资本就胆大起来。如果有 10% 的利润,它就保证到处被使用;有 20% 的利润,它就活跃起来;有 50% 的利润,它就铤而走险;为了 100% 的利润,它就敢践踏一切人间法律;有 300% 的利润,它就敢犯任何罪行,甚至冒绞首的危险”。〔92〕 也正是逐利,才促使、刺激并推动商人尽一切手段和可能,创造新的产品或服务,改革与创新营业形式,改变既有的业态,进而带动其他民事主体的跟进,厘定新业态规则(商人法),并运用社会力量使之上升为共同遵守

---

〔91〕 [德]拉德布鲁赫:《法学导论》,米健、朱林译,中国大百科全书出版社 1997 年版,第 73 页。

〔92〕 [德]卡尔·马克思:《资本论》(第一卷),中共中央编译局译,人民出版社 2004 年版,第 871 页。

的交易规则，从而定型为这一新型职业、专业、行业、领域的法律，形成一个新的法域。从营业的微观变化、宏观变迁与商法内容、形式的对应性调整或变革中，我们能比较清晰地看到新业态→新主体→新规则→新法律→新法域，这一从营业的微观变化、宏观变迁，到商人涉足的最初职业、专业、行业、领域，到演变、上升、定型为商法规则与商法法域的逐次转变过程，诚如拉德布鲁赫所言的“没有任何领域能比商法更能使人清楚地观察到经济事实是如何转化为法律关系的”。〔93〕

3. 不同时代的营业主要形态决定着不同时期商法的时代特质。商法因营业而生，并因商人而存在和发展，受制于一定经济状况、社会条件，每一时代的商人所涉职业、专业、行业、领域也有鲜明的时代特征，而主导的职业、专业、行业、领域，不仅能反映该时代营业业态的变化，更能反映该时代商法的特质。通过分析不同时代主导性的营业形态与业务类型，就能更为清楚地发现商法所具有的鲜明时代特质和特定演变历程，即商法大致是沿着贸易法→企业法→金融法→电商法→智网法这一阶段性轨迹，在逐步地演变、发展。

4. 营业主导业态的变化直接促成商法具体子法部门的建构。通过营业的具体业态和商事主体的业务类型，可更清楚地发现商法之各具体子部门法是如何构建来的，能更好地诠释商法的法源逻辑和法律形式。如在营业业态主要为买卖、交换、交易、运输等商业贸易，买卖商、贸易商占统治地位的农耕经济、自然经济时代，商法带有买卖商法、贸易商法的属性，其子部门法形式主要为满足买卖商、贸易商需要的商事合同法、货物买卖法、仓储保管法、货物运输法、海商法、民间借贷法等。

在以工业制造为主要业态、制造商占主导地位的工业经济、商品经济时代，商法有鲜明的工厂商法、经营商法、企业商法特性，其子部门法形式主要为满足制造商需要的工厂法、〔94〕企业法、公司法、合伙法、经营法、证券法、标准化法、产品质量法、产品责任法、生产事故法、消费者权益保护法、销售法、经销法、银行结算法、交互计算法、票据法、企业清算法、破产法等。

在以资本营运、金融服务为顶端业态，资本营运商、金融服务商在营业生态中居渗透、控制地位的市场经济、服务经济、全球经济时代，商法的资本商法、金融商法特征也十分明显，其子部门法形式主要有股份公司法、证券法、期货法、证券投资基金法、金融投资法、投资顾问法、商业银行法、票据法、保险法、信托法、汇率法等。

在电商平台、网络服务商占先机地位的信息经济、网络经济时代，商法具有明显的电子商法、网络商法色彩，其涌现出来的新兴子部门法形式有计算机软件保护

〔93〕［德］拉德布鲁赫：《法学导论》，米健、朱林译，中国大百科全书出版社 1997 年版，第 74 页。
〔94〕姚挺：《世界第一部劳动法——英国工厂法的借鉴作用》，载《东南学术》1999 年第 6 期。

法、信息网络传播法、互联网信息服务管理法、计算机信息系统安全保护法、网络安全法、域名注册登记法、电子商务法、电子签名法、电子支付法、电子信息法、电子货币法、虚拟财产法等。

在人机互联、移动平台、物联终端、区块链端、智能机器等新型智网业态，以及这些新型智网机器或终端有可能成为新的智网商事主体的移动通信、人工智能新时代，商法会带有典型移动化、即时化、情景化、智能化、区块化等智网营业规则新特点，其可能需要出台对应的新兴子部门法有移动通信法、移动交易法、移动支付法、物联法、智网快递法、区块链交易法、人工智能法、智能机器人法、智能创造物法以及其他目前尚无法预测的法律现象、法律部门等。[95]

5. 营业内容的变化必然带来商法实质内容的革新

投资方式、经营模式、交易方式等营业实质内容的变化，首先必然带来商事主体的业务类型与结构的变化，而从更为微观的层面，也必然影响并推动商法具体制度安排、法条设计、内容表述的对应变化与革新。与民法一般规范中所隐含的伦理规则、公平准则不一样，商法某些商事制度之所以作如此安排，它并不一定符合生活常理、既有逻辑，也不一定符合伦理规则、公平准则，甚至也不可用民法的固有概念、基本范畴作体系化解释或梳理，某些商法制度的确立、法条的订立、内容的记载，完全就是特定商事主体之间根据营业中具体情形协商的产物。如关于货物风险的转移规则，就是体现买卖双方意思、意志并经双方权衡利弊的结果；又如海商法上的承运人免责规则，现在看起来虽不合情理，但依然保留下来的原因，是因为此一条款集中体现了船舶承运人在订立海上货物运输合同时控制、规避海上运输风险的意思与意志，设置该特别条款就是为了锁定承运人即船东的海上运输风险，而这些恰恰只有把规则还原到买卖商、贸易商、运输商占统治地位的贸易商法时代，才能得到正解。例如，关于公司债务清偿的有限责任规则，如从一般私法的角度，就违反“欠债还钱，天经地义”的民间伦理与一般法则，但如把其还原到海外贸易、大型工厂的融资，再把公司的渊源上溯至出资人与经营者之间的特别约定，就会发现，所谓的有限责任原本只是出资人之间、出资人与经营者之间一种纯粹的民间约定，只是因为这种约定更符合后来大工厂的筹资、生产与经营，深受制造商的信赖与推崇，进而被逐渐推广，并最终为国家立法所确认，就成为现代公司法上的一项基本制度和核心规则；又如股权规则、公司财产独立规则、产品责任规则等，均可从制造商主体所处的时代、情景得到更为妥当的解释。此外，如证券、资金、货币中的交付、

---

[95] ［美］瑞恩·卡洛、［美］迈克尔·弗兰金、［加］伊恩·克尔：《人工智能与法律的对话》，陈吉栋等译，上海人民出版社2018年版，第11～14页。

交割规则,电子商务中的点击合同与签名规则,也只有把具体的资本营运商、金融服务商、电商平台、网络服务商等特殊业态和商事主体考量进去,才能透彻地理解为什么商事制度、法条、规则、内容是这样设计,而不是那样规定。

(三)营业变迁视角下商法的时代特征

1. 农业经济时代的买卖商法、贸易商法

直至15世纪以前的上古、中古时期,受农业经济、自然经济的影响与制约,营业的主要业态是传统商业的买卖与贸易,商事主体的业务类型主要为买卖商、贸易商以及为买卖、贸易服务的中间商、运输商(主要为海商),此时的商法即为典型意义的买卖法或贸易法,其调整的营业关系主要就是商品交易关系。其中,如《罗得海商法》《汉堡－维斯比规则》《海牙规则》等,均是贸易商法的产物。[96]

在买卖商法、贸易商法时代,商法构成要素具有如下特征:(1)营业涉及的领域和行业主要为商业。(2)商事行为的主要形式为商品交换、货物买卖、产品交易、仓储保管、货物运输、海上贸易等商业贸易以及为商业贸易服务的行纪、居间、代理等中介服务行为。(3)商事主体主要表现为以自然人个体或家庭经营为形式的买卖商、贸易商、中介商、代理商、运输商等。(4)商法的主要形式和子部门法主要包括商事合同法、货物买卖法、仓储保管法、货物运输法、海商法、民间借贷法等。

2. 工业经济时代的经营商法、企业商法

15世纪以降直至19世纪中叶,随着手工业向制造业的转型,特别是18世纪工业革命的兴起与完成,人类进入工业经济时代。制造业因之也成为营业中最时兴、最主导的业态,此时以工厂为经营形式的制造商崛起,其不仅成为当时商事主体中的主导性力量,更因制造商真正代表了当时最先进的生产力,成为推动商法变革和制度革命最中坚的力量。首先,因为制造产品的需要,直接推动了生产方式由传统手工业作坊向近代社会化工厂的转型;其次,发端于家庭合伙、手工作坊、海上贸易的合伙、公司等企业制度,终因大工厂制度而升级,并定型为现代企业制度,在某种意义讲,没有制造业就无真正的公司制度,更无现代企业制度;最后,正是因为制造业的崛起及其先进性、革命性,才成为日后推动资产阶级革命直至工业革命的主导、中坚力量,而没有制造商的崛起与革命,就没有近代意义的公司制度、企业制度和仿行近代公司、企业制度的现代国家民主宪法制度。足见,因为有制造业与制造商的崛起与兴盛,直接推动商法由传统贸易法向近代工厂商法、经营商法、企业商法、公司商法的转型,商法也就跨越到工厂商法、经营商法、企业商法时代。正如马

---

〔96〕 陈雍:《海洋贸易与海商法》,载《法学》1982年第4期。

克思所言,“工厂立法是社会对其生产过程自发形态的第一次有意识、有计划的反作用”。[97] 1673年《法国陆上商事条例》,首次对无限公司、股份有限公司作出规定,标志着公司、企业进入成文商法;1807年《法国商法典》第一编商事总则,其中第三部分就为公司。1896年《德国民法典》正式引入法人制度,为公司、企业等营业组织体的私法主体地位和独立法律人格,提供了法律支撑;1897年《德国商法典》第二编商事公司及隐名合伙,更对无限公司、两合公司、股份公司、股份两合公司、隐名合伙等企业作了全面规定,企业商法时代正式定型。[98]

在工厂商法、经营商法、企业商法时代,商法构成要素具有如下特征并发生以下变化:(1)营业的主要业态,除前述商业贸易外,工业制造为主要业态并占有主导地位。(2)商事行为除包括前述买卖商法、贸易商法时代的各种交易行为并有新的内容和形式外,绝大部分手工业、工业制造和部分营利性、经营型农业部门的农产品生产,均已具有商事行为的特性。(3)商事主体的职业形式,除前述买卖商、贸易商外,主要包括以工厂、企业、公司为经营形式的生产商、制造商、新型运输商(如铁路、公路、航空、管道、多式联运等)、经销商等。(4)商法的主要形式和子部门法,除前述传统买卖商法、贸易商法的形式或子部门外,主要包括企业法、公司法、合伙法、经营法、证券法、标准法化法、产品质量法、产品责任法、生产事故法、消费者权益保护法、销售法、经销法、银行结算法、交互计算法、企业清算法、破产法等新型子部门法。

3. 服务经济时代的资本商法、金融商法

18世纪开始的第一次工业革命(以蒸汽机为代表的机械工业革命)和19世纪中叶兴起的第二次工业革命(以电力、化学、汽车为代表的电气工业革命),均是以制造业为中心、以大型企业为表征、以巨额投资为支撑的资本密集型营业,营业需要的资金十分庞大,单一融资路径已不能满足其巨额的筹资需求。为解决巨额融资需要,以资本证券、银行信贷、保险融资、信托投资、货币汇兑、汇率交易为代表的金融业得以迅速发展。与此同时,其他新型服务业态也因时而起,“工业从业人数少于服务业从业人数”,“人类社会便迈入后工业时代”;“后工业社会不仅仅是一个自动化的社会”,更是一个“去物质化”“去实体化”的“金融社会”,“在金融社会中,工业技术已被合同技术所取代,金融产品仅通过对法律概念的运用即可产生。过去合同的作用只是使财富得以流通,但现在它还可被用来创造金融产品,对合同中

[97] [德]卡尔·马克思:《资本论》(第1卷),中共中央编译局译,人民出版社2004年版,第553页。
[98] 何勤华、魏琼主编:《西方商法史》,北京大学出版社2007年版,第278~355页。

术语的结合就可创造财富”。[99] 金融产品、服务业态的高度发达,推动着人类实质地进入金融经济、服务经济时代。在金融经济、服务经济时代,资本营运商与金融服务商不仅成为业界的新宠,更成为高居营业业态和商事主体层级的顶端。为适用资本交易、证券交易、期货交易、金融交易、货币交易等需要,更多地满足资本营运商、金融服务商权利与义务、利益与责任分配的需求,新的资本、金融交易规则就应运而生,商法也就悄悄地迈入资本商法、金融商法时代。1952 年美国法学会、美国统一州法委员会合作制定《统一商法典》,其内容包括总则,买卖,商业票据(流通票据),银行存款和收款、资金转账,信用证,大宗转让(整体转让),仓单、提单和其他所有权凭证,投资证券,担保交易、账债和动产契据的买卖(担保交易),生效日期和废除效力等十部分。[100] 美国《统一商法典》的编纂,始终贯彻着“反对形式主义”、“强调法典灵活性和开放性”的立法原则,[101] 其中绝大部分为资本、金融类的编章,适应了资本、金融时代美国高度发达的资本市场和普及的金融业务的急切需要,彻底颠覆了传统以贸易法、商事组织法、商行为法为基本内容的商法典的体例与结构,被誉为 20 世纪英美法系最为杰出的一部成文法典和资本、金融法典化的里程碑,标志着资本商法、金融商法的正式定型。资本、金融业态的先行与各国立法的跟进,一种以调整资本流动、金融交易、信用活动的资本商法、金融商法也逐渐纳入学界的视野。[102]

在资本商法、金融商法时代,商法构成要素具有如下特征并发生以下变化:(1)营业的业态也涉及所有产业领域,特别是农林牧渔、文教体卫、生老婚丧、家政服务引入资本、企业、经营,以新型服务业态的方式,成为新的营业形式,而所有服务业中,资本营运、金融服务又为最高级、最顶端的营业形式。(2)商事行为已普及化,在市场经济、服务经济、全球经济时代,以资本营运、金融服务、期货交易、货币汇兑等为核心的资本、金融服务行为或交易行为,成为最主要、最具影响力和渗透力的商事行为。(3)商事主体除上述所列已出现的商主体外,以自然人个体、企业、国家为具体形式的投资商和以公司为基本形式的资本营运商、金融服务商、货币交易商,是最主要的商事主体形式。(4)商法的主要形式和子部门,除包括前述形式和

---

[99] [意]F. 卡尔卡诺:《商法史》,贾婉婷译,商务印书馆 2017 年版,第 196 ~ 199 页。

[100] 《美国统一商法典》,潘琪译,中国对外经济贸易出版社 1990 年版,第 1 页以下;《美国统一商法典》,潘琪译,法律出版社 2018 年版,第 1 页以下。

[101] 孙新强:《论美国〈统一商法典〉的立法特点》,载《比较法研究》2007 年第 1 期。

[102] 关于金融商法概念的提出与分析,国内代表性论著如陈醇:《商法原理重述》,法律出版社 2010 年版,第 1 ~ 13 页;季奎明:《金融创新视野中的商事法变革》,中国法制出版社 2011 年版,“第一章”;楼建波:《金融商法的逻辑》,中国法制出版社 2017 年版,第 1 ~ 2 页;朱羿锟主编:《金融商法论集》,暨南大学出版社 2018 年版,第 1 页以下。

内容外，新出现的子部门法主要有股份公司法、证券法、期货法、证券投资基金法、金融投资法、投资顾问法、商业银行法、票据法、保险法、信托法、汇率法等。

4. 信息经济时代的电子商法、网络商法

20 世纪中叶，随着计算机的发明与互联网的出现，人类迈入信息经济、网络经济时代。商人迅速把新技术、新发明应用于营业领域，通过电子、网络等新媒体、中介、手段，投资、经营、交易也迅速由传统直观交易、纸质合同、实店经营，转型为间接交易、电子合同、虚拟经营，各种形式的电商平台与网络服务商，得以前所未有的深度、广度和速度，快速涌现并不断转型、换代，商法在不知不觉中又进入电子商法、网络商法时代。一般认为，计算机、电子数据交换（EDI）、互联网广泛应用于营业、商务是从 1995 年开始的，相关立法进程也从此开启。1995 年联合国国际贸易法委员会第 28 届会议通过《电子数据交换及有关数据传递手段法律事项示范法》；1996 年 6 月，联合国国际贸易法委员会第 28 届会议在此基础上通过了新的《电子商务示范法（草案）》，是年 12 月联合国国际贸易法委员会正式通过《联合国电子商务示范法》。[103] 2000 年 7 月联合国国际贸易法委员会第 34 届会议又通过《联合国电子签名示范法》；2005 年 11 月联合国国际贸易法委员会第 38 届会议通过《联合国国际合同使用电子通信公约》（《联合国电子合同公约》），并于 2006 年 1 月至 2008 年 1 月向各国开放签署。[104] 联合国上述三大电子商务方面的示范法，得到美国、中国、欧盟、日本、澳大利亚、新加坡等主要国家或地区较为一致的支持，其对推动各国的电子商务立法，起了重要的促进和示范作用，它正式宣告电子商法、网络商法时代的到来。在电子商法、网络商法时代，电子商务法、电子签名法、电子金融法等作为骨干性法律，受到不同国家或地区的高度重视，如欧盟的《欧盟远程合同指令》（1997 年）、《欧盟发展电子商务法律架构之指令》（1998 年）、《欧盟电子签名指令》（1999 年）等；美国的《数字签名和电子认证法》（1998 年）、《统一电子交易法》（2000 年）等；德国的《多媒体法》（1997 年）、《电子媒体法》（2007 年）等；英国的《电子商务规则》（2002 年）、《金融服务与市场法令（金融促销）（电子商务指令）》（2002 年）等；澳大利亚的《电子交易法》（1999 年）；韩国的《电子商务框架法》（2002 年）、《电子贸易简化法》（2005 年）、《电子金融交易法》（2006 年）；[105] 中国的《电子签名法》（2004 年）、《电子商务法》（2018 年）；等等。

在电子商法、网络商法时代，商法在延续前述构成要素、形式、成果和表现形式

---

〔103〕 齐爱民、刘颖主编：《网络法研究》，法律出版社 2003 年版，第 27 页。

〔104〕 齐爱民：《电子商务法原论》，武汉大学出版社 2010 年版，第 11 ~ 16 页。

〔105〕 于志刚、李怀胜主编：《域外网络法律译丛 · 民商法卷》，中国法制出版社 2015 年版，第 3 页以下。

的前提下，具有如下新特征：(1)营业借助于计算机、网络等新技术，对传统商业、工业、农业、服务业进行从形式到内容的深度渗透与改造，各种以信息技术为支撑的新业态大量出现，其中又以电商平台、网络服务最具新颖性、创造性和开拓性。(2)商事行为朝着远程化、间接化、无纸化、集中化、即时化等电子化、网络化方式发展。(3)商事主体除前述已出现或升级的职业型商人外，网络平台服务商、网络经营服务商、传统商事主体的域名化、网上商城、网店、域名、网站和其他以电子账号形式存在的网络服务商等，成为商事主体的新形式。(4)商法的主要形式和子部门，除前述各种既有的子部门法外，新兴商法子部门形式有计算机软件保护法、信息网络传播法、互联网信息服务管理法、计算机信息系统安全保护法、网络安全法、域名注册登记法、电子商务法、电子签名法、电子支付法、电子信息法、电子货币法、虚拟财产法等。

5. 智能经济时代的移动商法、智网商法

2010年以来，移动通信、智能通信、即时通信、大数据、云计算、区块链、人工智能、智能机器等新技术的迅猛发展，人类已经正在跨越智能经济时代的门槛。随着各种智能技术迅速的商业化，营业又进入一个即时交易、智能交易、机器交易的新时代，每一个人机互联、移动平台、区块链接端、物联终端、智能机器，就是一个全新的交易主体，这个交易主体背后可能受人的控制，但也有可能是不完全受人或完全不受人控制的智能机器人。如何面对如此既具有无限营利空间、又充满巨大风险与挑战的智网新业态、新主体，一个全新、未知、既充满无限商机又存在巨大风险的智网商法领域正在呼之欲出，人类已经在自觉或不自觉的状态中，被裹挟进移动商法、智网商法时代。2016年3月欧洲议会发布的《关于人工智能和机器人的报告》，表达了对机器人将给人类带来安全、隐私、诚信尊严、自主等方面风险的关注；[106] 2016年8月联合国教科文组织、世界科学知识与技术伦理委员会在巴黎联合发布的一份《关于欧洲通信卫星组织机器人系统的初步报告草稿》(2015年)中，就表达了对机器人与机器人制造者之间的责任分担机制的关注；[107] 2017年1月联合国教科文组织、世界科学知识与技术伦理委员会联合发布的《联合国人工智能政策报

---

[106] EU Parliament (2016), *Draft Report with Recommendations to the Commission on Civil Law Rules on Robotics*, accessible online at: http://www.europarl.europa.eu/sides/getDoc.do?pubRef=-//EP//NONSGML+COMPARL+PE-582.443+01+DOC+PDF+V0//EN，访问日期：2019年6月15日。

[107] United Nations Educations, Scientific and Cultural Organization (UNESCO) and World Commission On the Ethics of Scientific Knowledge and Technology (COMEST), (2015), *Preliminary Draft Reports on COMEST on Robotics Ethics*, accessible online at: http://unesdoc.unesco.org/images/0024/002455/245532E.pdf，访问日期：2019年6月15日。

告》(2016 年),集中讨论了机器人的制造、使用在促进了人工智能进步的同时,所带来的社会与伦理道德问题;[108] 2018 年 9 月联合国宽带数字发展委员会发布《宽带状况报告》(2018 年版),建议各国在宽带发展方面确立国家领导地位,并首次呼吁制定国家战略以推进安全使用人工智能。[109] 人工智能、智能机器人的法律问题,特别是大量应用到营业、商务中的法律问题,正受到从国际组织到国家立法层面的关注。

在移动商法、智网商法时代,商法已经或将出现如下一些新的变化:(1)营业业态的完全智能化。在新的移动通信、智能技术的支撑下,人机互联、移动平台、物联终端、区块链端、智能机器和未知的其他新型智网业态,正大量涌现。(2)传统商事行为受到极大挑战。智能、智网作为一种新型商事代理方式,完全颠覆了既有商事代理的模式、关系和形态。(3)全新商事主体的出现。如人机互联、移动平台、物联终端、区块链端、智能机器和其他未知智能载体,因其具有自主的独立意识和独立判断,究竟是作为客体的物存在,还是作为特定开发者、所有人、使用人的代理人身份,还是作为独立的新型商事主体存在,已严重挑战传统的法学主体理论和既有商事主体常识,其无论是对商法学人的观念,还是对商法主体制度、类型与规则的重构,均在发生或将要发生重大的变更。(4)新兴商法的形式和子部门。如移动通信法、移动交易法、移动支付法、物联法、智网快递法、区块链交易法、人工智能法、智能机器人法、[110] 智能创造物法以及尚处于无法预测或不确定状态的其他新子法部门等,将大量出现。

总之,当代商法,既承继着应因营业变化积累下来的商法历史成果和传统特质,更体现着信息经济时代带来营业巨大挑战或变化的商法新时代特征,商法实已是交易商法或贸易商法、经营商法或企业商法、资本商法或金融商法、电子商法或网络商法、移动商法或智网商法的综合体、复合体、交融体。

二、社会的演进与商法的变化

商法是与营业活动、市场经济联系最为密切、对社会发展变化的反映最为迅捷的法部门。随着商法所处的营业方式、经济制度、人文环境的变化,商法在 20 世纪中叶以来也不断随时代的演进而发展。这种变化发展集中表现在多个方面。[111]

---

[108] 腾讯研究院:《人工智能各国战略解读:联合国人工智能政策报告》,载《电信网技术》2017 年第 2 期。

[109] 孟雨:《联合国呼吁制定国家战略推进人工智能安全发展》,载《计算机与网络》2018 年第 18 期。

[110] 杨延超:《机器人法:构建人类未来新秩序》,法律出版社 2019 年版,第 3 ~ 22 页。

[111] 施天涛:《商法学》,法律出版社 2003 年版,第 17 ~ 18 页。

（一）商法调整的空间从陆商、海商扩张到空商、网商

商法调整的范围由以海商为中心发展到以陆商为中心，并正在向天空、太空、网络、虚拟等新兴空间迅猛发展。早期的商法是以海上贸易、船舶运输和租赁发展而来，因此，在早期的商人法如共同商法时期，海商法已较为详尽、全面、完善，商法自然也以海商法为主，直到近代，陆上商法始终处于比较单一、简陋、粗糙的水平。由于15～17世纪公司等企业制度不断成熟并逐渐定型，进而被欧洲内陆的投资、经营和交易广泛采用，从而为欧洲大陆最先转型为企业化、社会化大生产创造了制度性条件，并直接促进、推动着18～19世纪的工业革命和机器大生产的发展，陆上交通、贸易和投资则随着资本主义的巩固越来越繁荣，以商事登记、公司制度、证券交易、票据制度、陆上保险制度、陆上运输（火车与汽车等）、破产清算、海商之外商事仲裁等为主要形式的陆上商事制度得以不断完善，并无论从领域还是从数量均逐渐取代了海商法的地位，成为商法中的核心部分。20世纪以来，随着航空器、运载火箭、航天器、计算机、互联网、物联网、人工智能、3D打印等新式运载工具的产生和电子网络技术等高新技术的发展，又直接催生了航空业、太空业、电子商务、网络交易等新兴营业领域、业态、形式的发展，[112]人类营业的主体和对象、空间和领域、内容和形式、手段和方式等诸方面又被空前地放大。以航空商法、太空商法、电子商法、网络商法、虚拟商法等为代表的新兴商法，正在前所未有地改变传统商法的调整对象、范围、内容、手段和方式。

（二）交易标的由有形商品、货物发展到无形的资本、金融、技术、知识、信息、数据

商法涉及的领域由传统的普通商品贸易领域发展到特殊商品（如水、电、油、气、电信）、资本、知识、人工智能领域。商法的原始形态表现为与普通商品的制造、加工、运输、贸易有关的规范。随着市场经济的发展，一方面，商法对传统的商品贸易规则体系加以修改、补充使之不断完善和发展；另一方面，由于特殊商品、资本、知识、人工智能在生产、运输、交易中的特殊性和重要性，特殊商品的运输与流通（如管道运输、电力输送、电信传输等）、资本的营运、知识的创新与商业化、人工智能的工业化与"电子人"的出现等，[113]已成为新时代市场经济中最主要的营业形式和最核心的营业事项，因此，有关特殊商品、资本市场、知识领域、信息数据、人工智能的

---

〔112〕郑成思：《新技术的保护、新技术产品的流通与民商法重点的变更》，载《知识产权》1999年第6期；徐学鹿、杨璐：《网络时代商法发展的机遇》，载《法学论坛》2001年第4期。

〔113〕王利明：《人工智能时代对民法学的新挑战》，载《东方法学》2018年第3期；郭少飞：《"电子人"法律主体论》，载《东方法学》2018年第3期。

融资和交易活动已十分频繁，反映在商法上则是吸纳了大量新式物流、金融资本、知识产权、人工智能等方面的行业性、技术性和伦理性规范，商法的物流化、金融化、知识化、智能化色彩越来越浓。特别是有关公司资本、证券交易、期货买卖、银行信贷、票据流通、财产信托、投资基金、商业保险、大众金融、互联网金融等金融领域的商法规范，内容快速更新，体系越发庞大，形式不断变化，使金融法几乎变成了当代商法的代名词。

（三）商事关系从身份特权关系转型为真正的契约平权关系

早期的商法具有强化商人特权的身份色彩，商人作为一个从事营利性活动的特殊阶层，其营业资格一般须由国家、封建领主或行会商会许可，其营业活动受到商会组织和行业协会的严格管制。由于近代契约自由观念和资本主义自由经济政策的影响，营业已由国家控制、商人专营、行业垄断逐渐面向全社会开放，营业自由已成为市民的一项基本权利，商事关系因而也由特定商人之间的身份关系演变为在自由营业状态下以契约为中介形成的营业主体之间的平等契约关系。这表现在以下方面：（1）契约作为市场关系中的基本因子和纽带，是各种交易关系形成的基础，商事关系的形成更多地依据契约而不是依据其身份而产生。（2）市场准入已由国家控制或行政许可发展到政府对市场的全面开放，如企业设立由特许主义、许可主义发展到自由主义或登记主义，商事主体资格的取得已完全取决于民事主体的意愿，而不决定于其原有的身份和地位。（3）商事主体已不局限于已登记的商人。凡从事营业活动的民事主体均可取得商主体资格。（4）从事营业活动的主体之间在主体资格、独立人格和法律地位上平等，彼此不因其特殊身份或背景而享有法律的特权。诸如传统商人的特殊身份、自然人社会资源禀赋、营业主体的领域与国别差异、国有企业的官方或公权力背景等标志商主体之间不平等的现象，皆因营业自由、[114]投资与契约自由、国际投资与经营中的国民待遇或最惠国待遇、国有企业的法人化改造和人格独立化等当代基本营业原则和法律规则所冲淡，[115]使传统民事主体与商事主体之间、[116]不同自然人之间、不同地域或国别之间、民资企业与国有企业之间，已实现了真正的契约关系转型和法律地位上的平等。总之，商事关系的

---

〔114〕肖海军：《论营业自由——商法价值的展开》，载范健主编：《商事法律报告》第1辑，中信出版社2004年版，第39～69页；肖海军：《论营业权入宪——比较宪法视野下的营业权》，载《法律科学》2005年第2期。

〔115〕戴孟勇：《身份的衰落——中国民商法三十年》，载《政治与法律》2008年第7期。

〔116〕朱庆：《“商人”本质的反思：一个身份的视角——兼论我国制定“商事通则”的必要性》，载《中国商法年刊》2007年第0期；蒋大兴：《商人，抑或企业？——制定〈商法通则〉的前提性疑问》，载《清华法学》2008年第4期。

契约性使商事关系具有更多的自由色彩和平等身份。

（四）商事交易手段从具体交易升华为概括交易

传统商法的交易是一种具体交易，即特定的商主体就特定的商品所进行的直接交易。随着市场经济的不断发展和营业形式的推陈出新，商事交易主体、方式、手段和标的等也发生了巨大变化，它表现在以下方面：(1)交易主体由个别、特定走向集体、拟制。例如，企业、公司作为拟制的交易主体，就替代了单一投资主体、各生产要素所有人或买卖当事人的个别交易；又如，在证券市场、期货市场、招标拍卖中采用的集中交易、竞价缔约方式；再如，保险合同中采用统一的保险格式条款，其实质是使交易主体的高度概括，使单一、特定的个别交易被集体、虚拟的概括交易所取代。(2)交易的方式由直接交易发展到间接交易。例如，商事代理制度的发达和普遍适用，商事主体之间不必直接签约、谋面，就可以达成交易关系；又如，借助于证券交易与交割中心、银行结算系统、物流运输环节、网络交易平台、人工智能与物联体系，不同类型、不同地域、不同国别的众多交易主体可基于不同地点而在同一时间内完成交易；以证券投资基金、风险投资（VC）、私募股权基金（PE）、股权众筹、网络直接公开发行（DPO）、点对点小额网贷（P2P）等新型融资方式，使营业所需资本的筹集与流通更加间接化；再如，以电子银行、支付宝、微信、第三方支付等新型支付形式的兴起，传统借助于现金支付、银行转账、票据流通等结算活动均进一步间接化。(3)交易的手段走向无形化。例如，计算机的推广和互联网商平台的出现，使电子交易形式已基本上取代了传统的纸合同形式；又如，随着现代证券市场电子化、网络化和交割结算迅捷化，记账式股票、债券、基金券及期货指数等，传统的纸质证券、有形商品也归于无形化、数字化；再如，借助于数字的工具、会计的语言、电子的形式、网络的流程，传统物→物、物→货币→物的有形交易程序，也实质地走向无形化、数字化、电子化和网络化。(4)交易标的抽象化。与传统基于有形物而产生的具体、普通商品的交易不同，以第二次工业革命电的发明与交易为标志，无形物、无体物交易的不断变化和快速扩张，已构成对传统民商法的巨大挑战并成为当代民商法面对的“瓶颈”；[117] 当代商事交易的标的越来越抽象、概括甚至呈现虚拟化的趋势。例如，在资本市场和金融流通中，交易的标的已脱离了具体的财产形式，彻底价值化的资本、资本证券、期货指数等已成为主要交易标的形式；又如，知识经济、信息经济、网络经济、物联经济时代，创造性知识与技术、营业信息、网络权益或虚拟财

---

〔117〕 周亮：《新型商事交易标的物的商法调整》，法律出版社 2016 年版，第 30～59 页。

产、物联密钥或智能信息，则渐次成为最主要的交易标的；[118]再如，比特币、数字货币、区块链等带有高科技、网络、信息特征的流通工具和交易概念的出现，[119]交易标的抽象化已越来越明显。

（五）商法形式由集中的大法典走向分立的单行法

传统商法的经典形式是法典化的商法。19世纪末以前，由于营业行为、商事活动、市场交易相对而言尚比较简单，一部法典把当时主要类型的商事主体或营业行为作囊括性或概括性规定，既有必要性，也具可行性，故此一时期的商法范式大多以商法典的模式（如《法国商法典》《德国商法典》）表现出来。但是，进入20世纪以来，由于商事主体的种类、营业的形式、交易的方式、市场的领域等发生了深刻变化，对商法的修改、调整则成为必然，而这一法律调整过程中，体系化、法典化、稳定化的商法与营业变迁、市场扩张、经济发展、社会变化之间就存在难以克服的矛盾，原有法典形式的商法已不能适应对变动营业关系的调整要求，因此，或者在商法典之外适时创制特别商法，或者把需要修改或调整的商法某一部分或领域从商法典中析分出来，就成为当代商事立法的一种必然之举。由此，原有的商法典也就越来越薄，单行的商事特别法越来越多，几乎成为绝大多数国家或地区商事立法的共同选择。2005年6月，日本国会在再次修改公司法部分时，于《日本商法典》之外另行通过新的《日本公司法》，此立法之举，意味着商法典时代已走向终结。[120]尤其在我国未来商事立法模式的选择上，选择实事求是、从实际营业需要出发，摒弃形式主义大商法典或变相的商法典立法模式，坚持实质主义的民商共域一体与适度合理分工，在我国《民法典》对私法领域作一般性规范的统辖下，通过完善商法各单行法律、法规和相关配套制度，[121]应是我国商法最适当、最可行的立法选择。

---

[118] 申晨：《虚拟财产规则的路径重构》，载《法学家》2016年第1期；梅夏英：《虚拟财产的范畴界定和民法保护模式》，载《华东政法大学学报》2017年第5期。

[119] 贾丽平：《比特币的理论、实践与影响》，载《国际金融研究》2013年第12期；［德］伦纳·库尔姆斯：《比特币：自我监管与强制法律之间的数字货币》，廖凡、魏娜译，载《国际法研究》2015年第4期；赵磊：《论区块链技术背景下信用制度的挑战与机遇》，载许多奇主编：《互联网金融法律评论》2017年第2辑（总第9辑），法律出版社2017年版。

[120] 肖海军主编：《商法学》，法律出版社2009年版，第41页。

[121] 赵磊：《反思"商事通则"立法——从商法形式理性出发》，载《法律科学》2013年第4期；施天涛：《民法典能够实现民商合一吗？》，载《中国法律评论》2015年第4期。

三、商法的晚近发展趋势

(一)现代市场经济结构中的企业商法

在现代市场经济结构中,组织体形式的企业商主体已经完全取代了原有的家庭、自然人个体,成为投资、经营、交易中的主角,由此,商法也明显表现为以企业为中心的发展趋势与时代品格,呈现鲜明的企业商法特征。

1. 由于企业(特别是公司企业)在现代市场竞争中的特殊作用,商事主体更多地或主要地是以企业等形式表现出来,即使传统的家庭、自然人个体的经营,也变相地以个人独资企业、一人公司或合伙企业等形式进行,商事主体完成了从自然人商人向企业商人的历史性转变。

2. 以企业法为核心,构成了当代商法的核心。如:(1)传统的商事主体法,在市场经济条件下更多表现为企业法,如《个人独资企业法》《合伙企业法》《公司法》和其他企业法等。(2)传统的市场准入法、商事登记,在现今也主要表现为企业准入、企业设立、企业登记法。(3)传统的商法构架均按照企业法的要求进行了彻底的改造,如公司法本身就具有企业组织法的本质特征;破产法实质就是企业破产法;证券法的主要功能就是为公司企业进行融资;商业信托法、证券投资基金法本质是有关信托投资公司、基金管理公司的法律;商业银行法即为关于金融类企业的法律规则;票据法主要涉及商业银行的票据和一般企业的商业票据;保险法则包括调整保险公司业务的保险业法和保险公司作为主要当事人的保险合同法;海商法作为近代企业最早萌芽与定型的领域,更是以海运公司为主体的法律;其他如电子商务法等,也带有鲜明的网络企业法特征。易言之,市场经济条件下的当代商法,是企业法不断扩张的产物。正因如此,在日本,就存在商法即企业法的观点或学派。[122]

3. 基于企业监管的需要,传统带有习惯性商法特征的商事技术性规范,日益被具有企业监管内容的政策性规范所取代,商法的伦理色彩、国家干预的政策倾向越来越明显。例如,公司法中有关公司治理的强行性规范;又如,证券交易所、证券公司、商业银行、信托投资公司、基金管理公司、保险公司、海运公司、航空公司、公用企业、国有企业、网络平台服务商等特殊性企业的严格设立条件和监管规则;再如,证券信息披露制度、破产中公平清偿原则的适用、保险利益原则的强制约束力、票据权利的保护与抗辩等,均集中反映了这种趋势。

4. 强化企业经营责任和债权人保护,成为市场经济条件下商法的重心。对投资者有限责任的限制与企业责任社会化、责任严格化理念的兴起,体现在保护投资者

---

〔122〕 [日]近藤光男:《日本商法总则·商行为法》,梁爽译,法律出版社2016年版,第4~5页。

利益的同时，商法高度关注社会公益和相关利益关系人的利益。它表现在以下方面：(1)强化对企业债权人利益的保护。如公司法中引入公司法人人格否定制度；合同法中的撤销权制度与代位权制度的创立；破产法中的追回权制度的设置；票据法中对票据权利追索权和实际利益返还请求权的补充；保险法中强制财产保险与人身保险的分离营运和再保险的规定；证券法中的信息披露制度与证券诉讼制度的安排；商业银行法中对存款人利益的优先保护；信托法中对不规则信托的严格财产责任；海商法中对优先权的设置等，均集中反映了商法对保护债权人利益的重视。(2)企业外部责任的严格化与社会责任的法定化。如产品与服务责任的严格归责原则；上市公司(公众投资公司)对公众投资者的信息披露义务及责任；企业在营业中引起的环境责任适用无过错归责原则等。(3)企业商事责任的社会化。现代市场经济的规模化和高技术化，使企业的市场风险和技术风险已越来越大，为有效地降低风险，通过民事责任的社会化机制，把企业的部分民事责任转移给社会，已成为现代商法中的一项重要制度。例如，产品质量责任保险、董事责任保险等责任保险制度的不断创新；又如，由于大规模传染病、公共安全事件、自然灾害等突发性公共事件导致紧急状态的出现，从而需要启动行政或公共赔偿制度对企业等商事主体进行必要的救济；再如，国际贸易中的政府担保、出口补偿(补贴)和出口退税等政策性补偿制度等，对转移企业等商事主体的部分责任起着重要作用。

(二)资本自由化条件下的金融商法

金融，是指资本、资金、货币等抽象价值中介及其衍生各种证券的发行、流转、回笼等流通活动。在营业中，无论从起点的投资，还是就终点的交易，资本的筹集和营业的所得，均与金融有关。金融犹如营业的血液，是现代市场经济的核心。在资本自由化条件下，由于资本筹集、资本营运与资金融通的基础性和重要性，金融已贯穿营业的始终，渗透到市场经济的每一环节，因之现代商法带有显著的金融商法特征。[123] 自然，当今商法新的使命是从传统商事关系的调整转移到对金融商事关系的调整，并以此作为其基本定位。[124]

1. 资本的筹集与资金的流通是营业产生、发展的基础和保障，营业与金融已难以分离。营业活动与一般民事行为不同，适度的资本投入是开展营业的基本前提，而一定的资金流通又是扩大营业、开拓市场、增进收益的必要保障，离开了金融，营业就寸步难行。举凡企业资本的筹措，民间资金的借贷，股份资本的募集，民间与社

---

〔123〕 杨东：《论金融法的重构》，载《清华法学》2013 年第 4 期；楼建波：《法院判决对中国影子银行业务的间接激励——金融商法的视角》，载《清华法学》2017 年第 6 期。

〔124〕 施天涛：《商事关系的重新发现与当今商法的使命》，载《清华法学》2017 年第 6 期。

会资金的存储和提取，商业银行贷款的发放，国债与企业债券的发行，证券投资基金的管理与信托，票据的签发、背书和汇兑，保险资金的使用与营运，现代电子商务与互联网支付等，金融与营业如影相随，营业的金融背景、性质和支撑越来越明显。

2. 金融关系已是当代商法的主要调整对象。所谓金融关系即在金融业务活动和金融管理活动中各种主体之间产生的社会关系。虽然学界目前尚有五关系说（间接金融关系、直接金融关系、金融中介服务关系、金融调控关系、金融监管关系）、[125]三关系说（金融经营关系、金融监管关系、金融调控关系）、[126]二关系说（金融业务关系、金融监管与调控关系）等不同观点，[127]但总体而言，金融关系不外乎不同主体之间的私法性金融业务关系、国家金融监管调控机关与金融业经营者之间的公法性金融监管调控关系，也就是说金融关系兼具私法性与公法性这一双重属性，其所涉及的公司资本、股份发行、证券交易、期货买卖、商业银行、信托经营、投资基金、结算支付、票据流通、商业保险、外币兑换等业务范围及金融监管、调控等社会关系，恰恰也正是当代商法的主要调整对象，涉及资本营运过程中商法的具体方面和营业的不同环节，足见，金融法与当代商法调整对象的高度重合。

3. 现代金融法中的四大支柱构成了当代商法的骨架。通论认为，证券、银行、信托、保险为现代金融的四大支柱，因之而产生的证券法、银行法、信托法、保险法，足以构成当代商法的主要内容；不仅如此，由于证券的发行、交易原本就源于公司资本募集、股份发行、债券流通，证券法与公司法存在天然的姊妹关系，自然公司法也就存在固有的金融性；如期货交易、电子商务、互联网融资、移动支付等营业形式，本身就带有金融业态的属性。足见，现代金融法实质上已成为当代商法的主干和骨架。

4. 金融及金融规则实质上已渗透到营业的每一环节和商法的不同部门。首先，金融已渗透到营业的每一环节，例如，营业进入和投资环节中的公司设立、资本筹集、股份发行与流转、债券发行与流通、基金投资、网络融资等；又如，经营管理中的资金流通、银行存贷款、票据的签发和承兑、信托经营、托管经营等；再如，交易环节中的银行支付结算、电子银行、移动支付、物流运输、商业保险等，投资、经营、交易每一阶段和环节，均有金融的渗透和支撑。其次，金融法律规范已成商法不同子部门法中的主要内容，如公司法、证券法、投资基金法、信托法、商业银行法、票据法、保险法、电子商务法等，既是现代金融法的主要部门，又是当代商

---

[125] 强力：《金融法》，法律出版社 2004 年版，第 1 ~ 10 页。

[126] 徐孟洲主编：《金融法》（第 3 版），高等教育出版社 2014 年版，第 5 ~ 10 页。

[127] 朱大旗主编：《金融法》（第 3 版），中国人民大学出版社 2015 年版，第 2 ~ 5 页；岳彩申、盛学军主编：《金融法学》（第 2 版），中国人民大学出版社 2015 年版，第 11 ~ 13 页。

法的主要组成部分。

5. 金融交易是最高级的交易形式,在整个当代商法体系中具有极端的重要性。金融交易是以财产或权利价值化、抽象化、数字化的货币、资本、证券、基金、期货指数、票据、汇率及其他资本或货币替代物作为交易标的,并因其高度抽象性而具有迅捷流转的属性,从而可以显著提高交易效率和营业效益,因此,金融以及金融衍生产品、证券的交易,是所有市场交易中最高级、最顶端的交易,也是目前人类所有营业类型中攫取利润最高、积累速度最快、聚集财富最广的交易。正因如此,就营业的总体而言,谁控制了金融,谁就掌握了营业的命脉;就全球而言,金融中心在哪里,营业的中心也就在哪里。

(三)营业跨国化、全球经济一体化趋势下的国际商法

如前所述,投资、经营、交易的跨国化和经济、贸易、市场的全球化,使营业依赖的市场边界不断突破和扩张,营业已不再局限于一地与一域,甚至也不仅仅是主权国家或独立关税区内部的事务,而是涉及所有国家或地区的多边性、国际性和全球性问题。与之对应的是,当代商法也就具有鲜明的国际商法特征。

1. 由于营业的跨国化、全球经济的一体化,使资本、劳力、技术、管理等生产要素在全球范围得到优化配置,商事活动日益国际化,各国商事立法和制度安排在相互吸纳、互相借鉴中不断趋同,商法的国际化、趋同化、统一化趋势已十分明显。

2. 由于跨国公司、域外投资、国际贸易已成为各国商法中面临的新问题,各国在有关跨国公司、域外投资、国际贸易等问题上已更多地采取协同和合作的态度,有关跨国公司、域外投资、国际贸易法律适用的实体化程度也越来越高。

3. 在 WTO 等国际或多边经济、投资、贸易合作框架下,各国通过集体协商、谈判,共同参与国际商事领域的立法,有关商品买卖、货物多式运输、服务贸易、跨国投资、国际知识产权交易、境外支付形式等在国与国之间的自由化、国民待遇化,已基本纳入了国际、区域、多边、双边商事协定的法律框架之下。

4. 为解决不同国家或地区商法适用的冲突,商事性国际公约、国际或地区组织的规章、区域合作协约、多边国际协定、特定国家或地区间双边合作协议、商业国际惯例等,已成为商法的主要渊源而被广泛适用。

(四)营业自由权、民主法治宪制视角下的自治商法

在国家与市民、政府与民间、政治与经济、调控与市场、国事与商事、公权与私权有适度分离且有清晰边界的现代宪制和法治社会,营业总体而言属于私人性、民间性、自治性事务的范畴,国家、政府、公权必须尊重市民、民间、经济、市场、商人在营业事务方面的自由、自主、自治,对营业的参与、调整、控制、监管,必须在宪法

确定的制度框架和法律规定的特定范围内,才有正当性、合法性和有效性,因之,在国民营业自由权与现代民主宪制视角下,当代商法理所应当是名副其实的自治商法。

1. 在营业自由权与民主宪制的视角下,政府是权力边界比较明确的"有限政府",在现代法治理念的指导下,政府对经济、市场、营业的干预是一种有限、适度、宏观的干预,"有限政府"作为"有形之手",对经济、市场、营业的作用应是排除市场竞争障碍,遏制市场不正当竞争,填补市场竞争失灵的空间,矫正市场竞争造成的社会经济失衡。因此"有限政府"与"营业自由"、"国家管治"与"民间自治"、"计划调控"与"市场调节"、"政府指导"与"企业自主"应是相得益彰、彼此在功能上互补,它要求有新型的营业自由、商人自治、企业自主的适度空间。

2. 在营业自由权与民主宪制的视角下,政府对经济的参与、管理和调控应当是透明、公开的,特别是对商事活动、市场交易过程中的政府调控与监管,应做到事前公示、过程透明和结果公开,能使具有公法性质的强行性商事规范更符合市场自由竞争的公平有序和商事主体积极性的充分发挥,使以政府监督为主导、以企业自治为基础的新型商事关系制度化、稳定化。

3. 在营业自由权与民主宪制的视角下,必然要求商事权利的宪法化与商事权利保护的司法化。民主宪制是以限制公共权力来保护人权为主旨的法治政体,因此,宪法对商事权利进行确认和保护是人权保护的重要内容和最高形式。(1)商事权利入宪是商法规范最为高级的形式。为了维护商事主体法律地位和基本权利,诸如营业资格的自由取得、营业权的自由行使、私有财产权的法律保护、契约自由等商事权利入宪,已成为各国商事立法普遍存在的高级形式,它对保护商事主体的平等地位与合法权益提供了最基础的保护。[128] (2)商事权利保护的司法化。在民主宪制体制下,通过国家独立、公正的商事审判,可及时化解商事纠纷,并对民间专业、自治的商事仲裁进行必要的监督,更可对商事权利提供充分的保护。[129]

4. 在营业自由权与民主宪制的视角下,通过国会或议会的民主合议制度,制定国家经济和社会发展计划,商事主体的营业活动和经营目标整体或长远被纳入到国家经济和社会发展的范围,更有利于国民营业自由权利的充分行使和商事主体经营性自治活动的有效开展。

---

〔128〕 肖海军:《论营业权入宪——比较宪法视野下的营业权》,载《法律科学》2005 年第 2 期。

〔129〕 杨立新、蔡颖雯:《论妨害经营侵权行为及其责任》,载《法学论坛》2004 年第 2 期;朱晓峰:《论德国法上的营业权规则及其对我国的启示》,载《政治与法律》2016 年第 6 期。

（五）信息、高新技术条件下的电子商法、网络商法、智能商法

自从20世纪50年代计算机诞生、60～70年代互联网和移动通信等高新科学技术的兴起，虽然最先它们仅仅只是作为一种具有高科技含量的全新商品和服务方式出现，但是，随着20世纪八九十年代大量的交易开始利用计算机工具和互联网平台，进而彻底改变了营业的实质内容和外在形式；特别是21世纪初，物联网、云计算、移动通信的迅猛发展和快速地更新换代，更颠覆了传统市场的每一环节和营业的不同领域，〔130〕以电子技术为基础，使传统投资、经营和交易在准光速的条件下，实现了无纸化、间接化、瞬时化、迅捷化、自动化、智能化和虚拟化，当代商法已实质步入电子商法的新时代；〔131〕新兴量子技术、光纤传播技术、智能技术的发展，〔132〕则使商法的这一变化无论从质介还是从量级、内容抑或形式，又面临前所未有的新挑战。

1. 计算机、互联网、移动通信在商事交易中的普遍、广泛使用，使契约订立过程和形式电子化。计算机、互联网、移动通信在商业上普遍化、大众化，利用计算机、互联网、电子邮件和移动通信工具进行要约、承诺，已成为合同订立过程中普遍使用的形式，一系列新型的合同形式如电子点击合同、拆封合同、网上购物等订约形式得以出现，电子数据成为合同内容的重要组成部分和证明合同法律关系的有效证据。〔133〕

2. 交易支付形式的电子化、移动化。利用计算机数据、网络传输和移动通信等电子手段进行电子支付已是现代商业领域中最常用的一种支付形式，诸如电子票据、网上支付、网上汇兑、电子结算、电子划拨、移动支付等各种新型电子支付形式大量出现；此外，如银联卡、信用卡、各种具有支付功能的IC卡的不断涌现，均对传统商业银行、商业票据、信用证支付提出了巨大挑战。

3. 签约和支付形式的电子化，导致商事主体与商事行为的非国界化。借助互联网络和移动通信工具，任何自然人或组织可以在任何一个地方于网上注册一个公司、网站或域名，商事主体可以在任何一个地方通过资金的划拨、转移、支付以实现商品买卖、投资、交易，贸易、投资、财产转移已步入无时间差的迅捷化和即时化时代，这对传统的商事登记、商法适用和诉讼管辖，均是一个巨大的挑战。

---

〔130〕梁志文：《云计算、技术中立与版权责任》，载《法学》2011年第3期；马凯、张纪录：《法经济学视野下物联网立法研究》，载《河南大学学报（社会科学版）》2011年第5期。

〔131〕杨东：《〈民法总则〉应植入"互联网"基因》，载《财经法学》2017年第2期。

〔132〕吴汉东：《人工智能时代的制度安排与法律规制》，载《法律科学》2017年第5期；冯洁语：《人工智能技术与责任法的变迁——以自动驾驶技术为考察》，载《比较法研究》2018年第2期。

〔133〕如《民事诉讼法》第66条第1款第（5）项规定，"电子数据"属于法定证据。

4. 商事的高技术化特征，使商事行为的职业化和技术化要求越来越高、越来越复杂，投资者本身已很难胜任这种要求，职业化、技术化的商事代理、营业信托在现代商事活动已不可或缺，特别是计算机技术、互联网络和移动通信的精细、复杂，导致现代商事代理人、营业信托人职能的分离，从事实体权利处分的商事业务代理人、信托人与从事纯技术操作的商事技术代理人、信托人之职能逐渐分离，并日益专业化。如证券交易、网上购物委托代理人与柜员营业操作员的分离，投资基金管理人与基金实际营运人的职能分工，实为传统商事代理、信托制度的又一嬗变。

5. 信息、智能等新型营业业态在不断改写传统的商法规则。例如，域名、网站、账号作为网络虚拟交易主体的实质性存在，就对传统实体性商事主体、商事登记、营业地、合同地、侵权地、管辖地等商法规则，构成巨大挑战。又如，在云计算、大数据、区块链、移动交易、智能营业等业态中，在“代码即法”“法律代码化”“代码法律化”的规则制约下，[134]某些新的信息、智能技术规则本身就具有商法意义。

（六）生态环境保护与可持续发展理念下的绿色商法

营业虽为私人、内部和当下的经济活动，但却具有社会性、外部性和代际性效应，特别是营业为逐利而产生的社会、外部或代际负效应中，对资源的消耗、生态的破坏、环境的污染，所引发的资源、生态、环境等代际利益和可持续发展问题，已被各国政府与民间普遍关注和重视。《国际干预公海油污事故公约》（1969 年）、《保护世界文化和自然遗产公约》（1972 年）、《濒危野生动植物物种国际贸易公约》（1973 年）、《核材料实物保护公约》（1980 年）、《联合国海洋法公约》（1982 年）、《保护臭氧层维也纳公约》（1985 年）、《关于消耗臭氧层物质的蒙特利尔议定书》（1987 年）及其修正案（1990 年和 1992 年两次修正）、《控制危险废物越境转移及其处置巴塞尔公约》（1989 年）、《化学制品在工作中的使用安全建议书》（1990 年）、《作业场所安全使用化学品公约》（1990 年）、《生物多样性公约》（1992 年）、《联合国气候变化框架公约》（1992 年）、《核安全公约》（1994 年）、《联合国防止荒漠化公约》（1994 年）、《京都议定书》（1997 年）、《关于在国际贸易中对某些危险化学品和农药采用事先知情同意程序的鹿特丹公约》（1998 年）、《卡特赫纳生物安全议定书》（2000 年）、《巴黎气候变化协定》（2015 年）等一系列与生物、生态、气候、环境、有害化学物、放射性污染有关的国际公约与协定的制定，标志着人类活动和经济行为应当符合并满足资源、生态、环境的最低极限和可持续发展的基本条件，得到国际上的一致认同。因此，“工业技术的力量虽然强大，但产生的副作用及潜在危机也随之升

---

[134] ［美］凯文 · 沃巴赫：《链之以法——区块链值得信任吗?》，林少伟译，上海人民出版社 2019 年版，第 79 页以下。

高”,并日益冲击着生态环境和人类未来,已成为人们的共识;[135]在环境友好与可持续发展理念下,“创新、协调、绿色、开放、共享”已成为新时代经济增长与社会发展的五大基本理念。[136] 在资源利用、生态保护、环境污染、代际利益等一系列法律规范不断完善的当下,营业的内容与形式、方式与手段均必须符合绿色商法的品格。

1. 在生态环境保护和可持续发展理念的主导下,传统商法中的商事主体利益本位、投资者利益至上的理念正不断被社会利益、公共利益、生态利益、环境利益、代际利益、物际利益本位之理念所修正,商事立法在追求交易效益的同时,也在日益重视交易的社会效应、生态效应、环境效应、代际效应和可持续发展效应,这集中表现为商事主体社会责任、生态责任、环境责任、代际责任的强化。

2. 营业进入阶段有关生态环境的准入门槛与无害审查,可有效确保营业进入的绿色标准。鉴于营业的生态、环境、代际负效应均因特定的投资、经营和交易引起,自然解决的根本之道,在于建立营业进入环节的环境准入标准和严格审查程序,把可能造成生态、环境、代际负效应的营业事项或经营类型,阻却于营业进入门槛,消灭于萌芽状态。[137] 正因如此,环境标准已成为国际贸易与跨国市场准入的重要标准和限制性条件。例如,2005 年 6 月,世界贸易组织官方公布的《2005 年世界贸易报告》,其中第二部分“贸易、标准与 WTO”对“环境标准与贸易”有专门论述和要求;[138]2006 年 12 月 WTO 环境与贸易委员会发布更为详细的《环境要求与市场准入》报告,对市场准入中的环境标准提出了更高要求。就国内而言,在立法上,2002 年《环境影响评价法》,正式在“规划和建设项目”审批中引入环境影响评价制度;2014 年《环境保护法》修订时,环境保护规划、环境影响评价与环境标准制度,作为国家基本制度予以确定;2017 年《民法总则》,作为“绿色原则”条款的第 9 条,更规定“民事主体从事民事活动,应当有利于节约资源、保护生态环境”。在政府政策与具体行动上,2007 年 11 月国务院印发《国家环境保护“十一五”规划》(国发〔2007〕37 号),“环境标准成为市场准入的重要条件”“强化环境准入”等环境准入政策写入该规划内容;[139]2015 年 10 月国务院发布《关于实行市场准入负面清单制度的意见》(国发〔2015〕55 号)和《关于开展市场准入负面清单制度改革试点的工作方

---

〔135〕 [美]阿尔文·托夫勒:《未来的冲击》,黄明坚译,中信出版社 2018 年版,第 377 ~ 381 页。

〔136〕 中共中央:《关于制定国民经济和社会发展第十三个五年规划的建议》(2015 年 10 月 29 日)第 2 部分第(2)项。

〔137〕 肖海军:《营业准入制度研究》,法律出版社 2008 年版,第 376 ~ 377 页。

〔138〕 World Trade Organization, *World Trade Report* 2005 - *Trade*, *Standards and the WTO*, 2005 - 06, p. 48 - 51.

〔139〕 国务院:《国家环境保护“十一五”规划》,载《中华人民共和国国务院公报》2008 年第 1 号。

案》,“生态安全、资源安全、核安全”等环境安全被列入“市场准入负面清单”的范围。[140] 因此,在营业准入环节对潜在影响或危害生态利益、环境利益、代际利益的事项进行审查,[141] 是当代商法适应生态环境保护和可持续发展需要、进而实质具备绿色商法品格的必要举措。

3. 在营业的经营环节引入社会监督,可在一定程度影响企业内部治理、经营决策者对生态、环境、代际利益的关注和重视。如在公司治理结构中引入外部董事、独立董事或社会董事,使环境公益观念影响公司内部决策有了制度支撑和实际可能。如美国从 1994 ~ 1998 年,由于引进了独立董事制度,某些原来环境诉讼缠身的公司被卷入环境违法纠纷的概率就大为降低。[142]

4. 在营业环境侵权责任的归责原则与责任分配上,可起到明显遏制经营者追求最大化效益时损害生态、环境、代际利益的负面效应。如环境公益诉讼的引入、无过错归责原则的适用,使公司社会责任范围得以扩大,这对公司内部制度和目的事业范围的确定具有一定的约束作用。[143]

四、社会经济制度转型与体制改革背景下的中国商法

当代中国,一方面由于社会、经济制度处在由传统计划经济走向现代市场经济,由集权体制过渡到分权体制,社会结构和经济形态正在发生一场自发、渐进的革命;另一方面在民间的推动和政府的主导下,对既定制度和社会结构进行主动、激进的改革,使中国社会正经历着一场前所未有的社会利益与个体权利大调整。在此背景下,事关商法的一系列问题集中表现在以下方面:

1. 适应市场经济的新型商事立法观的建立。即坚持以保护投资者利益为基本出发点的立法观,同时应重视对债权人利益、劳动者利益、社会公共利益、环境可持续发展利益的保护。贯彻营业进入自由、主体资格平等、企业内部自治、法人责任有限等基本原则,以充分调动投资者、经营者、交易者的积极性。

---

〔140〕 国务院《关于实行市场准入负面清单制度的意见 》(国发〔2015〕55 号)第 7 条。

〔141〕 金明:《环境标准与市场准入》,载《税务与经济》2007 年第 6 期;宋璇:《商事生态环境之市场准入——以工商登记改革为视角》,载《知识经济》2014 年第 14 期。

〔142〕 George Kassinis, Nikos VaFEAS, *Corporte Boards and outside Stakeholders as Determinants of Environmental Litigation*, Strategic Management, p. 399 (2002).

〔143〕 杨继:《公司环境责任之再思考》,载《法学评论》2007 年第 1 期;林懿欣:《论商法视野下的环境侵权债权人保护》,载《大连理工大学学报(社会科学版)》2010 年第 1 期;胡珀:《商法视野下的公司环境法律责任》,载《现代商业》2012 年第 24 期;何佩佩、邹雄:《公司解散清算阶段预期环境侵权之救济》,载《中国地质大学学报(社会科学版)》2014 年第 6 期;姚瑶:《风险社会背景下公司环境责任的实现进路》,载《江西财经大学学报》2016 年第 3 期。

2. 建立适应市场自由、公平、有序竞争的新商法价值体系。即由传统的注重市场秩序转变为尊重主体自由，由国家利益本位让位于市场主体利益本位，由行政管理为基础过渡到以交易自律为基础，建立以营业自由为基点，以交易效益为目标，以竞争公平和市场秩序为约束条件的新型商法价值体系与逻辑序列，以激发商事主体的自主创造性。

3. 选择适应营业行为、商事交易并兼顾其他民事活动且具可行性的商法立法模式。即基于民商共域一体的现实，在大私法领域与大营业视野下，使民商有适度、合理、科学的分工，取单行法、特别性作为商事立法的主要立法范式。

4. 解决商事制度中具体改革中的重大理论与实践问题。(1)国有企业改革。它涉及正确处理公司法、国有企业法、国有资产法、企业破产法的修改和完善。(2)投融资体制改革。主要应解决证券法、证券投资基金法、国债投资法、机构投资法等立法定位和相关法律的基本功能。(3)金融业经营与监管体制改革。如银行业中国有银行的商业化、股份化，此外民营银行、外资银行的平等、适度准入对确立银行新体制具有重要意义；证券业适时引入以证券交易所的自律、自治式证券发行登记审查制，改善国家对证券业的监管方式，强化对公众投资者信赖利益的保护等；信托业中应重视商事信托、基金信托、企业信托的立法，特别是投资基金与信托经营者的适格化管理与受益人信赖损害的有效救济等；在保险体制改革中，重点应针对国有保险企业的商业化、股份化与新保险业风险体系的建立等；在电子、互联网、移动金融领域，应加强客户金融信息的保护，在大数据和云计算的支撑下，有效控制新型金融风险；在金融监管领域，应建立起涵盖银行、证券、信托、保险、网络金融的综合性、立体性、全方位的集中监管制度体系和强有力的监管执法机关，以有效防止系统性、规模性金融风险。(4)重视并跟踪计算机、互联网、物联网、云计算、移动通信新技术的发展及其在商法领域的运用，完善有关电子商务和网络交易的商法规则。

第六章　商法的功能与作用

与其他部门法相比较，商法为什么具有不可或缺和不可替代的地位，这需要从其独特的功能和作用入手深研，才可得出具解释力的答案。

第一节　商法的功能

一、商法功能的一般阐释

（一）商法功能的既有观点

关于商法的功能，国内学者鲜有进行系统、深入研究，个别论著虽有所涉及，但更多是从商法与民法、经济法、行政法等部门法律的比较中，讨论商法的制度功能，代表性观点有：

1. 商法独立价值论。如有学者就从商法的独立性与独特性角度，分析商法具有不为民法、经济法、行政法所替代的部门法或学科的独立性，商法功能最显著之处即为商法本身的独立性或独特性；[1]或把其局限于商法学的学科功能。[2] 与此对应，部分学者则质疑商法的独立性，认为现代意义的"商"已冲出民或私的领域，成为经济法的有机组成部分，故商法并非实际的法部门和法现象，自然也就没有其独特的功能。[3]

2. 商法调整属性论。从商法的调整属性来定义、阐述功能，如有学者认为，"商法的功能在于，对民法个别规定的补充、变更以及创设商法理念的新制度，并以独

---

〔1〕 范健、王建文：《商法的价值、源流及本体》，中国人民大学出版社2004年版，第46～73页；周晖国：《商法本位论》，法律出版社2010年版，第164～213页；赵万一：《商法独立与独立的商法》，法律出版社2013年版，第25～28页；邹海林、张辉：《商法基础理论研究的新发展》，中国社会科学出版社2013年版，第9～14页；任先行：《商法原论》，知识产权出版社2015年版，第62～73页。

〔2〕 赵旭东主编：《商法总论》，高等教育出版社2020年版，第22～24页。

〔3〕 史际春、陈岳琴：《论商法》，载《中国法学》2001年第4期。

特的营利调节机制保护商事主体的合法权益”。[4] 有学者从经济分析的角度，认为“民法、商法、经济法各自有着不同的功能，民法是市场机制配置资源方式的互补；商法，特别是商主体法是市场机制配置资源的替代；而经济法则是市场机制配置资源的补充”。[5] 有学者认为民法、商法、经济法三法之间的功能具有“交融、互补、互动”关系，即“民法、商法在调整平等主体之间社会关系中追求私益，经济法在对经济实现社会整体调节中追求社会公共利益”，其中，“就保护私益而言，民法与商法也是迥异的，民法追求一般私益；而商法则保护营利的私益”。[6]

3. 商法特殊地位论。如学者从商法是“市场经济的基本法”这一地位角度，认为商法的功能主要表现在规范市场要素、（市场主体、市场客体、市场行为和市场秩序）和市场交易（常态与非常态）中所起的特殊基础作用。[7] 也有学者从商法与市场经济的关系，认为商法是商事规则的凝结，商法影响市场经济正是通过影响社会资本实现的，主要表现为商法推动资本流动、促进资本增值和保障资本安全三个方面。[8]

4. 商法作用机制论。如有学者把商法功能定义于作用机制，并认为商法的功能具体体现在规制性规范（包括引导性规范、行为性规范、界定性规范等）和矫正性规范（包括保护性行为规范和淘汰性行为规范等）这两种规范形式。[9]

上述不同观点和看法，更多是讨论商法的独立性与特殊性，其有关商法功能的讨论，并未完全揭示商法功能的内在逻辑。

（二）商法功能的意义厘定

“功能”一词虽古已有之，且经常使用，其含义有技能、效能、功效、才能或有才能的人等多种用法，[10] 一般是指人体某一器官或社会某一职位所应当具有的效能或功效，[11] 但近代以来白话文首次使用，则是在物理学或力学上开始的。近代物理学知识与理论引入后，“功能”一词主要用来表达某一动力所能发挥的最大效能；在多数场合被定义为物或物运动所产生的效能或功效；后哲学、经济学、管理学、法学、

---

〔4〕 钱玉林：《商法的价值、功能及其定位——兼与史际春、陈岳琴商榷》，载《中国法学》2001 年第 5 期。

〔5〕 任尔昕：《商法的语义、性质及功能》，载《兰州大学学报》2002 年第 2 期；任尔昕、石旭雯：《商法理论探索与制度创新》，法律出版社 2005 年版，第 12 ~ 13 页。

〔6〕 王保树：《关于民法、商法、经济法定位与功能的研究方法》，载《现代法学》2008 年第 3 期。

〔7〕 徐学鹿、梁鹏：《商法总论》，中国人民大学出版社 2009 年版，第 86 ~ 89 页。

〔8〕 杨光普：《资本视角下商法功能的定位》，载《吉林工商学院学报》2013 年第 3 期。

〔9〕 赵万一：《商法基本问题研究》，法律出版社 2002 年版，第 35 ~ 43 页。

〔10〕 何九盈、王宁、董琨主编：《辞源》（上册），商务印书馆 2015 年版，第 506 页。

〔11〕 张双棣、殷国光主编：《古代汉语词典》，商务印书馆 2014 年版，第 435 ~ 436 页。

社会学均予以援用,概括地称某一事物或对象能够满足另一事物或对象某种需求的一种属性,是比价值更为具体的效用属性范畴;进一步引申,功能则系指凡某一事物如能满足特定主体或使用者需求的任何一种属性,这种需求既包括现实需求,也包括潜在需求;在经济学或管理学上,功能一般被定义为特定商品或服务能够满足某种需求的一种使用价值属性,主要表现为功效或用途。因此,就一般意义上讲,功能是泛指事物或方法所发挥的有利作用或实在效能。[12]

由此可见,"功能"一词本身具有如下几层含义:(1)功能首先是某一事物本身应具有的某一效用属性,即具有某一特定的功效、作用。(2)功能可满足特定事物或主体的某一需求。(3)与同样可以满足某一主体需求的价值不同,价值是一种应然性的理想追求,属抽象、理想、指导、约束层面的效用属性,[13]而功能则为实然、实在、自身层面所存在的效用属性,处在更为直接、具体、显性的位置,是一种对特定对象或主体更为具体、可直接感受到的满足或作用。(4)功能一般是正向、积极、具有促进意义的功效、作用。(5)功能作为某一事物本身的效用属性,系指其原本意义上的属性,而非其属性所产生的影响、作用或结果。(6)功能既然是一种效用属性,则应该是多方面的,而非唯一的。

故仅就词义来界定,商法的功能则系指作为部门法的商法,其能在一国法律体系和经济社会生活中本身所应当具有的效能、功效,或者在宏观或抽象意义上能发挥的有利作用;如以之适用于商法的制度功能,则系指商法所具有的能满足民间营业、市场交易和商事主体营利需求之制度性效用属性。

(三)商法功能与商法作用等范畴之间的关系

与商法功能的本义意涵具有高度关联的,有诸如商法的目的、影响、作用、意义、后果等表述和定义。目的、影响、作用、意义、后果与功能这类词汇,在汉语表达某一事物的评价上经常使用或混用,特别在法律上用以评论立法、法律文本或条文、某一制度所产生的成效时,上述词汇也会经常使用到,但罕见对其区别和所要表达的准确意思进行分析,特别是在讨论某一立法或制度的功能时,又经常性地以目的、影响、作用、意义、后果来表达功能。之所以出现这种情况,根本原因在于汉语的词义与语境中,目的、影响、作用、意义、后果与功能之间并无明显的差异。例如,"目的"原意为"想要达到的地点或境地",引申为"想要得到的结果",具体到评论立法与制度的目的时,则为某一立法或制度所要达到或实现的预期目标或终极目标。

---

〔12〕 中国社会科学院语言研究所词典编辑室编:《现代汉语词典》(第6版),商务印书馆2012年版,第453页。

〔13〕 冯翔:《商事登记效力研究》,法律出版社2014年版,第36~37页。

"影响"作名词或动词用时,均为某事物对另事物所产生或起到的作用,包括正、反两方面所产生的作用。"作用"作名词或动词用时,则均为某事物对另事物所产生的某种影响;从广义上讲,如果某事物对另一事物起到了改变的效果则为起作用,在某种意义上也可以说等同于效果。"后果""效果""结果"之间更具有相似性,"后果"意为最后的结果(多用于坏的方面),"效果"意为某种力量、做法或因素而产生的结果(多指好的方面),而"结果"则为事物发展的阶段性状态或最终结局(好的、坏的均可)。"意义"一般解释为某一事物本身所具有的价值或发挥的作用,有积极与消极之分,但一般理解为正向的作用。"功能"之汉语的定义或本意为事物或方法所能发挥的有利的作用或效能。〔14〕 仅从汉语本意或释义上看,目的、影响、作用、意义、后果、功能诸词汇的含义本无显著差异,故仅依词的本意或释义尚不足界定商法功能的真正内涵与外延。

笔者认为,商法的目的不是功能,而恰恰因为商法所具有的某种特定功能,而可实现商法制度所预设的目的;商法的目的、影响、作用或意义,可部分涉及商法的制度功能,但由于影响、作用或意义也包括间接影响或作用,自然这一部分就不属于功能的范畴;"后果""效果""结果"三者之间只有"效果"比较接近功能的含义,但"效果"由于集中于客观结果的评判,而无主观判断或主体满足的期望与评论,也不能准确反映商法本身所具有的满足民间营业、市场交易和商事主体营利需求之制度性效用属性的特定内涵。因此,尽管学者们在表达商法功能时,经常性地使用目的、影响、作用、意义、后果等词汇,试图表达功能的某一含义,但实际上并不能准确反映商法的功能含义与功能定位。

综上,通过词义分析和内涵分析,可以认定,商法的功能系指其满足民间营业、市场交易和商事主体营利需求之制度性效用属性。这一定义本身包含着:(1)商法的制度功能是商法本身所具有的实然性效用属性。(2)商法的制度功能是指商法具有能满足民间营业、市场交易和商事主体营利需求方面的实然性效用属性,而非为满足国家管理、社会公众某方面需求的效用属性。国家管理、社会公众虽也有需要,但已不是商法功能的范畴,而是其制度所要达到的目的或产生的影响、作用、结果的范畴。(3)商法的制度功能一般是指商法本身对民间营业、市场交易和商事主体营利需求所能直接产生的最大、正向、积极性效用属性,事实上也会产生各种负面、消极的功效,但一般不列入讨论范畴。下文的分析,总体上就是在这一概念限定的框架内进行讨论。

---

〔14〕 中国社会科学院语言研究所词典编辑室编:《现代汉语词典》(第6版),商务印书馆2012年版,第453页、第542页、第663页、第923页、第1438页、第1546页、第1563页、第1746页。

（四）商法功能的考量因素

由于商法的功能主要系指商法本身满足民间营业、市场交易和商事主体营利需求之制度性效用属性，故在确定商法功能的内涵和外延时，应当考量如下因素：

1. 商法的独立性和独特性。功能为商法所具有的不可替代的效应属性，而这一不可替代的效应属性，首先又集中表现为商法的独立性和独特性，如某些满足民事主体营业需求的效应属性，是诸如民法、经济法也具备的，就不是商法的功能，或者说不是商法的独特功能。因此，商法的独立性和独特性是确定商法功能必须考量的首要因素。

2. 商法的本质属性和内在特质。功能为商法所具有的满足民事主体营业需要的效应属性，其中满足营业需要是最本质的要求，而这一要求又是商法所具有的本质属性和内在特质所决定的；自然，在具体界定商法功能时，商法所具有的本质属性和内在特质，如营业宣示、确认、鼓励、促进、保护等方面的本质与特质因素，就必须予以充分考量。

3. 商法的营业性。商法功能表现在许多方面，而相对于其他部门法而言，集中表现在满足民事主体营业需要的功能方面。也就是说，满足民事主体、民间资本营业需要方面的效应属性，是商法最主要的功能。营业需求方面的效应属性，才是应予以重点考量的因素，而有关国家整体安全、社会公共秩序、民间和谐关系，虽然也是商法功能所涉及的，但不应是主要的考量因素。

4. 商法的历史性与时代性。商法功能具有历史性，不同历史时期、不同营业阶段、不同经济发展程度、不同社会类型，商法功能呈现显著的差异性；这就要求我们必须把商法功能放在特定历史时期、不同经济发展阶段，作具体的历史性分析。例如，商法在农业经济时代的功能，就与工业经济时代、信息经济时代的功能存在很大的不同；又如，商法在商业特许、商人特权时期的功能，就与营业开放、竞争自由时期的功能，有显著的不同。

5. 商法的一般性和国别性。商法功能不仅有一般性和共同性，更具有国别性和特殊性，这就决定商法功能既应考量商法超越不同法系、国家或地区的一般特性，又应考量受制于不同法系、国家或地区的特殊国情。如商法在自由市场为主导的经济体内的功能，与在政府调控为主导的经济体的功能，就存在明显的差异。

（五）商法功能的内涵表述

关于商法功能的具体内涵，有学者把其表述为“规范商人”“规范商行为”“保护投资者的利益”等三个方面；[15]也有学者从商法机制的制度功能出发，把商法的功能概括为“识别功能、选择功能、规制功能和调控功能”等四个方面。[16] 笔者认为，商法作用机制与功能效用，是把民事主体进入营业领域之前和之后的各种需要，以一定具体的法律规范形式使之法律化、规范化和条文化，转换为可操纵性和具执行力的各种规则，从而实现商法的调整目标。因此，从一定意义讲，商法功能的表达应是商法以特定法律规范形式，使所具有满足民间营业与市场交易需求的制度性效用属性能转换为法律化、规范化和条文化的具体规则，其集中表现为以商法规则的形式满足民事主体在投资、经营和交易方面的一系列需要，即能为民事主体进入营业领域、从事营利性经济活动，提供一整套在资格、权能、利益、责任方面的价值、组织、制度和规则。

二、商法功能的具体表现

就具体层面而言，商法功能集中表现为营业自由价值的资格化与权利化，营业性投资方式与经营形式的规范化，商事交易的规则化与制度化，商业利益、市场风险与民事责任的明确化等四个方面。兹分述如下：

（一）营业自由价值的资格化与权利化

商法一个最为重要的功能就是以具体的规范形式和条款内容，把商法所倡导的理念、价值、原则转换为具可操作性和可执行力的法律规则，其中最显著的一个就是把商法所应有的营业自由价值，转换为民事主体的法定自由、固有权利和主体资格。

1. 宣示营业自由。与其他部门法相比，商法具有宣示民事主体进入营业领域、享有从事营利活动之营业自由的制度功能。如任何民事主体，除非其能力、职位及利益受限或与公共利益存在冲突外，得自由进入营业领域，以独资、合伙、合资、合作等形式，选择特定主营事项进行经营，以获得财富增进、利润增长和效益最大。商法对营业自由的宣示和确认，为一般民事主体无差异地进入营业领域、公平分配营业机会，创造了前提性、门槛性和基础性条件。

2. 转换营商资格。民事主体进入营业领域以后，其身份也就随之转换为商事主体资格，而促进这一资格与身份转换的法律，也只能是商法。其中以商事登记法最具有代表性，除部分自然或小规模经营者可豁免登记外，通过营业登记、企业登记、公司登记和特殊商事登记，具有一般民事主体身份或资格的自然人、法人或非法人

---

〔15〕 王保树：《商法总论》，清华大学出版社 2007 年版，第 41～43 页。

〔16〕 陈甦：《商法机制中政府与市场的功能定位》，载《中国法学》2014 年第 5 期。

社会组织、国家及国家机关、特殊财产实体等，就顺利、合法转换为商事主体身份与资格，并因具体的商事关系而成为不同商事关系中的投资者、经营者或交易者；在特定情形下，如涉及金融、食品、卫生、安全、环境等公共利益或国家安全的领域，营业行政许可制度的设置，也为特殊商事主体身份和营业资格，提供了程序控制门槛和流程。足见，商法具有转换营商资格的独特制度功能。

3. 确认主体权利。民事主体进入营业领域获得特定商事主体身份和资格后，通过实际投资、经营和交易等一系列营业行为，则必然要与不同主体结成投资关系、经营关系和交易关系，而在某一领域、阶段、流程、环节，以投资者、经营者或交易者等不同身份或资格出现的商事主体，又会表现为不同的权利与自由。商法在此最为重要的功能，就是以法律化、制度化、规则化的商法规范，使投资者、经营者或交易者在其步入不同营业领域、阶段、流程、环节的权利性质或类型得以清晰、明确和稳定，从而为实现他们对财富增进、利润增长和效益最大的追求创造法律条件和规范依据。如基于投资者身份所形成的业主权、合伙权、股权、社员权等，基于个体户、企业、公司、合作社登记而形成的经营主体的营业财产权和经营管理权，基于合同而形成的合同双方或多方的商事债权等，这些依据商法规则，均可明晰和确定。

（二）营业性投资方式与经营形式的规范化

商法在民事主体进入营业领域之后，其在指导投资方式、提供组织范式、总结经营形式、选拔经理人才等更为微观层面上，充分显示出其在营业性投资方式与经营形式的规范化方面不可替代的制度功能。

1. 指导投资方式。在长期的投资、经营和交易中，基于投资项目的规模、既有资金的约束、投资者的偏好和商业风险的控制，人们会选择独资、合伙、合资、合作等不同投资形式。不同投资形式有不同的资本来源、权利结构和风险责任，直接决定并影响后续经营的权利分配、经营形式、风险负担和责任比例。商法把这些经长期营业中形成的不同投资形式，以权利与责任、利润与风险的分配机制条文化、固定化和规范化，自然就起着指导民事主体有效选择投资方式的功能。

2. 提供组织范式。在营业方式的具体选择上，组织化形式的营业，其融资力、生产力和市场扩张力要明显优于单一自然人或家庭，已被17世纪以来的经济社会发展史所充分证明。正如科斯所言，企业之所以存在，在于它具有替代市场价格机制和显著减少交易费用的制度功能。[17] 而西方世界之所以能在近300~400年来兴起并遥遥领先于其他地区，在于其创造并充分利用“一个有效率的经济组织”，这个

---

〔17〕［美］罗纳德·哈里科斯：《企业、市场与法律》，盛洪、陈郁译校，上海三联书店2014年版，第30页。

有效率的经济组织实质上就是商事组织（企业或公司）。[18] 虽然以企业为代表的商事组织，本质上是投资者自由商事结社的产物，其产生的历史要远远先于商法规定企业的历史，但是，商法最为重要的功能在于，在投资者和商人创建独资企业、合伙企业、公司企业或合作社企业之后，通过商法规范使这些商事组织范式化、内部权利结构规范化、风险责任明确化，且不同商事组织或企业形式，对应不同的权利结构和风险责任，实际上就为后来的投资者、经营者和交易者提供了具有示范意义和十分经济的组织模式。17 世纪以来，诸如独资企业、合伙企业、公司企业或合作社企业立法的发展，使传统自然人商人逐渐为企业商人这一新型商事主体结构所取代，商法在为营业当事人提供组织范式的这一制度功能，越发明显。

3. 总结经营形式。营业的效益不仅取决于投资及选择的组织形式，也受制于具体的经营形式，诸如自行经营、委托经营、承包经营、租赁经营、信托经营、托管经营、营业转让、经营接管、特许经营等，不同情形下的经营有不同授权与行权的构架，还有行权与控权的平衡，更有权利与责任、利润与风险的配置与分担。尽管上述不同经营形式均源于投资者、经营者和交易者彼此的协商、谈判、权衡、博弈甚至斗争，但这些具有经典意义的经营形式一旦载入商法，商法就以稳定、清晰、明白的规范形式和条款内容，对商法颁行之后的投资者、经营者和交易者有着明显的示范功能。

4. 选拔经理人才。在营业中，经营者是实现营业效益最大化的核心环节和切实保障。商法本着尊重商人自治、企业自主、经营自决的原则，通过赋予不同投资形式、不同商事组织、不同经营方式以完全自由的人事选择权和用人自主权，借助于法定原则性规定、章程一般性约定、特别授权委任和合同补充性聘用等规则，以选举、推选、委任、聘请、招用、考试等多种方式，使投资者信赖、能胜任经营与交易代理职位的企业家、管理者、市场开拓者脱颖而出。可见，商法具有确保经理人才有效选拔的特殊制度功能。

（三）商事交易的规则化与制度化

使商事交易的主体条件、行为要素、程序环节、技术标准不断地规则化和制度化，是商法作为市场经济基本法最显著的功能，它集中表现为如下两个方面：

1. 凝练交易规则。由简单交易技术与程式→交易习惯→商事习惯法→商事共同法→商事成文法，由商品交换的技术性交易规则→市场中的共同性营业规则→具有普适性的法律规则，是商法产生、发展和演化的基本轨迹。在这一漫长的过程中，以不同形式表现出来的商法（古代习惯商法、中世纪的商人法、近代的国家商法

---

〔18〕［美］道格拉斯·诺斯、罗伯斯·托马斯：《西方世界的兴起》，厉以平、蔡磊译，华夏出版社 2014 年版，第 3 页。

和当代的国际商法等），不断起到使各种交易规则转化法律规范的固化功能。因此，从一定意义讲，商法本质上所反映的是“商品经济存在与发展的技术性条件”，即通过整合财产关系、设计交易制度和工具、技术性地处理各种交易要素，并使之法律化和规则化。〔19〕 由于社会创新“往往在商事实践中领先于一般法律交易中而出现，而且在商事交易中更有解决的迫切性”，自然商法“经常成为法律发展的开路者”；〔20〕也就是说，商法就是各种体现商业开拓和社会创新之交易规则的凝练，是各种市场交易规则和不同营业技术标准的升华，举凡商事登记规则、公司设立与治理规则、证券发行与交易规则、破产清算规则、商业银行业务与营运规则、信托财产规则、票据流通与承兑规则、保险承保与理赔规则、海商规则、电子商务规则、物流运输规则、商事仲裁规则等，均集中体现着商法凝练、升华交易规则的功能。

2. 集成商事制度。由习惯→规则→法条→制度，既是人类法律与制度发展的一般规律，也是商法及依据商法形成商事制度的最一般规律。商法的产生与发展过程，就是一个从交易习惯→交易规则→商法条款→商事制度的不断转换与持续完善过程，其中商法在这一过程中充当着由规则形成制度的转化与集成功能。与商法作为各种市场交易规则、不同营业技术标准的凝练和升华一样，商法更是经长期实施与运行证明是切实可行的各种商事制度的集成和概括。有关商事登记制度、公司法律制度、证券法律制度、破产清算制度、商业银行制度、商事信托制度、商业票据制度、商业保险制度、物流运输制度、电子商务制度、网络支付制度、海商制度、商事仲裁制度等，充分说明，商法具有特殊商事制度的集成功能。

（四）商业利益、市场风险与民事责任的明确化

追求投资收益、财富累积、经营利润和市场效益迅捷化和最大化，是民事主体进入营业领域的原始初衷，更是投资、经营和交易的终极目标。但是，营业性投资是一项机会与挑战、利润与风险、权利与义务、利益与责任兼具并共存的事业，商法以确定的规则，就起到了合理划分营业中的利益、风险、责任的制度性功能。

1. 分配资本利益。确保投资者具有预期的回报、资本有合理的收益、经营有可得的利润，是商法的应有之义。商法秉持资本本位分配理念，本着按资分配、按股分红、按照贡献大小和经营业绩有无的原则，确保经营收益和营业效益，能在投资者、经营者和交易者之间实现有效的分配和有序归属。

2. 界定商业风险。营业必然存在投资、经营和交易的风险，这些风险按险源，既有市场风险，也有政策风险，更有经营者及代理人的道德风险。商法通过诸如无限

---

〔19〕 童列春：《商法学基础理论建构》，法律出版社 2008 年版，第 131 ~ 135 页。

〔20〕 ［德］C. W. 卡纳里斯：《德国商法》，杨继译，法律出版社 2006 年版，第 9 ~ 10 页。

责任、连带责任、有限责任、第三者责任、代理责任、国家责任等特定的风险规则和责任制度,并使之与不同投资方式、商事组织类型、具体经营形式结合起来,从而能合理地处理不同投资者、经营者、交易者、代理人、第三人、国家之间的商业风险和债务责任界限,达到有效界定商业风险的效应。

3. 明确民事责任。营业中投资者、经营者、交易者在获得机会、权利、利润、利益的同时,也必然伴随义务、责任的产生与承担。商法最重要的制度功能就是明确划分营业中的义务和责任,这些责任包括资本责任、经营责任、交易责任等。特别是在债务责任的承担与归属上,如前所述,商法通过有限责任、第三人责任为主导,以无限责任、连带责任、补偿责任为补充的违信责任制度,能做到明确和平衡不同投资方式、商事组织、经营形式的民事责任分担与归属。

第二节 商法的作用

一、商法作用的基本内涵

(一)商法作用的学理界定

作用,从词义上解释,一般系指某一事物或现象对另一他人、事物或现象所产生的直接或间接的实质影响、实际效果之概称;[21] 也就是说,当某一先前存在的事物或现象,对后续存在或产生的人、事物或现象所产生的直接或间接影响,这种影响通过正向促进鼓励或反向禁止限制、积极推动或消极阻碍等实效具体反映出来。因此,作用通常是指某一事物或现象的社会实效,即实际影响力。

商法的作用,即商法对营业、经济、社会产生的实际影响力,是指既定、作为法律规范意义上的商法,对民间营业、市场交易、经济增长、社会发展等所产生的实质影响或实际效果。也就是说,商法对民事主体进入营业领域之后之投资、经营、交易以及由此具关联性的经济社会发展,究竟是起到积极推动、正向促进鼓励效应,还是起到消极阻碍、反向禁止限制的效果?

(二)商法作用与商法功能的关系

在讨论商法作用时,一个不能回避的问题,就是商法作用与前述功能到底是一种什么样的关系。由于商法功能与商法作用都涉及商法与主体、营业、经济、社会的

---

〔21〕 中国社会科学院语言研究所词典编辑室编:《现代汉语词典》(第6版),商务印书馆2012年版,第4746页。

关系问题，具有高度的关联性，而且在一定意义上讲，以效应属性或特定效能为主要内容或表现形式的商法功能，在更多情形下是通过商法的作用，即实质影响和实际效果充分显示出来，因此，在既有学理阐释中，商法功能与商法作用、影响是经常混淆或并用的。

国内学者在讨论商法作用时，更多场合的表述并没有严格区分商法功能与作用的关系。如有学者认为，"民法商法是以宪法为依据调整商品经济关系的基本法和基础法"，"对市场经济的发展起着重要的保障和促进作用，如保障民事主体充分行使自己所享有的合法权利；通过确定民事主体的财产所有权，保证其自由、自主经营，并独立承担民事责任"等；[22] 也有学者认为，"在我国社会主义市场经济法律体系中，民法是前置性法律，经济法是保障性法律，商法则是市场运行法"，商法通过"法律部门功能纯化、法律移植合理化和商事习惯法律化"，通过"反映市场经济内在要求的技术性规范，保障市场主体营利自由，进而促进社会财富的增加，实践的品格使其具有高度灵活性"。[23] 这些均表明学者没有严格区分商法功能与商法作用的范畴内涵与适用边界。

笔者认为，商法功能是特指商法本身所具有的满足民事主体、经济社会发展在营业、交易和财富需求的制度性效用属性，且这一效应属性对商法而言，具有固有性、内在性、静态性、独立性、中立性；商法作用则重在描述具有特定效应属性的商法在实际营业、经济、社会中所产生的外在影响力，且这一影响力对商法而言，具有派生性、外部性、动态性、关联性、多样性。

1. 功能的固有性与作用的派生性。商法功能所揭示的是商法本身所固有的效用或效能，所体现的是商法的本质属性和固有特征；商法作用则是商法在对主体行为、民间营业、经济增长、社会发展过程中所派生、显示出来的实际影响和外部效应。如营业自由价值的资格化与权利化是商法的固有功能，但该功能在实际营业、经济、社会中所产生的鼓励、促进私人营业和民间投资的影响，则为商法的作用。

2. 功能的内在性与作用的外部性。商法功能是商法所具有的内在属性、特质所决定的，是商法内在的效用和效能，它是由商法这一事物的内部要素结构所决定的，是一种存在于商法内部相对稳定独立的规则机制和制度功能；商法作用则不同，它是既有商法与外部环境发生关系时所产生的外部效应，而恰恰是商法功能外在化和实效化的结果。如营业性投资方式与经营形式的规范化则为商法内在的功

[22] 王存学：《民法商法在市场经济发展中的地位和作用》，载《吉林大学（社会科学学报）》1995年第1期。

[23] 赵万一、赵吟：《论商法在中国社会主义市场经济法律体系中的地位和作用》，载《现代法学》2012年第4期。

能,而影响特定民事主体和经济社会,产生刺激、促进民间投资和民营企业发展的直接效应或实际效果,则为商法的作用。

3. 功能的静止性与作用的动态性。商法功能是内在性、固有性决定了它是一个相对静止性的属性与范畴,无论是否能对实际营商环境产生影响,也无论是否有实际效应,具独立性的商法本身固有的功能仍然存在;相对而言,商法的作用则是动态的,必须有商法的实施与运行,并影响、作用于民事主体的行为,并进而对实际营业、交易、市场、效益、利益产生可计算、评估的效果,而实际影响和客观效果,往往又是一个动态的过程和变量。如商事交易的规则化与制度化作为商法固有的功能,是静态的,它与是否产生实效没有必然的关系,而因交易规则化与制度化的商法实际上产生规范营业行为、保护交易安全、维护市场秩序的作用,则必须在特定时期、不同营商环境中进行动态考察和评估,方可有准确的判断。

4. 功能的独立性与作用的关联性。商法功能是商法与宪法、民法、经济法、行政法、刑法、诉讼法、社会法等部门法相比较,在满足主体、营业、经济、社会需要时所独有的效用和效能,它具有不可替代的属性和独特的价值;商法作用则往往是与其他部门法在共同起作用,商法对外在营业、交易、市场、经济所产生的各种影响,发挥的实效,可能是商法起独立作用,也可能是商法起主要作用,还有可能是商法起次要作用,更有可能是商法受制于各种因素而根本起不到作用,正因如此,商法的作用具有关联性。如凝练交易规则是商法独有的技术性功能,只有商法独有,其他宪法、民法、经济法、行政法、刑法、诉讼法、社会法等部门法均不具有此功能;但是商法之凝练交易规则能否对市场交易行为发挥直接的作用,对营业行为产生实际的规范效果,则往往不是商法这一部门法单独发挥作用的结果,往往是众多法律、甚至所有的法制环境、社会风尚综合作用的结果。

5. 功能的中立性与作用的多样性。商法功能作为其本身、内在、固有的效用属性,是基于商法之本质特性而具有的独立性效能,具有客观、中性的特质;商法的作用则不同,不同主体、地域、行业、时代的不均衡性,决定商法的作用有巨大的差异性和多样性。因此,具有同样功能的商法,对外界主体、营业、交易、市场、经济、社会的作用,既可能是正面作用,也可能是负面作用;既可能是正向鼓励、推动作用,也可能是反向阻碍限制作用,且完全取决于商法功能与外部环境的互动关系和作用方式。如商业利益、市场风险与民事责任的明确化作为商法固有的功能,本身并不具有倾向性,但记载有利益分配、权利配置、风险界限、责任归属的商法,则对不同类型或环境情形下的主体、营业、交易、市场、经济、社会产生的实际影响和作用实效,则不完全一样,其作用既可能是正面的,也可能是负面的。典型的如公司独立人格,在具有锁定投资人风险功能的同时,也存在被股东滥用逃债的消极社会效果或作用。

足见，虽然商法功能是商法作用产生的内部根据和前提基础，但主体、营业、交易、市场、经济、社会等客观需要是测评商法产生作用的外部条件，商法作用更准确地讲，是商法通过功能测评与客观需要相结合而产生的实际效能。商法功能与商法作用的高度关联和紧密交集，使我们难以把两者予以分离或孤立、割断起来。但是，毕竟商法功能与商法作用是从不同角度揭示商法的独立性和独特性，它们之间所存在的巨大差异，说明混淆商法功能与商法作用，在理论与实践上是不妥当的。

（三）商法作用的一般表达

关于商法的作用，德国学者指出，作为“大型营业的法律行为之法”，商法的独特性贡献和作用在于显著地“扩大了私法自治的范围”，提出了对“交易保护和信赖保护的较高要求”，严格了对“商人的特别注意义务和职责的规定”。〔24〕 相对而言，国内学者对商法的独特作用并无具体、深入的阐述。笔者认为，依据前述对商法作用的界定，商法作用可在行为规范、市场调节、经济促进、伦理示范、社会建设几个领域作类型化划分，还可在营业资格、经营信息、交易行为、商事权利、竞争秩序、国际市场等几个方面进一步作具体化分析。

二、商法作用的类型化分析

商法的作用首先表现为对营业行为、市场调节、经济促进、伦理示范、社会建设等不同领域的影响和实效。

（一）商法的行为规范作用

商法作为营业行为规范，首先作用的对象就是营业交易行为。由于“订立法律交易”是商人的本行，而“任何商事交易都不过是无数的其他商人之间交易链上的一环”，“这个交易链上任何环节出现了一个障碍，都会接着使整个交易链发生连续的震荡”，因此，出于“大量地缔结同一种类的法律行为”需要，寻求“通过外在的法律形式确定与广泛的法律后果的联系”就显得尤为重要。诸如格式合同、商号、公司、代理等固定化、类型化交易规则，则进一步法律化、规范化，故“对参与到一个商业经营中诸多个人以各种公司形式予以规范，乃商法的一个普遍的使命”。〔25〕 自然商法对投资、经营、交易的规范，也是商法诸多作用的原点和作用机制的起点。商法对营业行为的规范作用，集中表现为商法对营业性投资行为、经营行为、交易行为

〔24〕［德］C. W. 卡纳里斯：《德国商法》，杨继译，法律出版社2006年版，第9～12页。

〔25〕［德］拉德布鲁赫：《法学导论》，米健译，法律出版社2012年版，第86～88页。

的指引、评价、示范、预测、向导、警戒、强制等作用，通过商法所特有的授权性规范、义务性规范和禁止性规范模式，或者任意性规范与强行性规范内容，以引导民事主体的投资意向和交易行为。

（二）商法的市场调节作用

商法通过规范引导，进而影响民事主体具体营业行为的选择，围绕权利与义务、利益与责任的分配，通过价格与利润、成本与收益、风险与效应的作用机理，自发地实现财产、权利、资本及各种生产要素在不同主体、领域、行业、部门、地区、国度之间的流动和调节。如：(1)通过民事主体投资自由的选择，借助于商事登记，自发地实现财产、资本和其他生产要素在消费领域与营业领域的流动与分配；(2)在商事交易法规范下，通过货物买卖法、期货法、物流运输法、海商法、航空法等，可自由地实现商品、货物、贸易在不同地区、国家之间的流动与资源配置；(3)借助公司法、证券法、证券投资基金法等商法规范，以股权或股份、债券、基金和各种资本衍生资本证券为交易中介和进退机制，可有效实现资本在不同企业、领域、行业、部门、地区、国度之间的流动与配置；(4)以商业银行法、票据法、汇率法、信用证法等为支撑，通过各种货币、汇率、货币证券、货币衍生证券、电子结算、网络支付和其他支付手段，可比较便捷地实现商品、货物、资本、货币的即时结算和资金快速流通，进而实现市场资源、生产要素和社会资本在不同企业、领域、行业、部门、地区、国度之间的调节与配置等。足见，商法规则作为市场交易的基本法和基础性规则，具有明显的市场调节实效。

（三）商法的经济促进作用

商法以特定的机制和规则，能让进入营业领域的投资者、经营者和交易者，预测到自己营业的积极性法律后果和可期待的最大化效益，事实上在无时无刻起着刺激投资、促进经济发展的作用。(1)例如，合同法就为商业活动提供可预期的稳定交易框架。依据合同约定，交易双方就可取得预期的利益或财产，交易安全的保障具有明显地促进并保护人们持续交易的欲望和信心。(2)又如，以资本本位建立起来的现代企业按资分配规则，奉行有投资则有分配、多投资则多分配、无投资不分配的规则，无疑可有效地推动民间投资；且企业内部经营基于能力与贡献本位，以高薪聘用为基础，期权激励为补充，又可有效地选拔和延揽经理人才，显著提高企业的经营效益。(3)再如，有限责任制度因有效地锁定了投资者和经营者的风险范围，“迎合了投资者惧怕无限风险的投资心态，因而满足并进一步激发了投资者之热情”；故在“面临大规模经济的冲突，以及市场经济普遍繁荣的洗礼时，有限责任以其更加迷人的魅力受到了广大投资者的青睐”，首先向大规模企业渗透发展，随后继续向中小企业扩张延伸;[26]其结果是直接刺激投资和经营,从而带来经济的增长和社会的繁荣。(4)至于以商业保险、商业补贴等第三者责任制度,更可明显地分散商业风险和营业责任,可提高市场主体和商业社会的抗风险能力,进而促进经济发展。

(四)商法的伦理示范作用

法律与伦理具有实质、内在的统一性,伦理是法律的核心要素,法律是最基本的伦理;同一般法律一样,商法本身也具有伦理性,必然在调整过程中具有伦理示范性作用。诸如商行为不得违反社会公序良俗,商人应自爱、自律、正气、勇敢、开拓、谦逊,商事交易应诚实有信、恪守诺言、公允公平,经营活动应勤奋、辛劳、公开、积极、竞争、向上,商人之间应追求社会正义、尊重社会利益、捐助慈善公益、赞襄社会事业等,均是商法对商主体和商行为的基本要求。因此,商法的伦理性特质不仅体现为商人群体自主创造和发展、彰显商人精神的商事习惯,还存在于商法精神实质之所在的商法基本原则和充分展现商法人性关怀的商法规范等商事制度方面。商法固然需要技术性规范的细化,但更需要伦理性规范的支撑。[27] 因此,法治和伦理作为共同承托和推动市场经济发展的两个互相依存、彼此渗透的巨轮,不但要求商法具有强烈的技术性特点,同时也要求商法及制度设计要有起码的伦理特质和道德基础;[28]特别是从自由市场经济阶段走向社会市场经济阶段,并进入网络市场经济阶段之后,社会责任伦理对商法提出了更新的要求。[29]

在商法众多伦理的示范作用中,最显著、持续和核心的是商法诚信伦理的示范性作用。这是因为,诚实信用是市场经济的基本伦理要求,以善意真诚、守信不欺、公平合理为内容的市场伦理,在商法里转化为诚实信用这一强制性法律原则,并渗透到善意的主观心理、守信的客观行为、公平合理的利益结果等诸多制度性安排之中,[30]以确保并实现商事活动中意思有效、营业正当、交易安全、利益平衡、预期最大的伦理功能与规范作用。兹分述如下:

1. 意思表示的诚实无欺。商法通过具体的价值指引和法律规范,要求参与投资、经营、交易的商事主体,应当真实而无欺诈地进行意思表示,其具体表现为:(1)商事主体应当对表意行为的真实性、合法性和有效性承担保证义务。(2)当事

---

〔26〕 虞政平:《股东有限责任——现代公司法律之基石》,法律出版社2001年版,第11~12页。

〔27〕 陈杰:《论商法的伦理之维》,载《学术交流》2013年第6期。

〔28〕 赵万一、龙柯宇:《市场经济与法治伦理的契合:商法伦理机制论纲》,载《河北法学》2007年第7期。

〔29〕 张德峰:《从民商法到经济法:市场经济伦理与法律的同步演进》,载《法学评论》2009年第3期。

〔30〕 王艳:《商法诚实信用原则的伦理分析》,载《兰州学刊》2005年第4期。

人的任何营业意思表示，均应基于自由、自愿和自主，禁止以强迫、冒名、伪造或变造等方式让相对交易方作出对其不利的意思表示。(3)处于签约状态的当事人，应当主动、全面、完整、充分地向交易相对方披露相关营业信息或作如实说明，禁止进行欺诈、虚假、引诱性的表意陈述或保证说明。(4)基于商行为意思表示的文义性和效力的外观主义判断规则，凡经当事人签字的任何表意行为和法律文书，均应推定为商主体及代理人的真实意思表示，进而认定其有效。(5)因强迫、冒名、伪造、变造或者欺诈、虚假、引诱等不真实意思，导致合同不成立、合同被宣告无效或被撤销、合同不能履行，意思表示不诚信方，应负实际损失与信赖利益赔偿责任。

2. 营业行为的遵约守信。商法通过法律规范和裁判规则的指引，督促营业当事人在投资、经营、交易的各种商事行为中，应当严格遵循并信守自己的签字、承诺、约定和受托，做到言行一致、表里如一，履行各种约定或法定的义务和责任。具体表现为：(1)有签必认。即在营业过程中，当事人应对自己及代理人所签署的各种合同等法律文书的真实性和有效性予以认可、确认并维护，不可进行意思反悔。我国古训所谓"君子一言、驷马难追"，英美法系中的"禁反言"规则，都渗透着有诺必认、签字如铁的商法伦理精神。(2)有诺必行。即营业中当事人应对自己的承诺严格信守并践行，做到言而有信、诺而必行。(3)有约必守。合同的约定、公司章程和企业的内部规定，就是合同双方或多方当事人、公司与企业内部治理的法律，当事人、股东、合伙人、管理人和其他相关利害关系人，均应严格尊重、遵守，履行相关义务。(4)受托必信。即要求接受他人委托、信托、托管的受托经营者，应严格履行忠实于委托人利益、勤勉尽职尽责、善良管理受托业务、谨慎决策的受信义务；它更要求一般商业代理人、公司高管、企业经营者、合伙事务执行人、信托投资机构、基金管理人、企业托管人或接管人、债务企业管理人等受托、代理、信托、承包、租赁、托管经营者或管理人，应不负委托人的信任和信赖，严格履行自己信义行为，实现委托人的预期商业利益。

3. 违信欺诈的信赖赔偿。信用作为市场的通行证，是确保交易安全和实现营业效益的伦理基石，违反承诺和约定，就必然导致签字不认、承诺不行、有约不守、受而不信，就会破坏当事人之间基于信任伦理而结成的商事信赖关系，当事人所预期的效益最大化也只能落空。因此，商法的伦理精神，必然要求对各种违信、欺诈的不诚信行为，进行必要、对应、严厉的制裁与惩罚。对各种违信、欺诈的不诚信行为，除应赔偿由此给相对交易人所造成的实际损失外，还应对基于签字、承诺、合同、章程和其他约定所有已产生的信用支出或可能产生的预期利益，进行信赖赔偿；如此，诚实信用作为商法的伦理基石和基本规则，才可得到当事人的足够尊重、用心呵护和严格信守。

（五）商法的社会建设作用

商法所调整的营业领域，属于社会经济领域，商法规则作为市场经济的基本法，对经济建设和社会治理，特别是在协调个体自由、社会自治和政府调控，统筹企业治理、社会治理与国家治理等多个方面，具有原始性、基础性作用。

1. 商法以自治性治理机制为市场经济奠定最基本的秩序。“商法近乎于商人阶层自行设定的自治性法”，即商人不仅创制了商人“自治法”，也设定了“自治司法”。[31] 商法基于私法自由和商人自治（当事人自主、意思自治、合同自由、营业自由、企业自治等）等核心理念和基本原则，构建起一个自由、自主、自治、自决、自享的经济自治世界和市场自由社会。（1）商法以自由理念和当事人意思自决原则，构建经济社会和市场领域秩序的逻辑起点。（2）商法通过合同双方的相约而治，以合同自治机制构建起营业领域最基本的交易秩序，并形成经济社会的初始利益分配格局和权利义务关系。（3）企业（公司）作为投资人自由结社的产物、合同网络化的固定形式和营业的主体性实体平台，通过公司章程、合伙协议等企业自治法律或内部规定，依章而治、按约经营、合规管理，有效地调整营业主体的内部关系和团体秩序，并以企业的自治性管理积极推动社会治理的法治化、合规化和有序化。

2. 商法通过具体的交易规则为社会经济领域提供具体的秩序建设样本。商法所调整的领域涉及社会经济领域的方方面面，如公司法、合伙企业法、个人独资企业法、国有企业法、合作社法等商主体（商事组织）法，证券法、商业银行法、信托法、保险法、海商法、航空运输法、物流法、电子商务法、清算法、破产法等商行为法，涉及社会组织和社会行为的每一交易细节和行为规范，这些均构成现代社会秩序和社会关系最基础的部分。

3. 商事争议的自治性解决机制特别是自治性司法能有效地化解社会矛盾。商事争议作为社会经济纠纷的重要部分，其解决机制及解决效果，直接影响社会的稳定和发展的持续。商法所创制的自治性解决机制，在化解社会矛盾上发挥着重要作用。如营业当事人的自决机制、合同当事人的协商解决机制、企业内部的监督制度与救济程序、民间中介组织或专家的居中调解、商会或行业协会的自治性处罚、商事仲裁机构或临时仲裁庭的居间仲裁等，作为商事争议的自治性解决机制，有效地分流、分担或消弭绝大部分经济纠纷和利益矛盾，无疑对社会秩序恢复、维护和建设至关重要。

4. 国家公力的确认与保护。近代商法转型是以国家商法为表征，国家公权力以

---

〔31〕［德］拉德布鲁赫：《法学导论》，米健译，法律出版社2012年版，第89页。

适度形式和特定方式，进入商法的视野和规范。例如，国家介入商事登记与商主体资格的确认、基于经营活动无害审查的营业行政许可、违法或不当经营的营业行政处罚、商事诉讼与商事审判制度等，均为国家公权力进入经济领域和市场环节的具体表现。这些为市场治理、社会治理与国家治理的对接、贯通和糅合，奠定了基础并提供了法律依据。

三、商法作用的具体表现

（一）确认营业资格

民事主体进入营业领域之后，其主体资格需要确认，而商法在这方面就发挥着独特的作用。(1)营业自由的一般资格宣示。商法通过确认营业自由原则，为所有民事主体进入营业领域提供了可能。(2)商事登记的转换机制。商事登记法，为特定民事主体转型为商事主体（自然人转换为个体工商户、非营利组织进入营业领域从事经营活动、国家或政府投资或经营行为等）、基于投资人结社成立新的商事组织，提供了权威、公信、有效的确认公示机制。(3)特殊资格的许可审查。如营业行政许可则为民事主体进入特定营业领域、取得特殊营商资格，提供了适度、对口的法律制度和认定机制。

（二）公示经营信息

营业信息对民事主体作出投资、经营、交易决策，具有基础性的约束作用。商法在公示营业信息方面，有明显的指导、引领和规范作用。(1)商事登记事项及公示制度，具有公示商事主体最基础、最核心、最主要营业信息的作用。(2)企业信息公示制度，所强制和任意公示的商事登记信息、企业行政许可取得与撤销信息、企业年度报告及企业要素、经营与变动信息等，〔32〕发挥着公示企业这一特殊组织型商事主体最基本营业信息的作用。(3)社会信用信息公示与征信规约制度，对涉及商事主体的信用信息，有强制性报告、登记、公示和监督的作用。(4)特殊的内部信息披露与公示制度，如公司内部章程、决策事项、财务会计报告的公开与会计账簿适度查阅制度，证券发行与交易信息的公开制度，上市公司的持续信息披露制度，商业银行等金融机构的信息披露制度，公用企业的信息公开制度，国有企业的信息公开制度等，对公司等特殊经营者和业务规则，有明显的约束作用。

（三）规范交易行为

商法是交易规则的升华和集成，反过来汇集成文、具逻辑体系的商法规则，又

〔32〕《企业信息公示暂行条例》(2014年)第6～10条。

对各种商事交易起着规范作用。例如,(1)商事合同对规范相对交易人之间的营业交易起着基础性作用。(2)企业(公司)法中的出资规则、治理规则、分配规则、财务规则、清算规则等,有效地规范着企业(公司)的内部交易行为。(3)证券法、商业银行法、信托法、票据法、保险法、海商法、民用航空法、物流法、电子商务法等,则对各种具体的商事交易行为,作出更为详尽、有效的规范。(4)企业清算法、破产法、重整法、再生法等,调整并规范着清算企业或困境企业的特殊交易。

(四)保护商事权利

商法是为保护商人权利而制定的规则体系。正如罗伯特·霍恩等评述《德国商法典》的作用时所说的那样,"《德国商法典》在私法的整体框架下制定特殊规则时,主要体现了两种职能:首先是将各种纯商业行为的法律形式归纳在一起,如行纪业务或居间等特殊形式的代理;其次,在商业领域,一些十分重要的业务成交非常迅速,商法典则为卷入这些商业活动的人提供了保护"。"这种保护部分体现为关于商业名称和商业登记的规定,还有一部分体现为关于商人对第三人的责任的规定,即商人对自己的行为和承诺的责任要比普通人更为严格"。[33] 商法对商人权利的保护具体体现在如下几个方面:(1)对所有民事主体营业自由权利的宣示与保护。(2)对投资人的资本权利及营业利润的保护。(3)对企业(公司)主体资格、独立人格和整体性营业财产权利的确认、保护,特别是企业维持、营业维持原则,对维护企业财产的独立性、经营的稳定性和发展的持续性等方面,效果特别显著。(4)对以相对交易人为中心的商事债权的保护。(5)为商人权利保护创制了各种有效的救济机制。

(五)维护竞争秩序

商法是追求营业自由、交易自由、竞争自由之法,其规则对引导、规范经营行为、维护公平有序的市场竞争秩序,有源头性的奠基与支撑作用。如:(1)商事合同法基于意思自治和合同自由,对自由交易和竞争秩序起着奠基的作用。(2)公司法中的关联交易、竞业禁止、篡夺公司商业机会、董事忠实义务等规则,对规范公司相关主体的交易行为有强制性约束作用。(3)证券法中的证券发行、内幕交易、短线交易、虚假陈述、操控市场、上市收购、信息披露等规则,有效地规范着资本市场的竞争秩序。(4)商业银行、商业信托、投资基金、票据、保险、电子支付、货币、汇率中的业务规则,对维护金融市场的竞争秩序,有着明显的监管作用。(5)公用事业法、公用

---

〔33〕 [德]罗伯特·霍恩、海因·科茨、汉斯·G.莱塞所:《德国民商法导论》,楚建译,中国大百科全书出版社1996年版,第236页。

企业法、国有企业法等特殊公共商法，对特殊公共领域的调控作用等。

（六）接轨国际市场

市场的无限性和跨国性，决定商事活动和营业行为的国际性，而商法创新交易规则的“开路者”角色，决定了商法“对法律统一化运动，商事交易和商法做出了重大贡献”；〔34〕“商法首先不断开拓使国内法和国际法趋向统一的道路”。〔35〕由于“商法在很大程度上涉及国际贸易”，“任何一个法律部门从世界划分为许多国家的法律体系中所受到的损害，都没有商法大”；故“协调与统一”各不同国家或地区法律规则与制度体系，避免不同法律系、法域之间的法律冲突，当然“也是现代商法的典型特征之一”。〔36〕因此，与其他任何部门法相比，商法更能发挥对接国内市场与国际市场的各种规则，进而促进境内法与域外法、内国法与国际法趋同的作用。

〔34〕［德］C. W. 卡纳里斯：《德国商法》，杨继译，法律出版社 2006 年版，第 9 ~ 10 页。

〔35〕［德］拉德布鲁赫：《法学导论》，米健译，法律出版社 2012 年版，第 86 页。

〔36〕［英］施米托夫：《国际贸易法文选》，赵秀文译，中国大百科全书出版社 1993 年版，第 98 ~ 99 页。

第三编　精 神 论

→商法的理念

→商法的价值

→商法的原则

第七章　商法的理念

法理念寄托着特定社会主体的理想与信念，商法之所以具有独立性，成就其独特性，是因为其寄托着商事主体（商人）这一特定主体的理想和信念。深研商法的理念，能更全面、立体、客观地认识到商法的特殊部门法角色与独特功能性地位。

第一节　商法理念的一般内涵

一、法理念的内涵

商法的理念这一命题或范畴，虽较早就有学者提起过，[1]但直到2015年前后，学者对此方有深入研究与讨论，[2]且至今仍见仁见智，尚未有接近商法理念实质的准确定义和基本内涵。

（一）理念的词义解释与哲学表达

词义上的理念包含有认识、理性、观念、理想与信念之意。例如，《辞海》对“理念”一词的解释，一为“看法、思想”，即思维活动的结果，二为“理论、观念（希腊文idea）”，即指思想。通常认为理念与观念关联，但并不相同，理念乃理性的观念，即由思考或推理而得的概念以及上升到理性高度的观念，它有别于感性的认知；[3]《现代汉语词典》解释“理念”时，也列有两层含义：一为信念，二为思想、观念。[4]无论是《辞海》有关“理性的观念”的辨析，还是《现代汉语词典》关于“信念”的首述，均说明理念与一般的认识、观念或思想有别，特别是有别于一般的感性认识，其

---

〔1〕 王保树：《商事法的理念与理念上的商事法》，载《商事法论集》第1卷，法律出版社1996年版，第1页；高在敏：《商法的理念与理念的商法：商法部门法论》，法律出版社2000年版，第1～46页。

〔2〕 李长兵：《商法理念研究》，法律出版社2015年版，第22页。

〔3〕 夏征农主编：《辞海》，上海辞书出版社1989年版，第1367页。

〔4〕 中国社会科学院语言研究所词典编辑室编：《现代汉语词典》（第6版），商务印书馆2012年版，第795页。

是通过人们的认识与理性思考之后形成的某种具有稳定、持续并富有理想色彩的信念。易言之,从词义本意上把理念解释为"理想的信念"是基本说得过去的。

理念最早见于哲学术语。自古希腊以来,理念就一直是哲学上经常使用的词汇和范畴。在苏格拉底看来,"理念"是永恒地"存在于自然人之中"的"普遍性定义"或"思维模型",表现为正义、勇敢、自制和智慧等德性;[5] 柏拉图认为理念是先念地、永恒地存在"现实中同类事物"之中的"本体、目的、共相与模型";[6] 亚里士多德则视理念为客观存在于事物之中的"共性或本质属性";[7] 康德认为理念就是指"由理性的本性自身发出的""超出一切经验的界限"、先验的"纯粹理性";[8] 黑格尔认为理念可以理解为"理性"、"主体与客体的统一"、"观念与实在,有限与无限,灵魂与肉体的统一"、"具有现实性与其自身的可能性"或"本性只能设想为存在着的东西",其表现为生命的理念、认识的理念与绝对的理念等三种形式。[9]

在马克思哲学观看来,"理念"属于与存在、物质相对应的意识范畴,但在相当长的时间里,认识论中只有意识、认识、真理、谬误等范畴,特别是对反映性认识结果,长期只有真理与谬误的对立,而缺乏评价性、创造性等多元性的反映性结果之认识范畴。直至 1980 年代初,才有学者在哲学研究中引入"理念"这一范畴,并认为"理念标志着人类认识形式的哲学范畴,它是超越了感性和知性认识阶段的理性概念,其中不仅包括人类对客观必然性的认识,而且体现了人们对将由实践创造出的未来事物的设想,同时还蕴含有实现创造设想的方案、途径。因而它是客观真理性的认识与主体价值观念的融汇,体现了客观必然性与主观目的性的辩证统一,是认识由理论向实践发展的中介环节";[10] 或者认为"理念"应当是恰当的、改造过的概念,即"人们在对客观事物进行反映、评价和创造的统一认识过程中获得的关于客观事物的客观性、价值性和理想性的认识内容在认识论中的理论表现",其"表现特征有三:(1)它将人们在认识中得到的观念客体、价值评价及理想客体的计划融为一体;(2)它的关于价值和创造的内容具有客观的性质,借助人的实践活动而成为现实;(3)它既是认识过程的逻辑终结,又是实践活动的前提"。[11] 因此,"理念"

〔5〕［古希腊］色诺芬:《回忆苏格拉底》,吴永泉译,商务印书馆 1986 年版,第 26～34 页、第 112～120 页;叶秀山:《苏格拉底及其哲学思想》,人民出版社 2007 年版,第 110～112 页。

〔6〕［古希腊］柏拉图:《理想国》,郭斌和、张竹明译,商务印书馆 1986 年版,第 228～271 页。

〔7〕［古希腊］亚里士多德:《形而上学》,吴寿彭译,商务印书馆 1983 年版,第 15～20 页。

〔8〕［德］伊曼努尔·康德:《纯粹理性批判》,邓晓芒译,人民出版社 2004 年版,第 278～279 页。

〔9〕［德］黑格尔:《小逻辑》,贺麟译,商务印书馆 1980 年版,第 400～404 页。

〔10〕丁怀超:《理念应成为辩证唯物主义认识论的基础范畴》,载《江淮论坛》1984 年第 6 期。

〔11〕赵君:《理念应作为认识论的基本范畴之一》,载《东岳论丛》1987 年第 2 期。

在哲学上一般被通识地解释为“一种理想的、永恒的、精神性的普遍范畴”。[12] 正因如此，法学界在解释“理念”这一范畴时就认为，理念“既是人们借助于抽象的思维对客观事物的观念表达和理性认识，也是人民对蕴含于事物之中的内在普遍性和必然性的抽象概括”；“是关于现实存在事物即实在的合理性肯定，它蕴含于事物的本质属性和实然性之中，同时也体现出对事物发展走向的应然性的价值追求”；“是沟通事物本质和价值的桥梁和纽带，是事物本质在价值指引下的展开，也是价值对本质的渗透”；而在社会实践中，则“既成为指引人们实践活动的内在精神和价值目标，也是规范人们行动的基本准则和普遍范型”。[13]

笔者认为，从汉字词义学、哲学学说史和理念在特定语境中使用目的等作综合考量，“理念”属认识论中对认识结果的反映性、评价性（而非创造性）哲学范畴，其基本内涵应包括：(1)理念应属于意识的范畴。理念是作为主体的人对现实世界存在与现象的一种反映。(2)理念应属于理性认识的范畴。理念基于感性认识但又高于感性认识，是对事物的本质、共性、规律、趋势有比较深刻的认识和看法。(3)理念应属于社会理想的范畴。理念是人们基于对理想社会的向往、追求，在既有认识、观念、思想基础上的一种认识上的升华。(4)理念属于人类信念的范畴。理念是哲学上的理性、观念与社会理想、人类信仰的高度、稳定结合，是一种带有社会理想、人类信仰的理性认识、思想观念和看法主张。由此观之，恰当而具目的性的理念范畴，应作如此定义，即理念是人们基于对理想社会的向往、追求而形成的一种稳定、持续的信念。

（二）法理念的恰当定义

由于对理念的看法的不统一，不同学者关于法理念的描述也就必然存在差异性。在古希腊，法的理念被经常地解释为正义或与正义等同。如柏拉图就认为理想国与法律的本质就是公平和正义；[14] 亚里士多德则认为法律就是一种正义的善，[15] 而正义又可细分为普遍正义与特殊正义、平等正义与分配正义等。[16] 在古罗马，法的理念与自然法理性基本同义。如在西塞罗看来，自然法理性就是一种永

---

〔12〕 中国大百科全书总编辑委员会：《中国大百科全书·哲学》，中国大百科全书出版社 1987 年版，第 465 页。

〔13〕 李长兵：《商法理念研究》，法律出版社 2015 年版，第 22 页。

〔14〕 ［古希腊］柏拉图：《理想国》，郭斌和、张竹明译，商务印书馆 1986 年版，第 19 页、第 172 页。

〔15〕 ［古希腊］亚里士多德：《政治学》，吴寿彭译，商务印书馆 1965 年版，第 4 ~ 11 页、第 234 ~ 235 页。

〔16〕 ［古希腊］亚里士多德：《尼可马各伦理学》，廖申白译注，商务印书馆 2003 年版，第 127 ~ 147 页。

恒不变和普遍适用的正义与善,[17]即“人的终极之善就是按自然生活”,“按人的本性获得全面发展,满足一切需要”。[18] 近代以来,法理念更多作为一种法律哲学范畴被论述。如康德就认为,法理念是具有理性的、必要的制约一切立法与法律实施的观念基础;[19]黑格尔认为“法理念即法的观念及其现实化”;[20]拉德布鲁赫则认为,法的理念是解释和理解法律概念的前提,它包括“作为平等原则的正义”、“合目的性”和“安定性”等三个方面;[21]考夫曼则认为“法律理念是法律最高的价值”,即“正义”。[22]

我国学者经常把法理念与法概念、法意识、法观念、法价值、法原则等概念或范畴混淆起来,甚至认为法理念等同于法概念、法意识、法观念、法价值;[23]也有学者在比较、综合各种学说的基础上,把法的理念阐述为“关于法的实然与应然、主观与客观、本体论与价值论的统一”,[24]但并未有清晰的定义。

笔者认为,法理念是法哲学的基本范畴,是哲学理念在法哲学领域的应用和具体化。和一般理念一样,“法理念”属于法律意识中对法律认识结果的反映性、评价性法哲学范畴,其基本内涵也应包括如下几个方面:(1)法理念应属于法律意识的范畴。法理念应是作为主体的人对法律现象、实在法律及调整功能、目的意义的一种反映。(2)法理念应属于法律理性认识的范畴。法理念基于对实在法律及社会调整的感性认知但又高于感性认知,是对实在法律及社会调整的本质、共性、规律、趋势有比较深刻的认识和看法。(3)法理念应属于法律理想的范畴。法理念是人们基于对法律调整下的理想社会的向往、追求,在对既有法律现象、实在法律及调整功能、目的意义有一定认识、观念、思想的基础上,一种关于法律应然功能与预期目标认识上的升华。(4)法理念属于法律信念的范畴。法理论是法律意识上的理性、观念与社会理想、人类信仰的高度、稳定结合,是法律意识中一种带有社会理想、人类信仰的理性认识、思想观念和看法主张。推而论之,法理念即人们基于对法治理想社会的向往、追求而形成的一种稳定、持续的法律信念,这些法信念主要表现为制度正义与社会公平。

---

[17] [古罗马]西塞罗:《国家篇 法律篇》,沈叔平、苏力译,商务印书馆 1999 年版,第 91 ~ 112 页、第 166 页。

[18] [古罗马]西塞罗:《论至善和至恶》,石敏敏译,中国社会科学出版社 2005 年版,第 182 页。

[19] [德]伊曼努尔·康德:《纯粹理性批判》,邓晓芒译,人民出版社 2004 年版,第 272 页。

[20] [德]黑格尔:《法哲学原理》,范杨、张企泰译,商务印书馆 1961 年版,第 1 ~ 2 页。

[21] [德]古斯塔夫·拉德布鲁赫:《法哲学》,王朴译,法律出版社 2005 年版,第 3 ~ 4 页、第 73 ~ 76 页。

[22] [德]阿图尔·考夫曼:《法律哲学》,刘幸义译,法律出版社 2011 年版,第 175 页。

[23] 李长兵:《商法理念研究》,法律出版社 2015 年版,第 24 ~ 27 页。

[24] 李长兵:《商法理念研究》,法律出版社 2015 年版,第 26 ~ 28 页。

二、商法理念的内涵与定义

(一)商法理念的一般内涵

关于商法理念的定义,国内学者尚有较大分歧,归纳起来,有如下几种代表性观点:(1)观念论。该论认为商法理念就是关于商法的一般观念。如有学者从"国有资本的市场化运营"的角度出发,认为现代商法理念集中表现为"自由、开放"等观念。[25] (2)精神说。该说认为商法理念属于商法精神的范畴。如有学者认为"商人精神是商法的灵魂,没有商人精神的倡导,也就谈不上现代商法的形成及其体系的科学构建",商人精神包括"开拓进取精神、艰苦创业精神、民主法治精神、诚信致富精神、社会责任精神",而依此商人精神,现代商法应当确立"营利理念、法治理念、诚信理念、国际化理念、社会责任"等理念。[26] (3)目标说。该说认为商法理念就是商法本身的目标。如有学者认为"商法理念是商法自身的目标,包括基本理念和特有理念两个层次,商法的基本理念以商法作为特别私法为依据,商法的特有理念即适用商法应遵循的商法特色",其中,"商法的基本理念包括公平和诚实信用理念,商法的特有理念包括维持商事营业、信赖保护和保护交易安全的理念",而"实现商法理念的核心是公平"。[27] (4)理性认识论。该说认为商法理念为商法本质属性的理性认识。如有学者从商法基本原则出发,认为商法理念"为人们在商法实践中所形成的有关商法本质的理性认识","商法基本原则由商法理念衍生而来","商法基本原则是商法理念具体内涵的直接表现",并"应当体现营利的目的和风险控制的要求";[28] 或者认为"商法理念是人们关于商法本质的理性认识和根本观念,是对商法所应达到的终极目标及其实现途径的一种理想和信念"。[29] (5)本质说。该说认为商法理念是对商法本质的认识。如有学者认为"商法理念作为反映商法中稳定不变的本质之概念,比商法原则更为抽象,亦不同于商法价值与商法精神",商法理念具有开放性,包括但并不限于"商事进步主义、商事自治、商事效率、商事国际化"等理念。[30] (6)价值论。该论认为商法理念实质上就是商法的价

---

〔25〕 卢代富、张波:《论国有资本运营监管制度变迁之路径——一种商法理念的透析》,载《中国商法年刊》2003 年第 3 卷。

〔26〕 凤建军:《中西方商人观念形成之诸视角考察——现代商法理念的价值来源》,载《法学杂志》2010 年第 8 期。

〔27〕 程淑娟:《商法理念的司法实现》,载《西北大学学报(哲学社会科学版)》2012 年第 4 期。

〔28〕 戴少杰:《以营利为目的的风险控制——关于商法理念的初步思考》,载《商事法论集》2006 年第 1 卷。

〔29〕 雷兴虎、李长兵:《商法理念及其在商事立法和司法中的适用》,载《甘肃社会科学》2013 年第 2 期。

〔30〕 刘斌:《论法教义学背景下的商法理念培养》,载《公民与法(法学版)》2015 年第 4 期。

值。如有学者认为,依照 WTO 的基本原则,应重构、确立“平等自由、效率安全,崇尚营利、权利互惠,契约自由、诚实信用,效率优先、维护公平,开放统一”等现代商法理念;[31] 或者认为“商法旨在规范基于营业而产生的、具有营利性的民事关系”,和民法规范相比,“商法规范更关注实践的应用”,而“促进商业和增进财富”,应“是商法独特的制度价值”和基本理念;[32] 或者认为,我国商法理念“强调的是按照商事活动的需要制定和运用商事法律规范,发挥其维护和促进商事经济发展的社会价值”。[33] (7)指导思想论。该论认为商法理念应为商事立法的指导思想。如有学者认为商法理念类型化可概括为“强化私法自治、经营自由、保护营利、加重责任”等几个方面。[34] (8)概括说。该说认为商法理念包括商法的价值、原则和具体规则等诸多内容。例如,有学者认为“商法的理念包括商法的价值、商法的原则和商法的具体规则”;[35] 又如,有学者在综合各种有关商法理念观点的基础上,从法的理念是“关于法的实然与应然、主观与客观、本体论与价值论的统一”这一立场出发,认为商法的理念是“人们关于商法本质的理性认识和根本观念,是商法的内在精神和普遍范型”,它是商法之“本质属性、内在精神、价值目标和运行准则”。[36]

上述不同观点,虽各有其合理性,但均未从理念的本质属性和一般内涵出发,或者把理念等同于对商法一般的认识、观念、精神,或者把理念等同于对商法的理性认识、本质属性或目标,或者把其阐释为商法的指导思想、价值、原则、规则,或者把商法理念视为各种观念、思想、精神、价值或原则的大杂烩,没有从理念作为一般哲学范畴、法理念作为法哲学范畴来解释、定义和界定商法理念的一般概念和基本内涵。

笔者认为,商法理念是商法部门法哲学中的基本范畴,是法哲学理念在商法部门法哲学领域的细化应用和再次具体化。和一般法理念一样,“商法理念”属于商法意识中对商法认识结果的反映性、评价性法哲学范畴,其基本内涵也应包括如下几个方面:(1)商法理念应属于商法意识的范畴。商法理念应是期待进入或已经进入营业领域的民事主体对商法现象、实在商法及调整功能、目的意义的一种反映。(2)商法理念应属于商法理性认识的范畴。商法理念基于对实在商法及社会调整

---

[31] 朱景平:《加入 WTO 与我国现代商法理念的重构》,载《商业研究》2003 年第 19 期。

[32] 叶林:《商法理念与商事审判》,载《法律适用》2007 年第 9 期。

[33] 贾林青:《商法理念的建立及其方法论的探讨》,载《社会科学辑刊》2011 年第 2 期。

[34] 王建文:《论商法理念的内涵及其适用价值》,载《南京大学学报(哲学·人文科学·社会科学版)》2009 年第 1 期。

[35] 郑青:《构建现代商法基础理论的核心》,载《商事法论集》2011 年第 1 卷。

[36] 李长兵:《商法理念研究》,法律出版社 2015 年版,第 26~28 页。

的感性认知但又高于感性认知，是对实在商法及社会调整的本质、共性、规律、趋势有比较深刻的认识和看法。(3)商法理念应属于商法理想的范畴。商法理念寄托着期待进入或已经进入营业领域的民事主体，基于对商法调整下的交易场景、竞争秩序、人际关系、理想社会的向往、追求，在对既有商法现象、实在商法及调整功能、目的意义有一定认识、观念、思想的基础上，一种关于商法应然功能与预期目标认识上的升华。(4)商法理念属于商法信念的范畴。商法理念是商法意识上的理性、观念与营业理想、商人信仰的高度、稳定结合，是商法意识中一种带有营业理想、商人信仰的理性认识、思想观念和看法主张。概言之，商法理念即期待进入或已经进入营业领域的民事主体，基于对商法调整下营业机会、交易场景、竞争秩序、人际关系、社会秩序等理想状态的向往、追求而形成的一种稳定、持续的法律信念。

(二)商法理念、价值、原则、规则、规范的不同功能

笔者认为，从广义上讲，法的形态是以理念之法、价值之法、原则之法、规则之法、规范之法等五种形态表现出来的。

1. 理念形态之法。理念形态之法是法的最高形态，亦是最高、最抽象层面的法的存在形式，是人们对法律现象的认识过程中形成的反映社会应然秩序与理想境界的一种法律精神状态，它寄托着人们以最良好的法律安排社会生活的企望和对应然法律秩序的理想追求，是人类追求社会最高理想在法域内的必然反映。商法的理念则为人们对商法现象的认识过程中形成的反映营业领域、市场经济和商人社会应然秩序与理想境界的一种法律精神状态，它寄托着期待进入或已经进入营业领域的民事主体以最良好的商法安排营业领域、市场交易、人际关系和社会秩序的企望和对应然营商环境、竞争秩序的理想追求，是人类追求社会最高理想在商法领域内的必然反映。

2. 价值形态之法。价值形态之法亦即法之价值，是作为客体之法按照主体的需要对主体本身产生的效应属性以及人们基于这种需求效应而产生的心理取向和主观评价。价值形态之法是法律理念的第一具体化，它是理念之法与现实之法、应然之法与实然之法在对主体产生不同效应的前提下，由主体对法本身功能的评价和效应选择的取向，具体表现为人们对法律所负载的自由、正义、公平、平等、秩序、效益等不同功能、效应的主观满足、社会评价和心理取舍，因而价值之法是主体对法具有的应然效应属性所寄托的一种心理状态，这一心理状态直接支配着人们对不同类型的法律的取向和追求。就商法而言，商法的价值则体现为作为客体的商法满足商人(商事主体，即期待进入或已经进入营业领域的民事主体)需求、欲念所应当具有的效应属性。

3. 原则形态之法。原则形态之法是属于制度安排层面的法的存在形式，它是人们在一定法律理念和法律价值的指导下，在具体创设某一特定制度时要求立法者、执政者应达到一种现实可行的合理标准，遵循某一稳定、抽象的准则；法律原则主要是一种制度性规则，因而原则之法实为制度性规则之法。就商法原则而言，则系在商法理念的统辖和商法价值的指引下，在厘定具体商事制度时所应遵循的公理性、合理性、妥当性准则。

4. 规则形态之法。规则形态之法是人们在对某一特定制度设计之后，为达到这一制度准则所要体现的理念、价值状态之法的基本要求，反映这一制度所要达到的特定理想精神境界与普遍性准则，经再具体化后，体现为对某一部门或某类行为的约束性规范与指引。就商法规则而言，它是一种对具同一性、同类性、同质性等共同性营业活动、商事主体或商事行为具强制适用性的类行为指引准则。

5. 规范形态之法则。规范形态之法是以适用条件、行为模式、法律后果为基本构成要素，具体规范、约束、指引主体行为之法，即通过具体权利与义务在不同主体之间的配置和归属，以指导人们具体行为模式和处事方向的行为准则。可见，规范之法实为行为之法。就商法规范而言，则系指在商法理念的统辖和商法价值的指引下，依据具体的制度性原则或商法类行为规则，对商事关系中主体之间的权利义务、行为模式、法律后果作具体规范的行为准则。

可见，商法理念与商法价值、商法原则、商法规则虽同属广义上的商法精神范畴，但在商法中的地位、所扮演角色和具体功能，则存在明显的差别。

第二节　商法理念的具体内容

有学者认为商法理念具体表现为营利本位、商人自治、风险防范、社会责任等几个方面；〔37〕也有学者认为商法理念分基本理念和特有理念两个层次，其中基本理念包括公平和诚实信用理念，特有理念包括维持商事营业、信赖保护和保护交易安全的理念。〔38〕这些观点虽涉及商法理念的某些方面或实质，但未能就商法理念与价值、原则、规则的区分作具体、深入的分析。笔者认为，由于商法理念包括期待进入营业领域的民事主体对商法调整理想状态的向往、追求而形成的一种稳定、持续的法律信念，它包括对商法调整的理想与信念两项基本内容和核心因子。从商法

〔37〕 李长兵：《商法理念研究》，法律出版社2015年版，第146～218页。

〔38〕 程淑娟：《商法理念的司法实现》，载《西北大学学报（哲学社会科学版）》2012年第4期。

之基本使命与制度功能应以鼓励、促进、确认、维持、保护、救济营业或营业成果为主旨，而不是相反以反对、抑制、否认、破坏、损害、侵夺营业或营业成果为目标来看，商法理念应包括营利最大、机会充分、风险可控、财富安全等几个方面。

一、营利最大

营利最大是民事主体进入营业领域的原始动机与终极目的。由于“商法规范的主体，是以个人主义的典型商人为形象，根据商人纯粹追求利润和自私自利的特性而刻画的”;[39]自然，期待商法给其带来最大化的回报、产出、效率、收益和利润，是商人秉持的基本理念。也就是说，资本及其他生产要素的所有者，表现为投资者、经营者、交易者的商人，追逐最大化效益与利润，是其永恒的主题；什么地方营业效益和投资利润高，资本等生产要素就流向或集中在哪里；同理，什么样的法律或法律支撑的营商环境，能实现商人最大化追求的理想或欲念，资本等生产要素就趋向或转移至这里。一句话，营利最大，既是商人对商法的最大期待，更是商法是否满足商人需求的终极判断标准。营利最大集中表现为如下几个方面：

1. 投资最大回报。与非营利性投资不同，资本具有追逐最大化价值的本质属性，商人的投资具有鲜明的最大化营利性，它不是无偿的捐赠或无回报性的公益目的，而是要追求比原始投资价值更大、回报更多的价值。自然，期待商法能给投资者带来最大资本回报，是商人对商法的最大企望，自然也就成为商法所秉持的基本理念。基于资本、投资永远向回报最高的地方、领域、产业流动的自然属性，对商人而言，判断或信赖商法的好坏、善恶，全依商法能否给其带来最大的回报，有之则为好的、善的商法，无之则为坏的、恶的商法。

2. 生产最大产出。经济学中的厂商理论揭示，效益、收益、利润、收入与生产的产量、经营的规模、交易的总量成正比，在成本、支出、费用恒定的情况下，生产的最大就意味着利润、收入、回报的最大。如商法能为厂商的生产最大化提供法律供给和制度支撑，这样的商法就是商人所希望的理想状态的商法。

3. 经营最大收益。对投资者、经营者、交易者而言，其营业的最终利润和回报，是由经营所得的总收益减去总成本的剩余差额，剩余差额越大，则意味着利润与回报更高，而这一切均取决于经营收益的最大化。如商法能给商人经营收益的最大化创造宽松、便利的环境或条件，并提供切实的保障，则这样的商法就是商人期待并信赖的商法。

4. 交易最大效率。营业中的投资与经营，最终需通过交易才能落实和兑现，自

---

〔39〕［德］拉德布鲁赫：《法学导论》，米健、朱林译，中国大百科全书出版社1997年版，第72～73页。

然交易的效率就决定最终利润与收入。交易最大不仅取决于交易总量，更受制于单次交易的效率；在单次交易收益恒定的情况下，如提高每次交易的效率与交易的频率，则可加速资金周转的效率和资本流通的频率，财产、资本等各种生产要素的价值才能得到更大可能的释放，并最终成就总收益与总利润的最大化。足见，能完善立法、创新制度、简化流程，进而促进、推进交易迅捷度和提高、升级交易效率的商法，就是商人理想并信念的商法。

5. 所得最大利润。投资者出资、企业经营、市场交易的终极目的就是获得最大的利润和收入。前述投资最大回报、生产最大产出、经营最大收益、交易最大效率，无非就是为了投资者、经营者、交易者获得终极的最大利润与更多收入，而利润、收入、所得又是与风险、成本、支出成反比的，如果法律能控制投资中的风险、降低经营中的成本、减少交易中的支出，就能使投资者、经营者、交易者实现最终利润、收入、所得的最大。自然能帮助商人控制风险、降低成本、减少支出的商法，就是商人需要的商法。

二、机会充分

对商人来说，实现营利最大的起点，是营业机会（商机）的自由选择、公平分配与充分占有。这是因为，“对我们许多人而言，追求平等是现代社会和政府最崇高、最重要的努力目标之一”，而实现或落实平等的起点和核心则是机会公平（包括程序公平、背景公平、风险公平等三个维度），而“机会平等的三维模式作为一种调节性理想，其核心是竞争程序的公平使用，以保证平等分配某些稀缺资源或利益”，且“机会公平概念突出的优点就是它能够精确地适用于分配的竞争性机制”，“尽管机会平等的非竞争性模式并非难以想象的，但公平竞争的平等机会模式至少作为一种平等主义的正义形式，呈现了最为有力和最为合理的希望”。〔40〕如从机会利益、机会选择与机会分配的视角来观察，营业机会、商业机会、交易机会，对商人而言，恰恰就是一种十分稀缺的资源或初始的利益。

“机会”一词的词义在《现代汉语词典》被解释为“恰好的时候”或“时机”，后被引申为“机遇”或“好的境遇”，〔41〕亦即具有时间性的有利情形或境况。在哲学上，机会是与时间、空间、运动等条件相联系的一种变化可能性；在经济学上，机会更多的是与机会选择、机会成本联系在一起，机会常常是指生产者、经营者、消费者在供

---

〔40〕［加拿大］莱斯利·雅各布斯：《寻求平等机会：平等主义正义的理论与实践》，刘宏斌、方秋明译，江苏人民出版社2018年版，第3～5页、第13页。

〔41〕中国社会科学院语言研究所词典编辑室编：《现代汉语词典》（第6版），商务印书馆2012年版，第596页。

给与需求的一种可选择性和基于此一选择而产生的成本、费用、利益或效益;在社会学上,“机会”一词更多的是指人们发展的条件和可能性。就法学而言,“机会”一词有多种含义,一则是指从事某一法律活动或实施某一法律行为好的时机、机遇、境况等;二则系指主体能否平等、公平地获得从事某一活动、实施某一行为、获得某一权利或利益的一种资格;三则是指主体通过参与一定社会活动或实施一定行为而获得某种权利或利益的可能性。〔42〕 笔者认为,“机会”一词在法律上可定义为:在既定条件和境遇下,在同一时间节点与空间地域范围内,主体能否平等地、无差异地、公平地获得从事某一活动、实施某一行为、获得某一权利或利益的一种资格,以及基于此一资格而产生的一切有利或发展的可能性。机会对特定个体而言,是生存和发展的门槛;就社会而言,机会或机会利益的无差异分配是构建和谐社会的逻辑起点;就国家法律设计与制度安排而言,法律所关注的命题和核心是公平与正义,而任何社会普遍性的公平与正义,其基点均为初始机会与机会利益的公平分配。因此,从一定意义上讲,机会就是一种利益,而且是最原始、最初级、最基础、最具源头性、最具根本性同时也是最为重要的一种普遍性利益。不仅如此,机会的获得就意味着取得一定资格和享有某种权利,进而就可产生一系列后续利益和发展的可能性。易言之,机会的分配实质就是一个国家在政策、法律、制度层面对初始利益的分配,由机会以及机会分配而产生的资格、权利或利益就是特定主体的初始机会利益。需要特别说明的是,由机会以及机会分配而产生的初始机会利益,与经济学界有学者所提的机会利益,即“在不对称信息条件下利用相对信息优势所提供的机会而获得的经济净收益”,〔43〕或者法学界特别是民法上有关合同法、侵权法领域的学者把机会利益定义为“基于主体之间合同、信用或信赖而产生的期待利益”不同,〔44〕笔者所提的机会以及由于该机会分配而产生的初始机会利益,是一种基于一定政策、法律、制度既有安排下的特定资格获取可能性而产生的初始利益,它是决定一个国家或地区特定时期自然人、法人或非法人组织法律地位、权利范围、发展路径、利益格局的基础性条件,是决定制度正义、分配正义和社会正义的逻辑起点。

营业的起点、市场的本质源于主体的可自由选择性,没有自由就没有交易,也就没有营业。自然,经济自由的核心是“选择自由”,市场自由竞争在本质上是营业“进入和退出”的自由,即“个人供应者保留了从与任何一个购买者建立的交换关系

---

〔42〕 吕来明:《论商业机会的法律保护》,载《中国法学》2006 年第 5 期。

〔43〕 金伯富:《机会利益:一个新的理论视角》,载《中国社会科学》2000 年第 2 期。

〔44〕 马新彦:《信赖与信赖利益考》,载《法律科学(西北政法学院学报)》2000 年第 3 期。

当中退出的权利，而任何其他个人则保留了进入与提供生产性服务的个人所建立的交换关系的权利”；[45]这是因为，“由简单的普适性制度保障的——经济自由，促进着经济增长；而复杂的指令性管制系统和大政府则阻碍经济增长”。[46] 自然，对营业和所有交易而言，“政府所采取的一切强制性行动，都必须由一稳定且持续的法律框架加以明确的规定，而正是这种框架能够使个人在制定计划时保有一定程度的信心，而且还能够尽可能地减少人为的不确定性”；[47]故“由于正当行为规则所能够影响的只是人们努力获得成功的机遇，所以修正或改进这些规则的目的就应当是尽可能地增进或改进不确定的任何人所具有的这种机遇”；易言之，在自由经济与社会里，“法律的目的应当是平等地改进所有人的机遇”。[48] 基于机会及机会分配的初始性、原生性、根本性和基础性，自然衡量社会公平和经济正义的尺度之一，就是一切国家的政策、法律应当把社会所有的权利资源、利益机会、权力地位和领导性职位“平等地对所有人开放”，“也必须所有人都能进入的”，即一个公平而正义的社会应当遵循“所有社会价值——自由和机会、收入和财富、自尊的基础——都要平等地分配，除非对其中的一种价值或所有价值的一种不平等分配合乎每个人的利益”。[49] 社会公平和制度正义既是一般人的最高理想和精神境界，更是民事主体进入营业领域追求营利最大的最高理想和精神境界，它要求一个国家所有的机会、自由、公职和社会职位在形式上应向所有人进行无差异的开放，而且要求所有人都应有公平地获得它们的机会，以保证那些拥有同等天资和能力并有同样意愿的人们具有相同的机会；从这一意义上讲，机会选择自由、机会分配公平等机会平等充分原则，不仅是构建分配公平、制度正义、社会和谐的逻辑起点，更是商人通往最大财富理想的必由之路。

2007 年 10 月在中共十七大报告中首次引入了“社会公平正义”理念；[50] 2012 年 11 月在中共十八大报告中首次引入了“机会公平”这一理念，“公正”被首次吸纳为社会主义核心价值范畴，强调要“坚持维护社会公平正义”，“逐步建立以权利公

---

〔45〕［美］詹姆斯·布坎南：《财产与自由》，韩旭译，中国社会科学出版社 2002 年版，第 29 页、第 31 页。

〔46〕［德］柯武刚、史漫飞：《制度经济学——社会秩序与公共政策》，韩朝华译，商务印书馆 2000 年版，第 546 页、第 551 页。

〔47〕［英］弗里德利希·冯·哈耶克：《自由秩序原理》，邓正来译，生活·读书·新知三联书店 1997 年版，第 282 页。

〔48〕［英］弗里德利希·冯·哈耶克：《法律、立法与自由》（第二、三卷），邓正来等译，中国大百科全书出版社 2000 年版，第 220～221 页。

〔49〕［美］约翰·罗尔斯：《正义论》，何怀宏等译，中国社会科学出版社 1988 年版，第 60～62 页。

〔50〕中共中央文献研究室：《十七大以来重要文献选编》（上），中央文献出版社 2009 年版，第 29～31 页。

平、机会公平、规则公平为主要内容的社会公平保障体系，努力营造公平的社会环境，保证人民平等参与、平等发展权利”。[51]“机会公平”作为执政党的基本政策和治国理念，开始融入国家法律、行政法规和具体改革之中。

就商法而言，商法对商民平等地、无差异地、公平地分配初始商机，是商法作为调整营业之法的应然理念，更是商法以鼓励、促进、确认、维持、保护、救济营业为基本使命的当然追求。对商事主体来说，商机即为可自由判断并选择进入有利润空间的营业领域或经营事项；对待进入营业领域的民事主体来说，商机则意味着可自由地、尽可能地选择或把握给其带来最大化利益的任何时机，其具体的理想与信念表现如下：

1. 平等自由进入。在商法既定制度的安排或法律规则的指引下，民事主体可基于自己的理性判断，平等而无差异地自由选择并进入可给其带来最大化利润的营业领域，或选择进入营业领域并经营能实现最大化利润的任意营业事项。商法应以较少禁止或限制，而是秉持鼓励、促进之基本态度，为民事主体进入营业领域获得最自由的选择空间和潜在最大化利润创造可能性。

2. 平等准入审查。基于营业的正当、安全、公序良俗而设立必要的营业准入审查制度时，商法应创制或设立对所有营业进入者的公平准入制度，为所有民事主体在准入环节提供平等的待遇。这些平等的待遇包括：(1)公平的准入环境；(2)公平的准入资格；(3)公平的准入条件；(4)公平的准入领域；(5)公平的准入程序；(6)公平的准入审查。在无差异准入审查制度的约束下，每一待进入营业领域的民事主体能获得公平一体的对待，通过主体自身的自然禀赋或主观努力、而非通过法律的例外照顾或制度的特殊优先，尽可能地在准入限制的情形下，获得必要、最大化的商机。

3. 平等竞争资格。商法应通过明确的法律规则与稳定的制度支撑，为已进入营业领域、并由民事主体转换为商事主体的自然人、法人或其他非法人组织，创造平等、自由地参与市场竞争的各种条件和市场环境，引导并督促商人通过增加投资、改善经营、创新技术、扩大交易，在有序的市场交易环境中获得比较竞争优势，实现自己的最大化目标。也就是说，在商法创造的秩序与环境中，任何商人并无先天、钦定、例外的特权或垄断性权利，不同投资、经营、交易主体之间的法律地位、资格身份与权利待遇，在竞争场景中都是平等、自由的，每一竞争参与者均应进行合法投资、正当经营、诚实交易。

---

〔51〕 中共中央文献研究室：《十八大以来重要文献选编》（上），中央文献出版社 2014 年版，第 11 ~ 16 页、第 27 页。

4. 平等法律待遇。商法应确保每一进入营业领域的主体,在法律上享有平等的主体资格、自由的选择机会、充分的竞争权利和一体的法律对待;商法所约定的条件和规定的程序,能为各类营业主体提供一体而无差异的法律救济和制度保障。

三、风险可控

风险可控是商人在营业过程中对商法的理想与信念。营业是一项风险与利润具并存可能性的私人事业与经济活动,任何营业不应只有最大化营利,而无潜在的风险;从一定意义上讲,营业是一种通过有效克服、规避、控制进而减损风险以获取最大化利润的风险事业。如前所述,营业的最大化与经营收益、交易效率成正比,相应地,又与成本、支出、费用、风险成反比。

风险(risk),按照国家标准《风险管理:术语》(GB/T 23694—2013)第 2.1 条定义,即"不确定性(各种潜在事件、后果及两者组合)对目标(包括财务、健康、安全、环境等不同方面与战略、组织、项目、产品、过程等不同层面)的影响(偏离预期,包括正面的或负面的)"。[52] 具体到营业过程而言,风险即投资、经营(生产)、交易过程中预定目标、期待效益所存在的各种不确定性。学理上,广义的风险包括:(1)收益不确定性;(2)成本、代价或损失的不确定性;狭义的风险仅指损失的不确定性。根据风险的来源不同,风险包括:(1)自然风险(自然灾害);(2)商业风险(经济或技术);(3)政治风险(战争、社会动乱、国家政策、政权更迭);(4)社会风险(法律、环境、秩序、个人与团体行为等)等。对营业而言,风险必然带来损失,在生产、收益恒定的情况下,损失的出现,就意味着成本、支出、费用、代价的增加和扩大,而对所有投资者、经营者、交易者而言,在经营收益、交易效率既定的情形下,如能有效地降低成本、减少支出、节省费用、控制风险,也可实现利润、收入、所得的最大化。在预测与控制风险的各种手段与机制中,法律又是最为重要的手段。

关于法律风险的范围与防范,按照《巴塞尔新资本协议》的定义,法律风险作为一种特殊的操作风险,"包括但不限于因监管措施和解决民商事争议而支付的罚款、罚金或者惩罚性赔偿所导致的风险敞口(Risk exposure)";[53] 2007 年 2 月原中国银行业监督管理委员会在《中国银行业实施新资本协议指导意见》(银监发〔2007〕24 号)中第二部分,重点对"信用风险、市场风险、操作风险"等三类风险的

---

〔52〕 国家质量监督检验检疫总局、中国国家标准化管理委员会:《风险管理:术语》(GB/T 23694—2013),中国标准出版社 2014 年版,第 1 页。

〔53〕 Basel Committee, *International Convergence of Capital Measurement and Capital Standard: A Revised Frameworks*, Basel: BIS, 2004, p. 140;刘轶:《论〈巴塞尔新资本协议〉中的法律风险》,载《武汉理工大学学报(社会科学版)》2006 年第 2 期。

管控,提出分步实施与达标的总体性原则。2011 年 12 月国家质量监督检验检疫总局、中国国家标准化管理委员会联合发布的《企业法律风险管理指南》(GB/T 27914—2011)第 3.1 条,把企业法律风险界定为“基于法律规定、监管要求或合同约定,由于企业外部环境及其变化,或企业及其利益相关者的作为或不作为,对企业目标产生的影响”。[54] 这些规定均说明,以法律方式规避、管理、控制风险,是营业的必要之举;自然,依靠法律,把投资、经营、交易风险,控制在预期的范围之内,是实现营利最大的应然之路。

对商人来说,期待商法创造一种责任与风险分担机制,把本该由投资者、经营者、交易者自己承担的责任或风险,通过法律机制进行豁免、减轻,或直接转移给第三人,或由国家或社会分散接单、分担;也就是说,如有效实现了风险可控,也就等于实现利润、收入或所得的最大化。商人对商法这一风险可控的理想、信念与期待,又集中表现在如下几个方面:

1. 投资者的有限责任。如在有限责任类公司中,作为投资者的股东,仅以实缴或认缴的出资额为限,对公司承担出资义务,但对公司经营中所生债务,则不承担任何责任。通过股东股权与公司法人财产权之新型财产架构,投资者股东的最大风险就可有效锁定并控制在有限的出资额内;但公司经营中所生利润则具有无限扩张的潜在可能性,相应地股东从公司盈利分配的回报也就具有无限性。如此,就实现了投资者风险锁定、可控,而利润、回报趋于无限、最大的预期。

2. 经营中的第三人责任。如经营者可把生产、管理、营运中产生的生产安全事故、产品质量责任、特殊侵权责任、董事赔偿责任等,通过商业保险,转嫁给商业保险公司。

3. 交易中合同转移责任。如在证券代理、经销代理、贸易代理、运输代理等特殊交易、商业代理中,交易者可通过合同约定,把本应由自己承担的风险,合法、有效地分配给他人。

4. 行政补偿责任。如在类似自然灾害、社会事件、贸易争端、跨境管制、区域关税等特殊情形下,通过一定形式的国家赔偿或行政补偿,把本应由商人自身承担的各种不确定风险,转移至国家、政府,进而转移至社会、全民。

四、财富安全

财富安全是商人在营业结果环节对商法的理想与信念。商人投资、经营、交易

---

〔54〕 国家质量监督检验检疫总局、中国国家标准化管理委员会:《企业法律风险管理指南》(GB/T 27914—2011),中国标准出版社 2011 年版,第 1 页。

的终极目标就是获得最大化利润与收入，故对营业财产或经营成果的确认与保护，就成为决定商人能否实现最大化目标的关键环节，这无疑需要法律“保护商人对外在事实构成信赖的权利”。[55]

对商人而言，财富安全既是营业的条件与起点，更是营业的目的和终点，没有财富的安全，或者财富安全受到威胁，营业就没有任何意义。相应地，如对投入营业的财产与营业的成果不能确权，没有归属、没有保障、没有安全，商人也就没有投资、经营、交易的任何主动性、积极性与创造性，人类就此会退回至消费性生产或以物易物的蒙昧时代，所谓营业也就失去了存在的动力与依据。自然，财富安全对商人、对营业，均具有基础意义。

财富安全的理念，要求商法应对营业财产、经营成果、投资所得、交易归属提供在有明确、清晰确权基础上的切实、平等保护，具体而言，包括以下内容：

1. 营业要素确权。商法应对营业中的主体（自然人、法人企业、非法人企业）、人格、资格、财产、商号、商誉、知识（产权）、创新（技术、方法、经营）的权利或派生的权利，给予明晰的确权，使各种营业要素有明确的权利界限与权利归属，以尽量杜绝或减少因营业要素权利界限或归属不明而引发的不同主体之间不必要矛盾、纠纷或冲突。

2. 营业成果归属。商法应对以投资收入、经营利润、交易所得为具体营业成果形式提供切实、有效的保护，它包括：(1) 有效保护投资者的投资收入。如股东、合伙人、个人独资企业业主、个体投资者、家庭投资者、国家投资者、企业投资者等不同投资者出资财产、资本权利、资本收益、分配红利，商法应创设一定的财产、权利、红利、收益的确权原则与分配规则，适度区分投资者的原始财产、出资财产、资本权利、投资红利、资本利润等不同财产或权利的财产形式、权利形式、权利内容、行权程序、救济路径，使投资者在决定投资时有稳定的预期，在实质投资后有实在的权利，在投资营运后有最大化的回报。(2) 有效保护经营者的经营成果。经营者的经营成果是对财产或财产性权利与其他生产要素契合、管理、营运之后，所衍生的各种创造性产品或创新性服务，它既包括产品等有形财产，也包括如商号、商誉、服务等无形财产；既包括传统的产品、服务，更包括以管理、知识、技术、模式、形式等的创新性成果为载体的新型财产性权利。(3) 有效保护交易者的交易所得。这种交易所得，不仅包括基于传统物品、产品、服务的买卖、交易标的的商品、服务贸易，也包括基于资本、证券、期货、货币、汇率等以资本、金融为交易标的的资本、金融交易，更包括网络时代基于电子媒体、网络环境、物联终端、人工智能、虚拟财产等情形的网络、人智

---

〔55〕［德］拉德布鲁赫：《法学导论》，米健、朱林译，中国大百科全书出版社 1997 年版，第 74 页。

交易。其中在所有的交易中,又以企业为载体的交易占有主导、主流地位。交易所得、企业所得的归属保护,是所有营业成果保护最集中、最终极的保护。只有交易所得、企业所得的保护得以落实,营业成果的保护才是切实、有效的。

3. 营业收入保护。前述营业成果一般表现为营业收益,如从商法分配与国家再分配的角度,它表现为营业的税前利润或收入。此阶段的收益或所得,只有通过国家税收或其他行政性费率的介入性、强制性再分配后,所得者如缴纳增值税、企业所得税、个人收入所得税等之后,余下的税后利润或收入,才是投资者、经营者、交易者可支配或分配的利润或收入。足见,在国家与商民之间黄金分割或收入分配比例、份额的约束下,国家的减税降费,就可以使民间投资者、经营者、交易者在再分配过程中相应地增加收入、利润、所得。虽然商法并不调整国家税费的分配,但就商法内部分配而言,在对税后利润或收入分配中,商法通过创设以资本贡献率分配为本位,以不同类型的分配优先权为补充的分配规则,如亏损先行弥补、企业公积金先行划拨、优先股先位分配、普通股按股分红、有限责任出资者优先享有红利分配而不负经营债务责任、无限责任出资者享有最终红利分配但应负经营债务责任等分配规则,能有效调整、确认、保护不同类型投资者的合法权益和所得收入。

4. 营业侵权救济。商法应对侵犯营业中财产、资本、收入、利润、所得权益创设一套有效的法律规则与救济机制。对各种营业性权利的限制、剥夺与侵害,既包括遭公权的限制与剥夺,又包括私权对营业权利的侵害,还包括其他对营业权利限制、剥夺与侵害等情形,因此,对营业权利侵害的法律救济,应包括如下几个方面:(1)机会性营业权利的政策宣示。主要包括机会性营业权利与营业机会的初始平等分配;对法律、规范性文件限制、剥夺机会性营业权利的救济路径;国家经济政策有关营业机会倾斜分配的矫正与平衡;既有垄断经营对民间营业进入的限制与垄断经营领域的渐次开放;营业机会选择与营业主体资格的获得;营业机会权利与主体营业能力的确定;营业主体资格与营业能力的保护等问题。(2)投资性营业权利的法律保护。主要包括投资决策自由的法律保护;营业性投资转移的法律保护;企业出资人权利的法律保护;资本市场投资主体权利的法律保护等。(3)经营性营业权利的制度保障。主要包括自然人自由经营权的制度保障;企业自主经营权的制度保障;侵害经营性营业权利的法律责任等。(4)财产性营业权利的立法确认。主要包括营业财产的立法保护;营业所得的立法保护;侵犯财产性营业权利的法律责任等。(5)交易性营业权利的特殊保护。主要包括营业知情权的特殊保护;交易选择权的特殊保护;交易中营业权利的救济方式;侵犯交易中营业权利的法律责任等。(6)营业变更中营业权利的让渡与保护。主要包括营业转让中营业权利的让渡与保护;营业租赁中营业权利的让渡与保护;特许经营中营业权利的让渡与保护;营业信托中营业权利的让渡与保护;企业托管中营业权利的让渡与保护等。

5. 营业人身安全。主体的存在是一切存在的前提与基础。营业也是如此,在投资者、经营者、交易者人身自由或安全尚不能得到有效保护的情形下,所谓营业及营业财产、成果、收入的保护,就是一个伪命题;所谓主体不存,权将焉乎? 无疑,商法有效保护投资者、经营者(企业家)、交易者的人身安全,是确保营业中财富安全最具基础性的议题。正因如此,维护投资者和企业家的人身与财产安全,就成为新时期优化营商环境的重要内容之一。例如,2017 年 9 月中共中央、国务院联合下发的《关于营造企业家健康成长环境弘扬优秀企业家精神更好发挥企业家作用的意见》(计 29 条)第 2 条规定,要营造"坚定企业家信心,稳定企业家预期,营造法治、透明、公平的政策环境和舆论环境";又如,2018 年 12 月在北京召开的年度中央经济工作会议,在"加快经济体制改革"议题中,更明确提出"要支持民营企业发展,营造法治化制度环境,保护民营企业家人身安全和财产安全"。〔56〕这一系列政策的出台与宣示,充分说明,在财富安全的保障上,投资者、经营者、交易者人身自由或安全的保护,是最具基础性的。

---

〔56〕 新华社:《中央经济工作会议在北京举行》,载《人民日报》2018 年 12 月 22 日,第 1 版。

第八章　商法的价值

法的价值具有方向引领性与行为指导性。商法的价值如何厘定与选择，一定意义上决定商法与民法等其他部门法的区分或独立，更影响商事立法的制度设计与商事裁判的功能定位。

第一节　商法价值的厘定与位序

一、我国现行民商事立法价值之检讨

受传统计划经济体制和行政管理模式的长期影响，我国在有关国计民生的社会经济事务和民间营业活动等制度安排中，表现出鲜明的重国家利益而轻民生福利、重秩序稳定而轻个体自由、重等级位序而轻平等双赢的价值倾向，表现在民商事立法上，就是把国家、公共、社会、市场的秩序放在民间、私人、个体、竞争的自由之上。例如，在民法领域，立法价值取向则本着社会秩序优先于个体自由这一逻辑而展开；在商法领域，则秉持市场秩序优先于营业效益的立法观来安排有关商事制度。其具体表现如下：[1]

1. 利益分配上的国家本位主义。传统的自然经济社会和计划经济时期，本质上可以说是一个以“国家主义”为本位的社会。所谓“国家本位主义”，其内涵集中表现在以下方面：(1)国家利益至上，即国家利益高于一切，个体利益包括企业在内的市场主体利益常常被忽视甚至被否定。(2)国家职能至上，即国家管理的事务涉及社会的方方面面，社会的自治空间和个体的自由权利被压缩至最低限度，甚至在一定时期归于窒息状态。(3)国家权力至上，即在国家机构、机关的职权和职责关系中，表现为以国家职权为本位，国家机关的一切活动以权力为中心，国家权力高于公民个体权利和社会权力，公民个体权利和社会权力必须无条件服从于国家权力。

---

〔1〕 肖海军：《营业权论》，法律出版社2007年版，第129～142页。

(4)国家位阶至上,即国家掌握或控制着全社会机会、权利、资源、职位与市场中主体、资格、要素、财富等初始利益的初级分配与利序格局,并以公权力为中心作权力位阶的递次展开,使权力中心、要素中心、资源中心、财富中心、经济中心高度同质化、统一化、一体化,具体表现为在国家与民间之间的资源分配与利益归属上,绝大部分资源、利益归属于国家;在国家内部特别是中央与地方之间权力分配与资源归属上,权力与资源则更多集中于中央。其中,在经济事务和营业领域,又集中表现为国家利益至上,在民商法领域则表现为鲜明的国家利益优位价值观念。典型的如立法中广泛存在最有价值的财产优先规定为国家所有、最具营利潜能的营业领域优先授给国家投资专营、庞大的社会资金积累优先提供给国有企业使用等现象。

2. 主体类型与行为模式上的法定主义。它集中表现为民事主体与企业类型的法定、商事主体资格取得的普遍前置许可、营业行为的普遍要式化等几个方面。

3. 权利救济上的行政本位主义。如营业行政处罚的滥用、以行政监督取代营业自治、以行政处罚替代民事救济等。

4. 对国家的责任优先于对当事人的责任。如公法责任优位于私法责任、国有财产例外于非国有财产、国家债权优先于普通债权等。

可见,正是受传统国家利益本位这一立法观的影响,既有民商法立法具有强烈的秩序价值优位倾向,因其过分强调社会秩序、市场秩序的价值,而漠视甚至抑制个体自由与意思自治、营业自由与交易效益价值的合理性、正当性。基于此,从理论上阐述和论证以分配营业初始机会、调整营业关系的商法之价值定位,既十分必要,又尤为重要。

二、商法价值的定位与内涵

(一)法的价值与法价值的定位

1. 经济学上的价值原义

价值在汉语中的词义解释为:(1)体现在商品里的社会必要劳动;(2)用途或积极作用。[2] 这两种文义均为经济学上的解释,在于价值原为经济学上的基本范畴。一般而言,经济学上的价值泛指在物品和资源存在"稀缺"的情形下,作为具"稀缺性"客体的商品(用于交换的物品或产品)或服务(具体行为)能满足作为主体的消费者或购买者之需求、欲念所表现出来的有用性或积极意义。如某一特定商品或服务,能满足消费者或购买者之一定、积极的需求、欲念,就表明该商品或服务具有

---

〔2〕 中国社会科学院语言研究所词典编辑室编:《现代汉语词典》(第6版),商务印书馆2012年版,第625页。

有用性或积极性，即为有价值或正价值；反之，则为无价值或负价值。[3] 经济学上的财富是由价值来定义或决定的，“有价值的东西就是财富，没有价值的东西就不是财富，甚至是负财富”，而商品或服务的价值量又决定于满足或实现人们某种目的（增进人们的幸福感）的贡献度量或有用程度，即决定于“其对幸福的边际贡献”。[4]

由于不同商品与服务之间有用性存在差异性，从而为不同所有者的交换提供了可能，因此，表现为有用性的价值就具有了天然的交换属性，而衡量交换的价值一则取决于商品或服务本身给人们带来的满足程度，二则取决于生产商品或提供服务背后所凝结的社会劳动量。在马克思政治经济学的视角下，商品与服务的价值被表述为使用价值与交换价值两种形态的高度统一，其中使用价值即商品或服务作为物的有用性，它能具有满足人们使用的价值，“不论财富的社会形式如何，使用价值总是构成财富的物质的内容”，而交换价值首先“表现为一种使用价值同另一种使用价值相交换的量的关系或比例”，其次交换价值是由生产商品或提供服务所需的“社会必要劳动量”“或者生产使用价值的社会必要劳动时间”决定的，因此，商品或服务的“使用价值同时又是交换价值的物质承担者”。[5] 质言之，在经济学的视角下，价值就是特指商品或服务通过增进边际幸福以满足人们需求、欲念的有用性。

2. 哲学上的价值本质

哲学上的价值，一般被定义为表征主体与客体关系的基本范畴，但对价值的本质意义与具体内涵，学界并无统一、权威的定义，诸如属性说、抽象说、奥妙说、关系说、本性说、情感说、意义说、需要说、功能说、效用说、劳动量说、主体性说、态度说、评价说等不同观点或意义解读，不一而足；[6] 但无论持何种学说或观点，哲学上的价值均无法回避主体、客体、主体与客体之间所存在的意义关系这一命题。在上述诸观点中，影响或争议最大的有实体说、固有属性说、关系说，其中实体说把价值定

---

〔3〕 [美]保罗·萨缪尔森、威廉·诺德豪斯：《经济学》（第17版），萧琛译，人民邮电出版社2004年版，第1～2页；[美]曼昆：《经济学原理》（第3版），梁小民译，机械工业出版社2005年版，第4～6页。

〔4〕 张维迎：《经济学原理》，西北大学出版社2015年版，第27～32页。

〔5〕 [德]卡尔·马克思：《资本论》，中共中央编译局译，人民出版社2004年版，第47～54页。

〔6〕 王凤鹤：《价值本质试析——兼评对于价值的几种规定》，载《湖北社会科学》1987年第9期；周农建：《功能——需要价值论——关于价值本质探讨的反思》，载《人文杂志》1988年第2期；刘泉水：《价值本质研究综述》，载《社会科学动态》2000年第10期；王玉樑：《论价值本质与价值标准》，载《学术研究》2002年第10期；孙美堂：《价值之“是”：价值本质研究的一个方向》，载《哲学动态》2002年第3期；邓晓芒：《对“价值”本质的一种现象学思考》，载《学术月刊》2006年第7期。

义或解读为实体(又分为唯客体论,即价值为客体的物本身;唯主体论,即价值为主体的人本身);固有属性说把价值描述为客体本身固有的有用属性;关系说则把价值界定为主体与客体相互作用、客体对主体产生影响、客体对主体生存发展完善的积极效应的一种关系。〔7〕

哲学上的价值,既离不开客体——物,更不可缺席主体——人。没有客体的物,价值就丧失了客观源泉与物质基础;而如无主体的人,则更无价值的判断与评价,价值本身也就失去社会意义。故能真实反映哲学上价值本质、比较容易接受并理解的,还是应以客体本身所具有的有用属性为基本出发点,以主客体这一关系范畴作逻辑展开,从客体属性与客体对主体的满足功能、主体对客体之满足功能的评价等诸层次进行综合考量,才可全面揭示哲学价值的本质与内涵。

(1)第一层面:价值首先应是作为客体的物所具有用性的属性范畴。但凡论及价值,总是有价值的本体与对象,无论从一般哲学的世界观、本体论、认识论、方法论,还是于马克思主义哲学的物质观、辩证法、历史观、认识论、方法论,客体的物或物质是人们不能回避的哲学命题与范畴,而某一物质或事物,本身是否具有特定有用属性,则是价值生成的客观依据和逻辑起点,没有物或物的有用性,纯粹讨论抽象、空洞的价值是没有任何意义的。自然,任何哲学价值的前提性、基础性、原生性条件,应是客体之物的有用性,价值首先应是一种原生性质的属性范畴。

(2)第二层面:价值应是客体与主体之间相互作用、彼此影响的关系范畴。从哲学上的世界观、物质观来考察,世界可分为自然世界与人类社会两大系统。自然世界是人类不可控制的,即按照自然规律运行、而非人类可控制的非自控制系统;而人类社会则因人类的出现,受到人类的干预、影响或控制,是人类可控制的自控制系统。对宇宙星体、自然世界这些纯粹的物而言,因为没有人类的“需要”,单纯无机自然界中物的有用性之价值既无法体现,也不被认识,当然就没有“价值”存在的可能和必要。故从广义的宇宙世界来看,被称为“价值”的东西只有人的存在、发展才有实质意义;换言之,“价值”范畴只存在于人类自控制系统的社会历史(包括生物系统、人类社会系统和人工创造的自控制机器系统等三大类),它体现着客体的物与主体的人之间的一种关系,是客观事物与一定自控制系统的人类社会目的之间的特定关系属性。〔8〕唯有出现人类和社会生活,价值与价值关系才具有可能性、现实性和可认识性。足见,价值只有在客体与主体之间相互作用、彼此影响的视角下讨论,才具实质意义,价值仅仅只是表征客体的物与主体的人之间关系的哲学

〔7〕王玉樑:《关于价值本质的几个问题》,载《学术研究》2008年第8期。
〔8〕黄海澄:《从哲学上看价值的本质》,载《人文杂志》1989年第3期。

范畴。[9]

(3)第三层面:价值更是具体表现为客体对主体需要满足的功能范畴。在客体与主体对应关系的情景下,被称为有价值的东西(客体的物),往往是因为在前述客体的有用属性中,具有满足主体某种需要的特定功能。价值就是作为客体的物或事物在与主体的人之对应关系中表现出来的、能够满足主体某种需要的能力;[10]从这一意义上讲,价值是一种反映客体满足主体需要的功能范畴,从根本上说,价值在于促进客体的物或事物满足人类社会发展的需要。[11] 更有学者认为,价值是客体属性对主体需要的满足,这种需要在人类社会发展中呈现明显的类型化与层级性,其中,"满足需要"是生存论价值,"节制需要"是规范论价值,"超越需要"是美德论价值,它们之间在区分前提下的综合互补,体现着价值的全面性和整体性。[12]

(4)第四层面:价值还是主体基于客体对其满足程度评价、反应的效应范畴。哲学上的价值终究是以人为目的和中心,没有人的出现、存在、发展,价值既无存在意义,更无类型差异与序列。价值除表现为客体以其固有属性满足主体的作用、影响与功能外,更反映主体根据需要对这种满足程度的个体感受或主观评价,因而价值往往更直接表现为"人类所赞赏、所希望、所追求、所期待的东西";[13]这是因为价值的目的是人,而非物,是"人依据自身需求或某种标准对对象所作的评价"。[14]故价值"能够按照主体尺度满足主体需要,即为正价值,反之则是负价值",[15]即凡主体对满足有正面评价的,客体对主体而言就有价值或正价值;反之则为无价值或负价值。

总之,作为哲学范畴的价值,于客体自身而言,是客体固有的有用属性;于主体与客体关系而言,是一种体现主客体之间特定关系的关系范畴;于功能与需要的关系而言,表现为客体属性、功能与主体需要、欲念之间的满足关系;于实践和认识关系而言,是客体属性、功能在实践和认识基础上对主体需要的满足关系及主体的主观评价;于对立和统一关系而言,是主观与客观、相对与绝对、一元与多样的统一。因此,作为一种哲学关系范畴的价值,是指客体属性、功能在实践和认识基础上与主体需要、评价的对立统一。如客体的属性、功能在实践和认识基础上,与主体需

---

〔9〕 王玉樑:《关于价值本质的几个问题》,载《学术研究》2008 年第 8 期。

〔10〕 徐兴庚:《价值本质讨论中几个需要认清的问题》,载《福建论坛(文史哲版)》1990 年第 1 期。

〔11〕 王玉樑:《关于价值本质的几个问题》,载《学术研究》2008 年第 8 期。

〔12〕 刘进田:《"人本身"与"满足需要"——关于价值本质的哲学思索》,载《人文杂志》2014 年第 5 期。

〔13〕 赖金良:《人道价值的概念及其意义》,载《天津社会科学》1997 年第 3 期。

〔14〕 韩东屏:《"价值是人"及其意蕴》,载《哲学研究》1993 年第 11 期;韩东屏:《质疑非人类中心主义环境伦理学的内在价值论》,载《道德与文明》2003 年第 3 期。

〔15〕 李德顺:《价值论》,中国人民大学出版社 2007 年版,第 79 页。

要、评价达到统一,对主体而言就是有用的,即为有价值或正价值;反之,如果客体属性、功能在实践和认识基础上,与主体需要、评价是对立的,对主体而言就是无用的甚至是有害的,即为无价值或负价值。[16] 易言之,综合属性论、关系论、功能论、认识论上等多方面学说与观点,哲学上的价值可定义为客体能够满足主体需要的效应关系,是表示客体的属性、功能与主体的需要、评价之间所形成的一种效用、效益或效应关系的哲学范畴。

3. 法学上的价值定位

关于法学上的价值,同前述哲学上的价值一样,国内学者也有不同解释,归纳起来有属性说、关系说、需要说、评价说、多元层次说等。[17] (1)属性说。此学说受哲学上价值为客体属性论影响,认为“法的价值是指基于社会全体成员的最基本需要、法所应当具有的最基本的性状、属性”,[18] 即法或法律的价值为法或法律本身所具有的属性。(2)关系说。此学说受哲学上价值为主客体关系说影响,认为“法律价值,是指在法与人的关系中,作为客体的法按照主体的需要对主体产生效应的属性,它具体表现为人们为法律规定的法律所追求的目标、法律在追求这些目标时的实际效果以及人们依据这些目标对这些效果的评价等”,[19] 即法的价值反映了作为客体的法与作为主体的人之间的一种特定关系。(3)需要说。此学说受哲学上价值为客体满足主体需要论的影响,如有学者认为,虽然“法律价值作为人对自身与法律的关系的一种主观体验必然存在于人与法律的关系之中,是人与法律相互作用的产物”,但从根本上说,“法律价值不是指法律的价值,而是指体现在法律中的人的价值需要”;[20] 有学者甚至认为,从主体需要属性角度考察,“只有那些在本质上有利于人的全面发展和社会进步的法律才是有价值的,而这只能通过具体法律所产生的社会效应,实质上就是通过人们的实践活动的有效性,即是否有利于生产力的良性发展来确证”。[21] 也就是说,只有在主体需要的情形下,才可找到法的真正价值。(4)评价说。此学说受哲学上主体评价、效应论的影响,认为“法律价值是标志着法律与人的关系的一个范畴,这种关系就是法律对人的意义、作用或效用,和人对这种效用的评价”。[22] 也就是说,凡作为主体的人对客体的法有正面、积极、

---

〔16〕 孟庆国:《试探哲学价值范畴的含义》,载《内蒙古师大学报(哲学社会科学版)》1992 年第 1 期。

〔17〕 曹翔:《“法律价值”含义的中西比较》,载《南京社会科学》1993 年第 2 期。

〔18〕 李步云主编:《法理学》,经济科学出版社 2001 年版,第 55 页。

〔19〕 李龙主编:《法理学》,武汉大学出版社 1996 年版,第 92 页。

〔20〕 葛洪义:《目的与方法:法律价值研究论析》,载《法律科学》1992 年第 2 期。

〔21〕 杨保军:《从主体需要的性质看法律价值》,载《法学杂志》1991 年第 3 期。

〔22〕 严存生:《“法律价值”概念的法哲学透视》,载《法律科学》1989 年第 1 期;严存生:《法律的价值》,陕西人民出版社 1991 年版,第 28 页。

肯定的评价，则法有价值；反之，法则无价值。（5）多元层次说。此学说认为，法的价值可以包括以下三层含义：一是指法律在发挥社会作用的过程中能够保护和增加哪些价值；二是指法律所包含的价值评价标准；三是指法律自身所具有的价值因素。[23]

笔者认为，法的价值，是经济学、哲学上的价值在法学领域的反映与具体化，应从作为客体的法之属性、作为客体的法与作为主体的人之间的关系、法在满足主体需要时所显示出的特定功能、主体基于法的满足程度而形成关于法的个体感受与主观评价等几个方面，作综合考察和全面分析。法的价值应包括以下几个方面内容：

（1）法的价值是法自身应具有的有用属性，而非人们主观想象或外在强加的一种性状。法的价值首先是作为客体之法本身应具有对主体之人的有用属性。法能具备政策、道德、教规、私规、威权等其他社会规范所不具有的专业属性，这种法所具有的专业属性就是法的一般性，它具体表现为形式的规范性（法只调整人之行为而非人之思想；法以适用条件、行为模式和法律后果之方式对人们行为进行指引，具有确定性；法无规定则无罪，法不禁止皆可为）、调整的权威性（由国家制定或认可，具有国家意志性；由国家强制力保证实施，具有国家强制性）、约束的普遍性（法之约束对象为抽象、概括的一般人，而不是特定、具体的人；法在生效期间的约束力是反复适用的，而非仅一次适用；法对所有人的约束具有同等性、一体性，它意味着同样的情况应受同样的待遇或处罚，不可因人而异、法上特权、法外开恩）、内容的一致性（法如古"灋"字之本义，具有正义与公平属性；法是以权利和义务为内容的社会规范，具有权利和义务的一致性）、实施的公开性（法律正式实施前必须向全体公民公开、公示，未经公布的法律不具有约束力与实施力，禁止秘密立法和秘密执法；除从轻例外法不溯及既往，只对公布实施之后的行为具有约束力；法律实施及效力应由法律来宣示，而不可由个别人、执行者擅断）、效力的持续性（法的制定、实施、修改、废止具有明显的程序性；法律的效力在特定国家或地区管辖的领地具有持续性；法律具有稳定性，不因人、因时、因地而异）等。正是因为法律具有前述特定、专业、鲜明的有用性，才能适用或满足作为主体的人在生存、生活、生产等各方面的需要，法的价值才能显示出其实在性和可认识性。法作为以权利义务机制分配利益的一种规则和制度系统，在于以特定原则（如正义、公平、自由、安全、效益、秩序等）来配置主体的权利与义务，以实现利益在不同主体之间的平衡归属。法律所具有的这种分配利益的特定原则与标准属性，就是法自身、独特的有用属性，这种有用

---

[23]　张文显主编：《法理学》，法律出版社1997年版，第281～282页。

属性即构成法之价值的客观内容。

（2）法的价值所揭示的是作为客体的法与作为主体的人之间的特定关系。法的价值，与一般价值一样，只有在人出现、存在、发展的社会关系中，才有实质意义，法的价值所反映的只是作为客体的法律与作为主体的人之间的特定关系范畴，法的价值坐标仅仅只是客体之法的有用属性对应于主体之人的多元需要，是一种法的客观有用性与人的主观能动性之间的关系。这种法与人的主客体关系，即成就法之价值的实质意义。

（3）法的价值必须是客体之法能满足主体之人特定需求或欲念所显示出来的一系列有用功能。只有法律从某一方面、层次满足作为整体的社会主体的某一需求、欲念，实现其追求、理想，法之有用性的具体功能才可实现，此时法才是有实在价值的；否则，仅仅只有法的客观有用属性，如不与主体结合构成特定的意义关系，就不能产生满足社会不同主体需求、欲念，进而发挥并释放法之固有属性的功能，也就无法的实在价值，或难以显示法的应有价值。正如有学者认为的那样，"法的价值是以法与人的关系作为基础的，法对于人所具有的意义，是法对人的需要的满足，也是人关于法的绝对超越指向"。〔24〕 法所具有的这种满足社会主体某种需要的固有属性及有用属性功能的发挥、释放，是我们对法之价值标准定位的切入点。

（4）法的价值具体表现为主体之人对客体之法属性、功能、效用的评价与选择，其中最为主体理想、期待、追求、希望、推崇的法价值，应是法之固有属性中最具效用的那部分属性。法所应当具有的满足主体需要的属性表现为多个方面或多个层次。法的价值应是给社会主体带来最基本的满足且具有最大效应的那一层面的属性，这种属性是法所具有的并通过主体的评价、判断、选择后确定的最具效应的那一部分属性。如哲学价值一样，法价值也应是主体与客体、需要与功能、主观与客观、满足与评价的对立与统一，它是主体希冀法律应具有的属性、功能、效用和通过法律调控能达到或形成理想社会的目的、状态、情景之内在规定性的抽象概括和具体表达。

基于以上分析，不难作此定义，即法的价值是法为满足社会主体需求、欲念所应当具有的效应属性。法的价值作为满足社会主体最基本需求的效用属性，在理论上则表现为价值形态和价值序列等问题；在立法和制度设计角度，则体现为以下两个层面：第一个层面为立法和制度价值目标的确定，它是对法之效用属性的判断和确定，是通过对法之效用属性的基本范围和具体形态作分析之后，对法安排特定制度应达到的价值目标的锁定；第二个层面为人们对法之效用属性在评价的基础

---

〔24〕 卓泽渊：《法的价值论》，法律出版社1999年版，第10页。

上作出的选择和取舍，即对具有不同形态和不同功能的法之效用属性，在满足社会不同类型需求或发生冲突情况下，根据特定制度目标、法域调整事务的特点和法的效应属性进行取舍，以确定不同的法价值序列，对具不同效应属性的法价值划分法的目标性价值与工具性价值。

（二）商法价值的一般内涵

关于商法的价值，国内学者虽较早有所涉及，但大多只提到商法价值的表现形式，并未探究商法价值定义与定位的原由。〔25〕 商法的价值是法之价值在商法领域的具体表现，概言之，即商法的价值是指商法为满足商事主体营业最基本需求和欲念而应具有的效应属性。在定义与定位商法价值的时候，有必要论证和分析，商法的价值为什么是这样，而不是那样？为什么前述我国现行民商法立法中的价值取向与选择位序存在不妥当性和不合理性？后述商法不同价值的逻辑序列为什么作如此安排？

1. 商法的价值应是商法自身应具有的有用属性，而非人们主观想象或外在强加的一种性状。在法律一般性的基础上，商法因其调整营业关系的特殊使命与因投资、经营、交易需要，以及产生、变化、发展、完善需要，本身具备适应进入营业领域转换为商事主体需要的自治性、效率性、文义性、技术性、惩罚性、裁判性等有用、实用、效用属性。正是因为商法品格及商法规则中这些专有、特殊的有用、实用、效用属性，才使商法具有其他部门法所不具备的独特价值。因此，商法的价值首先是商法自身所具有的固有属性。

2. 商法的价值所揭示的是作为客体的商法与作为主体的商人之间的特定关系。商法价值所反映的是商法与商人的意义关系，而非商法与一般民事主体、社会公众的关系，更非商法与国家、政党、政府等公权、公益机关的关系。作为客体的商法所对应的主体坐标，应是进入营业领域并已由原有的民事主体身份转换为商事主体身份的商人，而不是一般民事主体，更非国家机关、公益组织和其他非营利组织。因此，在讨论或定位商法价值时，我们一定要把主体坐标对准商事主体，更多地从商法与商人之间的关系性状与主客范畴，进行恰当的定义与定位。

3. 商法的价值必须是客体之商法能满足主体之商人特定需求或欲念所显示出来的一系列有用功能。首先，作为主体的商人，在进入营业领域之前和之后，究竟需要和期望什么，这是定义或定位商法价值的主观方面；其次，商法自身所具备的自

〔25〕 张楚：《论我国商法规范的二元结构及其价值缺陷》，载《中国法学》1999 年第 2 期；钱玉林：《商法的价值、功能及其定位——兼与史际春、陈岳琴商榷》，载《中国法学》2001 年第 5 期；胡鸿高：《商法价值论》，载《复旦学报（社会科学版）》2002 年第 5 期。

治性、效率性、文义性、技术性、惩罚性、裁判性等有用、实用、效用属性，在与商人结合后，通过发挥或释放其效用属性的特定功能，究竟能满足商人哪一方面的需要，这是解读商法价值的客观方面。

众所周知，商人进入营业领域，是来寻找效益或利润的，而且追逐的是最大化的效益或利润，这就是商人营业的原始动机与终极目的。但是商人虽以追求最大化效益或利润为目的，但实现最大化效益或利润目标的起点与路径却不是效益或利润本身，因为效益或利润必须通过投资、经营、交易才可获得，商人不可能一进入营业领域就能获得现成的最大化效益或利润；否则，就相当于营业领域遍地是黄金、到处有白银，如此又何需商人通过复杂烦琐而又充满风险的投资、经营、交易流程，方可艰难地获得产出大于投入、收入高于支出、效益超出成本的利润呢？如此一来，任何民事主体都可轻而易举仅依其意愿就可凭顺手之劳获得最大化效益或利润，又何需商人呼？足见，最大化效益或利润的追求、获得、实现，不是其本身能解决了的，而唯一能提供通往最大化效益或利润之可能路径的，只能是商人对商机的寻找、判断、把握和选择。

如果商人基于自己的禀赋素养和竞争优势，经比较筛选、理性判断、谨慎决策，最后选择其认为可带来最大化效益或利润的营业领域或具体营业事项，并决意进行投资、经营、交易，通过自己努力后的一个或多个营业流程，期待的最大化效益或利润才有可能实现。但是，如果商人在寻找、判断、把握和选择商机过程中遇到了己身之外意志或力量的障碍，如政府准入制度的禁止或限制、既有相关市场的垄断、竞争相对人的强力或不正当干预、他人以胁迫或强力的阻挠等，均会影响某一具体商人对商机的寻找、判断、把握和选择。也就是说，在寻找、判断、把握和选择商机时没有基于自愿、自为、自决、自治的自由，商人认为可给其带来最大化效益或利润的营业领域或营业事项，就难以进入，更何谈投资、经营、交易？自然其追求、期待、希望的最大化效益或利润也就无法实现。不难看出，对商人而言，通往或实现最大化效益或利润的可能路径，是基于商机选择自由的营业自由。

除此之外，对商人而言，进入营业领域之后，营业过程中的竞争公平或市场秩序，当然也很重要，但与交易效益、营业自由相比，则居于工具性的手段、保障条件地位。

因此，对商人而言，其进入营业领域之前和之后，最需要法律提供的东西是效益、自由、公平、秩序等。因此，效益、自由、公平、秩序就是商人的需求与欲念。商法自身所具备的自治性、效率性、文义性、技术性、惩罚性、裁判性等有用、实用、效用属性中，能满足商人在效益、自由、公平、秩序方面的需求与欲念，所发挥、释放的具体效用功能，就是商法的具体价值。

4. 商法的价值具体表现为主体之商人对客体之商法属性、功能、效用的评价与选择，其中最为商人理想、期待、追求、希望、推崇的商法价值，应是商法之固有属性中最具效用的那部分属性。通过前述分析，在前述的商人一系列需求与欲念中，在商人长期判断与经验积累下，效益、自由、公平、秩序对商人而言，最具基础、最为重要、最为实用，因此，商法的价值，就是商法固有效用属性中，最能满足商人在营业中对效益、自由、公平、秩序方面需求、欲念时所表现出来的效用属性，即交易效益、营业自由、竞争公平、市场秩序。

商法的价值除应作以上四个层面的解读外，还包括如下两个方面：(1)商法价值的内容。商法价值是商法作为部门法应满足商事主体营业行为、市场交易的特定需求所应具有的效应属性，它涉及商法效应属性因商法的客观特征和人们的主观期望相互结合后，形成的不同表现形式和评价标准。由于商法调整对象的营利性特征，决定了商法的价值必然是与利益有直接关联的效益、自由、秩序、公平等效应属性有某种密切的联系，因此，商法的价值是一组与交换利益和财富增进相关联，由效益、自由、秩序、公平等不同效应属性组成的价值体系。(2)商法价值的序列。在商法具体立法设计和制度安排层面中，对具有不同效应属性和内在特征的价值形式在作功能判断之后，如何进行选择，以建立一个由不同效应属性构成的价值位序，并通过确定具体的目标性价值与工具性价值，使之为商法立法宗旨、商事制度设计、商事行为规范提供恰当的价值指引坐标。如有学者认为的那样，"立法价值取向主要有两层含义：其一是指各国在制定法律时希望通过立法所欲达到的目的或追求的社会效果；其二是指当法律所追求的多个目标出现矛盾时的最终价值目标的选择"。[26] 因此，在探讨与定位商法价值时，应在确认商法不同价值形态和价值序列的基础上，解决商法的价值目标和商法的价值选择两个基本问题。[27]

三、商法价值的具体形态与逻辑序列

（一）商法价值的具体形态

关于商法价值的具体内容与表现形态，学者之间的观点尚有较大分歧，其主张或代表性观点如下：(1)一元论。如有学者认为，作为私法，商法与民法虽有许多相同的价值取向，如公平、效益、平等、诚实信用、合法性等，[28] 但民法的最高价值取向是公平，立法上采取的是公平优先原则；而商法的最高价值取向则是效益，立法上

---

〔26〕 赵万一：《商法基本问题研究》，法律出版社2002年版，第84页。

〔27〕 肖海军：《论营业自由——商法价值的展开》，载范健主编：《商事法律报告》第1卷，中信出版社2004年版，第46~48页。

〔28〕 赵万一：《商法基本问题研究》，法律出版社2002年版，第85页。

采取的是效益优先原则。[29] 有学者认为，在商事领域中，正义的本质在于效率与公平这两个根本价值的统一，民法的核心价值是公平价值；而商事领域的交易主体和交易实践的特殊性，决定了效率才是商法的核心价值。[30] （2）二元论。如有学者认为，商法的价值就是商事法律规范所能满足立法需要的性能，它具有相对性与客观性，其主要价值体现于维护商事交易安全和提高商事交易效率两方面。[31] 有学者以美国次贷经济危机为例，认为安全和效率两大价值的抉择对一个国家经济发展观念的选择具有指导意义。[32] 有学者认为商法的核心价值应立足于自由与秩序的平衡。[33] （3）三元论。如有学者认为商法应以自由、秩序、效益作为自己的价值趋向，其中自由、秩序为基础价值，效益为目标价值。[34] 有学者认为商法价值是人与法的关系中体现出来的商法的有用性，包括效益、公平和秩序等价值，其中效益应为商法的最高价值。[35] 有学者认为商法的独特价值体系应以效益价值为目标性价值，以自由价值和秩序价值为条件性价值。[36] 有学者认为现代商法最基本的价值主要是交易效率价值、交易安全价值和交易公平价值。[37] 有学者认为商法的价值体系由效益价值、公平价值和秩序价值构成，其中效益价值为终极价值，公平价值为伦理价值，秩序价值为基础价值。[38] 有学者认为实质商法的价值取向是公平、效率和安全的集合，形式商法的价值取向是公平、效率和安全的博弈均衡。[39] 有学者认为商法的价值应表现为营业自由、交易安全与社会责任，其功能在于实现交易者自身利益、他人利益以及社会利益的平衡与协调。[40] 有学者认为贸易本位是商法价值的基础，交易效率价值、交易安全价值和交易公平价值构成了当代商法的三大基本价值。[41] （4）四元论。如有学者认为商法的基本价值表现为交易安全、交易自由、交易效率和交易公平等四个方面。[42]

---

〔29〕 赵万一：《论民商法价值取向的异同及其对我国民商立法的影响》，载《法学论坛》2003 年第 6 期。

〔30〕 朱芸阳：《权利外观理论视角下的现代商法价值》，载《清华法治论衡》2016 年卷。

〔31〕 张楚：《论我国商法规范的二元结构及其价值缺陷》，载《中国法学》1999 年第 2 期。

〔32〕 范健：《从全球经济危机反思现代商法的制度价值》，载《河北法学》2009 年第 8 期。

〔33〕 王建文：《我国商法的核心价值：逻辑展开与实践应用》，载《法学杂志》2012 年第 1 期。

〔34〕 马齐林：《商法的价值论》，载《黑龙江省政法管理干部学院学报》2002 年第 2 期。

〔35〕 宋智慧：《商法价值范畴论析》，载《学术论坛》2005 年第 4 期。

〔36〕 王凯：《论我国市场经济体制下商法的价值》，载《东岳论丛》2006 年第 3 期。

〔37〕 白廷举：《当前商法理论研究价值选择述评》，载《青海社会科学》2006 年第 1 期。

〔38〕 陶政：《商法价值研究》，西南政法大学 2008 年博士学位论文，第 53 ~ 54 页、第 82 页、第 101 页。

〔39〕 万广军：《基于法经济学视角的商法价值取向研究》，载《河南师范大学学报（哲学社会科学版）》2010 年第 1 期。

〔40〕 王延川：《科学发展观与商法的价值构造》，载《河北法学》2010 年第 7 期。

〔41〕 胡鸿高：《商法价值论》，载《复旦学报（社会科学版）》2002 年第 5 期。

〔42〕 毛海栋：《关于商法价值的思考》，载《商事法论集》2008 年第 1 卷（总第 14 卷）。

也有学者是从民法、商法与经济法的比较视角来探讨和定位商法价值的。如有学者认为,公平正义是任何一个社会及其成员所追求的共同价值目标,也是良法应有的价值取向,经济法和民商法中都体现了对公平价值的追求,但经济法注重实质公平,民商法注重形式意义的公平;经济法是社会整体利益的公平,民商法是个体利益的公平;经济法追求分配正义,民商法倾向矫正正义;经济法有公共权力做保障,而民商法主要依赖私权的自我约束。[43] 有学者认为,公平与效率作为最重要的法律价值,在微观领域、市场配置资源、初次分配中,民商法发挥第一位或至上的作用,应奉行效率优先兼顾公平原则;在宏观领域、计划配置资源方式、再分配领域,经济法发挥第一位或至上的作用,应实行公平优先兼顾效率原则。[44] 有学者认为,经济法与民商法的利益、平等、效率、安全等价值理念存在一定的差异性。[45]

笔者曾就商法的价值表现形式,提出交易效益、营业自由、竞争公平、市场秩序等四重形式与范畴。[46] 从该文当时所参考的文献与上述代表性观点的举要相比,学者关于商法价值的讨论总体上尚没有突破拙文发表时的分析思路与研究格局,即并没有从商法与商人、客体与主体的意义关系视角,来揭示商法价值的实质内容与表现形式。故要比较近乎真实地概括商法价值的具体内容和表现形式,还需从商法的本质、特性出发,去揭示商法价值的基本内涵。

如前所述,商法是以商事主体和营业行为为规制对象,商事主体的功利目的性和营业行为的营利性特征,决定了商法应当促进、保障商事主体营业,实现其财富增长。故商法的价值就应是满足商事主体对财富追求、欲念而具有的效用属性,即商法应当能满足商人自由营业、增进财富的基本要求。商法这种满足商人自由营业、增进财富基本要求的效用属性,表现为法律对商人交易自由、交易公平、交易安全、交易效益的关注和重视。可以这样说,商法价值的基本形态包括效益、自由、公平、秩序等几种主要形态。自由价值是指商法应具有的满足商人自由营业、自由交易、自主治理、自主经营等营业自由方面基本要求的效用属性;公平价值是商法应具有的满足商事主体在交易过程中利益归属平衡和权利义务分配合理等基本要求的效用属性;秩序价值是指商法应具有的满足商事主体在交易过程中实现交易稳定化、持续化和利益可预期化等基本要求,保证交易的一致性与安全性的效用属性;效益价值则是指商法应具有的满足商事主体在交易过程中实现交易费用最低、

---

〔43〕 周玲丽:《对经济法、民商法公平价值的思考》,载《河北法学》2002 年第 S1 期。

〔44〕 戴霞:《论民商法与经济法的价值取向》,载《暨南学报(人文科学与社会科学版)》2004 年第 3 期。

〔45〕 唐孝东:《经济法与民商法价值比较阐析》,载《兰州学刊》2005 年第 1 期。

〔46〕 肖海军:《论营业自由——商法价值的展开》,载范健主编:《商事法律报告》第 1 卷,中信出版社 2004 年版,第 39 ~ 69 页。

交易利益最大而达到财富增进最大化目标等基本要求的效用属性。

(二)商法诸价值的特殊功能与逻辑序列

虽然商法价值以效益、自由、公平、秩序为基本表现形式,但是,如果效益、自由、公平、秩序之间发生冲突,究竟何者优先?此外,效益、自由、公平、秩序这四种价值形式,何者是目的,何者是手段?何者是基点,何者为保障条件?关于此一议题,学者尚有明显分歧。如有学者认为,现代社会风险特别是商业风险的不可控性,进一步彰显法律安全价值的核心地位,而基于主体追求各种利益时的安全性需求,在安全价值与秩序、自由、正义、效率等价值发生冲突的情形下,应通过法律价值定则予以平衡,如在安全价值与自由价值的平衡中,自由是前提,安全是保障;在安全价值与秩序价值的平衡中,应该确定秩序对安全的包容关系;在安全价值与效率的平衡中,则要明确效率是优先品,而安全是必需品。〔47〕但也有学者认为,就自由与秩序的关系而言,一方面,秩序价值是自由价值形成的基础,法律在获得自由价值的同时必然也相应地获得秩序价值;另一方面秩序价值必须依附于其他价值而存在,抽象的、不包含其他价值的秩序价值是没有的。〔48〕

法价值的功能在于对立法者和执政者提供向导,它具体表现在法律制度安排过程中的价值取向和具体规范设计中的价值选择与定位。就商法而言,因诸价值形态具有不同功能,要求立法者和执法者必须对商法应具有的满足商事主体之自由、公平、秩序和效益之需求属性的具体效用,进行充分权衡和具体考量,对不同价值形态作恰当的定位和理性的选择。

在商法的价值体系里,效益价值在于主导商法的立法宗旨和制度创设的目的。它要求商法应以保护商事主体的利益为中心,具体制度的创设和规范条文的制定,均应以促进、激发、保证商事主体实现其最大的营业利益为基本出发点和最终归宿。效益价值作为商法的主导、核心价值,自然应居于优先考虑的地位。

自由、公平、秩序因服务于效益这一目的需要,在商法价值体系内充当的是一种工具性价值的作用。其中自由属于商事主体应然权利的范畴,其主旨在于授予主体以适应市场交易和公平竞争的必要资格、地位和权能,它要求商法应创设一种制度和规范,确定商事主体能自由地进退市场(营业自由)、基于自愿与他人自由地进行交易(意思自由)、在交易中能自主地作出决策(经营决策自由),以期通过自身的努力去实现己身利益的预期化和最大化。因此,自由价值属于基础性、权利性价值范畴。

---

〔47〕 张洪波:《以安全为中心的法律价值冲突及关系架构》,载《南京社会科学》2014年第9期。

〔48〕 龙文懋:《“自由与秩序的法律价值冲突”辨析》,载《北京大学学报(哲学社会科学版)》2000年第4期。

竞争公平与市场秩序的功能在于为商事主体追求利益提供约束和保障。竞争公平要求商事主体在追求自身利益最大化时,应充分照顾交易对手、交易伙伴、投资合作人以及其他利害关系人的利益,其每次获得的利益和增进的财富,都能归于合理和正当。也就是说,商事主体获得的利益和增进的财富不仅应与自身的投入、付出等成本以及应承担的义务、责任相对称,而且应与相关利害关系人的利益分配和归属保持合理、对价,如此才能保证商人的每一次交易均归于合法、正当、有效,以最终实现交易总效益和全过程利润的最大化。市场秩序是相对于商事主体所处的交易环境而言,它要求商法应创设一套严格、完备、有效的市场交易规则来保证市场交易的一致性、连续性与稳定性,以维护市场交易的安全;同时,它还要求商法应创设一套严格的合同履约和诚信责任机制,督促商事主体遵守交易规范,确保交易诚信,力戒交易欺诈,以提高交易的信用度,保障商事主体的每一次交易均能建立在可预见、可实现的信用保障基础上,以期实现商事主体单次交易效率与交易累积财富的最大化。可见,竞争公平与市场秩序,在于对营业主体利益最大化目标的实现提供利益分配方面的约束和交易过程中的保障,这属于保障性价值的范畴。

总之,商法价值体系中不同效用属性的不同制度功能,决定商法价值的选择位序应以不同价值的制度功能为基本依据,以价值内在的效用属性为主要标准。从商法作为财富法之本质属性为基本出发点,商法价值的具体定位和选择位序应是:商法应以交易效益价值为目标,以营业自由价值为基点,以竞争公平与市场秩序价值为约束、保障条件,对商事制度和规范进行总体安排。

第二节　交易效益:商法的目标价值

一、商法具有满足商人效益最大化的效用属性

就商法调整的对象和商法的本质属性而言,其"作用机理在于它的营利调节机制"。[49] 商法的基本功能在于设计一套有效的制度以保证商人财富增值最大化目的实现。无论从商人交易的原始初衷,还是商人在交易过程对交易公平和市场秩序的重视、刻意减少交易环节以降低交易费用的举措,其过程在于确保营业行为的效率,终极目的在于保证资本增值最大化的实现;再者整个社会交易和经济发展,也均源于商事主体在每一次交易中预期利益的实现和无数次交易、履约的完成。

〔49〕　钱玉林:《商法的价值、功能及定位——与史际春、陈岳琴商榷》,载《中国法学》2001年第5期。

因为“交易是寻求更多满足的手段”,“一个人参加交易是因为他预计他从获得某一物品中所得到的收益会超过他的成本”;[50]因而效益是用来作为评价交易的价值和成功与否的最后标准,很难想象一次没有效益的交易是一次成功的交易,更不能说给交易双方带来负利益或只给一方带来利益的交易是一次有价值的交易。很显然,在商法的众多价值表现形态中,集中表现在效益方面的效用属性,应该作为商法的目标价值。

“商法是基于个人主义的私法本质,为那些精于识别自己的利益并且毫无顾忌地追求自身利益的极端自私和聪明的人而设计的”,[51]效益属性作为商法的目标性价值,集中表达了这样一种理念,商事制度的创建、商事法律规范的设计,必须能促进商事主体交易,提高交易效益,保证资本增值、财富增长最大化目标的实现。自然,如何保证营业中效益的不断增进应是制度设计考虑的终极目标和基本出发点。就制度安排和规范设计的角度而言,商法一切制度安排和具体规范设计,均在于体现、践行并落实交易效益价值。

(一)商事组织的契约化和人格化

企业特别是公司企业作为契约化的经济组织,它契合了资本、劳力、技术、管理和其他生产要素,使之成为一个具有内在统一性和有机性的经营实体,从而使原属市场交易的个别性交易与分散性契约,集中地演化为内部交易和关系性契约。[52]从管理的角度来看,企业的存在不仅在于减少了交易的个别化,而且“作为一个战略系统”,“在给定的现行作业程序下,高层管理利用侧向支付以指导低层单位在方向上与高层的意图保持一致”。企业的这种集中交易和集中代理,大大地减少了个别交易环节,同时也避免了不必要的个别交易风险,从而大大地提高了“营利性的资源配置”的管理效益。[53] 因此,诚如科斯所言,“只要企业的行政成本低于其所替代的市场交易的成本,活动的重新安排所获的收益多于企业的组织成本,人们就会采用这种方式”。[54] 商法的效益价值在于以商事主体制度,使显然减少交易个别成本、提高交易效率的企业制度合法化、定型化和规范化。近现代商法通过立法完成了从自然人商人(生物体商人)向企业商人(社会组织体商人)、从实体商人(社会实在体商人)向虚拟商人(网络虚拟体商人)的转化,使商人以法定的商事组织形

---

〔50〕[南]斯韦托扎尔·平乔维奇:《产权经济学》,蒋琳琦译,经济科学出版社 1999 年版,第 39 页。

〔51〕[德]拉德布鲁赫:《法学导论》,米健、朱林译,中国大百科全书出版社 1997 年版,第 72 页。

〔52〕[美]麦克尼尔:《新社会契约论》,雷喜宁等译,中国政法大学出版社 1994 年版,第 10 页。

〔53〕[美]迈克尔·迪屈奇:《交易成本经济学》,王铁生、葛立成译,经济科学出版社 1999 年版,第190~191 页。

〔54〕[美]R. H. 科斯:《企业、市场与法律》,盛洪、陈郁译,上海三联书店 2014 年版,第 93 页。

式、网络虚拟载体实现交易的最大化有了切实的主体基础。

(二)财产权利的价值化与资本化

市场交易是主体之间对体现所持商品或服务之价值的交换,它的实质是使交易更为便捷、更为直接。由于交易中"预期的价格归属为现时的价值,并因而成为资产,也就是一商业者在商品市场上对未来交易所抱的各种期望",即"一个人对于另一个人单纯承诺转变为可以在货币和证券市场上进行买卖的商品是从习惯法到商法的更大的演变",[55]故在营业中,与一般民事活动不同的是,商事主体已不满足于对有形财产的占有与控制,而是对体现为实物、财产、产权之上的价值的一种持有和支配,并使之在加速式的流动和转让中迅速增值。如前文所述,在市场交易中,商事主体对财产及价值所拥有的权利,首先抽象化为一定价值单元的资本,这就是财产与权利的资本化;其次是财产、权利、资本的证券化,即通过股票、债券、基金、各种衍生证券等资本证券,汇票、支票、本票、大额存单等货币证券,代物券、提货单、仓单、提单等物品证券,以及其他证券形式,使财产、权利、资本由抽象的价值单元变为具体的、具有货币一样的流通、贮藏、支付等功能的价值替代物。因为"股权或债权凭证的出售,该股权或债权凭证代表了一种独立的、有收入流的财产或财产集合中的所有权利益或由其担保,这种交易被架构为减少或重新分配在拥有或出借这些基本财产时的风险,以及确保这些财产更加市场化,从而比仅仅拥有这些基本财产的所有权利益或债权有更多的流动性"。[56] 最后是财产、权利、资本、证券的数据化,即借助于会计账簿、交互结算、电子商务和数据交换等交易技术与制度规则,已证券化的财产、权利、资本再转换为纯粹的、以数据为表现形式的信息符号。商事交易中的这种以财产资本化、资本证券化、证券与财产数据化为表现形式的商事权利价值化过程,无疑使商事交易更为纯粹、更为概括、更少受原始物物交换的影响,其交易的速度和频率无疑大大加快。商法就是从制度上为商事交易中不同财产价值的相互转化提供更为安全、可靠、可信的制度保障。正是商法采取的不惜牺牲权利"体系上的优雅",[57]采用一种抽象价值上的资本、证券、数据制度来取代实物形态上的财产、权利制度,通过"残缺的所有权与厂商"等制度安排,[58]即财产和产权上的分离、分割和价值化,"某种商品的所有权被多人所分割,而不是仅仅归一人所

---

〔55〕［美］约翰·R. 康芒斯:《资本主义的法律基础》,寿勉成译,商务印书馆2003年版,第313页。

〔56〕Shenker & Collette, *Asset Securitization: Evolution, Current Issues and New Frontiers*, 69 Tex. L. Rev. 1369, 1991, p. 1374－1375. 转引自彭冰:《资产证券化的法律解释》,北京大学出版社2001年版,第14页。

〔57〕施天涛:《商法学》,法律出版社2003年版,第6页。

〔58〕［南］斯韦托扎尔·平乔维奇:《产权经济学》,蒋琳琦译,经济科学出版社1999年版,第73页。

有”,“某人拥有这一商品的某种属性后,他就能比较容易地白白使用归别人所有的那些属性”。[59] 商法对这种财产、产权的权利分割与价值让渡不是予以限制,而是予以制度化,这无疑极大地激发商人的交易动机,从而大大地加速了交易进程本身。

(三)交易过程的技术化与规范化

资产经营和商事交易的过程,是一个十分复杂的签约和治理过程,需要订立一系列外部“竞争型合同”和内部“治理型合同”。[60] 商法则通过技术性的法律规范,使商事主体的营业活动和交易过程更为规范、方便。如商事合同条款的格式化,以证券、期货、房地产、存款贷款、保险、海上运输、航空运输、电子商务、网络交易等交易的定型化、固定化和单据化,以会计账簿、交互结算、票据、信用证、电子支付等主要形式的大宗款项的支付与划拨,企业(公司)组织内部代理契约的职务化和规范化等,均是以促进交易的即时、迅捷实现为目的。

(四)商事责任的法定化与确定化

在效益既定的条件下,责任的减轻就意味着利益的增进,商法在有关商事责任制度的安排上,以责任的可预见性和明确化有效地限制甚至锁定了商事主体的市场风险。如从责任的范围来看,有限责任制度的兴起,使商人的营业与投资风险大大降低,从而把投资者因惧怕无限风险而裹足不前的投资心态一扫而光;意思表示缺陷上的意思文义主义、行为瑕疵的权利外观主义的判断规则和适用标准,更有利于对商事主体责任原因的判断;权利的短期消灭时效和除权期间,意在刻意催告营业和交易当事人应尽快地行使和主张自己的权利;票据、保险、海商、航空运输、电子商务等合同中对商事责任的精确计算,使主体责任更加具体明了等。凡此种种均说明,商事责任制度之主旨在于尽量化解或降低市场交易主体的营业风险,以实质地增进其利益。

二、交易效益价值的目的性与终极性

商法所具有的特征、本质属性以及具体制度、规范中这种具有显著性的满足商事主体效益最大化现实需要的效用属性,表明效益价值在商法的诸价值形态中属于目标价值的地位。因为有交易效益这一目标价值的效用属性定位,商法其他诸效用属性如自由效用属性、公平效用属性、秩序效用属性,究其地位和功能,则均应

---

〔59〕[美] Y. 巴泽尔:《产权的经济分析》,费方域、段毅才译,上海三联书店、上海人民出版社 1997 年版,第 132 页。

〔60〕[美]奥利弗·E. 威廉姆森:《资本主义经济制度》,段毅才、王伟译,商务印书馆 2002 年版,第 65 页。

归于工具性价值的序列。

(一)目的意义

从目的意义来讲,营业自由、竞争公平、市场秩序,其目的在于实现商事主体的资本增值和财富利益的增长,没有交易上的效益和交易过程中商事主体各自预期利益的获得,纯粹的营业自由、竞争公平、市场秩序是毫无意义的。商法应具有的自由、公平、秩序等效用属性,实乃效益这一目标价值所需,并受其制约,表现为明显的目的性。

(二)功能意义

从功能意义上讲,营业自由、竞争公平、市场秩序之必要,在于以各自的方式保证商事主体利益最大化动机之实现成为可能。如营业自由为商事主体效益最大化的实现提供了基础性的商机与权利之可能性;竞争公平因对交易当事人交易关系有效性、稳定性和持续性的维护,从而为当事人实现效益最大化提供了一种可靠的关系基础;市场秩序则通过向当事人提供信用机制和安全阀门,从而为当事人实现预期利益提供信用、安全保障。自由基于主体起点的资格与权利、公平基于交易过程的利益考量与权利分配、秩序则对应于交易过程的可靠与安全,它们共同从各自的领域和层面为交易当事人实现营利最大化、财富最大化提供条件。

(三)效应意义

从商法效益价值的影响来看,唯有效益,才使自由、公平、秩序有意义,且只有更大的效益,才能有更高意义和水准上的自由、公平和秩序效应。(1)从社会利益总量来分析,社会总利益是由个体利益构成的,只有单一个体利益单元的利益不断增进,才有社会总利益的相应提高,因此,对主体而言,营业和交易中的自由、公平与秩序之所以必要,在于有己身设定的利益目标作动力,在效益目标的驱动下,主体对自由、公平、秩序的追求则显得必要。(2)从社会再分配角度来看,只有社会总效益随个体效益的增进之后,才有社会财富的提高和社会经济整体的发展,此时,自由、公平和秩序则有更高的起点和更丰富的内涵。

第三节 营业自由:商法的基点价值

一、营业自由价值的基本属性及具体内涵

(一)营业自由价值的界定及基本属性

营业自由是指一国国民作为应然、平等的民事主体,可自由地基于自己的意愿

意志和理性决策，根据自己的财产状况和兴趣领域，自主设定自己的营业目的范围和预期利益目标，并采取必要的行动以自由地进退法律不禁止且不危害他人利益的营业领域，从事投资、经营、交易等营利性活动的资格和权利。营业自由具有以下多方面的法律属性。[61]

1. 营业自由是一种主体资格定位的价值取向

营业自由具有应然性，是民事主体应具有的一种自由进入营业领域转换为商事主体的资格与权利。就主体自身的身份和地位而言，自由意味着资格的应然享有和自然获得。自由是个体在“受约束的法律许可范围内，随其所欲地处置或安排他的人身、行动、财富和他的全部财产的那种自由，在这个范围内他不受另一个人的任意意志的支配，而是可以自由地遵循他自己的意志”，即任何人“在他所受约束的法律范围内享有一种意志的自由和正当地属于意志的自由范围内的行动的自由”；[62] 自由的前提是主体资格的自由取得和主体身份的完全独立。在营业领域与市场环境下，营业自由首先意味着，作为平等的民事主体，不管是否实际从事营业活动，但作为是否参与营业、实施营业活动的独立决策之资格，是应然的，法律不得对此进行随意限制和剥夺。民事主体的这种营业资格的自由取得，一方面源于市场经济自由交换的内在要求，因为，为了交易能够进行，“不仅必须赋予个人以自由，使其作为一个销售者——供应者，在市场上自由地出售他们自己的服务；而且必须赋予个人以自由，使其成为在如下这种更重大的意义上的‘交易者’，即组成生产和提供物品和服务的单位，这些物品和服务最终将进行交换，以换取那些由人们根据其自身的能力所提供的服务”；[63] 另一方面也是近代以资产阶级为代表的商人阶层反对封建特权、行业协会限制、干预营业自由从而对自由营业抗争的结果，它是契约自由思想的一种集中体现。因此，营业自由首先是在营业领域与市场环境下，民事主体从特权、垄断、专营、集中、计划体制下的垄断特权控制状态下获得的一种个体选择性的解放，是民事主体自由地决定自己营业事务、选择营业事项的范围、自由行使营业管理权利的一种应然资格。因为，“人的自由和按照他自己的意志来行动的自由，是以他具有理性为基础的，理性能教导他了解他用以支配自己行动的法律，并使他知道他对自己的自由意志听从到什么程度”。[64] 人们（在法律上的主体形式——民事主体）基于自己理性的选择，决意进入营业领域，这种自由资

[61] 肖海军：《论营业自由——商法价值的展开》，载范健主编：《商事法律报告》第1卷，中信出版社2004年版，第52～69页。

[62] ［英］洛克：《政府论》（下篇），叶启芳、瞿菊农译，商务印书馆1964年版，第36页。

[63] ［美］詹姆斯·布坎南：《财产与自由》，韩旭译，中国社会科学出版社2002年版，第31页。

[64] ［英］洛克：《政府论》（下篇），叶启芳、瞿菊农译，商务印书馆1964年版，第39页。

格与自主权利具有应然性和不可剥夺性，它是市场经济中市民——民事主体所应当享有的，且必须由法律予以载明的不容否认、不容置疑的一种主体普遍性、平等性地位、资格、权利。民事主体这种营业主体资格的自由获得，为其进入营业领域并选择营业事项提供了身份和资格条件。正是因为有了对营业自由资格的抗争和获得，打破了特权、垄断、专营、集中、计划体制下对商品交换和投资经营的各种限制，一种自由竞争、积极向上的市场竞争关系的形成有了可能。正如亚当·斯密描述的那样，“一切特惠或限制的制度，一经完全废除，最明白最单纯的自然自由制度就会树立起来。每一个人，在他不违反正义的法律时，都应听其完全自由，让他采用自己的方法，追求自己的利益，以其劳动及资本和任何其他人或其他阶级相竞争”。〔65〕

2. 营业自由是一种权利性价值取向

营业自由应是民事主体进入营业领域转换为商事主体的一种基础性商事权利的价值取向。这是因为：(1)从法律关系的视角来看，“‘自由’意味着享有实际的和潜在的权利”，〔66〕即主体在与他人结成某种社会关系时，对属于自主、自治的事务所享有的一种按自由意志决定而排除己身之外任何主体和力量非法干预、限制的权利。(2)从对应的社会关系来审视，自由本身就是一项不容剥夺、不容侵犯的权利。法律作为“自由的科学”，〔67〕其“目的不是废除和限制自由，而是保护和扩大自由”。〔68〕 韦伯更把这种自由实质的权利称作特权，且这种特权包括两种：“第一种是由自由所组成，所谓自由是不受第三者干预的保护，尤其是国家官员在法律允许的行为领域实施的干预”，它包括迁移自由、意识自由或处分财产的自由；“第二种特权是授予个人根据自己的交易行为来调整自己与他人之间关系的自治权”，如契约自由与投资自由等。〔69〕

追求幸福是人人应当享有的一种应然性人权。幸福的享有除主体独立、人格尊严所产生精神愉悦外，一定财富的占有与财产的增进也是必不可少的支撑条件和物质基础。财富累积与财产增进，除依靠纯粹的劳动外，最有效的途径就是营业。人来到这个世界上，就应当享有人身自由和行为自由，“凡是个人能独立去做的事，只要不侵犯他人，他都有权去做；同时，他有权从社会整体利益那里合理地分享一

〔65〕［英］亚当·斯密：《国民财富的性质和原因的研究》（下卷），郭大力、王亚南译，商务印书馆 2003 年版，第 253 页。

〔66〕［德］马克斯·韦伯：《论经济与社会中的法律》，张乃根译，中国大百科全书出版社 1998 年版，第 101 页。

〔67〕［英］弗里德利希·冯·哈耶克：《自由秩序原理》，邓正来译，上海三联书店 1997 年版，第 184 页。

〔68〕［英］洛克：《政府论》（下篇），叶启芳、瞿菊农译，商务印书馆 1964 年版，第 36 页。

〔69〕［德］马克斯·韦伯：《论经济与社会中的法律》，张乃根译，中国大百科全书出版社 1998 年版，第 100 页。

定的份额,这是社会的技术和力量的各种组合所能提供给他的利益”。[70] 不仅如此,“在一个建立在财产权和契约自由基础上的开放市场中,你可以通过为他人提供诚实服务变得富有”;而且,“在自由经济中致富的途径是提供给他人所需要的东西,而不是依靠权力来敛财”。[71] 营业自由是意志自由、财产自由、契约自由在营业领域的反映。作为追求财富、实现幸福一种必要的不可或缺的权利,以营业自由为基本因子的营业权,与就业权具有同等价值的法律意义。因此,首先,营业自由应为人权中一个不可或缺的组成部分;其次,营业自由更应是民事主体进入营业(商事)领域享有其他权利的基础;最后,营业自由还应包含及派生一系列商事权利,如投资自由,设立企业自由,开业自由,经营自由,与他人交易、订约、竞争的自由,变更经营事项的自由,歇业自由等内容,构成一种以营业自由为核心的商事权利体系,它是商事主体从事商事活动、实现预期利益最大化的基础性条件。足见,营业自由是一种基础性的商事权利价值取向,它是其他商事权利产生的基础,是民事主体进入商事领域之后享有营业资格、开展营业活动的权利保证和必要条件。正如1872年美国希拉德利法官对路易斯安那州屠宰厂垄断案判决时声称,“一个人选择专业的权利是自由的基本内容,这也是政府保护的对象;而这种专业一旦被人选定,它就成了一个人的财产和权利”,因之“他们的选择权是他们的自由权的一部分;他们的职业就是他们的财产”。[72]

3. 营业自由是一种制度性价值取向

营业自由是立法者、执政者在进行商事制度安排、商事规范设计时应遵循的基本标准。自由是法律应具有的满足主体自由意志而不受己身之外的他人干预、限制之需求的一种效用属性。易言之,“自由乃至高无上之法律”,“它只受更大的自由的限制”,[73] 法律、制度、规则就是为了满足人们对自由的需要。法律的这种效用属性源于主体的独立性和意志的自由性之内在需求与欲念,同时又决定于法律本身的特定利益调整机制。法律作为以权利义务机制来分配利益的一种制度形态和普适规范,对主体权利界定的范围实质意味着自由的边界和疆域。因此,在法律规范和法律制度的创设中,执政者、立法者对自由这一效用属性所持态度和具体方案的选择,直接关系整个社会权利与义务的配置状况,从而决定单个主体在社会中的

[70] [英]埃德蒙·柏克:《自由与传统》,蒋庆等译,译林出版社2014年版,第60页。
[71] [英]丹尼尔·汉南:《自由的基因——我们现代世界的由来》,徐爽译,广西师范大学出版社2015年版,第156~157页。
[72] [美]《案例编号:(16 wall)》(1872年)第116页、第122页。转引自[美]约翰·R.康芒斯:《资本主义的法律基础》,寿勉成译,商务印书馆2003年版,第17页。
[73] [英]阿克顿:《自由与权力》,侯健、范亚峰译,商务印书馆2001年版,第310页。

地位以及整个制度的模式、风格。

营业自由作为商法应具有的一种效用属性，其价值内涵具体表达了这样几种关系：(1)就国家与民事主体之间的关系而言，营业自由体现了国家赋予民事主体从事营业活动的自由度大小，即营业资格的获得、营业范围的选择、营业事项的决策、营业事项的变更与营业的终止等，属于当事人能够自由享有或自主决定的空间有多大。这种关系直接决定了民事主体在市场进入时的地位，它是民事主体进入营业领域、开展营利性活动的制度性前提。(2)就民事主体之间的关系而言，营业自由则体现了作为从事营利性投资、经营、交易活动的商事主体，选择投资伙伴、经营项目、交易对手的方式、范围和意志是否是自由的，它的核心是以契约自由在民事主体之间建立起来的特定商事关系。这种自由是营业过程和市场交易的动态自由，是民事主体之间对自由的互换和自由价值的追求与实现，它表现为意思表达的自由、投资方式决定的自由、商事结社的自由以及公平竞争的自由等多个方面。此种关系则反映了民事主体在营利性投资、经营、交易过程中实际的法律地位和权利义务内容。(3)就民事主体自身而言，营业自由则集中表现为主体基于人格独立、意思自治和意志自由而产生的对投资财产的自主处分、营业商机的自由选择、预期利益目标的自我设定以及营业自由遭侵害时请求权的自由行使，它集中表达了法律给予民事主体自由转换为商事主体之选择权的满足效用。

4. 营业自由是一种社会关系的价值取向

营业自由是市场经济中商事主体通过自由投资、自主经营、自发交易形成的一种稳定的社会关系状态。如前所述，自由对主体自身而言是一个可以自我决定和自我发展的空间。在营业领域与市场经济中，商事主体之间的投资、经营、交易是彼此通过对自由的尊重，并通过对自由交换来实现的。正如马克思所揭示的那样，“商品不能自己到市场去，不能自己去交换。因此，我们必须找寻它的监护人，商品所有者”；“为了使这些物作为商品彼此发生关系，商品监护人必须作为有自己的意志体现在这些物中的人彼此发生关系，因此，一方只有符合另一方的意志，就是说每一方只有通过双方共同一致的意志行为，才能让渡自己的商品，占有别人的商品”。〔74〕 此种相互意志的符合和合意，必须建立在当事人自由意志支配下的自主选择、自愿决定基础上，因为，“作为一位最终产品或者产出的预期购买者，个人很容易受到被人操纵的交易条件的伤害，除非他或她享有在若干可供选择的出售者中间进行选择的自由，并且这样一些供选择的出售者是可以找到的”。〔75〕 因此，只有

〔74〕［德］卡尔·马克思：《资本论》，中共中央编译局译，人民出版社2004年版，第103页。

〔75〕［美］詹姆斯·布坎南：《财产与自由》，韩旭译，中国社会科学出版社2002年版，第33页。

在确保营业自由的基础上建立起来的市场交易关系才能具有稳定性和长期性,其社会关系状态才能基本符合交易参与人的利益;"事实上,你很难想象出比自由契约所创造出来的关系更具伦理性的关系:每一方法都通过满足他人的预期来增进对方的福祉。而个人在其他情形下所建立起来的关系,尽管可能初衷良好,但很少能达到这样的效果。甚至是最亲密的朋友——就算是丈夫和妻子——有时候也可能会使对方的预期落空"。[76] 诚如亚当·斯密所说,"独占乃是良好经营的大敌",而"良好经营,只有靠自由和普遍的竞争,才得到普遍的确立"。[77]

综上,我们可以得出这样的结论:营业自由作为商法应持有的一种价值取向,在此价值主导下,商法赋予民事主体一种平等进入营业领域和自由参与市场交易的机会和资格。这种营业选择机会和市场进入资格是民事主体一种应然的、不可剥夺的权利,且这种资格和权利是创设商事制度、实现商人效益最大化目标、构建普遍平等的竞争关系的基础。因此,营业自由是商法工具性价值体系中为实现效益这一目标价值的主导价值和基点价值。

(二)营业自由价值的具体内涵

营业自由作为商法工具性价值体系中的主导价值与基点价值,通过商事制度构建和规范制定的具体适用得以体现出来。

1.营业机会选择自由

任何民事主体均可依据法律无差异的规定,同等享有平等的营业机会,可基于自己理性的判断和决策,自主地通过处分自己的财产或财产性权利进入营业领域,从事营利性活动。营业机会选择自由包括如下三个方面:(1)对国家而言,除基于公共利益的考虑外,应通过法律对所有民事主体无差异地、一体地开放不同部门、产业、地域的市场,营业机会对所有民事主体而言,具有可自由选择性。(2)就不同民事主体之间而言,他们享有公平的、无差异的选择和竞争自由,不同民事主体之间享有同等地进入营业领域进行投资、经营、交易并转换为商事主体的机会,任何民事主体均不可选择垄断、联合垄断或使用不正当竞争等手段,阻挠其他民事主体进入营业领域或同业竞争领域。(3)对任一民事主体自身而言,是否把握商机、是否决定进入营业领域,应完全遵循自愿、自主、自为、自治,任何其他主体(包括国家机关在内的组织或个人)均不得强制或胁迫,既不能强制或胁迫任何人进入,也不

---

〔76〕[英]丹尼尔·汉南:《自由的基因——我们现代世界的由来》,徐爽译,广西师范大学出版社2015年版,第157页。

〔77〕[英]亚当·斯密:《国民财富的性质和原因的研究》(上卷),郭大力、王亚南译,商务印书馆2003年版,第141页。

能通过强制或胁迫阻挠任何人进入。

2. 营业资格取得自由

民事主体之营业资格的获得,是营业自由最基础的一个层面。营业资格的自由取得和平等获得是指民事主体可依其意愿进入营业领域从事营利活动而自由地、无歧视地获得营业资格,其内涵包括以下方面:(1)营业资格是民事主体应当享有的营业权利在法律上的确认与肯定,法律应承认人人享有营业的权利,且这种营业的权利为人们实现幸福而免于匮乏所必需。(2)营业资格的取得应确保在民事主体之间的无差异性,即任何民事主体均可进入营业领域取得营业资格,对某些特殊领域营业资格的条件限制,法律应设立普遍、统一的标准而不能因人而异,禁止法律或适法机关把营业资格或从事某一行业、领域营业的资格授予一个或为数不多的几个人,从而造成事实上的营业机会配置不平等。(3)是否取得营业资格应尊重民事主体当事人的自愿,法律不能加以强迫或限制。即使为了市场交易安全的需要,也只能对营业资格之获得设定限制性条件,而不能对特定主体创造营业条件、依程序取得营业资格的行为本身进行限制。(4)除法律设定的限制或禁止情形外,民事主体之营业资格不得被剥夺。商法应创设一种制度机制,保护民事主体的这种营业资格能平等地、自由地获得,对侵犯民事主体营业机会或营业资格之法律、行为应有可行的救济途径。

3. 营利性投资自由

投资的实质是民事主体对其所有、占有、支配、管领的财产或财产性权利投向营业领域并作为从事营利性活动原始资本的一种法律处分。投资自由是财产自由的一种具体形式,因为“凡是具有交换价值的东西都是财产,财产权包括按照所有者的意志自由处置其财产的权利”;[78]但与一般财产处分不同的是,投资的目的是使财产在经营和流动中增值。投资自由是指民事主体在获得营业资格后,可自主地按照自己的意愿和兴趣,处分其能支配的财产或财产性权利以用于营业用途而不受他人干涉或限制。投资自由在商事制度与法律规范层面包括以下几个方面:(1)主体可根据意愿完全自主地处分其可支配的财产或财产性权利用于营业,法律不得加以限制。(2)主体可自主地选择自认为合适的不同财产或财产性权利作为其投资方式,并享有对该出资财产进行公平、合理评估的权利。(3)主体可自主地决定具体投资方式或企业设立形式,即可自主地以独资、合伙、合作、合资或入股的方式,来决定其出资财产的具体方式或经营形式。

---

〔78〕 [美]《案例编号:(16 wall)》(1872年),第127页,转引自[美]约翰·R.康芒斯:《资本主义的法律基础》,寿勉成译,商务印书馆2003年版,第17页。

4. 商事结社自由

营业的核心是以合同治理机制来完成对产权的交易与契合。在这种合同治理机制下，“有些缔约方由依照他们自己利益行动的个人组成。另一些缔约方由成对的组织如企业、政府、俱乐部和家庭组成。此外，还有个人和这些组织之间的合同”。[79] 而通过与他人合伙、合作、合资以缔结各种商社，即所谓的商事结社，不仅可以通过融资筹集到营业所需要的必要资本，使营业有扎实的物质基础，而且还可契合众力，增强主体的市场竞争力，能有效地降低市场风险，因此，合伙、合作、合资以结社就成为投资、经营、交易的一种重要方式。从营业自由价值的角度来看，商事结社自由是指主体可以自主地按照自己的利益最大化目标以决定是否与其他商事主体合伙、合作、合资，共同创建企业或其他商事社团，并以之作为营业的一种组织形式。商事结社权是与投资自由具有同等意义的一项营业自由权利。商事结社自由是商人实现效益最大化目标所必须，也是为了使市场竞争、市场交易能够持续的一个重要条件，因此，赋予个人以“结社的自由，即一个人与另一个人为了组建能够与个人或者其他公司进行交易的生产性单位即商业公司的目的而进行联合的自由”，[80] 对商人来说是十分必要的。商事结社自由包括如下几个方面：(1) 主体可自主地决定是否与他人合伙、合作、合资以建立商事组织进行营业。(2) 主体可自主地选择合伙、合作或合资伙伴作为商事组织的内部成员。(3) 主体可自主地决定以合伙企业、合作社企业、公司企业或其他企业等商事组织作为自己结社的形式。(4) 主体可自主地根据法律或章程决定退出某一商事组织。

5. 选择营业目的事业范围自由

营业的目的事业范围即营业经营事项或主业事项，它是指主体选择何种行业性质和种类事业作为自己的主营业事项。营业目的事业范围直接关系商事主体效益最大化的实现。由于市场商机的瞬息万变，如果不赋予商事主体享有根据市场变化调整或改变自己的营业事项，商事主体的效益最大化目标则难以实现，因此，保障商事主体选择营业目的事业范围的自由，不仅十分必要，而且极其重要。选择营业目的事业范围自由包括两个方面：(1) 主体可以自主地选择一项或多项特定事业作为自己的主营业事项，法律或适法机关对主体的这种自由选择权不应设定禁止或限制条件。(2) 主体可以自主地根据市场变化以调整或变更原已设定或选择的经营事项，法律或适法机关对此种变更的权利和自由不应限制或禁止。

---

〔79〕 [美] Y. 巴泽尔：《产权的经济分析》，费方域、段毅才译，上海三联书店、上海人民出版社 1997 年版，第 8 ~ 9 页。

〔80〕 [美] 詹姆斯 · 布坎南：《财产与自由》，韩旭译，中国社会科学出版社 2002 年版，第 31 页。

6. 开业自由

开业是营业活动的启动和交易的开始，是营业活动的重要环节。开业自由是指民事主体进入营业领域已转换为商事主体，则可自主地决定于何时、何地、以何种方式进行公开营业。开业自由包括三个方面：（1）开业时间选定的自由。（2）开业地点选择的自由。（3）开业方式选择的自由。

7. 公平竞争自由

营业开展和市场交易的过程就是商事主体相互竞争的过程，因为只有在市场中取得竞争优势的商事主体才能获得最大的商业利益，而"自由和普遍的竞争，势必驱使各个人，为了自卫而采取良好经营方法"。〔81〕因此，营业活动这种鲜明的竞争性决定保障主体公平竞争的自由，是营业自由的应有之义，它对保证商事主体效益最大化的实现具有实质意义。公平竞争的自由表达了商事主体要求通过自主选择各种合法形式、有效方法和正当手段（尽管这种自由竞争受到现代经济法的限制）以取得市场优势的愿望。这种自由包括以下方面：（1）创新产品品种、商业项目与服务内容的自由。（2）产品或服务定价的自由。价格竞争是市场竞争最常用的手段，是商事主体不可缺少的自由权利，因为"如果财产所有者在销售其财产的产品时，被剥夺了确定价格的自由，那么财产所有者的所有权或物质财产的占有权在作为营业资产时当然都是空的"。〔82〕（3）选择交易与竞争对手的自由。（4）公平竞争受平等保护和救济的自由。法律和制度应对商事主体享有的公平竞争权予以平等的保护；对损害其公平竞争自由的各种行为，有提起法律救济请求权的自由。

8. 内部经营管理自由

营业过程中的经营管理是商事主体的内部事务，属于私法意思自治的范围。内部经营管理的自由特别是企业经营的自由，又集中地表现为商事主体经营的自主和自治，它包括以下方面：（1）在法律不禁止的情况下，投资者可自由地创制企业内部自治性规范，如章程、规章制度等。（2）投资者可自主地选择自行经营、共同经营、委托经营、承包经营、租赁经营、连锁经营、分销经营、信托经营、托管经营等经营方式，可自行决定企业经营管理方式以及营业代理形式。（3）投资者可自主地组建商事社团的内部机构，决定其组织的职能和关系。（4）投资者可自主地选择企业内部决策的方式和程序。（5）投资者可自主地选择企业内部经营纠纷的解决方式。内部经营管理的自治涉及企业的代理成本问题，企业作为契约组织虽从外部降低

〔81〕［英］亚当·斯密：《国民财富的性质和原因的研究》（上卷），郭大力、王亚南译，商务印书馆 2003 年版，第 141 页。

〔82〕［美］约翰·R. 康芒斯：《资本主义的法律基础》，寿勉成译，商务印书馆 2003 年版，第 20 页。

了整个市场的交易成本,但由于现代企业出资人权利与企业经营权的适度分离、公司股权的分散和公司内部权力层级的细化,使"代理成本成为一个严重的问题"。[83] 因此赋予企业内部以完全自治权,使其建立一种运行有效、监督成本低廉的内部权力机构和意思机关,对保障企业代理成本的最小化、实现企业和投资者效益最大化,具有重要意义。

9. 歇业自由

歇业自由是与开业自由具有同等重要的权利。歇业自由是保障商事主体效益最大化所必需的,因为,当投资者、经营者、交易者意识到继续营业不能给其带来预期利益,甚至给其带来负利益时,及时停业或歇业,不失为一种较为理性、可行的选择。歇业自由包括停止营业自由和解散企业自由两个方面,它是营业自由的末端环节。但因歇业自由可有效阻止商事主体营业风险的扩大,因而有了歇业自由,营业自由才能落实为一组完整的价值体系、权利体系与制度体系。

二、营业自由价值的制度功能

营业自由价值在构建商事权利、确定商法本位、实现效益目标价值和创建商事制度等方面具有重要指导意义,发挥着作为工具性价值和基点性价值的功能。

(一)营业自由是构建商事权利的逻辑起点

从价值判断的角度来分析,营业自由本身是一种权利。这种权利具有以下基本特征:(1)应然性。从权利的性质来看,营业自由是民事主体为追求幸福、谋求财富增值、提高个人生活目的所应然享有的、不可剥夺的权利,它是人权中自由权利的重要内容,是人之所以为人所享有的权利。即使法律对此未作规定,从人性所具有的追求功利的理性角度来看待,人对自身预期利益的设定和追求是其生存和发展所必需。前述营生与营业的关系说明,人之生存和发展可以通过劳动和营业两种基本手段,获取必要的生存资料和物质财富。就个人而言,以劳动直接谋取物质资料之权是为劳动权、职业选择权或就业权,而以营业手段使财产增值而间接获取更多的物质生活资料和财富之权则为营业自由权,此种权利与就业权一样,具有与生俱来、不可剥夺的属性。因此,营业自由是一种与民事主体之独立人格共生的一种应然性权利。(2)原始性。营业自由在商事权利体系中是一种最原始的权利,它属于第一位序性质的权利。这是因为,没有营业自由,其他一切商事权利均无从谈起。主体没有营业自由,就没有实质上的人身自由与财产自由,其财产以及财产派

---

〔83〕［美］理查德·A.波斯纳:《法律的经济分析》(下),蒋兆康译,林毅夫校,中国大百科全书出版社1997年版,第521页。

生的各种权利就不具有合法性，就更谈不上稳定性。因此，从权利的位序来看，营业自由是一种最为原始、最为基础的权利，它是派生其他商事权利的基础和依据，由营业自由派生的商事人格权、股权、企业财产权与独立经营权、商事代理权、商事债权等，构成一个完整的商事权利体系。可见，营业自由是商事权利体系中最为基础的一种权利形态。(3)潜在性。营业自由与其他现实性商事权利不同，它是主体一种潜在的资格、权能和利益，它只赋予主体依其自愿进入营业领域、进行营业活动一种可能性，而这种可能性能否转化为现实权利或实际利益，一则取决于主体自身的意思和财产状况，二则取决于法律预设的禁止、限制或市场准入条件。只有主体自己决意营业及其财产状况为其营业提供了现实基础，达到法律设定或市场准入的条件，则营业自由可以转化为商事主体现实的权利和实际的利益。因此，营业自由是一种可带来潜在利益最大化的商事权利。

营业自由作为一种权利形态所具有的上述特征，决定了营业自由在构建商事权利体系中具有基础性作用，它是派生商事权利的逻辑起点。

1. 营业自由本身就是一种权利形态。权利是主体可自主、自由支配的一种利益，其核心因素有两个：一是自由；二是利益。其中，利益是权利之源，自由是权利之魂；无自由则无权利，无利益也无权利；但纯粹的自由或利益并不能自然成为权利，被称为权利的东西，必须是自由与利益的结合或契合，它必须是主体可自由识别、支配、选择、决定并能给其带来积极、正效应的利益，即所谓的“可自由支配的利益”或“自由的利益”，才能是实质意义上的权利。法律的使命与功能就是通过权利义务机制来分配利益，其实质就是确认、保护主体的自由和权利，因为“如果公共社会的建立是为了人的利益，那么，建立社会带来利益便是人的权利”。[84] 营业自由最具核心意义的地方，就在于要求法律应平等而无差异地对民事主体一体分配营业机会，此营业机会即为一般意义的商机，而商机是可以给进入营业领域的民事主体带来巨大、潜在商业利益的。故营业自由对民事主体本身而言，就是一种隐含原生利益、初始利益、机会利益、基础利益的特殊权利形态。

此种权利在民事主体决意进入营业领域成为商事主体之后，各种以潜在方式存在的营业自由权能就变为现实的商事权利。这些权利包括由营业自由资格转化的市场进入自主权，由投资自由转化而来的投资决定权，由商事结社自由转化而来的企业设立申请权，由选择营业目的事业范围自由转化而来的商事目的经营事项的选择决定权，由开业自由转化而来的合法经营权，由公平竞争自由转化而来的公平交易权，由内部经营管理自由转化而来的内部自治权和经营自主权，由歇业自由

[84] ［英］埃德蒙·柏克：《自由与传统》，蒋庆等译，译林出版社 2014 年版，第 60 页。

转化而来的企业解散、合并、分立决定权,等等。可见,营业自由从潜在权利转化为实在权利,由应然权利载明为法定权利,是商事权利最原始、最基本的形态。

2. 在营业自由权的框架内可派生一系列商事权利。营业自由权作为原生性、初始性、机会性、基础性的商事权利,具有派生、扩展商事权利的效用。由于营业自由权具有丰富的内涵,因而由其派生的商事权利也就十分广泛、博大、多样。具体表现为:(1)因营业自由资格而派生出来的商事人格权,即当民事主体因行使营业自由权获得商事主体资格,则必然享有商事人格权;(2)因投资自由而派生的投资人对企业的权利,即出资人的资本权,如个人独资企业的投资人对企业财产的所有权、经营权、支配权和无限责任等,合伙人对合伙企业财产的共有权、内部的共同管理权、对外的平等代理权、利益共享权以及连带责任等,股东对公司企业的股权(自益权与共益权),债券持有人对企业的请求权等;(3)由商事结社自由派生出来的商事社员权(如合伙权、股权、合作社社员权、会员权、成员权等);(4)由营业目的事项选择自由、开业自由、营业管理自由等派生而来的经营权、内部自治权等;(5)由公平竞争自由派生出来的一系列商事债权如商事代理权、公司债权、破产债权、票据权利、海事请求权、保险合同权利等。这样,由营业自由派生、扩展的商事权利,构成了一个完整的商事权利体系。

3. 因保障营业自由权及其派生权利需要而设置的救济性权利。如前所述,营业自由价值属性中的指导性、约束性与权利属性中的应然性、不可剥夺性,要求法律予以尊重和保护。为保障营业自由权的实现,并使由营业自由权派生的各项权利和权能能够落实,法律所创设的权利救济机制,授予了主体之救济请求权这一重要权利,如损害赔偿请求权、谈判协商权、申请调解权、申请仲裁权、提起诉讼权以及各种申诉权等,它也是商事权利体系中的重要组成部分。

不难看出,以营业自由为逻辑起点,以营业自由权这一基础性权源为原始形态,以其派生权利为重要形式,以救济性权利为补充,一种完整意义上的商事权利体系,可在具有内在合理性和逻辑自洽性的状态中构建起来。

(二)营业自由是确定商法本位的基点

如前所述,商法是一种以个人利益为本位、以实现个人财富增值为目标的财富法。商法的这种鲜明的个人利益本位和财富本位属性,决定了商法应以追求效益作为首要前提,效益优先、效益至上,应为商法优先选择的价值取向。

由于"商法规范的主体,是以个人主义的典型商人为形象",[85] 商法这一显著

---

〔85〕 [德]拉德布鲁赫:《法学导论》,米健、朱林译,中国大百科全书出版社1997年版,第72页。

的个人主义、商人本位、效益优先的部门法特征,决定了商法所强调、确认、保护的利益,是一种商人效益至上的个人利益,而不是社会效益或公共效益至上的群体或整体利益。[86] 商事主体个人作为一个独立的利益单位,其效益最大化既是主体自己关注的重心,也是商法在制度设计时所重点考虑的一个方面。因为,只有确保每一商个体在每一次交易中能够获得预期利益而实现效益最大化,商法所追求的这种整个商事活动效益最大化的目标才能变为现实。因此,商法作为利益本位之法的实质,不过是商事主体利益本位之法的代名词。

我们知道,利益源于两个方面:一则源自主体对己身已有利益的支配、行使或享有;二则来自对己身之外利益的追求、索取或扩展。前者表现出来的既有利益毕竟十分有限,而唯有后者这种可扩展的潜在利益才具有无限发展的可能性。因此,利益更多的是指这种可追求、可获得、可扩展的可能性。这种可能性就是主体可以自主决定、自主选择的一种自由空间和自由权能。哈耶克就认为,“由于正当行为规则所能够影响的只是人们努力获得成功的机遇,所以修正或改进规则的目的也就应当是尽可能地增进或改进不确定的任何人所具有的这种机遇”;故“法律的目的应当是平等地改进所有人的机遇”。[87] 可以这样说,潜在的利益、预期的最大利益不是来自法律对既有财富或利益的确认、保护,而是对主体可以追求更大利益、实现更大财富的这种自由资格和自由权能的授予,就商事活动而言,这种自由就是营业自由。

营业自由这种潜在的和可无限发展、扩张的利益属性,决定了商法在确定利益调整机制上,必须对营业自由进行制度性的原始配置。营业自由作为基点,是确定商法作为利益本位法、财富本位法、效益本位法的基本出发点。(1)营业自由为每一个民事主体进入商业领域提供了可能性,使民事主体在营业领域追求潜在的最大利益有了切实的主体资格基础和权能保障。(2)营业自由的平等授予和无差异分配,意味着市场向一切民事主体开放,它创造了真正意义、原始意义上的市场机会平等,这对保障公正的交易关系和市场秩序的建立具有十分重要的意义。公正的交易关系和市场秩序本身又是商事主体实现预期利益最大化不可或缺的条件。(3)营业自由使主体选择最合适的营业领域和营业方式以实现财富的增值成为可能,从而可以极大地激发主体的投资积极性。因此,营业自由是利益增进的内动力。(4)营业自由作为潜在的利益,具有交换的价值。主体在交易过程中彼此对自由的尊重和让渡,本身是市场交易和利益实现的一种重要方式。

---

〔86〕 赵万一:《商法基本问题研究》,法律出版社 2002 年版,第 101 页。

〔87〕 [英]弗里德利希·冯·哈耶克:《法律、立法与自由》(第二、三卷),邓正来等译,中国大百科全书出版社 2000 年版,第 220～221 页。

由上论述可知，商法以商事主体为利益单元，通过对营业自由作无差异的原始分配，授予每个民事主体以平等的营业自由权，鼓励其进入营业领域去追求、创造、获得更多财富，以这种潜在利益驱动商事主体去实现实在的利益最大化，这就是商法之所以作为利益本位法、财富本位法、效益本位法的真正立足点。

（三）营业自由是实现效益目标价值的权源保障

营业自由是确保商法交易效益这一目标价值能够实现的权利性价值。哈耶克认为，“在自由的社会中，普遍利益主要在于促进个人追求未知的个人目的”。[88]市场社会是一个以个体利益为本位建立起来的利益社会，商事主体本身是一个独立的利益单元。如果说效益最大化是商人营业行为的终极目标的话，则营业自由则是效益产生的基础条件和权利源泉。因为自由的本质是为主体提供可预期的发展空间，自由不只是主体以自身独立利益追求的一种外在表达，也为这种利益追求的实现提供了可能。营业自由所赋予主体的更多的不是一种现实享有或占有的实际利益，而是授予主体以一种平等的资格、机会和权利，去拓展自己的利益、增进自己的财富、发展自己事业的潜在利益。如没有营业自由，个体利益与财产则会处于凝固状态，当事人的地位、交易关系的构建、利益分配的归属以及通过交易实现利益的调整或再分配就无可能性，商人所追求的营业效益最大也只能流于空谈。故营业自由价值对效益这一商法目标价值的实现提供了权源保障。

（四）营业自由是构建商事关系和创设商事制度的价值向导

营业自由作为商法的基础性和权利性价值，在商事立法和制度构建中具有价值向导作用。

1. 营业自由价值观的确定，为普通民事主体参与商事活动提供了营业进入资格与市场准入条件，从而动摇以至于打破了封建特权、行业垄断以及计划体制对民事主体进入营业领域的限制，为其参与营业活动提供了可能。近代新型商事关系和商事制度，就是以制造商为代表的新商人阶层在对营业自由的抗争中逐步建立的。例如《自由大宪章》就是“一种限制权力与摧毁垄断的特许权令状”。[89] 正因有了营业自由的确认及载入宪法、民法、商法等艰难抗争和革命历程，才彻底解放了世俗社会中的普通民众，进而打破中世纪商人、作坊主、商人协会、行业协会、封建领主、国家专营等商业专营权、专利权、垄断特权，一般民事主体跨越营业领域的特权

---

〔88〕［英］弗里德利希·冯·哈耶克：《法律、立法与自由》（第二、三卷），邓正来等译，中国大百科全书出版社2000年版，第2页。

〔89〕［英］埃德蒙·柏克：《自由与传统》，蒋庆等译，译林出版社2014年版，第91页。

"篱笆"与法律"围墙"被摧毁，民事主体进入营业领域已不存在法律、资格、条件、程序上的障碍，成为人人可享有的权利与可能性。它不仅极大地调动了民事主体投资的积极性，而且由于市场初始进入机会与准入条件的无差异，其对构建公正、开放、竞争、有序的交易规则与市场秩序，具有决定性意义。因为自由的行使要求主体必须自觉，在正常的交易过程中，"只要不与强制性法律相悖，商人就可以依据自身力量和需要，用约定的交易条款形式设定他的法律关系"。〔90〕

2. 营业自由价值是商事主体相互之间建立公平、合理的交易关系之必要条件。营业自由的核心是对商事主体意思自治的尊重和保护，它既体现在主体对营业自由权的决策和处分上，也表现在诸如投资自主、商事结社自由、契约自愿、企业内部管理自治等多个方面，集中反映了以自由为基点、以意思自治为要素、以当事人交易中形成的合意为形式这一新型商事关系的本质。由于这种商事关系充分地照顾和吸纳了当事人的自由意志，因此，基于自由自主意思形成的合同机制、投资关系、经营治理、交易竞争等制度，所分配的利益才能充分反映、照顾、满足当事人的要求，这种权利义务的配置与利益的归属才能称得上公平、合理、适当。因此，营业自由价值是公平、合理、正义之市场交易关系的核心要素和主导因子。

3. 营业自由价值对于构建整个商事制度具有指导意义。以营业自由为基点，为了保障商人的这种资格和权利，商事制度的设计和商法规范的制定就必须在自由理念和利益本位的构架中进行。诸如商事主体登记制度、商业账簿制度、公司资本制度、营业目的范围的确定、经营管理权的内部自治、证券市场中的自律性监管、商事主体之间的契约自由以及永续营业事项的决定等制度领域与环节，法律规范模式的选择，均涉及营业自由的域与度，营业自由的价值对商事基本制度的确定起着导向作用。以营业自由为导向的商事制度的创设，很少使用强制性、禁止性规范，而更多地授予商事主体以"自由"和"权利"，它在于调动主体的积极性和自觉性。但是，恰恰这种"包含着很少的强制性和禁止性的规范，而具有许多'自由'和'授权'规范，却可以增强权威性的强制力"。〔91〕

三、营业自由价值的确认、宣示、保护、落实

（一）营业自由价值的确认与宣示

通过以上分析，不难发现营业自由作为实现交易效益最大化的工具性价值之

〔90〕［德］拉德布鲁赫：《法学导论》，米健、朱林译，中国大百科全书出版社 1997 年版，第 74 页。

〔91〕［德］马克斯·韦伯：《论经济与社会中的法律》，张乃根译，中国大百科全书出版社 1998 年版，第 160 页。

基点，具有赋予主体营业资格、授予主体商事权利、实现效益价值目标、规范商事关系、指导商事制度的构建等多种功能。营业自由价值的这种效用属性，要求执政者、立法者、施政者在有关商事立法和制度创建时，应以营业自由价值为基点，以保护营业自由为基本的价值取向，对商事立法和制度设计进行一体规划。笔者认为，营业自由的确认与宣示，从立法结构来看，包括以下几个方面。〔92〕

1. 商事权利入宪：营业自由应作为基本人权写入宪法

营业自由不仅是一种重要的商事权利，更是一种主体求得发展、实现幸福追求的基本人权。营业自由作为基本人权入宪是以制造商为代表的新商人阶层、资产阶级以政治斗争实现其经济利益目标的一种集中体现，且已成为大多数国家一种立法和制度惯例。营业自由之法条设置有不同的立法模式：〔93〕有国家把营业自由确认为公民的基本权利，如《德意志联邦共和国基本法》（1949 年）第一章“基本权利”第 12 条（选择营业、职业或专业的权利）第 1 项规定，“所有德国人都有自由选择他们的营业、职业或专业，工作地点或受培训地点的权利，进行营业、职业或专业活动由法律规定或依法予以规定”；〔94〕有国家在总则中把营业自由确认为国家的基本政策和制度，如《俄罗斯联邦宪法》（1993 年）第一章“宪法制度基础”第 8 条第 1 项规定，“在俄罗斯联邦，保障经济空间的统一，商品、服务和财政资金的自由转移，支持竞争和经济活动的自由”；〔95〕有国家则在经济政策和制度中确认营业自由为一项基本的经济政策性原则，如《大韩民国宪法》（1987 年）第九章“经济”第 119 条第 1 项规定，“大韩民国的经济秩序以尊重个人与企业的经济自由与创意为基础”；〔96〕等等。但营业自由作为一种重要的商事权利、商事制度、商事政策入宪，表明各国充分认识到营业自由的重要性。

我国在 1949 年以前的宪法性文件，有关于营业自由的规定。例如 1912 年《中华民国临时约法》第二章“人民”第 6 条第 3 款规定，“人民有保有财产及营业之自由”；1914 年《中华民国约法》第二章“人民”第 5 条第 3 款规定，“人民于法律范围内，有保有财产及营业之自由”；1929 年《中华民国训政时期约法》第四章“国民生计”第 37 条规定“人民得自由选择职业及营业，但有妨害公共利益者，国家得以法

〔92〕 肖海军：《论营业自由——商法价值的展开》，载范健主编：《商事法律报告》第 1 卷，中信出版社 2004 年版，第 64 ~ 67 页。

〔93〕 肖海军：《论营业权入宪——比较宪法视野下的营业权》，载《法律科学》2005 年第 2 期。

〔94〕 姜士林、陈玮主编：《世界宪法大全》（上），中国广播电视出版社 1989 年版，第 706 页。

〔95〕 萧榕主编：《世界著名法典选编 · 宪法卷》，中国民主法制出版社 1997 年版，第 457 页。

〔96〕 萧榕主编：《世界著名法典选编 · 宪法卷》，中国民主法制出版社 1997 年版，第 394 页。

律限制或禁止之”;[97]等等。但1949年以后,特别是1956年社会主义改造基本完成以后,因营业长期被视为资产阶级或剥削阶级的一种剥削手段,“营业”本身的正当性和合法性尚被质疑,更何惶谈“营业自由”。改革开放以来,尽管我国不断地开放市场,把经营权还给企业,但由于价值定位的偏离,执政者、立法者、施政者长期以来忽视了“营业自由”价值的真正内涵,没有充分认识到“营业自由”作为民事主体之应然资格和正当权利的内在本质,从而导致立法上对“营业自由”的回避甚至否定。宪法性文件对“营业自由”规定的阙如充分印证了这一点。笔者认为,为了使“营业自由”这种应然性资格和权利能法律化和现实化,并使之成为商事制度和立法设计的基本价值准则,应当尽快把“营业自由”或视为公民的基本人权,或视为一项基本国策,或作为一项基本的经济原则,载入宪法;如此,营业自由作为价值基点的作用才能凸显出来。

2. 以商事价值观立典:营业自由应作为民商基本法的主导性价值取向

营业自由的保护的第二序位法是民商基本法。我国是一个形式上奉行民商合一、但商法单行法又基本独立的国家,商法是以民法特别法的形式存在。在民商立法中,营业自由的保护包括以下几个层面:首先,必须在民法典中树立营业自由价值观。这种价值观具体又表现为把营业自由的价值取向转换为民法典的基本原则或制度规则,使之成为民商事立法或制度构建的基本指导性准则。其次,应依据营业自由原则,建立民事主体向商事主体自由转换的制度机制。民事主体可依其自主的意思决定是否进入营业领域而成为商事主体,法律对商事主体只宜规定准入条件,但不能对商事主体之营业领域与主体属性进行限制,更不能限制或禁止某些民事主体进入特定的商业领域,以充分体现民事主体与商事主体的自由转换,保证国民营业资格的自由享有和营业自由权的公平配置、充分行使。最后,具体商事制度的设计应真正体现营业自由的价值内涵。它包括商事主体登记制度中的许可主义让位于登记主义,减少对投资设定的限制性条件;企业经营范围由登记注册改为章程决定;企业管理从国家干预到企业自治;企业内部分配方案的自主确定;证券发行由审批制过渡到审核制最终发展到登记注册制;证券市场监管的自律;银行和保险行业的商业化和市场化;适合市场规则的破产重整制度、清算清偿制度和企业退出机制的建立等,这些无不体现营业自由的价值。可以这样说,以营业自由价值重构商事制度的过程,就是我国由传统所有制主体背景、国家利益优位、计划硬性调控、行政管理本位转型并走向商事主体自由、主体权利平等、市场柔性调节、自主自治本位的要素市场化、营业自由化过程,商事立法应超前地、至少应及时地反映

〔97〕 姜士林、陈玮主编:《世界宪法大全》(上),中国广播电视出版社1989年版,第16~65页。

这种营业的内在要求和市场的基本规律。

3. 商事特别法定位:在营业自由价值观指导下实现由行政管理本位向商人自治本位转型

商事特别法是相对独立于《民法典》,而对具体营业行为和商事制度进行规定的法律形式,它对确定商事制度的定型起着至关重要的作用。长期以来,在商事制度设计上,国家利益优位主义与行政管治本位主义成为主导的立法价值观,反映在商事立法上则是以强制、计划、管理、监督、处罚等行政管治替代当事人的自由、自主、自治、自决、自律。商事特别法因而具有鲜明的行政管理本位的痕迹,特别是由行政机关创制的行政法规类的商事特别法,其行政管治本位色彩更加显著、浓厚。在具体的商事特别法领域中,又以商事主体登记法、商业账簿法、证券发行与审批、证券市场监管、银行与保险业的经营与监督、破产的行政干涉等,受行政管治干预最为显著。以行政管理本位创制的商事特别法,严重地压缩了商事主体的自由、自主空间,扭曲了市场交易关系,由于权力越位、权力滥用、权力扩张、权力空白、权力寻租、权力失效等引发的权力腐败、商业乱象与诚信危机,不但侵害了商事主体应当享有的营业权益,也危及整个市场的持续、稳健运行,其结果既损害交易效益,也危及社会秩序。

如以营业自由价值为基本取向,制度的构建则应以营业自由为基点,以商人之自由、自主、自治、自决、自律为本位,这种法律就是一种以商事主体自由、自治为本位的法律。如此主体之营业自由才能得到充分的保护,商事主体之潜能和创造性才能得到更大的发挥,相应地,市场效益才能有实质意义的提高,商法所追求的财富最大化目标才能如期实现。可见,实现商事特别法由行政管理本位向商人自治本位的转型,是确保营业自由价值得以落实最为具体的一个层面。

(二)营业自由价值的保护与落实

营业自由保护与落实的立法层级包括宪法的确权性宣示、民法典一般原则性规定、商事特别法具体制度安排等三个层面。

营业为民事主体通过追求营利和财富最大化而实现更幸福生活的正当之举,自由营业本为民事主体的应然权利。[98] 但是,由于文化传统、政策法律、主流观念、社会价值各种因素的影响和酵化,自由营业在我国一直不被认为是国民(民事主体)的一项基本权利,甚至被加上“剥削”“投机倒把”“非法经营”等莫须有罪名,民间的投资、经营、交易甚至被一再当作“割资本主义尾巴”而遭禁止或限制。对营业

---

〔98〕 肖海军:《营业权论》,法律出版社2007年版,第91～127页。

的误读和政策、法律上的限禁，是导致我国民间长期积贫积弱和经济发展出现结构性畸形的主要原因之一。改革开放以来，我国政策和法律层面虽然在开放民利方面有长足的进展，但民事主体的自由营业之权尚未获得宪法和部门法的确认。自由营业合法性权源的缺失和具体政策、立法上还依然大量存在对民间营业的种种限制，就如一张无形之网，无时无处不在阻碍民间营业、自由创业的发展。营业的不自由，自然就涉及民事主体借助营业活动转换为商事主体的概率，民事主体与商事主体之间的自由切换和角色转变，就有不确定的政策、立法和制度障碍，商事主体资格取得的条件和程序就有了更多的特权因素，自由、平等这一私法的核心价值就可能被屏蔽而无法发挥其应有的引领功能。常识告诉我们，私法中的自由包括人格自由和财产自由，其中人格自由就包括意志自由、人身自由、行为自由等，意味着民事主体有选择营业行为的自由；财产自由则包括所有权自由、契约自由和营业自由等。如果缺乏营业自由，不仅所谓人格自由是不完全的，财产自由也只能说是空洞的。因此，无论是从宏观的民事、经济政策，还是从微观的民事主体之人格自由、财产自由来看，在暂时还来不及把营业权载入宪法之前，[99]借助《民法典》总则的编撰，把营业自由作为基本原则，写入《民法典》总则的一般性规定，具有基础意义，也是比较可行的立法路径。

营业自由作为基本原则载入《民法典》总则编，能产生如下标志性意义：(1)确定营业自由，就等于彻底打破传统民商分立、民商分域的观念、意识、价值、法理、立法、制度界限，民事行为与商事行为、民事主体与商事主体、民法与商法才能在一个大的私法背景下实现主体→行为→制度→责任的相互贯通。(2)确认营业自由原则，大民法概念才能有坚实的价值基础，民法典才可顺理成章地把在营业领域中有关商法的普遍私法规则揽入麾下，《民法典》总则编及其指导商事特别法的正当统摄功能才能被认可。(3)确认营业自由原则，民事主体自由选择从事营业活动、民事主体借助其营业行为自由地切换为商事主体才有稳定的法律依据和合法的权源保障。(4)确认营业自由原则，营业的正当性和合法性有了切实的法律依据，有关商事主体的存在形态、具体类型、法律人格、权利义务、责任形式等交由商事主体特别法规定才具有可行性。

为此，笔者曾建议，在《民法典》总则编第一章的一般性规定“基本原则”中，增加一个条文，确认“营业自由原则”以总览全局。[100] 但比较遗憾的是，该法条建议没有被采纳，我国立法又错失了一次以国家基本法形式宣示、彰显“营业自由”价值

---

〔99〕 肖海军：《论营业权入宪——比较宪法视野下的营业权》，载《法律科学》2005年第2期。

〔100〕 肖海军：《民法典编纂中商事主体立法定位的路径选择》，载《中国法学》2016年第4期。

观的良好机会。

至于学者热议的“商法通则”或“商事通则”的制定以及其他商事特别法的后续修改，“营业自由”是否明确为商法的基本价值或一般原则，则仍需学界和业界的集体努力。

四、营业自由的适度限制

（一）营业自由适度限制的原由

有条件性和应受限制乃自由的本质属性。首先，自由作为至高无上的法律，它要受到其他“更大的自由的限制”；[101] 其次，任何自由都是法律确定范围内的自由，要受到确定、赋予它的法律的限制，因为“在一切能够接受法律支配的人类的状态中，哪里没有法律，那里就没有自由”。[102]

同任何自由一样，营业自由并不是没有限制的自由；相反，完全而不受任何限制的自由不仅不利于商业活动和市场交易的顺利开展，反而会影响和限制商人的营业自由。因此，“人们的自由要有效，就必须承认某些相互的限制”，即“每一种自由都依靠一种相应的控制”，[103] 这样的自由才是真实的、确定的、可实现的和受保障的自由。在对营业自由进行确认与保护的同时，对其作适当的限制，既是保障交易公平和交易安全所必需，同时也是交易效益持续化的保证。

（二）营业自由适度限制的表现

关于营业自由限制的类型及表现，可从下列角度予以初级划分：（1）从限制的主体来看，营业自由的限制包括当事人的自我限制、市场交易相对人的相互限制和来自公权力机关的国家限制等；（2）从限制的依据来分析，营业自由的限制包括当事人的任意限制、合同当事人合意下的协议限制和法律载明的法定限制等；（3）从限制营业自由所应保护的利益属性来分析，营业自由的限制可划分为基于私益对营业自由的限制和基于公益对营业自由的限制；（4）从法律形态来看，对营业自由的限制主要是通过对营业资格、营业能力、营业行为、营业方式与营业终止等几个方面的限制来实现的。

1. 对营业资格的限制

从应然角度来分析，营业自由应为民事主体与生俱来的一种资格或权利，因为民事主体依其自愿成为商事主体乃民事主体之应然性权利。然而民事主体实际能

---

〔101〕［英］阿克顿：《自由与权力》，侯健、范亚峰译，商务印书馆2001年版，第310页。

〔102〕［英］洛克：《政府论》（下篇），叶启芳、瞿菊农译，商务印书馆1964年版，第36页。

〔103〕［英］霍布豪斯：《自由正义》，朱曾汶译，商务印书馆1996年版，第28页、第75页。

否成为符合法律规定的营业主体而实际开展营业活动，则取决于主观、客观两方面的条件。[104] 其中主观方面条件（由于当事人主观方面的原因）的限制包括以下几个方面：（1）民事主体自身无意于从事营业行为。（2）民事主体无行为能力或限制行为能力，或被宣告为禁治产人，而不能对是否营业作出自主的决定。（3）从事公职服务的人员因职业限制而不能从事营业活动。（4）被剥夺人身自由者等。

属于客观方面条件（当事人主观方面之外的原因）的限制包括以下几个方面：（1）法律设定获得商事主体的条件，如财产条件、程序性条件等。（2）某些特殊行业如采矿、银行、保险、航空等有特殊的职业资格和技术资质要求。（3）其他客观事项。

2. 对营业能力的限制

营业能力既是行使营业自由的条件，又是对行使营业自由本身的限制。营业能力限制则可产生对营业自由限制的间接效力。就自然人而言，营业能力的限制包括以下几个方面：（1）不能由自然人经营的营业事项。（2）所负债务较大而丧失清偿能力者。（3）因违法经营被吊销执照或许可证、撤销登记、关闭或取缔营业等。（4）注销营业后不可再延续已注销的商号、字号。就企业而言，营业能力的限制包括以下几个方面：（1）因违法经营被吊销或暂扣营业执照或许可证等。（2）因违反安全、消防、环境等法律、行政法规，而处以停产、整顿、整改等营业行政处罚。（3）企业解散、撤销、被宣告破产而进入清算清偿程序。（4）企业被注销。

3. 对营业行为的限制

对营业行为的限制是防止营业自由的滥用而保障某一特定利益所必需。这种限制按参照的利益属性不同，可以分为基于商事主体自益的限制和基于社会公益的限制。其中基于商事主体自益的限制如为控制商业风险，而对营业目的事业范围设定的限制、对代理人代理权限的限制等。基于社会公益应受到限制的营业行为包括以下几个方面：（1）从事法律明文禁止的、危害社会公共安全的营业事项。（2）从事违背社会公序良俗的营业事项。（3）从事违反竞业禁止规定、损害投资伙伴和所在企业利益的营业事项。（4）其他危害公共安全、违背公序良俗的营业行为。

4. 营业方式的限制

营业方式的限制是为了保障公众利益、维护公平竞争秩序所必需。这种限制通常不是通过商法调整机制，而是通过行政法、经济法等部门法调整机制来实现的，它包括但不限于以下几个方面：（1）对营业中垄断和不正当竞争行为的限制。（2）对营业中滥用定价权的限制。（3）银行等金融企业单一营业事项或兼业经营的

---

[104] 吴建斌：《现代日本商法研究》，人民出版社2003年版，第83～84页。

限制。(4)对企业设立下属与分支机构的限制。(5)基于经济结构优化、升级需要而对产业进行必要的宏观调控。

5. 对营业终止的限制

营业终止的附条件是对歇业自由的限制。在一般情况下,歇业自由应为商事主体一项不容置疑、不可剥夺的权利。但在特殊情况下,营业终止因涉及社会公益和经济安全,此时对营业终止进行限制甚至进行遏阻,就显得十分必要。对营业终止的限制一般包括以下几种情况:(1)涉及社会公益和经济安全的特殊行业,如公共汽车、自来水、银行、保险、电力、煤气等行业的解散、重整、破产、接管或注销。(2)因营业终止而产生大量失业、有引发社会动乱之虞的特大型企业。(3)具有明显政策性导向的企业。

总之,对营业自由的限制,不是对营业自由的否认,而是在承认营业自由的前提下,通过对其负价值的适度纠偏与控制,使其正价值发挥最大的功能效用。

五、基本结论

商法的利益本位法与财富法属性决定了商法的价值应是满足商事主体实现对财富追求最大化、预期利益最大化需求、欲念的效用属性。这种效用属性集中表现为交易效益、营业自由、竞争公平、市场秩序,其中交易效益价值具有目的性,营业自由价值具有基础性,竞争公平与市场秩序价值具有约束性和保障性。营业自由价值由于对商事主体营业资格的获得、商事权利体系的构建、商事制度的安排、商事立法模式的设计而具有基础性的指导意义与约束功能,因此是实现效益目标价值的逻辑基点。故确立营业自由的价值观,使这种权利性价值宪法化,使这种价值原则贯穿于民商基本法与具体制度安排之中,并转化为商事特别法的基本精神,从而真正满足民事主体追求、实现幸福的愿望,乃商法应秉持并坚守的价值基点。正是原于此,从一定意义来讲,对营业自由进行适度的限制,只不过是为了避免其负价值产生不利于交易效益最大化的后果,使这种价值能发挥最大的正义效用。

第九章　商法的原则

商法原则是支撑商法成为特别法、营业法、市场经济基本法的法律指导性准则。商法既然以确认、维持、保护营业为主要功能和基本使命，就必须确立并厘定以确认、维持、保护营业为中心的一整套法律原则，使之作为指导商事立法、解释商法规范、适用商法规则、统一商事裁判的基本约束性准则；商法作为调整营业关系之法，自然应有一套与民法基本原则存在一定功能区分和特定内涵的法律原则体系。

第一节　商法原则的界定

一、商法原则的意义厘定

商法的原则，即商法的调整原则，即包含于商法之内，为商法所确立并体现商法价值，在调整特定商事主体或营业关系时所应当遵循的制度性准则。其基本含义应作深入理解。

（一）商法原则是一种属于法律制度层面与状态的立法准则

所谓制度规则本身是法的一种形态或法的一个组成部分。如前文所述，从广义上讲，法的形态是以理念之法、价值之法、原则之法、规则之法、规范之法等五种形态表现出来的，其中理念之法是法的最高形态，亦是最高、最抽象层面的法之存在形式；价值形态之法是法律理念的第一具体化；原则形态之法是属于制度安排层面的法之存在形式；规则之法则体现法律对某一部门或某类行为的约束性规范与指引；规范之法则是以适用条件、行为模式、法律后果为基本构成要素，具体规范、约束、指引主体行为之法。

法律原则属"应当性"范畴，是"需要去证成的东西"，是"那些由法官作出判决时使用的原则,或者是由发展立法以供法官使用的人们所使用的原则”,[1]具有一般性、指导性、抽象性和约束性等特性和功效。依据前述分析,商法的原则是属于制度准则状态下的制度之法层面,它是执政者和立法创制者在安排、创设商法制度过程中,根据商法本身的调整功能、制度目标以及其在整个市场法律体系中的特殊作用、地位,而赋予其支撑制度构建、运行的一种稳定的调整性准则。从这一意义来讲,商法原则不能归类于抽象层面的商法理念、价值。凡属于商法理念、价值层面的东西,自然不应归类于商法原则的范围之内。例如前述的营利最大、机会充分、风险可控、财富安全就属于商法理念层面,不可再作为商法的基本原则;又如上章讨论的交易效益、营业自由、竞争公平、市场秩序,是为商法的价值,特别是交易效益、营业自由分别作为商法的目的价值与基点价值,对商事立法、适法、司法具有顶层性、全局性、普遍性、一般性的指导、约束和调整功能,本身对商法原则就有指导、约束作用,就不能再降格纳为商法原则的范畴。此外,下文要探讨的商法具体规则,属于商法立法的具体技术层面,也不可把原属原则的准则降级为商法规则,更不可把本属技术层面的商法规则、商法规范不妥当地上升为商法原则。因此,商法原则既不可重复或等同于前述的商法理念与商法价值,更不能等同于具体商法行为规则与规范,它必须具有抽象、稳定、普遍的指导立法设计与制度创设的宏观约束功能,而非仅仅对某一具体行为本身进行规范和指导。

(二)商法原则是一种具有法律意义的制度准则

商法原则必须具备法律上的意义,前面的分析说明,调整原则本身是一种法律特殊存在形态,它是制度之法。这里再从法律角度对商法原则的属性进行分析。

1. 商法原则首先必须涉及营业相关利益层面等法律问题。法律与经济之重大区别在于,经济学所关注的是市场经济中有形生产要素和经济资源的配置,它是市场利益初级层面的分配问题;法律所关注的是由于配置状态和使用状态产生的利益归属问题,即在法律上通过权利义务机制进行利益分配问题,涉及层面及广度远远高于经济学所关注的资源配置和效益状态,它包括营业当事人与国家、营业当事人、营业当事人与相对交易者、营业当事人与同业或相关竞争者、营业当事人与营业利益相关人之间等多重主体间权利义务的分配与归属问题。

2. 商法原则涉及的是制度设计层面的问题。它包括立法中对体现利益与责任的权利与义务的配置,也包括法律实施过程中法定权利与义务的变形和公力对其进行的矫正、救济,它集中体现为特定国家或地区对营业相关利益的关注以及所持

---

〔1〕[美]迈克尔·D.贝勒斯:《法律的原则——一个规范的分析》,张文显等译,中国大百科全书出版社1996年版,第12~16页。

的一种基本态度。因此，商法原则应从商法制度设计层面作顶层、全面、宏观考量，才能体现其以制度配置利益的独特调整功能。

3. 商法原则涉及营业机会、投资进入、企业设立、经营运行、交易代理、营业变更、营业终止、歇业注销等不同营业环节的利益关系和利益分配问题。它远不是具体个别化的经济目标原则所能独立表达、包括或概览的。

（三）商法原则必须体现商法的特殊调整功能

商法的特殊调整功能在于为进入营业领域的投资者、经营者、交易者提供一套规范、有效、经济可行的制度形式、组织规则、治理机制和风险准则，因此，商法原则应当与投资者、经营者、交易者的机会分配、营业准入（主体准入、企业准入、产业准入、市场准入、地区准入、国别准入）、[2]企业组织、经营治理、交易代理、风险责任等权利义务的分配密切相关，必须是在商法领域内各分支法域、子部门法域中普遍适用的制度性原则，而非仅适用某一子法的具体原则或特殊原则。自然如公司法、票据法、保险法、海商法所具有的某些原则，就不是商法原则。

二、商法原则的确定依据

（一）不同学说、观点及简要述评

商法原则既然被界定为反映商法价值，指导商事立法安排和商事制度创设，具有纲领性、指导性、约束性的基本准则，那如何表达，则尤为重要。与学界对商法价值理解的分歧一样，对于商法基本原则的概括和表述，国内学者也有很大分歧，不同看法很多，从无独立原则说到九原则说，不一而足。为比较全面、真实反映学界对此问题的研究现状，兹举要代表性观点如下：

1. 无独立原则说。该论认为我国商法是在民法原则、理念和制度的架构体系下逐步成长起来的法律现象，商法作为私法的组成部分，决定民法原则即为商法原则；因此，商法原则的研究重点已不是其表现形式，而是民法基本原则的商法化问题。[3]

2. 二原则说。该论认为商法原则或基本原则可表述为两个方面，但阐述的内涵却存在差异。如有学者认为包括确认企业维持原则、确认交易顺利可靠安全原则；[4]有学者认为，由于商法是私法的组成部分，自然民法作为私法基本法的基本

〔2〕　肖海军：《营业准入制度研究》，法律出版社 2008 年版，第 43～50 页。

〔3〕　邹海林主编：《中国商法的发展研究》，中国社会科学出版社 2008 年版，第 10～16 页；邹海林、张辉：《商法基础理论研究的新发展》，中国社会科学出版社 2013 年版，第 46～54 页。

〔4〕　王保树主编：《中国商事法》，人民法院出版社 2001 年版，第 23～27 页。

原则，就应是商法的基本原则，与民法相比，商法的独有或具体原则表现为交易迅捷原则和交易安全原则；[5] 有学者把商法原则归纳为规范原则、外观原则两个方面；[6] 等等。

3. 三原则说。该论认为商法原则或基本原则可表述为三个方面，但表述上有很大不同。如有学者表述为维护市场正常运行原则、提高商事交易效率原则、保障商事交易安全原则；[7] 有学者认为表述为交易自由原则、交易诚信原则、交易公平原则；[8] 有学者表述为效率优先原则、保护交易结果原则、利益平衡保护原则；[9] 有学者表述为规范原则、外观原则、严格责任原则；[10] 有学者表述为商事主体强化原则、商事交易效益原则和商事交易安全原则；[11] 等等。

4. 四原则说。该论认为商法原则或基本原则可概括为四个方面，但具体概括内容上有较大差异。如有学者概括为商主体严格法定原则、保障交易确定性原则、维护交易公平原则、社会责任原则；[12] 有学者概括为交易公平原则、交易迅捷原则、交易确定原则、交易安全原则；[13] 有学者概括为强化商事主体、维护交易公平、保障交易安全、提高交易效率；[14] 有学者概括为促进交易自由、维护交易公平、提高交易效率、确保交易安全等四个方面；[15] 有学者概括为强化商事组织原则、维护交易安全原则、促进交易迅捷原则、实现交易公平原则；[16] 有学者概括为从商自由原则、企业维持原则、商事交易便捷性原则、商事交易安全性原则；[17] 有学者概括为企业法定原则、企业维持原则、交易便捷原则、交易安全原则；[18] 等等。

---

[5] 雷兴虎：《略论我国商法的基本原则》，载《中外法学》1999 年第 4 期；樊涛：《中国商法总论》，法律出版社 2016 年版，第 17 ~ 21 页。

[6] 张保红：《商法新论》，知识产权出版社 2014 年版，第 73 ~ 83 页。

[7] 顾功耘主编：《商法教程》，上海人民出版社、北京大学出版社 2006 年版，第 20 ~ 23 页；张璎主编：《商法总论》，北京大学出版社 2009 年版，第 33 ~ 40 页。

[8] 徐学鹿：《论现代商法的基本原则》，载《法学杂志》2003 年第 1 期；徐学鹿主编：《商法学》，中国人民大学出版社 2008 年版，第 35 ~ 40 页。

[9] 郑彧：《商法要义》，法律出版社 2014 年版，第 66 ~ 104 页。

[10] 张保红：《中国商事立法研究》，法律出版社 2019 年版，第 88 ~ 109 页。

[11] 冯静：《商法基本原则的选择与司法运用》，华东政法大学 2015 年博士学位论文，第 27 ~ 30 页。

[12] 董安生主编：《中国商法总论》，吉林人民出版社 1994 年版，第 54 ~ 57 页。

[13] 傅鼎生：《论商法的基本原则》，载《政治与法律》1997 年第 5 期。

[14] 张秀全：《商法基本原则研究》，载《现代法学》1999 年第 5 期。

[15] 施天涛：《商法学》，法律出版社 2003 年版，第 18 ~ 34 页。

[16] 覃有土主编：《商法学》，中国政法大学出版社 2002 年版，第 6 ~ 15 页。

[17] 张民安：《商法总则制度研究》，法律出版社 2007 年版，第 40 ~ 79 页。

[18] 范健、王建文：《商法总论》，法律出版社 2011 年版，第 86 ~ 102 页；王建文：《中国商法的理论重构与立法构想》，中国人民大学出版社 2018 年版，第 194 ~ 204 页。

5. 五原则说。该论认为商法原则或基本原则可分述为五个方面,但具体子项上有所不同。如有学者分述为商主体法定原则、公平交易原则、交易简便迅捷原则、鼓励交易原则、交易明确安全原则;〔19〕有学者分述为商事营业维持原则、商事营业利益兼顾原则、商事营业国家干预原则、商事主体类型严格法定原则、商事交易迅捷安全原则;〔20〕有学者分述为商事主体法定原则、确认和保护营利原则、促进交易简便快捷原则、维护交易公平原则、维护交易安全原则;〔21〕有学者把商法原则分为基本原则与次级原则,其中基本原则分述为效率原则、公平原则、自由原则、安全原则、信用原则等五个方面,而在商事主体法中又包括商事主体法定原则、企业维持原则,商事行为法中又包括交易简便迅捷原则、鼓励交易原则、交易制度化原则;〔22〕有学者分述为企业形态法定原则、企业维持原则、保障交易安全原则、促进交易便捷原则、企业社会责任原则;〔23〕有学者分述为商人的法定主义、商行为的营业自由、商行为的外观主义、商人的严格责任、商人的社会责任;〔24〕有学者分述为商主体法定原则、营业自由原则、交易安全原则、交易便捷原则、公共利益原则;〔25〕等等。

6. 六原则说。该论认为商法原则或基本原则可表现为六个方面,但具体表现内容则各不相同。如有学者主张表现为效益原则、维护交易公平原则、强化商事组织原则、维护交易安全原则、交易诚信原则、充分尊重交易习惯和交易规则原则;〔26〕又如马工程《商法学》则认为包括经营业自由原则、平等交换原则、企业维持原则、交易便捷原则、交易安全原则、守法经营原则等六个方面;〔27〕有学者把其总结为营业自由原则、交易安全原则、交易便捷原则、社会责任原则、企业维持原则、公平竞争原则等六个方面;〔28〕等等。

7. 七原则说。该论认为,商法基本原则包括依法自由行使权利原则、意思自治原则、诚实信用原则、公共利益原则、公序良俗原则、保障交易简捷原则、维护交易安全原则等七个方面,其中体现商法特色的原则有保障交易简捷原则、维护交易安全

---

〔19〕 范健主编:《商法》,高等教育出版社、北京大学出版社2002年版,第8~10页。

〔20〕 高在敏、王延川、程淑娟:《商法》,法律出版社2006年版,第13~16页;高在敏:《商法部门论》,法律出版社2008年版,第47~101页。

〔21〕 赵旭东主编:《商法学》,高等教育出版社2015年版,第9~12页。

〔22〕 童列春:《商法学基础理论建构》,法律出版社2008年版,第143~174页;童列春:《商法基础理论体系研究》,法律出版社2014年版,第40~42页。

〔23〕 徐强胜:《商法导论》,法律出版社2013年版,第113~143页。

〔24〕 曾大鹏:《中国商法通则理论与立法研究》,法律出版社2013年版,第40~56页。

〔25〕 周林彬、官欣荣:《我国商法总则理论与实践的再思考》,法律出版社2015年版,第301~369页。

〔26〕 李玉泉、何绍军主编:《中国商事法》,武汉大学出版社1996年版,第14~16页。

〔27〕 《商法学》编写组:《商法学》,高等教育出版社2019年版,第15~21页。

〔28〕 赵旭东主编:《商法总论》,高等教育出版社2020年版,第27~49页。

原则。[29]

8. 八原则说。该论认为商法基本原则可表现为依法自由行使权利原则、商事主体意思自治原则、尊重公共利益原则、诚实信用原则、合法原则、公序良俗原则、保障交易便捷原则、维护交易安全原则等八个方面，其中保障交易便捷原则、维护交易安全原则体现了商法的特色。[30]

9. 九原则说。如有学者认为商法基本原则包括利润最大化原则、诚实信用原则、磋商调节原则、互惠原则、简便敏捷原则、安全原则、经营自主原则、强化企业组织原则、社会责任原则等方面；[31]或者认为包括经商自由原则、方式便捷原则、交易安全原则、公平竞争原则、商业信用原则、严格责任原则、最大效益原则、遵循习惯原则等方面。[32]

以上所述商法基本原则的众多观点与学说，虽然表面上看起来比较纷繁复杂，但如仔细深究与分析，则会发现，之所以会出现如此繁杂、多样的观点与分歧，在于存在如下值得思考的问题：(1)混淆了作为一般私法基本原则的民法原则与商法原则的区别与定位。未加区别地把民法中的大私法一般原则，不适当地移植或添加到商法的基本原则中，如意思自治原则、依法自由行使权利原则、诚实信用原则、公序良俗原则、平等交换原则、合法原则、守法经营原则、互惠原则、公平原则等。(2)混淆了商法原则与商法理念、商法价值、商法规则之间不同位阶范畴的区别与功能。第一，把本应作为商法理念或商法价值的范畴，不恰当地降格为商法原则。例如，确认和保护营利原则、效率优先原则、利润最大化原则，均应为商法的基本理念，而不应作为商法的原则；又如效益原则、营业自由，本为商法的价值，也不适当地降级纳入到商法原则。第二，混淆了商法原则与商法规则之间的区分与定位，把本应作为商法具体规则的行为准则，不妥当地升格为商法原则。诸如外观主义、规范原则、主体法定、强化企业组织、充分尊重交易习惯和交易规则等，本应为商法原则指导下的具体适用规则，就大量地被上升为商法原则。(3)混淆了商法基本原则与经济法等其他部门法基本原则的区分与定位。如商事营业利益兼顾原则、商事营业国家干预原则、公共利益原则、利益平衡保护原则、商人严格责任原则、企业社会责任原则等，一般应视为国家干预下的经济法原则，而不应纳入以私法自治为本位的商法原则体系。足见，商法原则表述之所以如此混乱，在于对商法原则认定标准

---

〔29〕 李玉泉、何绍军主编：《中国商事法》，武汉大学出版社 1996 年版，第 11 ~ 14 页。

〔30〕 赵中孚主编：《商法总论》，中国人民大学出版社 1999 年版，第 22 ~ 29 页；赵中孚主编：《商法总论》，中国人民大学出版社 2007 年版，第 32 ~ 44 页。

〔31〕 任先行、周林彬：《比较商法导论》，北京大学出版社 2000 年版，第 82 ~ 98 页。

〔32〕 任先行：《商法原论》，知识产权出版社 2015 年版，第 110 ~ 142 页。

与功能定位等基础性问题，尚没有根本厘清。因此，如要准确表述商法基本原则的适当形式或具体内容，就必须首先确定商法原则的认定依据。

（二）商法原则确定的基本依据

商法原则确定的基本依据主要体现在：首先，商法原则是立法性原则，是商事立法设计、法条规范应遵循的基本准则，应具有立法指导性；其次，商法原则是制度性原则，它是商事制度创设时应当依据的基本准则；最后，商法原则是商事法律规范的适用性原则，即在法律规定出现空缺或发生冲突时，作为原则之法可以补充规范之法的不足和漏洞，厘清法律的交叉、模糊或空白地带。故在确定商法基本原则时，应当考虑以下基本因素：

1. 商法原则首先应当体现商法的价值。应当说商法的价值为商法的基本制度进行了目标定位，而商法的原则应是在已确定的商法基本方向的基础上所采取的达致制度目标的基本路径，亦即在立法设计、制度安排和规范适用过程中，应采取何种途径以达到并实现价值指定的商法制度目标。由于商法价值表现为自由、效益、公平与秩序四个方面，因此，商法之基本原则也应集中反映商法这几个层面的对应价值。

2. 反映商法之本质与特征。(1)商法作为私法特别法，其基本原则不应是民法的一般原则，而应是商法中的特殊原则，如诚实信用、公序良俗、合法原则，应为民法之基本原则，自应为商法所当然遵守，就不必累加为商法之基本原则。(2)商法基本原则既应体现商法之部门性特征，如商法之私法性与个体性等，又应体现商法的本质属性，如商法的效益性与财富法性质等，并满足商法规范特征所要达到的基本要求，如商法规范的技术性等。(3)商法基本原则应体现营业活动、商事交易的基本规律，如自由、等价交换的基本要求，因为原则只不过是人们对事物内在规律的一种逻辑表述和抽象归纳，作为商法基本原则理应反映营业活动的基本要求和商事交易的本质特征。

3. 对商法各分支领域与子法部门有普适性。商法基本原则不应只局限于某一单行的或特别的商事法律，而应反映所有营业活动、商事交易的最一般规律和要求，对商法各分支领域、子法部门、各单行法和特别法均具有共同的指导意义和普遍的适用性。

4. 在立法与司法上具有可操作性。商法基本原则不同于商法的理念和价值，它必须载之于商法之中，以具体的规范形式和法律条款表现出来，因此，必须具有可解释性、可操作性和可适用性，如此，才能充分体现其在立法、司法上的宏观调整功能与普遍指导意义。

（三）商法原则的特殊调整功能

商法原则作为体现商法理念、价值和精神，稳定地、持续地对商事立法、制度创设和商法实施起纲领性、指导性、约束性规范和引导的基本准则，其在商法领域的具体功能表现在以下三个方面：(1)对商事立法与商法实施的指导功能。(2)抽象与具体层面对不同主体的约束功能。(3)补充商法规范的不足，具有催生和转化为具体商法规则或商法规范的功能。

三、商法原则的具体表述

（一）商法原则的排除与筛选

依据上述几个方面的认定依据与判断标准，笔者曾经认为，在原则诸学说中，把商法基本原则表述为促进交易自由、维护交易公平、确保交易安全、提高交易效率四个方面比较妥当，[33]但近年来，通过以营业为切点的分析后发现，商法原则作为体现商法价值、反映营业特征、指导商事立法、补充规则漏洞的制度性准则，除应严格按照前述确认依据外，还应按照以下路径进行必要的排除与筛选。

1. 一般性排除。属民法与商法的共同私法原则不宜列入，已为《民法典》总则列为基本原则，应作为大私法的一般性原则，属民法与商法共同的基本原则。从严格意义上讲，主体平等、意思自由、诚实信用、有偿原则、公平原则、等价交换等，在近代民法典制定与民法转型之前，原属商法的特有原则，而出于民法主要调整婚姻、家庭、继承等伦理关系和一定范围内的所有、交换、邻里、消费关系的原因，主体平等、意思自由、诚实信用、有偿原则、公平原则、等价交换并不适用或不完全适用于民法，或者至少在早期不适用于民法的所有领域。但是，资产阶级民主革命特别是《法国民法典》的平等自由与平权主义色彩，[34]打破了中世纪商人与一般民事主体之间的严格等级身份界限和法律适用规则，原属商人、商法独有的理念、价值、原则，如主体平等、意思自由、诚实信用、等价有偿、交换公平等，被大量移植到民法典里，成为民法的理念、价值、原则。它不仅解放了民事主体，抬高了民法的法律地位和社会地位，民法进而由一般私法上升为私法基本法；而且近代以前原属商法特有的理念、价值、原则，也随着民法地位的迅速提升，而演变为整个大私法的理念、价值、原

---

〔33〕 肖海军主编：《商法学》，湖南大学出版社 2004 年版，第 32～35 页；肖海军主编：《商法学》，法律出版社 2009 年版，第 34～36 页。

〔34〕 《法国民法典》第 7 条、第 8 条关于“民事权利的行使不以按照宪法取得并保持的公民资格为条件”“所有法国人都享有民事权利”之规定，为典型的主体平等、身份平等、地位平等、权利平等条款，具有鲜明的平权主义色彩。参见《拿破仑法典》，李浩培等译，商务印书馆 1979 年版，第 2 页。

则。[35] 如前述的主体平等、意思自由、诚实信用、有偿原则、公平原则、公序良俗原则、平等交换原则、合法原则、守法经营原则、平等互惠原则、环境保护、禁止权利滥用等原则，在我国已通过《民法典》总则的立法形式上升为大私法的基本原则，它已不再是商法的独特原则，就不应再纳入商法原则的范畴。

2. 位阶性排除。在商法法域，不属商法原则同一位阶范畴的理念、价值、规则，应排除在商法原则之外。(1)如前述保护营利最大化、效率优先、利润最大化，应为商法的理念，就不应纳入商法原则范畴。(2)又如交易效益、营业自由，应为位阶更高的商法价值，也不应再降级纳入商法原则范围内。(3)属于原则之下位的商法具体规则或子部门规则，更应排除在商法原则之外。如外观主义、文义主义、习惯规则、无因主义等，应为体现商法原则并居于商法原则之下的商法具体规则；再如主体法定、企业法定等，应为商事主体法的子部门法规则，也不应列入商法原则。

3. 功能性排除。前述专属经济法等其他部门法的基本原则，如利益兼顾原则、国家干预原则、公共利益原则、利益平衡原则、严格责任原则、社会责任原则等，均不属于商法的基本功能和调整范围，自然不应纳入商法的原则范畴里。

4. 边际性排除。商法原则应是商法能发挥其最大调整效应、体现商法独特功能的制度性准则，商法边际效应不能发挥最大功能的原则，如鼓励交易原则等，就不应列为商法原则。

5. 共识性排除。对相似、相近、相邻的多个原则，应本着学界的普遍共识性原则，进行必要的合并、组合、概括、抽象，建立起更具包容性的制度性准则。如方式便捷原则、交易简便迅捷原则、交易效率原则等原则，虽然表述不一，但均表达了提高交易效率这一比便捷、简便、迅捷具有更高意义的效率原则，就可选择以交易效率为基本原则，更为合理、妥当些。

(二)商法原则的适当表述

综上，笔者认为，商法基本原则，应围绕营业为中心进行体系设计和系统建构。基于商法原则的本质含义，根据前述商法原则确定的基本依据，选择上述商法原则的排除与筛选法则，从学界目前表述频率比较高、争议最小这一共识性原则出发，本着理念→价值→原则→规则的位阶对应与功能衔接路径，把商法原则表述为均分营业机会、尊重营业自治、确保营业安全、提高营业效率等四个方面，具有更确定的一般概括性和更自恰的内在逻辑性。其中均分营业机会在于确保营业的起点公平，尊重营业自治在于落实和践行投资、经营、交易中营业自由和自主自治，确保营

---

〔35〕 施天涛：《民法典能够实现民商合一吗?》，载《中国法律评论》2015 年第 6 期。

业安全在于维护营业过程的有效,提高营业效率在于围绕营利最大理念与交易效益价值,它们各自围绕着营业起点、营业治理、营业过程、营业目标,发挥着独特的指导性、约束性功能。关于各原则的深入分析与具体内容,容下节细述。

第二节 商法原则的表现

一、均分营业机会原则

商法理念中的营利最大、机会充分和商法价值中的营业自由、竞争公平,更多是通过商法均分营业机会原则得以约束和实现,而且,也唯有商法对所有意图进入营业领域的民事主体平等、一体而无差异地分配营业机会,商法交易效益的目标价值才能实现。因此,均分营业机会也就成为商法最基础的原则。

(一)营业初始机会平等分配的必要性分析

营业自由价值观作为宏观立法指导,在微观立法与制度技术层面,一般是通过营业初始机会的平等分配来具体落实的,因为营业初始机会的平等分配,最能体现营业自由的平等价值取向。建立人人公平、利益共享的社会是人类的终极追求,也是所有先进思想家探索建立理想社会蓝图的共同归宿。在西方法学家、哲学家、经济学家的语境里,机会、权利的初始分配往往与“正义”和“公平”联系在一起。尽管“正义”(justice)“就是给每个人以适如其分的报答”,[36]侧重于“每个人都得到其应得的”或“不侵害任何人的正当权益”,所强调的是“应得”或“正当所得”的标准和结果,[37]而“公平”(fairness)更注重于“平等待人”或“一视同仁”,更强调达到“应得”或“正当所得”的途径或程序,[38]但两者的共同点均在于揭示人类社会个体或群体“得其应得”的一种朴素、美好愿望和基于此一愿望而形成的立法理念、价值原则和制度规则。因此,对机会公平与机会利益公平分配的讨论,更多是在“正义”“公平”并用的语境中来使用的。

营业初始机会的公平分配,系指国家政策、法律、制度秉持公平的原则,把该国境内营业领域所有的机会、职位、资源、利益等向全体国民实行无差异的一体开放和公平分配,使每一国民均能凭借自己的能力和后天的努力,而非依据自己的身

---

〔36〕 [古希腊]柏拉图:《理想国》,郭斌和、张竹明译,商务印书馆1986年版,第7页。

〔37〕 [美]博登海默:《法理学——法哲学及其方法》,邓正来等译,华夏出版社1987年版,第253~254页。

〔38〕 徐大建:《西方公平正义思想的演变及启示》,载《上海财经大学学报》2012年第3期。

份、地域、职位的优势,通过选择营业机会、进入营业领域、从事营业活动、获得营业所得,就能实现自己对幸福的追求和理想的向往。营业初始机会利益的公平分配,发乎个体,关乎民生,利于社会,安于国家。营业初始机会问题是最大的民生和社会问题,诚如有学者所认为的那样,初始机会利益的公平分配,就意味着有着相同能力和相同意愿的社会成员应当有着大致相同的发展机会和发展前景。〔39〕 这是因为:

1. 任何社会普遍性的公平与正义,其基础均为初始机会的公平分配。机会和初始机会的无差异分配是构建和谐社会和实现制度正义的起点;初始机会享有的状况和分配方面的差异不仅决定个体的现有法律地位、资格和权利,而且是其后续发展的逻辑起点。营业初始机会也不例外。

2. 机会和初始机会分配不公,是导致我国当前利益序差格局不合理和社会深层次矛盾的源头性因素。我国社会当前许多深层次矛盾与结构性问题,有相当部分就源于初始机会分配的不公,而营业初始机会分配领域更为明显。

3. 机会及初始机会分配的不公,也是滋生、导致腐败最主要的制度性因素。举凡营业审批、投资项目、招标投标等领域,近几年之所以成为我国腐败的重灾区,其根本性、源头上的制度性病根就是这些领域营业初始机会分配尚存在严重不公。

4. 机会和初始机会分配不公,还严重影响了党、国家和社会主义的正面形象。近年来,我国投资、行政审批、基础项目建设、建筑招标投标等领域高发、频发的一系列腐败案件和公共事件,不但严重损害了党和国家的威信,影响人民对社会主义和国家政策法律的信仰,更成为某种势力攻击和贬损党、国家和社会主义的借口、工具和托词。

基于以上分析,笔者认为,在落实营业自由价值观的具体进程中,基础之举就是应该尽快确立以营业初始机会公平分配为核心的政策取向、法律体系和制度构架,并从执政理念、立法安排与制度运行等多个层面,把营业初始机会利益的公平分配与平等保护一以贯之。

(二)营业初始机会平等分配的着力环节

鉴于营业机会主要表现为营业进入机会、营业投资机会、经营性营业机会、营业交易机会、营业竞争机会等多个领域、多个环节、多种形式,而其公平分配和保护,既有国家政策、法律对市场环节和产业领域的开放,也包括对传统垄断行业的改革和市场垄断行为的限制、禁止,更有对各种侵犯、剥夺、限制国民、境内居民、民间资

〔39〕 吴忠民:《公平正义是改革发展的出发点和落脚点》,载《当代世界与社会主义》2014 年第 2 期。

本、民营企业营业机会进行及时、有效的法律保障和救济,为此,初始营业机会的公平分配应主要研究和解决如下几个问题:(1)营业进入机会的公平分配与保障。(2)营业投资机会的公平分配与保障。(3)经营性营业机会的公平分配与保障。(4)营业交易机会的公平分配与保障。(5)营业竞争机会的公平分配与保障。

(三)营业初始机会平等分配的制度安排

为实现上述所提营业领域的初始机会利益向所有国民一体开放和公平分配,就必须做到执政党政策和国家法律、立法与制度、法律原则与制度规则的高度协同和动态一致。

1. 政策的统筹规划。政策特别是执政党政策的顶层设计和价值导向,对国家立法的定位、制度模式的选择具有引领性和指导性,而在有关营业初始机会的分配上,秉持公平的价值观,则具有基础意义。我国现行营业领域的诸多政策中有时会存在如利益倾斜、例外照顾、重点支持、特事特办、先行先试等明显隐含初始机会优先分配或照顾分配的价值取向。因此,要实现营业初始机会向全体国民的公平分配,就必须首先在政策上引入公平价值观,应本着平等开放、公平分配、一体受惠的价值准则,来决定、制定或出台涉及全体国民营业初始机会分配的各项政策,逐步取消和废止隐含利益倾斜、例外照顾、重点支持、特事特办、先行先试等具有明显营业初始机会优先分配或照顾价值取向的各项不合理、不公平政策。

2. 立法的通盘考量。立法是确保和制约营业初始机会公平分配与否最为核心的环节。在既有政策对营业初始机会公平分配进行了顶层设计和价值导向的前提下,则需要在立法上对涉及营业初始机会公平分配的法律作通盘考量。由于前述营业初始机会的分配涉及多个法域,需要国家在法律的制定和修改过程中,把营业初始机会公平分配这一基本政策的价值内含,贯彻到宪法这一根本大法与民商经济法等多个部门法之中,使之成为我国宪法、法律、行政法规和地方性法规等法律规范性文件的基本价值取向和共同遵守的最高法律原则。为此,就需要在《宪法》中首先引入营业初始机会的公平分配规则,通过《宪法》的宣示,在我国确保营业进入的所有机会、职位、资源、利益等向全体国民实行无差异的一体开放和公平分配,从而为法律对营业初始机会的公平分配奠定立国基调和根本原则。在此基础上,国家还需要加快促进和保障营业自由的法律,如《民法典》《商事登记法》《国家投资经营法》《产业政策法》《公用事业法》《特许经营法》《招标投标法》《政府采购法》《拍卖法》《反垄断法》《反不正当竞争法》等的出台、修改或完善,以确保国民营业初始机会的公平分配能在不同部门法中得到全面贯彻。

3. 制度的整体设计。为落实营业初始机会利益的公平分配,还需要在政策与立法所规定的框架内，设计出具体、可行的制度，使每一公民均能如期、公平地分享政策、法律所确定的各项营业初始机会。为此，我国今后有关经济、社会、民生方面的改革，其重心应围绕营业初始机会的公平分配，对涉及营业进入机会等方面的制度，进行必要的改革和完善。其中就全社会成员的营业机会公平与利益分享而言，当前和今后相当长的时期内，我国应着力和加紧推进以户籍制度改革为中心的各项改革，以打破城乡、省际、区域、行政之间的不公平制度限制、障碍和壁垒，为推动具体领域初始机会利益的公平分配创造基础性条件。就营业机会的公平分配而言，国家应着力于在营业领域全面开放和国内统一、自由大市场建设的基础上，以确保国民在营业进入、投资、经营、交易、竞争机会的真正公平，为国民的创业、创新提供基础性的条件。

二、尊重营业自治原则

在商法通过均分营业机会，保障每一民事主体均有通过投资进入营业领域之可能性的前提下，营业的私人性决定商法应尊重民事主体的自愿、商事主体的自为、企业经营的自主、民间力量的自治和市场要素的自律。一句话，唯有尊重营业自治，商人才能基于理性决策，按照自己意愿，选择自己认为可带来最大化效益或利润的营业领域与交易合作伙伴，如此商人营利最大理念期待和交易效益价值目标，才能通过自己可掌控的实际营业活动，予以落实。因此，尊重营业自治原则就成为商法解决营业机会起点公平之后，对营业治理具有约束意义的基本原则。尊重营业自治原则是通过如下制度范式或具体规则表现出来的。

（一）尊重营业权利

营业虽以追求最大化效益为目的、以创造并分配剩余价值为基本手段，但投资者、经营者、交易者在新创剩余价值过程中均有不可或缺的贡献。前文所述投资、经营、交易中所具有的自利性与利他性、私人性与社会性、逐利性与建设性、国内性与国际性的统一，充分说明营业特别是民间营业、民资营业、民企营业具有正当性，商法应把营业从传统、革命的“剥削”意识形态与政策层面的“所有制”等有色眼镜或歧视性判断中彻底解放出来，应确认营业自由为国民最基本的权利，要尊重私人营业、民间营业、民资营业、民企营业的应然权利。

（二）尊重主体自愿、商人自主、企业自治、契约自由

尊重主体自愿。商法应充分尊重民事主体或商事主体投资、经营、交易的意思与意愿，法律不得禁止、限制或强制民事主体进入营业领域或经营事项，任何组织或个人也不可阻挠或强迫、引诱、欺骗民事主体进入营业领域或经营事项。尊重主

体自愿包括以下方面:(1)尊重主体进入营业的意愿。(2)尊重主体变更营业的意愿。(3)尊重主体退出营业的意愿。

尊重商人自主。在民事主体决意进入营业领域并通过一定机制、程序转换为商事主体后,商法应尊重商人在营业中的自主自为,不应对其进行不适当的禁止、限制或强制,任何组织或个人不得对其实际营业做非法阻挠或强制。尊重商人自主具体又包括以下方面:(1)尊重商人的自主决定。凡商人自主作出的决定和决议,法律应确认并维护其法律效力,并对产生的法律后果提供有效保护。(2)尊重商人的自主选择。如私人营业自主选择的投资方式、合作伙伴、交易对象、经营项目、市场领域等,法律应确认、维护并保护之。(3)尊重商人的自主约定。如商人之间的约定事项,只要不违反法律的强制性或禁止性规定,商法均应尊重该约定,不可随意认定无效、裁定撤销,否认其效力。(4)尊重商人的自主弃权。商人在营业中所拥有、享有、派生的一系列权利,均属私权范畴,当事人在不损害国家利益、公共利益、公序良俗、他人利益的情形下,可放弃或处分该权利或该权利的部分。商法对商人的这种弃权意愿、决定和行为,应予以尊重并确认、维护其效力。(5)尊重商人的自主维权。当商人存在营业纠纷或利益受损时,商法应尊重当事人对争议、纠纷的处理方式和救济、维权的选择方式,法律不应施加不必要的限制或强制。

尊重企业自治。商法应尊重企业通过内部自治、管理、经营的自主性权利,除国有独资或控股企业外,应把自主权、自治权、治理权、经营权、管理权、分配权、内部纠纷处理权,完全交由企业自己行使或处理;其中,最核心的是把经营自主权还给企业。尊重企业自治包括以下方面:(1)尊重企业不同形式的自主选择。(2)尊重企业内部机构的自主设置。(3)尊重企业内部权利与义务、权力与职责的自主分配或配置。(4)尊重企业内部的自治性决定或决议。(5)尊重企业内部的自主经营与管理。(6)尊重企业内部人事的自主聘用、晋升与解任。(7)尊重企业对内部利润、利益进行依法、依规、依章的自主分配。(8)尊重企业依法变更、歇业、解散、清算或破产清算。(9)尊重企业内部设置具体的规章制度或奖罚制度。(10)尊重企业内部纠纷的解决、处理机制及裁决效力。(11)尊重企业其他自主、自治权利。

尊重契约自由。商事主体在营业活动中可以自主地选择交易相对人并与之订立契约而不受国家和其他商事主体干预或强制。尊重契约自由包括以下方面:(1)决定是否订立合同的自由。(2)选择交易相对人的自由。(3)对合同条款选择和决定的自由。(4)采取合同适当形式的自由。(5)合同纠纷解决方式选择的自由。

(三)尊重投资(资本)自由

商法应提供一种有效的制度性安排,以确保每一民事主体在同等条件下,根据自己意愿自由进行营业性投资,基于自愿、自主、自为、自律,借助于公开资本市场或有效法律形式,以筹集营业中所需要的各种资本,为开展营业活动创造资本条件。尊重投资(资本)自由就是商法要让进入营业领域的商事主体,能在预期通过不违反禁止性规定的情况下,筹集到营业(投资、经营、交易)中所需的各种生产要素(资金、土地、劳力、技术、管理等)。尊重投资(资本)自由的要点,在于破除金融垄断,实现融资自由。

1. 企业发起、设立自由。商法应允许进入营业领域的商事主体,通过发起企业、设立企业等方式,以合伙、合作、合资寻找或筹集营业中所需要的资本。

2. 民间融资、借贷自由。商法应允许商事主体通过民间融资、民间借贷、民间担保、权利让渡等公开、有效形式,筹集营业中所需要的营运资本或流动资金。

3. 各种投资性契约自由。商法应鼓励、允许或至少不应禁止商事主体,通过诸如股权让与、股权转让、对赌协议、买卖担保、赊购赊销、委托理财、信托契约、票据贴现等投资性契约,以筹集营业中所需要的各种资本、资金。

4. 金融企业的全面开放与真正的民间化、市场化。商法应有硬性可执行的制度,督促金融企业对所有商事主体和所有市场进行全面开放。金融企业作为完全独立的商事主体,应实现真正的民间化、民营化、市场化。商法应建立一种约束性机制,即金融企业只应根据市场理性和客户需要,提供客户所需的金融服务,而不应以所有制、血缘、关系、地区、国别甚至其他关联关系,作为禁止、限制或强制融资、结算或其他金融服务的条件。

5. 资本市场的筹资自由。商法以全面开放资本市场为目标、以证券市场的自由进入与退出为基本制度模式,为所有商事主体在资本市场筹集资本,创造公平、竞争、公开、有序的资本市场条件。资本市场的筹资自由包括以下方面:(1)申请进入证券市场融资资格的自由。(2)发行资本证券的自由。(3)选择发行资本证券的形式(如股票、债券、基金、其他衍生证券等)、种类、品种的自由。(4)交易各种资本证券的自由。(5)退出证券市场的自由。

(四)尊重经营(管理)自由

尊重经营(管理)自由,即商法应尊重各种市场经营体、经营形式、管理方式的正当性、合法性和有效性。

1. 尊重经营体的自由。如商事主体究竟是选择自然人个体户经营体、家庭联合经营体、企业组织经营体(个人独资企业、合伙企业、公司企业等)、国家投资经营体或是选择其他混合形式经营体,商法应尊重其自主选择。

2. 尊重经营形式的自由。作为经营体,是选择自行经营、共同经营,还是委托经营、承包经营、租赁经营，抑或信托经营、托管经营，应交由商事主体或营业当事人自主决定、选择。

3. 尊重管理方式的自由。其中最重要的是企业经营管理权的自主、自为、自治。企业商主体既是现代商事主体的重要形式，更是经营体的主要组织形态。企业经营管理自由是营业自由在企业内部的一种反映。经营管理自由包括企业内部管理制度创制的自由、企业内部管理机构设立的自由、企业选择经营管理项目决定的自由、企业投资管理的自由以及企业内部营业事项自主管理的自由等几个方面。

（五）尊重交易（竞争）自由

尊重交易（竞争）自由，商法的创设和制度的安排应以能促进商事主体的自由交易为基本准则。交易自由是商品交换过程的内在要求，是对商法自由价值的对应反映，是商事主体获得交易资格以实现利益追求的基础条件。尊重交易（竞争）自由，包括尊重营业交易（竞争）本身效力、尊重商人对交易（竞争）的选择权、尊重商人交易（竞争）结果等几个方面。

1. 尊重营业交易（竞争）本身效力。商法应秉持促进营业、鼓励交易、增进财富这一基本理念，尊重商人的任何交易行为或竞争方式，除非基于公共利益需要，否则不得以任何理由、形式或方式，禁止、限制或强制交易（竞争），对每一次或每一营业流程的交易（竞争）效力，应予以法律上的确认或维护。

2. 尊重商人对交易（竞争）的选择权。即商法应尊重商人在交易（竞争）中的各种选择权、决定权、缔约权等权利或自由，包括：(1)选择交易（竞争）领域的自由。(2)选择交易（竞争）对象的自由。(3)选择交易（竞争）合作伙伴的自由。(4)选择交易（竞争）标的的自由。(5)选择交易（竞争）时间的自由。(6)选择交易（竞争）地点的自由。(7)选择交易（竞争）履约方式的自由。(8)选择交易（竞争）纠纷解决方式的自由。(9)选择交易（竞争）救济的自由。(10)其他交易（竞争）选择的自由。

3. 尊重商人交易（竞争）的结果。商法应确认、维护并保护商人通过交易（竞争）结成的关系秩序或法律成果，不得因交易（竞争）形成的关系或结果对一方、他方当事人不利，而反向溯及推翻原有交易（竞争）的构架，或否认先前交易（竞争）的效力。

（六）尊重民间自治

商法的原生态形式是民间法、自治法，因此尊重民间自治，既是商法的特殊属性，更是商法的基本品格。尊重民间自治集中体现在如下几个方面：

1. 尊重民间习惯。商法应尊重各种当事人约定、合伙协议、企业章程、交易习惯、民间习惯、商业惯例或共同规则的法律效力，且不仅如此，在国家商法与民间商法发生冲突时，还应确认民间商法的优先适用效力。如最新修订的《美国统一商法典》第1－103条（a）（2）就明确规定“使商业做法能够通过惯例、实践和当事方协议不断获得发展”。[40] 只有商法给予民间习惯以应有的尊重，才能充分肯定民间在营业中的开拓性和创造性，才可最大限度调动商人的积极性，进而起到鼓励交易、促进营业的效应。

2. 尊重市场自律。商事主体在市场交易过程中能自主地组织起来协调和约束自己的市场行为，由商事主体自主协商建立起来的商会、行会等自治性组织能对市场进行有效的监督。商事立法应当尊重并发挥商人自治与市场自治性组织（如商会、行业协会、证券交易所、期货交易所等）的自治管理与自律监管作用，用市场自律来保障并约束交易自由。

3. 尊重民间自救。商法应尊重营业当事人在不违反法律强制性或禁止性规范、社会公序良俗的前提下，通过自力、私力、民间力量、社会力量进行必要的损害赔偿和自治性救济。如为确保借款能到期清偿，债权人通过与债务人订立新的买卖合同，其订约目的就是以物的所有权确保借款债权的实现，法律就不能以所谓“名为买卖实为借款”，来否认当事人之间所订新约的法律效力，而恰恰应对当事人之间这种自力救济合意，给予必要的尊重，对其进行确认之、维护之，进而对这种自力救济结果保护之。

4. 尊重自治司法。商法对诸如民间调解、专业机构调解、商事仲裁等民间性、自治性、社会性司法的纠纷解决机制或方式，不仅应尊重法律效力，更应创新机制与程序，维护其效力，并保证其实施。

总之，民事主体进入营业领域，转换为商事主体，从事营业活动具有明确的营利目的性，即以追求交易效益的最大、财富的递次增长为目的，商事主体所进行的任何一次商事交易活动都有鲜明的营利目的性。正因如此，商事立法有关制度、规范设计，商事裁判中有关商事行为效力的认定，就应以保护商主体合法、正当的投资利益和营业利益为基本出发点，在商事立法中，应尊重商人的意思自治和利益分配约定，只要不违反法律、行政法规的强制性规定，只要不违反当事人之间的合意，法律上就应确认其效力。在商事裁判中，对诉争当事人合法、正当投资利益和营业利益的确认与保护，应成为商事裁判的重心；与一般民事案件中以当事人之间权利义务是否对等、利益与责任是否对应作为平衡标准、适用公平原则不同，在商事案

---

〔40〕 美国法学会、美国统一州法委员会：《美国〈统一商法典〉及其正式评述》（第一卷），孙新强译，中国人民大学出版社2004年版，第2页；《美国统一商法典》，潘琪译，法律出版社2018年版，第1页。

件的诉争中，就不能以哪一方的获利多少来决定责任的分担，也就不能简单地以所谓公平原则来审视商事案件，进而对其作为裁判。

三、确保营业安全原则

营业安全是取得并实现营利最大、交易效益的保障性条件，在营业过程中，如没有营业安全，就谈不上交易效益。故确保营业安全原则，是确保营业过程能按预期的营利最大理想、交易效益目标运行，从而达到效益、利润、收入、所得最大化的保障性制度准则。影响或制约营业安全的因素很多，其中营业的合法性与合目的性、公开性、适当（公平）性、确定性、稳定性等条件，至关重要。因此，确保营业安全原则又集中表现为如下几个方面。

（一）营业合法正当

营业虽是以追求利润效益最大达到实现财富积累迅捷的营利行为，但与同样追求财富实现、财产占有为目的犯罪、战争行为不同，营业具有私人性与社会性、自利性与利他性、逐利性与建设性、国内性与国际性的统一，[41]特别是逐利性与建设性的统一，决定营业必须是在充分满足交易相对人需求、积极促进社会发展的建设性中，成就其伦理与法律的正当性，如此，营业才有积极的社会意义，商法给予确认、维持和保护，才具必要性。不仅如此，营业只有合法、正当，因营业所获得的效益、利润、收入、所得才具合法性、正当性，进而才具有效性；足见，商人如要实现期待的效益、利润、收入、所得最大化，就应首先确保所进行的营业是合法、正当的。

从经济发展和社会进步的角度，营业应当合法且须正当，民事主体之营业权利也仅指自由从事合法、正当营业之选择自由，而不是从事非法、不当营业之恣意妄为，这也是古今、中外所有法律文本和制度设计的道德要求和基本底线。正因营业首先必须是合法、正当的营业，我国《公司法》第5条第1款、《合伙企业法》第7条、《个人独资企业法》第4条第1款、《个体工商户条例》第5条第2款几乎都一致性地规定，公司、合伙企业、个人独资企业、个体工商户从事经营活动，必须遵守法律、行政法规，遵守社会公德、商业道德，诚实守信，遵守诚实信用原则，不得损害社会公共利益，接受政府和社会公众的监督，承担社会责任。我国《民法典》总则编第86条也有同质、类似规定，即“营利法人从事经营活动，应当遵守商业道德，维护交易安全，接受政府和社会的监督，承担社会责任”。足见，营业的合法、正当，是商法适应营业安全需要，应恪守的一项基本准则。

---

〔41〕　肖海军：《营业权论》，法律出版社2007年版，第29～35页。

（二）营业信息公开

营业的目的就是为了营利，而为了营利的最大化和持续化，营业就必须也只有公开，当事人的营业意愿、营业意思、营业成果才能为交易相对人及社会公众投资者或消费者所知晓，并为交易第三人所接受，当事人的营利预期、营业效益、最大化利润才有可能实现。因此，营业应当具有公开性，且必须具有公开性。

与民法中私人信息、隐私权保护的不公开性不同，营业的公开性决定公开营业信息、营业要素是民事主体进入营业领域的先决前提和法定义务；相对而言，交易相对第三人的营业知情权，则同样是其参与营业交易时的法定权利。营业公开包括如下内容：(1)进入营业领域的意思宣示与信息公开。包括但不限于商事登记、企业信息公开等。其中商事登记的主要及核心功能，就是营业当事人的营业宣示和营业信息、营业要素的公开。(2)商事合同当事人向交易第三人发出公开的缔约要约。(3)企业（公司）等经营过程中，除涉及商业秘密或经营秘密外，必要、基础营业信息的公开。(4)特殊市场领域的营业信息公开。如资本、证券市场的持续信息公开等。(5)特殊营业主体经营信息的公开。如股份有限公司经营与财务信息向全体股东公开；上市公司经营与财务信息向全社会公开；商业银行等金融机构经营与财务信息的公开；公用事业领域经营信息向社会公开等。

不仅如此，由于市场商机稍纵即逝，把握商机就意味着把握了利益；如果当事人之间在投资、经营和交易的过程中，特别是在与陌生人打交道的过程中，去穷追对方当事人意思表示是否真实，为此就要费尽周折，到头来也可能无法获得对方当事人意思真实的确定性答案，而此时可能早已事过境迁。商机的丧失就等于营利可能性的丧失，营利最大化预期也就止于空谈。也正因如此，在长期的交易过程中，商人的营业公开方式，形成了重文义形式更甚于真实意思、重签字更甚于口头承诺、重要式文本更甚于非要式文本、重有效登记更甚于一般协议的行为习惯和处事规则，即合同、协议一经当事人签字，即意味着营业公开义务的完成，就具有约束当事人的法律效力；而一经签字的商业文本就应受法律保护，而不可随意否定和撤销。如此一来，商人只需依据外观文义判断，就可以决定是否交易，这样可省却大量的审查、调查耗时，交易效率因之得以迅速提高；进而，每一次有文义作支撑的交易，均是有效的并受法律保障，这样交易的安全也就不用担心。可见，营业公开的文义性既是商事交易迅捷性需要，也是营业交易安全性的需要。商法中的意思文义判断规则，就源于营业法定公开及文义公开形式的需要。

（三）营业交易公平

商人营业与市场交易的实质是为了获取最大的商业利益，而利益的实现有赖于交易过程中当事人彼此对特定、恒定利益的分配，而这种分配必须是公平的，否则交易就不能稳定和持续。维护交易公平原则就是要求商事立法和商事制度创设时，对市场一般交易机会的分配、在同一交易中对不同商事主体权利义务的分配、对某一商事主体在不同营业事项中权利与义务的分配，应当具有合理性，并使之能经受伦理性的评价。它具体表现在以下方面：(1)就国家与商事主体之间的关系而言，国家应对商事主体一视同仁，全面开放市场并把市场机会公平地、一体地分配给所有商事主体，即所谓机会公平。(2)就商事主体之间的关系而言，则要求商事主体在签约和交易过程中彼此相互尊重对方，真实表达意思，合理配置各自的权利与义务，严格履行法定和约定的各项义务，它包括商事主体法律地位的相互独立、交易地位的彼此平等、签约过程中意思表达的真实可靠、营业和交易履约行为的诚实信用、特殊情况下适用情势变更对不合理利益分配作必要的修正等多方面。(3)就商事主体自身而言，它要求商事主体无论在营业目的事业的预设、利益目标的确定，还是意思表示和履约行为均必须符合市场公平、正义法则，即目的事业的合法性、利益目标的正当性、意思表示的真实性和行为方式的合理性，使商事主体获得的权利、增进的财富与其所履行的义务、付出的代价能基本相称，以保证商事主体所得到的利益、积累的财富均能具有合理性、正当性。

（四）营业交易确定

营业效益实现的基本前提是交易安全，而确保营业交易安全是市场秩序形成的基础，没有安全的交易是一种不成功的交易，同样也是一种不效益的交易。由于确保交易安全对营业效益的实现具有过程的约束性意义，而营业交易的安全在一定意义上讲，又取决于商事交易的持续性和市场的稳定性。确保交易安全原则要求商事立法和制度创设应严格营业交易的条件，追求营业交易过程的可靠性以保证营业交易的安全，使每一次交易均是有效的、可靠的。因营业安全原则需要，营业交易确定就必须满足如下基本要求或包括如下主要内容：

1. 商事主体准入资格的法定主义。为了保证市场交易的主体合格，商法应对参与市场交易的主体形式、条件、类型以及能力进行明确规定，如企业形式、商业银行、保险公司、证券公司、上市公司之准入条件等法律列举。

2. 营业行为（意思表示）的文义外观主义。为防止营业交易中行为要素的不确定性和意思表示的模糊性，法律要求商事主体应以明确的文义、规范的外观来表达意思、为商事行为，如此才能保证商事主体意思表示的真实、明确、具体而不生异议。如合伙协议，公司章程、公司股票与债券、票据、合同中格式条款、提单等合同证据等均体现了这一原则。

3. 商事行为效力的公示主义。所谓公示主义，是指商事行为和营业事项须经过登记或公告才能发生法律效力并对抗特定当事人（相对人或第三人）。商事行为效力上的公示主义就是为了保障行为的可靠性和效力的可信性。如企业设立登记、股东大会与董事会的会议通知与公告、上市公司信息的真实披露、破产公告等，均应为特定商事主体严格遵循的行为规则。

4. 义务履行中的通知主义。交易中当事人知情权的实现是确保交易信息对称和交易安全的重要条件，因此，在交易中赋予特定一方当事人以告知或通知的义务就十分必要。义务履行中的通知主义则要求交易当事人一方得将特定的交易事项或真实信息告知或通知对方当事人，否则应承担不利的法律后果。如破产债权申请登记，持票人对票据的提示或申请承兑，投保人的如实告知与保险人的如实说明，保险事故发生后投保人、被保险人或受益人的及时通知，货物买卖对质量瑕疵的及时异议等，均为通知义务的具体表现。

5. 公益事务方面的强制主义。营业的社会性决定了营业的正当性和合法性，事关商业伦理和社会公益，因此，强制赋予商事主体在社会公益和商业伦理等方面的义务则显属必要。如合伙协议与章程必要记载事项的法定、公司内部组织机构的规范、证券交易违规的禁止、关联交易的排除、商业竞业禁止条款的设置、破产欺诈行为效力的否定、企业违反公序良俗之经营事项的禁止、合同格式条款的基本要求等均体现了强制主义。

6. 特殊主体的严格责任主义。虽然有限责任可有效地降低营业风险，但在特定情况下，严格特定主体的法律责任，更有利于保护相对人的利益。如合伙中的连带责任、公司发起人的无限责任、缔约的过失责任、票据主债权人的连带责任、破产欺诈中的严格责任、滥用公司人格导致对公司人格的否定以及商事欺诈、不正当行为的惩罚性赔偿责任等均属此种。

（五）营业状态维持

营业不同于普通的民事交易，虽然营业属于私法行为，但它上游联系着供货商，中游关系着出资人与雇员的利益，下游则影响销售商和消费者。此外，营业效益的好坏与有无，还直接决定国家的财政税收和社会的整体福利，特别是企业，其营业能否正常开展、经营是否持续，甚至关乎经济增长和社会稳定，因此，维持营业的正常、稳定和持续，既是商法制度构建之目的与商法适用的核心任务，[42]更应是商事裁判需要遵循的基本原则。营业维持原则要求，在商事立法时，应把维持营业开

---

〔42〕 高在敏：《商法的理念和理念的商法》，陕西人民出版社 2000 年版，第 63 页。

展、保护企业利益、促进交易成功作为最高的立法主旨；在商事监管中，应把是否影响营业、损害企业、阻挠交易作为行政执法的重要考量因素；在商事裁判中，营业维持原则是指在商事裁判过程中，在涉及出资人与经营者的有关诉争案件时，无论是债务的清偿，还是企业内部的纠纷，在债务清偿清算救济中，只要困境企业具有再生、重振的些许可能性，就应尽一切努力对其进行接管重组或司法重整，只有救助、再生无望，才可进入破产清算程序，应以不影响经营者或企业的正常经营为基本宗旨，确保和维护营业的稳定与持续。

引入营业维持、企业维持规则，可确保营业交易安全与营业效益最大化。营业状态维持，包括如下几个方面的内容：

1. 公信力维持。首先要确保执政党政策、国家法律与行政法规、公权机关的行为，具有足够的公信力，其所宣示、赋予商事主体的一系列权利，特别是国家机关通过具体行为给商事主体所确认的具体权利，应当具有可靠性和可信赖性。唯其如此，基于政策、法律、行政法规或国家机关具体行为、颁发证照，而投入的资本、进行的经营或发生的交易，才有确定的预期。商鞅变法为什么要从“立木为信”开始，就是这个道理；否则，公信力的崩溃或被摧毁，对商人来说，其结果只能是灾难性的。公信力维持包括以下方面：(1)执政党政策的公信力维持。(2)国家法律、行政法规等规范性文件的公信力维持。(3)国家机关及其他准公权机关所做具体行为的公信力维持，如政府有关行政许可或行政登记效力的公信力维持；法院既判文书执行力的公信力维持等。(4)执政党、国家机关所出具有关证明商事主体资格或权利的文书、证照等法律文件的公信力维持。(5)其他与营业有关的文本、行为、证照公信力维持。

2. 财产、权利、资格、利益的公法维持。商法应对赋予或授予商事主体的财产、权利、资格、利益，要以法律的形式确定，使之正式化、制度化、法律化、有效化。公法维持包括以下方面：(1)财产的公法维持。既包括民事主体原始财产的确认维持，也包括民事主体进入营业领域之后出资财产的确认与维持，还包括因出资设立企业之财产的确认维持，更包括通过企业分配所得利润或收入的确认与维持等。(2)权利的公法维持。如营业自由权、资本权、企业法人财产权、营业知情权、劳动债权的确认与维持。(3)资格的公法维持。如股东资格、一般营业资格、特殊营业资格、企业资格、公司资格等确认与维持。(4)利益的公法维持。如原始财产利益、投资财产份额利益、资本收益利益、企业所得利益、证券投资利益、企业清算利益、清算剩余财产利益、金融企业与投资者利益的确认与维持等。

3. 当事人(包括政府)意思、合同效力的确认维持。经当事人(包括政府)签字或者有印签的意思表示或签署的合同、协议等法律文本，法律应依据意思文义主义与权利外观主义规则，推定并确认当事人意思表示真实、有效，所签署合同、协议应成立并生效，具有约束当事人的法律效力。法律应对当事人的外观文义意思、以外观文义意思为合意基础的合同、协议之法律效力予以确认与维持。

4. 合法、正当营业的法律维持。营业因涉及多方面主体、上下游产业或环节，因营业的展开而形成具有闭环效应的交易或合同网络，最终产生与营业有关的利益关系人集群。一旦某一营业点或经营体发生停业或歇业，与该营业有关的交易或合同网络、利益关系人集群必然要受其影响，诱发小规模债务清偿或经济危机。故经合法登记、确认、许可或默许的营业，商法应维持其有效性，未经法定程序（如营业能力限制、吊销营业执照、吊销许可证、解散、清算、破产），营业不能被强制停业或歇业。

5. 企业经营、存续的效力维持。企业是组织型经营体，也是最具稳定性、持续性的经营体。企业一经设立并登记，就产生以该企业为中心的利益关系人集群，如出资人、劳动者、企业高管、企业交易相对人（上游供货商、下游销售商、产品或服务的消费者等）、相对竞争者与同业合作者、与企业有关的配套服务商、政府（企业监管者与税收征稽者）等，自然，维持企业的存续与发展，就等于维持了以企业为中心的利益关系人集群的总体利益。正因如此，自近代产业革命以来，对企业的维持就成为商法最基本的准则和法律规则。企业维持包括以下方面：（1）企业主体、人格独立性的维持。（2）企业商号、商誉、经营财产、商业秘密、知识产权、经营场地的维持。（3）企业内部治理机构、管理机构及自主经营管理权的维持。（4）企业债务清偿中企业财产独立性的维持。如个人独资企业、合伙企业等非法人企业中，在一般债务清偿中适用双重优先清偿原则等。（5）企业组织存续的维持。（6）企业接管与破产重整中企业组织、经营的维持。

四、提高营业效率原则

（一）提高营业效率对确保营利最大、交易效益的实质意义

在经济学上，效益一般是指生产终端产品或提供末端服务的总收益减去总成本所得的总收入情况，所反映的是总投入与总收益的关系；它不仅包括总投入与总收益的关系，还包含着总收益中财富的分配，更多涉及的是人与人之间的利益关系。效率一般是指每一单位投入与单位产出的比例关系，所反映的是除单位投入与单位产出的关系外，还是一种财富创造的衡量指标，更多涉及单位投入物与单位产出物的关系。[43] 可见，在经济学上，效益一般是指总收益、总利润，而效率则一般

〔43〕 崔宇明：《经济效率、经济效益及其关系分析》，载《陕西师范大学继续教育学报》2000 年第 1 期。

是具体交易中的单位产出比，同效益相比，更具微观性、具体性和过程性。

经济学上的总效益，是由每一单位交易、单次交易最优效率的累积与叠加而成，虽然严格上的效率与效益并不一定总是成正比例关系，但就一般而言，如实现了每一单位交易、单次交易的最优效率，或者着力提高每一单位交易、单次交易的效率，累积起来就可以促成或实现总收入进而使得总效益、总利润提高、增长。因此，在某种意义上讲，没有单位交易、单次交易的最优效率或着力提高的效率，自然就难以实现总收入进而难以实现总效益、总利润的最大化。可见，着力提高单位交易、单次交易的营业效率，是实现营利最大、交易效益的必由之路。

如果说前述的均分营业机会作为实现营利最大、交易效益的起点，尊重营业自治是创造营利最大、交易效益的源泉，确保营业安全是通往营利最大、交易效益的保障性条件的话，则提高营业效率则是促成营利最大、交易效益的直接手段与具体路径，其对实现营利最大理念、交易效益价值目标具有更直接的法律效应。

（二）提高营业效率原则的具体表现

商法的目标价值是效益至上，因而效益是目的，是结果。效益只有在每一次交易或交易的全过程有效率的情况下才能实现。在这个意义上讲，效率所强调的是交易过程的有效性和有利性，故提高交易过程的效率则成为商事立法和制度创设所应遵循的基本原则。它包括以下方面：

1. 交易行为要素中的定型化。定型化包括交易形态的定型化、交易客体的定型化、交易方式的定型化等多个方面。其中交易形态的定型化表现为商法对若干典型交易类型的抽象和概括，从而使之可适用于一切商事主体，如期货交易、证券交易、房地产交易、商业保险、商业银行存贷款、票据流通、海上货物运输与保险等。交易客体的定型化则是商法对交易对象的抽象和概括，使之价值化，表现为前面所述的财产资本化、资本证券化、权利与资本的数据化等商事交易的定型化过程。交易方式的定型化则表现为商法对在商事交易中多种重复使用的订约、承诺等方式的规范化，如保险合同签订中的投保与承保、证券交易中的发盘与接盘等。

2. 合同条款的格式化。合同中的格式条款实质是合同内容的固定化和规范化，如保险合同的格式化、条文化，企业借款合同（如债券与银行贷款）的款式化、证券化等，可以大大简化订约程序，节省订约时间。

3. 时效与期限的短期化。商法将商事交易所生之债权的时效期间和除权期限予以特别的缩短，进而催促或督促权利人及时行使权利，如个人独资企业法、合伙企业法、担保法等中有关债权人除权期限的规定，票据法对持票人提示承兑、付款请求权、追索权行使的短期时限，货物买卖中对质量异议的短期时效等。

4. 责任豁免手段的简便化。除责任的有限化之外，对责任的明确化、对责任豁免方式的简便化均在于加快交易，促进交易的效率，如仓储保管合同中仓库营业人在寄托人违约时对寄托物的直接拍卖、海上运输合同中收货人的受领则视为货物已交清完毕等。

第三节　商法原则的适用

一、商法原则的适用路径

商法原则作为普遍性的制度性准则，其适用的基本路径有两种：一则通过立法的制度性安排和具体法条设计，使之在商事立法中得到贯彻；二则把其细化为具体的裁判规则，使之在商事裁判中发挥实效。

（一）商法原则在商事立法中的贯彻

商法原则首先是立法的指导性原则，该原则直接约束和决定商法的立法方向和法条主旨，因此，商法原则应在商事立法的整个过程中产生指引效应和约束效应。

商法原则同时也是立法价值的具体宣示。作为商事的技术性准则，它要求商事立法应把前述所列商法原则，通过具体、特定的立法规范或法条形式，作明确的宣示或详细的列举，把之作为一项基本的法律原则，确定于相关立法文本之上，使之成为约束商事法律规范解释的基本准则。

商法原则还具有制度性准则的属性，它是指导商事立法中具体制度引入、法条设计、相关制度或法条之间协调的指引性准则。

（二）商法原则在商事裁判中的适用

与商事立法相比，商法原则在商事裁判更能彰显其指引效应。通过商法原则对商事裁判的具体指引或约束，体现商法理念、价值和原则的商法规范才能发挥实际效应、产生实质性的调整功能。因此，商法原则对商事裁判中的具体适用，则更为重要。

但是，无论是商法原则在商事立法中的全面贯彻，还是在商事裁判中的具体适用，均应有赖于原则指引下具体商法规则的强制性约束，才能真正发挥实效。在一定意义上讲，商法原则的适用与否，实际有赖于商法规则的再具体化。因此，弄清商法原则与商法规则的关系，厘定商法规则的制度内涵与调整功能，建立起支撑商法原则再具体化的商法规则体系，对确保商法原则的适用，具有重要意义。

二、商法原则适用下的商法规则

（一）商法规则的内涵界定

1. 法律原则与法律规则的理论分歧

关于原则与规则的定义、关系、差别，学界的理解、看法与观点尚有较大分歧。就域外学者而言，庞德是比较早地论及法律原则与法律规则的学者，他认为，"规则是对一个确定的具体事实状态赋予一种确定的具体后果的法令"，而"原则是一种用来进行法律论证的权威性出发点"。〔44〕之后，德国学者约瑟夫·埃塞尔在其1956年出版的《原则与规范》一书对此也有所涉及。〔45〕但自美国学者罗纳德·德沃金在1967年发表《规则模式》一文后，〔46〕才引起国际学术界对此议题的重视，并进而引发激烈的原则与规则之争，〔47〕其中哈特与德沃金之间关于原则、规则的定义、论争又最具代表性。

在德沃金看来，原则与规则都属于法律准则的范畴，其关系包括两个层面：(1)指导性准则与适用性准则的关系。即被称为原则的法律准则，"它应该得到遵守，并不是因为它将促进或者保证被认为合乎需要的经济、政治或者社会形势，而是因为它是公平、正义的要求，或者是其他道德层面的要求"；"规则在适用时，是以完全有效或者完全无效的方式"，即以全有或全无的方式，要么适用要么不适用，"如果一条规则所规定的事实是既定的，那么，或者这条规则是有效的，在这种情况下，必须接受该规则所提供的解决办法。或者该规则是无效的，在这样的情况中，该规则对裁决不起任何作用"；相反，原则却不能。(2)抽象性准则与具体性准则的关系。即"原则具有规则所没有的深度——分量和重要性的深度"；"规则就没有这一层面上的问题"，它是一种直接适用的法律准则，"在规范人们行为方面具有更大或者更重要的作用"。〔48〕

在哈特看来，规则作为构成法律的基本要素，与一般意义的法律规范具有等同

---

〔44〕［美］罗科斯·庞德：《通过法律的社会控制》，沈宗灵译，商务印书馆1984年版，第22～25页。

〔45〕J. Esser, *Grundsatz und Norm is der richterlichen Fortbildung des Privatrechts*, 3. Aufl., Tübingen, 1974.

〔46〕R. Dworkin, *The Model of Rules*, University of Chicago Law Review 35 (1967), S. 14－46；［美］罗纳德·德沃金：《论规则的模式》，潘汉典译，载《法学译丛》1982年第1、2期，第1～16页、第18～24页。

〔47〕［德］罗伯特·阿列克西：《法律规则与法律原则》，张青波译，载《法哲学与法社会学论丛》2008年第0期。

〔48〕［美］罗纳德·德沃金：《认真对待权利》，信春鹰、吴玉章译，中国大百科全书出版社2000年版，第40～48页。

的含义。哈特把规则分为两大类,即“第一类规则设定义务,第二类规则授予权力,公权力或私权力”,其中,设定义务的规则为义务性规则,属于第一性规则,具有不确定性、静态性、无效性等缺陷;授予权力的规则为救济性规则,乃第二性规则,具有权威性、变动性、实施性等特点,具体表现为“承认规则”“改变规则”“裁判规则”等,故“法即第一性规则和第二性规则的结合”。不仅如此,哈特又认为在规则之上,还存在“表观上人有资格受到同样对待”之法律正义原则。[49] 这说明,哈特所定义的规则属于具体、实在、适用层面的法律规范,而原则乃系指高于规则之上的抽象、观念、指引性法律准则,属于道德法、观念法、原理法的范畴。

除此之外,如贝勒斯、阿列克西等,均表达过关于原则与规则的不同观点,其中,美国学者贝勒斯的观点与德沃金的观点比较接近,认为与原则的应当性进而所显示出来的一般性、指导性、抽象性、约束性等特性或功效不同,规则属于实然性范畴,是一种更具特殊性、操作性、具体性、严格性的法律或制度性准则。与法律原则相比,一方面,“规则是以要么有效要么无效的方式适用的,如果它们适用于一种情况,它们就限定了它的价值”;另一方面,不同规则之间“并不必须互相衡量或平衡”,它具有必须适用或不适用的属性。[50]

德国学者罗伯特·阿列克西则认为,区分规则和原则应考虑如下几个方面:(1)确定性、决定性要点差异。原则是一种具有“最大化要求”属性的法律准则,它“要求某种东西以一种相对于法律和事实可能性尽可能高的程度被实现”,且“这种最大化要求可以不同程度地被满足,并且对它要求的实现程度不仅依赖事实的可能性,而且依赖法律的可能性”,故原则具有不确定性;相比之下,规则是一种更为确定性的法律要求,即“规则是这样的规范,它们总是只能或者被满足,或者不被满足。如果一条规则有效,那么要求的就是,精确地做它所要求的,不多也不少”,因而“规则包含了在事实和法律可能性范围之内的确定性”。(2)不同的表面优先特征。通过要求精确地做由它所要求的,规则就含有考虑到对立原则要求的确定性,具有表面优先特征;相比之下,原则通常不含这样的确定性而被界定,不具表面优先特征。(3)抽象与具体程度性差异。即“如果规则是考虑到大多数对立原则要求的确定性的话,那么原则就是规则的理由。原则多数情况下显示了高的抽象度,因

〔49〕［英］哈特:《法律的概念》,张文显等译,中国大百科全书出版社1996年版,第81～100页、第155～165页。

〔50〕［美］迈克尔·D. 贝勒斯:《法律的原则——一个规范的分析》,张文显等译,中国大百科全书出版社1996年版,第12～13页。

为它们还没有涉及事实和规范世界可能性的界限"。[51]

英国学者米尔恩也对原则与规则的关系，有过比较经典的分析，他认为，"法律和道德正是通过它们所包含的规则和原则而成为行为的指南"，其中规则属于"一项采用概括性命令形式"的行为指南，故"规则支配的行为是简单的对或错的行为"，"一项规则或者获得遵守，或者遭到违反"；原则却是一种倾向于一般性要求的行为指南，即"原则为充满理解的行为提供了依据；它通过规定这样的行为必须满足的一定要求来做到这一点"，因此，"原则调控的行为可以是好的或坏的，也可以是对的或错的"。不仅如此，米尔恩还认为，"规则的要求是具体的，因而可以用明确的命令和禁令加以系统的表述"。而"原则的要求具有更高程度的一般性，因而需要依照具体场合作解释"。[52]

就国内学界而言，多数学者对原则与规则并未加以严格区分。如有学者就认为原则即为"根本规则"；[53]有学者甚至把规则、原则、程序视为同一位序的概念或范畴。[54] 部分学者虽认识到原则与规则之间的不同或差异，但对其确定内涵和功能定位，并不是很清晰。其中，代表性的观点有：(1)抽象与具体的关系。此论认为原则是对行为应当符合一定标准或规范、在作抽象化逻辑阐述的指引性准则，而规则为行为必须遵守具体要求或规定、并具操作实施性和直接适用性的行为准则；[55]有学者从金融监管模式由以规则为基础的传统型向以原则为基础的新兴型转变的角度，认为规则具有具体性、确定性，而原则更具概括性、适应性。[56] (2)价值与规范的关系。如有学者认为，法律原则与法律规则都属法律规范的范畴，只是法律原则为根本规范或基础规范，为一国法律的基本信条和准则，寄托了法律的总体精神和根本价值，在法体系或法部门中居于基础性地位，而成文规则属于一般性、具体性规范。[57] (3)指导思想与法律规范的关系。如有学者把法律规则与法律规范等同，认为规则是指具体规定权利和义务以及法律后果的准则，它预先设定确定、具体的事实状态，并规定具体的权利和义务，具有微观的指导性、可操作性或可适用

---

〔51〕［德］罗伯特·阿列克西：《法律规则与法律原则》，张青波译，载《法哲学与法社会学论丛》2008 年第 0 期；［德］罗伯特·阿列克西：《法律论证理论》，舒国滢译，商务印书馆 2019 年版，第1～6 页。

〔52〕［英］A. J. M. 米尔恩：《人的权利与人的多样性》，夏勇、张志铭译，中国大百科全书出版社 1995 年版，第 15～30 页。

〔53〕徐国栋：《民法基本原则解释》（增订本），中国政法大学出版社 2001 年版，第 7～8 页。

〔54〕陈年冰：《规则、原则、程序——民法基本原则的立法要义》，载《法学》1997 年第 9 期。

〔55〕杨明：《论民法原则的规则化——以诚信原则与情势变更原则为例》，载《法商研究》2008 年第 5 期。

〔56〕刘轶：《金融监管模式的新发展及其启示——从规则到原则》，载《法商研究》2009 年第 2 期。

〔57〕李可：《原则和规则的若干问题》，载《法学研究》2001 年第 5 期。

性、确定性、可预测性等特点,包括规范性规则和标准性规则;法律原则是指可作为规则的基础或本源的综合性、稳定性原理和准则,它不预先设定任何确定、具体的事实状态,没有规定具体的权利和义务,更没有规定确定的法律后果,具有较宽的覆盖面、宏观指导性、稳定性强等特点,可分为政策性原则和公理性原则。[58] 或者认为,法律原则"体现着法的本质和根本价值,是整个法律活动的指导思想和出发点,构成法律体系的灵魂,决定着法的统一性和稳定性"。[59] 也有学者认为,"规则"一般系指被普遍认可的对人的行为的明确规定,或具有普遍性的行为模式,在逻辑上包括适用条件、行为模式、法律结果三部分,而原则是人们普遍认可的政治理想、道德观念和法律精神所在,是制定和执行法律的指导思想。[60] 还有学者认为,法律原则载负着法律精神,并不涉及具体的某一法律关系,也并不规定法律关系中具体的权利义务,以及违背义务所承担的法律责任,它不具备假定、处理、制裁等法律规则应具备的逻辑要素,具有内容上的宽泛性、抽象性和地位的至高无上性,在适用上作为解释法和补充法,并赋予法官以自由裁量权;法律规则属于具体法律规范层面,其所设定的事实状态及该事实状态满足法律规定的技术指标所具有的法律后果都是明确、肯定的,具有内容上的确定性和适用上的可操作性,只要某事实状态符合规则假定的条件,法官即可以直接适用该规则。[61] 更有学者从民法角度,认为民法原则是适用于民法的特定领域乃至全部领域的准则;民法规则是由构成要件与法律后果组成的具体明确的法律规则。民法原则是民法规则的本源和基础,它可以弥补民法规则的不足与局限,甚至可以直接作为法官裁判个案的法律依据。[62] (4)二元规则的关系。如有学者通过比较德沃金与哈特的理论,认为法律规则与法律原则不具有抽象程度、实定性、形式原则、理由类型等方面的"质的差别",而是属于规范性规则理论下的惯习性规则和偶合性规则两种不同规则理论范畴,其中,被称为规则的惯习性规则,作为人们的行动理由在于一致性实践的存在;而被称为原则的偶合性规则,作为人们的行动理由则源于其追求的价值,而非人们的一致性实践。[63] 也有学者认为,私法是由原则与规则组成,它们之间是一种具有不同功能的二元结构关系,其中,规则重在民事法益中权利和义务的分配,而

---

〔58〕 张文显:《规则·原则·概念——论法的模式》,载《现代法学》1989年第3期。

〔59〕 张文显:《法学基本范畴研究》,中国政法大学出版社1993年版,第57页。

〔60〕 严存生:《规律、规范、规则、原则》,载《法制与社会发展》2005年第5期。

〔61〕 马新彦:《信赖原则指导下的规则体系在民法中的定位》,载《中国法学》2011年第6期。

〔62〕 崔建远:《论民法原则与民法规则之间的关系》,载《江汉论坛》2014年第2期。

〔63〕 刘叶深:《法律规则与法律原则:质的差别?》,载《法学家》2009年第5期。

原则更多体现民事法益背后的基本价值、基本观念。〔64〕

从上述观点来看，相对于原则的概括性、抽象性、不确定性而言，学者对法律规则的看法，则大相径庭，多数学者把法律规则等同于具体的法律规范。足见，在对原则与规则之概念或内涵界定不一的前提下，是难以寻求原则与规则关系的一致性认识。

2. 法律原则与法律规则的关系厘定

在英文词汇中，表达原则时一般为 principle，系指规则时一般用 rule，但两者均含有行为规范、行为准则之义，但 principle 更多表达有最主要、最基本、最重要的道德原则、原理、本原、理由、信条等原理性、抽象性、指引性的行为准则；而 rule 的本义带有习惯、常规、常识等公理性、具体性、适用性行为准则倾向。〔65〕 中国学者翻译解释，一般把法律原则译介为"不能为个别或具体的法律规则所涵盖，而在司法判决中作为司法推理的权威性起点的一般性原则"；而规则被译介为"由有权机关制定的，可导致确定的法律后果的行为规则或指导性准则，通常适用于较具体的事项"。〔66〕 在现代汉语的词义和语境里，原则一般被解释为"说话或行事所依据的法则或标准"；规则系指"规定出来供大家共同遵守的制度或章程"或法则。〔67〕

虽然原则与规则都可表达法律准则的含义，均具有一定的行为约束性制度功能，但无论从中外学者对原则与规则的定义、界定、解释，还是从词源所表达的本义，均可看出，被称为原则的准则，一般系指符合自然公理或道德伦理的抽象性、一般性、指引性法律准则；被称为规则的准则更倾向于表达适用特定现象或事项的具体性、特定性、实施性法律准则。就法律原则与法律规则而言，更准确地讲，法律原则一般是从法的理念和价值出发，基于法律应当符合天理（自然公理）或人道（道德伦理）的抽象性、一般性、指引性法律准则，它一般是从应然、宏观层面约束、指引立法设计、制度安排、行政执法、司法取向；法律规则大都是从法的技术和实施角度，基于法律必须具有权威（法律具有强制执行力并须得到有效的实施）或实效（法律实施后产生实际调整效果）的具体性、特定性、实施性法律准则，通常是从实然、微观层面约束立法者、执法者、司法者、守法者的具体行为。

基于以上对一般性法律原则与法律规则的深入分析和意义厘定，不难发现，所

---

〔64〕 白飞鹏、李红：《私法原则、规则的二元结构与法益的侵权法保护》，载《现代法学》2002 年第 2 期。

〔65〕 Bryan A. Garner，*Black' s Law Dictionary - Eighth Edition*. West ，a Thomson business，2004，p. 1230、1357.

〔66〕 薛波主编：《元照英美法词典》，法律出版社 2003 年版，第 1091 页、第 1211 页。

〔67〕 中国社会科学院语言研究所词典编辑室编：《现代汉语词典》（第 6 版），商务印书馆 2012 年版，第 489 页、第 1601 页。

谓商法原则，如前所述，一般是从商法的理念和价值出发，基于商法应当符合商理（营业公理）或商道（营业伦理）的抽象性、一般性、指引性法律准则，它一般是从应然、宏观层面约束、指引商事立法设计、制度安排、行政执法、司法取向；商法规则大都是从商法的技术和实施角度，基于商法必须具有公信（商法的强制力、执行力与公信力）或效应（商法实施后产生效益最大化的实际调整效果）的具体性、特定性、实施性法律准则，通常是从实然、微观层面约束商事立法者、商法执法者、商事裁判者、营业当事人的具体行为。

由此可见，相对于更具抽象的商法原则而言，商法规则更显具体性；原则是规则的理由与依据，而规则是原则更具体的体现，是细化、落实原则的。易言之，相对于商法基本原则从应然、宏观层面对立法、制度、行政、司法作抽象性、一般性、指引性约束，商法具体规则系指从实然、微观层面，通过具体的立法技术使之细化、固化或定型为具可行性、可操作性、可执行性的适用性准则，对商事立法者、商法执法者、商事裁判者、营业当事人的具体行为产生直接约束力的实施性、适用性法律准则。

需要特别说明的是，法律规则不是具体的法律规范，同样商法规则也并非指商法的具体规范，商法规则仍然属于商法精神层面的商法形态或商法状态。依据笔者在前文所提理念之法、价值之法、原则之法、规则之法、规范之法等法的五种存在形态，规则之法主要体现法律对某一部门或某类行为的约束性规范与指引；规范之法则是以适用条件、行为模式、法律后果为基本构成要素，具体规范、约束、指引主体行为之法。商法规则重在对商法部门、子部门或子部门法下的某类营业主体或营业行为具有实然约束性规范与指引的法律准则；它既可以具体法律条文表现出来，也可以是多个法律条文共同的适用准则，还可在没有任何法律条文规定的情况下依据交易习惯、商业惯例和营业中共同遵守或认可的信条等法外准则的形式存在。商法规范则是以适用条件、行为模式、法律后果为基本构成要素，具体规范、约束、指引所有商事主体或商事行为之法律规范；它只可以具体的法条表现出来。例如，某一商法规范，既可通过一个具体的法律条文表现出来，也可通过多个法律条文共同表现出来，但只可以法条而不可是法外准则的形式存在。

（二）商法规则的功能定位

1. 落实商法基本原则

商法规则作为对商法部门、子部门或子部门法下某类营业主体或营业行为具有实然约束性规范与指引的法律准则，是对具同一性、同类性、同质性的某类营业主体或营业行为进行较强约束力且具直接适用性的指引性调整，其位序性和重要性居商法原则之下，其核心功能就是实现或落实商法的基本理念、价值取向、立法或制度性原则。特别是商法原则，必须通过一系列较为具体、实然的可适用性商法规则，使之得到有效的贯彻和实现。有学者认为，原则作为行为理由，通常是某种价值性的表达，而价值意味着一种规范性要求，即通过规则的中介实现其背后的原则，因此，规则存在的必要性，来自原则作为行为理由的不完全性，其主要功能在于将一个不完全的原则具体化，或者确定冲突原则的特定解决方案。[68]

商法规则落实商法原则，集中表现在如下几个方面：(1)均分营业机会、尊重营业自治、确保营业安全、提高营业效率等商法原则，就必须有对应的一套商法规则，才能具有实在的指引性功能。如确保营业安全，就必须有权利外观主义这一商事行为或权利确认的效力性规则对应，才具可操作性、可适用性、可实现性。(2)商法的理念、价值、原则在不同营业领域或环节，均应有一套具实在操作性、适用性并具较强约束力的商法规则，才能得到有效的落实。如提高营业效率这一商法原则，如何在不同商法子部门法得到落实，就必须通过如意思判断文义主义的效力性规则，才具真正的可执行性和可适用性。(3)不同商法子部门、商法子部门法中的某一类主体或行为，基于特殊性、共同性，唯有通过某一类商法规则才可保持商法理念、价值、原则在这一类带有特殊性或共同性的主体、行为之间，保持法律与制度的一致性、统一性。如证券法、票据法中认定证券、票据持有人的行为效力与权利归属，其基本的商法规则就是无因性规则。无因性规则既是商法理念、价值、原则在证券法、票据法等商法子部门法中某一同类主体、行为中的具体化和实在化，更是确保权证类营业行为与商事权利法律规定、制度安排一致性和统一性的必然要求。可见，落实商法理念、价值、原则，是商法规则最基础、最核心的功能，其中，因商法原则与商法规则的位序又最邻近，自然其贯彻并落实商法原则的功能也就最直接、最有效。

2. 约束商事立法技术

从实质内容来看，商法规则系指对具同一性、同类性、同质性的某类营业活动、商事主体或商事行为进行具较强约束力且具直接适用性的指引性准则。这套准则相对于前述的商法理念、价值、原则，特别是相对于商法原则，因指向调整目标的同一性、同类性、同质性等共同性特征，实质就为商事立法在制度安排或法条设计的具体技术环节上，给予较强的直接性约束。例如，我国《票据法》第10条关于“票据与其基础关系”的规定，即“票据的签发、取得和转让，应当遵循诚实信用的原则，具有真实的交易关系和债权债务关系”；“票据的取得，必须给付对价，即应当给付票据双方当事人认可的相对应的代价”等规定，就被学者批评为违背公认的票据权利

〔68〕 范立波：《原则、规则与法律推理》，载《法制与社会发展》2008年第4期。

取得之“无因性规则”。[69] 之所以出现这样的条款，是因为在商事立法中，没有认识到甚至完全忽视商法规则对具体商事立法技术与法条设计的较强直接约束功能。因此，重视商法规则对商事立法的技术性约束，不仅可以有效促进前述商法理念、价值、原则入法入规，而且有助于提高我国商事立法的技术水准，维持同类商法制度在商法具体规范中的统一性和一致性。

3. 指引商事裁判统一

从表现形式来看，商法规则的最大特点在于对具同一性、同类性、同质性营业进行调整时，概括、总结、归纳出一整套具实然性、具体性、适用性的法律准则。这些基本的准则具有公理性、伦理性等共同特质，具有一般性、普遍性、国际性、共识性等专业属性，得到了业内、国际同行的共同认可和长期信守，不可轻易因为存在不同的理解或怀疑而随意改变。因此，某些具较强直接约束力的商法规则一旦确定，就在相当长的历史时期内，保持高度的稳定性和适用上的一致性，它不允许因地域、国别、管辖的不同，而有所差异。商法规则的这一特质，恰恰又是对商事裁判最直接的约束，它要求法院或仲裁机构、法官或仲裁员在裁判有关商事类案件时，必须不折不扣地严格遵守有关商法规则，而不可逾越甚至随意根据自己的意思，解释甚至改变这些被业内、国际同行共同认可和长期信守的商法规则。

例如，拍卖中的竞价确认与强制缔约规则，就是几千年来得到业内、国际同行共同认可和长期信守的技术性规则；但在我国，这一古老的商法规则就被司法解释随意废止。最高人民法院《关于人民法院民事执行中拍卖、变卖财产的规定》（法释〔2004〕16 号）第 16 条* 关于“优先购买权人”可代位“最高竞价买受人”的规定，就明显违反了拍卖中的竞价确认与强制缔约规则，在司法实践中引发一系列新的纠纷和问题。又如，基于商事登记而产生的推定真实、权利外观和信赖利益规则，也是商法最基本的规则，但这一规则在我国也被司法解释所改变甚至颠覆。例如，最高人民法院《关于适用〈中华人民共和国公司法〉若干问题的规定（三）》（2020 年修正）（法释〔2020〕18 号）第 24 条、第 25 条关于实际出资人股东权利、以物权善意取得规则判断名义股东处分股权的效力，就完全违反了推定真实、权利外观和信赖利益规则，不仅不能有效解决出名登记、委托代持类股权纠纷的诉争，反而因司法解

〔69〕 董惠江：《票据无因性研究》，载《政法论坛》2005 年第 1 期；杨继：《我国〈票据法〉对票据行为无因性规定之得失》，载《比较法研究》2005 年第 6 期；傅鼎生：《票据行为无因性二题》，载《法学》2005 年第 12 期；张澄：《试论票据行为的无因性及其相对性——兼评我国〈票据法〉第十条》，载《政治与法律》2006 年第 2 期；张燕强：《论票据关系无因性之否认》，载《法商研究》2007 年第 4 期。

* 2020 年修正案、法释〔2020〕21 号第 13 条。——笔者注

释的不妥当规定，而平添新乱，自然也就饱受学界、业界非议和批评。[70] 类似的情形，如在投资入股、民间借贷、房地产合作开发、股权转让、承包经营、阴阳合同等领域，最高人民法院出台了多个名为什么、实为什么之实质意思主义的司法解释文件，[71]完全颠覆甚至否认商法领域长期以来奉行或信守的意思判断文义主义规则。这些在我国商事裁判中，可以说屡见不鲜。而之所以一再出现这样令业内不解、无奈甚至痛心的事情，就在于我们长期漠视甚至否认商法规则存在形态的独立性和裁判功能的强制约束性，更没有认识到，具商法基本精神和具普遍适用性的商法规则，具有直接、具体的强制性和适用性约束力，只能是商事裁判严格遵守的准则、法则和信条，而不是随意选择可用不可用的抽象性指引，更不可成为任意解释甚至改变的对象。

因此，在我国引入商法规则，使之成为商事裁判中严格遵守、适用的基本法则和业务准则，规范商事裁判行为，通过同类营业适用同一商法规则，以实现同案同判，借以促进并维持商事裁判的统一性和一致性，不仅是一个重要的商事裁判实务问题，更是一个严肃的商法理论学术问题，值得我们认真对待和深入讨论。

三、商法规则的表现形式

商法规则的具体形式，表现在多个方面，以下从对应商法原则、对应商法特质、对应商法子部门的不同视角，作一概括性的分析。

（一）对应商法原则的商法规则

商法基本原则集中表现在前述均分营业机会、尊重营业自治、确保营业安全、提高营业效率等四个方面，而每一不同的商法原则下，均对应着不同的商法规则。如确保营业安全原则，就对应着营业正当规则、营业公开规则、营业维持规则、意思文义规则、权利外观规则、行为无因规则等不同的商法规则。关于对应商法基本原则的商法规则，前节相关内容已有详细的分类和细述，在此不再讨论。

---

〔70〕 葛伟军：《有限责任公司股权代持的法律性质》，载《法律科学》2016 年第 5 期；赵旭东：《股权代持纠纷的司法裁判》，载《法律适用（司法案例）》2018 年第 22 期；朱慈蕴：《规避法律的股权代持合同应以不鼓励为原则》，载《法律适用（司法案例）》2018 年第 22 期；叶林：《股权代持纠纷裁判的司法立场》，载《法律适用（司法案例）》2018 年第 22 期；王毓莹：《股权代持的权利架构——股权归属与处分效力的追问》，载《比较法研究》2020 年第 3 期；王莹莹：《〈证券法〉2019 年修订背景下股权代持的区分认定》，载《法学评论》2020 年第 3 期。

〔71〕 最高人民法院《关于审理涉及国有土地使用权合同纠纷案件适用法律问题的解释》（法释〔2005〕5 号）第 24 ~ 27 条、《关于审理民间借贷案件适用法律若干问题的规定》（法释〔2015〕18 号）第 24 条等。

(二)对应商法特质的商法规则

对应商法特质的商法规则即对应于商法一般性特质,且适用于营业不同领域的基本规则。如从商法制度、技术、效力、裁判等不同领域、形式或环节,就存在不同的适用性规则,它包括制度性规则、技术性规则、效力性规则、裁判性规则等多个方面。(1)商法的制度性规则,即对应商法的基本制度原则所呈现的商法原则,它包括营业公开、营业正当、营业自治、营业维持等具代表性的一些规则。(2)商法的技术性规则,即商法因技术性特质或品格而表现出来的基本规则,它包括遵循商业惯例规则、合同形式主义规则、格式要件主义规则、公益强制主义规则、登记法定主义规则、信息公示主义规则、竞业禁止规则、善良管理规则、信义信赖规则、商业判断规则等。(3)商法的效力性规则,即判断商事活动、商事主体、商事行为效力的基本规则,包括意思文义主义规则、文义要件主义规则、权利外观主义规则、行为无因主义规则(无因性规则)等。(4)商法的裁判性规则,即直接约束商事裁判活动的基本规则。如受信违信规则、信赖利益规则、风险分担规则、损害补偿规则、惩罚赔偿规则等追责性、惩罚性、裁判性规则等。以下集中讨论一下最具商法特质、影响最为普遍、适用最为广泛的效力性规则。

1. 意思文义主义规则

(1)意思文义主义规则之内涵。意思文义主义规则又称文义主义规则或意思文义规则,系指在认定商事主体为商事行为时,其意思表示之合意内容、目的主旨和真实与否,应以意思表示的外在文义为基本判断依据,而非以穷究或还原隐藏于营业当事人之动机、原意、真意等内在意思为考量因素。易言之,认定或判断营业当事人之意思有无、目的或真实与否,应以意思表示的确定外在文义为准,而非以不确定的内在真意为据。

(2)意思文义主义规则之原由。意思文义主义规则之所以产生、出现并成为商法最基本的效力性规则,既是商法目标效益价值与安全保障价值的具体表现,也是确保营业安全和提高营业效率等商法原则的必然要求,更是营业中当事人对营业效益与交易安全经长期权衡和充分考量后总结、凝练出来的基本准则。平等、自由是私法的内在价值和核心因子,民法与商法均属私法范畴,自然应以平等、自由为基本的价值取向和思维定式。但是,民法作为私法的一般法,主要负责调整日常生活和消费经济关系,在涉及主体财产关系的权利义务分配上,则秉持和谐理念与公平原则,强调并重视当事人之间权利义务内在配置的一致性、均衡性、对称性,倡导和谐理念与公平价值，奉公平为基本原则；[72] 在表意形式上是否具有瑕疵，似乎在所不问，即所谓的意思表示内容的内在真实与实质主义。[73] 相对而言，商法作为私法的特别法，专司调整营业关系，在所涉主体财产关系的权利义务分配上，则秉持并侧重当事人之间意思文义外在形式的关联性、完备性、对价性，遵循最大化效益理念和交易迅捷安全原则；[74] 至于当事人之间内在的意思表示是否真实或存有瑕疵，一般不作考虑，只要意思表示的外在形式（签字或印章）不存在虚假或瑕疵，就应根据意思推定真实原则，认定意思表示的真实性和有效性，即奉行意思表示形式的文义主义。

正是因为民法与商法所涉领域、调整对象、追求目标、支撑理念、依托价值和适用原则均存在比较大的差异，就决定了对待一般民事事务与特殊商事行为之间，应秉持不同的思维和规则。就商事合同而言，当事人之间意思表示、合同有效性的判断标准，显然不能以一般民事合同中意思表示的内在真实与条款内容的公平合理为标准，而应征之该商事合同文义记载、外观形式的推定真实，即是否为当事人本人或代理人的真实签字或印章，至于该商事合同记载的内容是否符合当事人的真实意思，当事人之间实质性权利义务的分配是否公平合理，进而达到显失公平的临界点，一般不应考虑，也无法衡量，更不可作为认定该合同效力的适用条件和判断标准。

（3）意思文义主义规则的约束性适用效力。作为商法最基本的效力性规则，意思文义主义规则对商法解释和商事裁判，均具有直接的约束力和适用力。文义解释法在具体适用过程中，通过逐步形成的语法规则、通常含义（平义）规则、通常含义与技术术语含义的选择规则、概括用语的解释规则（同类规则）等若干具体规则，[75] 一方面在文义解释法的基本精神之下，正确发现或阐释法律的真实含义；另一方面通过文义解释法的适用，设定各种限制、约束和规范，直接约束商事裁判。

---

〔72〕 易军：《民法公平原则新诠》，载《法学家》2012 年第 4 期；王磊：《论显失公平规则的内在体系——以〈民法总则〉第 151 条的解释论为中心》，载《法律科学》2018 年第 1 期。

〔73〕 刘淑珍：《遗嘱必须是立遗嘱人的真实意思表示》，载《法学研究》1985 年第 4 期；冉克平：《民法典总则视野下意思表示错误制度的构建》，载《法学》2016 年第 2 期；崔建远：《意思表示的解释规则论》，载《法学家》2016 年第 5 期；杨立新：《〈民法总则〉规定的隐藏行为的法律适用规则》，载《比较法研究》2017 年第 4 期；解亘：《意思表示真实的神话可以休矣》，载《苏州大学学报（法学版）》2018 年第 2 期；李永军：《从〈民法总则〉第 143 条评我国法律行为规范体系的缺失》，载《比较法研究》2019 年第 1 期。

〔74〕 钱玉林：《商法的价值、功能及其定位——兼与史际春、陈岳琴商榷》，载《中国法学》2001 年第 5 期；赵万一：《论民商法价值取向的异同及其对我国民商立法的影响》，载《法学论坛》2004 年第 1 期。

〔75〕 致远：《文义解释法的具体应用规则》，载《法律适用》2001 年第 9 期。

第一,意思文义主义规则具有直接的法律解释约束效力。意思文义主义规则直接约束对商法具体法条和当事人具体意思表示的解释,即文义解释;作为一种基本的法律解释方法,它要求应严格按照具体法条的文义,来解释立法目的和制度功能,因此,文义解释作为法律解释的最基本方法,涵盖了字面、限缩、扩张、法意、合宪、体系、语法、比较等解释方法,[76]更应成为商法解释最优先使用的方法。不仅如此,作为一种最基本的意思解释方法,它同时要求在对意思表示的解释、认定、判断上,应遵循有无文义、文义优先、文义为准的基本准则,以文义之有无、真实、对价与否,来认定营业当事人之意思是否存在、真实,该文义表现的意思是否存在矛盾、对价、冲突等情形;除非合同或营业当事人事前或事后对文义表达错误,并形成与外在文义不同的一致理解,或者一种效力更高的文义形式推翻原有文义的记载或内容。[77] 在具体的意思文义解释中,经过长期的法学理论阐发与司法实践尝试、检验,又逐步形成了包括语法规则、语义学规则、概括性法律用语规则等一系列指引和规范文义解释的操作技术规则。[78] 这些具体的文义解释规则,对法律、合同解释,均具直接的适用性约束力。

第二,意思文义主义规则对商事裁判适用也具直接约束效力。意思文义主义规则反映在商事裁判过程中,则表现为商事裁判的意思文义认定或判断规则,即法院或法官判断或认定商事合同或商事行为是否成立和有效,不应去深究当事人之内在意思表示是否真实,而应重点考察有无文义记载及其文义记载之要素、形式、程序,是否符合当事人约定、企业代理、行业商会组织的规定或公认的商业习惯。如存在文义记载或具备形式要件,则应认定该商事合同或商事行为成立并有效;即使该文义记载的内容与其内在的真实意思存在差异,如不存在文义记载形式要件的欠缺,除非有足够证据证明,则不应否认该商事合同或商事行为的有效性。具体而言,只要该商事合同或商事行为上的签字是营业当事人真实的签字和盖章,就应推定该商事合同或商事行为系当事人的真实意思,至于该商事合同或商事行为的具体内容、当事人之间的权利义务是否平衡、是否存在强迫或欺诈、是否显失公平,如无反证,法院裁判时应不闻不究。以股权转让合同为例,作为典型的商事合同,其效力的认定,自然应以商法思维中的意思文义规则进而推定真实规则,而非以民法思维中的泛公平规则或实质真意规则来作判断。但事实上,无论是学理上,还是司法实践上,套用民法思维中的泛公平规则,以显失公平为由,认为应当或可以撤销权

---

〔76〕 陈金钊:《文义解释:法律方法的优位选择》,载《文史哲》2005 年第 6 期。

〔77〕 王天凡:《“错误的表示无害”原则及要式法律行为之效力》,载《比较法研究》2011 年第 6 期。

〔78〕 魏治勋:《文义解释的司法操作技术规则》,载《政法论丛》2014 年第 4 期。

利义务实质分配不公平的股权转让合同，则并不少见；[79]最具典型的案件，莫过于“山西金业煤焦化集团有限公司、张某明诉沁和投资有限公司等股权转让纠纷案”，终审被最高人民法院以“股权转让价格与股权的实际价值显著不符”“当事人之间的权利义务是不对等的”“不能体现股权转让真实对价”为由，否认《金海公司股权转让协议书》的股权转让效力。[80] 在该案中，法院之解释、认定、判断行为就明显违背了意思文义主义规则。在我国，商事裁判中出现的同案不同判等裁判乱象，在不同法院、仲裁机构对法条或意思的认识、解释不一致，认定、判断标准不统一，其中缺乏文义规则的约束和限制，是其主因。可见，意思文义规则作为一项最基本的司法适用性、技术性规则，主要通过运用一系列具体的文义解释操作技术，以明晰法条的目的和意思表达的真意，实现同一文义作同一解释、同类事务作同一认定、同类案件作同一判断，以直接约束商事裁判，达到“同一文义”和“同类规则”约束下的“同案同判”之裁判正义。

2. 文义要件主义规则

(1)文义要件主义规则之内涵。构成一个完整文义进而支撑、证明合同或营业当事人之意思表示，应具备必要、基础、核心的构成要件，缺乏其中必要、基础、核心的构成要件，则应认定文义存在根本性欠缺，进而认定该文义不存在，或者推定合同或营业当事人的意思不成立或无表示。文义要件主义规则是文义的外在性、形式性等特质所决定，它是成就并支撑前述意思文义规则的又一商法效力性规则，也是后述权利外观主义规则的前提性条件。

(2)文义要件主义规则之特质。文义要件主义规则具有书面性、形式性、格式性、要式性等方面的特质。

第一，书面性。文义即商事行为的实施主体将其营业的意思以一定规范格式予以具体、明确、肯定的一种书面表达形式，从其表现形式来看，就具有书面性的基本特征。商事行为与一般民事行为最为显著的区别，就在于商事行为具有鲜明的文义性特征。我们知道，民事行为的基本要素即为意思表示。意思表示又是由意思和表示两个既相互联系又独立存在的部分组成的，其中意思所表达是主体愿望、目的、追求的内在真实想法，在学理上，我们把其界定为特定主体与其他主体设立、变更、终止民事权利与义务关系的真实意图；表示则是以特定形式把附载于主体与其他主体设立、变更、终止民事权利与义务关系的真实意图告知、公示或披露给相对

---

[79] 梁作民、张信林：《有限责任公司股权转让合同的效力分析》，载《人民司法》2005 年第 2 期；巴晶焱：《股权转让协议中欺诈和显失公平的认定》，载《人民司法》2011 年第 14 期；何建：《股权转让合同显失公平的认定》，载《中国律师》2014 年第 3 期。

[80] 最高人民法院民事判决书，(2011)民二终字第 76 号。

人,使相对人知悉的行为要素。仅就表示而言,其外在形式有口头、书面(一般书面形式和特殊书面形式)、推定和默示等多种形式。与一般民事行为不同的是,商事行为由于其涉及的权利与义务具有营业性、专业性和复杂性,如以口头、推定和默示来表示就很容易产生分歧或者在产生商业纠纷后难以寻求明确的责任认定与归属。正因如此,就意思表示的形式来看,商事行为更多地或者更主要地表现为书面形式的文义。文义的形式是以法律或者当事人约定的特定书面形式,通常情况下是不能以口头、推定和默示等形式来表示的,而且在某些情况下因法律或当事人约定,还需要如审批、登记、签证、公证等特殊书面形式。

第二,形式性。文义的构成要件需具备法律规定的形式要件。根据法律的规定、既有商业习惯或者当事人的约定,作为商事行为要素的文义,其具体形式有以下几种:①格式合同。②各种投资协议。③企业章程。④证明商事权利与义务的各种证券。如股票、债券、基金券、权证、票据等。⑤证明各种商事合同的法律凭证。如提单、车票、机票、船票、仓单、提货单、保险单、收据、发票、购物凭证、结算单、存款单等。⑥其他文义形式。上述这些书面文义,均有严格的完备要素和形式要件要求。

第三,格式性。由于商事行为涉及的营业事务具有职业性和专业性,所产生的商事权利与义务远比一般民事权利义务要复杂得多,作为商事行为基本要素的文义,往往要对当事人之权利义务作具体、明确、周详的约定,因而文义更多地是以诸如格式合同、章程、证券等具有格式化特征的书面形式表现出来。如现实生活中的车票、船票、飞机票、保险单、提单、仓单、出版合同、保险合同、拍卖成交确认书、商品房屋买卖合同等,都是格式合同。

格式合同条款产生的主要原因有以下几点:降低营业交易和谈判成本的需要;垄断经营或一方经济优势的存在;市场交易和营业专业化的需要;合同规范的需要。从19世纪最后30年开始,随着社会经济条件变化,当事人之间经济地位的明显差异和国家干预经济的加强,契约自由受到越来越多的限制,当事人在缔约法中的平等地位也随之衰落;[81]更为重要的是,随着经济发展,特别是企业对外交往中由于交易标的物的固定和交易内容的重复,为减少交易中的谈判和签约流程,提高签约和交易效率,当事人之间自发地产生利用格式条款来简化缔约程序,格式合同得以产生并被广泛接受。至19世纪末,很多垄断企业采用各种手段提高效益,格式合同就是其中最重要的手段之一。垄断企业提供服务或商品,都是用事先拟定好的规范、标准合同,无需双方进一步讨价还价,从而节约大量人力、物力、时间以获得

〔81〕 苏号朋:《格式合同条款研究》,中国人民大学出版社2004年版,第18页。

更多利益,市场支配地位得到进一步巩固,格式合同随之也越来越广泛地被应用到诸如水、电、气、油、公共交通等公用事业领域和其他社会经济领域。关于格式条款的发展历程,我国台湾地区学者黄越钦先生认为格式合同大致遵循着科技发达、企业组织扩张→大规模生产、大众化消费→经济生活内容定型化→契约定型化→格式合同→一般契约条款(格式条款)这一发展流程,[82]并本着由简单向复杂、个别领域向全社会领域、垄断领域向非垄断领域不断扩张的态势发展。

格式合同作为规模经济和专业化经济的产物,旨在追求交易之迅捷,但却与契约公平、正义价值发生冲突;[83]格式合同条款既有利,也存弊。其积极意义在于:一是因有效地减少签约协商、谈判环节,大大提高签约和交易效率。二是格式条款的标准性和规范性,有利于促进签约流程的规范化、合同内容的完备化和合同形式的标准化。三是有助于提高标准、规范的格式条款,明确当事人的权利与义务,消除或减少合同履行中的各种纠纷。格式合同条款也有明显的缺陷与不足:其一,格式条款因只反映了一方当事人的意思,另一方当事人的意思是附合格式条款提供方的意思,签约过程省却了协商和谈判的环节,明显掩盖了合同意思真实,限制了合同自由。典型的如所谓“霸王条款”的出现。[84] 其二,格式条款被严重工具化,常常被垄断企业和营业优势方用作攫取垄断、超额、法外利益的合同工具,从而极大地损害被动接受方的合法权益。[85]

在实际营业中,商事合同绝大多数情形下,是以格式合同或格式条款的形式出现,其主要类型包括以下几个:①一般商事合同。如产品消费类格式合同;服务消费类格式合同,包括旅游服务、餐饮服务、住宿服务、金融服务、物业管理服务、运输服务等。②公共产品与服务类商事合同。如城市公共交通服务合同;供用电合同;燃料(气、油、煤等)供应合同;自来水供应合同;公用设施(如公园)有偿使用合同;广播、通信服务合同;航空运输服务合同;铁路运输服务合同;其他公共产品与服务类合同。③其他特殊商事合同。如保险合同;仓储、保管合同;商品房地产买卖合同;信贷合同;专业类委托合同;电子商务(如网络、拆封)合同;其他特殊商事合同。

格式合同或条款的大量使用和广泛普及,源于营业的需要,是文义最直接、最常态的表现形式。正因文义的鲜明格式要素和外在特征,所以文义的格式要素或

〔82〕 黄越钦:《论符合契约》,载郑玉波主编:《民法债编论文选辑(上)》,台北,五南图书出版有限公司1984年版,第289~290页。

〔83〕 韩从容:《论格式合同的价值冲突与利益平衡机制》,载《现代法学》2000年第6期。

〔84〕 所谓霸王条款不是一个法律术语,一般是指免除或者限制格式条款提供方责任,加重对方责任,排除对方主要权利的合同格式条款。

〔85〕 杜军:《格式合同研究》,群众出版社2001年版,第36~41页。

外在形式存在明显瑕疵或根本缺陷，无疑就会影响该文义的有效性，[86]并在缔约时产生所谓的格式之争。[87] 这些充分说明营业中文义的格式性，对认定或判断商事合同或营业当事人意思存在与有效的重要性。

第四，要式性。出于营业效益和交易安全的需要，在更多情形下，文义是以法定或约定的特殊书面或公示形式出现，即以某一要式行为作外在表征，[88]或以法定或约定的特殊书面形式、核准登记、审核批准、鉴证、公证等特定要式法律行为的完成与否，[89]作为确认或判断文义是否存在或有效的基本要件。文义的要式性，不仅对诸如商事登记、企业设立、营业许可、票据行为、证券交割、信息公示等本身具要式特征的特殊文义具有基础意义，而且随着要式合同范围和种类的不断扩张，[90]公证、见证、签证等意思文义保证制度的不断复杂、完善和出新，[91]已越来越成为适用整个营业领域的一项最基本的类行为准则。

(3)文义要件主义规则之表现。文义要件主义规则几乎贯穿于营业中的所有环节或不同场合，如合同缔结或生效中的签字见证、文书公证、域外签证等；如各种营业申请文件严格的数量、形式、格式要求；如各种商事核准、登记、备案、许可、审批程序与文本的要式化要求；如各种财物权证、资本证券、货币票据和其他金融产品的制作、发行、背书、流通、汇兑、交割等形式、格式、要式化的要求等；如各种文本、信息的书面、形式、格式、要式化公示等。

(4)文义要件主义规则之要求。要素的相关性、文书的完备性、数量的齐全性、格式的规范性等，是文义要件主义规则最基本的要求，其中文义要素、内容、形式、格式上的规范性，是其核心。这是因为文义体现着商事行为主体的营业意图，要包含当事人的商事权利与义务等基本元素，所记载的事项、制作的程序和具体的外在形式，都必须符合法律规定、既有商业习惯或者当事人约定，因此，文义的内容和形式都必须十分规范。

3. 权利外观主义规则

(1)权利外观主义规则之内涵。权利外观主义规则又称权利认定的外观主义规则、外观主义、外观法理、权利外观或外观责任等，本义系指"以交易当事人行为

---

〔86〕 杜景林：《合同规范在格式条款规制上的范式作用》，载《法学》2010年第7期。

〔87〕 朱广新：《论合同订立过程中的格式之战问题》，载《法学》2014年第7期。

〔88〕 李洪斌：《要式法律行为的理论与实践》，载《法律适用》1995年第11期。

〔89〕 王建玲：《试论要式法律行为》，载《当代法学》1997年第2期。

〔90〕 纪红心：《论要式合同中的"要式"》，载《法学论坛》2000年第5期。

〔91〕 薛夷风：《我国金融借贷法律关系中的自然人保证制度——以自然人保证的书面要式规范为视角》，载《厦门大学学报(哲学社会科学版)》2019年第3期。

之外观为准,而认定其行为所生之效果也”,它在德国为外观法理,在日本为外观主义,在英美法系则称禁反言规则。[92] 它既是商法中重要的效力性规则,更是商事裁判中应遵循的核心、基础规则。权利外观主义规则之基本内涵是,基于名义权利人或行为人的外在行为所表现出来的或有关权利文书所公示出来的表征某种法律关系等外观信息,导致交易第三人基于该种法律关系存在而产生信赖,[93] 并出于该信赖而达成了某种交易(合同)或获得某种权利时,即使有关法律关系的真实状况与第三人主观信赖的外观信息表征状况有所不符,只要该第三人的主观信赖有足够的表征外观信息作支撑,则其交易(合同)和获得的权利就具有正当性、合理性,因而也具有效性,该第三人据此做出的交易(合同)或获得的权利之效力就应受法律的优先保护。权利外观主义规则要求,“在交易关系中,行为相对人对交易中的某种重要事项的外部表现形式为信赖时,该信赖应当受到法律保护的理论”。换言之,“外观主义是交易中的重要事项的外在表现形式而不是其实质决定相应法律效果以保护他人对该外在表现形式的信赖的理论”。[94] 权利外观主义规则的基本理念就是对在交易关系中形成的外观事实进行保护,即使该外观事实与交易本来的真实状况有所不符,法律为保护交易相对人对外在表征文义或公开公示信息的信赖,基于信赖所为之交易(合同)或获得的权利仍应受法律保护。[95]

(2)权利外观主义规则之特质。外观主义的正当性源于营业中,因市场领域、场地、范围、边界的不断扩张,导致交易从原有的熟人社会过渡到陌生人社会。基于经济理性人的判断、信息不对称理论、交易风险的分配、交易成本的降低等决定交易和营业效益等因素的考量和需要,在长期营业中形成的以外观推定意思真假和权利有无之规则,就成为大家共同认可并遵守的规则,进而成为商法中普遍适用的规则。[96] 作为一项基本的法律规则,权利外观规则肇始于德国民法的权利外观责任,其重在基于外观推定真实,而对信赖该外观真实所产生信赖利益的保护和交易安全之维护,其构成要件包括外观事实的存在、善意第三人的合理信赖、因果关系及可归责性。[97] 权利外观规则的意义和目的在于保护交易安全,[98] 其在商法中具有普遍的适用性。[99] 作为商法中一项基本的归责准则和行为效力规则,权利外观

〔92〕 张国键:《商事法论》,台北,三民书局1981年版,第45页。

〔93〕 张勇健:《商事审判中适用外观主义原则的范围探讨》,载《法律适用》2011年第5期。

〔94〕 全先银:《商法上的外观主义》,人民法院出版社2007年版,第10~11页。

〔95〕 刘晓华:《商事审判中权利外观原则的适用》,载《东岳论丛》2013年第4期。

〔96〕 冯玥:《商法中的外观主义研究》,武汉大学出版社2019年版,第38~66页。

〔97〕 李长兵:《德国商法中的权利外观责任及其借鉴》,载《甘肃政法学院学报》2012年第6期。

〔98〕 丁晓春:《权利外观原则及其类型研究》,载《安徽大学学报(哲学社会科学版)》2009年第5期。

〔99〕 石旭雯:《商事外观主义的法律构成》,载《河北法学》2009年第5期。

规则既是商事权利的法定取得方式，也是商事裁判应遵循的基本准则，其虽居选择性准则地位，但在商法中仍具法律推定的强行适用效力。[100] 因此，权利外观主义规则虽肇始于民法善意取得制度的解释学说，但重在文义的外观推定真实和信赖所生权利的实质性保护，实则是对传统民法善意取得规则的超越和升华。[101]

(3)权利外观主义规则之衍生。权利外观主义还衍生出推定真实和外观信赖等具体规则。其中，推定真实原则，它要求一经有效外观形式确认的意思、行为、权利或事项，除非存在比该确认之外观形式更高效力等级的另一外观形式或证据所否认或推翻，则应不容置疑地推定该外观形式所载内容真实有效。[102] 外观信赖、信赖利益、信赖保护等具体规则，系指相对人的信赖该外观形式所载意思、行为、权利或事项的真实、合法和有效，其依据该外观记载而发生的交易或取得的权利，则为信赖利益，应受法律无条件之保护。[103] 例如，基于商事登记而产生的商事登记公信力、商事登记推定真实和基于信赖商事登记而产生的信赖利益和权利，又如，不动产登记所产生的不动产权利归属的公信力，均能产生登记确认的权利人权利归属与相对交易人的信赖利益。[104]

(4)权利外观主义规则之扩张。外观主义也从最初追求营业中动态交易安全的保护，不断向私法领域中静态权利安全的确认转型。[105] 权利外观主义，作为商法的基本规则，也随着民法的商法化，逐渐进入民法，成为整个私法领域推定文义真实、保护信赖利益、确认权利外观的一般性规则，如民法中物权变动、[106] 善意取得、[107] 表见代理等基本规则的确认和遵循。[108] 尽管在司法实践中，外观主义的效应领域尚有一定的限度或边界，[109] 且在私法领域，商法与民法对外观主义规则适用上仍存有差异，[110] 但这丝毫不影响权利外观主义规则在私法领域的日渐扩张趋势。

---

[100] 叶林、石旭雯：《外观主义的商法意义——从内在体系的视角出发》，载《河南大学学报(社会科学版)》2008年第3期。

[101] 张雅辉：《论商法外观主义对其民法理论基础的超越》，载《中国政法大学学报》2019年第6期。

[102] 郑文革：《推定制度研究》，中国人民大学出版社2019年版，第70~80页。

[103] 王焜：《积极的信赖保护：权利外观责任研究》，法律出版社2010年版，第26~27页。

[104] 侯巍：《民事权利外观的信赖保护——以财产权继受取得为视角》，人民出版社2012年版，第62~69页。

[105] 丁南：《论民商法上的外观主义》，载《法商研究》1997年第5期。

[106] 庄加园：《动产善意取得的理论基础再审视：基于权利外观学说的建构尝试》，载《中外法学》2016年第5期。

[107] 刘晓华：《权利外观责任的司法实现——以善意取得为视角》，载《法学论坛》2013年第4期。

[108] 刘保玉、郭栋：《权利外观保护理论及其在我国民法典中的设计》，载《法律科学》2012年第5期。

[109] 崔建远：《论外观主义的运用边界》，载《清华法学》2019年第5期。

[110] 郭远：《商法与民法在外观主义原则适用上的差异性》，载《商业研究》2020年第1期。

(5)权利外观主义规则之适用。权利外观主义规则最具直接的效力是对商事裁判的强制性约束,它要求商事裁判应以促进营业效益和保护交易安全为基本出发点,树立权利外观保护的裁判理念,从权利外观的存在、外观引致人、外观信赖人三个方面综合理解权利外观原则的构成要件,正确地适用法律规定。[111] 作为一种具有约束性的裁判规则,它要求裁判机构或裁判者,不应以意思表示实际真实为中心,也无须以事实真相为依归,而应以外观文义事实或具公信力的外观记载为基点和依据,[112] 对合同或营业当事人之意思、行为、权利之确定性、真实性和有效性,作出认定或裁判。以股权转让类案件的裁判为例,[113] 权利认定的外观主义原则,则要求在商事裁判过程中,判断特定主体之间股权转让合同是否成立或有效,应当充分考虑投资、经营、交易频率的迅捷性和变动的持续性等特点,以股权转让合同意思真实的文义判断规则为基础,遵循股权转让合同的独立性和无因性原则,从文义记载的必要元素、具体内容和形式要件等外观要素来判断。凡文义记载的必要元素、具体内容和形式要件等外观条件,能使第三人产生足够的信赖,或能支撑当事人的请求和主张,则应裁定此股权转让合同有效;反之,则应驳回其请求。

4. 行为无因主义规则

(1)行为无因主义规则之内涵。行为无因主义规则又称无因性规则、商事行为独立性规则,系指具有前后原因性或关联性的不同商事行为之效力认定,应依该行为自身的成就要件予以独立判断,只要自身的文义要素、外观形式、构成要件足以支撑其真实性、合法性和有效性,就应认定该商事行为、关系、权利的法律效力,该商事行为、关系、权利的有效性与另一具一定原因性或关联性行为、关系、权利之未成立或无效、撤销与否,并不构成因果或对应关系。易言之,商事行为、关系、权利之真实性、有效性与否,只与自身文义要素、外观形式、构成要件有关,与其原因行为或诱发因素无关,具关联性的不同商事行为、关系、权利之间的效力具有独立性。

(2)行为无因主义规则之特质。无因性规则最早源于票据法、证券法、海商法提单等权证类的格式、要式法律行为,通过发票行为、背书行为、保证行为、汇兑行为、付款行为、持票行为之间的效力独立与权利分离,每一行为本身只要符合票据法等权证类法律上的形式要件或格式要素,即每一彼此独立的权证行为中权证要素完备、相关签名真实、格式内容规范,就应认定为有效,就应承担票据法等权证类

---

〔111〕 刘晓华:《商事审判中权利外观原则的适用》,载《东岳论丛》2013 年第 4 期。

〔112〕 郭富青:《外观主义思维模式与商事裁判方法》,载《西部法学评论》2015 年第 2 期。

〔113〕 赵小平:《外观主义原则在股权确认案件中的应用》,载《中国审判》2011 年第 12 期;余佳楠:《我国有限公司股权善意取得制度的缺陷与建构——基于权利外观原理的视角》,载《清华法学》2015 年第 4 期。

法律上的权利与义务。后因无因性规则的不断扩张，成为适用营业中所有商事行为、关系、权利的效力性规则，即某一商事行为、关系、权利只要本身文义形式、基本要素、格式规范符合法定或约定的条件或程序，就应认定为真实、合法、有效，它与具原因性或相关性的其他商事行为、关系、权利的真实性、合法性、有效性之间，不构成因果关联或对应关系。无因性规则，也是为了平衡营业效益和交易安全的需要，是前述意思文义规则、文义要件规则、权利外观规则的进一步细化和升华，使之成为认定商事行为、商事关系、商事权利真实性、合法性、有效性的一项基本规则。如基于商事登记产生的企业成立这一基本法律事实、企业合法存在之法律状态、企业作为独立私法主体甚至独立法人资格的法律地位，则应基于登记公信力而推定真实、合法、有效，即使企业在登记过程中存在提供虚假材料、目的违法或登记机关明显违法行为等原因违法行为，在该企业登记未被登记机关撤销或法院宣告无效之前，仍然作为一个独立的法律行为或法律关系，应推定为真实而确认为有效。又如，不动产登记、股权过户、证券交割、电商交易、网上下单等行为，作为一个独立的商事行为，只要其文义、格式和程序，符合法定或约定的形式、规范、要件，就应认定为有效，即使出现如不动产错误登记、名义股东、交割延迟、无行为能力人利用电商账号交易、网上手误下单等在传统私法上属于不真正表意的原因行为，也丝毫不影响该商事行为、商事关系或商事权利之独立性和有效性。因此，无因性规则实质就是为了促进营业效益，保护交易安全。

（3）行为无因主义规则之效力。无因性规则既为商法领域的效力性规则，其对立法中的制度安排、条款设计具有直接的约束力，相关制度、法律规范和具体条款的设计，就应按照行为效力的无因主义规则，只应考量具独立性的行为本身之前述文义要素、外观形式、格式规范、要件程序等方面的因素是否真实、合法、有效，而不应考虑或附加其原因行为或关联行为的真实、合法、有效。不仅如此，无因性规则还对商事裁判产生直接的适用性约束力，商事裁判机构或裁判者，在认定具体商事行为、关系、权利的效力时，只应考察其本身的文义要素、外观形式、格式规范、要件程序是否符合法定或约定要求，而无须越过该行为、关系、权利本身，去认定其原因或关联行为、关系、权利的有效性，进而通过对原因或关联行为、关系、权利有效性的认定或否定，来甄别或决定争诉商事行为、关系、权利的效力。如商事登记、股权代持、确权登记、票据行为、证券交割、电子合同、网上订单等类案裁判中，相关行为、关系、权利的效力，就应采用无因性规则进行认定或判断。

（4）行为无因主义规则之扩张。无因性最早缘于罗马法在给付之诉中对法律构成和效果方面之间的一种抽象性规则。[114] 有学者经考察认为，罗马法中的“交付”（traditio）与“问答契约”（stipulatio）可视为近现代私法上无因性概念及制度的起源。中世纪晚期，随着商业银行的兴起与商业票据的广泛使用，无因性规则首先在票据法领域被普遍地接受并得到遵循，并因公司制度的定型，无因性规则开始扩张至公司法领域。至近代，无因性理论及衍生的无因性规则，甚至已从商法领域扩张到整个私法领域。萨维尼通过对“交付”（traditio）伦理主义的解释而建构了物权契约的无因性概念；巴尔通过对“问答契约”（stipulatio）的诠释而创建了无因债务概念。以之肇端，无因性概念及制度体系也就成为德国私法的一项基本规则，并进而影响他国，成为近现代私法上的一个重要概念或规则。[115] 如民事行为中的无因性问题，[116] 物权的无因性规则，[117] 授权、代理行为与基础法律关系相分离的无因性规则，[118] 营业中公司或合伙“经理人”“代办人”之代理权授予的无因性[119] 等，均说明无因性规则，已成为私法上的一项普遍性适用规则。但目前，除德国法之外，多数国家或地区仅在票据法领域奉行无因性规则，而在我国，即使在票据法领域，也因现行《票据法》第 10 条规定所限，[120] 无因性规则大打折扣。

（5）行为无因主义规则之适用。无因性规则具有直接的适用性，对商事裁判具有强制性约束力。它要求法院或仲裁机构，应奉行商事行为、关系、权利的独立性与无因性规则，坚守把诉争商事行为、关系、权利之效力与原因性或关联性行为、关系、权利之效力进行分离考察的底线思维，以“桥归桥、路归路”的裁判准则，认定或判断诉争商事行为、关系、权利之效力。以股权登记为例，法院在认定借名登记中所产生的名义股东股权归属问题，只应考量股权登记本身的文义要素、外观形式、格式规范、要件程序是否符合法定或约定要求即可。例如，该股权登记之文义记载、签字印章、登记程序、公示文本是真实的，就应认定该股权登记合法、有效，该名义股东就应享有公司法上的股权；在此情形下，裁判机构或裁判者，不应去深究名义股东与实际出资人之间背后订立的委托合同或股权代持合同，而应把名义股东和实际出资人之间的股权代持行为与基于有效登记形成的名义股东股权确认行为，作为两

---

〔114〕 徐涤宇：《无因性原则之考古》，载《法律科学（西北政法学院学报）》2005 年第 3 期。

〔115〕 陈华彬：《罗马法的 traditio、stipulatio 与私法上无因性概念的形成》，载《中国法学》2009 年第 5 期。

〔116〕 李锡鹤：《如何理解民事行为的无因性问题》，载《法学》1999 年第 11 期。

〔117〕 彭诚信：《公示公信力与物权行为无因性的比较研究》，载《吉林大学社会科学学报》2000 年第 2 期；徐涤宇：《物权行为无因性理论之目的论解释》，载《中国法学》2005 年第 2 期；吴一鸣：《物权行为无因性：逻辑的必然还是价值的衡量》，载《政治与法律》2009 年第 4 期。

〔118〕 冉克平：《代理授权行为无因性的反思与建构》，载《比较法研究》2014 年第 5 期。

〔119〕 刘骏：《再论意定代理权授予之无因性》，载《交大法学》2020 年第 2 期。

〔120〕 董惠江：《票据无因性研究》，载《政法论坛》2005 年第 1 期。

个完全独立的商事行为来看待,分别按照民法典、公司法来裁定其权利归属、责任承担。又如,电子商务、网上交易中错误下单效力的认定,法院或仲裁机构也只需认定该错误下单行为之文义要素、外观形式、格式规范、要件程序是否符合法定或约定要求即可,而不必纠缠于鼠标点击、订单行为究竟是无行为能力的未成年人所为,还是具行为能力的成年人因精神、心情或眼花误击所为,或者是第三人强迫所为,这些行为即使成立,也不构成对电商、网商错误下单行为效力的影响。至于票据行为、关系、权利的无因性判断,更应是常识之举。如此,无因性规则才可在商事裁判中得到贯彻和实施。

(三)对应商法部门的商法规则

对应商法部门的商法规则,即对应于公司法、合伙法、证券法等各商法子部门法的具体性规则。如公司法中的出资不可返还规则、资本充实规则、股权表决规则、任职回避规则、关联交易规则、人格否认规则、衡平居次规则、竞业禁止规则、公司归入规则、商业判断规则、有限责任规则等;证券法中的内幕交易规则、短线交易规则、持续信息披露规则、敌意收购规则、管理层收购规则;如破产法中的破产财产独立规则、别除权规则、撤销权规则、追回权规则、共益债权规则、优先清偿规则;如商业银行法中的安全性规则、审慎性规则、客户信息保密规则、存款保证规则、同业拆借规则、担保贷款规则、关系人贷款规则、交互结算规则、信用卡业务规则等;票据法中的票据要式规则、票据抗辩规则、票据汇兑规则、票据贴现规则、票据权利追索规则等;信托法中的信托财产独立规则、信托营业有限责任规则、信托信义规则、信托受益规则等;保险法中的保险利益规则、再保险规则、承保规则、说明提示规则、近因规则、代位求偿规则、保险理赔规则等;海商法中的船员替代责任规则、海事优先权规则、承运人责任规则、提单规则、海难救助规则、海事赔偿规则、海损规则、委付规则等;航空运输法中的承运风险分担规则、航空限额赔偿规则、空难规则、空运华沙规则、空运海牙规则、空运瓜达拉哈拉规则等;电子签名法中的形式完备规则、账号或密码推定本人规则、电子签名与认证推定真实规则等;电子商务法中的电商平台中立性规则、电子商务信息保密规则、“通知与移除”规则、电子商务侵权中的红旗规则等。

对应于商法各子部门法的具体规则,如上所列举的那样,因内容太多太广,在此不作详述。

综上所述,通过商法原则与规则关系的分析,再从商法规则的基本功能,特别是从商法效力性规则的列举性分析中,可以发现,通过商法规则的具体约束性适用,具总体、宏观、抽象指引功能的商法原则,才可切实入法入规、落地落实。

第四编　构 架 论

→商法的实质内容

→商法的渊源与体系

→商法的立法路径

第十章 商法的实质内容

商法作为专司调整营业关系之法，究竟包括哪些具体内容，法域边界应如何划定，是商法理论和实践中的重要问题。对商法实质内容作深入探讨和分析，可更进一步彰显商法的特质。

第一节 商法内容的一般构成

一、商法内容的界定：范围与边界

商法的内容，就是指调整平等主体营业关系的商法之具体范围和可能边界。

（一）商法的范围

商法作为调整营业关系之法，决定了商法的范围应与营业具有关联性，但是，在确认商法范围的过程中，商法范围往往与宪法、民法、行政法、经济法、刑法等实体法和诉讼法、仲裁法等程序法存在模糊甚至交叉的地带。在所有调整营业关系的不同部门法之间，其中有关基本经济制度的规定属于宪法规范的范畴，规定行政机关与营业主体之间营业管理关系的规范属于经济行政法或营业行政法的范畴，对违法、不当营业进而严重危害社会、并需要采用刑罚手段进行调整的规定属于刑法规范的范围，上述这些部门法规范与商法规范的范围一般尚比较清晰。比较难以区分的是民法、商法、经济法，它们在均指向营业关系时，其范围确实存在交错。相对而言，商法与经济法虽然都以市场经济中营业关系为调整对象，但商法更侧重于平等主体之间营业关系的构建与运行，而经济法更注重国家调控下对平等主体之间营业关系发生变型、扭曲情形下的遏止、矫正和救济，多体现为特定国家机关与营业主体之间的规制、监督、调控和管理关系。最难以作清晰划分的是民法与商法的范围。

商法与民法同属私法，其关系的处理与范围的界定，则有赖于对民法的定位。(1)如把民法看作平行于商法的一般私法，商法调整平等主体之间的营业关系，民法调整平等主体之间的非营业关系，这样民法与商法的范围似乎比较清晰；但问题是实际情况往往不是这样简单，民事主体与商事主体、民事行为与商事行为、民事关系与商事关系的界定、识别、区分与范围，本身具有模糊性，这也就导致无论是理论上还是实际上，商法与民法中的民中有商、商基于民的混同格局。（2）如从民法为私法之基本法的视野来看，营业领域作为私人领域的特殊部分，就决定了商法属于私法之特殊法域，因而也属于民法之特殊法域，在此前提调整营业关系就并非商法所能独任，而是由私法之基本法民法和私法之特别法商法共同完成。诚如有学者所言“商事关系的法律调整并非由商法独立完成，其中普通商事关系由商法和民法共治，特殊商事关系是商法的边际调整，只有金融商事关系才是商法发挥主导作用的领域”。[1]

（二）商法的边界

商法是市场经济的基本法，其调整的平等主体间营业关系，实质就是市场经济中的私人经济关系和平等交易关系，因此，从一定意义上讲，市场的边界有多大，商法的边界就有多宽。就此而言，营业的领域与市场的边界，就是商法的调整边界。

二、商法内容的层面：抽象与具体

（一）商法内容的抽象表达

1. 形式商法与实质商法

形式商法与实质商法是抽象表达商法最流行的方式。[2]（1）形式商法。着眼于商法规范的表现形式、法律的编纂结构与具体的法律文本，即通常所说的商法典或类似商法典的成文法形式。就形式商法而言，在多数情况下为大陆法系的成文商法典，如采用客观主义法律适用标准的《法国商法典》，采用主观主义法律适用标准的《德国商法典》，采用折中主义法律适用标准的《日本商法典》等。（2）实质商法。不拘泥于具体法律文本的名称或形式，而仅考察调整对象、规范性质、规范构成和作用理念是否在实质意义属于商法规范的范畴。英美法系国家或地区，无商法典或类似的商事成文法典，只有调整平等主体之间营业关系的实质商法。

2. 广义商法与狭义商法

广义商法与狭义商法是从商法规范调整对象的范围广狭、大小对商法实质内容和表现形式所作的表达和区分。（1）广义商法。即系指所有调整营业关系的法律规范的总称。一般而言，广义商法包括国内商法与国际商法，而国内商法又可分

---

〔1〕 施天涛：《商事关系的重新发现与当今商法的使命》，载《清华法学》2017 年第 6 期。

〔2〕 王保树主编：《中国商事法》，人民法院出版社 2001 年版，第 3 ~ 5 页。

为公商法与私商法。[3] 如日本学者认为,“所谓公商法者,为规定国家与个人之间关系,而特为关于商之法规者也”,如宪法保护营业自由的规定、营业许可法、商业登记法、商业会议所法(商会法)、取引所法(证券交易所法)等;“所谓私商法者,为规定个人之间关系,而特关于商之法规者也”,如公司、证券、银行、票据、破产、保险、海商等法;“所谓国际商法者,为规定国家与国家之关系,而特关于商之法规者也”,如通商条约、国际惯例等。[4] (2)狭义商法。则仅指国内商法中的私商法部分,在大陆法系仅指商法典及其附属商事规范、民法典及其特别商事法;在英美法系则指公司法、代理法、证券法、保险法等私法性质的商法规范。

3. 组织商法与行为商法

组织法与行为法是从商法调整的对象与功能对商法内容所作的表述与区分。其中:(1)商事组织法。又称商事主体法,主要为调整商主体组织构建及活动规则的规范,包括公司法、合伙企业法、个人独资企业法、合作社法、个体工商户法和其他特殊企业法等。(2)商事行为法。为调整和规范商事行为的商法部分,表现为证券法、商业银行法、票据法、保险法、海商法等。如法国商法学者就把商法划分为商务结构法和商事活动法,其中商务结构法包括主体法与财产法,主体法部分即为商事组织法,包括私人性商务组织法(如商人法、商务组织法)、公共组织和司法组织等;商事活动法即商行为法,主要调整包括商业手段、竞争行为在内的商事行为。[5]

4. 海商法、陆商法、空商法、电商法

按照商法所涉商事活动的空间范围和可及领域,商法的内容可表述为海商法、陆商法、电商法、空商法。其中:(1)海商法。为调整海上贸易、海上运输、海上保险等方面的规范,如船舶与船员法、海事合同法、海上运输法、海事损害法、海上保险法等。(2)陆商法。系指调整发生在陆地上的营业关系的规范,如公司法、证券法、破产法、信托法、商业银行法、票据法、保险法等。(3)空商法。则调整发生在天空、太空领域或范围的营业关系之商法部分,包括如民用航空法、太空运输法、空间合作法等。[6] (4)电商法。则指以电子信号为传输手段并发生在电子虚拟空间的营业关系为调整对象和范围的商法规范,包括电信法、电子商务法、电子合同法、电子签

〔3〕 王保树:《商法总论》,清华大学出版社2007年版,第15~16页;范健、王建文:《商法总论》,法律出版社2011年版,第11~12页。

〔4〕 [日]松波仁一郎:《日本商法论》,秦瑞玠、郑钊译,中国政法大学出版社2005年版,第6~8页。

〔5〕 [法]伊夫·居荣:《法国商法》(第1卷),罗结珍、赵海峰译,法律出版社2004年版,第1~10页。

〔6〕 赵云:《外空商业化和外空法的新发展》,水利水电出版社2000年版,第5~10页;左晓宇:《外空商业化趋势下空间法的新发展》,中国政法大学出版社2013年版,第5~7页。

名法、电子认证法、域名注册法、电子支付法等。[7]

5. 古代商法、近代商法、现代商法、当代商法

商法按其产生的时代及负载的内容，可表述为古代商法、近代商法、现代商法、当代商法。其中：(1)古代商法。为中世纪及之前的商法规范，其创造主体为商人，表现为习惯商法、共同商法、贸易商法、海上商法等特质。(2)近代商法。为伴随近代主权国家定型、工业革命和资产阶级革命完成而由国家制定或认可的商法阶段，其创制主体为国家，特征为国家商法、成文商法、资本商法、陆上商法。(3)现代商法。为适用营业国际化、公司跨国化和贸易全球化而演进的商法阶段，其创制主体为国家、国家之间、多国共同或国际组织，体现为国际商法、条约商法、金融商法、空间商法等特质。(4)当代商法。为信息经济、互联网络、移动通信、物物联通、人工智能和全球一体化条件下的商法新阶段，其创制主体为技术标准原创者、国家、国际组织，表现为技术商法、电子商法、网络商法、智能商法等新型内容。

6. 贸易商法、企业商法、资本商法、金融商法、网络商法

商法按人类投资、经营、交易的侧重点，可表述为贸易商法、资本商法、金融商法、网络商法。其中：(1)贸易商法。即以货物买卖、商品流通为重心的商法内容。自17世纪之前，以货物或商品在不同空间、时间范围内买卖、流通的贸易，是人类营业的重心和主导形式。贸易商法也是这一时期的主要特色，内容包括货物买卖法、货物运输法、仓储保管法、租赁法、担保法、海商法等。(2)企业商法。即源于15世纪、定型于17世纪、至19世纪趋于成熟，以合伙企业、公司、合作社等企业组织类商主体为主要调整重心的商法内容，内容包括公司法、合伙企业法、个人独资企业法、合作社企业法、企业清算法、企业重整法、企业接管法、企业破产法等。(3)资本商法。即以资本的筹措、营运、流通、交易为重心的商法内容，其缘起于17世纪以降公司、股票制度的成熟与盛行，其主导性法律包括公司法、证券法、证券投资基金法、期货法等。(4)金融商法。即以货币的汇集、融通、支付、营运、交易为核心的商法内容，其标志是近代商业银行与股票市场的产生，至当代形成银行、证券、信托、保险等四大支柱行业，内容包括银行法、证券法、票据法、保险法、信托法、信用证法等。(5)网络商法。即以电子、网络为交易手段或载体的商法规则体系，标志性事件是20世纪70年代计算机大量运用到营业领域和20世纪90年代互联网商业模式的产生，它包括域名注册法、电子商务法、电子签名法、电子支付法、网络支付法等。

---

〔7〕 齐爱民：《电子商务法原论》，武汉大学出版社2010年版，第5～20页；张楚：《电子商务法》，中国人民大学出版社2016年版，第7～15页；徐海明：《中国电子商务法律问题研究》，北京理工大学出版社2017年版，第5～10页。

此外,商法还可根据类别或行业对其内容进行细分,在此不再赘述。

(二)商法内容的具体结构

笔者认为,商法内容的具体内容,可从传统理论、营业、私法视角作不同划分。

1.传统理论框架下的商法具体内容

在传统理论构架下,商法按调整对象作具体细分,可表述为商事主体法、商事行为法和商事救济法三大部分。(1)商事主体法。即商法中调整民事主体向商事主体转换、认定、确认和公示过程中的规范部分。(2)商事行为法。即商法中调整民事主体进入营业领域之后所从事的投资、经营、交易方面的规范部分。(3)商事救济法。即商法中调整商事纠纷、权利救济方面的规范部分。

2.营业形态视角下的商法具体内容

如前所述,如从营业"始于投资,形于经营,成于交易"的形态、状态等动态视角,商法所调整的营业关系,可分为投资关系、经营关系、交易关系三大形态和类型,对应的商事关系也表现为前述投资资格确认关系、内部经营治理关系、外部相对交易关系三种形态和类型,对应的商法形态或内容,也就包括投资准入法、经营治理法、市场交易法等三大部分。

3.大私法视野下的商法具体内容

在大私法视野下,营业领域是一个充满营利空间、财富机会和增值潜能的特殊私法领域,是民事主体追求更大发展、更多财富、更高幸福的市场领域。在这一特殊领域里,按照营业的专业程度、私法属性、竞争属性与公共公益之间的关系,可划分为普通营业领域、专业营业领域、公共营业领域等三大部分,与之对应的,逐渐形成普通商法、特别商法、公共商法三大商法形态与板块,并分别对应民商共治、商法专治、公私合治等法律调整模式。

以下将具体分述之。

第二节　商法内容的具体结构

一、传统理论框架下商法内容的具体结构

在传统商法理论框架下,商法一般按其调整的实质内容,分为商事主体法、商事行为法、商事救济法三大部分。

(一)商事主体法

商事主体法,又称商事组织法,即调整商事主体的类型、成立、组织、机构、治理、

运行、变更、解散、注销等方面的法律规范之商法部分。这一部分商法规范，按其调整的内容和功能，又可分为主体准入法、一般主体法、特殊主体法、主体监管法等。

1. 商事主体准入法。即商法中调整民事主体向商事主体转换、认定、确认和公示过程中的规范部分；它主要包括商事投资法、商事登记法、企业注册法、营业准入法、营业公示法、营业许可法、特许经营法等。

2. 一般商事主体法。即调整一般类商事主体的设立、成立、组织、机构、治理、运行、变更、解散、清算、注销等方面的商法规范部分。一般商事主体法按投资或经营方式，主要包括个体工商户法（自然人投资与自行经营）、家庭经营户法（包括农村承包经营户法）、个人独资企业法（自然人的独资且以企业形式自行经营）、合伙企业法（合伙出资与共同经营）、公司法（按股出资与委托经营）、合作社企业法（劳资合作与合作经营）等。

3. 特殊商事主体法。即调整特殊类商事主体的设立、成立、组织、机构、治理、运行、变更、解散、清算、注销等方面的商法规范部分。特殊商事主体法又包括如下几大部分：（1）特殊投资类商事主体法。如国有企业法（国家或政府为投资主体）、集体企业法（概括性的集体为投资主体）。（2）一般类商事主体的变形。如股份合作企业法、有限合伙公司法、集团企业法等。（3）特殊业务类商事主体法。如公用企业法（以提供准公共产品或经营垄断性公用事业为主业）、金融企业法（以经营金融为主业）、电商主体法（以电子、网络、智能等虚拟方式存在的商事主体或企业形式）等。（4）适用特殊政策类的商事主体法。如外资企业法、中小企业促进法、乡镇企业法和其他形式的企业政策法等。

4. 商事主体监管法。即调整对商事主体监督管理方面的商法规范部分。它主要包括如企业信息公示法和其他商事主体监督管理方面的商法规范等。

（二）商事行为法

商事行为法，又称商事交易法，即商法中调整民事主体进入营业领域之后所从事的投资、经营、交易方面的规范部分。根据商事行为或商事交易的表现形态、业务领域、交易形式的不同，商事行为法又可分为如下几大组成部分：

1. 商品买卖、贸易法。即以调整商品、货物的买卖、交易、物流、运输等方面的商法规范部分，它主要包括商事合同法、物流运输法（海商法、民用航空法、铁路运输法、公路运输法、管道运输法、多式联合运输法、电力法、电信法、快递运输法、仓储保管法）等、中介服务法（商事居间法、商事代理法、商事行纪法、商事结算法、商事经销法等）等。

2. 生产、制造、经营法。主要包括各种商户、企业、商事组织内部的生产、制造、经营、管理方面的商法规范部分，如早期的工厂法、现代企业管理法、农业经营法等。

3. 商业、知识、信息服务法。即调整各种商业类服务的商法规范部分，如传统农业社会的餐饮、住宿、旅游等服务；近代以来的教、卫、文、体的商业化经营；信息、知识社会的信息、知识交易；网络、智能时代的大数据、虚拟财产、智能交易等。

4. 资本营运、金融交易法。即调整资本营运、金融交易方面的商法规范部分，它主要包括投融资法（证券交易法、证券业法、证券投资基金法、信托投资法、银行信贷法等）、商业银行法、期货法、商业支付法（商业结算法、票据法、电子或移动支付法、信用证法、汇率法、商业会计法、国际支付法等）、商业保险法（保险合同法、保险业法、海上保险法等）、商业信托法（财产信托、资产信托、基金信托、企业信托、股权信托、表决权信托、家事信托等）等。

5. 电子商务、网络交易法。即调整电子商务、网络交易方面的商法规范部分，它主要包括电子商务法、电子签名法、网络交易法、移动交易法、云计算法、大数据交易法、智能交易法、虚拟财产法、智能机器人法、智能机器人交易法等。

6. 其他商事行为或商事交易法。如太空商务法和其他新型商事行为或交易类规范等。

（三）商事救济法

商事救济法，即调整商事纠纷、权利救济方面的商法规范部分。按其制度功能，商事救济法又包括如下几大组成部分：

1. 商事纠纷解决程序法。即调整商事纠纷解决程序方面的商法规范部分，如商事诉讼法、商事仲裁法、商事调解法等。

2. 企业救济法。即调整处经营困境、债务危机类企业并使之再生方面的商法规范部分，如企业接管法、企业和解法、企业重整法、公司更生法等。

3. 债务清算法。即调整停业歇业、企业解散、营业退出过程中商事债务清算清偿或纠纷解决程序方面的商法规范部分，如企业清算法、商自然人破产法、企业破产法等。

4. 其他商事权利救济性规范。

二、营业形态视角下商法内容的具体结构

商法作为调整营业之法，如从营业视角来考察，并按营业“始于投资，形于经

营，成于交易"的实然流程和事实逻辑，则可划分为投资准入法、经营治理法、市场交易法三大部分。

（一）投资准入法

投资准入法为调整民事主体以投资为切点进入营业领域过程中一系列进入（营业领域）与准入（投资准入）、转换（商事主体）与转型（投资者、商人身份）关系的商法规范部分。投资准入法主要包括投资方式准入与商事主体准入两个方面。

1. 投资方式准入程序法。即调整民事主体以何种方式或程序，通过投资进入或被法律允许准入到营业领域，进而成为适格、合法、有效的投资者角色、身份方面的商法规范部分。投资进入、准入方式程序法主要包括如下两大部分：(1)投资方式的选择。例如，独资、合伙、合资、合作等不同出资方式；又如，股权式投资、债权式投资；再如，直接投资或间接投资等。投资方式的选择本为民事主体可自主选择的自由范畴，但基于某些特殊营业领域的公共利益与法律限制需要，如商业银行等金融类企业，法律对自然人独资就设定了限制。(2)投资进入的程序。投资虽为民事主体财产或权利自由处分权的核心部分，本应由民事主体自由决策或选择，但某些投资因涉及公共利益或法律限制，故投资进入营业领域的方式或程序，也就存在自由（独资或合伙经营、债权式投资等）、登记（股权式投资、证券投资等）、许可（特殊类投资）等不同程序性要求。

2. 商事主体资格准入法。其实质为民事主体因投资进入或准入而转换或转型为商事主体资格、身份方面的商法部分，即伴随投资进入营业领域，作为原始财产或权利主体的投资者，其角色、身份、地位也必然由一般民事主体（原始财产或权利主体）转换或转型为特殊商事主体（投资主体、企业出资人、个体经营者等），而调整因投资进入或准入导致民事主体转换或转型商事主体资格、身份方面的商法规范部分，即为商事主体准入法。由于投资进入或准入的方式或程序存在自由进入、登记确认、许可准入三种典型方式，故商事主体资格准入法又包括如下三大主要类型：(1)商事主体资格的自由取得。民事主体通过自由投资的方式进入营业领域，就自动转换并取得商事主体的资格、角色、身份、地位，如自然人投资于农林牧渔、小规模等无须登记的营利性经营，或直接投资购买各种理财产品，自然就由一般民事主体转换商事主体角色、身份、地位，并取得商事主体资格。但是，基于传统民商二元主体理论的局限和营利、营业、职业、持续等严格商人标准造成的人为困惑，作为投资者角色、身份、地位的民事主体，通常不被纳入商人或商事主体的范畴，均被视为一般民事主体或非商人，这恰恰是传统商法理论需要反思和检讨的地方。(2)商事主体资格的登记取得。通过开业登记、商事登记、企业注册等方式,在确认各种投资权益的同时,也为涉及投资的相关主体转换或取得商事主体资格、角色、身份、地位,提供了正式、有效的法律确认。例如,通过个体工商户的登记,就确认某自然人的投资者同时也确认其经营者的资格、角色、身份、地位;又如,通过企业注册,不仅确认了企业发起人、原始出资人的投资主体资格、角色、身份、地位,也同时确认了发起人设立企业之私法主体、经营主体的有效性,经登记新成立的企业之商事主体资格、角色、身份、地位也得到了法律上的正式确认。可见,商事登记既是个体工商户、企业出资人作为投资主体资格、角色、身份、地位转换并确认的主要方式,也是投资衍生的企业之私法主体、经营主体资格、角色、身份、地位确认的主要方式。(3)商事主体资格的许可取得。由于特殊类投资还存在许可准入方式,与此相对应的,商事主体资格、角色、身份、地位也存在行政许可或审批取得方式。不过,随着我国商事登记全面推行准则主义和登记主义,商事主体资格许可取得也只适用极少数特殊类投资准入和国字号企业。

(二)经营治理法

经营治理法,即调整经营主体在治理、经营、管理中所发生的营业关系之商法规范部分。经营治理法与传统商事主体法特别是企业法、公司法等存在一定的关联性,但传统商事主体法、企业法、公司法等,并非经营治理法的全部,只是其中的一个重要组成部分。这是因为,从营业实态流程来考察,民事主体通过投资切入,进入营业领域后,无论是生产制造,还是商业贸易,或者是资本营运、金融交易、电商网商,均通过一定的人、财、物的组织、调度、结合、使用,通过产、供、销等不同环节的协调、控制、管理、安排,然后提供市场所需要的产品、服务、知识、信息、数据等。这些均须通过具体的经营、治理、管理活动才能完成。传统商事主体法虽然也涉及这一方面的某些内容,但限于理念和视野的狭窄,未从营业中经营形态或环节的大视野来整体考量经营主体治理、经营、管理问题,因而或者只从商事主体的内部机构,或者仅从商事主体的内部治理,或者只是从商事主体的内部管理角度,顾及经营主体经营、治理、管理的某一方面,未能给出营业中经营形态或环节的全景式法律关系和规范架构。经营治理法按其内容和功能,可分为营业治理法、营业经营法、营业管理法。

1. 营业治理法。即调整经营环节或经营主体的组织建构、权利配置、机构运行、决策机制等方面的商法规范部分,其核心问题是解决经营环节或经营主体的机构设置、意思表示和决策机制问题。在前述独资、合伙、合资、合作等投资方式的基础上,反映在治理模式选择上,也就对应着业主独任决定制、合伙共同治理制、公司资本多数决制、合作社社员多数决制等不同的治理模式。不仅如此，如公司资本多数决制，还因法系、国别、法域的不同，而存在英美单层制、德国双层制、日本三角形制等不同的组织构架和治理模式。

2. 营业经营法。即调整经营环节或经营主体的经营形式或营运方式等方面的商法规范部分，其核心问题是解决经营环节或经营主体中经营权的行使、控制与监督问题。营业中的经营形式或营运方式，是传统商法中被长期忽略、轻视甚至被否认的问题，它们或者被视为营业治理的一部分，或者被看作主体内部管理问题而无须进行法律调整，因此，尽管有个别学者对此有所关注或涉及，但无论是理论建构还是立法裁判，均与该问题的重要性极不对称。笔者认为，营业中的经营与治理问题，是一个既有联系，又有区别，更有适度分工的独立营业环节；[8]按照其与投资主体之间关系（合一或分离、直接或间接）不同，可把经营划分为自行经营（独任经营、共同经营）、委托经营、承包经营、租赁经营、信托经营、托管经营、特许经营等不同的经营形式或营运方式，它们之间的事实关系与法律关系存在很大的差异，投资者、营业当事人之间权利与义务、利益与责任的归属、分配、承担，也有很大的不同。与此对应的，也就存在独任经营法、共同经营法、委托经营法、承包经营法、租赁经营法、信托经营法、托管经营法、特许经营法等不同的经营子法系统。

3. 营业管理法。即调整经营环节或经营主体的内部营业要素管理等方面的商法规范部分，其核心问题是解决营业要素在经营环节或经营主体内部的管理、使用效益和风险、责任控制问题。长期以来，经营中的管理或企业内部的管理，被认为是一个纯粹的经济学、管理学问题，商法对此关注或涉及得并不深入或广泛。但实际上经营中的管理环节，存在诸多的法律问题，这些仍然需要商法进行必要的调整。如人事、财务、物品的管理，就必然衍生出人事管理法、财务管理法、物品管理法等法律分支，而这些法律分支具有很强的管理性、技术性特征。

（三）市场交易法

市场交易法即调整产品、服务、知识、信息、数据等经营成果在对外买卖、推销、交易方面中所发生的营业关系之商法规范部分。市场交易虽为营业的末端环节，但却是标志营业完成或显示营业成果的重要环节。市场交易法与传统的买卖法、贸易法等商事交易法有一定的关联性，但作为营业中一种独立的形态或环节，有新的内涵和外延。按照市场交易的对象与功能，市场交易法可划分为交易本体法与交易服务法两大部分。

---

〔8〕 肖海军：《企业法原论》，湖南大学出版社2006年版，第180～198页。

1. 交易本体法。即以具体或抽象的交易标的物进行交换、流转所生营业关系为调整对象的商法规范部分。它按照交易标的物的不同，又可分为商品买卖法（产品）、货物贸易法（大宗货物）、商业服务法（商业服务）、资本交易法（资本或资本证券）、金融交易法（金融产品或服务）、期货交易法（远期交付合约期货或期货指数）、知识产权交易法（知识产权或智力成果）、信息交易法（商业信息）、电子商务法（电子数据）、网络交易法（大数据、虚拟财产）等。

2. 交易服务法。即为交易本体提纲配套、辅助、中介服务所生营业关系为调整对象的商法规范部分，如前所述的物流运输法、商事代理法、商事行纪法、商事居间法、商事经销法等。

三、大私法视野下商法内容的具体结构

在界定商法内容和范围边界时，有一种常识性的误区，就是把作为部门法的商法与法源形式意义上的商法作不适当的等同，甚至把部门商法等同于商法典或具体的子部门法。对此有学者就明确指出，商法典与其说是调整商事关系的法律渊源，不如说仅仅是一种象征而已；非特此也，商法典之外的特别商法还分散寄生于其他部门法中；况且夹杂在商法典中的有些规定从体系上却不属于商法，而应该属于其他的法律领域。[9] 可见，商法的内容、范围、边界还应从大私法视野下，作重新审视。

在大私法的视野下，营业关系只是私法领域的一个特殊领域或组成部分，而营业领域又因与民生关系密切，本身就是营生的一种特殊方式和高级手段；不仅如此，营业的社会性又决定营业的公共性，特别对具准公共产品属性的公用事业领域和公有经济形式，其社会性、公共性、公益性特质或色彩，与一般、特别营业领域存在显著的差异，故在大私法的视阈下，营业关系还可细分为普通营业关系、特别营业关系、公共营业关系，由此对应着普通商法、特别商法、公共商法等不同属性的商法类型，并分别表现出鲜明的民商共治、商法专治、公私合治的部门法调整路径。

在大私法领域和大营业视野下，非营业私人关系、普通营业关系、特别营业关系、公共营业关系、纯粹公共关系之间的具体递进关系及法律对应调整，可通过图3作更直观的描述。

---

〔9〕 张谷：《商法，这只寄居蟹——兼论商法的独立性及其特点》，载《清华法治论衡》2005年第2期。

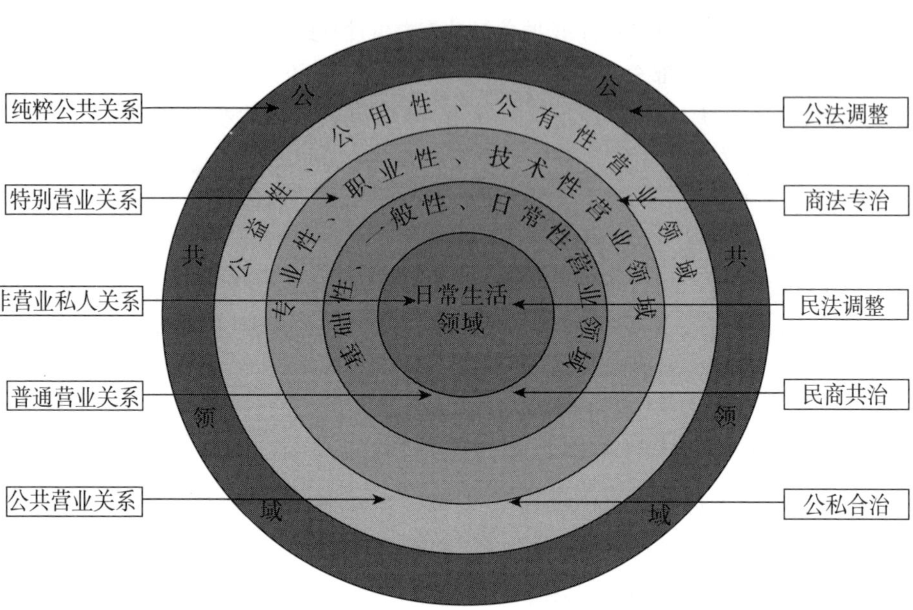

图3　大私法领域、大营业视野下民商“共域一体”与分域调整

(一)普通商法:民商共治

普通商法,又称传统商法、基础商法,为以传统商业领域为基本调整对象,以调整买卖、贸易以及与之相关或为其服务类的普通营业关系为主要内容,以私法合同之债为表征形式的基础性、普通性商法规范部分。普通商法为传统意义的狭义商法,所反映的是商品经济时代的交易类营业关系。

1. 普通商法的基本特点

(1)涉及最具基础的营业领域。普通商法涉及的是普通、一般、基础性的营业领域,即所谓传统的商业领域,它以商品买卖、货物贸易及相关配套、辅助性营业关系为主要调整对象,为所有营业关系的基础,并因涉及私法的一般生产、生活领域,而成为普通营生不可或缺的基本形式或主要手段,因而具有基础性、普遍性、一般性、共同性等特质。

(2)奉行商人自治的基本理念。普通商法因所涉基础营业领域,为民事主体日常生产、生活所必需,是解决民生和营生问题不可或缺的基本方式和主要手段,其私法、自主、自治、自决特性,要比后述特别商法、公共商法所涉职业类营业关系、公共类营业关系显著得多,故该领域一般奉行比较彻底的商人自治、契约自由、营业自由、交易自由理念或价值。

(3)实施营业自由的准入模式。民事主体是否进入普通、一般、基础性的营业领域,如何进入,以什么方式或形式进入,完全由其自由决定和自主选择,国家公权力和法律一般奉行不干预、限制的原则。这就是为什么民事主体从事诸如纯粹营利性投资、农林牧渔经营、小规模营业、临时或流动交易等,无须办理登记,或者绝大多数国家或地区均设置有商事豁免登记制度的根本原因。

(4)选择民商共治的调整方式。普通商法因主要涉及传统商业领域,且以买卖、贸易、交易及附属服务为主要业态,其事实关系和法律关系主要是以合同之债为表征形式,而合同之债作为私法之债的主要类型,早已成为私法中民法的主要组成部分。起初,在传统民商二元社会结构和法律框架中,民事合同与商事合同尚有一定的区分,但随着基础营业行为的世俗化和普及化,越来越多趋于稳定的商事合同,开始进入民法典,民法典的商法化倾向也越来越明显。至1804年《法国民法典》的问世,绝大部分基础性营业关系已经成为民法的调整对象,虽然原先就已存在,只是于1807年重新编纂的《法国商法典》,仍然在调整基础性营业关系中扮演着重要的角色,但普通、一般、基础性营业领域实已形成民法典、商法典交叉、共同调整的共治局面;19世纪末以来,德、日民法典和商法典继续延续了这一普通、一般、基础性营业领域的民商共治态势。至当代,即使实行形式上民商分立法例的国家或地区,除商法典仍扮演着普通、一般、基础性营业领域的一般性调整功能外,绝大部分普通、一般、基础性营业规则与规范实已进入民法典,成为民法规则与规范的主要组成部分,普通商法所涉普通、一般、基础性营业领域之民商共治格局早已定型并固化。

2. 普通商法的内容形式

普通商法总体属于前述买卖商法、贸易商法的范畴,主要内容和法律形式包括如下几个部分:(1)涉及基础性投资的财产或权利的处分,即一般的独资、合伙或债权类投资规范。(2)商事主体在私法中的主体地位、法律人格,如自然人营业、营利法人、非法人营利组织等。尽管这种划分并不能全部囊括商事主体之丰富内涵或多元形式,但仍可起到对商事主体的一般性调整与统领功能。(3)商事合同法。由于买卖、贸易、交易及附属服务等普通、一般、基础性营业活动,绝大部分是以商事合同的形式出现,而这与民法中的合同之债又高度契合,故绝大部分商事合同进入民法典,在立法体例上也就完全不存在技术上的障碍。(4)前述买卖商法、贸易商法中的其他商法内容或形式。

(二)特别商法:商法专治

特别商法,又称专业商法、职业商法,为调整以一定的组织载体且有特别专业、职业或技术准入条件的特别营业领域为基本对象,以企业、资本、金融、知识、信息、数据以及与之相关或为其服务类营业关系为主要内容，以特别单行法与业务类、技术类规则或规范为表征形式的专业性、职业性商法规范部分。特别商法为现代意义的企业商法、经营商法、资本商法、金融商法、知识商法、电子商法、智网商法等。

1. 特别商法的基本特点

(1)涉及专业职业的营业领域。特别商法涉及具有一定专业、职业、技术门槛或要求的特殊营业领域，它已不属于私法领域中普通、一般、基础类民生范畴，也不是为了解决一般意义的营生问题，而是为了追求更大效益、更多财富、更高幸福的稳定、持续营业所必需，需要通过专业的调整手段、方法、规则或规范予以调整。

(2)秉持技术优先的基本理念。由于特别商法主要以企业、资本、金融、知识、信息、数据以及与之相关或为其服务类营业关系为调整对象和实质内容，而这些营业领域又具有很强的专业性、职业性，因而相对而言有严格的技术性要求。举凡企业设立、资本营运、金融交易、知识产权、信息服务、数据交换等，均有严格的条件设置、技术标准和适用程序，它要求投资者、经营者、交易者除应遵循投资自由、契约自由、营业自由的基本理念之外，还应秉持技术优先的专业、职业理念，以严格的专业、职业精神和严谨的技术、标准思维，来考量、决策营业的进入和展开。因此，特别商法带有专业性、职业性、技术性、标准性等鲜明特征。

(3)实施登记许可的准入模式。特别商法正因涉及严肃、严格、严谨的专业、职业、技术、标准等问题，其意思必须通过特定形式的文义进行固化和公示，才可把营业当事人之间的权利义务关系确定并使之维持稳定。因此，进入该类营业领域，就必须通过特定的要式文义形式，并履行必要的法定程序，才可为相对人、社会、国家所广泛知晓并信赖。故特别商法一般实行登记准入的基本方式，少数特别的营业领域，还须通过申请行政许可或取得行政审批，方可进入。

(4)选择商法专治的调整方式。由于特别商法的专业性、职业性、技术性、标准性等特性，所涉营业关系，已远远超出私法合同之债的概念与范畴，例如，公司法作为团体法，就难以通过一般合同之债的原理或原则来处理；又如，资本营运、金融交易也不可适用传统商品买卖、货物贸易的既有规则；再如，电子商务、网络交易出现许多传统合同之债难以预见的各种新现象和新问题，这些均难以为具私法一般法属性或地位的民法所包揽或承载，特别是不能为民法中的合同之债所能胜任。因此，特别商法是由以调整营业关系为主旨和使命的商法专属、主治的范围。在此特别商事关系领域，商法调整的“边际效应”得到了充分的发挥和显示。[10]

---

〔10〕 施天涛:《商事关系的重新发现与当今商法的使命》,载《清华法学》2017 年第 6 期。

2. 特别商法的内容形式

(1)特别商法的主要内容。特别商法的内容与前述企业商法、经营商法、资本商法、金融商法、知识商法、信息商法、电子商法、网络商法、智能商法比较吻合,是现代商法的主干部分。具体内容在此不再赘述。

(2)特别商法的法律形式。由于特别商法内容的专业性、职业性、技术性、标准性所限制,使其既难以为民法中的合同之债所承载,也难以为传统具有交易法、贸易法底色的商法典所包揽。因此,无论是在大陆法系,还是在英美法系,除极少数国家或地区外,特别商法大多以《个人独资企业法》《合伙企业法》《公司法》《证券法》《破产法》《商业银行法》《票据法》《信托法》《证券投资基金法》《海商法》《电子商务法》等特别法、单行法的形式出现。

(三)公共商法:公私合治

公共商法,系指商法调整的部分营业关系涉及公益、公用、公有等公共领域或社会利益,为平衡公益与私益的冲突,需要综合运用公法与私法进行综合调整之商法特定部分。需要特别说明的是,公共商法与传统商法理论中的公商法概念,并不是同一范畴。在清末民初、民国时期,我国在日本引入商法概念和范畴时,就存在公商法和私商法之说。例如,日本学者松波仁一郎在《日本商法论》一书中,就定义"公商法者,为规定国家与个人之关系,而特为关于商之法规者也",如营业法、印纸法、商业会议所法、取引所法等。[11] 又如,志田钾太郎的《商法总则》、松本蒸治的《商法原论》也有同样的分类与介绍,并认为狭义的商法系私商法。[12] 日本学者关于公商法与私商法的分类、定义,也被中国本土学者所接受。例如,在熊元翰的《商法总则》、胡霖的《商律总论》、王孝通的《商事法要论》、王效文的《商事法概论》等论著中,均有关于公商法与私商法的一般分类与简要阐释。[13] 很显然,日本学者和民国时期学界所讨论的公商法,是包括了刑法、行政法、经济法中涉及国家与个人经济或商务关系的笼统概念,从严格意义上讲,不属于调整平等主体之间营业关系的商法范畴。此外,在法国学理上,也存在所谓的包括经济法、税法、劳动法等商务

---

〔11〕［日］松波仁一郎:《日本商法论》,秦瑞玠、郑钊译,上海商务印书馆 1911 年版,第 10 页;［日］松波仁一郎:《日本商法论》,秦瑞玠、郑钊译,中国政法大学出版社 2005 年版,第 7 页。

〔12〕［日］志田钾太郎口述、熊元楷编:《商法总则》,何佳馨点校,上海人民出版社 2013 年版,第 3 ~ 4 页;［日］松本蒸治:《商法原论》,陈寿凡译,上海商务印书馆 1917 年版,第 6 页。

〔13〕熊元翰:《商法总则》,安徽法学社 1911 年版,第 1 ~ 2 页;胡霖:《商律总论》,上海文汇图书局 1914 年版,第 4 页;王孝通:《商事法要论》,上海商务印书馆 1934 年版,第 2 ~ 3 页;王效文:《商事法概论》,上海会文堂新世纪书局 1937 年版,第 2 ~ 3 页。

公法概念,不被纳入商法的内容;〔14〕在德国也存在诸如银行监管法、反垄断法、反不正当竞争法等属于公法内容,学理也不认为属于商法特别法,〔15〕它们实际上相当于我国经济法的范畴。笔者所定义的公共商法,所涉及的这一部分具有公益、公用、公有内容或特征的特殊营业关系,属于大私法的营业领域,具有前述私人性、财产性、营业性等三大特点,总体仍然属于商法的调整范围和部门法体系。但是,具有公共特质类的营业关系,或因涉及利益关乎社会公共利益,或因所提供的产品或服务具有准公共产品属性而为社会公众所必需,或因投资主体或经营主体为国家(政府)、集体等具有公权、公有背景的特殊主体,自然如纯粹或绝对适用私法的手段或规则予以调整,不对其进行特殊的规制,就必然会产生营业中公益与私益的明显冲突。为此,对这类具有公共性或准公共性的营业关系,就应综合运用公法与私法的方法、手段、规则,进行综合调整。基于此,一种涉及公共营业领域或关系、基于公法与私法综合调整的公共商法,就应运而生。

1. 公共商法的基本特点

(1)涉及公共利益的营业领域。公共商法涉及的领域主要为带有公益、公用、公有等要素进而具有公共性或准公共性的特殊营业领域。首先,这部分领域仍然为具私法属性的营业领域,总体应归属私法范畴。其次,这部分特殊营业领域仍以营利为目的,具有显著的营业性,为商法调整的当然对象和应然范围,无疑,商法对之不可不管不问。最后,这一部分特殊的营业领域或营业关系,均带有"公"字属性或具有"公"的特质,在营业中存在明显的公益与私益矛盾或冲突。正因如此,对这一部分公共性或准公共性的特殊营业领域或营业关系,显然已不能选择或采用纯粹或单一的商法调整方法、手段或规则,必须跳出商法且须在更大范围内跳出私法的理念与思维,借助必要的公法调整方法、手段或规则,对其进行综合调整与治理。

(2)遵循营业管制的基本理念。由于公共商法所涉营业领域的公共性或准公共性,显然传统的营业自由、技术优先等基本理念,已不能适用营业中公益与私益矛盾、冲突的需要,而公益与私益之间矛盾、冲突的起因,又更多是因为营业中私念、私权、私益过分膨胀所致,或基于一定私念、私权、私益而滥用公权所生,因此,对不当或非法营业作必要限制甚至适度禁止的营业管制理念,则为公共商法的基本理念。

(3)实施特许审批的准入模式。公共商法所涉特殊营业领域或营业关系,因具有公益、公用、公有等特定公共性或准公共性背景,具有巨大甚至垄断性营业利益。

〔14〕［法］伊夫·居荣:《法国商法》,罗结珍、赵海峰译,法律出版社2004年版,第1页。

〔15〕［德］C. W. 卡纳里斯:《德国商法》,杨继译,法律出版社2006年版,第6页。

如涉及公共利益的营业领域，某些投资或经营行为明显带有追求垄断或滥用垄断的目的性，不具竞争性的自然垄断公用事业领域，国有或集体资本进入环节因财产或资本的公有属性等，决定了其准入的方式，既不能采取传统自由进入的准入方式，也不可采用技术优先标准，凡具备条件均可通过登记或许可方式进入，而是要综合市场竞争格局、自然垄断程度、所有制经济结构等因素，选择特别审查、特许竞争式缔约、特别行政许可等特许审批准入模式。如对供水、管网经营、电力输送、交通干线、基础设施等具自然垄断属性的公用事业领域投资者或经营者的选择，就只能选择特许竞争式缔约方式，通过公开招投标 + 特别行政许可，以择优确定；又如对电信等不具有自然垄断属性的公用事业领域，基于成本、规模效应控制的需要，为维持寡头竞争格局，就只能实施限额特别行政许可的准入方式。

(4)选择公私合治的调整方式。由于公共商法所涉营业领域或营业关系的公共性或准公共性，纯粹局限于私法领域，适用商法的调整方式、手段、规则，具有很大的局限性。如具有市场优势的企业之股权变动或上市收购，例如，影响相关市场的竞争平衡，就不能适用纯粹的公司股权与证券交易规则；又如，公用事业领域的投资或经营，就明显不能再延续传统的自由进入模式或技术优先规则；再如，国家(政府)直接投资设立的国有独资(控股)企业或公司，因出资人或股东的特殊性，一般企业或公司的制度安排和治理机制，就明显力不从心。在此情形下，公共性营业领域或营业关系，就应跳出商法甚至还必须跳出私法的理念、制度、法律框架，在更大的公法与私法结合视野下，选择综合运用公法与私法的调整方法、手段、规则，实行公私合治，才可达到实现投资者、经营者效益最大化与公共利益同步促进增长之间的平衡协调。这种综合性的公私合治，既有商法的基础性调整，也有现代国家经济法的政策引导式或政府干预式调整，还有行政法的行政许可、行政审批等带有防范意义的前置性调整，更有行政、刑事处罚和诉讼追责的惩罚性或救济性调整，当然更有民法在民事责任制度安排上的兜底性调整，如对不当、非法营业的市场监管；对自然垄断型公用事业适用特许经营制度；对公益、公用、公有企业按照公共企业的属性，实行特殊的制度安排，引入特殊的治理机制等。〔16〕 总之，公共商法的调整，应是以商法的基础调整为主，以经济法、行政法、刑法、诉讼法、民法等调整为辅助或补充，融公法与私法于一体的公私合治式调整。

2. 公共商法的内容形式

公共商法涉及的公益、公用、公有领域，主要为公益营业、公用事业、公有企业等

---

〔16〕 蒋大兴：《国企应从公司法中撤退——从“商事公司”向“公共企业”演变》，载《中国工商管理》2013年第12期；胡改蓉：《论公共企业的法律属性》，载《中国法学》2017年第3期。

领域，因此，公共商法的主要内容可概括为公益营业法、公用事业法、公有企业法三大部分。

（1）公益营业法。公益营业法主要包括调整以实现社会公益为目的的营业关系，或体现国家对营业中私权不当扩张和恶性竞争的作必要限制或禁止，以维护营业中的公共利益、社会利益之商法特定领域或子部门。其内容主要包括社会企业法、公益经营法、《反垄断法》《反不正当竞争法》《产品责任法》《计量法》《标准化法》《消费者权益保护法》《药品管理法》《食品卫生法》营业许可法、营业审批法、金融监管法及其他各种营业监管、市场监管法等。

（2）公用事业法。公用事业法主要包括调整适用准公共产品供给的各种公用事业领域之商法规范部分，其主要内容包括公共公用交通法（城市公共交通法、铁路运输法、公路运输法、航空运输法、邮政法、快递法、管道运输法、网线输送法、多式联运法、空间运送法）、公共公用能源法（煤炭法、燃气法、燃油法、电力法、水利水电法、风力能源法、核能核电法、清洁能源法等）、公共公用供水法（清洁水源法、地下水法、自来水法、污水处理法、用水安全法等）、公共公用通信法（电信法、公共传播法、公共广播电视法、公共网络法等）、公用基础设施投资经营法和其他公用事业投资经营法。

（3）公有企业法。公有企业法主要包括调整国家（政府）、集体等公有经济主体投资、经营或专卖专营之商法规范部分。因为投资主体或经营主体的特殊性，适用传统以私法理论或私权理念构建起来的制度、规则或规范，会产生巨大的道德、制度、法律和市场风险，故必须有针对性地建立一套特殊的公私法融合的政策制度和法律技术进行应对。公有企业法的内容主要包括国有财产法、国有资产法、企业国有资产法、国有企业法、国有独资（控股）公司法、集体经济组织法、集体企业法、国家专卖或专营法等。

不难看出，在上述诸类法律中，既有商法的底色，也有经济法的表征，更有行政法、刑法的影子，还有民法上民事责任作兜底，真正体现了公共商法中公私合治的理念与特色。由于公共商法中的公益、公用、公有领域存在很大差异，无法用一部法律或统一的法典进行调整，因此，公共商法大多也是以特别法、单行法的形式出现或存在。

第十一章 商法的渊源与体系

任何法律或规范只有以一定的形式或载体存在，方可为主体所遵行。不同部门法或规范形式有其特殊的法源形式与立法体例，深入分析商法的渊源形式，无疑可全面地认识商法的特殊性。

第一节 商法的渊源

一、商法渊源的定义及内容

（一）商法渊源的定义

商法的渊源，是指由不同创制主体制定的具有不同效力等级的商法规范之外在表现形式。关于商法渊源，国内多数学者是从国家法的角度讨论不同商法渊源形式（如宪法、法律、行政法规、地方性法规、部门规章或地方政府规章、国际法或国际惯例等）的效力等级。部分学者则认为，商法渊源可分为正式法源（商事成文法、司法解释、交易习惯、商事政策等）与非正式法源（商自治法、部委规章、商事裁判、商法法理等）两个方面；〔1〕或者认为表现为商事制定法、商事判例法、商事习惯法与商事习惯、商事自治规则、商法学说等几种形式。〔2〕在域外，一般而言，大陆法系国家，商法主要以国家制定法为主，以商事习惯和自治性规范为补充。近年来，欧盟商法也成为欧陆各国商法的重要渊源。〔3〕不同国家或地区的学者在具体论述上也存在一定的差异；在法国，学者把商法概括为民法与商法的共同渊源（法律、判例、学理）、商法特有的渊源（习惯、商事行政法、商事规章条例）等两个方面；〔4〕在德国，

---

〔1〕 樊涛：《中国商法渊源的识别与适用》，法律出版社2015年版，第17~235页。

〔2〕 范健、王建文：《商法总论》，法律出版社2011年版，第103~121页。

〔3〕 ［意］阿尔贝特·桑塔·马里雅：《欧盟商法》，单文华、蔡从燕译，北京大学出版社2007年版，第1~6页。

〔4〕 ［法］伊夫·居荣：《法国商法》，罗结珍、赵海峰译，法律出版社2004年版，第20~30页。

商法作为商人的特别私法，[5]其渊源除了成文法典（《民法典》《商法典》）、商事单行法（如《股份法》《票据法》等）外，商人的习惯和惯例、国际惯例与法规、含有标准条款的契约或格式契约且为"为双方当事人所同意时"，也常常被法院作为商法加以适用；[6]在日本，学者把商法渊源表达为商事制定法、商事条约、商事习惯法和商事自治法等四个方面。[7] 在英美法系国家，商法则主要表现为判例法（普通法和衡平法），以国家制定法为重要形式；如在英国，商法的渊源就有判例法、制定法和欧共体法等；[8]在美国，商法则表现为判例法、州制法、联邦法和示范法等多种形式。[9]

（二）商法渊源的内容

笔者认为，商法的渊源不能仅从调整或规范的角度来限定，而应从商事纠纷或争议裁判适用依据的视野来识别。也就是说，商法除了调整、规范、引导商主体的营业活动外，更重要或者说最终极的制度功能在于为当事人之间的商事纠纷或利益争议提供责任分担的可裁判依据，因此，凡与调整营业有关、可作为商事裁判依据的规范性文本，均应纳入商法渊源的范畴。因之，作为裁判依据的商法渊源主要表现为以下方面：（1）商法的具体形式，如是成文法，还是习惯法、判例法。（2）由不同制定主体创制的商法形式之法律效力等级及适用范围。（3）商法不同效力等级的形式之间在适用时的优先序列、相互关系和基本规则。

二、商法规范的法源形式

商法规范的法源形式，又称效力形式，是由不同商法创制主体所制定或约定的具有不同效力等级的商法规范形式。商法渊源形式的历史变迁，总体上是沿着从自治商法到国家商法、从商人法到商事法、习惯商法到制定商法、国家商法到国际商法、交易规则到技术规则这一轨迹，在不断演变和发展。在我国，商法的渊源就是通过不同的法源形式或效力等级具体表现出来的，即商法规范的主要形式包括国家制定法、商人创制法、国际条约和国际惯例几个层面。

---

〔5〕［德］C. W. 卡纳里斯：《德国商法》，杨继译，法律出版社2006年版，第2～7页。

〔6〕［德］罗伯特·霍恩、海因·科茨、汉斯·G. 莱塞所：《德国民商法导论》，楚建译，中国大百科全书出版社1996年版，第239～240页。

〔7〕［日］近藤光男：《日本商法总则·商行为法》，梁爽译，法律出版社2016年版，第7～11页。

〔8〕［美］斯蒂芬·加奇：《商法》，屈广清、陈小云译，中国政法大学出版社2004年版，第5页。

〔9〕［美］美国法学会、美国统一州法委员会：《美国〈统一商法典〉及其正式评述》（第一卷），孙新强译，中国人民大学出版社2004年版，"导读"第7～20页；吴兴光等：《美国〈统一商法典〉研究》，社会科学文献出版社2015年版，第1～12页。

(一)国家制定法

国家制定法,即由国家特定机关创制或认可的商事规范的总称。国家制定法按制定机关、效力等级和适用范围的不同可以划分为以下几种形式:

1. 商事宪法性规范。商事宪法性规范,即以设定商事权利与义务为基本内容、以宪法为表现形式的商事规范性文件。商事宪法性规范一般是对商事基本制度作出原则性规定,如我国《宪法》有关基本经济制度、私人财产权、企业自主权、不同所有制形式企业的法律地位等规定即为商事宪法性规范。

2. 商事法律。商事法律主要对我国商事制度作出具体规定,由全国人民代表大会及常务委员会制定或通过的有关商事方面的规范性文件。如《民法典》中的商法规范以及《个人独资企业法》《合伙企业法》《公司法》《证券法》《证券投资基金法》《信托法》《企业破产法》《商业银行法》《票据法》《保险法》《海商法》《民用航空法》《电子商务法》《仲裁法》等。

3. 商事行政法规。商事行政法规,即由国务院制定的有关商事方面的规范性条件。商事行政法规的基本功能是对商事法律的实施进行完善、补充,使之更具可操作性,如《市场主体登记管理条例》《企业债券管理条例》《国有企业监事会暂行条例》等。

4. 地方性法规。地方性法规,即根据《立法法》由享有地方性法规立法权的一定级别地方(较大的市或设区的市级以上地方行政区)人民代表大会及常务委员会制定或认可的有关商事方面的规范性文件。如《深圳经济特区股份合作公司条例》等。

5. 商事行政规章和地方规章。商事行政规章和地方规章,即由行政机关制定或发布的有关商事方面的规范文件。其中由国务院下属部、委、局制定或发布的规范性文件为商事行政规章,如中国人民银行发布的《银行贷款暂行办法》,由原国家工商行政管理局发布的《企业法人法定代表人登记管理规定》,由中国证券管理委员会颁布的《上市公司章程指引》《上市公司治理指引》等。地方规章即根据《立法法》享有地方规章立法权的地方人民政府(较大的市或设区的市以上人民政府)制定或发布的有关商事方面的规范性文件,如上海市人民政府发布的《上海市证券交易管理办法》《上海市股份合作制企业暂行办法》,北京市人民政府制定的《有限合伙管理办法》等。

应当看到,国家制定法除上述五种形式的规范性文件外,还包括国家立法机关、行政机关和司法机关对上述规范性文件所作的有普遍约束力的解释。除此之外,在我国,商事政策作为具有潜在约束力和广泛渗透力的指导性文件,虽然不能视为正式的国家制定法渊源，但在具体的商事裁判实践中，具有指导、参考意义，应属于准国家制定法形式的范畴。

（二）商人创制法

商人创制法，又称商人法，即由商事主体、商人自治性组织或其他民间商事自治组织制定的对一定范围内商事行为有约束力的规范性文件。商人创制法具有商人性、民间性、内部性、自治性、直接性等诸方面的特点，属于商人法的范畴。〔10〕也有学者认为，依照制定主体和规制范围的不同，商人法可分为超越主权国家机构创制的商人法（如各种国际经济贸易组织制定的国际公约、协定、惯例或示范文本等）和亚国家机构制定的商人法（如由各种商会、行业协会、行业商会等商人组织制定的章程、公约、条例和细则等）两大类。〔11〕笔者认为，商人创制法由于效力得到法律的认可，具有法律约束力，自然应作为商法的主要法源，其主要形式有以下几个：

1. 行业自治性规范。行业自治性规范，即商会、行业协会等市场自治性组织制定的对本组织内部成员有约束力的规范性文件，如《中国证券业协会章程》等。

2. 技术性规范。技术性规范，即专业商事组织所制定的调整某一商事行为的具有职业技术特征的规范性文件，如商业银行有关票据结算的规定、邮政企业对邮政汇款单寄取的有关规定，均属于特定商事业务的技术性规定。

3. 企业或商事组织内部的自治性规范。该规范包括合伙协议、公司章程、公司内部规章等。例如，我国《公司法》第 11 条规定，“设立公司必须依法制定公司章程”；“公司章程对公司、股东、董事、监事、高级管理人员具有约束力”。这说明，经登记、注册并公示的公司章程，不仅具有对相对人的对抗效力，更具有强制性的法律效力。

4. 商事主体共同认可的交易习惯或商业惯例。例如，我国《民法典》总则编第 10 条就明确规定，“处理民事纠纷，应当依照法律；法律没有规定的，可以适用习惯，但是不得违背公序良俗”。此条规定的习惯，当然就包括交易习惯和商业惯例。

5. 当事人的约定和具有典型意义的合同格式条款。古罗马法谚就有“契约是当事人间的法律”和“和解协议相当于已决案”之说。〔12〕我国《民法典》合同编第 465 条也规定，“依法成立的合同，受法律保护”；“依法成立的合同，仅对当事人具有法律约束力，但是法律另有规定的除外”。如保险条款、商品房买卖合同等，由于对

---

〔10〕郑远民：《现代商人法研究》，法律出版社 2001 年版，第 23 ~ 28 页。

〔11〕戴剑波：《当代中国新商人法研究》，法律出版社 2016 年版，第 75 ~ 79 页。

〔12〕孙笑侠：《西方法谚精选》，法律出版社 2005 年版，第 150 ~ 152 页；郑玉波：《法谚（一）》，法律出版社 2007 年版，第 80 页；郑玉波：《法谚（二）》，法律出版社 2007 年版，第 293 页。

当事人权制与义务的约定具有典型意义，作为当事人创制的“法律”对特定专业领域的个案具有普遍的解释力和约束力。

（三）国际条约和国际惯例

如前所述，在国际商法时代，国际条约和国际惯例是商法渊源的重要形式。其中国际条约包括国际公约、国际协定（双方或多边）。这里重点阐述国际条约和国际惯例的适用效力。

1. 国际条约和国际惯例只在涉外商事或国际商事活动中才能具有适用效力，纯发生于一国国内商事主体之间的商事活动不存在适用国际条约和国际惯例的问题，除非该国在这方面的法律处于空白状态。

2. 在一国加入或签署了某一国际公约或国际协定的前提下，如果该国际公约或国际协定与该内国商事法发生冲突，则应优先适用国际公约或国际协定。

3. 在一国未加入或签署某一国际公约或国际协定的情况下，国内法又未有相应规定，此时可以适用国际惯例。

三、商法不同渊源之间的适用规则

（一）商法不同渊源之间的一般适用规则

关于商法的适用，在一般情形下，应按照《民法典》总则编第 10 条的规定，即有法律的则适用法律，没有法律的则适用商事习惯；而没有商事习惯的，则应选择类推适用和法律解释的方法，寻求商事纠纷与争议裁决的适用规则。但是，在选择类推适用时，必须是在法律存在漏洞，即无法律或习惯可适用、准用、参照的情形下，并应切实遵循类似性、不能违背立法主旨和法条精神、不能加重当事人责任、不适用于例外规定等基本原则，[13]选择最妥当、有效的类似条款。至于法律的解释，则应本着有权解释优于学理解释、立法解释优于司法解释的原则；特别是在诉讼和仲裁过程中，法官与仲裁员对法律条文、合同条款的解释，事实上具有“法的续造”功能，[14]因此，对法律解释就更应严格，相关裁判解释自应本着合乎宪法、目的、文义、应然、常识、体系解释的基本原则，对法律作出妥当、贴切的解释。[15]

（二）商法不同渊源之间的具体适用规则

在前述国家法、商人法、国际法之间存在冲突或竞合的情况下，则应本着如下

---

〔13〕 王利明：《法律解释学导论——以民法为视角》，法律出版社 2009 年版，第 513 ~ 514 页。

〔14〕［德］卡尔·拉伦茨：《法律方法论》，陈爱娥译，商务印书馆 2003 年版，第 246 ~ 305 页。

〔15〕 梁慧星：《民法解释学》，中国政法大学出版社 1995 年版，第 213 ~ 246 页。

法律适用原则,优先选择适用相关商法规范。

1. 国家制定法之间的适用规则

在商法规范体系中,如国家制定法之间存在冲突或竞合,应遵循如下法律适用的一般性规则:(1)在不同位阶的法律之间,应本着宪法优于部门法、上位法优于下位法、本法优于法律解释、立法解释优于司法解释的法律适用原则。[16] (2)在相同位阶的法律之间,则应遵循私法(民法、商法)优于公法或准公法(经济法、行政法、刑法)、新(后)法优于旧(前)法、特别法优于普通法、变通法优于非变通法、行为地法优于属人地法、行为时法优于处理时法、对当事人有利法优于对当事人不利法、程序法优于实体法、实体从旧与程序从新的法律适用原则。[17]

2. 国家法与商人法之间的适用规则

在商法规范体系中,如国家法与商人法之间存在冲突或竞合,则应本着如下法律适用原则,选择适当的商法规范:(1)国家法中的强制性规定应优于商人法的规定。(2)商人法的规定应优于国家法中的任意性规定,特别是在法律有明确授权或但书规定的情形下。(3)当事人的约定应优于国家法中的任意性规定、其他商人法规定。

3. 国家法与国际法之间的适用规则

在商法规范体系中,如国家法与国际法之间存在冲突或竞合,则应本着如下法律适用原则,选择适当的商法规范:(1)以内国加入或承认国际公约、国际条约、双边或多边协定的前提下,国际法应优于国内法,但内国对相关条款有保留的除外。(2)在内国没有加入或承认国际公约、国际条约的情形下,应只适用国内法,除非内国法有特殊规定。(3)在国内法无明确限制或禁止的情形下,国际惯例或贸易习惯应优于国内法、国内惯例或商业习惯。(4)在优先适用国际法、国际惯例、贸易习惯的过程中,有管辖权的内国法院或仲裁机构,可以公共秩序保留原则,拒绝适用有危害或危害内国公共秩序之虞的国际法、国际惯例、贸易习惯。[18]

第二节 商法的体系

商法的体系,是指商法作为一个独立或相对独立的法律部门,在该国家或地区

---

〔16〕 沈志先主编:《法律适用精要》,法律出版社 2010 年版,第 14 ~ 16 页。

〔17〕 胡建淼主编:《法律适用学》,浙江大学出版社 2010 年版,第 511 ~ 554 页。

〔18〕 如《涉外民事关系法律适用法》(2010 年)第 5 条规定:“外国法律的适用将损害中华人民共和国社会公共利益的,适用中华人民共和国法律。”

法律体系中的地位、内部具有逻辑联系的各项商事法律制度和子部门法、单行法所组成的有机的系统结构。商法的体系可以从部门法地位、子部门法结构、内部体例结构这三个方面进行考察。

一、商法的部门法地位

前文对商法的部门法属性已从与宪法、民法、行政法、经济法的比较视角进行过分析，这里集中对商法作为部门法在我国法律体系中的地位，作简要的评价。关于商法在我国法律体系中地位，多数学者是从市场经济的角度，把商法定位为调整市场经济关系的特别法、[19]基础法、[20]基本法，[21]并认为在调整市场经济关系的部门法分工上，民法是前置性法律，经济法是保障性法律，而商法则是市场运行法，商法产生于市场经济并且直接服务于市场经济。笔者认为，如从法律体系、私法视野、营业领域、市场关系等方面对商法进行综合考察，就不难发现，商法是国家法律体系中的基本法，是私法领域中的特别法，是调整营业关系的主干法，是支撑市场运行的根本法。

（一）商法是国家基本法

商法在一国法律体系中究竟处于什么样的地位，不能首先给出简单或武断的认定，而须从商法所调整的营业在国家生活与社会秩序中所扮演的主要角色和承担的制度功能着手，才有妥当的判断。自有人类并组成人类社会以来，物质生活资料的生产与再生产就一直是维持人类社会存在、发展的前提性、支撑性条件，而营业的重要性地位，最终不取决于营业本身，而决定于人类社会的生产方式变化和不断发展需要。

在农业经济时代，物质生活资料的生产与再生产是以农业为主、手工业为辅，承担互通有无、商品交换、财富流通功能的商业，此时以商业为主要表征业态的营业，所起到的作用和功能主要是中介性、转换性、补充性的，其基础性、重要性、不可或缺性尚不能体现出来。这也是中国古代为什么要长期采取“重农抑商”的实在逻辑。

到工业经济时代，特别是制造业的兴起与机器大工业的普及，以营利为目的的

---

〔19〕屈茂辉：《论当代中国商法的性质、地位和体系》，载《法学家》1998 年第 4 期。

〔20〕王存学：《民法商法在市场经济发展中的地位和作用》，载《吉林大学社会科学学报》1995 年第 1 期。

〔21〕赵万一、赵吟：《论商法在中国社会主义市场经济法律体系中的地位和作用》，载《现代法学》2012 年第 4 期。

工业取代了传统农业的基础性地位,成为社会生产或再生产的主角,工业成为营业的主要业态。不仅如此,伴随大工业、大机器、大工厂、大产业的发展,人类社会在农业经济时代所形成的以家庭为基本单位的生产或消费模式被打破,以工厂、企业、公司为主要形式、单元、主体的生产与再生产,成为人类社会的主导性生产供给方式,社会化大生产模式与秩序正式形成,并由此衍生出人类社会在个体、家庭、团体之间的更深层次的分工。一方面,社会化大生产模式,支撑着大工业、大机器、大工厂、大产业的生产、发展,需要大量的职业经理人和劳动力,由此催生雇佣市场;另一方面,农业经济时代作为单一个体的传统家庭成员,居家劳作或生产已不能解决其生存、生活问题,走出家庭投身社会求职、求业不仅成为一种必要谋生手段,更是一种必然的选择,社会化大生产雇佣的需要和物质生活资料生产或再生产功能已萎缩的家庭成员求职谋生的驱动,使人类社会最终形成以大工业、大机器、大产业、大工厂、大企业、大公司之生产、经营为代表的营业和以走出家庭、求职谋生的社会个体成员为代表的就业。进而催生或衍生出既具彼此矛盾对立、又相互关联依存的营业与就业之两大对立阵营和社会问题,从此,人类社会的经济问题就步入以营业与就业为核心的新时代。于是营业的发达和就业的普及,就成为人类社会至少在经济领域的新主题,经济增长和就业充分的相关数据,也就成为衡量一国经济情况好坏的晴雨表,更成为评价特定执政者治理国家与执政业绩的主要考量指标。而要解决就业普及和充分的问题,也必须有发达并有持续增长的营业予以支撑,没有大工业、大机器、大产业、大工厂、大企业、大公司的存在、发展并提供大量的就业岗位,所谓就业问题就只能是一种一厢情愿的幻想。可见,正是因为18世纪工业革命以来所形成的社会化大生产方式和营业、就业之二元分离社会结构,以制造业、大工业为主要业态的营业,在国家与社会中的基础性、支撑性、重要性地位,才得以突出并被奠定。至于随着社会化大生产方式的形成,传统不具营利性的农林牧渔、教卫文体以及属于传统家庭个体纯粹私务的吃穿住行、婚丧嫁娶、生老病死、家政服务等,均通过营业性投资、企业化经营、营利性交易等各种方式改造,被营业化。在此情形下,营业就已不仅仅是一个工业或商业的部门问题,而是渗透到社会各行各业的一种基本社会存在状态。

营业在工业经济时代跃升至国家、社会、经济生活中的主导性、基础性、支撑性地位这一态势,在服务经济、信息经济、智网经济时代,并没有停止脚步,反而因创业门槛越来越低、投资方式越来越多元、经营方式越来越灵活、交易手段越来越丰富,营业之多元、便利、迅捷趋势,不断推动着营业的世俗化和普及化,它使传统商人的阶层身份、特权地位、职业优势基本荡然无存,营业进入真正的平民化、平权化时代;特别是在移动互联、数字智慧时代,营业的主导性地位更为凸显。

足见，中世纪商业革命以来特别是18世纪工业革命以来，营业在国家、社会、经济生活中的主导性、基础性、支撑性重要地位，决定调整营业之商法的主导性、基础性、支撑性地位。正如伯尔曼所言，“决定商法发展的各种制度的存在，大大推动了商法体系的自觉发展”，即“商业革命有助于造就商法，商法也有助于造就商业革命。实际上，所发生的不仅是商业的革命性转变，而且还是整个社会的变迁”；〔22〕又如马克思所说，“一个国家，例如北美合众国，越是以大工业作为自己发展的基础”，其对传统社会生产方式、家庭、农业等领域和秩序的冲击和破坏就越明显，且“这个破坏过程就越迅速”。〔23〕自然，在以制造业和大工业为核心业态的现代营业占主导地位的国家、社会、经济生产或生活中，称商法是国家的基本法，应该是比较客观、适当的。

（二）商法是私法特别法

1. 传统私法体系中民商二元分离结构

无论从利益之公益与私益的析分角度，还是从法律之公法与私法、公权与私权之区别学说，或者是实态的立法设计和制度安排现实，国家、社会、经济事务，可划分为私人或公共、公法与私法、公权与私权、公益与私益两大领域，为方便起见，一般通称公法与私法领域。不管是从基本原理、学理，还是从常识、常理，公法领域涉及的主要为公共利益，私法领域重点关注私人利益，两者适用的法律理念、价值、原则、规则和具体规范，存在显著的区别。这里不作细论，主要讨论涉及私人利益的私法领域。

前文已述，私法领域是一个民法与商法的共治领域，两者统称为民商法。但是，私法领域只是一个抽象的概念，它的基本职能就是解决民间的营生问题。私法领域按其基本功能，又可分为解决基础性生存、生活问题的非营业领域和促进生产、发展的营业领域。其中不具有营利目的性的非营业领域在私法世界带有一般性、基础性，而具有营利目的性的营业领域在私法社会则带有特殊性。在中世纪晚期以前，民法调整私法世界中非营业领域的市民关系，为世俗法；商法调整私法社会中营业领域的商人关系，为身份法。民法与商法两者之间是一种世俗法与身份法之“井水不犯河水”的分离关系。此时的民法与商法是一种调整私法不同领域的平行关系。

2. 现代私法领域中民商共域一体关系

但是，近代以来，随着商人阶层、特权身份的式微，营业成为所有国民（民事主

---

〔22〕［美］哈罗德·J. 伯尔曼：《法律与革命——西方法律传统的形成》，中国大百科全书出版社1993年版，第409页、第432页。

〔23〕［德］卡尔·马克思：《资本论》（第一卷），中共中央编译局译，人民出版社2004年版，第580页。

体)人人享有的自由和权利,传统非营业领域与营业领域、市民与商人、民法与商法之间的分离与隔阂被打破。一方面,后文所述的民法国家化、商法化,民法大量地涉及营业领域,商法中的法律理念、价值、原则、规则和具体制度、规范部分地进入民法典;另一方面,如制造、工厂、企业、公司、资本、金融、服务、信息、电子、网络、数据、智能等新型营业形态或营业主体的出现,商法越来越显示出专业化、职业化、技术化等特征,商法更多地专注于调整具有专业、职业、技术特征的特殊营业关系。民法与商法在近代以来的这一变化,使民法地位得以提升,成为统辖私法领域的一般法;商法地位则更为显赫,以更具专业、职业、技术的独特品格充当私法领域的特别法。

可见,在传统民与商、非营业领域与营业领域之泾渭分明的格局或态势不复存在的情形下,民商之间并不是一种分立或合一的关系,而是一种共域一体关系。商法不是民法的特别法,而是私法之特别法。民法作为私法领域的一般法,商法作为私法领域的特别法,已成既然之事实,理应成为学界与业界的共识。

(三)商法是营业主干法

前文和前章已经谈到,商法虽为调整营业或营业关系之法,但营业关系既具私人性,又具社会性,决定了营业关系并非由商法之部门法作唯一调整,就如同人身关系、财产关系(经济关系)也并非一个部门法所能专属调整或胜任一样;事实上,广义上的营业关系实际上是需要所有法律部门进行协调调整的,并可析分私人性营业关系和公共性营业关系。只有通过具体、深入的分析,才能真正得出商法在营业关系调整上的主导性、基础性地位。

1. 商法在调整私人性营业关系中的主导性地位

在传统私人领域,商法作为调整具阶层、身份特征的商人法,与调整世俗社会中市民关系的民法处在分立、分离、隔绝的状态,此时调整私人性营业关系,属商法专治的范畴,其独立性价值自然毋庸置疑。近代以来,随着民法的国家化和商法化,调整具平等、平权、平责特质或属性的私人性营业关系,虽已不是商法的专利,但商法并未丧失在私人性营业关系调整中的主导性地位。这是因为,私人性营业关系无非可划分为普通私人性营业关系和特殊私人性营业关系,而无论是普通商法,还是特别商法,商法的主导性地位一直没有动摇。

(1)民法中调整普通私人性营业关系的部分规范是实质意义的商法。一方面,从前述普通商法的实质内容分析中,虽普通私人性营业关系确实存在民商共治的情形和局面,但这部分普通私人性营业关系的规范,本质上是商法规范,只是因为普通营业行为的平民化和普及化、民法的国家化和商法化,而被编进了《民法典》而已。另一方面,民法对普通私人性营业关系的调整,只是一种基础性、一般性、抽象性、日常性、普通性、伦理性、交易性的调整，盖因这一部分私人性营业关系具有日常的普遍性和高度的稳定性，能通过民法一般性条款和合同之债的立法形式，予以吸纳，使之与非营业关系实现高度的融合；但如涉及专业、职业、复杂等带有技术性的私人性营业关系，自然就难以被吸纳到具高度稳定性和严谨逻辑体系性的民法之中。足见，即使已国家化或商法化的民法，其调整普通私人性营业关系的功能也是十分有限的。

（2）调整特别私人性营业关系则为商法专利。具专业、职业、技术等特质的特殊私人性营业关系，对之进行调整与治理，不仅应具有复杂性、特别性、具体性，而且应具有专业性、职业性、技术性，更须具有针对性并达到效应性，产生实际的调整效果。商法的调整恰恰就是具备这样特质和属性的一种调整。首先，商法的调整是一种特别的调整，具有复杂性、特别性、具体性；其次，商法的调整是一种专业性、职业性、技术性的调整，具有鲜明的专业性、职业性、技术性特征；最后，商法的调整是一种有针对性并具实效性的调整，具有明显的针对性和效应性。很明显，在特别私人性营业关系的调整中，只有商法能发挥专治（专业之治）、职治（职业之治）、技治（技术之治）、功治（有效之治）之独特的主治效能，民法的一般性调整，在该领域已基本不能发挥指引性调整效应。

2. 商法在调整公共性营业关系中的基础性地位

如前所述，具公共属性的营业关系，虽处在民法、商法、经济法、行政法、刑法、诉讼法共同调整的合治状态，但商法在该类营业关系的调整中，仍居于基础性地位。这是因为：

（1）公共性营业关系的基础关系仍然是具平等、平权、平责特质或属性的私人性营业关系。例如，在营业监管关系中，监管的对象仍是具私人本位利益的独立投资者、经营者、交易者，它们仍是私权、私益主体；又如公用企业作为公用事业的投资者或经营者，其法律地位首先是私法主体；再如国家（政府）、集体投资或设立的企业，也是以国家股东、集体股东、法人股东和衍生企业等私权性的商事主体身份出现，而非以公权主体属性身份出现。公共性营业关系基础的私人性、私权法和私益性，决定了在调整私人性营业关系占主导性地位之商法地位的基础性。

（2）商法在调整公共性营业关系中确实发挥着基础性的调整功能。公共性营业关系虽为诸法合治，但商法的调整是一种专业性、职业性、技术性的调整，是一种基础性的调整与治理，而其他具公私属性部门法的调整，均只具有辅助、补充、救济等次要、派生功能。例如，经济法在市场监管、宏观调控方面的调整，就带有经济政策的辅助性，属于公共性营业关系辅助之治范畴；又如通过行政监管或行政处罚的调整，就带有明显的补充性，故行政法之治具明显补充之治的特征；再如刑法中的刑罚调整、程序法的追诉调整以及包括民法中民事责任设置等调整，就带有事后的救济性和处罚性，属于典型的救济之治等。

总之，营业领域虽是一个公私并存、诸法合治的领域，但唯有商法是以调整营业或营业关系为己任和使命，故商法是调整营业的主干法。

（四）商法是市场根本法

1. 商法理念是市场经济的基本底色

所谓市场，即为交换或交易的场所，市场经济实质就是交换经济，市场秩序本质就是一种交易秩序。尽管人类社会的交换、交易，已由最初的物物交换，过渡到后来通过货币中介的商品交换，从商品买卖、货物贸易发展到资本流通、金融交易，从现货交易到期货交易，从有形实体交易转型为无体虚拟交易，从直接、分散、个别交易升级到间接、集中、概括交易，且交易的规模、地域、场地、方式均发生颠覆性变化；但是，市场之所以能长期维持并能不断发展，且仍以新的内容或形式在持续地变革与创新，在于支撑市场交易与竞争秩序的社会分工、权利私有、意志自由、平等地位等四大支柱的存在。如果没有分工、私有、自由、平等这四大支柱，就没有市场，就没有市场交换，更无市场竞争之可能。在这方面，马克思、恩格斯均有特别经典的论述。

（1）社会分工。市场交换或主体交易之所以必要并能发生，是因为有社会分工的存在和个人禀赋的差异。一方面，随着人类可制造生产工具进而提高了获取物质生活资料的效益，直接催生了农业、手工业等社会分工；另一方面，随着社会分工的不同和个人禀赋的差异，所有人类社会的生产或需要“已经不能由同一个人来进行了”，〔24〕也就是说，由同一个人生产或提供人类所需要的一切物质生活资料，在人类社会进入复杂、多元需要的时代，已经变得不可能。在此情形下，人类就存在互通有无、各取所需的必然需要，而要满足这一需要，就必须通过交换或交易来完成。正因人类不同需求的驱使，才直接促使交换的产生，进而衍生为交换或交易之场所——市场。故人们之所以来到市场，无非就是通过交换或交易，获得自己所需要的东西，满足自己不能自主实现的需求，即“每一个商品占有者都只想让渡自己的商品，来换取另一个具有能够满足他本人需要的使用价值的商品”。〔25〕

（2）权利私有。社会分工导致的个体需求差异，只是商品交换和市场交易的初始条件，并非充分条件，如果社会分工所生产出来的东西为一个所有，或者为所有人共有，这种交换或交易要么不会产生，要么就没有产生的必要，故在绝对共有制

---

〔24〕《马克思恩格斯选集》（第四卷），中共中央编译局译，人民出版社2012年版，第179～180页。

〔25〕［德］卡尔·马克思：《资本论》（第一卷），中共中央编译局译，人民出版社2004年版，第105页。

或公有制的情形下，虽有社会分工，但并不一定存在交换或交易。因此，商品交换和市场交易之所以必要，是因为社会分工所生产或提供的不同产品或服务，是归属于不同的主体，即马克思所称的商品后面的不同监护人或权利人。这是因为，"商品不能自己到市场去，不能自己去交换。因此，我们必须找寻它的监护人，商品占有者。"也就是说，交换、交易的前提是标的或权利的私人属性，即交换、交易的双方或多方，"他们必须彼此承认对方是私有者"，即"这种具有契约形式的（不管这种契约是不是用法律固定下来的）法的关系，是一种反映着经济关系的意志关系"。〔26〕自然，以法权形式固定下来的财产、权利或标的物的私权属性和不同所有，才是促进交换必须进行的又一实质性条件和权利基础。

（3）意志自由。在被交换的物或标的被各自需求不同的所有者或权利人占有、控制或支配的情形下，要实现交换，其途径有二，一为违背当事人自由意志的强力夺取；二为基于满足双方或各方需求前提下的自愿出让。尽管"商品是物，所以不能反抗人。如果它不乐意，人可以使用强力，换句话说，把它拿走"，但是，如此一来，人类社会就如丛林规则中动物弱肉强食一样，正常秩序必然大乱。〔27〕很显然，以强力夺取，既不符合人类正义，更不可持续；相应地，基于选择自主、意思自治、意志自由、契约自由发生的交换或交易，才既符合正义、道德，更可稳定、持续。

（4）地位平等。交换与交易还必须具备公平性，方可确保有效性，只有参与交换或交易双方或多方均从交换或交易中获得预期利益，满足了原设定的需求，此次交换与交易才是成功的，同时也为之后交换与交易延续或持续创造稳定的条件，因此，能否实现互利双赢或多赢，即交换或交易中等值、对价、公平，是判断交易是否成功或持续的核心条件。而能成就等值、对价、公平的基础条件，只有一个，即参与交换或交易双方或多方当事人地位是平等的，既不存在以强凌弱，也不出现以大欺小，更不应有以高就低、以公谋私。只因"商品是天生的平等派和昔尼克派*"，〔28〕而能促成交换、交易成立的条件在于平等对话、自主协商，并基于平等、自愿基础上的互通有无、各取所需，在等值对价条件下，才能使交换或交易自然达成。

社会分工、权利私有、意志自由、地位平等作为支撑市场经济的四大支柱，全部原于营业和调整营业之商法的理念、价值、原则和规则。首先，是社会分工特别是人类第三次社会大分工直接催生了专职"从事产品交换"的商人产生，〔29〕并进而产生

〔26〕［德］卡尔·马克思：《资本论》（第一卷），中共中央编译局译，人民出版社 2004 年版，第 103 页。

〔27〕［德］卡尔·马克思：《资本论》（第一卷），中共中央编译局译，人民出版社 2004 年版，第 103 页。

* 昔尼克派崇尚自由。——笔者注

〔28〕［德］卡尔·马克思：《资本论》（第一卷），中共中央编译局译，人民出版社 2004 年版，第 104 页。

〔29〕《马克思恩格斯选集》（第四卷），中共中央编译局译，人民出版社 2012 年版，第 179～180 页。

为商人和交易服务的商法。其次，权利私有，作为私法的基石，商法就是以法权关系确定权利私有的典型形式。正如恩格斯所称，"罗马法是简单商品生产即资本主义前的商品生产的完善的法"，它已经"包含着资本主义时期的大多数法权关系"。[30] 再次，追求契约自由、营业自由既是近代商业革命的直接动机，更是近代商法的灵魂。正如恩格斯在《反杜林论》所论述的那样，"大规模的贸易，特别是国际贸易，尤其是世界贸易，要求有自由的、在行动上不受限制的商品占有者，他们作为商品占有者是有平等权利的，他们根据对他们所有人来说都是平等的、至少在当地是平等的权利进行交换。从手工业向工场手工业转变的前提是，有一定数量的自由工人，他们可以和厂主订立契约出租他们的劳动力，因而作为缔约的一方是和厂主权利平等的"。[31] 最后，地位平等是新兴商人的内在要求和近代商法的固有品性。这是因为，对以制造业主、海上贸易者、城市新兴市民为代表的新兴商人阶层而言，他们需要的恰恰是平等的机会和地位。

2. 商法规则是市场经济的基础规则

"市场经济是人类最伟大的创造，是人类进步最好的游戏规则！"这是因为，"市场的基本逻辑是：如果一个人想得到幸福，他（或她）必须首先使别人幸福"；更通俗地讲，即"利己先利人"。[32] 市场经济之所以能实现生产要素、初始资源的自发配置和产业部门、经济结构的有效调节，在于市场中存在一整套基础性、根本性的交易规则，而这些基础性、根本性的交易规则，如前文所述，绝大部分是商法规则。

足见，只要是市场经济，或者说只要维护或建设并不断完善市场经济，前述商法最基本的理念、价值、原则、规则就不能动摇；如果动摇或改变了，就不可能有完全、整体或系统意义的市场经济或市场法则，就不可有实质意义的自由营业和真正意义的公平竞争。从这一意义上讲，无完善商法的切实保障，就无现代市场经济；故称商法为市场经济的根本法，一点也不为过。

二、商法的下位法结构

商法的下位法，又称商法的子部门法，即构成商法规范体系的各单行特别法。商法的下位法结构是指商法的下位法范围以及相互之间的关系。笔者认为，商法的下位法结构，可从传统民商二元理论、营业实态视角、大私法领域等不同视野，作出不同的概括和提炼。

---

〔30〕《马克思恩格斯全集》（第三十六卷），中共中央编译局译，人民出版社 1975 年版，第 169 页。

〔31〕《马克思恩格斯选集》（第三卷），中共中央编译局译，人民出版社 2012 年版，第 482 页。

〔32〕张维迎：《市场的逻辑》，上海人民出版社 2010 年版，第 1 页。

（一）传统民商二元理论下的商法子部门法架构

在传统民商二元理论下，商法之子部门法架构可划分为商事主体法、商事行为法、商事救济法。其中：(1)商事主体法。为调整商事主体设立、组织、机构、运行、变更、解散、清算、注销等方面的商法子法部门。(2)商事行为法。又称商事交易法，是调整商事行为实施、效力、责任等方面的商法子法部门。(3)商事救济法。为调整营业所生商事债务或纠纷、解决营业退出过程中所生善后事宜等方面的商法子法部门。

（二）营业实态视角下的商法子部门法架构

在营业实态视角下，本着营业“始于投资，形于经营，成于交易”之实态流程和事实逻辑，与营业表现为投资、经营、交易对应，商法之子部门法架构可划分为商事投资法、商事经营法、商事交易法。其中：(1)商事投资法。为调整商事投资中所生营业关系的商法子法部门。(2)商事经营法。为调整商事经营中所生营业关系的商法子法部门。(3)商事交易法。为调整商事交易中所生营业关系的商法子法部门。

（三）大私法领域下的商法子部门法架构

从大私法领域的视角下，商法之子部门法架构可析分为普通商法、特别商法、公共商法三大部分。其中：(1)普通商法。又称一般商法或基础商法，为调整基础营业关系之商法子法部门；普通商法是由民法与商法共治。(2)特别商法。又称专业商法或职业商法，为调整具专业性、职业性、技术性等特别营业关系之商法子法部门；特别商法是由商法专治。(3)公共商法。为调整具有公益、公用、公有等公共性或准公共性营业关系之商法子法部门；公共商法实行的是由商法作基础调整的公私诸法合治。

三、商法的内部体例结构

商法的内部体例结构，是指在商事立法技术处理中对作为商法典或单行特别法形式的商法之内部编、章、节、条、款、项之间的布局、安排以及相互关系。除前述瑞士、意大利、荷兰、巴西、泰国等极少数奉行民商合一立法例的国家民法典或民商法典，以附属或独立编章，承载有关商法的规范外，世界上绝大多数国家或地区之商法规范，采用独立法典或单行法两种体例。

（一）法典式的编章结构

在有商法典或特别商事法典的国家，大都采用这一结构，即法典由编（含分编）、章、节（含分节）、条、款、项等几级条目构成。以下以法国、德国、日本、美国等国家之商法典为例，简述之。

1.《法国商法典》。原由商法总则、海商、破产和商事法院四编构成；2009 年法国商法再法典化后，《法国商法典》则增加为商事总则、商事公司与经济利益合作组织、特别形式的买卖与排他性条款、价格与竞争自由、商业票据与担保、企业困境、商事法院及商事组织、某些受特别规则约束的职业、适用于海外（省、领地）的规定等九卷（编），卷（编）下再设分编或章。[33]

2.《德国商法典》。原为商人、公司及隐名合伙、商行为、海商四编；1998 年德国颁布《商法改革法》后，对商法典内容进行了调整，现行《德国商法典》共分商人身份、非独资的商事企业与隐名合伙、商业账簿、商行为、海商等五编。[34]

3.《日本商法典》。原为总则、公司、商行为、海商等四编；2005 年后，公司编独立于商法，单独成典，《日本商法典》只剩下总则、商行为、海商三部分和附录。[35]

4. 美国《统一商法典》采用的是编章结构，共分总则、货物买卖（货物租赁）、流通票据、银行存款和收款（资金转账）、信用证、整体转让、所有权凭证、投资证券、担保交易、附则等十编，下设独立的章、条；最新美国《统一商法典》中整体转让、附则被删除。[36]

（二）单行特别法式的体例结构

单行特别法式的体例结构比较复杂，具代表性的大致可以分为三种：

1. 章节体例。即以章、节为基本单元或结构的商事立法体例。如我国《公司法》《保险法》等，单行商事特别法基本上采用章节体例。

2. 编章节体例。如《法国商事公司法》《法国司法重整与司法清算法》《德国股份法》《日本票据法》《日本破产法》等均采用编章节体例。

3. 条款结构。即以法律条文为基本单元的立法体例。此种体例又可分为两种：第一种为以条文为单元章节结构。此一立法范例现已很少采用。第二种为以条文为顺序的排列结构。例如，2019 年以前的《中外合资经营企业法》《中外合作经营企业法》《外资企业法》等，就为这一体例结构。

---

〔33〕《法国商法典》（上册），罗结珍译，北京大学出版社 2015 年版，“译者序”第 1 ~ 13 页。

〔34〕《德国商法典》，杜景林、卢谌译，法律出版社 2010 年版，“译者前言”第 1 ~ 7 页。

〔35〕《日本最新商法典译注》，刘成杰译注，中国政法大学出版社 2012 年版，“引言”第 3 ~ 19 页。

〔36〕《美国统一商法典（中英双语）》，潘琪译，法律出版社 2018 年版，第 2 页。

第十二章　商法的立法路径

商事立法路径，又称商事立法模式，有广、狭之分。广义系指商事立法过程中对商法的地位以及商法的结构等基本问题所持态度、处理技巧和具体选择范式的总称，基本内容包括商法的地位、商法立法范式的选择、商事立法的切入点、商法的外在形式、商法的构成单元、商法的逻辑结构等几个方面。狭义上的商法立法模式，仅指处在私法领域的商法在立法范式的选择上，如何处理与民法的关系。商事立法模式所要解决的问题是一国必须创制一个与其他法部门协调、内部结构合理、逻辑层级严谨的商事规范体系，也是学界、业界难以回避的问题。鉴于商事立法模式中所涉商法的部门法地位、切入基点、外在形式、子部门法单元、内在逻辑结构等问题，前文已有讨论，本章集中讨论商事立法的范式选择问题，即如何处理好商事立法与民事立法之间的关系以及解决商事立法本身的关键问题。

第一节　晚近商事立法模式之嬗变

商事立法范式的选择，所遇到的第一个不能回避的问题，就是民商之间关系的定位与处理，即作为具大陆法系立法传统与思维惯性的我国商事立法，如何对待民商分立和民商合一问题。对此老生常谈且几乎千篇一律、鹦鹉学舌的议题，笔者无意再纠缠于民商分立、民商合一究竟孰是孰非、何优何劣，而是通过既有民商立法例的检视，试图从还原民法与商法的原生形态、晚近以来民法商法与商事立法模式嬗变之真相开始。

一、传统商事立法模式中思维定式之检视

（一）传统民商二元理论下商事立法模式之印象

既有私法领域关于民法与商法、民事主体与商事主体、民事行为与商事行为之理论与立法，均建立于中世纪所固化的世俗市民与特权商人、市民法与商人法、普通法院与商事法院之二元构架的基础上，且并未随着时代演进、经济发展、社会变

化和法律回应,而有所突破或解放,反而因人们思维的惯性和既有体系化理论的支撑,而呈不断强化之势。在传统民商二元理论的视角下,商事立法模式存在大陆法系中的民商分立、民商合一与英美法系的判例法、单行法结合三种典型范式,〔1〕几乎成为一种不再怀疑的共识或不容挑战的常识;特别是关于大陆法系商事立法,只要提到民商关系,几乎是口不离民商分立,文不离民商合一,除个别学者对此有过质疑外,很少有人跳出既有二元结构的框架,去思考近代以来商事立法的实然状态究竟是怎么一回事。为弄清这一问题,首先需要考察一下当今世界不同国家或地区民商立法例的基本分布状况。

(二)当今世界不同国家或地区民商立法例之现状

关于各国民商之间的关系及立法例分布状况究竟如何,一直未有权威的统计。持民商分立的学者,认为世界上绝大多数国家或地区是采此例,但绝大多数究竟是一个什么样的具体数字,只有极个别学者对此有过粗略估算,认为欧洲有 20 多个、亚洲有 20 多个、美洲与大洋洲有 20 多个、非洲有 20 多个国家或地区,即全世界近 90 ~ 100 个国家或地区选择民商分立;〔2〕但给出的数据并非基于精确的统计,且所依据的资料主要为 1990 年代,时过境迁的晚近是否有变化,不得而知。持民商合一的学者却认为,民商合一是立法趋势和潮流,那既然是趋势或潮流,则应有相当数量的国家或地区,至少是部分新兴国家或地区选择此例,但到底有多少,也无具体数据。笔者认为,对不同观点进行评价之前,首先必须给出一个近乎精确的数据,来印证到底哪一种说法比较符合实际。对于各国民商立法范式的选择,联合国教科文组织国际法律科学协会曾组织各国法学界知名人士编写了介绍各国法律制度的《国际比较法百科全书》。该书由捷克斯洛伐克科学院院士维克托·纳普主编,共 17 卷,于 1971 年起陆续出版,其中第 1 卷《各国情况报告》主要介绍了各国法律制度和立法概况(未含刑法、刑事诉讼法)。1983 年之后,上海社会科学院法学研究所编译室对第 1 卷《各国情况报告》进行了翻译,并于 1986 年起以介绍"各国宪法制度和民商法要览"丛书,分欧洲、非洲、大洋美洲、亚洲分册陆续在法律出版社出版。〔3〕 该书对各国民商法立法体例和制度有比较详细的介绍,是目前比较全面考察各国民商立法体例的重要参考资料。尽管已过去 30 多年,国家或地区数量有了

---

〔1〕 也有学者认为,商事立法实际上存在民商分立、民商合一、单行商事法、英美法系商法等四种不同形态的立法模式,参见石少侠:《我国应实行实质商法主义的民商分立——兼论我国的商事立法模式》,载《法制与社会发展》2003 年第 5 期;还有学者把其总结为民商分立、民商合一、复合、平行等四种立法模式,参见任先行、周林彬:《比较商法导论》,北京大学出版社 2000 年版,第 69 ~ 81 页。

〔2〕 任先行、周林彬:《比较商法导论》,北京大学出版社 2000 年版,第 69 ~ 81 页。

〔3〕 上海社会科学院法学所组编的"各国宪法制度和民商法要览"丛书,法律出版社 1986 ~ 1987 年版。

很大的变化,有些国家或地区的民商事立法模式也有调整,但总体而言,该丛书所反映各国民商立法模式的总体状况或基本格局尚无大的变化。结合近年学界的研究和各国民商立法情况的变化,笔者把各国民商立法模式分为民商分立、民商合一、英美法系、混合单行法模式等几类,分列统计数据如下:

1. 在现有亚洲地区的51个国家或地区(包括中国香港、澳门特别行政区和中国台湾地区)中,民商立法例的基本情况为:(1)采民商分立的国家或地区有阿富汗、韩国、日本、柬埔寨、科威特、老挝、黎巴嫩、土耳其、伊拉克、伊朗、[4]印度尼西亚、东帝汶(印尼法)、约旦、叙利亚、中国澳门特别行政区等15个。(2)采民商合一法例的国家或地区有泰国、土耳其、中国台湾地区等3个。(3)采英美法系商法习惯法与单行法的国家或地区有不丹、马来西亚、缅甸、尼泊尔、塞浦路斯、以色列、印度、巴基斯坦、文莱、英属印度洋属地、菲律宾、斯里兰卡、孟加拉国、新加坡、中国香港特别行政区等15个。(4)采混合法的国家与地区,如采伊斯兰与英美法混合立法模式的国家或地区有沙特阿拉伯、阿联酋、也门、阿曼、巴林、卡塔尔、马尔代夫、巴勒斯坦等;受大陆法系、苏俄法影响的国家或地区有中国大陆(内地)、蒙古、朝鲜、阿塞拜疆、吉尔吉斯斯坦、土库曼斯坦、哈萨克斯坦、塔吉克斯坦、格鲁吉亚、亚美尼亚、阿富汗、乌兹别克斯坦等19个,它们有统一的民法,但无独的商法,商法散见于民法、国家经济管理法中。在亚洲国家或地区中,土耳其是一个特例,先是在1850年、1864年由时苏丹先后以"帝国诏书"颁发《商法典》和《海商法典》,但保守集团一直抵制引入《法国民法典》或制定民法典;1926年独立后的土耳其议会采纳和仿行《瑞士民法典》,商法被纳入《民法典》;1956年土耳其议会通过《商法典》,彻底改变了1926年《民法典》的民商合一体例。[5]

2. 在现有欧洲地区的48个国家或地区中,民商立法例的基本情况为:(1)采民商分立法例的国家或地区有法国、德国、西班牙、葡萄牙、意大利(1942年前)、安道儿、奥地利、比利时、罗马尼亚、匈牙利、荷兰(1992年前)、列支敦士登、卢森堡、马耳他、摩纳哥、希腊等16个,现在实际只有14个。(2)采民商合一法例的国家或地区有瑞士、荷兰(1992年后)、[6]意大利(1942年后)等3个。(3)受大陆法系、苏俄法影响的混合法例有苏联及之后的俄罗斯、白俄罗斯、乌克兰、立陶宛、爱沙尼亚、摩尔多瓦、拉脱维亚、阿尔巴尼亚、保加利亚、捷克、斯洛伐克、南斯拉夫(现为克罗地亚、

---

[4] 刘雁冰:《20世纪中东伊斯兰国家的法律变革》,西北大学2015年博士学位论文,第28页以下。

[5] 上海社会科学院法学所组编的"各国宪法制度和民商法要览"丛书中的"亚洲分册",法律出版社1987年版,第242~247页。

[6] [荷]J. 海玛:《荷兰新民法典导论》,载《荷兰民法典》,王卫国主译,中国政法大学出版社2006年版,第1~37页。

斯洛文尼亚、塞尔维亚、波黑、黑山、北马其顿、科索沃)、波兰等22个。(4)采英美法系法例的有英国、爱尔兰、英属直布罗陀等3个。(5)北欧国家,可归于泛义的海洋法例或混合法例,这些国家或地区只有泛义的私法概念,并无明显的民商法划分,商法多以单行法形式存在,如冰岛、丹麦、芬兰、挪威、瑞典等5个。(6)采教会与大陆法系混合法例的有梵蒂冈1个。

3. 在现有非洲地区的60个国家或地区中,民商立法例的基本情况为:(1)采民商分立法例的国家或地区有阿尔及利亚、埃及、埃塞俄比亚、安哥拉共和国、贝宁(达荷美)、布基纳法索(上沃尔特)、布隆迪、赤道几内亚、多哥、佛得角、刚果、刚果(扎伊尔)、吉布提、几内亚比绍、加蓬、喀麦隆、科摩罗、科特迪瓦、利比亚、卢旺达、马达加斯加、马里、毛里塔尼亚、摩洛哥、莫桑比克、尼日尔、塞内加尔、圣多美和普林西比、突尼斯、乍得、中非等37个。(2)采英美法系法例的有博茨瓦纳、厄立特里亚、冈比亚、加纳、津巴布韦(罗得西亚)、肯尼亚、莱索托、利比里亚、马拉维、毛里求斯、纳米比亚、南非、尼日利亚、塞拉利昂、塞舌尔、斯威士兰、苏丹、南苏丹、索马里、坦桑尼亚、乌干达、赞比亚等22个。(3)采伊斯兰与大陆法混合立法例的有几内亚1个。

4. 在现有大洋洲地区的16个国家或地区中,民商立法例的基本情况为:(1)采英美法例国家或地区有澳大利亚、瑙鲁、巴布亚新几内亚、所罗门群岛、瓦努阿图、图瓦卢、斐济、萨摩亚、基里巴斯、汤加、新西兰、库克群岛、纽埃等13个。(2)采混合法例的国家或地区有马绍尔群岛、密克罗尼西亚联邦、帕劳等3个。

5. 在现有美洲地区的34个国家或地区中,民商立法例的基本情况为:(1)采民商分立法例的国家或地区有北美的多米尼加、哥斯达黎加、巴巴多斯、古巴(后为苏俄式混合法)、海地、洪都拉斯、墨西哥、尼加拉瓜、危地马拉、巴拿马、萨尔瓦多、尼加拉瓜等12个,实际只有11个;南美的巴西(2002年前)、阿根廷(2013年前)、玻利维亚、哥伦比亚、委内瑞拉、乌拉圭、智利、秘鲁、厄瓜多尔、巴拉圭、苏里南等11个,现行实际上只有9个。(2)采英美法系法例的有北美的美国、加拿大、特立尼达和多巴哥、牙买加、伯利兹、巴哈马、圣基茨和尼维斯、安提瓜和巴布达、圣卢西亚、圣文森特和格林纳丁斯、格林纳达等11个;南美的圭亚那1个。(3)采民商合一法例的国家或地区有巴西(2002年后)、[7]阿根廷(2013年后)、[8]加拿大的魁北克省、美国的路易斯安那州等4个。(4)受苏俄法和大陆法系民商分立影响的混合法例国家有古巴1个。

---

〔7〕《巴西新民法典》,齐云译,徐国栋审校,中国法制出版社2009年版,第71~118页、第135~179页。

〔8〕徐涤宇:《解法典后的再法典化:阿根廷民商法典启示录》,载《比较法研究》2018年第1期。

经以上分析、细述和研判，在此基础上，可把统计数据转换为表；如表 1 所示：

表 1　世界不同国家或地区民商立法模式分类情况统计

单位：个

序号	各大洲的国家或地区	民商分立	民商合一	单行立法	
				英美法系	混合立法
1	亚洲（51）	14（含中国澳门特别行政区）	3（含中国台湾地区）	15（含中国香港特别行政区）	19（含独联体）
2	欧洲（48）	14	3	8（含北欧）	23（含梵蒂冈）
3	非洲（60）	37	0	22	1
4	大洋洲（16）	0	0	13	3
5	美洲（34/37）	20	2/4（含美国路易斯安那州、加拿大魁北克省）	11/12（含 1 英属海外地）1	
6	总计（209/212）	85	8/10	69/70	47

细读表 1 中数据，就会发现，实际情况既不如民商分立派学者所认为的那样，世界上绝大多数国家或地区是选择民商分离，只能说大陆法系国家或地区多数采民商分立法例；至于认为民商合一乃当今世界之基本趋势或潮流，如果不算上苏联和受苏俄影响的部分国家或地区，在大陆法系也只有极少数的几个代表，如果算上苏联影响的部分国家，也不到 40 个。况且这些国家或地区在世界法例或制例尚无法获得广泛的认同，现在多数国家或地区尚处在向欧陆或英美法例转型的特殊时期，这些国家或地区的法例自然也就谈不上趋势或潮流。足见，无论持民商分立绝大多数论，还是认为民商合一乃当今世界潮流论，均乃伪命题。那么，在当今，究竟占主流或真正代表民商立法趋势或潮流的立法范式是哪一种。答案需要我们还原近代不同民商立法例之形成、晚近商事立法模式之嬗变，才能得出比较近乎事实与符合逻辑的结论。

二、不同民商立法例形成的历史契机与事实逻辑

（一）原生形态的罗马市民法与中世纪商人法

民法与商法虽在近代以来，均属私法范畴，共处于大私法领域，但在历史上并

非同时产生、并行发展,在前工业社会,农业是主业、正业,商业是辅业、副业,营生问题一直是人类的主题,以营利为目的的营业问题之基础性、重要性尚没有近世突出,调整买卖、贸易、运输、中介服务的买卖商法、贸易商法虽然存在,但远未达到后来显赫的地位。相反地,调整人的地位与身份、婚姻家庭关系、支撑农业基础地位的不动产物权关系、奠定手工业基础地位的动产物权关系、基于人们社会必要交往或物质生活资料交换的债权关系,以及出于保护前述权利需要的侵权救济问题,要比营利为目的的营业重要得多,自然就受到民间和国家更多的重视。

1. 调整市民关系的罗马市民法

罗马民法的本质是市民法,调整的对象是发生于市民身上的人之地位和财之关系的法律。所谓"市民法(Jus civilis)者,支配罗马市民,而不保护外国人之法律也",虽罗马时代尚有市民法、万民法(调整非罗马人之法律)、自然法(调整生物间之规则)之分,[9]但市民法乃罗马法的核心,也是构成现代民法的基础部分。在盖尤斯的《法学阶梯》中,罗马市民法被分为人法(包括人法与家庭法)、物法(物权法与债权法)、诉讼法三大部分。[10]

从罗马市民法的观念、形式、内容来看,市民法表现如下鲜明的私法特征:(1)私人性。传统民法是以调整世俗社会私人之间关系的法律。(2)伦理性。罗马民法关于人法中的出生与死亡,人之自由权、市民权、家族权、人格减等、令名减少等制度,人之行为能力的认定,均具有明显的伦理色彩。[11] (3)不平等性。罗马法虽"一切权利均因人而设立",且整体上对罗马市民以平等对待之,但要取得完全意义上的权利主体,须具有"自由民"和"罗马市民"等基本条件,享有自由权、市民权和家族权;[12]在自由人与奴隶、罗马人与非罗马人、家族中家长与子女之间,是不具有平等性的。即使在尤士丁尼的《国法大全》中,"所有古代人所关注的,如出生自由人(Free－born citizens)、罗马市民(Quirites)、拉丁人(Latini)、归降人(Dediticii)等不同类别之间的差异都被排除在文本之外,虽然在涉及自由人的时候,相应的差别仍然被保留下来"。[13] (4)依附性。如奴隶对主人的依附、子女对家长权人的依附等,表明罗马市民法中的人尚未获得真正的独立、自由和解放。(5)不自由。如《法

〔9〕 陈朝壁:《罗马法原理》,法律出版社 2006 年版,第 22 ~ 23 页。

〔10〕 [德]马克斯·卡泽尔、罗尔夫·克努特尔:《罗马私法》,田士永译,法律出版社 2018 年版,第 51 ~ 53 页。

〔11〕 [意]彼德罗·彭梵得:《罗马法教科书》,黄风译,中国政法大学出版社 2005 年版,第 23 ~ 38 页。

〔12〕 周枏:《罗马法原论》(上册),商务印书馆 1994 年版,第 106 ~ 107 页;[意]彼德罗·彭梵得:《罗马法教科书》,黄风译,中国政法大学出版社 2005 年版,第 23 页。

〔13〕 [英]保罗·维诺格拉多夫:《中世纪欧洲的罗马法》,钟云龙译,中国政法大学出版社 2010 年版,第 9 页。

学阶梯》第八篇就把人分为“受自己权力支配和受他人权支配的人”；第八篇规定的“家长权”，第十篇的规定“婚姻”，均以不自由为原则，自由为例外。[14] (6)无偿性。罗马市民法中所调整的人法、物法、继承与债权、侵权与救济，多数是无偿的日常生活、消费类私人关系。(7)稳定性。罗马市民法所调整的私人关系，带有日常性、一般性和稳定性，例如，人法中自由人与奴隶、罗马人与非罗马人、家长与子女等之间的关系是法定的、稳定的；又如物法中财产的所有、占有与转移，也是法定的、稳定的；财产继承和契约之债，涉及日常的民间交往，也基本上也是稳定的；再如私犯和侵权引发的损害赔偿和诉讼，也是法定和稳定的。(8)简单性。罗马市民法主要涉及世俗市民之间社会交往规则，主要适用于熟人社会，社会关系比较简单，没有复杂的专业、职业背景，是世俗社会的生活、交往规则。

总之，原生形态的罗马民法主要为市民法，带有明显的私人性、伦理性、不平等性、依附性、不自由性、无偿性、稳定性、简单性等特点，而与罗马市民法有一定承继关系的中世纪欧洲民法，其关注的重心在土地、婚姻、王室，且具有浓厚的封建、宗教色彩，无论是人身关系，还是财产关系，均具有明显的封闭性、身份性、依附性、等级性、保守性。[15] 因此，无论是原生意义的罗马市民法，还是传统意义的中世纪欧洲民法，与近代意义上的民法，存在很大差异。

2. 具身份特征的中世纪商人法

中世纪商法，又称商人法，兴起于商人、手工业阶层，并以商会、行会、商业同盟及商事组织的出现、强势、定型为标志。商法从产生的那一天开始，就具有身份法、专业法、职业法、技术法的特质，进而具有独立性、自由性、平等性、有偿性（营利性）、变动性、复杂性等鲜明的商人法特征。(1)身份法。中世纪商法为专属调整商人之法，带有明显的属人法特征。(2)专业法。中世纪商法为调整商业、买卖、贸易、运输、海商、票据、保险之法，有明确的专业、职业、技术性要求和规则。(3)独立性。中世纪商法调整的主体为商人，而商人之间地位是完全独立的。(4)自由性。即商人之间交易和契约的订立是遵循自主、自由、自治的原则，奉行契约自由、买卖自由、交易自由、贸易自由等基本规则。(5)平等性。中世纪商法调整的商人之间均为平等之契约双方、合作之伙伴，地位、身份、关系是平等的，权利义务是对等、对价、对应的。当然，此种平等仅适用于商人之间，对商人与非商人之间、不同商人团体之间，则不适用平等。(6)有偿性。商人是逐利的，其所从事的商业、贸易、手工业制造，带有明显的营利目的和逐利属性，自然，等价有偿、对价交换是最基本的规

[14] [罗马]查士丁尼：《法学总论——法学阶梯》，商务印书馆1989年版，第17～23页。

[15] 何勤华、魏琼主编：《西方民法史》，北京大学出版社2006年版，第147～150页。

则。(7)变动性。中世纪商法调整的商人之间、商人与非商人之间所发生的关系，均处在变动之中，是一种基于买卖、交易、贸易而发生的财产转移、变动的财产流转关系。(8)复杂性。中世纪商法所涉及的事务包括如海商、合伙、票据、保险等，大多涉及专业中的复杂性技术问题。

中世纪商法，特别是15世纪之后的城市商法、海上商法的发展，使具阶层法、身份法、属人法特征的商人法，开始向具专业、职业、技术特征的商事法转型，在以下几个方面，逐渐为商法的近代化创造了基础性的条件：(1)近代商法观念的形成。如前述的私权神圣、身份独立、意志自由、主体平等、对价有偿、诚实信用等基本商法观念，在长期的商品买卖、货物贸易、营业交易已形成，并成为一种固化的思维定式和普遍观念。(2)商法原则的确定。如尊重商人自治原则、财产自由原则、契约自由原则、营业自由原则等，作为商法基本的价值取向和制度性准则，已深入商法规范的骨髓。(3)商法规则的定型。如商事登记规则、强制公示规则、意思文义规则、文义要件规则、权利外观规则、行为无因规则等商法特有的规则，已基本形成并已实现制度化、法律化、司法化，成为商人在营业中共同遵守的行为准则。(4)商法制度的革命。如15～17世纪逐渐由萌芽、雏形到定型、成熟的合伙制度、公司制度、商事登记制度、海上保险制度、商业银行制度、票据流通制度、股份交易制度、证券市场制度等，彻底改变了传统自然人商人、家庭经营、手工作坊、商品买卖、货物贸易、现金支付、民间借贷的经营模式和交易形式。(5)商法内容的创新。由于合伙、公司、股票、证券、破产、登记、保险、银行、票据、信贷等新型营业形态的出现，已完全颠覆了以商品买卖(商事合同)、货物贸易(物流运输)、海上运输(海事海商)、商会行会(营业准入)、商事仲裁(商事纠纷)为主要内容的传统买卖商法、贸易商法的格局，商法内容已实质性地进入企业商法、经营商法的时代，并开始跨入资本商法、金融商法的门槛。总之，中世纪的商法，已不同于古代和罗马法时期尚处在交易习惯、商业惯例的习惯商法水平，带有明显的专业性、职业性、技术性等特点，并秉持身份独立、意志自由、主体平等、对价有偿、诚实信用(陌生人社会)等基本理念或价值，在汉萨同盟等超国家商业组织的推动下，走向成文化、法典化。

虽然商业契约早在罗马市民法中就已存在，“罗马法文献包含有适用于达成各种类型契约的一整套高度复杂的规则，这些契约包括金钱借贷、财物抵押、买卖、租赁、合伙和委任(代理的一种形式)”；甚至罗马习惯法中也可追溯到公元前300年的《罗得海商法》，包含有大量的商业交易惯例和贸易规则。“然而，无论是重新发现的罗马市民法，还是仅仅残存的罗马习惯法，包括万民法，都不足以应付在11世纪晚期和 12 世纪出现的各种国内和国际的商业问题。”[16] 至于 15 世纪之后所发生的颠覆传统营业形态、观念、规模的商业革命、产业革命，就连中世纪商人法本身也无法应对，更不用说 2000 年以前就已定型的罗马民法了。

足见，人类社会迈入近代以前的民法与商法，确实是互不隶属、各不相融、彼此独立的二元世界与体系。但是，当人类的脚步跨入近代以后，民商之间的关系也随之发生了深刻变化。

（二）近代民商立法例形成的传导机制与内在逻辑

1. 民法、商法近代化的传导机制

17 世纪以来，近代化或现代化一直是世界的主流，而这场近代化、现代化一直是从西方开始并由其主导的，这场彻底改变人类社会进程的革命、进而颠覆世界总体格局的历史变迁，始终贯彻着科技革命、政治革命、民生革命三条主线，其中科技革命以近代天文学、数学、物理学、化学、生物等自然科学技术为基础，政治革命以宪制、民主、法治为主线，民生革命则以民法、商法的近代化、现代化为表征。其中，在民法、商法近代化或现代化的进程中，大体又是按照原生国→殖民地→后发国这一渐进、递次、波浪式的推进、传导形式进行的。

（1）近代民商立法范式的原生国。民法、商法的近代化、现代化首先是从意大利、英国、北欧、荷兰、法国、德国等西方少数几个发生商业革命（制造业等新兴阶层的兴起）、工业革命（机器大工业部门与大工厂生产方式的产生）、民生革命（民间的平民、平权、平等革命）、社会革命（自然人个体的自由、家庭生产功能的退化、社会大生产的形成、就业问题的大众化与社会化等）的原发国开始的，它们首先在这些原生国经长达近 2 个世纪（17 ~ 18 世纪）反复较量和不断试错的基础上，于 18 世纪末至 19 世纪初，才趋于定制定型。

（2）近代民商立法例从原生国传导至殖民地。由于最早跨入近代门槛的这些少数民法、商法近代化原发国，同时又是科技、政治革命的原发地国，在各种新科学技术和创新型国家体制的支撑与推动下，彻底解放了人的思想、观念，有效地释放了民力，进而使国力得以勃升，它们也就当之无愧地成为当时世界最具进取、创新的国家；15 ~ 16 世纪新航道的开辟和未开发之新大陆的发现，又在刺激这些既具进取创新、又具殖民列强双重身份或角色的原生国，充当海外扩张、殖民侵略的急先锋。在此情形下，兼具民商法原生国和殖民地宗主国双重身份的西方列强，也就顺理成章地把已定制定型的近代民商制度与法律推广、传导、实施到其属下的殖民

---

〔16〕［美］哈罗德·J. 伯尔曼：《法律与革命——西方法律传统的形成》，中国大百科全书出版社 1993 年版，第 413 ~ 415 页。

地。例如，法国民商法典，在影响西欧诸国之后，其定制的民法典、商法典也就直接在北非、早期的北美、东南亚半岛等地实施，且受法国影响的西班牙、葡萄牙又把民商分立的立法例广播或强推到西葡的南美、东南亚群岛、西非等殖民地；又如，德国、意大利的民商分立体制，在影响中欧等国家之后，对东非等海外殖民地，也产生过影响；再如，英国法例制例对英属殖民地的影响等。

(3)后发国有选择地学习、借鉴、仿行民商立法近代化原生国的某种模式。除意大利、英国、北欧、荷兰、法国、德国等少数民商立法近代化原生国和殖民地外，其他国家或地区均属后发国或后起国，它们既不属于原生国，又未被原生国殖民，但基于原生国民商制例或法例的优劣，而有选择性地学习、借鉴、仿行原生国整体或部分制例或法例。如19世纪中叶之后的瑞士、俄罗斯、日本、中国等，即为典型代表。但是，后发国在学习、借鉴、仿行原生国制例法例时，往往会根据不同原生国制例法例的优劣、缺失，参照时代、社会变迁状况，结合自己的国情、传统，作出一定的取舍和选择，如瑞士就选择民商合一范例；俄罗斯和后来的苏联就选择大民法加单行法模式；日本则沿袭法、德模式；1903年清末变法修律时仿行法、德、日，选择民商分立，而1929年南京国民政府则选择了相对民商合一的立法路径。后来，瑞士、苏联、日本的立法例，又分别影响了不少国家或地区，如瑞士对意大利、泰国、巴西的影响；苏联对东欧和蒙古、朝鲜、阿富汗、1949年之后我国大陆(内地)，以及对1990年苏联解体后相继独立国家的影响等。

2. 民法、商法近代化的原生形态和立法成例

从前述民法、商法近代化缘起、定型、传导、推进过程中，真正称得上近代原生形态的立法范式或成例的，实际只有法国、德国、意大利为代表的大陆法、成文法模式和英国、北欧国家的海洋法、习惯法模式。其中，大陆法、成文法模式最早的原生国为法国，其次则为德国、意大利。西欧的西班牙、葡萄牙、比利时、卢森堡、荷兰等，更多受法国的影响，而中欧的奥地利等则更多受德国法的影响。又因受法国、德国、意大利、西班牙、葡萄牙、荷兰、比利时等欧陆列强的海外殖民影响，非洲(主要为北非、中非、东非)、美洲(主要为拉美)、亚洲(主要为东南亚)，均基于殖民统治和强制推行，而被迫采民商分立法例。

相对而言，英国、北欧等海洋国家，在商事领域除依然坚持并延续习惯法传统外，基于营业领域的专业性、职业性、技术性等复杂性特点，为弥补习惯法的不足，通过单行的制定法形式，以解决营业中的具体制度和法律问题，并逐步形成习惯判例法与单行制定法相结合的立法范式。虽然北欧等海洋国家，又称斯堪的纳维亚国

家,“它既不属于普通法,也不属于法德法系”,〔17〕且在殖民扩张中的角色并不十分显赫和突出,但作为日不落帝国的英国,在18～19世纪的黄金时代,凭其通过最新机器工业生产与自由放任营业政策所积聚起来的巨大国家竞争力和殖民扩张力,建立了不可一世的海洋霸权,把殖民地触角深入北美、非洲(西非、南非)、大洋洲(澳大利亚、新西兰)、亚洲(东亚、南亚、西亚、印度洋等),其法统当然(无疑包括商法的法律传统与立法范式)也必然传导并贯彻到殖民地诸国或地区。

(三)近代民商立法例的形成只是一种历史契合

如前所述,在民法、商法近代化转型至定型的进程中,如把英国、北欧作为海洋国家归入一类,再把法国、德国、意大利等大陆国家归入一类,很容易就会发现,英国、北欧更多是选择遵循商业惯例的习惯法加适时新订的国家制定法结合的民商事立法范式,而法国、德国、意大利等大陆法系国家或地区,则因受罗马法复古与复兴思想的影响,更多倾向于以成文法典编纂的方式,来固化已处于定制定型的稳定民商事关系,且出于如下历史原因,法国、德国、意大利为代表的大陆法国家,因有历史悠久的成文法传统,其选择成文法典自在当然。

除此之外,法国、德国、意大利、荷兰、英国这些民法、商法近代化的原发国,之所以出现民商立法选择上的差异,还在于各自的历史传统、既有基础和立法偏好等因素所致,原本就无体系或定型的理论或学说作备注或论证。而之所以在19世纪,法国、德国不约而同地选择了在民法典之外还编纂商法典之民商分别立法的做法,不在有民商分立之理论或模式,而在于有深刻的历史背景和当时的特定形势。首先,从近代民商近代化的进程来看,商法的近代化在先,民法的近代化在后,即先有中世纪统一化、体系化、成文化的商法,才有近代统一化、体系化、成文化的民法。就法国、德国而言,早在民法典编纂之前,商法典就已存在或成型,例如,前述1673年、1681年法国路易十四先后颁发的《陆上商事条例》《海事条例》,实际上就是1807年《法国商法典》的雏形;又如1861年,德意志联邦成立之初,就在法国的影响下颁布了《普通德意志商法典》,1897年的《德国商法典》只不过是对先前商法典的修订和完善。〔18〕其次,民法典本身的体例与技术所限。为维持民法典理论的逻辑性和体系的完整性,控制民法典本身有限的容量,许多具特殊性的商法规范,难以被一般性的民法体例所吸纳。最后,商法正处在由传统买卖商法、贸易商法向企业商法、经营商法过渡时期,且随着资本市场、证券市场的不断发展,资本商法、金融商法已见端倪,处高度稳定性的民法典对具活泼、变动本性的商法新制度或新规则,既无法

---

〔17〕［英］施米托夫:《国际贸易法文选》,赵秀文译,中国大百科全书出版社1993年版,第111页。

〔18〕何勤华、魏琼主编:《西方商法史》,北京大学出版社2007年版,第278～283页、第288～290页。

作充分预判，更无力于具体承载。这就是法国、德国、意大利为什么选择商法的成文法，且在民法典之外另行制定商法典的根本原因。

就采民商分立的国家或地区来看，如果按照前述原生国、殖民地、后发国之事实逻辑，在采用或推行民商分立的国家或地区中，非洲的37个国家、美洲的21个国家或地区、亚洲除日本和韩国的其他15个国家或地区，均为曾经的法国、德国、意大利、西班牙、葡萄牙、荷兰、比利时等采民商分立法例之大陆法系国家的殖民地。这些被殖民的国家或地区，采用民商分立，不具有自主、自觉、自为的属性，完全是在原生国兼宗主国的强行推动下实施的，不具有代表意义。也就是说，真正自主、自觉、自为地采用或选择民商分立法例的国家或地区，在全世界也就在20个左右；同样英美法系也如此，受苏俄影响的国家或地区更如此。

根据表1中的统计数据，选择民商合一的国家或地区，目前数量虽只有极少的10个左右，但也只有这些国家或地区是在已有民商分立和英美单行法两种典型法例的前提下，通过法学家、立法者的激烈交锋、热烈讨论和慎重思考后，有意识地作出的自主、自觉、自为之立法选择。此外，19世纪中叶之所以会出现民商合一的思潮，在于买卖商法、贸易商法及为其服务的运输商法已臻于成熟和稳定，而且正好与民法中的债高度契合，订入民法典不仅能适用普通商法中买卖商法、贸易商法、运输商法稳定调整的需要，而且也不会破坏或冲击民法典理论的完整性与立法的体系性。

不难看出，所谓的立法模式，不过就是一种立法上的历史传统和法律惯性，其中民商分立法例的形成，完全是一种特定历史条件下立法者不经意的选择行为。正如谢怀栻先生所言，“从历史沿革上可以看出，民商分立的形成完全是历史的原因而不是理论的原因”。[19]

（四）民商分立与民商合一认识误区的原由分析

在传统民商二元理论的主导下，大陆法系商事立法被毋庸置疑地分为以法国、德国、日本等国为代表的民商分立和以瑞士、意大利、荷兰等国为代表的民商合一。这种思维以及基于这一思维形成的理论，肇始于清末民初，定型于民国时期，在我国大陆（内地）改革开放民商法复兴时期，更被尊为铁律。

在清末民初，几乎在晚清启动变法修律、民法商法等完全不同于古代立法范式的法部门引入中国以来，民商二元理论主导下的民商分立与民商合一之法例、制例的划分标准，也同时被移植到了近代中国。

---

〔19〕　谢怀栻：《外国民商法精要》，程啸增订，法律出版社2014年版，第52页。

首先,民法从日本引入近代中国,就不是作为私法的基本法,而是作为狭义私法被定义的。虽有广义民法与狭义民法之说,但在多数情形下,民法系指商法之外的普通私法。广义民法即私法,包括狭义民法与商法;狭义民法则为除去商法的私法部分,即"广义民法,赅商法而言;除去商法,则为狭义民法"。[20] 如较早几本民法总论方面的论著,或者把民法定义为"民法者,普通法而非特别法"。[21] 如此一来,清末民初,国人对民法的总体印象,即民法从罗马法以来,就是系指市民法,故近代国人从日本商法的传授和语境中,认为在古罗马,民法即包括市民法(曰国民法)与万民法(或曰外国人法)两种,民法关于商事之规定,并不完全,后因中世纪商人法的兴起,商法脱离市民法范畴,独立于民法,故近世以来,从传统古代罗马市民法到中世纪的世俗私法,再到近代之狭义私法,即"从私法中除去商法及特别私法"之普通私法。[22]

其次,商法被引入中国以来,理论基础与立法体例也一直未脱离中世纪的商人法范畴。如最早几本关于商法的译著和本土学者的论著,所介绍和定义的商法,均具有明显的商人法痕迹,并把商法定义为民法之特别法。如熊元翰的《商法总则》,就对各种区分商法与民法的学说作了介绍和评述,即一曰"民法乃一国固有之法,商法为世界公同之法";二曰"商法所规定为日进的,民法所规定为固定的";三曰"商人重信用、贵迅速";四曰"商法条文与民法条文比较,不同者多"等。[23] 胡霖的《商律总论》也认为,"商法者,适用于商事之私法也";"商法者,对于民法为特别法"。[24] 王孝通的《商事法要论》也认为,"商法为私法也,又商法为民法之特别法"。[25] 王效文的《商事法概论》也把商法定义为"私法"、民法之"特别法"、"单行法"。[26] 且在中国近代引入和制定民法典与商法典时,就存在有法德日之民商分立和瑞士之民商合一两种法例,这几乎成为民国商法学者的共识。[27]

最后,民国时期民商关系与立法模式之争的负面影响。1929 年南京国民政府启动大规模的六法编纂,其中在立法院民法起草委员会编定民法总则之后,在续编债法编时,究竟采民商分立或是民商合一,成为争点;是年 5 月国民政府中央政治会议委员兼立法院院长胡汉民、副院长林森提议编订民商统一法典,该提案陈述并列

---

〔20〕［日］松冈正义口述,熊元楷、熊元襄编:《民法总则》,安徽法学社 1911 年版,第 26 ~ 29 页。

〔21〕［日］梅谦次郎口述,严献章、匡一编:《民法总则》,湖北法政编辑社 1905 年版,第 2 页。

〔22〕［日］松冈正义口述,熊元楷、熊元襄编:《民法总则》,安徽法学社 1911 年版,第 19 页。

〔23〕熊元翰:《商法总则》,安徽法学社 1911 年版,第 13 ~ 15 页。

〔24〕胡霖:《商律总论》,上海文汇图书局 1914 年版,第 3 ~ 5 页。

〔25〕王孝通:《商事法要论》,上海商务印书馆 1934 年版,第 3 页。

〔26〕王效文:《商事法概论》,上海会文堂新世纪书局 1937 年版,第 5 ~ 6 页。

〔27〕刘朗泉:《中国商事法》,商务印书馆 2018 年版,第 40 ~ 41 页。

举因历史关系、社会进步、世界交通、各国立法趋势、人民平等、编订标准、编订体例、商法与民法关系，认为“此次订立法典，允宜考社会实际之状况，从现代立法之潮流，订为民商统一之法典”，并特别强调，“在有商法法典之国，其商法仅系民法之特别法，而最重要之买卖契约，仍多规定于民法，而民法上之营利社团法人，仍须准用商法”。〔28〕此提案后获通过，遵中央政治会议民商合一之原则，参酌瑞士、苏联、泰国之法例，将法国、德国、日本之商法总则中的经理人及代办商、商行为之交互计算、行纪、仓库、运送、承揽等，一并订入债法编。

实际上，当年胡汉民等所提“民商合一”议案中的绝大多数理由，如“查民商分编，始于法皇拿破仑法典。维时阶级区分，迹象未泯，商人有特殊之地位，势不得不另定法典，另设法庭以适应之。欧洲诸邦，靡然相效，以图新颖。然查商法所订定者，仅为具有商业性质之契约，至法律上原则或一般之通则，仍须援用民法。而商法上最重要之买卖契约，且多在民法中规定。是所谓商法者，仅为补充民法之用而已，其于条例，固已难臻完备”，等等；〔29〕或者未辨析法国民法典与商法典分立之实质，或者对商法理解失之片面，或者对当时世界民商立法趋势或潮流作错误、夸大之估计，大多既不符合事实逻辑，也不符合学理逻辑。

尽管如此，民商分立和民商合一作为一种定位并处理民商关系的思维定式，一经形成，就逐渐被学理、立法所固化，并在 20 世纪 80 年代我国民商法复兴之后，在一定程度上得到了强化，几乎无人质疑其正当性或合理性。那么，事实果真如此吗？让我们还是回到民法与商法跨入近代门槛之际和此后的真实场景吧！

三、私法近代化背景下民法与商法地位、关系的重大变化

中世纪晚期以来，特别是近代以来，随着营业的变迁，在商业革命、产业革命、工业革命、民主革命、社会革命的推动下，以民商法为基本底色、以宪法与国家体制为集中表现的法律革命和近代化，是人类迈入近代的重要标志。尽管从目的论体系角度看，民法与商法因负担截然不同的建构目的，始于 19 世纪的民商二元格局在当代仍然维持着，〔30〕但在法律近代化的洪流中，民法、商法的近代化又是其中最为重要的内容，民法、商法之间的地位和相互关系，也发生了重大变化，一则民法的地位与功能、内容和结构发生深刻变化；二则商法的内容与形式也发生重大变革。其中，尤以近代民法的商法化与普通商法进入民法典、商法的特别化与解法典化，最能集

〔28〕 谢振民：《中华民国立法史》（下册），张知本校订，中国政法大学出版社 2000 年版，第 758 ~ 770 页。
〔29〕 谢振民：《中华民国立法史》（下册），张知本校订，中国政法大学出版社 2000 年版，第 758 页。
〔30〕 施鸿鹏：《民法与商法二元格局的演变与形成》，载《法学研究》2017 年第 2 期。

中反映民商二者之间的关系定位和立法形式的重大变化。

(一)近代民法的商法化与普通商法进入民法典

1. 民法的近代化与近代民法地位的显著变化

如果说商业革命催生了近代商法的话,则完全可以说,是近代民权运动直接推动了传统狭义的罗马市民法转型为近代民法,民法也由一般意义的私法,华丽变身为私法一般法,并上升为国家基本法,民法成为民权的宣言书,集民权运动成果之大成。总体而言,进入近代以后的民法及民法典,发生了私法地位的一般化、立法活动的国家化、法源形式的法典化、实质内容的商法化等方面深刻的变化。

(1)民法私法地位的一般化。近代民法的全部内容是建立在被解放的人之基础上,经过宗教运动、废奴运动、人权革命等三大民权运动,民法上的人已从依附于宗教、主人、职业、家庭、特权的人,变为独立、自由、平等的人;〔31〕在此情形下,民法"不知道农场主、手工业者和工场主、企业主,而只知道完完全全的法律主体",即抽象的"人"。〔32〕在民权运动的影响下,民权观念的深入人心,以确认民权、记载民权、彰显民权、保障民权为使命的民法地位也迅速上升,已由市民一般法转型为私法一般法,进而成为整个国家生活、民间社会、私法领域的基本法。

(2)民法立法活动的国家化。民法特别是法典化的民法,是近代以降国家生活中不可或缺的要素。正如孟德斯鸠所言,"在民法的慈母般的眼里,每一个个人就是整个国家"。〔33〕虽然民法创制的国家化在古代罗马就已见端倪,公元6世纪东罗马帝国查士丁尼一世主持编纂《民法大全》,使近代以前国家创制民法达到了历史的巅峰,但此时民法的编纂,尚处于统治者个人的偏好和品行,而不是作为国家的基本生活。与古代罗马市民法调整不具有阶级、政治色彩的普通罗马市民关系不同,近代民法虽以民权确认为表征、却以私权保护为内在品格和鲜明特质,恰恰是新兴的主导商业革命、产业革命、民权革命、政治革命的资产阶级所追求的。近代意义的资产阶级民主革命,本质就是为实现以制造业主、贸易商人为代表的新兴资产阶级追求财产自由、契约自由、营业自由之欲念和推动商业革命、产业革命、民主革命、政治革命之主旨。正如恩格斯所言,"在封建的中世纪的内部孕育了这样一个阶级,这个阶级在它进一步的发展中,注定成为现代平等要求的代表者,这就是资产阶级"。但是,"在经济关系要求自由和平等权利的地方,政治制度却每一步都以行会束缚和各种特权同它对抗","对资产阶级竞争者来说机会都不是平等的,而自

---

〔31〕 刘云生:《民法与人性》,中国检察出版社2005年版,第206页。

〔32〕 [德]拉德布鲁赫:《法学导论》,米健、朱林译,中国大百科全书出版社1997年版,第66页。

〔33〕 [法]孟德斯鸠:《论法的精神》(下册),张雁深译,商务印书馆1963年版,第212页。

由通行和机会平等是首要的和愈益迫切的要求”。在此情形下，为追求交易自由、雇佣自由、营业自由，摆脱商会行会的限制和封建体制桎梏，就成为资产阶级不得不选择的行动，从而直接引发并推动着随后的系列革命和运动。所谓的资产阶级革命由此产生。可见，资产阶级以追求自由、平等为核心的人权革命只是表象，通过人权运动实现其追求的财产自由、契约自由、营业自由才是革命的实质目标；即当“社会的经济进步一旦把摆脱封建桎梏和通过消除封建不平等来确立权利平等的要求提上日程，这种要求就必定迅速地扩大其范围”，且“这种要求就很自然地获得了普遍的、超出个别国家范围的性质，而自由和平等也很自然地被宣布为人权”。〔34〕故近代民法的理念、价值、原则和规则，如下文所述之所以大多是从商法移植或借鉴过来，在于它与资产阶级所倡导的私权神圣、身份独立、意志自由、地位平等、等价有偿、诚实信用等信念，具有高度的契合性，更与其追求的交易自由、雇佣自由、营业自由之革命目标，具有明显的一致性。自然，通过人权运动和政治革命，从封建阶级手中夺取政权的资产阶级，就必然要迫不及待地通过具一般性、中立性、伪装性的法律，把所倡导的信念和追求的目标，宣示为一般法律原则，固化为成文法条款。而披着民权外衣、渗透私权本色的民法，恰恰可适应和满足这一需要；因此，夺取政权的资产阶级，就会不约而同地选择以民法典的方式，来确认和固化自己的理想信念和革命成果，制定民法典也就上升为国家政治和社会生活的主要议程。“随着《拿破仑法典》的颁布，曾被视为是‘理性法’、‘自然法’而不受国家专断控制的民法也成为国家法”，民法也顺理成章地进入“国家化”时代。〔35〕

（3）民法法源形式的法典化。“法典编纂是法律文化和法学的最高贡献”，其主要贡献在于“它将诸如民法一样广阔的法律领域中对于每个人都很重要的法律关系系统地分类和总结”；〔36〕民法的法典化，又被认为是法律近代化和资产阶级革命的标志性成果，1804 年编纂并实施的《法国民法典》，宣告民法法典化时代的到来，具有划时代的里程碑意义。《法国民法典》的横空出世，一则源于作为大陆法系国家的法国，对罗马成文法传统的继受；二则源于法国在中世纪法典编纂的历史，如前述 1673 年、1681 年先对《陆上商事条例》《海事条例》的编订；三则源于确认民权运动和资产阶级革命成果的需要；四则源于执政者拿破仑的极力推动。民法的法典化，以成文的形式、全景的社会、庞大的体系、丰富的内容、稳定的结构、专业的语言和科学的技术，其私权神圣的理念、私权本位的架构、私权宣示的体系等私法的

〔34〕《马克思恩格斯选集》（第三卷），中共中央编译局译，人民出版社 2012 年版，第 481 ~ 483 页。

〔35〕［意］F. 卡尔卡诺：《商法史》，贾婉婷译，商务印书馆 2017 年版，第 74 ~ 75 页。

〔36〕［德］Manfred Wolf：《民法的法典化》，丁晓春译，载《现代法学》2002 年第 3 期。

品性与特质，满足了新兴资产阶级追求独立、自由、平等社会生活和政治愿望的需要，适应了以民权为本位的新型民间秩序和平权社会结构，契合了商品经济、产业革命、自由贸易的内在要求，代表了近代社会的新气象和发展趋势。因此，《法国民法典》一经问世，就为追求近代化的国家或地区所追捧和效法，民法典自然也就成为宣示改革、确认私权、彰显民权的法律标配，有无民法典更成为衡量某一国家或地区是否迈入近代社会和法律文明的重要依据。

(4)民法实质内容的商法化。几乎与民法近代化、国家化、法典化发生的同时，由于商人的去身份化和去特权化，带来了营业的世俗化、普及化，随之而来是原有民商之间的二元世界、独立结构和分离社会被打破，民事关系的商事化、商法的"超国家化"与私法的"商法化"，[37]也就成为私法社会惯常现象。其中，民法实质内容的商法化，主要是通过后文所述的普通商法进入民法典等形式集中表现出来。

2. 近代民法商法化的历史背景

民法跨入近代以来，已由传统罗马狭义意义的市民一般法，步入私法基本法地位，并充当私法领域一般性统辖、领引、协同的调整功能，其作为国家基本法、私法一般性，在其国家化、成文化、法典化的过程中，也相应地融入大量的商法精神和商法规范，表现出明显的商法化特征。近代民法之所以上升为私法一般法并进而商法化，在于商品经济、民权运动、营业自由、工业革命等各种因素共同酵化的结果。

(1)商法典的内容或形式在民法典制定、出现之前就已经存在。例如，法国在民法典制定之前的路易十四时期就颁发有《法国商事条例》(1673 年)和《法国海事条例》(1681 年)，1807 年《法国商法典》的制定只不过是对前者的汇编和继承而已；又如在德国，在民法典之前就制定了统一《德国票据法》(1948 年)、《普通德意志商法典》(1861 年)，在 1896 年《德国民法典》和 1897 年《德国商法典》的制定过程中，为处理统一民法典与商法典的关系，民法典就必然要反映当时的社会现实和经济发展的新情况。[38]

(2)营业已再不是国家、官府和商人阶层的特权，而是所有国民作为普通民事主体人人可享有的自由权利。18 世纪产业革命前后，随着自由贸易和新兴制造业的兴起，行会、商会、特许令的颁发所导致的商人特权阶层的出现和少数商人对营业的垄断，已受到商界与产业界的广泛批评和一再抨击，因为"专营公司的垄断对贸易是有害的"，而且，"所有的专营公司对扩展贸易弊大于利，而对于国家来说，贸

---

〔37〕［意］F. 卡尔卡诺：《商法史》，贾婉婷译，商务印书馆 2017 年版，第 101～120 页。

〔38〕谢怀栻：《外国民商法精要》，程啸增订，法律出版社 2014 年版，第 50～54 页。

易掌握在全体臣民的手中比被少数人独占更加有利”。[39] 由于对营业自由的抗争导致了资产阶级革命，而资产阶级革命最为直接的成果是“帮助创造了一个崭新的、全国的、统一的市场”，“这种市场不仅使得货物能够在地区间以更自由方式与更低廉的成本来交易，而且使得土地、人民与观念也发生了改变”；“他们对于这些旧制度的推翻意味着一种新影响与建立他们自己之社会的新机会”。[40] 这种新影响和新机会就是作为国民基本权利和自由的从业自由、营业自由，被载入宪法、民法典、商法典等法律文本，成为法定权利，如 1791 年《法国宪法》第一篇所列“宪法所保障的基本条款”中规定“一切公民，除德行上和才能上的差别外，都得无差别地担任各种职业和职务”。[41] 营业既然是普通民事主体人人可享有的自由权利，作为近代民间社会和私人秩序基本法的民法典，无疑应在精神、内容或法条中体现民事主体营业自由这一伟大的民主革命成果。

（3）民法典制定所处的时代，作为中世纪社会图景且具独立、特权身份特征的商人阶层已不复存在。由于营业已成为所有民事主体可自由选择的权利与职业，商人与一般民事主体在权利义务、司法管辖、法律适用上的实质性差异或已不复存在，或在逐步消除，“反映了商业界作为单独的一个社会阶层的地位的丧失，他们已与从事商业交易的一般公众融为一体”，按照中世纪传统“建立在商人构成单独一个社会阶层的概念的基础上”的商法，[42] 也就丧失其独立的主体支撑和现实的社会基础，民法典也就不得不对已剥离特权阶层外衣、重归私法一般主体的商事主体及相关营业行为，给予必要的关注。

（4）产业革命、商品经济、营业交易、资本市场从 18 世纪开始已深刻影响近代社会的秩序构建和人们的日常生活。由于“个人的所有与活动的自由”这一原则的确立，商人与非商人（如农民）之间的商业、贸易和营业垄断壁垒被打破，“以市场为中心而形成交换的契约关系，逐渐浸透于全体当事人的全部生活中”。[43] 正是由于上述原因，早期以法国、德国为代表奉行法典化的国家，以及受其立法模式影响的如西班牙、葡萄牙等其他欧陆国家或地区，在制定民法典时，不得不顾及与先前存

〔39〕［法］费尔南·布罗代尔：《十五至十八世纪的物质文明、经济和资本主义》（第二卷），顾良、施康强译，商务印书馆 2017 年版，第 546 页。

〔40〕［意］契波拉：《欧洲经济史·工业革命篇》，夏伯嘉译，台北，远流出版事业股份有限公司 1989 年版，第 219～220 页。转引自何勤华、魏琼主编：《西方商法史》，北京大学出版社 2007 年版，第 282 页。

〔41〕姜士林、陈玮主编：《世界宪法大全》（上卷），中国广播电视出版社 1989 年版，第 763 页。

〔42〕［英］施米托夫：《国际贸易法文选》，赵秀文译，中国大百科全书出版社 1993 年版，第 113 页。

〔43〕［日］我妻荣：《债权在近代法中的优越地位》，王书江、张雷译，中国大百科全书出版社 1999 年版，第 182～185 页。

在的商法或商法典的关系，不得不适应民事主体自由进入营业领域的需要，不得不对诸如股份公司等新型营业组织和企业形式出现作出必要的应对和安排，因此，民法典也就相应地要对诸如自然人商人、公司、合伙等商事主体及相关营业行为作出规定，从而在这些国家或地区出现了民法典与商法典分别从不同的法律或视角，对商事主体及相关营业行为进行规定的二元私法主体构造立法体系，以及对基础性营业行为进行共同规定的民商共治局面。

3. 近代民法的商法化与普通商法进入民法典

一直以来，有一种几近定式的思维，认为19世纪法国等国的民法典没有商法内容，作为立法上"一个最令人吃惊的疏漏"，"《民法典》里没有商法的简单原因是商法没有被当成'民法'来看待，商法已经形成它独特的法律传统，它没有明显的与罗马法有关联的祖先。一句话，优士丁尼的《法学阶梯》里没有它，从而法国理论里也没有它。这一原因同样能解释《奥地利民法典》和《德国民法典》里为什么疏漏了商法"。[44] 这一看法，也成为绝大多数学界、业界的主流观点。其实，这一看法与其说是一种基本、一致的共识，还不如说是一种莫大、美丽的误会。这是因为，1804年的《法国民法典》，其实既不是对古罗马市民法的简单承继，更不是对中世纪欧洲民法的直接汇编，而是在法国资产阶级大革命之后，代表新兴商人利益的资产阶级执政者，本着新的理念与价值，按照全新的法律原则，集中反映了商人需求，并融入了大量商法规则的一部商法化的全新民法典。首先，《法国民法典》是由执掌新政权的商人代言人主持编纂的。即"由开明的当权者制定，而是市民阶层（Bürgertum）通过革命的颠覆清除了旧王朝过了时的各种社会制度，从而在市民的法律权利平等原则（Rechtsgleichheit）基础上建立了国家，并基此特定情况最终完成一部法典的编纂，它反映了自由与平等的革命要求"。[45] 其次，《法国民法典》集中反映了商人革命者的核心利益。《法国民法典》"体现了对大革命成果的巩固，同时又缓和了某些过激的做法"；[46]《法国民法典》所代表的阶级、阶层利益，已不再局限于普通市民或小农的利益，即在"民法典编纂者心目中的、给民法典的风格以烙印的理想形象，不是小人物和手工业者，更非领薪阶层的理想形象，而是有产者的市民阶级的理想形象；他们有识别力、明智、敢于负责，同时也精通本行和熟悉法律"；而"市民存在的基础在于个人自由——特别是从事经济活动自由的保障和对所有权——主要是土地所有权的保障"，所以，"《法国民法典》的债法中首先贯穿着契约自由原则，这

---

〔44〕［美］艾伦·沃森：《民法法系的演变及形成》，李静冰、姚新华译，中国政法大学出版社1992年版，第166页。

〔45〕［德］K. 茨威格特、H. 克茨：《比较法总论》，沈宗灵等译，法律出版社2003年版，第133～134页。

〔46〕［法］雅克·盖斯旦、吉勒·古博：《法国民法总论》，陈鹏等译，法律出版社2004年版，第99页。

一原则几乎完全不受强制性法规的限制”。[47] 再次,《法国民法典》是本着商人的理念和价值制定的。《法国民法典》“是自由个人主义的胜利”,[48] 其制定的立法宗旨和指导思想,已不再是罗马市民法的身份观念和内外有别,也不是中世纪欧洲民法的身份依附和等级特权,而是以反映新兴商人阶层身份独立、意志自由、地位平等、私权神圣等启蒙思想和自然法观念为基础,是“以启蒙运动和理性法所确立的信念为基础的,即一种理性的社会生活秩序的基础,或许可以通过一种全面的法律规则的新秩序予以有目的地奠定”。[49] 最后,《法国民法典》遵循着商品交换和市场经济的基本原则。契约自由、平等交换、等价有偿,这些均是从事商品交换、生产制造、货物贸易、商业服务为职业的工商业阶层所迫切需要的。在《法国民法典》中,“大革命的思想——自由、平等和政教分离原则——得到了维持”;如第 544 条确立财产权的绝对性;契约自由原则一再得到重申,尤其是通过第 1134 条规定已成立的合同为“当事人之间的法律”。[50] 正因如此,《法国民法典》融入了大量的商法理念、价值、原则、规则、规范和条款,是世界第一部已实质商法化的近代化民法典。

以《法国民法典》为例,近代民法商法化以及商法进入民法典集中表现在如下几个方面:

(1)商法理念、价值进入民法典。私权神圣、身份独立、意志自由、地位平等,既是商品交换、营业开展的内在要求和前提条件,更是追求效益、独立、自由、平等的商人阶层之核心信念和基本需求。主导并取得商业革命、产业革命、人权运动并取得资产阶级民主革命胜利的新兴工商业阶层,当然不会放过立法的任何机会,以法律的形式把其理想、信念、追求及革命胜利的成果固化下来,而民权为表、私权为里的民法典恰恰又是记载、表彰、确认这些理念价值和胜利成果的最佳形式。在民法平民、平权、平等化的语境里,渗透着商人理念价值的身份独立、私权神圣、意志自由、地位平等,被巧妙地以人身自由、财产自由、契约自由、营业自由等具有无差异化平权条款予以包装出台。例如,关于身份独立和人身自由,《法国民法典》第 7 条、第 8 条规定,“民事权利的行使不以按照宪法取得并保持的公民资格为条件”;“所有法国人都享有民事权利”。[51] 关于私权神圣和财产自由,《法国民法典》第 537 条规

---

〔47〕 [德]K. 茨威格特、H. 克茨:《比较法总论》,沈宗灵等译,法律出版社 2003 年版,第 144 页。

〔48〕 [法]雅克·盖斯旦、吉勒·古博:《法国民法总论》,陈鹏等译,法律出版社 2004 年版,第 99 页。

〔49〕 [德]K. 茨威格特、H. 克茨:《比较法总论》,沈宗灵等译,法律出版社 2003 年版,第 133 页。

〔50〕 [法]雅克·盖斯旦、吉勒·古博:《法国民法总论》,陈鹏等译,法律出版社 2004 年版,第 99 ~ 100 页。

〔51〕 以下所引《法国民法典》法条,除另注外,均源自《拿破仑法典》,李浩培等译,商务印书馆 1979 年版,第 2 页以下。

定,“除法律规定的限制外,私人得自由处分属于其所有的财产”;“不属于私人所有的财产,依关于该财产的特别规定与方式处分并管理之”;又第 545 条规定,“任何人不得被强制出让其所有权;但因公用,且受公正并事前的补偿时,不在此限”。又如,关于意志自由和契约自由,《法国民法典》第 1101 条规定,“契约为一种合意,依此合意,一人或数人对于其他一人或数人负担给付、作为或不作为的债务”;又第 1134 条规定,“依法成立的契约,在缔结契约的当事人间有相当于法律的效力”。再如,关于地位平等和营业自由,《法国民法典》虽未有直接规定,但作为民法、商法共同渊源的 1789 年《人权宣言》第 5 条、1791 年《法国宪法》第一篇第 1 条、1793 年《法国宪法》第 17 条,分别已对行为自由、从业自由、实业自由作出有明确规定;[52] 1982 年 1 月法国宪法委员会更通过决定重申“商业自由原则”。[53] 这些规定为《法国民法典》的上位条款,对民法有直接的法律约束力。

(2)商法原则、规则进入民法典。自愿、公平、等价有偿、诚实信用等基本原则,作为现代民法的帝王原则或基本规则,虽已被人们所广泛认同和接纳,但是,至少在《法国民法典》之前,它们并不是民法的基本原则;更准确地说,在前述的罗马市民法和中世纪欧洲民法等早期民事关系中,并不存在平等、自愿、公平、等价有偿。[54] 之所以这些原则,特别是以自由、平等为基础的自愿、公平、等价有偿等原则,出现在《法国民法典》里,是因为早在《法国民法典》制定之前,它们已是法国商法和整个欧洲商事习惯法、共同商法、成文商法所认同、遵循、信守的基本原则和商业规则。例如,关于独立、平等,《法国民法典》第 7 条、第 8 条所确认任何法国人民事主体地位、权利平等原则;又如,关于自由,前述《法国民法典》对财产自由、契约自由的规定;关于等价有偿,《法国民法典》第 1104 条对“等价契约”与“赌博性契约”的规定;关于公平、诚信,《法国民法典》第 1135 条规定:“契约不仅依其明示发生义务,并按照契约的性质,发生公平原则、习惯或法律所赋予的义务”,等等。总之,法国《人权宣言》和《法国民法典》的立法主旨,就是“要将个人从家庭的或经济的既定秩序中,从行业的或宗教的规制中解放出来”,故追求个体抽象的“自由”“平等”“政教分离”“个体独立于家庭”,就成为以《法国民法典》为代表的那个时代的主要任务和重要特色,[55] 而这些原则本不是罗马市民法和中世纪欧洲民法里原有的东西。

---

〔52〕 姜士林、陈玮主编:《世界宪法大全》(上卷),中国广播电视出版社 1989 年版,第 761 ~ 779 页。

〔53〕 [法]伊夫·居荣:《法国商法》(第 1 卷),罗结珍、赵海峰译,法律出版社 2004 年版,第 20 页。

〔54〕 施天涛:《民法典能够实现民商合一吗?》,载《中国法律评论》2015 年第 4 期。

〔55〕 [法]雅克·盖斯旦、吉勒·古博:《法国民法总论》,陈鹏等译,法律出版社 2004 年版,第 92 ~ 93 页。

(3)商法主体进入民法典。如《法国民法典》第一编“人”对“自然人”的规定、第三编“取得财产的各种方法”第九章有关“民事公司(合伙)”的规定,[56]也明显属于商事主体的范畴。其中《法国民法典》第三编第九章“民事公司(合伙)”对涉及民事公司(合伙)的主体资格、经营管理、集体决定、信息披露、参股人(合伙人)对第三人的义务、出资份额的转让、参股人(合伙人)的退出等有关内容,作出了一般性、原则性规定。第1845条还对民法典涉及“民事公司(合伙)”规定的法律效力明确为“本章之规定适用于所有民事公司(民事合伙),但保留执行特定的民事公司适用的特别法规则”。需要说明的是,在法国,虽因民法典与商法典的并存而出现民事公司(合伙)与商事公司(合伙)的不同概念,并作为公司法上“最基本的分类”,且一般认为民事公司(合伙)主要适用于“共同从事自由或专门职业”(如律师、医生、公证)、“不动产建筑、推销或分享使用”、“农业生产”等生产经营活动;但实际上,这种严格分类,不仅没有“一般的适用范围”,在实践上更难区分,特别是1867年《法国商事公司法》(1967年修订案)和1978年《法国民法典》修改以后,连法律上的界限也模糊了,故实际上区分民事公司(合伙)与商事公司(合伙)“几乎已经完全过时”。[57] 特别是根据2001年第2001－1168号法律关于第1845－1条第2款的修改规定“《商法典》第二卷第三编第一章有关公司可变资本的规定适用于民事公司”;[58]又根据1978年第78－9号法律中的第78－704号法令对《民法典》第三编第九章修改案的第1条有关“本章之规定适用于所有具备法人资格的公司,对特定公司有明文相反规定除外”的规定,[59]这些均说明,《法国民法典》是本着特别法优先于普通法的法律适用规则来处理民法典与其他民事特别法、商法典或商事主体特别法之间的关系。足见,《法国民法典》自制定以来,就存在大量约束商事主体的一般性条款。

(4)商法具体规范进入民法典。这集中表现为传统买卖、互易、租赁、合伙、借贷、寄托、运送、委任、保证等买卖商行为、运输商行为、仓储商行为、服务商行为、中介商行为,因与民法中的债具同源性、同质性,在立法形式又高度契合,因而大量地以债法的形式融入民法典。不仅如此,“中世纪形成的商事习惯在后注释学派的著作中曾被人为地同罗马法联系起来;欧洲曾经是这些习惯的发源地,这些习惯在被整个欧洲接受之后,又同民法一起为愿意归属于罗马日耳曼法系的东方与远东的

---

[56]　《法国民法典》,罗结珍译,中国法制出版社1999年版,第3～6页、第412～432页。

[57]　[法]伊夫·居荣:《法国商法》(第1卷),罗结珍、赵海峰译,法律出版社2004年版,第225～227页。

[58]　《法国民法典》,罗结珍译,北京大学出版社2010年版,第434～440页。

[59]　《法国公司法典》(上),罗结珍译,中国法制出版社2007年版,第37页。

国家所接受，从而同真正属于民事法的债法构成一个整体”。[60] 如在《法国民法典》第三编“取得财产的各种方法”第六章至第十四章，分别对买卖、互易、租赁、合伙、借贷、寄托及诉争物的寄托、赌博性的契约、委任、保证等有名契约的规定，多数就属于典型的商事合同，或该有名契约规则可适用于商事合同。此外，物权的商事化也特别明显，为营业服务的用益物权和担保物权等他物权制度，已成为近代物权制度发展的重心；纯粹意义的自物权制度虽仍是基础，但已退居次要地位。

《法国民法典》作为近代最早的民法典，其商法化尚且如此明显，商法内容融入《法国民法典》中如此之深邃和广泛，之后各国在不同时期制定的民法典，就更是如此。正如德国法学家克茨描述的那样，《德国民法典》起草、制定之时，也正是德国“经济活动的重点已日益从农业向商业和工业转移”的快速转型时期，“作为《德国民法典》基础的人类形象，因此就不再是小手工业者或工厂工人的人类形象，而是富有的企业家、农场主或政府官员的人类形象；换言之，就是这样一种人，即人们能够指望他们具有足够的业务能力和判断能力，在以契约自由、营业自由和竞争自由为基础而成立的市民营利团体中理智地活动并避免损失”。[61]

4. 当代民法的商法化与普通商法进入民法典的法例举要

如果说《法国民法典》作为近代民法商法化之滥觞，那么，民法的商法化特别是普通商法进入民法典，在当代则几乎成为一种固化定型的普遍现象和无法否认的基本事实。由于英美法系只有学理上的大私法概念，本无民法与商法之分，民商之分本属大陆法系的专属议题，故以下仅以大陆法系不同法例的代表性民法典为例，举要证之。

(1)民商分立法例情形下的民法典。大陆法系奉行民商分立体例的国家或地区，如法国、德国、西班牙、葡萄牙、1942 年前的意大利、1947 年之前的荷兰、日本、韩国、部分受原大陆法系国家影响的亚洲(如印度尼西亚、土耳其、越南、1925 年前的泰国、菲律宾、中国澳门特别行政区)、非洲(如埃塞俄比亚、埃及、阿尔及利亚)、拉美(墨西哥、智利、2002 年前的巴西、2013 年前的阿根廷)等国家或地区，由于民法典与商法典的分立与并存，这些国家或地区的民法典在对民事主体、民事行为、民事权利作一般性规定的时候，其中有不少条款、篇幅甚至章节涉及普通商事主体、商事行为、商事权利，或者其内容本身就是针对形式或实质意义的普通商事主体、

[60] [法]勒内·达维德：《当代主要法律体系》，漆竹生译，上海译文出版社 1984 年版，第 79 页。
[61] [德]K. 茨威格特、H. 克茨：《比较法总论》，潘汉典等译，法律出版社 2003 年版，第 219 页。

商事行为、商事权利。这一点无论如德国、[62]西班牙、[63]葡萄牙[64]等早期并行存在民法典、商法典的欧陆国家，还是受早期欧陆国家法典化模式影响的亚洲、[65]非洲、[66]拉美等国家或地区，[67]均是如此。

（2）民商合一法例情形下的民法典。在奉行民商合一立法模式的国家或地区，其民法典在处理有关普通商事主体、商事行为、商事权利的立法思路和技术路径，并非只是一个模式，而是呈现明显的多样性和国别性特征，概括起来，包括完全融入、独立编章、特别法、混合立法等不同立法范式。第一，普通商法完全融入民法典。此一立法模式即普通商事主体、商事行为、商事权利完全融入民法典，并分别或分散规定在不同的编章，典型的如1947年以后的《荷兰民法典》、[68]《欧洲示范民法典草案》。[69] 第二，普通商法在民法典中独立编章。除民法典总则对商事主体有一般性规定外，这些国家或地区的民法典往往还设置独立的编章，对不同类型的普通商事主体、商事行为、商事权利作具体规定，选择此一法例的国家或地区主要为瑞

〔62〕《德国民法典》，杜景林、卢谌译，中国政法大学出版社2014年版，第4～5页、第10页、第37～256页；《德国民法典》，陈卫佐译注，法律出版社2015年版，第8页、第12页、第19页、第37～311页。

〔63〕《西班牙民法典》，潘灯、马琴译，中国政法大学出版社2013年版，第25～27页、第295～479页。

〔64〕《葡萄牙民法典》，唐晓晴等译，北京大学出版社2009年版，第17～38页、第41～53页、第72～213页。

〔65〕《最新日本民法》，渠涛编译，法律出版社2006年版，第4～22页、第24～34页、第90～148页、第309页；《韩国最新民法典》，崔吉子译，北京大学出版社2010年版，第139～140页、第148～154页、第181～230页；《菲律宾民法典》，蒋军洲译，厦门大学出版社2011年版，第9～10页、第158～303页；《奥斯曼帝国民法典》，王永宝译，商务印书馆2018年版，第15～146页、第227～323页。

〔66〕《埃及民法典》，黄文煌译，厦门大学出版社2008年版，第6～8页、第11～127页；《埃塞俄比亚民法典》，薛军译，厦门大学出版社2013年版，第4页、第30页、第60页、第238～478页；《阿尔及利亚民法典》，尹田译，厦门大学出版社2013年版，第4～6页、第8～91页。

〔67〕《最新阿根廷共和国民法典》，徐涤宇译注，法律出版社2007年版，第13～19页、第117～489页；《智利共和国民法典》，徐涤宇译注，北京大学出版社2014年版，第7页、第89～91页、第222～391页；《秘鲁共和国新民法典》，徐涤宇译，北京大学出版社2017年版，第20～23页、第34～51页、第220～360页。

〔68〕《荷兰民法典》（第3、5、6编），王卫国主译，中国政法大学出版社2006年版，第1～14页。

〔69〕欧洲民法典研究组、欧洲现行私法研究组：《欧洲示范民法典草案：欧洲私法的原则、定义和示范规则》，高圣平译，中国人民大学出版社2012年版，第149页、第153页以下。

士、[70]意大利、[71]泰国、[72]巴西、[73]阿根廷[74]等国家或地区。第三，普通商法由民法典之外的商事特别法规定。民法典总则、债法只对普通商事主体、商事行为、商事权利作一般性规定，其具体内容则通过准用性或授权性规范，由商事特别法承担。选择此一立法模式的国家或地区有1929～1949年的中国（包括1949年以后的中国台湾地区）、[75]马耳他、[76]美国的路易斯安那州、[77]加拿大的魁北克省等。[78]第四，大民法典构架下的普通商法混合立法。不仅民法典对普通商事主体、商事行为、商事权利有明确规定，还通过其他商事特别法、单行法对之作具体调整，比较典型的如1994年《俄罗斯联邦民法典》、[79]1994年《独联体成员国示范民法典》等。[80]

（二）商法从法典化走向特别化与解构化

"最早的商法是国际性的"，"商人习惯法由商人们普遍适用的惯例构成"，"这些惯例无论在哪一个地区适用，都是相同的"。[81] 与近代民法的商法化和普通商法进入民法典几乎同时发生的，是近代商法也发生内容和形式上的巨大变化。法典化的商法曾经是商法迈入近代的标志，商法典也作为法国、德国、西班牙、葡萄牙、意大利等欧陆国家奉行民商分立的身份象征。但是，由于营业的变迁、经济的发展和社会的演进，更由于作为买卖、贸易商法最高成就的商法典本身的局限性，民法的商法化、基础商事关系融入民法典、普通商法出现民商共治，新型营业形态的出现迫使商法转移调整的重心，营业的专业化、职业化、技术化需要商法更为精细的调整，这些多元、复杂因素的共同影响和作用，具标签性质的商法典，也因商法地位的

---

〔70〕《瑞士债法典》，吴兆祥等译，法律出版社2002年版，第39页以下；《瑞士债务法》，戴永盛译，中国政法大学出版社2016年版，第59页以下。

〔71〕《意大利民法典》，费安玲等译，中国政法大学出版社2004年版，第485～700页；《意大利民法典》，陈国柱译，中国人民大学出版社2010年版，第357～463页。

〔72〕《泰王国民商法典》，周喜梅译，中国法制出版社2013年版，第12页、第19～20页、第93～217页；《泰王国民商法典》，米良译，社会科学文献出版社2018年版，第10～11页、第26～179页。

〔73〕《巴西新民法典》，齐云译，中国法制出版社2009年版，第9～15页、第40～178页。

〔74〕徐涤宇：《解法典后的再法典化：阿根廷民商法典启示录》，载《比较法研究》2018年第1期。

〔75〕杨立新主编：《中国百年民法典汇编》，中国法制出版社2011年版，第388～471页；黄昭元等主编：《综合小六法》，新学林出版股份有限公司2017年版，第C3～5页、第C6～9页、第C14～67页。

〔76〕《马耳他民法典》，李飞译，厦门大学出版社2012年版，第2页、第211页以下。

〔77〕《最新路易斯安那民法典》，徐婧译注，法律出版社2007年版，第9页、第59页、第215～379页；《路易斯安那民法典》，娄爱华译，厦门大学出版社2010年版，第4页、第48页、第195～354页。

〔78〕《魁北克民法典》，孙建江等译，中国人民大学出版社2005年版，第38～39页、第175～320页。

〔79〕《俄罗斯联邦民法典》，黄道秀译，北京大学出版社2007年版，第42～43页、第52～80页、第142～380页。

〔80〕《独联体成员国示范民法典》，张建文译，法律出版社2014年版，第11～42页、第82～244页。

〔81〕［英］施米托夫：《国际贸易法文选》，赵秀文译，中国大百科全书出版社1993年版，第56页。

特别化、调整对象的专业化和法源形式的单行化，而逐渐走向解构化和总则化。

1. 商法调整功能的特殊化与特别化

(1)民法的商法化与普通商法融入民法典。近代商法面临的另一具挑战性的问题，就是民法性质与地位的变化。如前文所述，随着民法性质的变化、功能的调整、地位的上升，作为私法一般法和国家基本法的民法，面对营业的世俗化、平民化和普及化，部分基础、普通、日常性的商事行为已实质民事化，相应地无论是民法的理念、价值、原则、规则，还是具体的规范和法条，也部分地实质商法化。在此情形下，民法不仅充当统辖包括商法在内之整个私法的一般性调整功能，而且也把绝大部分基础、普通、日常性的商事行为，以特殊债的方式，融入民法典之中。如此一来，调整基础、日常营业行为的普通商法部分，就可能分散在民法或商法等不同法典之中，普通、基础商法就出现了民商共治这一新的法律调整模式。民法的商法化、基础商法融入民法典、普通商法出现民商共治，使"商人是社会的一个特殊阶层的成员，支配商人及其行为的法律应被视为该阶层的特别法"这一欧陆国家固有的商法观念，[82]在近代以降被一再打破。

(2)新型营业形态的出现迫使商法转移调整的重心。商法进入近代以来，随着营业新业态的不断涌现，催生投资形式的多元变型、经营模式的一再创新、交易方式的持续变化，营业的重心已由传统商业、贸易、手工、运输、海商领域，转移到工厂制造、企业治理、资本营运、金融交易；进入20世纪更转型为知识产权、信息服务、电子商务、网络交易。在传统商品买卖、辅助交易、货物贸易可通过民法之债法作为稳定调整，商法只需对特别类买卖、交易、贸易作为补充性调整的背景和基础上，商法的调整重心也发生深刻的变化，商事立法和商事裁判更多精力和资源，专注于企业、经营、资本、金融、知识、信息、电商、网商、智商等新兴、特别、专业、职业、技术领域，商法更多以专业法的品格和特别法的形象出现。

2. 商法立法形式的去法典化与解构化

(1)作为买卖、贸易商法最高成就的商法典本身的局限性。近代最具代表性的几部商法典，均制定于19世纪，无论从内容，还是从形式，均是对中世纪商法的直接承继和汇编集成，"全部商法，即陆上商法与海上商法"，其"法典的规定可能是以制订法典前原来具有国际性的习惯法为基础，这时各国法之间的同源关系再度出现"。[83] 因此，在一定意义上讲，它们渗透商人法、交易法的特质，均属买卖商法、贸易商法的范畴。例如，1807年《法国商法典》共分商事总则、海商、破产、商事法院，

---

〔82〕［英］施米托夫：《国际贸易法文选》，赵秀文译，中国大百科全书出版社1993年版，第57页。

〔83〕［法］勒内·达维德：《当代主要法律体系》，漆竹生译，上海译文出版社1984年版，第78~79页。

所规定的商人、公司、商品交易、证券经纪、居间、行纪、水路运输、汇票、支票、海商、破产、商事法院等，除公司、证券经纪外，均属买卖、交易、贸易商法的范畴；又如，1897 年《德国商法典》共分商人身份、商事公司与隐名合伙、商行为、海商四编，除第二编商事公司与隐名合伙外，主体内容也为买卖、交易、贸易、运输、代理类的传统买卖、贸易商行；再如，1899 年《日本商法典》包括总则、公司、商行为、票据、海商五编，除第二编公司外，绝大部分内容也为传统买卖、交易、贸易、运输类的商法规范，特别是第三编商行为，所规定的买卖、交互计算、隐名合伙、居间营业、行纪营业、承揽运输业、运输营业、寄托、保险等，均属传统的商业或辅助商业行为。买卖、交易、贸易或为其提供辅助服务的商业，本质上为合同之债的范畴，属于普通、基础商行为，具有普遍的规律性、通用的规则性和高度的稳定性，用一部具有稳定性的法典，对其作总括性、包揽性、集成性的规定，不仅必要，而且可行，在当时的立法技术又是完全可以做得到的。这也是为什么三部最具有代表性的商法典，均产生于 19 世纪、并能够成为商法立法史上最高成就的原因。但是，19 世纪恰恰又是一个充满重大变革、甚至颠覆传统的世纪，所处的时代正好是传统买卖商法、贸易商法向近代企业商法、经营商法过渡，并向资本商法、金融商法转型的特殊时期。企业商法的众多类型和庞大体系，经营商法的复杂关系和代理层级，资本商法的权利行使和变动流转，金融商法的即时迅捷与专业品格，其专业、职业、技术的复杂、特殊、易变程度，已远非买卖商法、贸易商法的简单、普适、稳定所可比拟和同语。在此营业变迁的大背景下，再希望具买卖、交易、贸易特质的商法典，把企业、经营、资本、金融甚至 20 世纪中叶出现的信息、知识、电子、网络、智能商法内容，全部延纳进来，不仅技术上难以做到，而且即使做到了，日后也面临瞬息万变的修改难、订正难等更大问题。

(2)商事立法的去法典化与解构化几乎成为 19 世纪中叶以来的普遍现象。19 世纪三部最具代表性的商法典之本身特质和固有局限，决定其既不能总揽当时所有的营业关系，也不能适时应对正处变化、变革、变型的新兴营业领域或业务形态，更无法预设 20 世纪中叶以后具革命性和颠覆性的营业巨变。既然原已定型的商法典不能适应营业瞬息万变的需要，或者游离于商法典之外，另立新法；或者把商法典中某编析分出来，另行修改、单独立法；或者把原属商法典中某一组成部分整体抽出，作为特别法独立颁行；或者整体废止商法典，相关商法子部门或编入民法典，或颁行单行的商事特别法以取代之，等等。总之，商事立法中的去法典化和解法典化，几乎成为所有订有商法典国家或地区共同一致的选择取向。

去法典化和解法典化本为 1970 年代意大利民法学者伊尔蒂对 19 世纪末以来

民事立法变化的一种概括和描述;[84]作为一种对自然法、理性主义立法模式的挑战和冲击,它广泛存在于不同国家或地区;[85]它集中表现在传统的基本法典之外,出现大量的单行法规,并呈不断强化和扩张趋势。[86] 其实,在商事立法领域,去法典化和解法典化过程与趋势,比任何法部门与法领域都要显著,几乎就在各国出台商法典的那一天开始,商法典的去法典化和解法典化立法举措就已经实质性地进行了。[87] 以法、德、日三大具代表性的商法典为例,就可更清楚地还原商事立法的去法典化和解法典化的全过程。

例如,在法国,商法典就经历了去法典化与再法典化过程。《法国商法典》的解构化是从19世纪中叶开始的,涉及有关商事公司、商业登记、海商、破产、银行、有价证券、商事租赁等方面的立法,均在商法典之外以单行法的形式出现;[88]其中,比较有代表性的单行商事法有《法国公司法》(1867年)、《法国营业财产买卖质入法》(1909年)、《法国工人参加股份公司法》(1917年)、《法国商业登记法》(1919年)、《法国有限责任公司法》(1925年)、《法国保险契约法》(1930年)、《法国海上货物运输法》(1930年)、《法国票据统一令及支票统一法》(1935年)、《法国破产修改法》(1938年)、《法国公司法》(1966年)、《法国司法重整及清算法》(1985年)、《法国期货交易法》(1985年)、《法国价格与竞争自由法》(1986年)、《法国证券交易法》(1988年)等。[89] 至20世纪末,《法国商法典》原有商事总则、海商、破产、商事法院四部分,只剩下商事总则和商事法院两部分,其中商事总则也仅包括商人、商人会计、商行为的证据、时效等少数内容,绝大部分内容均已析分出去单独立法。1807年的《法国商法典》原有648个条文,保留下的仅有15个,实已支离破碎。[90] 自2000年9月开始,法国议会又启动重新编纂《法国商法典》的再法典化行动,并经近10年的艰难编辑,终于在2009年推出最终的新版《法国商法典》;重新编纂后的《法国商法典》,包括商事总则、商事公司与经济利益合作组织、特别形式的买卖

---

〔84〕 [意]纳塔利诺·伊尔蒂:《解法典的时代》,薛军译,载徐国栋主编:《罗马法与现代民法》第4卷,中国人民大学出版社2004年版,第80~107页;[意]纳塔利诺·伊尔蒂:《〈解法典的时代〉:二十年后》,徐铁英译,载《苏州大学学报(法学版)》2018年第2期。

〔85〕 [秘]玛丽亚·路易莎·穆里约:《大陆法系法典编纂的演变:迈向解法典化与法典的重构》,许中缘、周林刚译,载《清华法学》2006年第2期。

〔86〕 刘兆兴:《比较法视野下的法典编纂与解法典化》,载《环球法律评论》2008年第1期。

〔87〕 夏小雄:《商法"法典化":历史考察和体系分析——以十九世纪西欧国家商法典立法为核心》,载《东南大学学报(哲学社会科学版)》2018年第6期。

〔88〕 何勤华主编:《法国法律发达史》,法律出版社2001年版,第248页。

〔89〕 何勤华、魏琼主编:《西方商法史》,北京大学出版社2007年版,第287页。

〔90〕 《法国商法典》,金邦贵译,中国法制出版社2000年版,第1~91页。

与排他性条款、价格与竞争自由、商业票据与担保、企业困境、商事法院及商事组织、某些受特别规则约束的职业、适用于海外(省、领地)的规定等九部分,共1800多个条文;该法典"也显现不可克服的缺陷,在一定程度上隐约可见'法律汇编'的面目"。[91] 故现行《法国商法典》与1807年《法国商法典》相比较,除总则与分则关系的处理"一改200年前的模糊与凌乱",有点改进和创新之外,"立法效力的意义上并不存在着历史关联关系",已完全面目全非。[92] 因此,"法国商法的再法典化未从根本上解决其体系化与逻辑化不足的问题",[93]与其说是新编的商法典,还不如说是有关商事方面的法律汇编。可以说,2000~2009年的法国商法再法典化,是基本失败的,而且时过境迁,又逢电子商法、网络商法、智能商法的汹汹大潮,2009年版《法国商法典》又显过时与老态。

又如,以德、日商法典为代表,就明显走向法典的解构化。在德国,由于商法未能像民法那样实现体系化,[94]自《德国商法典》颁行以后,就经历频繁的修改、拆分、另刊和补充立法。第一,法典修改。《德国商法典》比较大的修改有近50次,其中1937年、1953年、1986年、1998年的修改,均为大修改,直接改变了《德国商法典》的结构。[95] 第二,法典拆分。其一,1937年的商法典大修,《股份有限公司和股份两合公司法》就被拆分出法典单独立法,原第二编公司中只剩下无限公司、两合公司、隐名合伙;其二,1986年根据欧共体的指令,商业账簿从第一编分离出来,另立为第三编。第三,部分另刊。如《德国商法典》中的第四编海商,长期就是以另刊的形式独立印行。[96] 第四,补充立法。在《德国商法典》修改的同时,德国还通过大量的商事单行法,以补充商法典不周延带来的不足,这些商事特别法,均是独立于商法典的形式另行颁行;其中代表性的有《德国合作社法》(1889年)、《德国有限责任公司法》(1890年)、《德国保险法》(1901年)、《德国保险契约法》(1908年)、《德国票据法和支票法》(1933年)、《德国金融法》(1934年)、《德国股份法》(1965年)、《德国参与决定股份法》(1976年)、《德国公司改革法》(1994年)、《德国破产法》(1994年)等。[97] 因此,1897年《德国商法典》共905个条文,绝大部分已分离

[91] 罗结珍:《法国商法典》(上册),北京大学出版社2015年版,"译者序"第1~13页。

[92] 聂卫锋:《〈法国商法典〉总则述评——历史与当下》,载《比较法研究》2012年第3期。

[93] 王建文:《法国商法:法典化、去法典化与再法典化》,载《西部法学评论》2008年第2期。

[94] 王建文:《德国商法法典化、去法典化与现代化:历史脉络与启示》,载《法学杂志》2008年第5期。

[95] [德]托马斯·莱塞尔:《德国商法典的最新变革》,常鸿宾、刘懿彤译,载《法学家》1998年第4期。

[96] 《德国商法典》,杜景林、卢谌译,中国政法大学出版社2000年版,"译者前言"第1~4页。

[97] 范健:《德国商法:传统框架与新规则》,法律出版社2003年版,第489~491页;何勤华、魏琼主编:《西方商法史》,北京大学出版社2007年版,第293~294页;胡晓静:《德国商事公司法》,法律出版社2014年版,"译者前言"第1~17页。

出去,多数条文已废止或作了大幅度修改,保留在现行《德国商法典》里的已不到一半。[98]

《日本商法典》自1899年颁行以后,也如德国一样,经历多次修改、拆分和特别立法。第一,关于修改。如比较大的修改在1911年、1938年、1950年、1962年、1966年、1974年、1981年、1990年、1997年、2000年、2005年、2008年等。第二,关于拆分。如1938年《日本商法典》大修后,第四编"票据法"被整体删除;又如,2005年《日本商法典》再次大修后,第二编"公司法"又被整体移出,单独成典。第三,关于其他商事特别法。在1899年《日本商法典》通过、实施、修改的过程中,日本还存在大量独立、平行于商法典的其他商事特别法,它们均以单行法的形式,独立颁行实施,代表性的有《日本交易所法》(1874年)、《日本银行合并法》(1896年)、《日本破产法》(1922年)、《日本和解法》(1922年)、《日本票据法》(1932年)、《日本支票法》(1933年)、《日本有限公司法》(1938年)、《日本证券交易法》(1948年)、《日本公司更生法》(1952年)、《日本商法典特别法》(1974年)、《日本公司法》(2005年)等。[99] 因此,现行《日本商法典》只保留总则、商行为、海商等三编,且海商编也经常单独印行,故《日本商法典》仅徒具法典名称,也已实质地"通则化"。[100]

再如,意大利、荷兰、土耳其、泰国、巴西、阿根廷等商法典,就选择了废法典的解构化。当然,更多的国家或地区,仍然保留了商法典这一徒具标签化的法源形式,但实际上却通过大量的商事特别单行法,实质性地架空了商法典,商法典的实际调整功能和规范效应,已十分有限。足见迈向解法典化与法典重构,是晚近以来所有大陆法系法典编纂、修改、演变的基本态势,[101] 它对中国民商立法中的"解法典化"、[102] 统一再法典化实践,[103] 无疑具有重要的启示意义。

3. 商法典地位的总则化与通则化

(1)营业的专业化、职业化、技术化需要商法更为精细的调整。与传统商品买卖、辅助交易、货物贸易等基础、普通、日常商业行为或营业形态相比,19世纪中叶已处于变化发展中的工厂制造、企业治理、资本营运、金融交易,20世纪中叶兴起的知识产权、信息服务、电子商务、网络交易,均带有明显的专业性、职业性、技术性特

---

〔98〕《德国商法典》,杜景林、卢谌译,法律出版社2010年版,"译者前言"第1~7页。

〔99〕王书江、殷建平:《日本商法典》,中国法制出版社2000年版,"译者序"第1~16页。

〔100〕《日本最新商法典译注》,刘成杰译注,中国政法大学出版社2012年版,"引言"第1~19页。

〔101〕[秘]玛丽亚·路易莎·穆里约:《大陆法系法典编纂的演变:迈向解法典化与法典的重构》,许中缘、周林刚译,载《清华法学》2006年第2期。

〔102〕陆青:《论中国民法中的"解法典化"现象》,载《中外法学》2014年第6期。

〔103〕朱广新:《民法典编纂:民事部门法典的统一再法典化》,载《比较法研究》2018年第6期。

质，它们更需要基于特定专业、职业、技术特点的精准、细致、具体地针对性调整。由于各不同新型营业领域或业态，存在巨大的差异性和明显的领域性，相对而言，企业与经营、资本与金融、知识与信息、电商与网商，具有关联性，但它们之间因分属不同的营业领域和业务形态，相互之间的业务隔阂和差别，还是十分明显的，已无用统一的形式、规则或方式，进行一体化或体系化调整。在此背景下，贸易商法时代的统一商法模式，已经很难适应不同新型营业形态之精准、细致调整需要，而这些无疑又要求兼具专业、职业、技术品性和特质的商法，对之施以个别、具体的针对性调整，表现在立法例上即为商事单行法模式。

（2）由于传统大法典模式中庞大体量、稳定品性和固定结构等致命缺陷，已不能适应营业变化和商事立法发展的需要。在此情形下，前述法国、德国、日本等三大商法典的去法典化和解法典化过程，也正是商事立法特别化、单行化的过程，大量商事特别法以独立于商法典之外的方式另立颁行。由于商事单行法和特别法的不断增加，商法典的内容不断被析分和稀释，地位和作用也随之下降，严格说来已实质性地总则化或通则化。日本是在大陆法系国家中坚守商事立法由商法典包揽最为执着的国家之一，但由于也深切地感受到商法典的僵化、滞后与营业快速变化之间的矛盾，不得不在商法典之外改弦更张，另立商事特别法；2005 年 6 月，日本彻底改变了 1938 年、1950 年、2001 年前三次在商法典框架下的修法惯例，直接把公司法从商法典第二编“公司”编中从剥离出来，单独制定《日本公司法典》，[104] 无异于宣告所有商事法规整体编入商法典时代的终结。

四、大私法视野下的新型民商关系与商事立法定位

进入近代以来，人类社会更多的是从公共与私域的视野，来考量立法设计和制度安排；同样，作为私法基本法之一的商法，商事立法所遇到的首要问题，就是如何在大私法的领域，通过构建新型民商关系，解决自己的功能定位和范式选择问题。

（一）私法中的民商“共域一体”才是符合事实逻辑的真实状况

民法与商法的关系虽属私法一般法与特别法的关系，特别法“以民法的存在为前提”，但要想在民法和商法之间“划出一条清晰的界限是不可能的”。[105] 一方面，如前文所述，在传统二元理论与立法构架中，商法所调整的营业关系和民法所调整的非营业关系，其实均处于大私法领域，二者之间本就存有模糊地带；另一方面，近

---

[104] 王保树主编：《最新日本公司法》，于敏、杨东译，法律出版社 2006 年版，第 1 ~ 13 页；《日本公司法典》，崔延花译，中国政法大学出版社 2006 年版，第 1 ~ 23 页。

[105] ［德］迪特尔·梅迪库斯：《德国民法总论》，邵建东译，法律出版社 2001 年版，第 16 ~ 18 页。

代以来在民法作私法一般化、国家基本法与商法作为私法特别化、营业基本法之地位发生显著变化的大背景下，民法与商法之间的调整范围与法域边界，更难以准确析分。特别在当代，民商之间虽各有调整的侧重，如民法作为私法一般法，主要负责私法关系的一般性、普通性、常态性、伦理性调整，其理念、价值、原则、规则和规范对整个私法领域具有统辖性、协调性、普适性意义与效力；商法则主导调整私法领域中的营业关系，其领域具有具体性、特别性、专业性、技术性等特征，其理念、价值、原则、规则和规范对营业领域具有专属性、针对性、特定性意义与效力。尽管如此，民法也好，商法也罢，它们的调整对象与法域范围皆属私法领域，均属民间关系、私人关系、平权关系的范畴，彼此是一种一般与具体、普通与特殊、常识与专业、伦理与技术之间的联动一体关系。质言之，民商之间既非分立关系，也非合一关系，而是共处于大私法领域，且为彼此互联依存的"共域一体"关系。

（二）私法领域中的普通营业关系早已形成"民商共治"的实然格局

1. 普通营业关系"民商共治"的应然分析

从应然法的层面来看，尽管从一般意义上讲，在大私法领域的法部门定位和法域分工上，民法作为私法一般性，主调一般性、普通性、常态性、伦理性私法关系，商法专调具体性、特别性、专业性、技术性营业关系，两者之间有明确的定位和适度的分工；但是，自近代以来，营业作为商人的特权或国家专利，已被财产自由、契约自由、营业自由等新的平民、平等、平权营业观念与立法所取代，营业已为所有民事主体固有的自由和应然的权利，人人得可处分财产进入营业领域，以投资者、经营者、交易者的角色、地位出现，以实现对财富最大化的追求或欲念。营业的禁锢和特权被打破后，一般民事主体参与如商品买卖、小规模经营、财产租赁、资金借贷、债权类投资、各种商品性服务等经常性、普通性营业活动，无论从机会或概率，还是从财力或能力，并不是十分困难的事情，更无不可逾越的法律或制度鸿沟。这些基础性、普通性、日常性的营业活动或经营行为，均属传统商业类营业行为，在法律形式上和绝大多数情形下又以合同与交易等形式为表征，具有常态、稳定、持续、不变等基本特征，与民法中的合同之债具有高度的一致性和契合性，通过近代民法中合同之债，对其进行调整，不仅必要，更为可行。在此情形下，客观上大众普遍营业的需要和民法主观理念的转型两者形成契合，基础、普通、日常营业关系进入民法调整视野，纳入近代民法典的债法，以有名或特别合同的形式，被民法典所固化，也就成为顺理成章的事情。如前文所述，这类原属普通商法通过交易习惯、商业惯例或商事合同进行专属调整的基础、普通、日常营业关系，也上升为民法这一私法一般法，作一般性的调整。基础、普通、日常营业关系实质上已由"商法专治"转型为"民商共治"。

2. 普通营业关系“民商共治”的实然考察

从实然法的层面上看，前述民商“共域一体”关系，决定民商调整领域之间必有交叉或重叠部分，而这部分交叉或重叠的领域，即为基础、普通、日常营业关系；不仅如此，民法的一般性与商法的特别性，决定涉及民事主体、民事行为、民事关系的民法规范，具有对商事主体、商事行为、商事关系的一般性指引、统辖、约束功能。因此，“民法是私法的核心部分”，民法中所规定的一般规则和法律制度，构成私法其他部分或领域的基础，“私法中其他领域的规定都是以这些一般的规则和制度为基础而建立起来的”；最具典型的为民法中合同之债的一般规则和制度，就构成商事合同的基础。[106] 例如，法国这样严格的民商分立国家，其民法典中关于民事公司的规定，仍然与商事公司存在诸多的交集；[107] 又如，《法国民法典》第三编“取得财产的各种方法”第六章至第十四章的规定，多数就属于典型的商事合同，或该有名契约规则可适用于商事合同。在德国，《德国商法施行法》第 2 条虽规定“在商事活动中，《德国民法典》仅在《德国商法典》未作其他规定时方可适用”，但在实际处理商事实务纠纷时，商法规范“很少自己单独适用，而往往是和民法规范的所有原则相结合的”。[108] 再如，“《德国商法典》中的许多规定，只有根据《德国民法典》所确立的一般性原则才能理解，而《德国商法典》的作用就是对这些一般性的原则加以变更、补充或排除”；正因如此，“《德国商法典》中关于买卖契约的规定非常简单：买卖双方当事人之间的权利和义务，原则上由《德国民法典》调整（第 433 条及以下各条）”。[109] 其他大陆法系，无论是奉行民商分立，还是选择民商合一，均是如此；至于英美法系，原本就无民商区分，只有泛义之私法之治，本质上也是一样的。

可以这样说，基础、普通、日常营业关系“民商共治”不仅是基于营业自由的需要，更是营业变迁与普通商法形式适应的需要，是不同国家或地区商事立法形式的共同选择，是一种既有局面，更是一种实然状态。因此，时至今日，如再主张在买卖法、合同法的法典化或再法典化过程中，对消费者买卖与商事买卖作区别对待或分离立法，[110] 实已不合时宜。

[106] ［德］卡尔·拉伦茨：《德国民法通论》（上册），王晓晔等译，法律出版社 2003 年版，第 9～10 页。

[107] ［法］伊夫·居荣：《法国商法》（第 1 卷），罗结珍、赵海峰译，法律出版社 2004 年版，第 240～241 页。

[108] ［德］C. W. 卡纳里斯：《德国商法》，杨继译，法律出版社 2006 年版，第 6 页。

[109] ［德］罗伯特·霍恩、海因·科茨、汉斯·G. 莱塞所：《德国民商法导论》，楚建译，中国大百科全书出版社 1996 年版，第 239 页。

[110] 韩世远：《买卖法的再法典化：区别对待消费者买卖与商事买卖》，载《交大法学》2017 年第 1 期。

(三)商法作为私法领域中调整营业关系的基本法地位仍没改变

调整基础、普通、日常性营业关系的普通商法进入民法或民法典,是否就影响了商法私法领域的独立性地位和国家部门法体系中的基本法定位呢?回答当然是否定的。关于这一点,前文已有论及。商法在私法领域的独立性地位和国家法律体系的基本法定位,不是由其本身所决定的,而是由其调整营业关系的特殊性与重要性所决定的。营业的专业、职业、技术等专有特质,决定了商法作为调整营业关系之法的独立性、基础性地位非但没有改变或消失,并且不断显著或重要。这种显著或重要,又集中表现在近代以来,营业已完全超出人们想象或预见的形式、速度,一再突破传统的商业领域和既有模式,从各种企业的产生、机器工业的出现、大工厂的建立、经营形式的创新,到资本营运、金融交易、货币流通的变幻莫测;从技术转让、知识贸易、跨国投资、新型服务的推陈出新,再到信息服务、电子商务、网络交易、智能营业的方兴未艾,一个个人类未知未觉的领域被营业和商人所突破。而这些,恰恰又是具私法一般法的民法和具国家政策法的经济法,难以胜任的,而具专业性、职业性、技术性特质和品格的商法,则正切合其主业和专长。不难看出,在专业、职业、技术性等特别营业领域,商法的基础性、主导性调整功能,既难以为民法典所胜任,更不能被其他任何部门法所取代,其在私法领域中的独立性地位和国家法律体系中的基本法定位,不但未被弱化,反而在一定意义上被强化。

总之,基于对传统商事立法模式认识中思维定式之检视,在对不同民商立法例形成的历史契机与事实逻辑、私法近代化背景下民商地位与关系重大变化、大私法视野下的新型民商关系与商事立法定位作全面考察的基础上,再来讨论商事立法的模式选择,就有足够实证依据了。

第二节 我国商事立法模式之选择

一、商事立法中的“势”与“术”

(一)问题的缘起与争议的症结

商事立法是一国大事,属国之重器。历史上,诸如《法国商法典》、《德国商法典》、《日本商法典》,1907 年的《瑞士民法典》,1949 年之前的《中华民国民法》,由于其独特的构思、新颖的体例、原创的制度和系统的逻辑,而成就其划时代意义,使之成为近世以来的标志性法典和商事立法的典型范例。《法国商法典》所确定的商行为中心主义立法原则与适用规则,引领 19 世纪欧陆甚至世界商事立法之风尚;

《德国商法典》奉行新商人中心主义的立法原则与内容结构，开19世纪末20世纪初商事立法之先河；《日本商法典》将近代西方先进的商法文化、制度和精湛的商法典编撰技术引入东方，并结合东方文化的传统和国情，兼采新商人中心主义和商行为中心主义之折中原则，影响整个东亚；1907年的《瑞士民法典》首采民商合一立法范式，商法相关规范被编入民法典，直接影响土耳其、意大利、泰国、荷兰、巴西、阿根廷等国家或地区；[111]1929年的《中华民国民法》则首创了民法典与商事特别法相结合的模式，代表了20世纪商事立法与民法典编撰相结合的新潮流。这些均使其在历史上具有示范意义，从而产生深远的影响力，被视为商事立法的经典范例。

近代以来，我国商事立法历经清末变法修律的由引入到初创、民国时期的由探索到定型、1949年以来我国商事立法由中断到复兴等不同历史时期。就民事立法方面，从1911年《大清民律草案》的公布到1931年《中华民国民法》编纂完成，民法典始生根于吾国，该法虽现在我国台湾地区继续施行，但因1949年2月被中共中央"二月指示"所废，我国在相当长的时间里，生活在没有民法典和商法的时代；之后，虽经1954～1958年、1962～1964年、1979～1982年、1998～2002年等四次由立法机关主导的民法典起草工作，[112]但均因各种复杂的政治、经济原因无果而终。2015年4月第十二届全国人大常委会正式"启动民法典编纂工作"。[113]以中国法学会民法典编纂项目领导小组秘书处、中国民法学研究会秘书处于2015年4月公布的《中华人民共和国民法典·民法总则专家建议稿（征求意见稿）》[114]（以下简称《民法典·总则（意见稿）》）为标志，民法典的制定开始进入国家立法主导和学界集体互动的新阶段。

在《民法典·总则（意见稿）》出台后，学者特别是民商法学界对有关《民法典》与商事立法的定位，产生比较大的分歧。绝大多数商法学者认为应在《民法典》之外，通过《商法通则》的分立式立法，从更大包容性和开放性的角度，拓宽有关商事立法的规范。

面对法学界如此巨大的分歧和激烈的争论，那么，不禁要问，民法典到底应如何对待商事立法？民法典如作出规定，能否包揽一切商事立法？易言之，就是《民

[111] 殷生根、王燕：《瑞士民法典》，中国政法律大学出版社1999年版，"前言"第1～2页。

[112] 赵晓耕主编：《新中国民法典起草历程回顾》，法律出版社2011年版，第36～155页。

[113] 第十二届全国人大常委会：《全国人大常委会2015年立法工作计划》，载《全国人民代表大会常务委员会公报》2015年第3期。

[114] 中国法学会、中国民法学研究会：《对〈中华人民共和国民法典·民法总则专家建议稿（征求意见稿）〉公开征求意见的通知》，载中国民商法律网 http://www.civillaw.com.cn/zt/t/?29169，访问日期：2015年7月23日。

法典》特别是《民法典·总则(意见稿)》对商事立法定位的模式选择问题。2017年《民法总则》的通过,2020年《民法典》的出台,虽然学术争议与立法分歧的尘埃已经落定,再讨论此类问题似乎已无必要,但是,如果恰当地评价新近通过的《民法典》之得失成败,考虑到后《民法典》时代商事立法的基本走势和重点布局,这一讨论并非毫无意义。

笔者认为,商事立法之模式选择及其在《民法典》中的立法定位,必须把握、处理好"势"和"术"这两个基本问题及其相互关系,其中"势"就是商事立法晚近发展的基本趋势、各国有关商事立法的共同点和趋同点、商事立法与民法典关系的普遍性处理方式;"术"则为商事立法及民法典把有关商法概念、分类、规则纳入相关编章的具体立法技术和立法体例。其中"势"的问题带有基础性、根本性,具有决定性意义;"术"的问题则带有次要性、派生性,要适应"势"并受"势"的影响、支配。也就是说,我国在商事立法模式及其在《民法典》中立法定位有关方案的选择上,对商事立法晚近发展的基本趋势、各国有关商事立法的共同点和趋同点、商事立法与民法典关系的普遍性处理方式这一代表世界潮流、发展走向之基本趋势即"势"的问题,既不可漠视,更不可违背,而有关商事立法在《民法典》之中、之外适当定位的具体立法技术即"术"的问题,则可在基于"势"的基础上展开讨论,并可有多种选择方案。

(二)域外不同商事立法模式的趋同大势

当今商事立法模式可划分两大类型,一为大陆法系立法模式(民商分立、民商合一或混合模式等);二为英美法系立法模式(判例法与制定法)。尽管不同法系、国家或地区商事立法模式呈现出宏观立法思路与具体技术路径等方面的差异,但也因时代的演变和经济的发展,而具有某些共同的发展趋势和相互借鉴的法律形式。如前文所论,这些共同点和趋同点就是商事立法中的"趋势"或"大势",集中表现在如下几个方面:(1)商事立法形式并非一成不变,而是随着历史演变和社会发展在不断调整。(2)无论选择哪一种立法体例和技术路径,均不可通过某一部法典而毕其功于一役。(3)传统的大法典模式存在致命的缺陷,不能适应商事立法发展的需要。(4)19世纪中叶以来,随着营业的复杂和交易的频繁,商事单行法模式几乎成为两大法系、不同国家或地区的共同选择。(5)营业的全民化和民事活动的泛商化,使民事主体与商事主体、民事行为与商事行为之间的界限十分模糊,进而使民商分立与民商合一的立法体例逐渐趋同。[115]

---

[115] 肖海军:《民法典编纂中商事主体立法定位的路径选择》,载《中国法学》2016年第4期;肖海军:《商事主体入典的法例考察与模式选择》,载《北方法学》2016年第4期。

因此,超越既有的民商分立或民商合一的局限,在私法广领域和营业大视野,来审视新型民商"共域一体"关系,把民法定位为私法一般法、商法界定为私法特别法,是选择适当商事立法模式的基本前提。

(三)商事立法中的具体"技术"与"方案"

商事立法中的"术",即在商事立法中,如何处理好商法规范中的普通商法、特别商法、公共商法的立法方案与体例选择问题。这就是笔者已在前文提到的,普通商法应由民法与商法实行"共治"的立法方案和适当体例;特别商法应由商法通过适当的立法方案或法源形式,实行有对应、精准、细致的专治;公共商法则应基于商法基础性调整的前提下,有效协调公私法各种方式与手段,实行公私合治。

二、既有不同商事立法方案的可行性分析

关于商事立法模式的选择,我国学者尚存在比较大的分歧,特别是1986年我国《民法通则》颁布以来,围绕商法与民法、商法与民法典之间的关系,我国学者的观点、主张和方案可谓大相径庭,莫衷一是;比较有代表性的主张如绝对民商合一、相对民商合一、相对民商分立模式、绝对民商分立模式等不同方案。即使在2017年《民法总则》和2020年《民法典》通过之后,各种主张之争论和分歧,仍没有停息。因此,讨论商事立法应然路径和最可行方案的选择,就避免不了对商事立法不同方案与主张作必要的评析。

(一)绝对民商合一方案及可行性分析

1. 绝对民商合一方案的核心观点

绝对民商合一商事立法方案,即主张商法规范全部编入民法典。持该观点的学者,大多主张商事规范在《民法典》中独立成编,或者全部融入《民法典》中的具体条文。如余能斌教授提出在《民商法律大纲》中,设立商事特则编以汇集商事规范;[116] 如赵万一教授等学者主张编纂一部《民商法典》,设置相对独立的商法编,以解决商事立法问题。[117] 特别如徐国栋教授主持编写的《绿色民法典草案》,可以说集中代表了绝对民商合一方案的成型法例,该《绿色民法典草案》几乎把有关商事主体或商事行为,全部融入民法典中的具体编、章、节、条,如有关商事主体,就编入到第一编第二分编"法人法"编第二题"合伙"、第三题"公司"、第四题"合作社"中

---

〔116〕 余能斌、余立力:《制定"民商法律总纲"完善民商法律体系》,载《武汉大学学报》2002年第6期。

〔117〕 赵万一:《论民法的商法化与商法的民法化——兼谈我国民法典编纂的基本理念和思路》,载《法学论坛》2005年第4期;王明锁:《中国民商法典编纂的重大疑难问题》,载《晋阳学刊》2016年第3期;王明锁:《民商合一模式的演进及民法典编纂中的创新性选择》,载《北方法学》2018年第2期。

的有关规定;有关商事行为,则纳入第二编财产关系法中的第八分编债法分则,其中第二题所列65种典型合同,几乎囊括了多数类型的商事合同,堪称最完整的民商合一立法方案。[118]

2. 绝对民商合一方案的可行性分析

在立法理论上,商事立法完全融入《民法典》的绝对民商合一方案,虽然考虑到民法典适应当今社会营业行为普遍化和民事活动泛商化的特质,但显然对营业领域和商事立法的特殊性、复杂性和专业性估计不足,因此,所提出的方案不具有可行性。这是因为,自然人商主体中的个体工商户,法人型商事组织(企业)中的公司型企业法人与非公司型企业法人,非法人型商事组织(企业)中的合伙企业、个人独资企业和其他企业形式等商事主体,还有更为活泼、多样、复杂、专业的商事行为或交易形式,因其涉及十分复杂的法律关系、组织形式、权利配置、内部治理、利润分配、债务责任等,如全由《民法典》来包揽,则存在如下明显的弊端:(1)内容的庞杂必然影响《民法典》作为一般法、母法、上位法的应有功能。(2)更加细致的分类和更为专业的立法技术要求,必然会增加《民法典》的立法和编纂难度。(3)与民事主体、民事行为高度稳定性相比,商事主体、商事行为及其表现形态则具有与时俱进、活泼易变的特点,况且还有不少主体形式或行为模式可不由法定,而通过当事人合意设定。商事主体或商事行为具体表现形态的多样性、复杂性和易变性,使立法的后续修改变得必要和频繁,而这又反过来严重影响《民法典》的稳定性。(4)把商事立法的具体形式和特殊内容罗织、拼凑在《民法典》里,必然破坏《民法典》立法应有的逻辑性和体系性,进而徒增《民法典》的适用难度。

在立法实践上,绝对民商合一立法方案,由于混淆了民法与商法之间的不同调整功能,把具有特别法意义的商法编入民法典,不仅严重破坏了民法典本身概念、内容、逻辑的自洽性和体系、体例、结构的系统性,而且也打乱了商法应有的独立性、体系性和完整性,最终也使民法典很难适应商事立法本身的不断变化和快速发展需要,最为直接的结果是带来法律修改技术上的巨大困难和高度的不适应症。因此,世界上只有如瑞士、意大利、泰国、荷兰、巴西、阿根廷等极少数国家才选择这一立法模式。

在立法效果上,商事规范完全融入民法典虽然从形式上追求了私法规则的外观统一和法典意义的完整,但实际上,编入民法典的商法规则部分,在民法典中仍然保持高度的独立性。如《瑞士债法典》长期在《瑞士民法典》之外独立颁行,俨然

---

[118] 徐国栋主编:《绿色民法典草案》,社会科学文献出版社2004年版,第5页、第113~176页、第505~704页。

为独立法典;《意大利民法典》的“劳动编”、《巴西民法典》的“企业法编”实则为独立的小商法典,为民法典内的独立商法典王国;至于《泰国民商法典》则为事实上的民商法规则大杂烩,无甚逻辑性和体系性可言。因此,绝对民商合一立法模式的示范意义十分有限。晚近以来,选择这一立法模式的个别国家或地区也在逐步开始制定商事特别单行法作为应对,如泰国 1972 年以来先后制定的《外商经营企业法》《工业区法》《中小型企业促进法》《商业登记法》等。[119]

可见,商事规范完全融入《民法典》的绝对民商合一立法方案,属于明显的贪大求全,其结果只能把有关商法规范的具体形式和特殊内容生硬地拼凑到《民法典》之中,不仅破坏了《民法典》体例的完整性、内容的一致性、逻辑的系统性、标准的统一性和形式的稳定性,更重要的是严重约束了商法规范本应具有的开放、张力和灵性,到头来是把具有特殊形式、丰富内容和活泼特质的商法规范,弄得规规整整、死气沉沉,最终使《民法典》涉及商事、商法的编章变成不伦不类的大拼盘。这无论对形式意义的商法,还是对实质意义的商法,均有百害而无一利。对此,有学者甚至批评说“在现代社会,采取完全式的民商合一模式的弊病几乎是不需要论证的”;“如果说将各种商事法律纳入一部统一的法典的做法是不可取的话,那么,将民事、商事法律全部纳入一部民法典中去,就是一种愚不可及的狂妄做法”。[120] 因此,绝对民商合一立法方案,除较早有学者提及外,近年来鲜有学者再有主张如此极端而不可行的方案。

(二)相对民商合一方案及可行性分析

1. 相对民商合一方案的核心观点

相对民商合一立法方案的理论前提是把商法定位为民法的特别法,主张采用《民法典》与商事特别法相结合的方式,以解决商事立法问题,即《民法典》通过一般性规范为商法提供普遍性指引,再通过商事特别法对商法具体问题作为特别规定。绝大多数民法学者是持此一观点。《民法典》通过之前已公开的几种代表性民法典学者或专家建议稿,大多选择此一模式,如梁慧星先生主持编纂的《中国民法典草案建议稿》、[121] 王利明教授主持完成的 2005 年版《中国民法典学者建议稿及立法理

---

〔119〕 米良、周麒主编:《东盟国家公司法律制度研究》,中国社会科学出版社 2008 年版,第 325 页。

〔120〕 施天涛:《商法学》,法律出版社 2006 年版,第 46 页。

〔121〕 梁慧星主编:《中国民法典草案建议稿》,法律出版社 2013 年版,第 5 ~ 21 页、第 25 ~ 39 页、第 177 ~ 355 页。

由》、[122] 杨立新教授主持完成的《中华人民共和国民法 · 总则编》建议稿、[123] 于海涌教授编著的《中国民法典草案立法建议》、[124] 李永军教授主持的《中国民法典总则编草案建议稿及理由》、[125] 中国法学会版《民法典 · 总则专家建议稿》,等等。

2. 相对民商合一方案的可行性分析

商事立法由民法典与商事特别法结合进行规定,是 20 世纪 30 年代以来由我国当时的国民政府所创制的立法模式。此一模式既维持了民法典的逻辑性和体系性,又照顾了商法和商事立法的特殊性,具有很强的实践适用性和现实生命力,代表了 20 世纪以来商事立法和民法典定位商事立法态度一种新的发展趋势。但是,此一立法例下存在如下明显缺陷:(1)民商关系定位的不当。把商法定位为民法的特别法,既拉低了民法作为私法一般法的基础地位和重要意义,也限制了商法的法域空间和调整功能。(2)对商法规范特殊性与独立性的认识不足。进入近代以来,商法规范已实质地分为普通商法、特别商法、公共商法三大部分,民法典能对商法规范有所作为的,仅及于普通商法部分,对特别商法、公共商法,限于调整对象和规范特质,民法和民法典就难以发挥调整功能和规范效应。由于对商法规范缺乏足够了解,因此,对究竟要合哪一部分商法规范,民法学理和立法操作,难以给出准确的答案和清晰边界,因此,最后的结果就是要么因合的对象模糊而根本没有实现合的立法目标,要么则因对合的目标追求大而全,而把本属特别商法、公共商法的内容,不妥当地合进民法典内。(3)立法技术处理上难以把握。民法典在追求法典纯粹性的同时,没有充分顾及民事行为与商事行为、民事主体与商事主体事实上的关联性和混同性,无法适应后来日益明显的营业行为普遍化和民事行为商事化这一基本发展态势。这表明,民法典完全漠视商法的存在,是很不现实的,也是根本做不到的。

在立法实践上,以我国民国时期制定现在仍在中国台湾地区施行的“民法”为例,其内容和框架,与一般民法典无实质性差别,几乎看不到商法的内容。因此,民法典中合的成分几乎没有;相反商法绝大多数是以单行法的形式存在,它并没显示

---

〔122〕 王利明主编:《中国民法典学者建议稿及立法理由 · 总则编》,法律出版社 2005 年版,第 26 ~ 240 页;王利明主编:《中国民法典学者建议稿及立法理由 · 债法总则编 · 合同编》,法律出版社 2005 年版,第 11 页以下。

〔123〕 杨立新等:《〈中华人民共和国民法 · 总则编〉建议稿》,载《河南财经政法大学学报》2015 年第 2 期。

〔124〕 于海涌编著:《中国民法典草案立法建议》,法律出版社 2016 年版,第 36 ~ 48 页、第 56 ~ 60 页、第 213 ~ 294 页、第 313 ~ 335 页。

〔125〕 李永军主编:《中国民法典总则编草案建议稿及理由》,中国政法大学出版社 2016 年版,第 59 ~ 332 页。

与民法的特别关系。这说明,相对民商合一,在立法上也是根本难以操作和做到的。正如比较法学家勒内·达维德所言,“某些国家提倡或实现了民法与商法的统一,在我们看来,其重要性同样是有限的”;因为“在所有经济发达的国家,民法商事化已经到了这样的程度,几乎不再有什么规定对商事债与民事债区别对待”;因此,“民法与商法在立法上的统一几乎只有形式上的意义”。[126]

足见,相对民商合一的商事立法方案尽管在理论上比较妥当或理想,只是由于对民商关系的定位不当、对商法特殊性与独立性的估计不足、立法技术上的处理不明,使其在立法实践中只有事实上的民商分立结果,而难以实现真正的民商合一效应。

(三)相对民商分立方案及可行性分析

1. 相对民商分立方案的核心观点

持相对民商分立方案论者主张商法具有与民法独立的地位和品格,因此,在立法上应维持与民事立法的相对独立性,具体立法路径即在《民法典》之外另立《商法通则》或《商事通则》,作为次于《民法典》、高于商事特别法的商法一般性规范,通过《商法通则》或《商事通则》实现对商法的一般性调整,具体、特别的商事关系则由商事单行或特别法予以调整。这是目前绝大多数商法学者的代表性看法,[127]也是多个版本《商法通则》或《商事通则》建议稿的基本观点或主流意见。[128]

2. 相对民商分立方案的可行性分析

相对民商分立的商事立法方案,虽然从表面来看,强调了商事立法的个性,突出了商法的重要性和独立性,但综观历史上奉行民商分立的国家或地区,还是我国前述不同学者版本的《商事通则》或《商法典》体例、内容,其有关“商人”或“商事主体”、“商事行为”、“商事代理”、“商事登记”章节所涉及的问题,无非就是重复《民法典》中关于民事主体、民事行为、民事代理的一般性规定,只有商事登记才具有一

---

[126] [法]勒内·达维德:《当代主要法律体系》,漆竹生译,上海译文出版社 1984 年版,第 84~85 页。

[127] 王保树:《商事通则:超越民商合一与民商分立》,载《法学研究》2005 年第 1 期;任尔昕:《我国商事立法模式之选择——兼论〈商事通则〉的制定》,载《现代法学》2004 年第 1 期;杨继:《商法通则统一立法的必要性和可行性》,载《法学》2006 年第 4 期;赵旭东:《〈商法通则〉立法的法理基础与现实根据》,载《吉林大学社会科学学报》2008 年第 2 期;曾大鹏:《商法通则:扬弃民商分立与民商合一》,载《法学杂志》2008 年第 6 期;李建伟:《制定商法通则的缘起及其立法价值的再认识》,载《社会科学战线》2015 年第 12 期;范健:《民法典编纂背景下商事立法体系与商法通则立法研究》,载《中国法律评论》2017 年第 1 期。

[128] 樊涛:《商法通则:中国商事立法的应然选择》,载《河南大学学报》2008 年第 3 期;苗延波:《商法通则立法研究》,知识产权出版社 2008 年版,第 249~260 页;《商事通则》调研组:《〈中华人民共和国商事通则〉建议稿》,载王保树主编:《商事法论集》第 20 卷,法律出版社 2012 年版,第 1~11 页。

定的特殊性。世界上现保留有商法典的主要国家或地区，商法典“总则化”或“通则化”的历史演变和现实图景，其既有记载内容已充分证明，商事立法如选择在《民法典》之外的《商事通则》中分立，除了重复《民法典》有关民事主体、民事行为、民事代理的一般性、原则性、通用性规定外，其对商事主体、商事行为、商事代理的具体形式和特殊内容似无更多的贡献和作为。显然，此种立法方案，忽视了商法规范中之基础商法、普通商法部分与民事主体、民事债权中相应部分应有的同质与共性，过分强调营业领域中基础、普通营业行为的特殊性、复杂性和专业性，特别是其概念、理论、价值、范畴还在重复19世纪以前的传统逻辑，在具现代特质的大私法构架下，则自然丧失必要性。因此，以《商事通则》为载体的相对民商分立方案，“并不是对民商合一与民商分立的超越，而是实质上的民商分立，其体系与内容与大陆法系国家的商法典并无二致”。[129]

（四）绝对民商分立方案及可行性分析

1. 绝对民商分立方案的核心观点

绝对民商分立方案主张在《民法典》之外另行编纂商法典，使商法规范完全独立于民法或民法典。如有学者从理性主义、现代性、实用主义的比较视角，认为编纂“中国商法典”的必要性；[130]有学者主张编纂具中国特色的商法典，作为调整市场交易关系的基本法；[131]有学者认为编纂“中国商法典”是维护国内经济秩序与社会秩序稳定并有序发展、保持我国国际竞争力和提升国际地位的创新工程需要，其路径是制定总括商法原则及一般规则的《商事通则》，完成《商事法律汇编》，在条件成熟时编纂一部与《民法典》相呼应的“中国商法典”；[132]甚至有学者乐观地认为，在《民法典》之后，一部完善而成熟的现代“中国商法典”也必然呼之欲出。[133] 当然，也有学者的主张游离于“商法通则”与“商法典”之间。[134] 总之，绝对民商分立方案，实质就是仿行19世纪法、德、日的做法，在民法典之外，另立商法典，使商法规范完全独立于民法，以建立一个由商法典调整或规范下的商人世界与商法社会。

2. 绝对民商分立方案的可行性分析

绝对民商分立方案与绝对民商合一方案具有异曲同工之妙，均属贪大求全的

---

〔129〕 赵磊：《反思“商事通则”立法——从商法形式理性出发》，载《法律科学》2013年第4期。

〔130〕 江李会：《中国商法典编纂的必要性分析》，载《中国经贸》2007年第6期。

〔131〕 徐学鹿、梁鹏：《商法总论》，中国人民大学出版社2009年版，第291～295页。

〔132〕 范健：《编纂〈中国商法典〉前瞻性思考》，载《广东社会科学》2018年第3期。

〔133〕 苗延波：《关于我国制定商法典的再思考》，载《大庆师范学院学报》2020年第1期。

〔134〕 蒋大兴：《〈商法通则〉/〈商法典〉的可能空间?》，载《比较法研究》2018年第5期；蒋大兴：《〈商法通则〉/〈商法典〉总则的可能体系》，载《学术论坛》2019年第1期。

立法主张。一方面,该方案过分强调商法本身的特殊性、独立性以及商法与民法之间的差异和不同,完全忽视甚至漠视近代以来民商事实上在私法领域已形成一种“共域一体”的新型关系,更没有看到调整基础、普通、日常营业关系的普通商法部分,已出现了“民商共治”的新格局,无视民事主体与商事主体、民事行为与商事行为、民法与商法、民法规范与商法规范之间的关联性。另一方面,此方案试图以具宏大叙事、稳定结构的大法典,来囊括所有调整营业关系之商法规范,不仅忽视了不同营业领域或营业形式之间的巨大差异,在理论上难以通过如商法典的体系性和逻辑性维持不同商法子部门之间的统一与协调,而且在立法实践也根本难以做到把所有商法规范全部罗织、汇编入典。因此,以编纂“中国商法典”为具体法源载体或立法目标的绝对民商分立方案,要么因其没有体系性和逻辑性维系,而变型成为不伦不类的商法规范汇编,要么则因为编纂考虑不周、不全,使商法典内容残缺不全,进而丧失法典的基本功能和象征意义。因此,绝对民商分立方案无异于孤芳自赏,只能是一种想象的理性,在立法实践中根本不具操纵性或可行性。

从立法实践来看,前文的分析已表明,在原本有商法典的国家或地区,因营业需要所使然,商事主体及相关营业行为本身从形式到内容的不断变化和快速发展,使具有稳定和固化功能的商法典难以适应,商法典内容、形式的稳定性、滞后性、封闭性与商事立法本身的易变性、活泼性、开放性形成矛盾,而解决这一矛盾最为有效的方式,则是选择去法典化或解法典化。这一具世界大势的立法走向与共性,无疑在表征大法典的立法模式除了政治上的宣示意义外,其法律意义、社会意义是十分有限的,甚至是消极的,是一种早已过时、应予摒弃的立法模式。

可见,绝对民商分立方案不仅是一种理论上不科学和不可行的立法路径,在立法实践上更是一种逆潮流的主张,就连有商法典国度的德国学者也认为,在新世纪、新营业、新业态背景下,“商法典的重要性已经大为降低”,“商法规定逐渐融合于民法之中,将是大势所趋”。〔135〕 有学者认为,应反对商事立法中的形式主义,冷静对待各种“商事通则”或“商法典”立法方案,从完善商法各单行法律、法规入手,方为正道。〔136〕 更有学者不客气地批评“将各种商事法律人为地编纂在一起,是一种理性的愚昧”。〔137〕

综上,尽管前述四种有代表性的商事立法方案,均有其固有缺陷或不足,比较而言,只有相对民商合一或相对民商分立这两种方案,具有一定的现实可行性和立

〔135〕 ［德］彼得·A. 温德尔:《我们需要商法典吗?》,黄松茂译,载《财经法学》2017 年第 6 期。

〔136〕 赵磊:《反思“商事通则”立法——从商法形式理性出发》,载《法律科学》2013 年第 4 期。

〔137〕 施天涛:《商法学》,法律出版社 2020 年版,第 33 页。

法操纵性。

三、我国商事立法的应然路径

(一)我国商事立法应超越既有民商分立或民商合一的零和思维

基于前述分析,笔者认为,要解决好商事立法本身的定位问题,处理好与民法、民法典之间的关系,就应从大私法领域和大营业视野背景下的民商"共域一体"关系这一大前提出发,充分借鉴、吸纳不同法系、国家或地区商事立法的优点,立足商事立法的最新发展趋势,特别应认识到不同法系、国家或地区既有商事立法模式的共同点与趋同点,即商事立法与民法、民法典立法范式中的"势"。正是近代以来这种不同法系、国家或地区在商事立法中所共同呈现的"大势"或"趋势",才恰恰是代表商事立法中最有生命力、最显时代性、最具开放性的立法方案和技术路径,也正是我国处理并解决好商事立法与民法、民法典之间的关系时所要选择的适时、合理、稳妥、开放、可行的立法方案。该路径的基本要点为如下几个方面:

1. 打破传统民商分立或民商合一的立法思维与理论禁锢。从立法实践上考察,所谓民商合一和民商分立的立法例并非学者所述的系人为创造或选择的结果,而是历史演进的产物;从现实需要而论,这种争论在当今已完全不合时宜。

(1)民商合一和民商分立并非人为选择的立法例。历史上之所以出现民商分立这一立法例,在于民法典制定之前,这些国家或地区的商法典就已经存在,在民法典制定之后,其先前存在的商法典仍然保留,或者通过汇编使其以新的形式存在。正如谢怀栻先生所言,商法典之所以存在,是因为在出现之先就存在,是历史的产物,而非人为的立法模式的选择,更不是一个理论问题。[138] 近代早期的法国、德国、受法国和德国影响的大部分欧陆国家、受欧陆国家影响的其他国家或地区,均是如此,只有日本等少数法典后起国家才有意识地选择民商分立或民商合一。

(2)民商分立的立法模式是特定历史的产物。从历史上来看,商法典的全盛时期为17世纪中叶以来《法国陆上商事条例》《法国海上商事条例》至1899年的《日本商法典》,[139] 这一时期之所以在民法典之外还保留或制定商法典,是因为17世纪中叶至19世纪末,投资、经营、交易还比较简单,以商品买卖、货物贸易、仓储运输及中介服务等传统商业范畴为主要内容的买卖商法、交易商法、贸易商法、运输商法尚占有主导地位;企业商法、经营商法、资本商法、金融商法尽管已大量出现,尚没有得到立法者的足够重视,因此,一部商法典可以把当时主要的商事主体或商事行为

---

〔138〕 谢怀栻:《外国民商法精要》,程啸增订,法律出版社2014年版,第50~54页。

〔139〕 何勤华、魏琼主编:《西方商法史》,北京大学出版社2007年版,第278~355页。

囊括进去，在立法上具有可行性。可以这样说，商法典只是适用20世纪以前简单、专业的商业（贸易）、制造业时期的法律对应物。但进入20世纪，特别是企业、资本、金融、知识、电商、网商、智商这一新型商事主体或新式营业形态的大量存在和迅速发展，投资、经营、交易的种类、形式、专业化和复杂化程度均发生空前变化，原有的商法典模式也就不再具有适应性，反而成为限制营业发展、不利于法律及时修改、增加法律适用困境的桎梏。实际上这种情况在19世纪中叶就已经开始，首先是新型公司法等商事主体法独立出商法典，其次是其他商事单行法也相继从商法典中剥离出去，到现今，绝大多数原有商法典的国家或地区，其商法典实质已普遍地总则化或通则化。

（3）在当今的社会环境再讨论民商合一或民商分立已毫无意义。近代营业自由原则的确立已使民事主体与商事主体的二元结构丧失权利、法律与现实依据，而在现代市场经济社会里，营业行为的全民化和民事行为的泛商化，使民事主体与商事主体、民事行为与商事行为的区别已无实质意义。至于在电子商务和互联网络时代，任何人（甚至包括未成年人）随便注册一个域名或网站就可以在网上公开叫卖、营业或交易，该域名或网站，或者依托该域名或网站背后的自然人、法人或非法人组织，其主体属性如仍然按照民商事二元主体思维逻辑，去界定它们到底是民事主体还是商事主体，这样争论还有实际意义吗？正如施米托夫早在1970年代所批评的那样，试图把“商人构成单独一个社会阶层的概念”的看法“无疑已经过时”，充其量只不过是一种“学究式的方法”，[140]而毫无现实可行性。

2. 在民商“共域一体”关系下来考量或选择商事立法方案。基于前面的分析与论证，笔者认为，应在大私法领域和大营业视野下，把民商定位为新型“共域一体”关系。

（1）在大私法领域里，民法所调整的非营业关系与商法所调整的营业关系，均属私人关系，都有民间、营生、自利的私人属性，皆具平民、平等、平权的法律特质。因此，民法与商法同属私法，共处于大私法领域，它们共为私法领域的基本法、国家法律体系中的部门法，是一种“共域”关系。

（2）在大营业视野下，处在大私法领域里的民法与商法有调整的侧重和合理的分工，其中民法作为私法的一般法，负责对私法领域基础性、普遍性、常识性的私人关系（人身的或者财产的）作一般性调整，这种调整具有概括性、抽象性、统辖性、协同性，其中绝大多数领域涉及的是非营业事务或事项，即非营业领域；商法作为私法的特别法，则专司调整私法领域中的营业关系，私法领域中这部分营业关系，因

---

〔140〕［英］施米托夫：《国际贸易法文选》，赵秀文译，中国大百科全书出版社1993年版，第113～114页。

具有明显的营利目的性进而具有复杂性、特别性、专业性，商法对之进行的调整也就具有特别性、具体性、针对性、分散性等部门法特点，其调整方法更带有专业性、职业性、技术性等特别法色彩。因此，民法与商法虽同属私法，但各自定位与功能具有明显的差异，民法为私法一般法，负责对私人普通关系作为一般性调整；商法为私法特别法，专司对私人营业关系作特别性调整。但民法与商法的不同定位与适度分工，仍是基于大私法领域对私法不同部门的分工，民法与商法仍在私法领域、借助私法手段与方法，对特定类型或领域的私人关系进行调整，民法与商法还是一种“一体”关系。

3. 在营业自由视角下，民事主体自由选择处分财产进入营业领域，乃其固有的自由和应然的权利，在自由、权利、资格、行为的角度，传统专属商人或被国家垄断的营业特权，在近代以来已为所有国民（私法上即为民事主体）所平等而无差异地享有。人人可以经商，个个都可从事买卖，处处可以自由交易，是业经近代宪法、民法、商法所确认的近代经济人权之核心内容，这已不是什么令人费解的事情，而是一种近代人权运动的革命成果和各国既有的法律事实。当然，营业因营利性而具有财产性，与一般、普通私人行为不同，有必要的财产或资本的投入作为营业的起点，也就是说，有必要的营业门槛，而且除了财产、资本门槛外，还有如专业、技术、组织、安全、资质、能力、禀赋，甚至还包括国家公权力涉足的准入、许可、审批等特殊要式门槛等。因此，营业进入的条件、门槛因领域、部门、行业、职业、事项的不同，而存在巨大的差异性。故营业领域也就可分普通、特别、公共等不同领域，其中：(1)普通营业领域涉及基础性、一般性、日常性的营利性投资、经营、交易关系，它由普通商法调整；(2)特别营业领域涉及专业性、职业性、技术性的营利性投资、经营、交易关系，它由特别商法调整；(3)公共营业领域涉及公益性、公用性、公有性的营利性投资、经营、交易关系，它由公共商法调整。在所有营业领域中，只有普通营业关系的条件、门槛最低，这一部分普通营业关系又与普通日常私人关系处于混同、交叉状态，且又因绝大多数属于传统商业的买卖、贸易、运输等交易、交换类营业范畴，与民法中的债法关系与制度具有高度的同质性和契合性，因此，这一部分营业关系，如前文所述，自《法国民法典》始早已进入民法典，由民法所调整。但特别商法、公共商法因特殊性所致，除极少数奉行完全民商合一法例由大民法典调整外，绝大多数至今仍然无法纳入民法典。可见，在大营业和营业自由视野下，调整基础性、日常性、交易性的普通营业之普通商法部分，早已实现并形成“民商共治”的调整格局，这已是无法否认之既成事实。

4. 在商事立法大势下，除前述调整基础性、日常性、交易性的普通营业之普通商法部分经适用大法典立法模式或体例外，特别商法、公共商法，到目前为止，世界上尚无成功的、容所有商法规范于一典的大民法典或大商法典模式。即使如法、德、日等曾经有过辉煌并具标本、示范意义的商法典，后来也被去法典化立法过程所解构；至于美国由民间所起草的《统一商法典》，其内容也仅及买卖商法、金融商法部分，也不具有全面性，称其统一法典实乃名不副实。在商人不再拥有经营特权和国家不断开放民利的今天，在现代社会已呈现出民事主体营业普遍性和民事活动泛商化、民事主体转型为商事主体已十分普遍的情形下，传统学理和立法上所建构的民事主体与商事主体、民事行为与商事行为之严格二元分立现象已不复存在。商事立法的演变史表明，完全融入式的民法典和分立的商法典或商法通则都不足以适应商事立法的多样性、复杂性和易变性，商事单行法模式几乎成为两大法系不同国家或地区的共同选择。前述商事立法晚近不同法系、国家或地区出现的单行法趋同现象，才是真正代表商事立法趋势或潮流的未来走向，也才是我们所要注视、尊重并选择的立法范式。

综上，从大私法领域、大营业视野、营业自由观念、商事立法大势等不同角度，对商事立法进行全面、多维审视，就不难得出如下结论：基于民法与商法在大私法领域的"共域一体"关系，商事立法比较可行和务实的立法方案，应是普通商法借助于《民法典》由"民商共治"，特别商法、公共商法通过单行法形式，由商事特别法实行"商法专治"或"公私合治"。

（二）我国商事立法应然方案的具体实施路径

有学者认为，"鉴于民商关系的交融和民商合一思想的泛滥之现实，商事关系的法律调整并非由商法独立完成"；其中，"普通商事关系由商法和民法共治，特殊商事关系是商法的边际调整，只有金融商事关系才是商法发挥主导作用的领域"；故"当今商法新的使命是从传统商事关系的调整转移到对金融商事关系的调整，并以此作为其基本定位"。[141] 这一观点和主张虽极富启示意义，但如从大私法领域和大营业视野来考虑，仍显局限与不足。为确保前述较为可行和务实的商事立法方案能够落实，笔者认为应从下三个方面进行展开：

1. 基础性、一般性、日常性普通营业关系应由《民法典》与商事特别法进行"共治"调整。由于普通营业关系所涉及的基础性、一般性、日常性营业关系，与一般普通私人关系，具有高度的交融性和混同性，这一部分由《民法典》和商事特别法加以共同调整，不仅必要，而且可行。（1）普通营业关系作为民事主体营生的基本手段，已成为国家生活的重要组成部分，具有基础意义。把其纳入《民法典》，符合民法典

---

〔141〕 施天涛：《商事关系的重新发现与当今商法的使命》，载《清华法学》2017 年第 6 期。

国家化、商法化的基本趋势。(2)与民法的基本功能相吻合。基础性、一般性、日常性普通营业关系与民法作为私法一般法所调整私人关系的基础性、一般性、日常性,具有同质性和一致性。(3)普通营业关系与民法合同之债高度契合。基础性、一般性、日常性等普通营业关系,与传统买卖、贸易、商业等具有承继、贯通关系,具有明显的交易特质,与民法合同之债具有高度的契合性。(4)民法典的稳定性、一般性品格,有利于维持基础性、一般性、日常性营业关系的稳定和持续。(5)调整普通营业关系的部分普通商法规范进入《民法典》,并不会有损民法的体系性、逻辑性和完整性,《民法典》完全可以承载。(6)普通商法规范进入《民法典》,有利于避免立法的重复,更利于商法的专业化。总之,普通商法由"民商共治",既与民法的功能、民法之债高度契合,也为《民法典》所能承载,是可行的,更是必要的。

具体而言,普通商法由"民商共治"主要通过《民法典》与商事特别法作必要、科学、适度、合理的分工,其中作为一般性调整功能的《民法典》所要重点解决的问题包括:(1)商法理念、价值、原则、规则入典,并借助于《民法典》宣示为一般性私法理念、价值、原则、规则,如营业自由价值与原则;再如前述的意思文义主义规则、文义要件主义规则、权利外观主义规则、行为无因主义规则等。(2)商事主体的抽象定位。就实质层面而言,以商事主体为例,作为民事主体在营业领域的角色转换形式,与民事主体一样,商事主体立法涉及的共同问题仍然是自然人、法人组织或非法人组织的法律性质、法律地位、表现形态、权利义务、责任分配等问题,而民法典所应具有的现代性、包容性、开放性、普遍性、统摄性、体系性和谦抑性等基本品格,决定其在定位商事主体时,宏观上应以寻求与民事主体的最大公约数为基本出发点。因此,我国《民法典》编纂中定位商事主体的立法方案,最为可行的选择应是《民法典》的一般性规定与商事单行法、特别法的具体规定相结合的模式,即由《民法典》对涉及民事主体和商事主体共性的自然人、法人、非法人组织的存在形态、法律性质、法律地位、法律人格、主要类型、权利义务、责任分配作出一般性、原则性、通用性规定,而在涉及商事主体具体形式和特殊内容时,则通过授权性、准用性、援引性规范,由商事主体单行法、特别法予以具体化、精细化。(3)基础性、一般性、日常性商事行为入典。如代理行为、商事合同等,就完全可以通过适当的立法技术,把其嵌入到《民法典》的总则或合同编中。(4)提供商事责任或营业救济的一般性规则。在民事责任、侵权责任中,对营业中产生的民事责任或侵害营业、商事权利的法律救济,规定一般性追责机制和归责原则。

在《民法典》对上述问题有一般性规定的情况下,如仍然存在不周延、不具体、不特定、不精准之处,则应通过商事特别法,予以补充之、规定之。如此一来,既保证了《民法典》一般法、母法的地位和统摄私法全局的功能,维持《民法典》体例的完整性、内容的一致性、逻辑的系统性、标准的统一性和形式的稳定性,而且通过授权性、准用性、援引性规范的指引,以商事特别法对商法精神、商事主体、商事行为、商事责任等具体形式和特殊内容予以具体化、精细化,可以充分发挥商事主体应有的开放、张力和灵性。至于商事行为或商事责任的多样性、复杂性和易变性,其立法路径就更应如此。

2. 专业性、职业性、技术性营业关系应通过单行法由特别商法作"专治"调整。与普通营业关系相比,特别营业关系具有鲜明的专业性、职业性、技术性等特征。如前所述,由于不同领域、部门、行业、事项的营业具有很大的特殊性和差异性,对此类特别营业关系,或者特别民法关系,[142]必须由特别商法以单行法的立法形式进行有针对性、特定性、具体性的调整。(1)不可把特别商法不当地纳入统一的《民法典》,由其作不专业的调整。所谓特别营业领域与特别营业关系,根本就不存在所谓的"民商合治"问题,更不要说"民商合一"了,因此,笼统地、不分主次地讨论或主张"民商合一",确实是一种不切实际的观点;关于《民法典》是否可对特别商法进行调整这一点,就连无民商之分的美国学者也认为,原本是民法典所涵盖的领域的问题,却"产生了众多具有重大意义的微观法律制度,诸如城市土地租赁、耕地租赁、知识产权、公司行为、公司证券的上市与交易等。这些法律不仅仅是法典的补充而已,它们常与法典并驾齐驱";"从而确立了其与传统法典的竞争地位","案件以特别立法而非民法典的规定为裁判依据"。[143] (2)特别营业关系也不可通过大《商法典》模式作无效应的调整。对民商分立立法例的考察说明,在原本有商法典的国家或地区,商法典实际上也只承载普通商法的调整职能,对企业、经营、资本、金融等当时已趋成熟或正在兴起的特别商法部分,并无太多的作为或建树。不仅如此,却因营业需要,具稳定和固化功能的商法典难以及时适应,商法典内容、形式的稳定性、滞后性、封闭性与营业本身的易变性、活泼性、开放性形成难以调和的矛盾,商法典最后也只能走向去法典化道路,而被特别单行法所解构。因此,如同特别营业关系不可由统一《民法典》调整一样,特别商法的立法形式也不可选择统一《商法典》模式。(3)特别商法以单行法方式立法最具妥当性和可行性。要实现对特别营业关系的具体、针对、精准、细致、有效的调整,最为妥当、可行的立法路径,就是单行法模式。

3. 公益性、公用性、公有性营业关系应由商法主导下进行"公私合治"。营业具

---

[142] 谢鸿飞:《民法典与特别民法关系的建构》,载《中国社会科学》2013 年第 2 期。

[143] [美]约翰·亨利·梅利曼:《大陆法系:欧洲、拉丁美洲与东亚》,顾培东、禄正平译,法律出版社 2004 年版,第 159 页。

有私人性与社会性的统一，对涉及公益性、公用性、公有性的公共营业领域，其社会性、公共性色彩就更为显著，这也是营业扩张和商法变化的必然结果，即“正在发生的商法的变化，它正在变成受政治和社会方面的考虑支配的‘经济法’，在这里公法与私法密切地交织在一起”。[144] 对公共营业关系，应具公私属性的公共商法进行更具特别性、针对性、精准性的调整。而由于公共营业领域又涉及公益、公用、公有等不同领域、类型、部门、产业、行业或事项，其差异性比特别营业关系更大，很难通过一部统一的法典对之进行调整。故调整公共营业关系的公共商法，其立法形式也只能是特别单行法。

四、我国商事立法的实然模式

（一）我国商事立法模式变迁的历史轨迹

1949 年以来，我国严格意义的商事立法，是从 1979 年开始的，而大规模、常态化的商事立法，则始于 1990 年代中期，其立法路径是从单行法主治、到民商共治、再到公私合治，具体情形如下：

1. 特别商法领域已实行“单行法专治”调整模式

1979 年的《中外合资经营企业法》，是我国首部专门针对涉及外投资者的商事特别法，它具有如下标志意义：(1)开创了商事立法的新纪元。自此开始，我国有了真正意义上的商事立法。(2)开创了单行法的商事立法新模式。之后，我国本着稳健探索、成熟一个立法一个的务实精神，在商事立法领域并没有追求大而全、高大上，而是采取单行法模式，诸如 1980 年代的《经济合同法》(1981 年)、《涉外经济合同法》(1985 年)、《技术合同法》(1987 年)三大合同法和《中外合资经营企业法》(1983 年)《外资企业法》(1986 年)、《中外合作经营企业法》(1988 年)等三资企业法；1990 年代的《海商法》(1992 年)、《公司法》(1993 年)、《仲裁法》(1994 年)、《商业银行法》(1995 年)、《票据法》(1995 年)、《保险法》(1995 年)、《合伙企业法》(1997 年)、《证券法》(1998 年)、《个人独资企业法》(1999 年)等，直至新世纪的《信托法》(2001 年)、《证券投资基金法》(2003 年)、《电子签名法》(2004 年)、《电子商务法》(2018 年)等，均遵循此一立法路径进行。(3)开创了一事一法的商事特别法模式。针对特定商事主体或营业行为，制定特别、专门的法律进行调整。例如，针对涉外投资的三资企业法，直至 2019 年才在此基础上，制定统一的《外商投资企业法》；又如，针对商事主体的所有制本位企业、责任本位企业等不同单行法形式；再如，针对证券、银行、票据、保险、信托、基金、期货等不同金融类型的分别立法等。

[144] [法]勒内·达维德：《当代主要法律体系》，漆竹生译，上海译文出版社 1984 年版，第 85 页。

截至2020年12月底，我国绝大部分商事特别法，大都是以一事一法的单行特别法形式存在。这些单行法，对专业性、职业性、技术性特别营业关系，已经实现较为有效的针对性调整。

2. 普通商法领域已形成"民商共治"调整格局

1986年的《民法通则》，既在民事立法上有划时代意义，也在商事立法具有标志性意义，自此，我国商事立法中的普通商法、基础商法部分，已实际进入"民商共治"时期。由于1986年《民法通则》，不是一般意义的民法规则，而是按照建立社会主义商品经济的立法目的进行设计，是一部已实质商法化的全景式、概括式准民法典。(1)体现商法的原则大多被订入1986年《民法通则》第一章基本原则。(2)1986年《民法通则》的主体部分，印有鲜明的商事主体色彩。如第26～35条对个体工商户、农村承包经营户、个人合伙的规定；第三章按照企业法人与非企业法人的框架对法人进行划分，第41～49条对企业法人的规定，第51～53条对联营的规定等。(3)民事行为中有商事行为的底色。如第四章民事法律行为和代理，实质大量地是针对商事行为或商事代理的规定。(4)其他如民事权利和民事责任也有许多涉及商事方面的规定。足见1986年的《民法通则》实际上已起到对基础、一般、日常类营业关系和营业行为的普遍性、一般性调整功能。结合当时已颁行的商事特别法，由此开始，普通商法部分已进入实质性的"民商共治"时代。

自《民法通则》所创"民商共治"范式之后，凡涉及民事方面的立法，除婚姻、继承类等纯身份关系的立法外，基本民事法均印上了深深的商法痕迹，典型如《担保法》(1995年)、《合同法》(1999年)、《招标投标法》(1999年)、《物权法》(2007年)、《侵权责任法》(2009年)等，均明显有商法化的印记，特别是《担保法》(1999年)、《合同法》(1999年)、《招标投标法》(1999年)，被学者公认为已实质商法化。[145] 这些都说明，自1986年以来，我国基础、一般、日常营业领域与营业关系，早已在1986年《民法通则》的统领下，在众多民事基本法的支撑下，实现了与商事特别法的"共治"调整格局。

3. 公共商法领域已实质进入"公私合治"调整阶段

如果说从广义的公共商法讲，1949年以来的所有经济管理法，均可归于此类；但直至1979年以前，所有的经济调整均为政策和行政式调整，不属于严格意义的法律调整。真正以国家立法形式、利用法律手段对公益、公用、公用类营业领域或营业

---

[145] 陈治东：《〈合同法〉第四〇二条对我国涉外商事仲裁制度的挑战》，载《法学》2005年第4期；孟强：《论我国〈物权法〉上的商事留置权》，载《政治与法律》2008年第10期；何潇：《独立担保之商事法理品格辨析——以担保法体系型构为视域》，载《法学杂志》2019年第9期。

关系进行调整的,始于1986年的《邮政法》,此为公用事业类的首部国家法律,它综合运用公私法多种手段,对邮政类营业进行特别调整。此后,《水法》(1988年)、《铁路法》(1990年)、《城市供水条例》(1994年)、《民用航空法》(1995年)、《电力法》(1995年)、《煤炭法》(1996年)、《公路法》(1997年)、《电信条例》(2000年)、《石油天然气管道保护法》(2010年)等相继颁发或实施。2004年开始,我国在公用事业领域引入特许经营,进行市场化改革,随后《市政公用事业特许经营管理办法》(2004年,2015年修正)、《基础设施和公用事业特许经营管理办法》(2015年)、《必须招标的工程项目规定》(2018年)、《必须招标的基础设施和公用事业项目范围规定》(2018年)等部门规章相继颁布,所涉公用营业领域均须采用特许经营和公开招标准入方式。

我国对涉及社会公共利益的公益类营业进行法律调整,始于1984年的《药品管理法》。之后国家通过一系列涉及公益类营业的法律或行政法规,其中代表性的有《计量法》(1985年)、《标准化法》(1988年)、《产品质量法》(1993年)、《反不正当竞争法》(1993年)、《消费者权益保护法》(1993年)、《食品卫生法》(1995年)、《价格法》(1997年)、《食品安全法》(2009年)、《反垄断法》(2007年)等。其中1993年《产品质量法》《反不正当竞争法》《消费者权益保护法》三法的通过,彻底改变以前公益类营业的行政监管模式,其综合运用民法、商法、经济法、行政法、刑法、诉讼法等多种法律手段,对涉及公共安全、社会利益的营业,进行综合调整,使我国公益类营业领域实质性地进入"公私合治"阶段。

公有类营业领域与营业关系主要涉及财产、资产、资本为国有、集体所有。1988年以前,我国对国有、集体等经济主体或经济成分,是按照垂直的行政管理权限,实行准行政的生产管理模式。1988年的《全民所有制工业企业法》,在有《宪法》《民法通则》作有原则规定的同时,又以单行法、特别法的形式,正式把具独立企业法人地位的全民所有制企业,予以商法定位和纳入调整模式。自此,公有类营业领域与营业关系,开始步入"公私合治"的新时期。这方面的代表性法律、行政法规中,涉及国有类的有《全民所有制工业企业厂长工作条例》(1986年)、《全民所有制工业企业转换经营机制条例》(1992年)、《企业国有资产监督管理暂行条例》(2003年)、《公司法》中关于国有独资公司的部分、《企业国有资产法》(2008年)等;集体类的有《乡村集体所有制企业条例》(1990年)、《城镇集体所有制企业条例》(1991年)等。其中2008年《企业国有资产法》,按照国家出资人与国家出资企业的商法逻辑,对国有企业和企业国有资产进行了重新定位;2013年以来,按照从管资产向管资本转型的方式,对国有企业进行了重新定位和大幅度改革,公有类营业领域与营业关系的"公私合治"式调整进入深度改革阶段。

(二)我国商事立法实然模式的基本现状

2017 年通过的《民法总则》,基本延续了 1986 年《民法通则》的调整模式;2020 年通过的《民法典》,所变化的只是民事基本法由分散的单行法走向集中的民法典,普通商法领域的"民商共治"、特别商法领域的"商法专治"、公共商法领域的"公私合治"之商事立法宏观路径与基本格局,并无实质性变化。但毕竟《民法典》的出台与颁行,我国从此进入后《民法典》时代。就商事立法而言,《民法典》究竟在多大程度上实现了学者或立法者所企望的"民商合一"?或者如笔者所主张的是否在普通商法领域成功地做到"民商共治"?之后的商事立法应如何适应,着力发展的空间和重点关注的领域在什么地方?这应该是《民法典》对商事立法最大的考验和挑战,亟须商法学界、业界认真思考和积极应对。

第三节　后《民法典》时代商事立法之展望

一、《民法典》调整普通商法领域的成功与不足

《民法典》的编纂与通过,无论是对私域生活或私权保护,还是对国家治理或市场经济,均具有重大的历史标志性意义和时代里程碑价值,无论给予何种程度的积极评价或极高礼赞,对我们这个缺乏私法传统、私权意识的国度和社会,都不为过。

在《民法典》启动起草、多读审议、征求意见、表决通过进程中,如何处理《民法典》与商事立法的关系,不仅是学界、业界关注的问题,也是立法机关讨论的重点。《民法典》正式通过后,所有主张、看法、理论、方案以及由此产生的争议、分歧,均告一段落,具目的性和针对性的评论、阐释将成为今后相当长时期的热点甚至焦点问题。就商事立法而言,《民法典》究竟在多大程度上实现了学者或立法者所企望的"民商合一"?或者如笔者所主张的是否在普通商法领域成功地做到"民商共治"?

(一)《民法典》"民商合一"立法目标的预设前提

在启动与编纂《民法典》过程中,"民商合一"几乎成压倒一切的声音与主张,尽管极少数民法学者和多数商法学者颇有微词,并明确提出反对把民法、民法典万能化或庸俗化的做法,[146]但基于民法学界的主导与强势,个别质疑与反对声音被淹没在主流强音之中,未能引起学界、业界、立法层的应有反思和足够重视。2020 年 5 月 22 日全国人大常委会副委员长王晨在十三届全国人大三次会议上所作的《关于

---

[146] 施天涛:《民法典能够实现民商合一吗?》,载《中国法律评论》2015 年第 4 期。

〈中华人民共和国民法典(草案)〉的说明》,就明确指出“我国民事法律制度建设一直秉持‘民商合一’的传统,把许多商事法律规范纳入民法之中”。[147] 这说明遵循“民商合一”不仅是《民法典》编纂所要完成的重要目标,更是《民法典》编纂中所要遵循的基本原则。现在《民法典》已完整出炉,整部法典的条文尽可细查,从中不难得出“民商合一”之立法目标是否如期实现,“民商合一”之编纂原则是否切实遵循。

首先,一个最基本的预设前提,即“民商合一”应是民法与商法的“合”。此种之“合”,究竟是合一或合并,还是整合或统合,或者是结合或联合,如取上义,则合一或合并应合二为一,合之后就再无二、只有一,这一乃民法、而非商法。如取中义,则整合或统合意味着民法作为私法一般法应统辖、协同、指引商法,这本为私法一般法的民法应有之义、当然之效,且不单单要统辖、协同、指引商法,还得整合或统合除商法之外的其他特别私法,如知识产权法、劳动法等。如只限定民法整合或统合商法、而不整合或统合其他特别私法,不仅于商法不公平,且阉割了民法作为私法一般法的完整功能。如取下义,则为结合或联合,无异于降低民法的地位与身价。

其次,“民商合一”应是民法合商法,所合之商法究竟是商法的全部,还是商法的部分。如是商法的全部,这本是一个根本无法完成的世纪课题,民商分立的立法史与近代以来商法典在去法典化过程中被一再解构,就已充分证明连一部统一的商法典也无法完成把所有商法规范延揽、统合入典这一不可能完成的任务,具有私法一般法地位与功能的《民法典》能做得到吗?如做不到,就不叫全合。如果只是合一部分,那究竟是合哪一部分,是笔者前文所提的普通商法规范,还是特别商法规范,抑或公共商法规范?

要弄清《民法典》是否实现了对商法规范的“合一”,就必须弄清楚以上两个最基本的前提,这些前提在没有说清楚之前,就没有“合一”的目标和对象。但是,通观既有研究文献和立法资料,不论“合一”为本义还是泛义,没有给出明确的解释;就连“合”之对象的商法,究竟为全部之商法,还是部分之商法,如为部分之商法,究竟系指哪一特定部分,竟然无人能提供清晰的答案。

既然无论是学界、业界,还是立法层,没有把这些问题弄清楚,那笔者还是自己来回答这个问题。首先,从合的对象入手,特别商法领域的专业性与公共商法领域的公共性,与《民法典》之私法一般法的特质和功能,不具相融性,不要说合一或合并,就连整合或统合、结合或联合的可能性也没有。故要说能与《民法典》“合一”存在可能的,只有前文笔者所提的调整基础性、一般性、日常性营业关系的普通商法部分。其次,从“合一”之三义来看,在不损伤民法地位与身段的前提下,我们只取

---

[147] 《中华人民共和国民法典》,中国民主法制出版社2020年版,第238页。

上义合一或合并、中义整合或统合。其中,上义合一或合并,为形式意义的“民商合一”;中义整合或统合,为实质意义的“民商合一”,即笔者主张的普通商法领域的“民商共治”。以下分述之。

(二)《民法典》是否完成了对普通商法规范的实质合一或合并

从普通商法所调整的基础性、一般性、日常性营业关系来看,其中最重要的部分,按照传统民商法的理论与立法框架,主要为主体、行为、责任三大块。

1. 就主体部分而言。《民法典》融入、吸纳、合并普通商事主体十分有限,《民法典》总则的主体部分,除增加了第四章非法人组织,具有创新意义外,基本沿袭了1986年《民法通则》的分类和结构,如第二章自然人第四节对“个体工商户和农村承包经营户”的规定,第三章法人第二节对“营利法人”的规定,第四章非法人组织对个人独资企业、合伙企业的列举,应为传统意义的商事主体。[148] 但是,由于《民法典》总则第三章关于法人划分标准的混乱,许多原本应是商事主体的集体经济组织、合作经济组织,竟然被编入特别法人;除此之外,如自然人投资人、国家出资人、非营利法人或组织出资人等作为普通投资者的商事主体,囿于《民法典》仍然因袭传统民商二元主体论,均没有被纳入商事主体的范畴。足见,《民法典》融入、吸纳、合并普通商事主体,并没有实现如期之合一的目标。

2. 就行为部分而言。《民法典》融入、吸纳、合并普通商事行为主要表现在《民法典》总则第六章民事法律行为、第七章代理、第三编合同之第二分编典型合同等编章,其中代理与典型合同最具代表性,因为商事行为主要是通过代理制度来实现,故商事代理是普通商法最核心的内容。虽然第170条引入职务代理制度,改变传统法定代表人之代表行为规则,对商事代理具有重要意义,但是,第七章代理总体上是按照大陆法系严格的民事代理和直接代理制度来设计的,未能反映《国际代理法律适用公约》和《国际货物销售代理公约》等实质体现英美法中以代理权构建代理制度的商事代理精髓,诸如代理商、经纪商、经销商等典型商事代理,均未被纳入法典中的代理章节,可见缺陷是十分明显的。至于第三编合同之第二分编典型合同,共收入典型合同19种,虽比1999年《合同法》15种有名合同,多了保证合同、保理合同、物业服务合同、合伙合同,但显然没有把更多商事合同尽数揽入,如储蓄合同、旅游服务合同等,这些最常见的商事合同,均无延纳。可以看出,《民法典》融入、吸纳、合并普通商事行为,是存在重大缺失的。

3. 就责任部分而言。在《民法典》第一编总则第八章民事责任、第三编合同、第

---

[148] 《中华人民共和国民法典》,中国民主法制出版社2020年版;《中华人民共和国民法典》,法律出版社2020年版。以下所引法条,均经比对引自该两出版社正式出版印行的版本,不再另行标注。

七编侵权责任等涉及民事责任的编章中，只有第三编合同第一分编通则第八章违约责任、第七编侵权责任第四章产品责任，与商事责任具有一定的关联性，而大量侵害商事权利、营业权利的商事责任与民事救济，是空缺的。这说明，《民法典》融入、吸纳、合并普通商事责任，也是基本空缺的。

综上，《民法典》并没有完成对普通商法领域之“合一”的使命与任务，其对整个商法领域的“合一”之目标，就更不用说了。

（三）《民法典》是否完成了对普通商法规范的有效整合或统合

《民法典》作为一般法，要实现对普通商法规范的有效整合或统合，一般是通过具有抽象、概括、张性的一般条款，对普通商法规范提供一般性指引和普遍性约束，它应体现在基本精神、主体、权利、行为、责任等几个方面。

1. 就基本原则而言。基本原则属于精神层面的民法范畴，民法以什么的原则统领私法，对商法特别是普通商法领域，具有基础意义。《民法典》总则编虽然确认了私权保护（第 3 条）、地位平等（第 4 条）、意思自愿（第 5 条）、公平合理（第 6 条）、诚实信用（第 7 条）、公序良俗（第 8 条）、绿色环保（第 9 条）等一系列私法基本原则，这些原则除公平合理外，对普通商法领域都具一般适用力和约束力；但是，营业与一般民事活动最大的不同之处，在于以营利为目的，以效益、财富最大化为最高追求目标，而最大化又来自于主体对商机的自由把握、营业领域的自由选择、当事人之间的自主约定。因此，对即待进入营业领域的民事主体（进入之后才转换为商事主体）而言，营业自由、商人自治、营利保护才是最为基础和重要的，这些就相当于商人生命和利益保障的护身符，因为没有营业自由，就没有后面的投资、经营和交易之正当性、合法性、有效性；没有商人自治，或因法律或裁判可随时进行事后任意干预或不当认定，商人之间自主约定的最大化营利目标就无法实现；没有营利保护，商人投资、经营和交易的所得利润和预期利益，就难以有切实和充分的保障。《民法典》在这些关涉商人最基础、最根本、最一般的理念、价值、原则方面的明显缺失，说明立法机关尚没有在真正意义上严肃对待营业和商法问题。缺乏体现商法最根本理念、价值、原则的《民法典》，自然就无法有效整合或统合普通商法领域，更遑论对特别商法领域或公共商法领域的有效整合或统合了。

2. 就主体一般性条款而言。《民法典》对商法等特别私法的整合或统合，是通过提取公因式的抽象立法手段和概括条文技术，即通过对特别法领域之特殊、具体、个案的归纳、概括、抽象，提炼出能具一般约束力、普遍适用性且具一定张力、柔性的通用性条款。如以此标准来考量《民法典》总则编关于主体的立法设计和制度安排，则会发现，虽然如前文所述，《民法典》揉进了诸如个体工商户、营利法人、个人独资企业、合伙企业等貌似商事主体的主体概念或法人范畴，但如与1986年的《民法通则》作一比较，则不难发现，《民法典》总则编之民法思维和立法技术并没有在《民法通则》既有成果上有所突破和飞跃，而是基本因袭《民法通则》的二元主体思路，特别是法人分类部分，除了把原有的“企业法人”换成了广大民众十分陌生的“营利法人”外，仍然按照“营利法人”（企业法人）与“非营利法人”二分法，对法人作不恰当的划分，且把一时不能简单归于此两类的其他法人统统归入特别法人类别。如此简单、粗暴地对法人进行不当分类，既完全无视法例、学理上公认的公法人与私法人、社团法人与财团法人的一般性规则，也囿于传统民商二元主体论的局限，简单把商事主体不当地对应个体工商户、营利法人、个人独资企业、合伙企业等主体形式，根本漠视非营利法人、国家（政府）等可以成为营利性投资主体进而可转换为商事主体的广泛普遍性和客观现实性。这种已经过时的民商二元主体思维和不当的法人二分标准所造成的二元私法主体结构，不仅起不到整合或统合私法主体的功能和效应，就连作为普通民事主体都难以有效整合或统合。至于学界、业界早已诟病的第三章法人第一节“一般规定”、第二节对“营利法人”，大量照搬《公司法》的条文，被学者形容为“缩版企业法”或“缩版公司法”，〔149〕更是有损《民法典》作为私法一般法之高贵气质和柔韧身段。可见，《民法典》总则主体部分不当地延续原《民法通则》之民商二元主体结构、企业法人与非企业法人之法人二分法，未从公法人与私法人、社团法人与财团法人之构造，建立法人的一般性规则，就连统辖民事主体内部的立法目标也难以实现，更不要说整合或统合普通商法领域乃至整个商法领域的主体了。

3. 就权利一般性条款而言。民法为权利本位法，〔150〕《民法典》被尊为私权法典，乃民权宣言书，是写满私法主体权利以指导社会生活与国家治理的百科全书；她以权利作为理解市民生活的出发点，并通过构筑权利分类体系和具体适用规则来把握纷繁复杂的社会生活。〔151〕因此，《民法典》编纂，应尽量多地罗列私法主体的一系列权利，如不能做到穷尽一切，至少应选择概括性的方式予以抽象的宣示，进而为特别私法、私法裁判，留下法条依据和细化空间。总体而言，《民法典》总则编第五章民事权利，在原《民法通则》的基础上，对私权的罗列和确认，有了巨大的进步，这些已是不容否认的事实。既然《民法典》要秉持“民商合一”的立法原则，就应当义不容辞、当仁不让、名正言顺地罗列商事权利；即使做不到尽其罗列，至少也

---

〔149〕 蒋大兴：《〈民法总则〉的商法意义》，载《比较法研究》2017年第4期；施天涛：《商事关系的重新发现与当今商法的使命》，载《清华法学》2017年第6期。

〔150〕 方流芳：《近代民法的个人权利本位思想及其文化背景》，载《法律学习与研究》1988年第6期。

〔151〕 易继明：《民法之学：关于权利的学问》，载《法学》2004年第4期。

应当做到抽象地宣示一下，如此，也算是整合或统合了商法，或至少整合或统合了普通商法领域。但是，通观《民法典》总则编第五章的规定，除第125条规定“民事主体依法享有股权和其他投资性权利”与商事权利直接相关、第126条关于“民事主体享有法律规定的其他民事权利和利益”与商事权利间接相关外，在商事权利的确认、罗列、宣示方面，可以说乏善可陈，对商事主体来说，诸如营业自由权、投资自由权、经营自主权、交易自由权等，该章则无只言片语。

至于就行为一般性条款、责任一般性条款而言，前面已述，就不再细论。仅就前三个《民法典》最能发挥对普通商法领域甚至整个商法领域具有整合或统合、统辖或指引功能与效应的部分，《民法典》并没有给出令人满意的答卷。可以这样说，《民法典》对普通商法规范的有效整合或统合也是不成功的。

综上，《民法典》总体上因承传统私法的民商二元主体结构和延续《民法通则》不当的法人二分法，并未认真对待普通商法融入民法典的问题，甚至连整合或统合、统辖或指引普通商法领域的立法技术都没有作科学、细化、妥当的设计和安排，导致整部法典缺乏基本的商法精神和商法品性；既没有做到尽量多地吸纳一般性普通商法规范，也无法融进庞大的技术性特别商法规范，更无一般性约束力和普遍适用性之统辖商法领域的通用规范。尽管立法机关在学界、业界的呼吁下，在《民法典》的某些编章和部分条款上，移植或嵌入了某些貌似商法的条款，但这种没有商法灵魂和整体技术作支撑的个别商法规范或条文的生硬融入，不仅无法改变宏观大局和整体风格，反而更加暴露《民法典》在对待营业领域与商事立法上的轻视与草率。因此，《民法典》并没有对普通商法规范作必要的整合或统合，无法实现对普通营业领域进行有效的统辖或指引，自然就达不到对普通商法领域的一般性调整目标，其与商法共同实现对普通商法领域的“共治”，也就只能是一厢情愿的设想而已。

总之，学界、业界期望很高的《民法典》，既没有达到极力倡导“民商合一”主张者的立法目标，也没有实现普通商法领域“民商共治”的调整诉求，在处理民商关系、对待商事立法方面，确实难言成功。

二、后《民法典》时代商事立法的路径选择

（一）已实质商法化的《民法典》

尽管《民法典》既没有达到“民商合一”的立法目标，也未有效实现普通商法领域“民商共治”的调整诉求，但《民法典》总体上在既有民事单行基本法之基础上编纂而成，即《民法典》编的成分多，真正意义上纂的比重比较少，而既有先前的民事单行基本法，除婚姻法、继承法外，其实早已商法化，前面所提原《民法通则》如此，

1999 年的《合同法》也如此,2017 年的《民法总则》依然如此。基于既有已商法化的民事单行基本法基础上的《民法典》,自然难以摆却这一立法惯性和影响,表现出鲜明的商法色彩和品性。

1. 立法环境。《民法典》的立法环境决定其不能不考虑营业世俗化、交易普及化与民事行为商事化这一普遍性问题。同时,“编纂民法典是坚持和完善社会主义基本经济制度、推动经济高质量发展的客观要求”。[152] 为把各种市场经济规则,尽可能地反映到民法典中来,《民法典》就必须具有市场经济的时代特征,适应市场经济的基本要求,反映市场经济的基本规则,而这些基本规则,绝大多数就是商法规则。

2. 立法主旨。尽管《民法典》在“民商合一”上并没有取得人们所期望那样成功,但在我国,受传统大陆法系影响,在实际民商立法中深受“民商合一”立法思想和观念的影响,民法也就成为我国商法最为重要的法源之一。从 1986 年的《民法通则》到 2017 年的《民法总则》,为民事主体的市场交易和商事活动提供稳定的法律规则,一直是我国民法的立法宗旨;对此,王晨副委员长在《关于〈中华人民共和国民法典(草案)〉的说明》就说得更为清楚,即“编纂民法典,进一步完善我国民商事领域基本法律制度和行为规则,为各类民商事活动提供基本遵循,有利于充分调动民事主体的积极性和创造性、维护交易安全、维护市场秩序,有利于营造各种所有制主体依法平等使用资源要素、公开公平公正参与竞争、同等受到法律保护的市场环境,推动经济高质量发展”。[153]

3. 基本精神。尽管囿于传统思维,受意识形态的影响,《民法典》反映商人需求、体现商法精神、价值的原则尚有重大缺陷,但毕竟《民法典》总则部分所确认的平等、自愿、公平、诚信、守法和公序良俗等基本原则,绝大部分属于近代商法上升为民法的原则,能普遍适用于普通商法领域,基本能满足普通营业交易的需要。

4. 主要制度。《民法典》中的具体制度,实质属于商事制度。(1)民事主体部分。如自然人制度中的个体工商户和农村承包经营户;法人制度中营利法人;非法人组织中的个人独资企业、合伙企业等。(2)民事权利部分。如第 113 条“民事主体的财产权利受法律平等保护”之规定;第 125 条“民事主体依法享有股权和其他投资性权利”之规定,等等。(3)民事法律行为和代理部分。如第 134 条第 2 款关于决议意思形成机制的规定;第 170 条关于职务代理行为的规定。(4)物权制度部分。如主要为营业服务、已基本商事化的用益物权和担保物权制度等。(5)债权制

---

〔152〕《中华人民共和国民法典》,中国民主法制出版社 2020 年版,第 237 ~ 238 页。

〔153〕《中华人民共和国民法典》,中国民主法制出版社 2020 年版,第 238 页。

度部分。如合同法编中的合同规则与各种典型合同等。(6)民事责任部分。如总则关于民事责任的一般规则;合同编关于违约责任的一般规则;侵权责任编中关于侵权责任的归责原则,等等。

5. 商法规范。1986 年《民法通则》、1999 年《合同法》制定时,大量商法规范就已相继进入这些单行基本法;2017 年的《民法总则》和 2020 年的《民法典》,使商法规范进入民事基本法得到更具稳定形式的固化。兹举数例说明之,例如,总则编中第 170 条关于职务代理行为的规定。又如,《民法典》物权法编第 268 条关于“国家、集体和私人依法可以出资设立有限责任公司、股份有限公司或者其他企业”的规定;第 269 条关于“营利法人对其不动产和动产”的规定。再如,《民法典》合同法编第 505 条关于“当事人超越经营范围订立的合同的效力”的规定;第 929 条关于“有偿的委托合同”的规定。还如,《民法典》人格权编中第 1018 条关于“自然人享有肖像权”可商品化使用的规定;第 1023 条关于“姓名等的许可使用”或可商品化使用的规定,等等。这些规范,即为典型的商法规范。

(二)后《民法典》时代商事立法存在的主要问题

《民法典》的颁行,确实给商法特别是商事立法带来巨大的挑战和机遇。所存在的问题,既有理论层面的问题,也立法层面的问题;既有顶层设计的问题,更有立法技术上的问题。归纳起来,主要表现在如下几个方面:

1. 在理论上商法只作为一个专业而未从大私法领域部门法体系作通盘考虑。长期以来,由于商法理论研究的不足,商法更多是作为一种专业、技术来看待,未从大私法领域,来审视和定位商法作为私法特别法和独立部门法,在营业关系、市场经济中所承担或负载的独立性、基础性、骨干性、根本性调整功能。商法的基础性和重要性长期不受国家重视,在法学理论研究上,也远远不够。一方面,从地位上看,商法长期以来被定义为民法的特别法,始终处于民法的附属或特别法地位;另一方面,商法基础理论研究因欠深入,尚未形成逻辑自洽的范畴、概念、话语、理念、价值、原则、规则、规范体系。

2. 未从大营业视野对商法作为整体性、类型化析分。限于传统民商二元世界、民商二元主体理论与立法框架的根本性缺陷,既有商法理论与立法中的商事主体、商事行为,无论从理论上,还是从立法上,均难以摆脱民法成熟理论与立法框架的制约,难以在传统二元论中自圆其说。如在民事主体与商事主体的二元构架中,商事主体就很难证成其能独立于一般民事主体的另类存在,即使如企业在设立登记之时,就已获得商事主体资格,也并不能表明企业就是独立于民事主体的另类存在。这些重大的理论与立法问题,均由于商法学界、业界缺乏认真、执着、具体、深入、全面、系统的研究，自然就难以为商事立法提供具解释力、适用力的理论与学说。

3. 未从营业关系不同领域、层级、类型对商事立法作具可行性的顶层设计。但凡一谈到商法，既有理论与立法首先必拘泥于商法的独立性、独特性、特殊性等，甚至把过多的精力耗费在诸如是选择"民商分立"、还是奉行"民商合一"，要不要制定《商法通则》、甚至极端或激进一点去论证要不要《商法典》，这些当前既无实际上意义，也无实现可能性的空泛议题上，而对营业关系本身因营业形态所发生的内生变化，进行而形成具一定阶梯状态的层级或类型，则缺乏足够的关注和深度的发掘，因而所提各种商事立法方案，要么脱离现实，不具可行性，如主张"民商分立"或制定统一《商法典》；要么依附或迁就民法思维，如主张"民商合一"，简单地附和所谓《民法典》的一般性调整与商事特别法特殊调整相结合，这些貌似可行、但实际上根本不具操纵性；或者过分强调商法的独立性，笼统地提出《商法通则》而对其立法的逻辑基础和现实需要无系统、深入论证。真正需要商法作分类处理、区别对待的不同领域、层级、类型的商法实际问题，商法理论与商事立法，却没可行、有效的对应方案。

4. 商事立法若干领域、环节尚存在重大缺失与明显空白。我国虽经 40 余年的努力，初步建立起适应社会主义市场经济和民事主体营生、营业、求富需求的商法规范体系，但商事立法方面尚存在若干重大缺失和明显空白。举其要点，集中表现在商事登记、商事主体、商事代理、金融商法、电子商法、网络商法、智能商法等几个方面。

5. 商事立法的技术性品位与精细化程度尚有待提高。商法以专业性、职业性、技术性见长，也是成就其独立性的支撑性条件之一。我国商事立法恰恰在技术性、精细化方面，有明显欠缺，与商法发达国家或地区之间的差距较大。这方面集中表现在以下方面：(1) 商事立法的总体布局与分类尚欠缺科学。例如，前述企业立法、商事立法方面，就存在分散、分类、分离、分别立法现象。又如，证券、保险，在多数国家或地区，证券交易法与证券监管法、保险业法与保险合同法是采分离立法，我国则取混同立法模式；再如，《企业破产法》，我国也是采取破产清算、企业重整、债务和解三者混合立法的模式，特别没有把企业重整与破产清算作适度分离，导致企业重整往往被变相以破产清算了结，企业重整率和成功率很低。(2) 单行法或特别法的结构与体例设计，存在诸多不合理性。如《公司法》按照有限责任公司和股份有限公司分别立法的方式，而没有如多数国家或地区按照封闭公司（私人公司）与开放公司（公众公司）的类型，进行有针对性的立法。(3) 立法技术欠缺精准、细致。例如，许多商法规范中，政策性、原则性、宣示性条款比较多，技术性、专业性、细则性、操作性、程序性条款比较少；又如，许多法条缺乏必要的法律后果，导致法律适用成为无厘头的争议，典型的如我国《公司法》第5条，就没有对应的适用条款和法律责任分担机制；再如，我国《公司法》第16条第1款关于公司违法担保，就无对应的效力认定和责任归属机制，导致各种明显同案不同判和令人啼笑皆非的结果出现。

（三）后《民法典》时代商事立法的可行路径

在我国《民法典》正式出台之前，商法学界多位学者曾经呼吁，民法典应适应时代的要求，反映基础、普通营业的调整需求，同时也更充分发挥商法的独特品格和主业功能。如有学者将商法规范分为替代型、补充型和冲突型，认为替代型商法规范宜全部入典，补充型规范可多数入典，冲突型规范尽少入典，充分发挥专业商法对未入典的"剩余商事立法"中的主导性调整作用；[154] 有学者从商法兼具管制与交易的双重结构、民商法间特别法与普通法（一般法）的特定关系出发，认为民法典与商事特别法应以精简分工、轻装前行为编纂原则，为商法保留茁壮的成长空间；[155] 有学者认为，作为调整商品经济的基本法，民法典应以基本性、人本性、普遍性、典型性、重大性、稳定性和代表性作为设定条件，商法作为市场经济的基本法，应在市场经济法律体系中居于核心地位；[156] 还有学者主张商法发展的理想战略应是"三步走"，第一步是努力制定一部具商法品格的民法典，第二步是积极制定亟需的商事单行法，第三步是大力推广法官的商事裁判思维。[157]

但更多学者从2017年《民法总则》并没有充分反映商事立法特别是普通商法领域的立法需求，试图通过在《民法典》框架解决普通商法已无可能的情况下，主张采取更为可行的替代立法方案，解决商事立法中的一般性调整问题。代表性方案如：（1）"商法通则"方案。这也是前述多数商法学者主张的方案，即在《民法典》通过之后，适时制定"商法通则"，解决商法调整的一般性规则问题。[158]（2）《公司法》总则商法通则化方案。如有学者提出，未来公司法宜选择重构路径，通过一并对企业形态进行改造，将独资企业、合伙企业改造为无限公司、两合公司、有限责任合伙等，并整合到公司法中，编纂完备的公司法典，进而借鉴日本公司法的立法经验，重构公司法总则结构与功能，将相当于商法通则中的绝大部分内容规定在公司法典

---

〔154〕 周林彬：《商法入典标准与民法典的立法选择》，载《现代法学》2019年第6期。

〔155〕 王文宇：《从商法特色论民法典编纂》，载《清华法学》2015年第6期。

〔156〕 赵万一：《中国究竟需要一部什么样的民法典》，载《现代法学》2015年第6期。

〔157〕 王涌：《中国需要一部具有商法品格的民法典》，载《中国法律评论》2015年第4期。

〔158〕 赵旭东等：《〈商法通则〉立法大家谈》，载《国家检察官学院学报》2018年第3期。

的总则中，实现《公司法》总则商法通则化。[159]（3）"商法典"方案。[160]

尽管《民法典》在解决"民商合一"或"民商共治"等方面，均说不上成功，但其部分地实质商法化已是不容否认的客观事实。鉴于基础、一般、日常类普通营业关系确实已形成"民商共治"的既有格局，未来商事立法的恰当定位和路径选择，均须在这一基本前提、现实状况、总体趋势下作出权衡和选择。基于此，笔者认为，其路径应从以下两个层面展开：

1. 从大私法领域对商事立法作为整体性的类型化析分。商法的特别之处，在于它是在所有法部门中，专属调整营业之法。营业领域与一般民事活动所处的非营业领域，最大的不同之处，倒不在于营利的目的性，而在当民事主体处分财产进入营业领域之后，营业就必须按照事实逻辑和内在规律，沿着投资→经营→交易这一独特的轨迹运行，即笔者在前文所提的营业"始于投资，形于经营，成于交易"之不同形态、阶段或环节。在每一不同的营业形态、阶段或环节，又必然会产生完全不同于非营业领域的一系列法律关系或权责问题，它包括当事人角色的转换、法律关系的定位、权利义务的配置、权利与权力的契合、授权与行权的架构、行权与控权的平衡、风险与利益的划分、利润与责任的归属等一系列问题，而正是这些问题，传统民法并没有提供成熟的理论和现成答案，就需要专属调整营业及营业关系的商法理论和立法来供给。

但恰恰在这一问题上，传统、既有商法理论与立法框架上存在严重缺陷。由于传统商法的底色和基础源于中世纪的商人法，仍带有鲜明的商人法、身份法、资格法、特权法痕迹，过多地纠缠于商人概念、身份、范围的确认或商行为的判断、标准、认定等毫无意义的枝节问题，只在已固化或老套的商主体或商行为之狭小圈子里自说自话，缺乏商法本应具有的开放性、开拓性和进取性。既有商法理论与立法未从大私法领域、大营业视野，来看待商事主体实质上仅仅只是民事主体进入营业领域的角色、身份、地位、关系、功能转换形式，民事主体不管什么属性（自然人或社会组织）、什么形态（组织类或非组织类）、什么性质（公主体或私主体）、有无独立人格（法人或非法人组织），只要进入营业领域，实施营业性投资、经营、交易行为，就应受商法调整或约束，就应按所缔结的新型营业关系（包括投资关系、经营关系、交易关系）和经商法调整形成的商事法律关系，重新定位以确定新的权利与义务、分配

〔159〕　钱玉林：《公司法总则的再生》，载《环球法律评论》2019 年第 4 期。

〔160〕　范健：《编纂〈中国商法典〉前瞻性思考》，载《广东社会科学》2018 年第 3 期；苗延波：《关于我国制定商法典的再思考》，载《大庆师范学院学报》2020 年第 1 期；蒋大兴：《〈商法通则〉/〈商法典〉的可能空间?》，载《比较法研究》2018 年第 5 期；蒋大兴：《〈商法通则〉/〈商法典〉总则的可能体系》，载《学术论坛》2019 年第 1 期。

新的利益与责任。如此,从营业大视野,从投资、经营、交易之整体视角,对商事制度与立法作全面、系统、通盘、深度的考量和设计,才可在更大境界、更大范围、更大平台,开创并拓展商法理论与立法的空间。

2. 从大营业视野对不同类型营业关系的商事立法作通盘、顶层设计。商法部门法的独立性、商法学科的独立性,与商事立法是否独立,完全不是同一个层级或类型的问题。行政法部门或学科的独立性,已无人质疑,但行政法至今尚无统一的法典,学界、业界并不因行政法无统一的法典,而轻易否认行政法部门或学科的独立性。对此,有学者就认为,商法部门法、学科的独立性与商法立法形式、法典的独立性,是两个完全不同层面的问题,甚至不是同一话题的问题;商法学的独立性与商法典的独立性相关但也不相同,这一论断既适用民商合一的国家,同样也适用于民商分立的国家。[161] 有学者更认为,"商法的形式理性体现为规则化与内在体系化",而"商法典并非商法形式理性的必然结果"。[162] 也就是说,是否有《商法典》,或者是否制定《商法通则》,并不是证明商法部门法、学科独立性的前提条件,甚至也不是认定或判断标准,只有商法理论与立法成就其内在的逻辑性和外在的形式理性,商法部门法、学科的独立性,才有实质意义和实在价值。因此,商法理论与立法可行、有效的解决路径,应是把如商法部门法、学科的独立性与商事立法的独立性两者区分开来,避免相互过度关联,甚至形成不必要的理论"山头"或学术绑架。

在对商法部门法、学科的独立性与商事立法的独立性作适度、合理区分的前提下,还应秉持既开放、又务实的态度,彻底解放思想,放宽眼界,放弃商事立法的统一性、法典化、完美化、体系化甚至专属化、垄断化思维,在更大的营业领域视野中,对不同领域、层级、类型的营业领域,进行分别定位,选择适当、有效、可行的具体立法方案。如根据商法调整营业关系所涉领域、层级、类型的不同,事实上商法已形成调整基础、一般、日常类营业关系的普通商法领域,调整专业、职业、技术类特别营业关系的特别商法领域,调整公益、公用、公有类公共营业关系的公共商法等三大领域,对这三大不同领域,就应有针对性地进行分别立法。也就是说,普通商法领域,因其基础性、一般性、日常性,业已稳定、成型,且这一部分基本上处在营业领域与非营业领域的交叉、模糊地带,绝大部分完全可以通过揉进《民法典》,少部分由商事特别法予以补充调整,以实现"民商共治";特别是商法领域和公共商法领域,因不同领域、层级、类型、部门、行业、产业、事项的差异性比较明显,既不能通过大《民法典》

〔161〕 张谷:《商法,这只寄居蟹——兼论商法的独立性及其特点》,载《清华法治论衡》2005 年第 2 期。
〔162〕 赵磊:《反思"商事通则"立法——从商法形式理性出发》,载《法律科学》2013 年第 4 期。

来调整，也不可通过统一的《商法典》来调整，其立法方案宜以单行法、特别法形式最为妥当、可行。如此，分域、分层、分业作分类处理、分别立法，可避免大法典化思维带来的立法僵化、滞后，在解决商事立法需求上，要更为稳健、有效、可行些。

三、后《民法典》时代商事立法的重点领域

笔者认为，后《民法典》时代的商事立法，应在既有《民法典》对一般性民事活动和基础性、一般性、日常性普通营业关系已有部分调整、但制度尚不完整的基础下，重点回应我国实际营业中亟须解决的法律难点。这些重点领域主要包括商事登记、商事主体、商事代理、资本领域、金融领域、电商网商、国有企业等议题，它们分属普通商法、特别商法、公共商法等领域。

（一）普通商法领域的立法重点

虽然《民法典》和既有商事特别法对基础性、一般性、日常性普通营业关系已有初步调整，但在该领域，尚有以下亟待解决的重点立法问题：

1. 商事登记立法。我国商事登记立法一直处于分散、分别、分类立法的凌乱状态，尽管自 2014 年以来，在理念、价值、制度方面已进行了超出立法范围的深度改革，2021 年 7 月国务院公布的《市场主体登记管理条例》也解决了立法的统一问题；但规范的层级仍比较低。基于商事登记程序的同质性、统一性，无论从统一商事登记制度的角度，还是从节省商事立法的成本角度，或者从巩固既有商事登记制度改革成果的角度，制定一部统一的“商事登记法”，是完全必要的。[163]

2. 商事代理立法。与民事行为多数由本人亲力亲为不同，除直接投资、小规模经营、简单交易外，绝大多数营业活动或商事行为，均须通过代理才可进行，商事代理的必要性、基础性、经常性，决定其在整个商法制度和商事立法中的基础性和重要性。鉴于《民法典》并没有解决商事代理应有的制度与规则供给问题，就连起码的一般性商事代理规则也没有建立起来，而商事代理的必要性、基础性、经常性又决定其贯穿所有营业过程，渗透至商事行为的每一环节，表现形式又多种多样，不同代理形式的关系更错综复杂，难以通过一部统一的“代理法”或“商事代理法”予以调整。在此情形下，就应秉持《国际代理法律适用公约》和《国际货物销售代理公约》等的代理定位，把我国商事代理制度接轨国际代理公约，在此基础上，通过修改、完善存在代理制度环节的相关商事单行法或特别法，以解决商事代理的制度与

---

〔163〕 肖海军：《论我国〈商事登记法〉的制定与体例——附：〈中华人民共和国商事登记法〉（学者建议稿）》，载《时代法学》2020 年第 5 期。

立法缺失问题。[164]

(二)特别商法领域的立法重点

特别商法领域包括企业商法、经营商法、资本商法、金融商法、电子商法、网络商法、智能商法等多个领域。

1. 企业商法、经营商法领域

该领域属传统商事主体立法的范畴。我国目前商事主体立法,特别是企业立法,尚存在所有制本位、组织本位、责任本位、政策本位等多重商事主体立法规范和体系。不仅如此,某些商事主体形式尚因立法取向的原因,而存在明显的欠缺。例如,我国《公司法》中,就只规定有限责任公司和股份有限公司;又如,虽然2006年《合伙企业法》修订引入了有限合伙,但有限合伙公司的法律地位一直未得到法律的确认;再如,股份合作、合作社企业等特殊类企业形式,在我国也没有得到应有的重视等。

2. 资本商法、金融商法领域

资本营运、金融交易领域的立法,是现代商法的核心,但却一直是我国商事立法的短板,这方面的问题极多,其中在《民法典》之后,所要关注的重点,应是借鉴、吸纳金融业先进、发达国家或地区的立法例与制度例,结合中国国情和实际需求,对既有资本、金融领域的法律、行政法规进行必要的修订和完善;同时,应特别注意发挥证券交易所、期货交易所和各种特定市场交易中心的自治、自律、自管,尊重资本市场、证券市场、期货市场、货币市场、特定商品市场、金融衍生品市场等资本、金融市场的自治,充分发挥自治法、商人法、民间法在资本商法、金融商法领域的调整功能和规范作用。近期需要重点解决的问题如:(1)商事信托立法。我国《信托法》制定于2001年,且是按照民事信托来设计的,对商事信托考虑较少。自2003年我国《证券投资基金法》出台后,正式按照信托契约型基金的制度构架,建设、运行我国规模庞大的证券基金。在信托业界,虽然我国信托业在近年来有迅猛的发展,但各种信托公司并不从事实体性的信托经营,而是以经营、甚至买卖信托产品或信托金融衍生产品为主业,完全脱离了信托制度的本意和制度内核。与此同时,处"影子银行"状态的各种天量、海量银行信托产品,几乎把全民带入了名为信托、实为代理的信托投资暗潮,并诱发各种系统性金融风险和大量信托纠纷。[165] 在此情形下,为促进、引导、规范商事信托,及时修改《信托法》,加大并完善商事信托制度的立法

〔164〕 肖海军:《商事代理立法模式的比较与选择》,载《比较法研究》2006年第1期。

〔165〕 张淳:《对我国信托法关于信托债务清偿责任的规定的修改》,载《社会科学家》2014年第2期;王庆翔:《论我国信托法信托设立制度之完善》,载《法律适用》2020年第18期。

配置，已势在必行。(2)期货交易立法。期货市场是多层次资本市场、金融市场、商品市场的重要组成部分，也是支撑一国经济中心、金融中心、交易中心的基础条件和市场标配。我国期货市场起步较晚，立法严重滞后，期货市场与先进发达国家差距尚比较大，既有的《期货交易管理条例》制定于2007年3月，虽经多次修订，但限于立法思维和效力层级，难以胜任我国呈几何级数增长的期货市场发展需要。故适时制定一部适应中国期货市场需要的“期货法”，不仅必要，而且紧迫。[166]

3. 电子商法、网络商法、智能商法领域

电商、网商、智商是最近30年才兴起的营业形态，全世界的商法在该领域均严重滞后，目前除少数国家或地区在电商、网商领域有少量对应性立法外，绝大多数领域尚为立法空白，基本上依靠电商、网商的自治性、行业性、技术性规则，再比照或援用既有特别商法规则，进行混合调整。至于智能商法，虽已显端倪，但尚在探索、转型中，多数国家或地区在该领域还在起步阶段。由于该领域我国已走在世界前列，特别是近年在网络交易、移动支付、智能营业等营业形态和新兴领域，取得了骄人的成绩和快速的发展。我国《民法典》虽在总则编民事权利部分、合同法编合同法通则部分对电商、网商、智商有所涉及，既有的《电子签名法》《电子商务法》对电商、网商也进行了一定的调整和规范，但显然不能满足电子商法、网络商法、智能商法领域的瞬息万变和快速发展需要。[167] 故电商、网商、智商方面的立法，也应成为后《民法典》时代特别商法领域的立法重点。

(三)公共商法领域的立法重点

公共商法是笔者提出的一个新的商法概念，也是不同于传统纯粹私商法又区别于公商法的一个全新领域。此领域既有基础性、一般性、常识性的商法底色，同时又带有明显的公益、公用、公有等公共因素和特点，它需要借助于一般商法(包括普通商法、特别商法)的原理、制度和立法，同时又对一般商法原理、制度和立法构成巨大挑战。对公共商法的应对，不仅是一个立法问题，而且还是一个理论问题，需要在这方面进行全面、系统、深入研究。由于公共商法领域包括公益监管法、公用事业法、公有企业法等多个领域，其中公益监管法主要涉及商法、经济法、行政法等领域，这方面无论是理论还是立法，近年已有长足进展，在此不再赘述。以下重点讨论一

---

〔166〕 黄爱学:《论我国期货法的调整范围》，载《学术交流》2014年第1期；叶林、钟维:《核心规制与延伸监管:我国〈期货法〉调整范围之界定》，载《法学杂志》2015年第5期；楼建波、刘燕:《我国期货法的定位及其与〈证券法〉之关系》，载《财经法学》2015年第2期；刘少军:《我国“期货法”制定中的主要问题研究》，载《南昌大学学报(人文社会科学版)》2017年第6期。

〔167〕 高富平:《从电子商务法到网络商务法》，载《法学》2014年第10期。

下公用事业法、公有企业法。

1. 公用事业法领域

公用事业法涉及诸如供水、供电、供气、燃油、电信、广播电视、公共交通、基础设施和其他准公共产品的生产、经营和交易。这个领域在西方发达国家或地区，大多经历市场化到国有化再到私有化的过程，我国则从一开始就直接选择国家投资、国企经营、行政监管的国家垄断经营模式。这一领域存在的问题极多，其中问题最集中、社会反映最强烈、公众消费者意见最大的主要在公用企业治理与经营机制、公用企业垄断地位的滥用、公共产品价格、公共产品或服务质量、公用企业侵权的救济等多个方面。我国《民法典》第三编合同中第二分编典型合同，虽在第十章供用电、水、气、热力合同和第十九章运输合同对涉及公共产品类的格式合同，有所涉及，但与该领域的公用性、特殊性和所存问题的复杂性、严重性相比，尚远远不能满足需要。因此，在后《民法典》时代，公用事业法领域，理应作为商事立法的重点，给予更多的关注。[168]

2. 公有企业法领域

公有商法领域包括的问题很多，涉及国有经济、集体经济。其中国有经济中的国有、国资、国企问题最大、最多、最复杂，也最易引发社会、民间甚至国际关注。长期以来，我国在国有、国资、国企问题，大多局限于在民法（国家财产所有权）、商法（国有资本、国有企业）内考量国有、国资、国企的制度改革和相关立法设计，无论是1980年代之前的所有权式经营模式（国有国营），还是1980年代至1990年代中期债权让与式的承包制或租赁制（国家所有、授权经营），还是1990年代中期以来的股权式和公司制改革（国家出资、企业经营），均只是在民商法的理论、制度与立法框架内进行具有先天局限性的思考，如《民法通则》《物权法》对国家所有权的定性；《全民所有制工业企业法》仍沿用债权法思路设计授权经营模式；《公司法》把国有独资公司纳入普通公司法调整；《民法典》基本沿袭《物权法》的立法思路和相关制度设计，在这方面没有明显的作为，而且限于《民法典》的一般法地位，也不可能有大的作为，等等。国有、国资、国企中的核心问题，是国有财产、国有资产、国有企业的所有人、持有人、出资人的特殊性和特别性。国家（通过政府）作为国有财产、国有资产、国有企业的所有人、持有人、出资人，与一般财产、资产、企业的所有人、持有人、出资人不同，其具有公权力性质且又只能通过特定自然人（即作为代表人的各负责人）来实现，问题也就最终出现在制度机制的选择和对具体代表人的授权监管方面。但是，过去我们无论是理论，还是制度，或者立法，更多的关注点却集中或聚

[168]　肖海军：《公用事业垄断经营法律规制研究》，社会科学文献出版社2020年版，第1页以下。

焦于国有财产、国有资产、国有企业本身，虽经长期探索和不断改革，隐藏或依附于国有财产、国有资产、国有企业中的深层次问题，仍然没有得到彻底、有效的解决。笔者认为，解决国有、国资、国企问题，必须跳出既有民商法的理论、制度与立法思路，从既有私法、私权、私益的理论、制度与立法框架之外，寻求一种符合国家所有权理论和我国宪法基本制度架构的公权力参与或嵌入、贯通或对接机制，修订现行《企业国有资产法》，把国有独资公司从《公司法》中析分出来，进而新订独立的《国有独资(控股)公司法》，对之进行"公私合治"，问题才能得到比较有效的解决。[169]

总之，在当代营业行为普遍化和民事行为商事化的大背景下，基于大私法领域与大营业视野，秉持"民商共域一体"的事实逻辑与基本理念，把商法所调整的营业关系析分为普通、特别、公共三大领域，遵循普通营业关系由"民商共治"、特别营业关系依"商法专治"、公共营业关系赖"公私合治"的商事立法路径，在《民法典》对普通营业关系有部分、初步调整的基础与前提下，通过选择单行或特别法这一较为可行的技术方案，突出重点以解决营业中的立法迫切需求和规范供给空白。如此，后《民法典》时代的商事立法才能真正适应并满足营业日益变化或创新的需要。

---

[169]　肖海军:《国有股权代表人制度研究》，中国检察出版社 2015 年版，第 1 页以下。

后　　记

本书的写作灵感与基本框架源于2004年度上学期给湖南大学法学院2003级民商法学硕士研究生面授《商法总论》的讲课提纲和教学互动。部分观点与相关论述，在我主编的《商法学》(湖南大学出版社2004年8月版)和出版《商法学》(法律出版社2009年11月版)中有所体现，但决意把授课时的临场自由发挥与后续研习中的深度所思所想，以营业为切点对商法基础理论作体系性表达和逻辑性建构，则是2008年我初步完成营业权系列论著(如《论营业自由》《论营业权入宪》《营业权论》《营业准入制度研究》等)，并建立"营业自由→营业权利→营业准入→营业救济"的研究框架之后。该书初稿虽于2010年前后就已草成，但总觉得有些问题和环节考虑得不是十分成熟，总体构架尚欠严谨，部分论述略显粗糙，自然未敢贸然付梓，以免贻笑圈内。兹后，随着国内商法基础理论研究在广度与深度的迅猛发展，受之启发、影响、鼓舞、鞭策，本人对商法基础理论的认识也进入一个更高的层面，视野得以拓展，境界渐次提升，每每有新的思想火花和些许创意，总是情不自禁地把之及时地固化为文字，如此不断地、持续地对原作进行修改、调整、添加、删并；就这样，无论总体结构，还是表述容量，已远非一本书所能承载，于是就干脆不自量力，有了以营业范畴为切点、以营业自由价值观为考量基点，对商法作重新解释和体系建构的更大胆想法与计划。最初的《商法总论》一书也就被"营业商法学"系列著作所取代，其中有关商法范畴、功能、特质、精神、构架等本体方面的论述，就集成为本书《商法本体论》，时间也就推迟到10年以后。

《商法本体论》不仅是对我本人20余年来研习商法基础理论心得、体会的集成和总结，更是对中国商法学界同仁学术成果与研究文献的借鉴和反映。书中我尽量多地、较全面地参考了既有相关论著，吸纳了不少专题文献的理论观点，在此谨向各位学界前辈、先进、同仁、学友表示由衷的敬意与感谢。

2000年12月入职湖南大学法学院是我学术事业的重大转折点。重要的支撑平台和多层次的法学教育体系，使我的学术抱负、理论观点和著述计划，有了施展的舞台、表达的对象和实现的条件；特别是历届法学院领导对我学术追求的一贯鼎力支持和持续慷慨资助，使我的研究成果总是能如期出版。在此，谨向法学院的各位领导、同事和我一起讨论并提前分享我学术观点的历届法学学子们，表示衷心的感谢。

在我的日常生活中，除了偶尔看看电视、听听音乐调节一下紧张的大脑，其余的时光基本上是在昼伏案、夜挑灯中打发。近 30 年来，我之所以能我行我素、天马行空、心无旁骛、持续执着于学术事业，全赖于我的贤内助朱建云女士，是她把育儿教子、操持家务、孝敬长辈、处理亲事等一干与教学研究无关的琐碎事、操心事、烦杂事，全都大包大揽过去；正是如此，我才可全身心地、日复一日地投入到我的著述计划。此系列著作的每一本，无疑有她一半的辛劳与付出！

我的多数学术著作，是在法律出版社面世的。法律社的丁小宣先生、郑怡萍女士等诸位领导和编辑老师，为本系列和本书的选题、出版，极尽提携、关照、鼎助、斧正之力，美满玉成我的一个个学术理想和著述计划，常怀感恩之心、感激之情的我，在此谨表深深的谢意！

肖海军

2010 年 10 月 27 日初稿

2019 年 10 月 27 日修改

2020 年 10 月 27 日定稿

2021 年 3 月 20 日订正